THE GUIDELINES ON LEGAL ISSUES OF
SHAREHOLDER DISPUTES

股东纠纷法律问题全书

合伙人

（第三版）

上海宋和顾律师事务所 编著

②

知识产权出版社
全国百佳图书出版单位
—北京—

图书在版编目（CIP）数据

合伙人：股东纠纷法律问题全书．2／上海宋和顾律师事务所编著．—3 版．—北京：知识产权出版社，2022.10

ISBN 978－7－5130－8404－8

Ⅰ.①合… Ⅱ.①上… Ⅲ.①股份有限公司—股东—公司法—研究—中国 Ⅳ.①D922.291.914

中国版本图书馆 CIP 数据核字（2022）第 186285 号

策划编辑：齐梓伊　　　　　　　　　　责任校对：谷　洋
责任编辑：秦金萍　　　　　　　　　　责任印制：刘译文
封面设计：杰意飞扬·张悦

合伙人 ❷
股东纠纷法律问题全书（第三版）
上海宋和顾律师事务所　编著

出版发行	知识产权出版社有限责任公司	网　　址	http://www.ipph.cn
社　　址	北京市海淀区气象路 50 号院	邮　　编	100081
责编电话	010－82000860 转 8176	责编邮箱	qiziyi2004@qq.com
发行电话	010－82000860 转 8101/8102	发行传真	010－82000893/82005070/82000270
印　　刷	天津嘉恒印务有限公司	经　　销	新华书店、各大网上书店及相关专业书店
开　　本	720mm×1000mm　1/16	印　　张	41.75
版　　次	2022 年 10 月第 1 版	印　　次	2022 年 10 月第 1 次印刷
字　　数	768 千字	定　　价	498.00 元（全 5 册）
ISBN 978－7－5130－8404－8			

出版权专有　侵权必究
如有印装质量问题，本社负责调换。

上海宋和顾律师事务所
一家专注解决股东纠纷的律师机构

认为 —— 诉讼不能从根本上化解股东纠纷，最终途径是协商。各方应以"妥协"的心态，合理主张股东权益，否则两败俱伤。

倡导 —— 原则性（合作）谈判，尊重对方心理诉求，有效管控双方的情绪，避免竞争性谈判，共同寻找最佳替代解决方案。

关 于 作 者

第三版编写说明

本次修订,根据新颁布实施的《民法典》《外商投资法》《民事诉讼法》《公司法司法解释(五)》《全国法院民商事审判工作会议纪要》等,更新了典型案例,修订了原书中与现行法律冲突或遗漏的内容。

本书对于部分法律法规,特别是司法解释,直接采用了较为简单明确的表述,如《公司法司法解释》《合同法司法解释》等。对《〈公司法〉修订草案》(2021年12月24日,第十三届全国人民代表大会常务委员会第三十二次会议审议)中新的内容,在所涉章节开篇时以脚注形式提示。本书部分案例及案例中涉及的收购报告书等文件的出处因时间较久,部分网址已失效,故未能尽数标注。同时,为方便读者阅读,如无特别标注或说明,本书案例中的二审上诉人、被上诉人,以及再审申请人、被申请人,均统一以原告(人)、被告(人)称之。案例中如有二审、再审,并予以维持的判决书,均以终审案号为准。此外,为方便表述,书中部分内容采用"高管"来代替"高级管理人员"一词。

本书定稿于2022年1月,涉及法律法规有效性均止于定稿时间。

宋海佳、顾立平、郭睿、王静、于慧琳、姚祎、王芬、陈露婷、徐源芷、徐权权、杨瑞芬、赵佳、冉洁月、吴钰颖、张经纬参与了此次修订。

上海宋和顾律师事务所

2022年5月25日

第二版编写说明

《合伙人》第一版出版两年多，蒙读者厚爱，在当当网、京东网、亚马逊网的读者好评率分别为100%、97%和五星。

本次再版，除了订正疏漏之外，还撷取和提炼了最新的具有代表性的典型案例，尤其是来自最高人民法院的公报案例、指导案例，修正原书中与现行法律法规、司法判例中或冲突或遗漏的内容，将最前沿的、最具实务价值的司法观点（如《最高人民法院关于适用〈中华人民共和国公司法〉若干问题的规定（四）》征求意见稿）、实践经验呈现给读者。

需要说明的是，本书中部分案例判决作出时间较早，诉讼主体、判决依据和结果可能与现行法律、法规有所冲突。我们也注意到了这些问题并加以标注。之所以仍然保留，是因其中案件的背景、证据和法院观点对现今的司法实践仍有借鉴意义，读者亦可从中感受司法实践的发展历程。

最后，借《合伙人》再版之际，向对第一版提出修订建议的读者和朋友，向给予我们关心、鼓励和帮助的同行和专家学者们，表示衷心的感谢！

主编宋海佳参与本书全部章节的撰写，并负责选题、体例设计和审定工作。

任梅梅、顾立平参与本书全部章节的撰写工作。

韦业显（香港韦业显律师行创办人）参与本书"离岸公司不公平损害的股东权益保护"部分的撰写工作。

于东耀、章亚萍、郭睿、吴星、张莉、虞修秀、张㶱、姜元哲参与资料收集和部分案例的编写及校对工作。

再版修改部分，由徐清律师负责统筹，由宋海佳、顾立平、徐清、赵玉刚、陈纯、龙华江（全面负责税法部分修改）、华轶琳、陈怀榕、王永平律师参与撰写，王芬律师负责校对。

简 目

1

第一章	公司设立纠纷	（ 1 ）
第二章	发起人责任纠纷	（ 98 ）
第三章	股东出资纠纷	（ 134 ）

2

第四章	股东资格确认纠纷	（ 495 ）
第五章	股东名册记载纠纷	（ 742 ）
第六章	请求变更公司登记纠纷	（ 763 ）
第七章	股权转让纠纷	（ 847 ）

3

第八章	增资纠纷	（1117）
第九章	新增资本认购纠纷	（1242）
第十章	减资纠纷	（1269）
第十一章	公司合并纠纷	（1317）
第十二章	公司分立纠纷	（1385）
第十三章	损害公司利益责任纠纷	（1426）

4

第十四章　损害股东利益责任纠纷 …………………………………（1737）

第十五章　请求公司收购股份纠纷 …………………………………（1799）

第十六章　公司解散纠纷 ……………………………………………（1883）

第十七章　申请公司清算 ……………………………………………（2027）

第十八章　清算责任纠纷 ……………………………………………（2116）

第十九章　股东知情权纠纷 …………………………………………（2157）

5

第二十章　公司决议纠纷 ……………………………………………（2301）

第二十一章　上市公司收购纠纷 ……………………………………（2524）

第二十二章　公司盈余分配纠纷 ……………………………………（2596）

第二十三章　公司证照返还纠纷 ……………………………………（2697）

第二十四章　公司关联交易损害责任纠纷 …………………………（2746）

第二十五章　损害公司债权人利益责任纠纷 ………………………（2813）

目 录

第四章 股东资格确认纠纷

第一节 立 案 ……………………………………………………（497）

208. 如何确定股东资格确认纠纷的诉讼当事人？ ……………………（497）
209. 实际出资人以名义股东为被告要求确认股权的，法院该如何处理？ ……………………………………………………………（498）
210. 股东资格确认纠纷由何地法院管辖？ ……………………………（498）
211. 股东资格确认纠纷按照什么标准交纳案件受理费用？ …………（499）
212. 股东资格确认纠纷是否适用诉讼时效？ …………………………（499）
213. 在确认股东资格后，他人不配合办理变更登记的，原告应如何救济？ ……………………………………………………………（500）

第二节 股东资格确认的一般规则 ……………………………（500）

一、股东资格的主体限制 ……………………………………………（500）

214. 发生股东资格确认纠纷的原因有哪些？ …………………………（500）
【案例106】关某天与周某波股东资格之争 ……………………………（501）
215. 哪些机构或自然人不能担任公司股东？ …………………………（502）
216. 未成年人可否担任股东？ …………………………………………（502）
【案例107】上海法院首例支持娃娃股东持股案例 ……………………（503）
【案例108】北京银行惊现20%娃娃股东 ………………………………（504）
217. 公务员可以投资入股吗？ …………………………………………（504）
【案例109】公务员投资入股 股东资格不受影响 ……………………（505）
【案例110】继承股权 因公务员身份无法工商登记 …………………（507）

【案例111】千万红利未索回 "法官股东"赔了夫人又折兵 ……………… (511)

【案例112】借"死人"名义 参与国企改制被处罚 ………………………… (513)

【案例113】澳洲政府公务员可公开从事"第二职业" ……………………… (513)

218. 精神病人可以作为发起人吗？可以继承股东资格吗？ ……………… (514)

219. 配偶双方在公司章程约定的股权比例，是否视该股权为夫妻各自财产而非共同财产？ ……………………………………………… (514)

【案例114】章程约定不代表配偶股权分配比例 …………………………… (514)

220. 股东的配偶可否主张对共有股权行使股东权利？ ……………………… (516)

二、股东资格的取得方式 ……………………………………………………… (516)

221. 股东资格的取得方式有哪些？ ………………………………………… (516)

222. 无权处分人将股权出售给善意的第三人的行为是否有效？实际权利人可否主张收回股权？ …………………………………… (516)

223. 善意取得股东资格应当具备哪些条件？ ……………………………… (516)

【案例115】谨慎调查标的公司 善意取得股东资格 ……………………… (517)

【案例116】受让人为同事兼同学 无法善意取得股东资格 ……………… (521)

三、确认股东资格的基本条件 ………………………………………………… (523)

224. 确认股东资格的条件有哪些？ ………………………………………… (523)

225. 形式条件和实质条件在确认股东资格时的效力如何？ ……………… (524)

【案例117】员工仅按月领取"股息" 不视为公司法意义上的股东 …… (524)

226. 确认股东资格的条件之间发生冲突时应如何解决？ ………………… (526)

227. 如何判定确权请求人是否具备股东资格？请求人民法院确认其股东资格的，应当证明哪些事实？ ………………………………… (527)

【案例118】股权应归谁 享有实际股权应如何证明 …………………… (527)

228. 实际出资人取得股东资格是否需要遵循《公司法》有关股权转让优先购买权规定，即必须经过其他股东过半数同意？ ……………… (530)

229. 股东资格得到法院判决确认后，可否主张已分配或未分配的利润？可否撤销股东会决议或主张股东会决议无效？ ……………… (530)

四、公司章程的证据效力 ……………………………………………………… (531)

230. 公司章程进行工商登记有何法律效力？其与未登记的公司章程在效力上有何区别？ ………………………………………………… (531)

231. 未被记载于公司章程是否一定不具有股东资格？ …………………… (531)

232. 公司设立协议对股东资格确认有何效力？ …………………………… (531)

233. 公司章程关于股权激励对象离职后,由其他股东或公司回购
其股权的约定是否有效? ……………………………………（532）
【案例119】章程限定离职退股　法院判决约定有效 ………（532）
【案例120】未履行股权激励所附条件　获赠股份应相应退还 …（533）

五、工商登记的证据效力 ………………………………………（536）

234. 工商登记文件的记载对股东资格确认有何效力? ………（536）
【案例121】强制退股须有在先依据　解除股东资格须经股东会决议 …（536）
【案例122】工商登记文件不是确认股东资格及股东权利义务的
唯一证据 ……………………………………………（538）
235. 未被记载于工商登记文件,是否一定不具备股东资格? …（542）
【案例123】实质证据推翻工商登记　股权比例重新确认 …（542）
236. 第三人请求股东在出资不实范围内承担责任时,股东能否
以工商登记文件非自己签名为由不予履行? ………………（544）
237. 工商备案登记法定代表人与公司内部文件不一致的,
以哪一个为准? …………………………………………（544）
【案例124】公司起诉债务人　新任命法定代表人有权代表公司撤诉 …（544）

六、股东名册的证据效力 ………………………………………（548）

238. 股东名册具有什么法律效力? 股东名册的记载对股东资格确认
具有何种效力? …………………………………………（548）
239. 记载于股东名册的股东是否必然享有股东权利? ………（549）
240. 签署公司章程并被公司章程记载,但未在股东名册上记载的人,
是否具有股东资格? ……………………………………（549）
241. 股东决议增加注册资本,与第三人签订增资协议并收取股款的,
如果公司拒不办理工商变更登记、股东名册变更手续,该第三人
能否主张不具有股东资格? ……………………………（549）

七、实际出资的证据效力 ………………………………………（549）

242. 实际出资对股东资格确认有何效力? ……………………（549）
【案例125】凭借条主张股东身份　不具备实质要件被驳回 …（550）
243. 瑕疵出资股东享有股东资格吗? ……………………………（554）

八、出资证明书的证据效力 ……………………………………（554）

244. 出资证明书对股东资格的确认有何效力? ……………………（554）

245. 出资证明书要符合哪些形式要件？出资证明书记载了哪些内容？ ……（555）

九、实际享有股东权利的证据效力 ……（555）
246. 实际享有股东权利对股东资格的确认有何影响？ ……（555）
247. 未实际享有股东权利是否一定不具有股东资格？ ……（555）
248. 按照发起人协议履行了出资义务，并记载于工商登记，但未签署公司章程，是否具有股东资格？ ……（555）

【案例126】国企改制批复文件优于工商登记 诉请确认股东资格获认定 ……（556）

249. 第三人与公司签订增资协议并支付了股款，公司也办理了工商登记、股东名册的变更，全体股东能否以未经股东会决议为由否定其股东资格？ ……（558）

第三节 特殊情形的股东资格确认的裁判标准 ……（558）

一、实际出资人与名义股东的股东资格确认的裁判标准 ……（558）
250. 实际出资人显名的条件是什么？ ……（558）

【案例127】未实名登记不影响实际股东资格 滥用股东权利剥夺优先认购权无效 ……（558）

251. 半数以上其他股东知晓实际出资人实际出资的认定标准是什么？ ……（562）
252. 实际出资人如何证明其已实际出资？ ……（563）

【案例128】验资报告未能反映实际情况 以实际出资为准判别股权归属 ……（563）

【案例129】已投资并取得分红 隐名股东如何显名 ……（569）

253. 如何区分投资关系与借贷关系？ ……（574）

【案例130】集资款不等于出资 股东确权被驳回 ……（574）

【案例131】朋友代持埋隐患 律师斡旋平争端 ……（576）

254. 实际出资人如何证明其他股东同意其作为公司股东？ ……（578）

【案例132】推定其他股东知悉代持股 实际出资人成功"显形" ……（579）

255. 实际出资人与名义股东之间订立的代持股协议的效力如何？ ……（581）
256. 签订代持股协议应注意哪些要点？ ……（581）

【案例133】"假"股东自认 "真"股东顺利显名 ……（582）

257. 取得股份有限公司股票的方式有哪些？ ……（583）

【案例134】未登记股票被他人转让　刑事立案材料确认股东资格……(584)

【案例135】有效证据链助实际出资人"夺回"股东资格………………(587)

258. 公司与员工约定,其无须出资,但可以分配公司收益,则该员工
　　　是否具有股东资格?……………………………………………(591)

259. 实际出资人能否依据隐名投资协议请求名义股东履行相关
　　　合同义务,并交付从公司获得的收益?…………………………(591)

260. 名义股东不履行隐名投资合同义务,致使合同目的不能实现的,
　　　实际出资人能否请求解除合同,并由名义股东承担违约责任?…(592)

261. 名义股东能否请求实际出资人支付必要的报酬?………………(592)

262. 隐名投资协议解除后,实际投资人能否请求名义股东返还
　　　投资款和利息?……………………………………………………(592)

263. 隐名投资协议被认定无效后,投资款与股权收益应如何处理?…(592)

264. 名义股东明确表示不要股权的,如何处理实际出资人的
　　　投资款?实际出资人可否参与名义股东放弃的股权的拍卖?……(593)

265. 名义股东私自处分股权的,实际出资人应如何保护自身利益?…(593)

266. 名义股东能否以其非实际出资为由对抗债权人?………………(593)

267. 名义股东因自身债务成为被执行人的,若法院强制执行"名义"
　　　股权,实际出资人提出执行异议,能否得到支持?………………(594)

268. 如果确认实际出资人股东资格将导致公司股东人数超出有限责任
　　　公司股东法定50人上限的,法院是否会支持原告的诉请?……(594)

【案例136】确权将导致股东人数超限　法院不予确认股东资格……(594)

269. 上市公司存在股份代持,相关代持协议是否有效?………………(596)

【案例137】上市公司发行人存在股权代持情况　隐名代持协议被认定
　　　　无效……………………………………………………………(596)

270. 新三板存在股份代持,相关代持协议是否有效?…………………(604)

【案例138】新三板股份代持未违反效力性强制规定　《代持股协议》
　　　　有效……………………………………………………………(604)

二、股权转让中股东资格确认的裁判标准……………………………(609)

271. 因股权转让而引起股东资格争议的,如何处理?…………………(609)

272. 股权转让合同签订后受让人何时享有股东资格?………………(609)

273. 股权转让合同能否对受让人取得股东资格的时间作出约定?……(609)

274. 股权转让中未向股权转让人支付对价的,是否享有股东资格?……(610)

275. 受让人已经支付价款,并且以股东身份参加股东会、参与公司经营和利润分配,但未办理工商登记变更的,该受让人是否具有股东资格? …… (610)

276. 股权转让中受让人股东资格未被确认的,应如何保护其利益? …… (610)

三、干股股东资格确认的裁判标准 …… (610)

277. 干股股东是否具有股东资格? …… (610)

278. 干股股东在确认其股东资格时应提交哪些证据? …… (611)

279. 出资人以贪污、受贿、侵占、挪用等违法犯罪所得向公司出资取得股权或干股的,是否具备股东资格?对这部分股权应当如何处理? …… (611)

【案例139】公司不得持有本公司股权 犯罪所得股权应拍卖返还 …… (611)

四、借用或冒用他人身份的股东资格确认的裁判标准 …… (615)

280. 当事人被冒用或借用身份证从而登记为公司股东的,能否请求法院判决否认其股东资格? …… (615)

281. 名义股东和冒名股东的法律责任有何不同? …… (615)

【案例140】名义股东谎称被冒名 逃避出资义务难得逞 …… (615)

【案例141】工商登记非本人签字自称"被股东" 电邮证其诉求"被股东"不成立 …… (618)

【案例142】冒用父亲名义做股东 女儿被判侵犯姓名权 …… (619)

282. 身份被他人借用的,被借用人是否具有股东资格? …… (622)

283. 冒用他人身份登记为公司股东的,被冒用人是否具有股东资格? …… (622)

第四节 外商投资企业股东资格确认的裁判标准 …… (622)

一、外商投资企业股东资格确认的条件 …… (622)

284. 《外商投资法》施行后,外商投资指的是什么?外商投资企业指的是什么? …… (622)

285. 具备哪些条件的,人民法院可以确认外商投资企业实际投资者的股东身份? …… (623)

【案例143】《外商投资法》实施后 隐名股东"显名"无须特别审批 …… (623)

【案例144】经主管机关审批 股东资格应确认 …… (626)

【案例145】合作协议未审批 实际出资人确权被驳回 …… (628)

【案例146】未经主管机关审批 确认资格被驳回 …… (632)

286. 因虚假报批引发的法律责任由股东还是公司承担? ……………… (634)
287. 虚假报批导致企业他方股东丧失股东身份或原有股权份额的,
    他方股东如何救济? ………………………………………………… (634)

二、外商投资企业中代持股协议效力判定 ……………………………… (634)

288. 隐名投资协议未经审批机关批准的,其效力如何? ……………… (634)
289. 《外商投资法》正式生效后,外商投资企业股权转让是否必须
    经过特别审批程序? ……………………………………………… (635)
290. 外商投资企业实际出资人与名义股东因隐名投资协议产生
    纠纷,适用中国法律还是域外法? ……………………………… (635)
291. 外国人或外国企业在中国起诉的,可否委托其本国律师或
    外国律师? ………………………………………………………… (635)
292. 因公司原因不能办理股权转让审批手续,实际出资人能否
    请求公司返还投资款与利息? …………………………………… (635)
【案例147】实际出资人确权不成　请求公司返还投资款与
    利息获支持 ………………………………………………………… (636)

第五节　股东资格继承问题 ……………………………………………… (638)

一、遗产继承的一般规则 …………………………………………………… (638)

293. 哪些财产可以作为遗产继承? …………………………………… (638)
294. 夫妻一方死亡时,是否所有夫妻共同财产均需要作为遗产
    分割? ……………………………………………………………… (639)
295. 夫妻一方继承的遗产是否属于夫妻共同财产? ………………… (639)
296. 继承权纠纷诉讼时效是几年?起算时间如何计算? …………… (639)
【案例148】三星家族爆巨额遗产　诉讼时效成焦点 ……………… (639)

二、法定继承 ………………………………………………………………… (642)

297. 若继承人先于被继承人死亡,该份遗产如何处理? …………… (642)
【案例149】霍氏兄弟争夺64亿港元遗产　情势逆转最终和解 …… (642)
298. "私生子"是否享有法定继承权? ………………………………… (646)
【案例150】巴西首富去世　55名私生子争夺30亿美元巨额遗产 … (647)
【案例151】私生子争千万遗产　亲子鉴定争得遗产继承权 ……… (648)

三、遗嘱继承及遗赠 ………………………………………………………… (650)

299. 何为遗赠?遗赠必然是无偿的?有无特殊限制? ……………… (650)
300. "二奶"是否有权继承遗产? ……………………………………… (650)

【案例152】违背公序良俗 遗赠"二奶"被判无效 ………………………… (651)
301. 出现多份遗嘱,应以哪份遗嘱为准? ………………………………… (654)
【案例153】存在多份遗嘱 内容互不抵触的均有效 ……………………… (654)
302. 哪些遗嘱需要见证?何为律师遗嘱见证?律师在办理涉及
　　　股权的遗嘱见证时应注意什么问题? ………………………………… (658)
303. 哪些人不得作为代书遗嘱、录音录像遗嘱、打印遗嘱、口头
　　　遗嘱的见证人? ………………………………………………………… (659)
【案例154】继承人代书遗嘱不合法 状告祖父母获公司股权 …………… (659)
304. 在什么情况下,遗嘱视为无效或撤回? ……………………………… (660)
【案例155】遗嘱处分离婚未分割股权无效 主张了解经营财务
　　　　　　状况获支持 …………………………………………………… (661)
【案例156】两份遗嘱引香港"的士大王"家族之争 原配6名子女
　　　　　　败诉二房独享10亿港元遗产 ………………………………… (662)
【案例157】老板娘意外身亡 上亿遗产引家族纷争 ……………………… (664)
305. 何为遗嘱信托?遗嘱信托有何作用? ………………………………… (666)
306. 设立遗嘱信托应注意哪些问题? ……………………………………… (667)
【案例158】"遗嘱信托第一案" 遗嘱家族信托获法院支持 …………… (667)
307. 律师在遗嘱信托中有哪些作用? ……………………………………… (671)

四、股东资格的继承 ………………………………………………………… (672)

308. 有限责任公司的股东资格是否可以继承? …………………………… (672)
【案例159】谢某妻儿股东身份获确认 继承谢某生前企业股权 ………… (672)
【案例160】股权现金慈善 李嘉诚三分家产把控有道 …………………… (673)
【案例161】他人放弃继承 妻子获公司股权 ……………………………… (676)
【案例162】未召开股东会 继承人获股东资格 …………………………… (678)
【案例163】妻子据遗嘱继承股东资格 法院判决支持 …………………… (680)
309. 确认继承人享有股东资格的应提交哪些证据? ……………………… (681)
310. 继承人有多人的,是否都可以继承股东资格?各自继承的
　　　比例如何确定? ………………………………………………………… (681)
311. 实践中如何禁止或限制股东资格继承条件,以防止"无能"
　　　股东入主公司? ………………………………………………………… (681)
【案例164】公司章程可以排除股东资格继承 …………………………… (682)

312. 出资不实的股东死亡后,其继承人能否继承股东资格? ……………… (691)
313. 股东的继承人能否直接要求分割并继承公司的利润? ………………… (691)
314. 股东生前为隐名股东的,其继承人可否直接继承其股东资格? ……… (691)
【案例165】温州富商去世　婆媳争夺8000万元巨额遗产 ……………… (692)
315. 被继承人死亡后,股东会修改公司章程禁止继承股东资格
　　　是否具有约束力? …………………………………………………… (695)
【案例166】股东死亡后修改章程禁止继承的决议无效 ………………… (696)
316. 实际出资人在确权之前死亡的,其继承人能继承其股东
　　　资格? ………………………………………………………………… (699)
317. 夫妻一方能否依据离婚协议中的股权分割约定直接取得
　　　股东资格? …………………………………………………………… (699)
【案例167】离婚调解书助股东成功确权 ………………………………… (700)

第六节　股东资格确认中的税务问题 ……………………………………… (704)

一、实际出资人确权的税务问题 …………………………………………… (704)

318. 实际出资人被确认为工商登记股东是否需要缴税? ………………… (704)
319. 为了逃避股权转让纳税义务,当事人以虚假诉讼方式确认股权,
　　　可能会承担哪些刑事责任? ………………………………………… (705)
【案例168】逃避债务不成　虚假诉讼身陷囹圄 ………………………… (706)
320. 何为逃税罪? 其构成要件、立案追诉标准以及量刑标准分别是
　　　怎样的? ……………………………………………………………… (706)
321. 纳税义务人和扣缴义务人在被发现偷漏税后补缴税款、滞纳金与
　　　罚款,是否能够免除刑事责任? ……………………………………… (707)
322. 哪些人可能成为逃税罪的主体? 单位犯罪的,法定代表人是否
　　　应当承担刑事责任? ………………………………………………… (708)
【案例169】签订"阴阳合同"规避税款　情形严重可能构成逃税罪 …… (708)
【案例170】某庆公司偷逃税款710万余元　法定代表人刘某庆免责 …… (709)
【案例171】千万富翁虚开发票羁押两年　申诉8年终获无罪 …………… (710)
【案例172】政府作出税抵债承诺却未兑现　企业纳税零申报被判
　　　　　　逃税罪 ………………………………………………………… (714)
【案例173】未依决定补缴税款　被判有期徒刑 ………………………… (716)

· 9 ·

【案例174】用人单位未依法申报员工个税　作为扣缴义务人被判逃税罪············(717)

【案例175】心存侥幸为逃税　补缴税款仍处刑············(718)

【案例176】补缴税款接受处罚　免除刑事责任············(720)

二、股权激励的税务问题············(722)

（一）有限公司股权激励税收问题············(722)

323. 有限责任公司股权激励有哪些方式？············(722)

324. 员工取得以资本公积金增资产生的股权后，如何计征个人所得税？············(722)

325. 自然人股东将其持有的部分股权以低价转让或赠与员工的，是否需要缴纳个人所得税？············(723)

326. 公司法人股东将股权以低价转让给员工，是否需要缴纳企业所得税？············(723)

（二）股份有限公司股权激励税收问题············(724)

327. 股份有限公司有哪些股权激励方式？如何确定股权激励的来源？············(724)

328. 在我国境内上市的居民企业实施员工股权激励计划的，如何确认其企业所得税？············(724)

329. 股份有限公司采用股票期权方式实施股权激励，员工接受股票期权是否需要缴纳个人所得税？如需缴纳，如何计税？············(725)

330. 员工行使股票期权时，是否需要缴纳个人所得税？如需缴纳，如何计税？············(726)

331. 员工在纳税年度内第一次取得股票增值权时，如何确定应纳税额？············(727)

332. 员工在纳税年度内第一次取得限制性股票的，如何确定应纳税额和纳税义务发生时间？············(727)

333. 对于授予限制性股票的股权激励计划，企业应如何进行会计处理？等待期内企业应如何考虑限制性股票对每股收益计算的影响？············(728)

334. 员工转让行权后的股票，是否需要缴纳个人所得税？如需缴纳，该如何缴纳？············(731)

335. 员工因拥有股权而参与企业税后利润分配取得的所得,
应如何缴纳个人所得税？ ………………………………………… (731)

336. 被激励对象为缴纳个人所得税款而出售股票,其出售价格与
原计税价格不一致的,应如何计算应纳税所得额和税额？ ………… (731)

337. 实施股票期权、股票增值权以及限制性股票计划的境内上市
公司,应向税务局报送哪些材料？ ……………………………… (731)

【案例177】乐凯胶片二股东套现亿元　金发科技控制人避税阴谋 ……… (732)

338. 在哪些情形下,股权激励所得,直接计入个人当期所得征收
个人所得税？ ……………………………………………………… (733)

三、遗产税与赠与税 …………………………………………………… (733)

339. 在我国,继承遗产或接受遗赠财产是否需要缴税？ ……………… (733)

340. 中国香港地区征收遗产税吗？ …………………………………… (734)

【案例178】邵某夫家族信托分配遗产 ……………………………………… (735)

341. 中国台湾地区是如何征缴遗产税的？ …………………………… (736)

342. 中国台湾地区是如何征缴赠与税的？ …………………………… (736)

【案例179】王某庆继承人以实物抵缴22亿元新台币遗产税 …………… (737)

第五章　股东名册记载纠纷

第一节　立　　案 ………………………………………………… (743)

343. 如何确定股东名册记载纠纷的诉讼当事人？ …………………… (743)

344. 股东名册记载纠纷按照什么标准交纳案件受理费用？ ………… (743)

345. 股东名册记载纠纷由何地法院管辖？ …………………………… (743)

346. 请求公司变更股东名册的诉讼是否适用诉讼时效？ …………… (743)

第二节　股东名册记载纠纷的裁判标准 ……………………… (744)

一、股东名册的置备 ………………………………………………… (744)

347. 哪些主体需要置备股东名册？置备的义务人分别是谁？
应在何时由公司哪个机关置备于何处？ ………………………… (744)

348. 上市公司由证券登记机构置备的股东名册和公司置备的
股东名册有何关系？ ……………………………………………… (744)

349. 公司未置备股东名册是否需要承担法律责任？ ………………… (744)

· 11 ·

二、股东名册变更的一般程序 ……………………………………… (745)

350. 股东名册变更登记的请求权人是谁？………………………… (745)

351. 有限责任公司股东名册变更须提交哪些材料？……………… (745)

352. 股份有限公司股东名册变更需要提交哪些材料？…………… (746)

三、股东名册封闭制度的限制及其他表现形式………………………… (746)

353. 股东名册封闭制度可否仅对部分股东行使？………………… (746)

354. 股东名册封闭的是股东的哪些权利？………………………… (746)

355. 公司可否自主决定股东名册的封闭日期？…………………… (746)

356. 除了封闭股东名册，公司还可采取何种形式确定股东名册上的股东权利行使人？……………………………………………… (747)

357. 哪些做法属于违法封闭股东名册或违法确定在册日期？…… (747)

358. 如果违法封闭股东名册或违法确定在册日期，基于此作出的分红、表决等行为是否有效？…………………………………… (747)

四、股东名册记载纠纷的举证义务 ……………………………………… (747)

359. 主张股东名册变更应当提供何种证据？……………………… (747)

【案例180】记载于股东名册的股东已实际出资 有权要求公司签发出资证明书 ……………………………………………… (748)

【案例181】关于股东名册纠纷的法律定性问题 ………………… (748)

【案例182】转让已实际履行 股东名册应依法变更 ………… (752)

【案例183】判决确定股东资格股东 诉请变更名册获支持 … (755)

【案例184】改制不影响股东资格 要求变更名册获支持 …… (757)

360. 当事人可否以股东变更的股东会决议主张变更股东名册？… (759)

【案例185】仅以股东会决议主张变更股东名册被驳回 ………… (759)

第六章 请求变更公司登记纠纷

第一节 立 案 ……………………………………………………… (764)

361. 如何确定请求变更公司登记纠纷的诉讼当事人？…………… (764)

362. 请求变更公司登记纠纷由何地法院管辖？…………………… (764)

363. 在提起请求"变更公司登记"诉讼前或在诉讼过程中，系争股权已被冻结或变更登记至第三人名下或受到第三人权利限制的，对该诉讼有何影响？……………………………………………… (765)

【案例186】诉争股权被冻结 无法判决办理变更登记 ……… (765)

364. 请求变更公司登记纠纷按照什么标准交纳案件受理费用？ ……… (767)
365. 请求变更公司登记纠纷是否适用诉讼时效？ ……………………… (767)
【案例187】合同未约定报批时间 受让人可随时主张索赔……… (767)
366. 法院判决增加或变更股东名册记载后，或请求变更登记纠纷诉讼
胜诉后，被告拒不执行生效判决、裁定时，原告应如何救济？ …… (770)

第二节 请求变更公司登记纠纷的裁判标准 ……………………… (770)

一、对拒不履行公司登记义务的救济 ………………………………… (770)

367. 公司或他人拒不履行工商变更登记义务，原告可以采取哪些
救济措施？ ……………………………………………………… (770)
368. 当事人可否通过行政诉讼的方式，主张撤销或变更公司
工商登记？ ……………………………………………………… (771)
【案例188】工商登记仅作形式审查 请求撤销行政行为被驳回 ……… (771)
【案例189】假公章导致股权转让无效 "转让人"成功撤销工商登记 …… (776)

二、请求变更公司登记纠纷的裁判标准 ……………………………… (777)

369. 公司实际出资人主张公司变更工商登记其为公司股东，是否
必须先行提起股东资格确认诉讼？ …………………………… (777)
370. 通过诉讼主张公司变更登记需要证明哪些事项？ ……………… (778)
【案例190】股权转让判决无效 工商登记应恢复原状 ……………… (778)
【案例191】新股东付清股款忠实履约 法院判决公司办理变更登记 …… (782)
371. 董事在任期内辞职，可否请求公司办理变更登记？ …………… (783)
【案例192】董事辞职未导致董事会成员低于法定人数 公司应
办理变更登记 ……………………………………………… (784)
372. 原法定代表人辞去董事长、执行董事或总经理职务，公司不选派
新人继任、不办理变更登记，原法定代表人能否通过诉讼涤
除其法定代表人工商登记？ …………………………………… (787)
【案例193】与公司无实质性利益关联 可诉请涤除法定代表人
工商登记 …………………………………………………… (788)

三、未履行变更登记义务对股权转让合同效力的影响 ……………… (790)

373. 股权转让当事人可否以未办理变更登记为由，主张股权转让
合同无效或不生效，或者主张解除合同？如果受让方已经实际
享有股东权利，但未被变更登记为股东，是否还可以未办理
变更登记为由主张解除合同？ ………………………………… (790)

【案例194】不配合变更致根本违约　股权转让合同被判解除……………（790）

【案例195】未及时变更登记公司即被注销　转让合同被解除…………（792）

374. 转让人与受让人签订股权转让合同后正常履约,但在进行变更登记时,市场监督管理部门以合同不符合登记标准为由拒绝登记,转让方借此毁约,不愿意按照市场监督管理部门的要求重新签订新合同,此时,受让方如何保障自己的权利?……………（794）

四、未履行变更登记义务的责任承担……………（794）

375. 未办理变更登记,义务人需承担何种民事责任?……………（794）

376. 未办理变更登记,公司需承担何种行政责任?……………（795）

【案例196】变更登记材料不全　请求撤销不受理决定遭驳回……………（795）

第三节　衍生问题——市场监督管理部门的登记审查责任……（800）

一、立案……………（800）

377. 如何确定与市场监督管理部门的登记审查责任有关纠纷的诉讼当事人?在设立登记中,市场监督管理部门出具的营业执照、核准通知书等文件上有多个机关盖章的,如何确定被告?……………（800）

【案例197】被告不适格　裁定驳回起诉……………（800）

378. 工商行政确认纠纷、工商行政许可纠纷由何地法院管辖?……（802）

379. 工商行政确认纠纷、工商行政许可纠纷按照什么标准交纳案件受理费?……………（802）

380. 工商行政确认纠纷、工商行政许可纠纷是否适用诉讼时效?如何理解"不属于起诉人自身的原因"?……………（802）

【案例198】明知登记行为　已过诉讼时效撤销请求被驳回…………（803）

【案例199】非因自身耽误期间　不计入诉讼时效计算范围…………（804）

381. 当事人不知道具体行政行为,是否受诉讼时效的限制?……………（809）

【案例200】不知设立行为　冒名股东5年后诉请撤销被驳回………（809）

382. 市场监督管理部门不作为时,当事人起诉市场监督管理部门要求履行法定职责的起诉情形有哪些?起诉期限有何要求?……（812）

383. 因他人提供需要材料被登记为公司股东,当事人可否直接向市场监督管理部门,申请撤销公司登记?……………（812）

384. 市场监督管理部门可否主动撤销公司登记?……………（812）

385. 在什么情况下,登记机关可以不予撤销市场主体登记?…………（812）

· 14 ·

386. 原告因他人提交虚假材料而被登记为公司股东等,如何确定
　　　诉讼请求? ……………………………………………………（813）
二、执行相关问题 ……………………………………………………（814）
387. 工商行政确认、工商行政许可诉讼请求获法院支持后,市场监督
　　　管理部门不配合办理工商变更登记,原告应如何救济? ………（814）
三、工商行政确认纠纷、工商行政许可纠纷的裁判标准 …………（814）
388. 工商登记审查应适用形式审查标准,还是实质审查标准? ……（814）
【案例201】设立材料系虚假　冒名股东主张撤销公司登记获支持 ……（815）
【案例202】使用虚假材料设立公司　确认工商登记违法 …………（818）
【案例203】设立登记岂能形式审　冒名登记被确认无效 …………（821）
389. 对于股东、法定代表人的变更登记应遵循什么审查原则?
　　　应该审查哪些内容? ……………………………………………（824）
【案例204】未审查任职决议合法性　法定代表人变更被撤销 ……（825）
【案例205】私章与预留印鉴明显不一致　未尽审查义务股东
　　　　　　登记被撤销 ……………………………………………（828）
390. 在办理工商变更登记中,如果公司拟进行变更的内容已由股东会
　　　表决通过,但部分小股东未在股东会决议上签字,市场监督管理
　　　部门是否会受理变更登记材料? 如果市场监督管理部门
　　　未进行变更,股东能否提起行政诉讼? …………………………（835）
【案例206】尽责调查会议决议个别股东未签字　决议内容
　　　　　　仍可变更 ………………………………………………（835）
391. 若登记事项仅须形式审查,市场监督管理部门是否完全不需要
　　　对真实性负责? …………………………………………………（839）
【案例207】法定代表人变更材料虚假　工商行政登记被撤销 ……（840）
392. 如何理解市场监督管理部门"怠于履行行政义务"? ……………（841）
【案例208】经营场所证明材料已完备　工商局被判履行设立
　　　　　　登记职责 ………………………………………………（841）
393. 市场监督管理部门作出错误的行政许可行为,应对行政相对人承担
　　　什么样的法律责任? ……………………………………………（846）

第七章 股权转让纠纷

第一节 立　　案 ……………………………………………………… (848)

394. 如何确定股权转让纠纷的诉讼当事人？ …………………………… (848)

395. 如何确定股东主张优先购买权的诉讼当事人？ …………………… (849)

396. 股权转让纠纷中，受让人以转让的股权存在出资瑕疵为由
　　 提起诉讼，应当如何确定诉讼当事人？ …………………………… (849)

397. 股份有限公司发起人、董事、监事、高级管理人员转让股份违反
　　 《公司法》的限制性规定，如何确定诉讼当事人？ ……………… (849)

398. 其他股东以转让人侵犯其优先购买权为由，要求撤销股权转让变更
　　 登记行为的，应当如何确定诉讼当事人？ ………………………… (849)

399. 股权转让纠纷案件由何地法院管辖？ ……………………………… (849)

400. 股权转让纠纷按照什么标准交纳案件受理费用？ ………………… (850)

401. 股东主张优先购买权的诉讼按照什么标准交纳案件受理费？ …… (850)

402. 股权转让纠纷是否适用诉讼时效？ ………………………………… (850)

403. 股东主张优先购买权的诉讼请求应如何表述？ …………………… (850)

404. 在股东主张优先购买权的诉讼中，原告是否需要提供财产担保？
　　 数额如何确定？ ……………………………………………………… (850)

第二节　有限责任公司股权转让纠纷的裁判标准 …………………… (850)

一、股权转让纠纷一般裁判标准 ……………………………………… (850)

405. 股权转让时，可否仅转让股权中的部分权能？ …………………… (850)

406. 股权转让合同何时成立、生效？是否可以约定办理工商变更
　　 登记手续后生效？ …………………………………………………… (851)

407. 外商投资企业《股权转让协议》订立后未经有关行政主管
　　 部门审批，是否有效？ ……………………………………………… (851)

408. 股权转让合同应当具备哪些必备条款？ …………………………… (852)

409. 涉外股权转让协议中，关于汇差由一方补足的约定是否有效？ … (852)

【案例209】股权转让汇差约定有效应履行 ……………………………… (852)

410. 有限责任公司股东转让股权，受让人何时成为公司股东？ ……… (853)

411. 股权转让合同撤销及无效的法定事由有哪些？ …………………… (853)

412. 股权转让合同被确认无效或者撤销之后,有何法律后果? ……………(854)
413. 股权转让合同被确认无效或者被撤销后,对受让人实际参与
    公司经营管理期间的公司盈亏如何处理? ………………………(854)
414. 股权被他人无权处分转让给第三人,所订立的《股权转让协议》
    效力如何? 无权处分而转让股权是否产生股权变动的
    法律效果? ……………………………………………………(854)
【案例210】无权处分所订立的《股权转让协议》有效 ………(855)
415. 在什么情况下,当事人可以单方解除股权转让合同? …………(863)
416. 股权转让合同解除后,出让方已分得的红利如何处置? ………(863)
417. 有限责任公司中,如股权转让导致股东人数超过50人,是否影响
    股权转让合同的效力? …………………………………………(863)
418. 公司解散后,转让股权的合同效力如何认定? …………………(864)
【案例211】委托他人处分股权不同于"冒名处分" 应认定有效 ……(864)
419. 公司章程可否规定股东离职或在其他情况下,其股权由其他股东
    受让?该强制股权转让交易是否有效? ………………………(866)
【案例212】公司要求离职员工强制退股 章程不违法主张获支持 ……(866)
【案例213】约定股权激励回购不影响股权转让合同效力 ………(871)
【案例214】章程约定的股本原始价格回购离职员工股权有效 ……(877)
【案例215】强制退股需一致同意 滥用多数决修改章程无效 ……(883)
【案例216】合伙协议约定员工离职退伙有效 无须分析劳动合同
    解除原因 ………………………………………………(887)
420. 人民法院拍卖上市公司的国有股和社会股时,应当履行哪些
    程序? ……………………………………………………………(891)
421. 股东转让其正在被执行的独资开办的企业(被执行人),人民法院
    能否追加该股东为被执行人? …………………………………(892)
422. 股权转让纠纷胜诉后,公司拒绝将股东名册或工商登记中的股东
    由转让人变更为受让人的,受让人应如何救济? ………………(892)
二、股权转让的对价确定 ……………………………………………(893)
423. 股权转让纠纷中,出现多个对价时,应当如何判断合同当事人的
    真实意思表示并确定股权转让价格? …………………………(893)
【案例217】根据净资产状况推断价款获法院支持 ………………(893)

424. 股权转让合同如未约定转让价款的,且无任何证据证明双方
当时的真实意思表示,应如何确定对价? ……………………… (898)
【案例218】未明确股权转让价格 合同虽无对价但有效 …… (898)
425. 股权转让合同签订后,在履行过程中请求变更股权转让款是否
允许? 其行为如何定性? ………………………………………… (900)
426. 股权转让时,原股东捏造虚假信息,欺骗受让人以较高的价格
购买股权,受让人购得公司股权后应如何救济? ……………… (900)
【案例219】已确认股权转让价款且超过1年 转让人主张变更
价款被驳回 ………………………………………………… (901)
427. 如何证明股权转让合同是基于欺诈而签订的? ……………… (904)
【案例220】未尽注意义务 主张欺诈不成立 ………………… (905)

三、"一股多卖"及出质股权转让的裁判标准 ……………………… (906)
428. 有限责任公司中,股东将自有股权重复出卖给多个股东的,
各受让人应如何主张权利? …………………………………… (906)
429. 转让人一股多卖,其中一名受让人经过法院判决取得股权,但
另一受让人已经实际享有股东权利、履行股东义务,则通过
诉讼获得股东资格的受让人可否主张行使股东权利的
受让人在公司作出的行为无效? ……………………………… (906)
【案例221】一股二卖引发旷日持久连环案 …………………… (907)
【案例222】被执行人名下股权已协议转让 未变更工商登记仍可
被冻结 …………………………………………………… (910)
430. 股权质押如未经工商登记,是否有效? ……………………… (913)

四、股权转让所涉资产、资质、控制权转让问题 …………………… (913)
431. 股权转让中,如果因公司实物资产存在质量瑕疵,该瑕疵的相应
责任可否要求股权转让人承担? ……………………………… (913)
【案例223】股权转让人对公司资产质量问题不承担赔偿责任 … (913)
432. 股权转让合同中,约定公司资产归股东所有是否有效? ……… (916)
【案例224】股权转让不得一并转让公司资产 ………………… (916)

五、瑕疵股权转让的裁判标准 ………………………………………… (918)
433. 出资瑕疵的股东可否对外转让股权? ………………………… (918)
【案例225】出资瑕疵的股东仍可对外转让股权 ……………… (918)
434. 出资瑕疵的股东转让股权,受让人可否以转让人出资瑕疵为由
主张合同无效,或拒绝履行合同? …………………………… (920)

【案例226】股权明知瑕疵仍受让　拖欠股权转让款需偿还⋯⋯⋯⋯（921）

六、隐名股东股权转让的裁判标准⋯⋯⋯⋯⋯⋯⋯⋯⋯⋯⋯⋯⋯（923）

435. 隐名股东通过股权转让的方式显名,代持股股东拒不交付股权,却起诉要求隐名股东履行付款义务,如何处理？⋯⋯⋯⋯⋯⋯（923）

【案例227】隐名投资证据不足　为"显名"支付转让款⋯⋯⋯⋯⋯（924）

436. 隐名股东直接以自己名义与他人签订股权转让合同,效力如何认定？⋯⋯⋯⋯⋯⋯⋯⋯⋯⋯⋯⋯⋯⋯⋯⋯⋯⋯⋯⋯⋯⋯⋯⋯（925）

【案例228】实际出资且其他股东认可　隐名股东转让股权有效⋯（926）

437. 未经隐名股东同意,名义股东擅自对外转让股权的,隐名股东可否直接主张股权处分行为无效？⋯⋯⋯⋯⋯⋯⋯⋯⋯⋯（927）

【案例229】名义股东擅自转让代持股份　恶意受让代持股股权协议无效⋯⋯⋯⋯⋯⋯⋯⋯⋯⋯⋯⋯⋯⋯⋯⋯⋯⋯⋯⋯⋯⋯⋯⋯（928）

【案例230】显名股东擅自转让股权　隐名股东主张转让溢价款获支持⋯⋯⋯⋯⋯⋯⋯⋯⋯⋯⋯⋯⋯⋯⋯⋯⋯⋯⋯⋯⋯⋯⋯⋯（929）

七、股东优先购买权的裁判标准⋯⋯⋯⋯⋯⋯⋯⋯⋯⋯⋯⋯⋯⋯（933）

438. 内部股东之间转让股权时,其他股东是否享有优先购买权？⋯⋯（933）

【案例231】内部转让股权　其他股东无优先购买权⋯⋯⋯⋯⋯⋯（933）

439. 股东向公司以外的第三人转让股权,是否需要其他股东同意？⋯（935）

【案例232】损害股东优先购买权转让股权　工商股东变更后协议仍被撤销⋯⋯⋯⋯⋯⋯⋯⋯⋯⋯⋯⋯⋯⋯⋯⋯⋯⋯⋯⋯⋯⋯（935）

440. 股东对外转让股权须经"过半数股东"同意中的"过半数",指的是表决权过半数还是"人头"过半数？⋯⋯⋯⋯⋯⋯⋯⋯⋯（938）

441. 转让人向其他股东通知转让事宜必须注意哪些问题？应包括哪些通知内容？⋯⋯⋯⋯⋯⋯⋯⋯⋯⋯⋯⋯⋯⋯⋯⋯⋯⋯⋯（938）

442. 转让人向公司其他股东发出的通知主要转让条件不明确时,如何处理？⋯⋯⋯⋯⋯⋯⋯⋯⋯⋯⋯⋯⋯⋯⋯⋯⋯⋯⋯⋯⋯⋯（939）

443. 其他股东接到转让人的书面通知,应在多少日内给予答复？⋯（939）

444. 转让人未依法履行通知义务,即对外签订股权转让合同,侵犯其他股东的优先购买权,股权转让合同效力如何认定？享有优先购买权的股东应如何救济？股权受让人应如何救济？⋯⋯⋯（939）

445. 股东对外转让股权,其他股东是否可对部分股权主张优先购买权？⋯⋯⋯⋯⋯⋯⋯⋯⋯⋯⋯⋯⋯⋯⋯⋯⋯⋯⋯⋯⋯⋯⋯⋯（939）

· 19 ·

446. 股东对外转让股权时,如过半数股东同意转让,是否股权就可以转让给拟受让人?过半数股东不同意转让时,是否股权就无法转让? ……………………………………………………………………(939)

【案例233】外滩地王之争:间接转让无法规避优先购买权 合法形式掩盖非法目的转让合同被判无效 ……………………………(940)

447. 如争议的股权已经被处分,导致股东优先购买权无法实现,主张优先购买权的股东可否要求转让人或公司承担赔偿责任? ………(948)

448. "在同等条件下,其他股东有优先购买权"中的"同等条件"包括哪些因素? ………………………………………………………(948)

449. 股东对外转让股权,其他股东半数以上不同意转让的,不同意转让的股东应当以何种价格购买股权? ……………………………(948)

【案例234】股东行使优先购买权时 购买价格根据评估价值确定无法可依 ……………………………………………………(949)

450. 转让人未就其股权转让事项征求其他股东意见,或者以欺诈、恶意串通等手段,损害其他股东优先购买权,其他股东能否起诉要求按照同等条件购买该转让股权? ……………………………………(952)

【案例235】法定期限内未主张优先购买权 视为同意股权转让 ………(952)

451. 转让人未就其股权转让事项征求其他股东意见,或者以欺诈、恶意串通等手段损害其他股东优先购买权,其他股东能否仅起诉要求确认股权转让合同及股权变动效力,不购买转让股权? ……(954)

【案例236】未主张优先购买 仅诉请股权转让协议无效的不予支持 ……(954)

【案例237】债务承担也应视为同等条件的组成部分 ………………(956)

452. 股东主张优先购买权后,转让人解除股权转让合同,其他股东的优先购买权还能否继续行使? ………………………………………(958)

【案例238】股东解除股权对外转让合同 其他股东无法继续主张优先购买权 ………………………………………………………(958)

453. 如果章程规定或股东约定"股东主张优先购买权后,转让人解除股权转让合同不影响优先购买权的行使",法院应当如何处理? …………………………………………………………………(971)

454. 章程规定、股东约定"股东主张优先购买权后,转让人不能'反悔'",该规定或约定应当经多数决还是一致决作出? ……………(971)

455. 如果转让股东为了回避其他股东的优先购买权而反复"反悔"，
法院如何处理？ ·· (971)

【案例239】诉讼中解除转让协议 优先购买权被驳回 ············ (971)

456. 当多名股东行使优先购买权时，如一名股东表示愿意以更高的
价格购买全部或者部分股权，并导致其他股东无法按照各自
出资比例行使优先购买权的，应如何处理？ ···························· (973)

457. 股东的优先购买权是否适用于股权赠与的情况？如果适用，如何
确定同等条件？ ·· (974)

【案例240】股权赠与应有其他股东同意 未实际交付仍有权撤销 ········ (974)

458. 夫妻离婚时，对财产进行分割，股东一方将股权的部分或者全部
转让给配偶时，其他股东可否优先购买？ ······························ (977)

【案例241】离婚分割股权侵害其他股东优先购买权 被判无效 ········ (977)

459. 当股权发生继承时，是否允许其他股东行使优先购买权？ ········ (979)

460. 人民法院在强制执行程序中决定拍卖有限责任公司股权时，其他
股东的优先购买权如何保护？ ··· (980)

八、夫妻共有股权转让的裁判标准 ·· (980)

461. 夫妻一方与他人签订股权转让协议，转让夫妻共有股权，如何认定
股权转让合同效力？ ··· (980)

【案例242】丈夫代妻子签约转让共同股权有效 妻诉称侵权对抗善意
第三人被驳回 ·· (981)

【案例243】夫妻一方未经授权转让登记在另一方名下股权 转让被
认定无效 ·· (986)

【案例244】对外转让股权须得过半数股东同意 配偶同意并非必须 ····· (988)

462. 如何有效防止夫妻共有股权被擅自处分？ ································ (995)

第三节 股份有限公司股份转让的裁判标准 ······································ (995)

一、股份转让流程及限制 ··· (995)

463. 股份有限公司股份应当如何转让，有何限制？ ························· (995)

464. 股份有限公司成立前是否可以向股东交付股票？ ···················· (995)

465. 股份有限公司的股份转让是否必须在证券交易所进行？ ········· (995)

466. 股份有限公司的股东转让股份，是否需要经过董事会或股东大会
决议和同意？ ·· (996)

467. 股份有限公司发起人、董事、监事、高级管理人员转让本公司股份
有何限制？ (996)

468. 股份有限公司股东在限售期内转让股份,约定待股份解禁后再行
办理过户是否有效？ (996)

【案例245】约定解禁后再行过户　股份转让合法有效 (996)

469. 股份有限公司可否通过公司章程规定股权转让的条件,限制股东
转让股份？ (1001)

470. 股权转让合同解除后,转让人是否可以起诉主张受让人在返还
股权时一并返还其持有该股份在公司所获得的红利、配送
新股及因该股份而认购的新股等股东权益？ (1001)

471. 国有单位受让上市公司股份有哪些方式？ (1001)

472. 公司内部职工股的交易有何限制？ (1002)

473. 公司内部职工股在持有人脱离公司或死亡时如何处理？ (1002)

474. 公司内部职工股的转让价格如何确定？ (1002)

二、非上市公众公司股份转让的流程 (1002)

475. 什么是非上市公众公司？ (1002)

476. 非上市公众公司股票应当在哪里登记？公开转让在哪里进行？ (1002)

477. 进行非上市公众公司收购的条件是什么？收购的股份多长时间
可以转让？ (1002)

478. 非上市公众公司信息披露文件主要包括哪些？ (1003)

479. 公开转让与定向发行的非上市公众公司应当如何进行信息
披露？ (1003)

480. 股票向特定对象转让导致股东累计超过200人的非上市公众公司
应当如何进行信息披露？ (1003)

481. 非上市公众公司披露信息应当由公司的什么机构发布？ (1003)

482. 非上市公众公司可否在公司章程中约定信息披露方式？ (1003)

483. 非上市公众公司披露信息应当如何公布？ (1003)

484. 股票向特定对象转让导致股东累计超过200人的股份有限公司
应当如何进行股票转让？ (1003)

485. 非上市公众公司向社会公众公开转让股票时应当如何作出决议？
其决议包括哪些内容？ (1004)

486. 申请股票向社会公众公开转让应提交哪些申请文件？ (1004)

487. 非上市公众公司定向发行包括哪些情形？……………………（1004）

488. 非上市公众公司定向发行时应当满足哪些条件？………………（1004）

489. 非上市公众公司定向发行股票时,公司应当如何作出决议？……（1005）

490. 非上市公众公司定向发行股票的申请文件包括哪些？……………（1005）

491. 非上市公众公司可否向证监会申请分期定向发行股票？应履行
何种程序？…………………………………………………………（1005）

492. 非上市公众公司在什么情况下可以豁免向中国证监会申请核准、
定向发行股票？……………………………………………………（1005）

493. 非上市公众公司报送的报告有虚假记载、误导性陈述或者重大
遗漏的,应当承担何种行政责任？………………………………（1006）

494. 非上市公众公司以欺骗手段骗取核准、虚假陈述或者其他重大
违法行为给投资者造成损失的,应当承担何种法律责任？………（1006）

495. 非上市公众公司未按规定擅自转让或发行股票的,应当承担何种
行政责任？…………………………………………………………（1006）

496. 证券公司、证券服务机构出具的文件有虚假记载、误导性陈述或者
重大遗漏的,应当承担何种行政责任？……………………………（1006）

497. 非上市公众公司及其他信息披露义务人未按照规定披露信息,
或所披露的信息有虚假记载、误导性陈述或者重大遗漏的,
应当承担何种行政责任？…………………………………………（1006）

498. 公司向不符合规定条件的投资者发行股票的,应当承担何种
行政责任？…………………………………………………………（1007）

499. 非上市公众公司内幕信息知情人或非法获取内幕信息的人,在对公众
公司股票价格有重大影响的信息公开前,泄露该信息、买卖或者
建议他人买卖该股票的,应当如何对其进行处罚？………………（1007）

三、上市公司股份转让的特殊规则 …………………………………（1007）

500. 如何认定尚未履行必要程序的收购上市公司股份
合同的效力？………………………………………………………（1007）

501. 如何认定尚未履行证券监督管理机构股东变更报批手续的转让
证券公司股份合同的效力？………………………………………（1007）

502. 哪些人员买卖上市公司股份存在6个月内不得进行买卖的
特殊时间限制？有无例外情况？…………………………………（1008）

503. 如果上市公司董事会未依照规定没收频繁交易的董事、监事、
高级管理人员及股东收益时,应当如何处理？……………………（1008）

· 23 ·

第四节 国有股权转让的裁判标准

一、国有股权转让的程序规定 ………………………………………(1008)

504. 国有股权转让应当履行哪些程序? ………………………………(1008)
505. 清产核资应当由谁组织? ……………………………………………(1009)
506. 国有股权转让的价格,应当以何为依据?价款支付有何限制? ……(1010)
507. 国有股权转让应当如何进行公告?公告期为多少日?公告内容有哪些? ………………………………………………………………(1010)
508. 国有股权转让经公开征集后,仅有一个受让人应当如何处理?有两个以上受让人拟购买转让股权时应当如何处理? ……………(1011)
509. 企业国有股权转让中,应当于何时办理变动产权登记? …………(1011)
510. 企业办理变动产权登记需要提交哪些材料? ………………………(1011)
511. 转让国有股权应由哪个机构批准? …………………………………(1012)
512. 决定或者批准企业国有股权转让,应审查哪些书面文件? ………(1012)
513. 国有股权转让中转让方案应当包括哪些内容? ……………………(1012)
514. 如果转让人对国有股权转让的受让人有特殊要求,或在资产重组中拟将股权转让给所控股企业从而拟进行协议转让的,应当由哪个部门进行批准? ……………………………………………………(1012)
515. 经国有资产监督管理机构批准后,股权转让双方又对转让方案进行调整的,是否还须重新报批? …………………………………(1013)

二、国有股权转让合同的效力认定 …………………………………(1013)

516. 转让的国有股权未履行批准手续或其他法定程序的,合同效力如何? ……………………………………………………………………(1013)
【案例246】国有股转让未获批 百亿市值瞬间蒸发 ………………(1013)
517. 如内部决策程序有瑕疵,股权转让协议效力如何认定?善意受让人能否适用善意取得制度? ……………………………………(1017)
518. 签订国有股权转让合同后,未对股权价值进行评估的,该股权转让行为效力如何确定?诉讼过程中应如何处理? …………………(1017)
【案例247】未经评估不当然导致国有资产转让行为无效 ………(1018)
【案例248】未经批准、评估转让国有股权被认定无效 …………(1021)
519. 如何进行国有资产转让评估? ………………………………………(1023)
520. 如国有股权转让后,受让人不依照双方约定的职工安置方案履行合同,国有股权的转让人可否主张合同无效? ……………………(1024)
521. 国有股权转让未进场交易,合同效力如何确定? …………………(1024)

【案例249】国有股权转让未进场交易　合同无效 ………………（1024）

【案例250】国有股权转让未进场交易　股权转让协议被认定无效 …（1027）

522. 在哪些法定情形下,国有资产转让可不进场交易? …………（1032）

三、国有股权拍卖的特殊规定 ………………………………（1032）

523. 国有股权进场交易时,如采用拍卖程序转让股权,则其他股东的优先购买权如何行使? ……………………………………（1032）

524. 国有股权被强制拍卖时,其拍卖是否必须确定保留价? 保留价应当如何确定? 如拍卖最高价未到达保留价应如何处理? ……（1033）

525. 如国有资产监督管理部门怠于履行或拒绝履行职责,哪个部门可以代替国有资产监督管理部门成为代表国家提起股权转让纠纷诉讼的主体? ……………………………………………（1033）

四、国有创业投资企业股权投资的退出 ………………………（1033）

526. 国有创业投资企业是否可以协议方式转让股权? ……………（1033）

527. 国有创业投资企业与其他股东事前约定股权转让条件应注意哪些问题? …………………………………………（1033）

528. 国有创业投资企业对股权转让的事前约定应当怎样办理备案手续? ……………………………………………………（1034）

529. 国有创业投资企业股权转让应当遵循怎样的决策程序? ……（1034）

530. 国有创业投资企业转让股权如何报批? 如何审批? …………（1034）

531. 何为创业投资引导基金? ………………………………………（1035）

532. 引导基金形成的股权应如何退出? ……………………………（1035）

第五节　股权转让的税务问题 ………………………………（1036）

一、自然人转让股权的税务问题 ………………………………（1036）

533. 自然人转让股权,如何计征个人所得税? ……………………（1036）

【案例251】股权转让个人所得税处理案 …………………………（1037）

534. 自然人转让股权,应当于何时何地缴纳个人所得税? 当自然人年所得超过12万元,其任职单位与股权变更企业所在地不一致时,自然人应如何选择纳税地? ………………………………（1038）

535. 纳税义务人自行申报或扣缴义务人进行股权转让纳税申报,需要提交哪些材料? ……………………………………（1039）

【案例252】自然人转让股权未进行纳税申报　欠缴税款可能构成逃税罪 ……………………………………………………（1039）

536. 个人纳税义务人转让其在境外股权取得的所得,如果这部分
    所得在境外已经缴税,在境内是否还需要缴税? ……………… (1043)

537. 两个或者两个以上自然人共同取得同一股权转让收入的,
    应如何纳税? ……………………………………………………… (1043)

538. 自然人转让股权,其计税明显偏低,税务机关是否可以调整?
    如何调整? ………………………………………………………… (1043)

【案例253】股份转让价格低于对应净资产值 税务机关有权重新
    核定转让收入 ……………………………………………… (1044)

539. 如何判断股权转让所得计税依据明显偏低? 计税依据明显偏低的
    正当理由包括哪些? ……………………………………………… (1045)

【案例254】1元受让配偶持有的85%股份 可不缴纳个税 …………… (1045)

540. 自然人分期投入获得的股权,转让部分股权时,主管税务机关将
    如何审核其股权转让成本? ……………………………………… (1046)

541. 主管地方税务机关核定股权转让应纳税所得额时,应考虑
    哪些因素? ………………………………………………………… (1046)

542. 自然人股东将股权赠与他人,是否需要缴纳所得税? 什么情形下
    需要缴纳所得税? ………………………………………………… (1047)

543. 如何确定个人转让因受赠获得的股权的应纳税额? …………… (1047)

544. 企业股权置换过程中个人股权转让,应如何缴纳个人所得税? …… (1047)

545. 对个人在上海证券交易所、深圳证券交易所转让从上市公司公开
    发行和转让市场取得的上市公司股票所得,是否需要计征个人
    所得税? …………………………………………………………… (1047)

【案例255】华孚色纺公司股东减持股改限售股份 ……………………… (1048)

546. 全体股东,通过签订股权转让协议,以转让公司全部资产方式将
    股权转让给新股东,协议约定时间以前的债权债务由原股东
    负责,协议约定时间以后的债权债务由新股东负责。此时,
    原股东如何计征个人所得税? …………………………………… (1049)

547. 集体所有制企业在改制为股份合作制企业过程中个人取得的
    量化资产,如何计征个人所得税? ……………………………… (1049)

548. 股权转让合同被撤销,退还的股权转让款是否需要缴纳个人
    所得税? 如何缴纳? ……………………………………………… (1050)

549. 股权成功转让后,转让方个人因受让方个人未按规定期限支付
    价款而取得的违约金收入,是否需要缴纳个人所得税? ……… (1050)

· 26 ·

550. 个人因各种原因终止投资、联营、经营合作等行为,从被投资企业或合作项目、被投资企业的其他投资者以及合作项目的经营合作人取得股权转让收入、违约金、补偿金、赔偿金及以其他名目收回的款项等,是否需要缴纳个人所得税?如需缴纳,如何缴纳? ……… (1050)

551. 非居民个人转让其在境内持有的股权,是否需要缴税? ……… (1051)

552. 个人转让股权是否需要缴纳印花税?如果股权转让合同签署后又被撤销或终止,已经完税的贴花能否回转? ……… (1051)

二、法人股东转让股权的税务问题 ……… (1051)

(一)居民企业转让股权的所得税问题 ……… (1051)

553. 企业因转让股权,何时确认收入? ……… (1051)

554. 如何确认和计算企业因转让股权取得的所得? ……… (1051)

555. 企业股权投资损失的所得税应如何处理? ……… (1051)

556. 核定征收企业所得税的企业,取得的转让股权(股票)收入等转让财产收入,是否适用企业所得税核定征收方式?如果适用,如何征税? ……… (1052)

557. 居民企业转让股权所得的纳税地点如何确定? ……… (1052)

558. 居民企业取得股权转让所得,缴纳企业所得税的税率是多少? ……… (1052)

559. 投资企业撤回或减少投资时应作何税务处理? ……… (1052)

560. 股权转让人应分享的被投资方累计未分配利润或累计盈余公积金应如何定性? ……… (1052)

561. 被投资企业有未分配利润等股东留存收益,在转让股权前进行利润分配,能否降低税负? ……… (1052)

562. 法人股东低价转让股权,税务局是否会核定企业所得税? ……… (1053)

【案例256】对赌协议不能成为企业股权转让的挡税牌 ……… (1054)

563. 法人股东将其持有的股权无偿赠与他人是否需要征收所得税? ……… (1056)

564. 办理股权转让税务登记变更需要提交哪些材料? ……… (1057)

565. 个人独资、合伙企业转让投资股权如何缴纳所得税? ……… (1057)

(二)非居民企业转让股权的所得税问题 ……… (1057)

566. 非居民企业取得来源于中国境内股权转让财产所得是否需要缴纳企业所得税? ……… (1057)

567. 对非居民企业取得来源于中国境内的转让财产所得,应如何确定扣缴义务人?扣缴义务人应当如何履行扣缴税款义务?扣缴义务的发生时间如何确定? ……… (1057)

568. 对非居民企业取得来源于中国境内转让财产所得,应如何确定主管税务机关?扣缴义务人未按照规定办理扣缴税款登记的,可能会承担哪些行政法律风险? ……………………………………………… (1058)

569. 如何确定非居民企业股权转让所得应纳税所得额?其税率为多少?如何计算股权转让的应纳税额? ………………… (1058)

570. 在计算非居民企业股权转让所得时,扣缴义务人对外支付或者到期应支付的款项为人民币以外货币的,在申报扣缴企业所得税时,应当采用何种币种计算应纳税所得额?计算股权转让收入以及股权净值时应采用何种币种? …………… (1059)

571. 扣缴义务人与非居民企业签订有关的业务合同时,凡合同中约定由扣缴义务人负担应纳税款的,应如何确定非居民企业的应纳税所得额? ……………………………………………… (1059)

572. 扣缴义务人未依法扣缴或者无法履行扣缴义务的,非居民企业也不申报缴纳企业所得税,税务主管机关应如何处理? ……… (1059)

573. 主管税务机关在追缴非居民企业应纳税款时,可以采取什么措施? ………………………………………………………… (1060)

574. 非居民企业到期应支付而未支付的所得如何扣缴企业所得税? …………………………………………………………… (1060)

575. 境外投资方(实际控制方)通过境外企业间接转让中国居民企业股权,因股权转让购买方、交易均在境外,并且转让的是境外公司的股权而非境内企业的股权,是否因此在中国不负有纳税义务? ……………………………………………………… (1060)

576. 如何判断间接转让中国应税财产交易相关的所有安排是否具有合理商业目的? ……………………………………………… (1060)

577. 税务机关在什么情况下可以直接认定间接转让中国应税财产相关的整体安排不具备合理商业目的? ……………………… (1061)

【案例257】境外间接转让境内股权 境内征收1.73亿元税款 …… (1061)

【案例258】转让标的实质在境内 多层间接持股难逃税 ……… (1064)

【案例259】避税地设立公司无正当商业目的 难逃近4亿元缴税义务 ……………………………………………………… (1066)

【案例260】重庆国税成功征收98万元人民币预提所得税 ……… (1069)

578. 非居民企业向其关联方转让中国居民企业股权,其转让价格不符合独立交易原则而减少应纳税所得额的,税务机关是否有权进行调整? ……………………………………………… (1070)

579. 非居民企业转让境内股权适用特殊性税务处理必须具备哪些
条件？ ………………………………………………………… （1070）

580. 在什么情形下，非居民企业适用核定征收方式？核定应纳税
所得额有哪些方式？ ……………………………………… （1071）

581. 非居民企业是否可以享受小型微利企业所得税优惠政策？ …… （1072）

582. 何为外国企业常驻代表机构？外国企业常驻代表机构需要缴纳
哪些税收？各个税种的缴纳时间为何时？ ……………… （1072）

583. 代表机构应于何时办理税务登记？办理登记手续,应当提交
哪些材料？ ………………………………………………… （1073）

584. 在哪些情形下，税务机关将对代表机构的应纳所得额采取核定
征收方式？如何核定？ …………………………………… （1073）

（三）企业转让股权所涉其他税种 ………………………………… （1074）

585. 企业转让股权是否需要缴纳印花税？如果股权转让合同签署后
又被撤销或终止，已经完税的贴花能否回转？ ………… （1074）

586. 企业买卖股票取得的收入，是否需要缴纳增值税？ ………… （1074）

587. 企业以转让股权名义转让房地产的，是否需要缴纳土地
增值税？ …………………………………………………… （1074）

588. 企业转让股权涉及企业土地、房屋权属发生变化的，是否需要
缴纳契税？ ………………………………………………… （1074）

三、转让限售股的所得税问题 ……………………………… （1075）

589. 如何确定限售股的范围？ ………………………………… （1075）

590. 哪些限售股交易行为，需要计征个人所得税？ ………… （1075）

【案例261】陈某树减持紫金矿业股份税务处理案 ……………… （1076）

591. 个人转让限售股，如何确定纳税义务人、纳税范围、扣缴
义务人？ …………………………………………………… （1079）

592. 个人转让限售股，如何确定应纳税额？ ………………… （1080）

593. 个人持有的上市公司限售股，解禁前取得的股息红利如何
确定应纳税额？ …………………………………………… （1080）

【案例262】杭齿前进自然人出售限售股税务处理案 …………… （1080）

594. 个人转让限售股，如何确定征收方式？ ………………… （1081）

595. 纳税人同时持有限售股及该股流通股的，如何确定其限售股
转让所得？ ………………………………………………… （1082）

596. 限售股在解禁前被多次转让的，如何缴纳个人所得税？ …… （1082）

· 29 ·

597. 个人转让限售股,限售股所对应的公司在证券机构技术和制度准备完成前上市的,应如何计算应纳税所得额? ………………（1082）

598. 个人转让限售股,限售股所对应的公司在证券机构技术和制度准备完成后上市的,如何确定其应纳税所得额? ………………（1082）

599. 个人通过证券交易所集中交易系统或大宗交易系统转让限售股,如何确定转让收入? ………………………………………………（1082）

600. 个人用限售股认购或申购交易型开放式指数基金(ETF)份额,如何确定转让收入? ………………………………………………（1082）

601. 个人用限售股接受要约收购,如何确定转让收入? …………（1082）

602. 个人行使现金选择权将限售股转让给提供现金选择权的第三方,如何确定转让收入? ………………………………………（1082）

603. 个人协议转让限售股的,如何确定转让收入? ………………（1083）

【案例263】绿大地股东协议转让限售股税务处理案 ………（1083）

604. 个人持有的限售股被司法扣划的,如何确定转让收入? ……（1084）

605. 个人因依法继承或家庭财产分割让渡限售股所有权、个人用限售股偿还上市公司股权分置改革中由大股东代其向流通股股东支付的对价,如何确定转让收入? ……………………………（1084）

606. 个人转让因协议受让、司法扣划等情形取得未解禁限售股的,如何计算成本? ……………………………………………………（1084）

607. 在证券机构技术和制度准备完成后形成的限售股,自股票上市首日至解禁日期间发生送、转、缩股的,其原值应如何调整? ………（1084）

608. 当出现个人协议转让限售股、个人持有的限售股被司法扣划、个人因依法继承或家庭财产分割让渡限售股所有权、个人用限售股偿还上市公司股权分置改革中由大股东代其向流通股股东支付的对价情形之一的,纳税人应如何缴纳个人所得税? ………（1084）

609. 个人持有在证券机构技术和制度准备完成后形成的拟上市公司限售股,在公司上市前,应如何确定其原值? …………………（1085）

610. 证券机构技术和制度准备完成前形成的限售股,如何计征个人所得税? ……………………………………………………………（1085）

611. 证券机构技术和制度准备完成后新上市公司的限售股,纳税人在转让时应缴纳的个人所得税,其征收方式如何确定? ………（1086）

612. 证券机构技术和制度准备完成前形成的限售股,其转让所得应
缴纳的个人所得税采取证券机构预扣预缴、纳税人自行申报
清算方式征收,其具体的征缴方式有哪些? ……………………… (1086)

613. 采取证券机构预扣预缴、纳税人自行申报清算方式下的税款
结算和退税管理如何进行? ……………………………………… (1087)

614. 企业转让限售股,如何确定纳税义务人? ……………………… (1087)

615. 企业转让因股权分置改革造成原由个人出资而由企业代持有的
限售股,是否需要缴纳企业所得税? 企业将税后收入转付给
实际所有人是否需要缴税? ……………………………………… (1087)

【案例264】何种方式转让限售股　税负最低 ………………………… (1088)

616. 企业在限售股解禁前转让限售股的,如何计征所得税? ……… (1089)

四、股权收购与资产收购的所得税问题 …………………………… (1089)

(一)适用特殊性税务处理的一般条件及流程 ……………………… (1089)

617. 何为企业重组? 符合哪些条件,发生在境内的企业重组事项适用
特殊性税务处理? ………………………………………………… (1089)

618. 跨境重组适用所得税特殊性税务处理必须满足哪些条件? 企业
适用特殊性税务处理后,有何注意事项? ……………………… (1090)

【案例265】香港晋明集团跨境重组税务处理案 …………………… (1091)

【案例266】跨境股权转让　申请特殊税务处理获批 ……………… (1092)

【案例267】跨境重组特殊性税务处理申请被否　追缴712万元 … (1096)

619. 企业由法人转变为个人独资企业、合伙企业等非法人组织,或将
登记注册地转移至境外,或企业注册名称、住所以及企业组织
形式等发生改变(以下简称企业法律形式改变),如何
进行税务处理? …………………………………………………… (1098)

【案例268】天玑科技有限公司折股变更为股份公司税务处理案 ……… (1099)

620. 企业重组业务适用特殊性税务处理的,当事各方申报时有哪些
注意事项? ………………………………………………………… (1100)

621. 企业发生符合特殊重组条件并选择特殊性税务处理,在备案或
提交确认申请时,应从哪些方面说明企业重组具有合理的
商业目的? ………………………………………………………… (1100)

622. 若同一项重组业务涉及在连续12个月内分步交易,且跨两个纳税
年度,当事各方如何进行税务处理? …………………………… (1100)

· 31 ·

623. 任一当事方在规定时间内发生生产经营业务、公司性质、资产或股权结构等情况变化,致使重组业务不再符合特殊性税务处理条件的,应如何处理? ……………………………………………………(1101)

624. 100%直接控制的居民企业之间,以及受同一或相同多家居民企业100%直接控制的居民企业之间按账面净值划转股权或资产,任一当事方在规定时间内发生生产经营业务、公司性质、资产或股权结构等情况变化,致使重组业务不再符合特殊性税务处理条件的,应如何处理? …………………………………(1101)

(二)股权收购的财税处理 ……………………………………………(1102)

625. 一名或多名个人投资者以股权收购方式取得被收购企业100%股权,企业被收购之后,新股东将原有"资本公积、盈余公积、未分配利润"等盈余积累转增股本(注册资本、实收资本等),是否需要缴纳个人所得税? ……………………………………………………(1102)

626. 企业股权收购重组日、重组业务当事各方以及重组主导方如何确定? …………………………………………………………(1103)

627. 股权收购如何进行一般性税务处理? ………………………(1103)

628. 符合哪些条件,股权收购适用特殊性税务处理方式? ……(1103)

629. 企业股权收购重组交易,交易各方应如何进行特殊性税务处理? …………………………………………………………(1103)

【案例269】西单商场股权收购税务处理案 ……………………(1104)

630. 企业发生符合条件的股权收购业务,进行特殊性税务处理,应准备哪些文件? …………………………………………(1107)

(三)资产收购的财税处理 ……………………………………………(1107)

631. 如何确定企业资产收购重组日、重组业务当事各方以及重组主导方? …………………………………………………………(1107)

632. 企业资产收购重组交易,除适用特殊性税务处理规定的外,如何进行税务处理? …………………………………………(1108)

【案例270】天坛生物资产收购一般性税务处理案 ……………(1108)

633. 符合哪些条件,资产收购适用特殊性税务处理方式? ……(1112)

634. 企业资产收购重组交易,交易各方应如何进行特殊性税务处理? …………………………………………………………(1113)

635. 企业资产收购,进行特殊性税务处理,应准备哪些文件? ……(1113)

· 32 ·

第四章　股东资格确认纠纷

【宋和顾释义】

股东资格确认纠纷,是指股东就确认其股东资格或其持股的数额、比例与公司其他股东或公司之间发生纠纷。

股东资格确认纠纷主要包括以下六种情形:

(1)瑕疵出资股东的股东资格确认纠纷。

股东出资瑕疵在一般情况下不会对其股东资格造成影响,但公司可以根据章程或者股东会决议对其利润分配请求权、新股优先认购权、剩余财产分配请求权等股东权利作出相应的合理限制。由此可能引发纠纷。

(2)名义出资人(或显名股东)与实际出资人(或隐名股东)的股东资格确认纠纷。

(3)共有股权股东资格确认纠纷。

共有股权,是指两个以上的权利主体享有同一股权的情形,共有股权既可因当事人之间的身份关系而产生,也可因约定而产生。例如,因共同认购、合伙、夫妻、继承等关系而产生的共有股权。共有处分、合伙解散、夫妻离婚、继承发生时,一方共有人可能提起股东资格的确认之诉。

(4)因股权转让而产生的股东资格确认纠纷。

此种情形主要是指股权转让双方在股权转让过程中,没有交付股票或者出资证明书,或者没有履行股东变更登记手续,受让股东与转让股东发生的股权确认纠纷。

> (5) 因借用或冒用他人姓名而引发的股东资格确认纠纷。
> 此情形主要指在实践中,当事人借用、冒用他人或并非真实存在的姓名登记为股东所引起的股东资格确认纠纷。
> (6) 因股东除名而引发的股东资格确认纠纷。
> 此种情形主要指股东未履行出资义务或者抽逃全部出资,公司决议解除其股东资格所引起的股东资格确认纠纷。

【关键词】实际出资人　名义股东　冒名股东　干股股东　股票期权　股票增值权　限制性股票　虚假诉讼　法定继承　遗嘱继承　遗赠　遗嘱信托　遗产税　赠与税

❖ **实际出资人**:指实际出资认购公司股份,但在公司章程、股东名册和工商登记中却被记载为他人的投资者。[①]

❖ **名义股东**:与实际出资人相对应,系指未出资而被记载于公司章程、股东名册等文件上的"股东"。

❖ **冒名股东**:指冒用人以根本不存在的人(如已死亡的、虚构的)的名义出资登记,或者盗用他人的名义出资登记而成为"股东"。其与隐名投资关系的区别在于冒名者与被冒名者之间不存在合意。

❖ **干股股东**:此概念并非法律意义上的概念,实践中一般是指具备股东的形式要件并实际享有股东权利,但自己未实际出资的股东,一般是因为公司或公司其他股东的赠与而获得股东资格的人。

❖ **股票期权**:指企业授予激励对象在未来一定期限内以预先确定的行权价格购买本企业一定数量股份的权利。

❖ **股票增值权**:指上市公司授予激励对象在未来一定时期和约定条件下,获得规定数量的股票价格上升所带来收益的权利。被授权人在约定条件下行权,上市公司按照行权日与授权日二级市场股票差价乘以授权股票数量,发放给被授权人现金。

❖ **限制性股票**:指上市公司按照预先确定的条件授予激励对象一定数量的本公司股票,激励对象只有在工作年限或业绩目标符合股权激励计划规定条件时,才可出售限制性股票并从中获益。

[①] 赵旭东主编:《公司法学》(第 2 版),高等教育出版社 2006 年版,第 313 页。

❖ **虚假诉讼**：指当事人出于非法的动机和目的，利用法律赋予的诉讼权利，采取虚假的诉讼主体、事实及证据的方法提起民事诉讼，使法院作出错误的判决、裁定、调解的行为。

❖ **法定继承**：指当自然人死亡时未留有遗嘱，其遗产由其继承人依法律规定的范围、顺序、分配规则进行继承的行为。

❖ **遗嘱继承**：指公民依照法律规定立遗嘱，将个人财产指定由法定继承人的一人或者数人继承。遗嘱继承与法定继承不同之处在于，公民可以自行确定遗产继承人、继承金额以及方式等。

❖ **遗赠**：指自然人以遗嘱的方式将财产赠送给国家、集体或者法定继承人以外的人。

❖ **遗嘱信托**：指委托人预先以立遗嘱的方式，将财产的规划内容，包括交付信托后遗产的管理、分配、运用及给付等，详订于遗嘱中。待遗嘱生效时，再将信托财产转移给受托人，由受托人依据信托的内容，管理信托财产。遗嘱信托在遗嘱人订立遗嘱后成立，并于遗嘱人去世后立即生效。

遗嘱信托早在百余年前就已经流行于西方。如今在海外，人们处理遗产通常有两种方式：如果财产不多，可通过遗嘱来分配遗产；如果资产比较庞大的话，可以采用遗嘱信托来处理。

信托是指委托人基于对受托人的信任，将其财产权委托给受托人，由受托人按委托人的意愿以自己的名义，为受益人的利益或者特定目的，进行管理或者处分的行为。

❖ **遗产税**：指以财产所有人死亡之后所遗留的财产为征税对象，向死亡者遗产的继承人和受遗赠人征收的税。

❖ **赠与税**：指对财产所有者生前转移的财产征收的税种，是遗产税的辅助税种，其开征目的在于防止财产所有者生前通过财产赠与的方式逃避遗产税。

第一节 立 案

208. 如何确定股东资格确认纠纷的诉讼当事人？

当事人向人民法院起诉请求确认其股东资格的，应当以公司为被告，以与案件争议股权有利害关系的人作为第三人参加诉讼，具体如下：

（1）实际出资人欲确认其股东资格的，应以公司为被告，以名义股东为第三人，并且其他股东可以作为第三人参加诉讼；

（2）股权转让中，受让人欲确认其股东资格的，则应以公司为被告，而此时，如果有人认为其对该股权亦有权利的，如一股多卖，则该请求人应为第三人；

（3）股东资格继承中，继承人欲确认其股东资格的，应以公司为被告，而对该股东资格主张权利的其他人，如公司其他股东，或存在多个继承人的，可以作为第三人参加诉讼；

（4）干股股东欲确认其股东资格的，应以公司为被告，以主张对该股权有权利的其他人为第三人，如公司其他股东；

（5）盗用他人身份的，被盗用人欲否认其股东资格的，应以公司为被告，以盗用人为第三人；

（6）借用他人身份的，借用人或被借用人欲确认其股东资格，应以公司为被告，以被借用人或借用人为第三人，以公司其他股东作为第三人参加诉讼；

（7）他人冒用股东签名转让股权，原股东提起确认股东资格的诉讼，诉讼当事人的确定分为两种情形：

①股东以其签名被他人冒用为由，主张股权转让协议无效，应当以股权转让协议中的股权受让人为被告，确认股权转让协议效力；

②股东以股东大会对其股权予以转让所作决议无效为由提起诉讼，应当以公司为被告，确认股东大会决议效力。

冒用他人名义的责任人在第①种情形下可以作为共同被告参加诉讼，在第②种情形下可以作为无独立请求权的第三人参加诉讼。

209. 实际出资人以名义股东为被告要求确认股权的，法院该如何处理？

法院应向原告声明其应以公司为被告提起股东资格确认之诉，如原告坚持的，则应驳回起诉。

210. 股东资格确认纠纷由何地法院管辖？

由公司住所地人民法院管辖。公司住所地是指公司主要办事机构所在地。公司主要办事机构不明确的，由其注册地人民法院管辖。

高级人民法院和中级人民法院管辖第一审民商事案件标准见表4-1：

第四章 股东资格确认纠纷

表4-1 法院受理案件标的额分类

省(市)	法院	诉讼标的额/元		
		当事人在同一辖区(非涉外)	当事人不在同一辖区(非涉外)	涉外
北京、上海、江苏、浙江、广东	高级人民法院	50亿以上		
	中级人民法院	5亿~50亿	1亿~50亿	2000万~50亿

211. 股东资格确认纠纷按照什么标准交纳案件受理费用？

我国案件受理费用的收取标准区分财产类案件与非财产类案件。

对于财产类案件,根据标的额按比例分段累计交纳,具体计算比例详见本书第一章第4问"公司设立纠纷应按照什么标准交纳案件受理费？"。

对于非财产类案件：

(1)离婚案件每件交纳50~300元。涉及财产分割,财产总额不超过20万元的,不另行交纳;超过20万元的部分,按照0.5%交纳；

(2)侵害姓名权、名称权、肖像权、名誉权、荣誉权以及其他人格权的案件,每件交纳100元。涉及损害赔偿,赔偿金额不超过5万元的,不另行交纳;超过5万元至10万元的部分,按照1%交纳;超过10万元的部分,按照0.5%交纳；

(3)其他非财产案件每件交纳50~100元。

需要注意的是,司法实践中各地法院在股东资格确认之诉中的诉讼费收取标准并不一致。主要原因在于股权既具有财产性,又具有非财产性。因此,有的法院就以标的额收取,即所确认的股权的价值,而有的则以件收取,如每件50~100元。

例如,上海法院多以标的额收取诉讼费。而北京的法院,有的以标的额收取,有的则按件收取。即使是在同一法院,也有不同的情况。

因此,在提起股东资格确认之诉时,应事先向有管辖权的人民法院咨询诉讼费如何收取,以考虑诉讼成本。

212. 股东资格确认纠纷是否适用诉讼时效？

不适用。

诉讼时效仅适用于债权请求权,股东资格确认纠纷属确认之诉,不应适用诉讼时效。

213. 在确认股东资格后,他人不配合办理变更登记的,原告应如何救济?

在最高人民法院《民事案件案由规定》颁布之前,实践中的操作方式为经确权的股东向法院申请强制执行,市场监督管理部门在收到人民法院的协助执行通知书后,会采取股权冻结手续,并配合人民法院办理股权变更登记。

此外,对该拒不办理变更登记的公司,市场监督管理部门还可以视情况给予1万元以上10万元以下的罚款。

最高人民法院《民事案件案由规定》颁布后,对不配合办理工商登记如何处理设置了新的案由,即请求变更公司登记纠纷,但对股东资格确权之诉与变更登记之诉能否同时提起未明确。

笔者认为,对于是否具有股东资格存有较大争议的案件,当事人可以同时提起确权与变更诉讼,在法院判决胜诉后申请法院出具协助执行通知书强制办理股权转让变更。对于法律关系较为明确,各方对真实股东不存在争议的案件,当事人可直接提起变更公司登记诉讼。[①]

第二节 股东资格确认的一般规则

一、股东资格的主体限制

214. 发生股东资格确认纠纷的原因有哪些?

发生股东资格确认纠纷的原因主要有如下情况。

(1)立法的滞后性,导致《公司法》对股东资格确认未作明确规定。

我国《公司法》只规定了股东资格的取得,对股东资格的确认并没有作明确规定,这直接导致股东资格确认纠纷频发。2005年修订前的《公司法》不允许设立一人公司,导致在实际投资人仅一人的情况下,股东们纷纷找人"挂名"。这也是如今大量实际出资人存在的重要原因。

(2)行为人的自身原因。

实践中,行为人自身原因导致发生股东资格确认纠纷主要分为三种情况:

①由于当事人在公司的设立、运作上的不规范操作,如股权转让后不办理股权变更登记等;

②受委托办理公司设立或变更之人,出于个人利益考虑,擅自将属于他人的

---

① 关于变更公司登记诉讼内容详见第六章请求变更公司登记纠纷。

股权份额登记在自己名下；

③为规避商业、法律风险而为之，如外方投资者通过中国公民作为名义股东规避我国限制、禁止外商投资企业从事的经营范围。

【案例106】关某天与周某波股东资格之争

原告：关某天

被告：周某波

第三人：楠昊投资公司

诉讼请求：确认第三人200万元投资款中有100万元属原告出资。

诉讼期间，原告先是要求确认享有第三人的股权，后来又改变为要求返还借款，之后又变更为解除股权代持关系，正式开庭时决定以委托投资纠纷提起诉讼。

争议焦点：

1. 原告是否系上海君德商贸有限公司的实际出资人；
2. 原告与被告之间是代持股关系，还是借款关系。

原告诉称：

2007年9月，原、被告口头约定各出资100万元，共同投资第三人。由原告为被告代垫其应承担的100万元出资款，并由第三人通过案外人对中国南玻集团股份有限公司A股进行投资，以获投资收益。

为图方便，双方当时约定原告出资的100万元所对应的股权由被告代持。随即，原告便将200万元汇入第三人的账号。

2009年8月和9月，被告向原告归还了代垫的出资款100万元，但当初被告为原告"代持"的股权却一直没有归还给原告。

被告辩称：

不同意原告的观点。如果原告确有主张，应提交证据，否则应承担无法举证的不利后果。

案件结果：

2011年11月16日，该案首次在上海长宁区法院开庭。原、被告两人均没有出现在庭审现场，由原告律师、被告律师以及第三人的负责人三方对簿公堂，两人曾经的纠纷调解人孙某春则作为证人出席。最后，审判长分别询问原告、被告与第三人是否愿意在法庭主持下进行调解，得到三方"愿意"的回答后，宣布让三方回去考虑各自方案，1周内以书面形式交到法庭，之后再进行调解，如收不到则视为放弃调解。

2011年12月29日,原告撤诉。

215. 哪些机构或自然人不能担任公司股东?

公司股东主体资格有一定限制,主要表现为以下六个方面:

(1)国家机关不得作为公司股东。

除国有资产监督管理委员会以外,国家机关不得投资设立公司。

(2)公司不得成为自己的股东。

除非是在减少公司注册资本而注销股权(份)、与持有本公司股票的其他公司合并、将股份用于员工持股计划或者股权激励、股东因对股东大会作出的公司合并、分立决议持异议,要求公司收购其股份、将股份用于转换上市公司发行的可转换为股票的公司债券、上市公司为维护公司价值及股东权益所必需的情况下,公司不得成为自己的股东。

(3)股东国籍限制。

《外商投资产业指导目录》对外商投资产业范围作了限制与禁止性规定,如该目录规定外商不得投资空中交通管制公司与邮政公司。

(4)股份有限公司股东住所限制。

设立股份有限公司的应有半数以上的发起人股东在国内有住所。

(5)有限责任公司章程可限制股东资格。

有限责任公司章程可以对股东的人选加以限制,如无民事行为能力人不得担任公司股东。

(6)公司董事、高级管理人员因同业竞争而受到的限制。

如一人已在其他公司担任董事、高级管理人员,则不得自营或者为他人经营与所任职公司同类的业务。

216. 未成年人可否担任股东?

可以。《公司法》并未禁止未成年人作为股东或发起人,国家市场监督管理总局也明文规定未成年人可以成为公司股东。在各地实践中,如湖南省市场监督管理部门更是进一步规定经法定代理人同意,未成年人可以作为公司的发起人。

当然,由于设立、经营公司过程中需要进行一些相关民事法律行为,如签订协议、偿还债务,所以未成年人作为无民事行为能力人或限制民事行为能力人,其行为应当得到法定代理人的确认。

如果在具体实践中遇到市场监督管理部门不允许未成年人设立公司的,可尝试变通方式,先由未成年人的法定代理人作为发起人设立公司,之后再将股权转让给该未成年人。

【案例107】上海法院首例支持娃娃股东持股案例[①]

原告:张某、莉莉、瑶瑶

被告:某投资公司

诉讼请求:判令被告履行《股权转让书》,将其25%股权无偿转让给三原告,并配合办理工商变更登记手续。

争议焦点:原告莉莉、瑶瑶作为未成年人可否受让股权成为被告股东。

基本案情:

原告张某和李先生曾是一对夫妻,育有女儿原告莉莉(6岁)、瑶瑶(5岁)。

2003年1月,夫妻俩和温州公司共同出资成立被告,注册资本3000万元。其中,原告张某占45%股权,李先生占30%,温州公司持股25%,其真正股东也是李先生。

2006年9月22日,原告张某和李先生协议离婚,并于当天达成《股权转让书》,约定原告莉莉和原告瑶瑶由原告张某抚养,李先生将持有的温州公司持有的被告25%股权无偿转让给妻女,其中原告张某获赠11%,原告莉莉和原告瑶瑶各获7%。

原告诉称:

2006年10月17日,原告张某与李先生之间的股权转让行为取得了温州公司的书面同意。由于原告莉莉和原告瑶瑶年幼,原告张某作为法定监护人,代他们与温州公司签订《股权转让协议》。但被告却一直不配合办理工商变更登记。

被告辩称:

原告莉莉、瑶瑶分别只有6岁、5岁,属于无民事行为能力人,不具备担任公司股东的资格。如果由他们担任公司股东,将会给公司造成不利影响,损害公司、其他股东利益。

律师观点:

《公司法》并未对未成年人担任股东作出限制,原告张某与温州公司签订的股权转让协议系各方真实意思表示,未违反法律的强制性规定,应属有效。温州公司应按《股权转让书》的约定履行其义务,协助三原告办理股权变更的手续。

---

① 金莉娜:《上海法院首次判娃娃股东持股合法》,载新浪网,https://finance.sina.com.cn/g/20071022/23564086553.shtml,2020年6月22日访问。

法院判决：

1. 原告张某受让温州公司出让的11%股权后,其持有被告56%股权;
2. 原告莉莉和原告瑶瑶各受让温州公司出让的7%股权;
3. 被告协助原告张某和莉莉、瑶瑶向工商登记机关办理上述股东变更登记手续。

【案例108】北京银行惊现20%娃娃股东[①]

北京银行于2007年9月在上海证券交易所上市,根据招股说明书,在银行的员工股东名册中共有4219人持有北京银行的原始股。其中在列的有近千名员工股东在北京银行股改时还未满18岁,最小的甚至只有1岁,占比超过员工股东人数的20%。

北京银行"娃娃股东"应该出现在1995年3月31日的清产核资截止之前。种种迹象表明,娃娃股东的出现,应该是与北京银行改制清产核资阶段中的一些历史原因有关。

根据《北京城市合作银行组建方案》的折股方案,作为信用社的股东会得到出资额的数十倍回报。《城市信用社清产核资统计表》中显示,按照折股系数,每个信用社的入行系数由9点多到28点多不等。也就是说,1元钱的出资乘以9点多或者28点多,最后拥有的信用社财产是9~28元。"眨眼就能来这么多钱,谁不愿意往里挤。"原信用社人士说。

据悉,在当时入股信用社时,并不登记身份证,而且彼此都比较熟悉。但是,如果某个人拥有的股金太大,是很扎眼的,于是,这些内部机关工作人员那就用孩子的名义来"分摊"认股权,将股权登记为自己孩子的名字,进而形成了"娃娃股东"。

217. 公务员可以投资入股吗?

《公务员法》明令禁止公务员从事或者参与营利性活动,在企业或者其他营利性组织中兼任职务,根据《行政机关公务员处分条例》的规定,公务员投资入股,行政机关会给予其记过或者记大过处分;情节较重的,给予降级或者撤职处分;情节严重的,给予开除处分。《法官法》也明确规定法官不得从事营利性的经营活动。

[①] 邵昌平、黄睿:《银行的"娃娃"股东》,载新浪网,http://finance.sina.com.cn/roll/20071010/23351710871.shtml,2020年6月22日访问。

2005年,对于在部分地区大量出现的公务员、国有企业负责人以本人或他人名义投资入股煤矿的问题,《关于清理纠正国家机关工作人员和国有企业负责人投资入股煤矿问题的通知》(中纪发〔2005〕12号)明令要求,"凡本人或以他人名义已经投资入股煤矿(依法购买上市公司股票的除外)的上述人员,要在2005年9月22日之前撤出投资,并向本单位纪检监察或人事部门报告并登记,注明投资单位、投资时间和数额、资金来源以及撤出资金的证明等。各单位纪检监察或人事部门要将本单位清理纠正情况报当地清理纠正工作小组。清理纠正工作小组对个人登记的内容要进行核实"。"对逾期没有如实登记撤出投资或者隐瞒事买真相、采取其他手段继续投资入股办矿的人员,一经查出,一律就地免职,然后依照有关规定严肃处理。"

需要强调的是,上述规定仅在行政法律关系上产生效力,公务员的股东资格并不因其身份而丧失。只要公务员出资入股行为符合《公司法》规定,其仍然是公司合法有效的股东。但是值得注意的是,公务员诉请成为工商登记股东与《公务员法》和《法官法》的相关规定冲突,其诉请法院难以支持。公务员可通过其他途径实现其财产权。

【案例109】公务员投资入股　股东资格不受影响[①]

原告: 刘某玺

被告: 周某民

诉讼请求: 判令被告立即支付股权转让价款100万元及逾期利息。

争议焦点:

1. 国家公务员违反《公务员法》关于禁止从事经营性活动的规定,是否导致其不具备股东资格,其转让股权的行为是否有效;

2. 出资瑕疵的股东是否不具有股东资格。

基本案情:

原、被告原均系双联公司的股东,分别持有双联公司10%和5%的股权。在双联公司注册及股权变更过程中,原、被告均未出资。

原告诉称:

2006年7月4日,原告将其所持双联公司10%的股权,作价100万元,转让给被告,被告应自转让生效之日10日内向原告支付上述转让价款。协议签订后,双

[①] 参见江苏省南京市中级人民法院(2007)宁民二终字第417号民事判决书。

方于同年 7 月 12 日办理了工商变更登记。然而,被告至今未履行股权转让对价支付义务,故原告提起诉讼,认为被告已构成违约。

被告辩称:

1. 原告当初在取得所出让的股权时并未出资,故其所出让的股权存有瑕疵;

2. 原告系国家公务员,其无偿取得股权并有偿转让、在公司担任监事职务等行为违反了《公务员法》的规定,应认定原、被告间的股权转让行为无效。

综上,请求法院驳回原告的诉讼请求。

律师观点:

1. 未履行出资义务的股东转让股权仍有效。

瑕疵出资并不影响出资人的股东资格。只不过法律或公司章程会对瑕疵出资股东的权利、义务作出一定的限制,如瑕疵出资股东负有出资补足责任、在分配收益时按实缴出资比例分配等。因此,瑕疵出资影响的仅仅是其股权的行使,并不具有否认其股东资格的意义。

原、被告之间于 2006 年 7 月 4 日签订的股权转让协议是双方真实意思表示,且不违反有关法律、法规的禁止性规定,是合法有效的,对签约双方具有法律约束力。且对于原告未出资事实被告也知道,并在此前提下仍同意与原告签订股权转让协议,因此,该股权转让行为有效。

2. 公务员身份不影响股东资格。

虽然根据《公务员法》第 53 条第 14 项①规定,"禁止公务员从事或者参与营利性活动,在企业或者其他营利性组织中兼任职务"。但依据《合同法》第 52 条②的规定,"违反法律、行政法规强制性规定的合同是无效的"。此处的强制性规定指的是效力性的禁止性规范,即法律、行政法规必须明确规定哪些行为是无效的。而《公务员法》第 53 条第 14 项规定并未表述为如公务员从事经活动的,则该行为无效。因此,只是属于管理性的禁止性规范,其管理对象是公务员。公务员若违反了该规范,应由其管理机关追究其行政责任,但不能以此直接否定其股东资格,同时也不会影响转让合同的效力。

法院判决:

被告自判决生效之日起 30 日内向原告支付股权转让价款 100 万元及逾期利息。

---

① 现为《公务员法》(2018 年修订)第 59 条第 16 项相关内容。
② 现为《民法典》第 153 条相关内容。

【案例110】继承股权　因公务员身份无法工商登记[①]

原告: 吴甲、李乙

被告: 李甲、伍某、恒盈公司

诉讼请求:

1. 判令被告李甲、伍某履行《析产协议书》；
2. 三被告协助原告共同办理股权工商登记变更手续。

争议焦点:

1. 在继承了李丙的股权后,被告李甲、伍某通过签订《赠与合同》将股权转赠他人,原告是否可以直接向被告李甲、伍某主张权利,要求2人办理股权工商变更登记手续;公务员能否继承公司股权,并成为工商载明的登记股东;
2. 继承人将继承的股权赠与案外人后是否仍有义务协助其他继承人办理股权工商变更登记手续。

基本案情:

李丙持有被告恒盈公司67.5%的股权。

2008年4月18日,李丙因病去世,李丙的第一顺序继承人为李丙父亲被告李甲、母亲被告伍某、妻子原告吴甲及儿子原告李乙。

2008年7月23日,李丙的所有继承人达成协议并签订《析产协议书》,明确李丙遗产中所持的被告恒盈公司67.5%股权中被告李甲继承17%、被告伍某继承16.3%、原告吴甲继承30%、原告李乙继承36.7%,即被告李甲占被告恒盈公司股权比例为11.475%、被告伍某占11.0025%、原告吴甲占20.25%、原告李乙占24.7725%。此《析产协议书》经上海市杨浦公证处公证。

2010年12月22日,被告李甲、伍某(甲方)与案外人李某、李某发、李某民、李某平(乙方)签订了《赠与合同》,约定甲方自愿将被告恒盈公司的股东资格及股权中依法属于甲方所有的权益份额(被告李甲拥有11.475%,被告伍某拥有11.0025%)无偿赠送给乙方所有;乙方对上述赠与行为表示接受。此《赠与合同》经上海市卢湾公证处公证。

原告均诉称:

原、被告根据《继承法》获得被告恒盈公司的股东资格及股权,并协商一致签订经公证的《析产协议书》,现被告拒绝配合原告办理工商变更登记手续,并将其

[①] 参见上海市第二中级人民法院(2011)沪二中民四(商)终字第781号民事判决书。

享有的股权无偿赠送给公司外的第三人,严重侵犯了原告的利益。

被告均辩称:

根据《公务员法》与《法官法》,原告吴甲作为法官,不具有成为被告恒盈公司工商载明登记股东的资格。

故请求法院驳回原告的诉请。

一审认为:

1. 原告吴甲、李乙有权取得被告恒盈公司的股东资格,《析产协议书》合法有效。

有限责任公司兼具资合性与人合性,股权亦因此具有财产权利属性以及人格权利属性。按照现行法律,除公司章程另有规定,被告恒盈公司的股东李丙死亡后,其所享有的股权可以作为遗产被继承。继承人对股权的继承,应是全面概括的继承,即通过继承取得的股权,既包括股权中的财产性权利,也包括非财产性权利在内的完全股权。现被告恒盈公司章程并没有规定公司股东死亡后,继承人不能取得股东资格,故李丙的合法继承人可以直接继承股东资格。而继承从被继承人死亡时开始,所以包括原告吴甲、原告李乙在内的所有法定继承人从李丙死亡之时即有权继承李丙的股权,取得股东资格。原告吴甲、原告李乙因继承取得被告恒盈公司的股东资格,并与被告李甲、被告伍某签订《析产协议书》,该份经公证的协议书系双方真实意思表示,并不违反法律禁止性规定,应属有效。

2. 3位被告有义务配合办理工商变更登记手续。

被告恒盈公司作为有限责任公司,应当将股东的姓名记载于公司的股东名册,对于登记事项发生变更的,应当办理变更登记手续;被告李甲、被告伍某作为《析产协议书》权利义务主体,虽已将其名下继承所得的股权赠与案外人,但并未办理工商变更登记手续,故其仍系被告恒盈公司的股东,同时,作为《析产协议书》的当事人,被告李甲、被告伍某也有义务配合原告吴甲、原告李乙办理工商变更登记手续。原告吴甲、原告李乙的诉讼请求,于法有据,依法予以支持。

至于原告吴甲、原告李乙要求被告李甲、被告伍某履行《析产协议书》,因该协议书仅涉及股权且事实上已明确双方的持股比例,故该项诉讼请求与原告吴甲、原告李乙要求办理工商变更登记手续的诉请实质相同,无须另行处理。

一审判决:

1. 被告恒盈公司应将股东名册上记载于李丙名下的股份变更登记于原告吴甲名下(变更的股权比例为 20.25%)、原告李乙名下(变更的股权比例为 24.7725%);

2. 被告恒盈公司、李甲、伍某应共同配合原告吴甲、李乙向公司登记机关办理上述股东变更登记事项；

3. 上述第1项、2项，被告恒盈公司、李甲、伍某应于判决生效之日起30日内履行完毕。

被告李甲、伍某不服一审判决，向上级人民法院提起上诉。

被告李甲、伍某上诉称：

1. 原审判决程序违法。

本案涉及被告恒盈公司股东的变更，公司的股东均有权参与本案的诉讼，但原审未通知其他股东参与诉讼。事实上，被告李甲、伍某已将自己在被告恒盈公司的股份赠与案外人，案外人也已参加公司经营。在被告李甲、伍某提出追加或变更当事人，案外人也提出参与庭审的情况下，原审不同意案外人参与诉讼，导致诉讼主体错误。

2. 原审判决适用法律不当。

《公务员法》第53条第14项规定，公务员必须遵守纪律，不得从事或者参与营利性活动，在企业或者其他营利性组织中兼任职务；《法官法》也规定了法官不得从事营利性的经营活动。原告吴甲系公务员、法官身份，原审判决其可以办理股权登记手续，使其可以从事经营性工作，显然违反了《公务员法》和《法官法》的规定，应予纠正。

综上，请求撤销原审判决。

原告均辩称：

1. 原审判决并非诉讼主体错误。

原告吴甲、李乙作为继承人取得被告恒盈公司股份是基于继承法律关系，无须公司其他股东同意，办理股权变更登记也不涉及其他股东，其他股东不是本案的适格法律主体。被告李甲、伍某作为被继承人李丙生前财产的继承人，在本案中有不可替代性。

被告李甲、伍某所称的赠与，未经被告恒盈公司其他股东同意也未履行相关法定程序，其有效性和合法性存有瑕疵，案外人不应作为本案的诉讼当事人。

2. 原告吴甲的公务员身份并不妨碍其依法继承公司股权。

继承是一种被动的获得，是公民的基本民事权利，任何人不应予以剥夺。从法律关系而言，《继承法》《公务员法》和《法官法》是截然不同的法律关系，后二者并不调整民商事法律关系，不应在本案中予以适用。

此外，继承获得股权并成为股东并不等于从事或者参与营利性活动，如原告吴甲确实有违反上述两法的情况存在也应按相关程序处理，不应将继承成为股东和从事营利性活动画上等号。实际上，继承发生后，原告吴甲从未参与公司经营，被告恒盈公司由案外人吴乙实际负责经营。

综上，请求维持原审判决。

被告恒盈公司述称：

原告吴甲、李乙和被告李甲、伍某均系继承取得被告恒盈公司股份，被告李甲、伍某应配合原告吴甲、李乙进行工商变更登记。故不同意被告李甲、伍某的上诉请求。

二审认为：

1. 被告李甲、伍某将股权赠与他人的，不影响其配合变更工商登记。

根据《公司法》的相关规定，自然人股东死亡后，其合法继承人可以继承股东资格。原告吴甲、李乙和被告李甲、伍某均系被告恒盈公司工商登记股东李丙的合法继承人，可以按法律规定的程序成为被告恒盈公司的股东。

但有限责任公司兼具资合性与人合性，其中的人合性是指以股东的个人信用状况作为公司信用基础，股东个人的信用状况和股东之间的相互信任与合作对有限责任公司将产生重要影响。该特点使得有限责任公司的股权不能任意对外转让。

现被告李甲、伍某称已通过《赠与合同》将拥有的股东资格对外转让，其不应成为本案的当事人。但因本案系原告吴甲、李乙要求被告李甲、伍某协助办理工商股权变更登记案件，无论被告李甲、伍某的对外赠与是否有效，被告李甲、伍某作为继承人仍有配合工商登记的义务，其作为本案当事人是适格的。

2. 原告吴甲身为公务员，不能成为被告恒盈公司工商载明的登记股东。

原告吴甲通过继承获得了股东资格，本应按《公司法》（2005年修订）第38条的规定享有被告恒盈公司的经营决定权、选举权、审议权、作出决议权及其他相关职权。但其现为公务员及法官身份，《公务员法》第53条第14项和《法官法》均规定了公务员必须遵守纪律，不得从事或者参与营利性活动，不得在企业或者其他营利性组织中兼任职务。

所谓营利性活动，即指公务员参与的活动是以营利为目的，且进行收入分配。因此，原告吴甲以公务员身份参与被告恒盈公司经营为《公务员法》和《法官法》所禁止，原告吴甲诉请欲成为有公示效力的工商登记股东，与《公务员法》和《法官法》的相关规定冲突，其诉请法院难以支持。原告吴甲可通过其他途径实现其财产权。

但被告李甲、伍某、恒盈公司仍应配合完成原告李乙名下股权份额及比例的工商变更登记。

二审判决：

1. 撤销一审判决；

2. 被告李甲、伍某、恒盈公司将原登记于李丙名下的股份变更登记于原告李乙名下（变更的股权比例为24.7725%）；

3. 对原告吴甲、李乙的其他诉讼请求，不予支持。

【案例111】千万红利未索回　"法官股东"赔了夫人又折兵[①]

原告： 张某峰（神木县法院法官）

被告： 神木县孙家岔镇宋家沟煤矿

诉讼请求：

1. 确认原告和妻子持有煤矿10%股份；

2. 被告给付其1100万元的红利及逾期给付造成的损失。

争议焦点：

1. 法官投资入股是否享有股东资格；

2. 原告是否已"退股"，不再享有股东资格。

基本案情：

原告此前担任过神木县法院法官。2005年，原告夫妇将夫妻共同财产180万元以原告的名义入股被告，占总投资的10%。原告夫妇先后从被告处得到660万元的红利。

原告诉称：

原告为被告的股东，理应得到公司的分红，但2007年及2008年两年，原告均未得到公司分配的红利。被告的行为严重损害了原告的利益，故原告将被告起诉至法院。

被告辩称：

原告是国家公务人员，以其身份是不能从事营利性的经营活动的。根据《关于清理纠正国家机关工作人员和国有企业负责人投资入股煤矿问题的通知》规定，国家机关工作人员不得投资入股煤矿，已经投资的应当撤出投资。他们当时给原告夫妇的钱就是国家出台政策后的退股及红利。

---

① 参见陕西省榆林市中级人民法院张某峰诉神木县孙家岔镇宋家沟煤矿股东资格确认纠纷案。

一审认为：

禁止公务员入股办企业是管理性强制性规定。合同是否有效，应当适用《合同法》规定的效力性强制规定，《法官法》《公务员法》并不调整民事活动，原告没有违反《合同法》规定的合同效力性强制性规定，故原告民事合同主体成立。被告认为原告已经退股，并未提供相关证据，因此不应被采信。

被告不服一审判决，向上一级人民法院提起上诉。

二审认为：

原告身为一名法官，违反《公务员法》《法官法》关于禁止公务员、法官从事营利性经营活动的明确规定，投资入股被告系违法行为。且原告在2005年7月与被告法定代表人陈某荣已达成口头退股协议，并分别于2006年、2007年两次收取了陈某荣给付的退股款360万元，原告出具的收据中亦载明系返还款，证明退股协议已经实际履行。再从原告提供的其与陈某荣的通话记录也能印证原告在煤矿中已无股份。因此，被告上诉认为原告已退股的理由成立，应予支持。由于陈某荣在原审审理时既未提供书面答辩意见，也未到庭陈述案件事实，原审法院根据原告提供的证据认定其持有股份的事实，显系错误。原告入股投资煤矿的行为本已违反法律规定，其在达成口头退股协议并全额领取了退股款及利润后，为追求更多的利润提起诉讼，更属错误。因此，原告请求分红和确认股份的诉讼请求，法院依法不予支持。

行政处分：

经神木县纪委常委会研究决定，给予原告留党察看两年的处分；神木县人民法院撤销其副科级审判员职务。包括神木县法院院长在内的16名法官因违反《人民法院工作人员处分条例》有关规定受到纪律处分，其中5人受到处分，11人受到问责。

律师观点：

本案原告如果能够按照《公司法》规定确定其股东资格，应当享有股东权利；至于按照《公务员法》及《法官法》关于国家公职人员不得从事营利性活动等相关法律规定，可以追究他其他责任，不应以此否认其股东资格与股东权利。

本案二审之所以认定原告不再享有分红权等股东权利，系基于原告已经"退股"，而并非由于法官不能担任公司股东。

【案例112】借"死人"名义　参与国企改制被处罚[①]

基本案情：

2004年3月28日,当事人中福(湖北)物业发展有限公司、法定代表人戚某振在申请办理股东、注册资本变更登记时,提供了有"周某金"签名的多份申请材料,新增加的24名自然人股东中,"周某金"出资540万元。

经查,周某金已于1999年5月31日因病死亡;上述材料中"周某金"的签名,均不是周某金签署的,而是由当事人戚某振签署。上述材料属于虚假材料。当事人虚拟了股东身份,隐瞒了周某金早已死亡的重要事实。

案件结果：

2006年11月28日,湖北省工商局对戚某振因虚拟"周某金"股东身份的行为给予10万元罚款的行政处罚。

【案例113】澳洲政府公务员可公开从事"第二职业"[②]

澳洲的政府实行公务员制度,通过严格的选考才能进入政府工作,一旦进入终身录用,是西方社会少有的"铁饭碗"。政府本着人道的原则,考虑到雇员的各种实际情况,允许公务员从事"第二职业",英文里叫作"Moonlighting"。

所谓"第二职业",可以是自己开公司做生意,也可以自己做自由职业者,或者给别人打工,反正除政府工作之外,凡是从事有报酬的活动都列为"第二职业"当中。只要是向主管部门提出申请,通常都会批准,有效期为1年。但是也有条件限制。首先,不能从事与本职工作有关的或者相抵触的职业,比如在税务局工作的人就不能从事律师或财会方面的工作,因为有可能会对税收不利;在交通管理局工作的不能当教车老师,也是怕把考试的秘密泄露出去。其次,不能利用工作之便为自己的生意拉客。最后,"第二职业"不能影响本职工作。

事实上,政府在出勤制度和人员管理上也给"第二职业"敞开方便之门。公务员拥有弹性工作制,除了上午10时至下午3时必须出勤外,可以随意安排上下班时间;平均每天工作7小时,以13个星期为一个周期,如果每天多工作半小时,

---

[①] 参见《网曝国企老总借已故岳母参股　已成亿万富翁》,载搜狐网,http://news.sohu.com/20110422/n306269160.shtml,2020年6月20日访问。

[②] 参见《在澳洲如何当好公务员》,载搜狐网,https://m.sohu.com/a/124400387_403025,2020年6月22日访问。

那么每两周就可以多休息一天。此外,公务员的假期名目繁多,除了每年 20 天的带薪假期外,政府还规定公务员每四年可以停薪留职一年;在这一年期间,公务员可以选择去做生意、学习、海外旅游、照顾孩子等。

218. 精神病人可以作为发起人吗?可以继承股东资格吗?

可以,理由与未成年人相同。间歇性精神病人在其精神正常的情况下,可以自己行使股东权利。

219. 配偶双方在公司章程约定的股权比例,是否视该股权为夫妻各自财产而非共同财产?

不是。公司章程或工商登记中的股权比例不能视为夫妻间的婚内财产约定,而应当属于夫妻共同财产。

【案例 114】章程约定不代表配偶股权分配比例[①]

原告:于某玉、范某珍、王某银、于某

被告:联松公司

诉讼请求:

原告于某玉、范某珍诉请:确认原告于某玉、范某珍为被告股东,且各占 18.625% 的股份。

原告王某银、于某诉请:确认原告王某银总计享有被告 62.5% 股权。

争议焦点:

1. 股东为夫妻关系时,章程约定的各自出资比例是否视为夫妻个人财产;

2. 夫妻一方死亡时,该如何分配股权。

基本案情:

被告股东为于某忠和原告王某银夫妻二人,其中原告王某银出资 25.5 万元,于某忠出资 74.5 万元。

2009 年 4 月 6 日,于某忠因病死亡。

联松公司股权及股东亲属关系如图 4-1 所示:

[①] 参见上海市第一中级人民法院(2009)沪一中民三(商)终字第 959 号民事判决书。

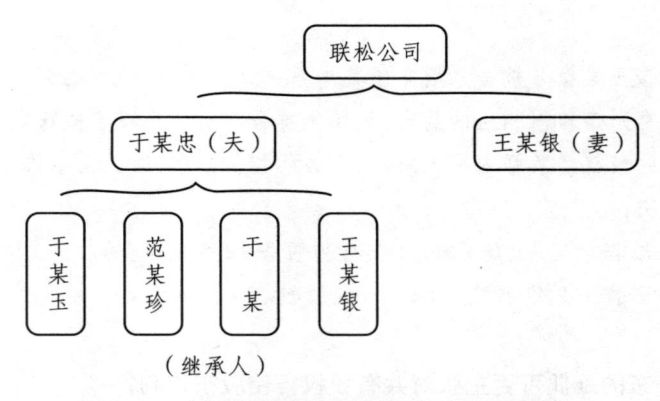

```
                    联松公司
         ┌─────────────┴─────────────┐
     于某忠（夫）                  王某银（妻）
   ┌────┬────┬────┐
  于   范   于   王
  某   某   某   某
  玉   珍       银
   （继承人）
```

图4-1　联松公司股权及股东亲属关系示意

原告于某玉、范某珍诉称：

于某忠的遗产继承人应为其父母（原告于某玉、范某珍），其妻原告王某银，其子原告于某。

根据公司工商登记及章程的登记，于某忠享有的被告74.5%股权应作为遗产，两原告有权分别继承于某忠74.5万元股权的1/4。

原告王某银、于某诉称：

工商登记与章程记载并不能视为夫妻之间对股权的分割，因此原告王某银实质享有被告公司50%的股权，原告四继承人应当分别继承于某忠12.5%的股权。

被告辩称：

按《继承法》规定，在于某忠未列遗嘱的情况下，其个人遗产应当由4名原告平均分得，被告的工商登记及章程记载并不能作为确定夫妻财产权属的依据。于某忠与原告王某银获取被告的股权系在婚姻存续期间，因此被告的股权应为两人共同所有，并各占50%股权。故于某珍在被告公司的遗产为被告公司50%的股权。

综上，原告于某玉、范某珍及于某仅应各自继承被告公司12.5%的股权，原告王某银个人所持有公司股份加上继承遗产份额合计占公司62.5%的股份。

律师观点：

有限责任公司的章程，系公司股东对各自权利义务所达成的契约，此种契约针对《公司法》意义上的财产和人身权利。其中的财产性约定着重于股东对公司应负的出资义务及相应的财产性权利，至于相应股权的性质属于个人财产还是家庭共同财产并非此类契约的约定范围，公司股东对此亦无相应的合意。

故在没有相应特别约定的情况下，具有亲属关系的公司股东在上述文件中就股权比例及出资份额等所作的财产性约定并不产生《婚姻法》框架内的法律后果。

虽然原告王某银与被告原股东于某忠系夫妻关系,但被告的公司章程等文件内并未对夫妻财产作出相应的约定,故仅凭被告公司的章程不能认定被告原股东于某忠名下的股权系其婚内个人财产,原告的相关主张,缺乏法律依据。

法院判决：

1. 确认原告于某玉、范某珍、于某各占被告12.5%的股权；
2. 确认原告王某银占被告62.5%的股权。

220. 股东的配偶可否主张对共有股权行使股东权利？

不可以。虽然在没有另行约定的情况下,夫妻关系存续期间一方取得的股权属于夫妻共同财产,但鉴于保护公司运营稳定性及保护有限责任公司人合性的考虑,行使股权的主体应严格限制在公司股东的范围内。

二、股东资格的取得方式

221. 股东资格的取得方式有哪些？

按照取得时间与原因进行分类,可包括原始取得和继受取得。

原始取得,即依据法律的规定直接取得股东资格,包括公司成立时取得和成立后取得。

成立时取得是指在公司成立时就因创办公司、签署公司章程、向公司出资或者认购公司首次发行的股份而成为公司的股东。

成立后取得指在公司成立后认购公司新增资本而成为公司股东。

继受取得,是指通过受让、继承、接受赠与、公司合并、善意取得、公司奖励等方式取得公司股权或者股份而成为公司股东。

222. 无权处分人将股权出售给善意的第三人的行为是否有效？实际权利人可否主张收回股权？

只要第三人满足善意取得的条件,就可以享有股东权利,实际权利人不得要求善意的第三人返还股权,但是实际权利人可以侵权或违约为由,要求无权处分人承担损害赔偿或违约责任。

223. 善意取得股东资格应当具备哪些条件？

应当满足如下条件：

(1)股东资格在形式上有效存在。

股东资格的善意取得,只有股东资格在形式上有效存在才发生法律效力,即从形式上看转让人处于股东地位,拥有股东资格,表现为在公司章程中有记载、股东名册中有记载或工商登记文件中明确记载为股东。

(2)该股权必须为依法可以流通转让的股权。

可以适用善意取得的股权必须是可以流通转让的股权,如果是限制转让的股权,则不适用善意取得。如发起人持有的本公司股份,自公司成立之日起1年内不得转让;上市公司董事、监事、高级管理人员应当向公司申报所持有的本公司的股份及其变动情况,在任职期间每年转让的股份不得超过其所持有本公司股份总数的25%等。

(3)受让人须是从无权处分人手中受让股权。

(4)受让人须是依转让方式以合理价格取得股权。

善意取得制度是以保护交易安全为目的而设定的制度,因此只有在股权的转让中才可能出现善意取得,即必须是以等价有偿的方式取得。

(5)受让人主观上须是出于善意。

受让人在主观上出于善意,不存在重大过失,即已尽到合理的审查和注意义务,其不可能知道让与人为无权利人。如果其因为自己的疏忽如未尽起码的注意义务而不知转让人无权转让的,则其在主观上不应为善意。

【案例115】谨慎调查标的公司　善意取得股东资格[①]

原告:崔某龙、俞某林

被告:荣耀公司、燕某、黄某生、杜某、李某明

第三人:孙某源、王某强、蒋某斌、尤某伟、忻某

诉讼请求:

1. 确认原告崔某龙与5位被告签署的世纪公司《股权转让协议》无效;

2. 确认原告俞某林与被告荣耀公司签署的世纪公司《股权转让协议》无效;

3. 确认原告崔某龙、俞某林与被告荣耀公司签署的世纪公司《股东会决议》无效;

4. 判决被告荣耀公司与第三人孙某源签署的世纪公司《股权转让协议》中世纪公司20%股权的部分无效;

5. 判决被告燕某、被告黄某生、被告杜某、被告李某明与5位第三人签署的世纪公司《股权转让协议》无效;

[①] 参见最高人民法院(2006)民二终字第1号民事判决书。

6. 确认原告崔某龙、原告俞某林分别在世纪公司中享有 270 万元、30 万元股权。

争议焦点：假冒股东签名擅自转让股权，第三人是否为善意取得，转让行为是否有效。

基本案情：

被告荣耀公司与原告崔某龙、原告俞某林共同出资成立了世纪公司,注册资本为 500 万元。其中原告崔某龙出资 270 万元占 54% 股份,被告荣耀公司出资 200 万元占 40% 股份,被告俞某林出资 30 万元占 6% 股份(见图 4-2)。

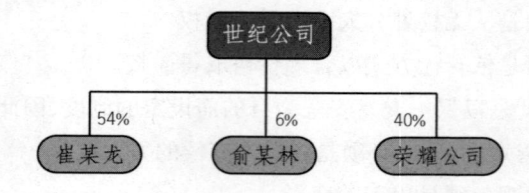

图 4-2 世纪公司股权结构示意

2003 年 9 月 25 日,5 位被告假冒 2 位原告签名,伪造了《股东会决议》及 5 份《股权转让协议》。5 位被告分别按 14%、10%、10%、10%、10% 的比例受让原告崔某龙在世纪公司 54% 的股权。被告荣耀公司同时还受让了原告俞某林 6% 的股权,并到工商行政管理局办理了相应的工商变更登记手续(见图 4-3)。

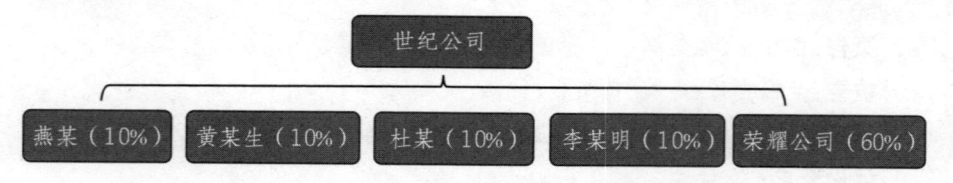

图 4-3 冒名转让后股权结构示意

2003 年 12 月 17 日,5 位被告与 5 位第三人分别签订了 5 份《股权转让协议》,约定 5 位被告将其在世纪公司的股份转让给 5 位第三人。同日,5 位被告与 5 位第三人及市政公司三方又共同签订 1 份《补充协议》,约定 5 位被告将世纪公司总计 80% 的股权分别转让给 5 位第三人(分别为孙某源占 40%、王某强占 10%、蒋某斌占 10%、尤某伟占 10%、忻某占 10%),转让款为 4000 万元,付款义务由市政公司代为履行。

在签订协议前,第三人孙某源等到工商管理部门核实,5 位被告确实拥有世纪公司全部股份。

同年 12 月 29 日,合同当事人办理了工商变更登记手续,变更后的世纪公司的股权组成为被告荣耀公司持有20%股份,5位第三人持有80%股份,由第三人孙某源担任世纪公司的法定代表人。

同年12月18日,市政公司代5位第三人向被告荣耀公司支付股权转让款1500万元;2004年1月7日、12日,市政公司代5位第三人向被告荣耀公司支付股权转让款200万元(见图4-4)。

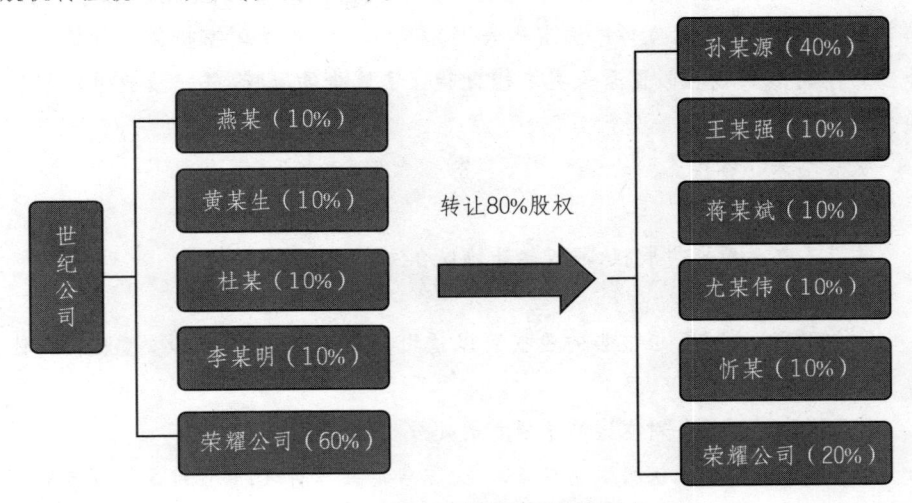

图4-4 股权转让后股权结构示意

2004年3月9日,原告崔某龙、原告俞某林得知其二人的股权被转让,认为《股东会决议》《股权转让协议》上的签名不是本人书写,而是他人假冒。遂于同年3月18日、23日,分别向工商行政管理局提出申请,以其股份被非法转让为由,请求撤销股东变更登记,并恢复原登记事项。

工商行政管理局受理了申请,并委托检察院进行笔迹鉴定,鉴定结论为签名不是由本人签署,而是他人模仿。

2007年8月3日,人民法院对人民检察院提起公诉的燕某如(燕某如系世纪公司原法定代表人)犯诈骗罪、伪造国家机关证件罪一案作出判决,认定事实如下:

2003年9月,被告荣耀公司副总经理被告杜某、经理被告燕某在燕某如的授意下,指使本公司职员戴某军模仿了原告崔某龙、原告俞某林的笔迹,分别在燕某如提供的世纪公司假《股东会决议》和假《股权转让协议》上签名。后燕某如又谎称原告崔某龙、原告俞某林已同意股权转让,分别让第三人李某明、第三人黄某生及被告杜某、被告燕某在上述戴某军已冒名签字的假《股东会决议》、假《股权转让协议》上签字,将原告崔某龙、原告俞某林在世纪公司60%的股权分别转让给被告荣耀公司、原告燕某等4人。后燕某如又指使被告杜某等人办理了世纪公司营业执照的遗失启事,骗取了工商部门的股东变更登记,并将世纪公司的法定代表人变更为燕某如。上述判决已经生效。

原告诉称:

根据人民检察院进行笔迹鉴定结论以及人民法院对人民检察院提起公诉的燕某如(燕某如系世纪公司原法定代表人)犯诈骗罪、伪造国家机关证件罪一案作出的判决,5位被告假冒原告签名擅自转让了原告的股权,并将股权再次转让给5位第三人,系无权处分行为。

被告均未作答辩。

第三人均述称:

第三人系善意取得股权,股权转让协议合法有效。

律师观点:

5位第三人受让5位被告的股权可以适用善意取得制度,涉及的《股权转让协议》应当认定有效。

1.5位被告不具备对本案系争股权的处分权。

(1)本案争议的股权属于原告崔某龙、原告俞某林所有,转让给5位被告必须得到原告崔某龙、原告俞某林的同意。但从本案5位第三人所举证据来看,并没有原告崔某龙、原告俞某林同意股权转让的证据。原告崔某龙出具给世纪公司原法定代表人燕某如的回函,只能证明双方曾经就股权转让事宜进行过协商,并不能表明原告崔某龙已经同意股权转让。原告崔某龙接受被告荣耀公司的汇款400万元,由于汇款没有注明用途,不能据此推定汇款是股权转让款,更不能据此认定原告崔某龙与5位被告之间的《股权转让协议》已经得到履行。

(2)原告崔某龙、原告俞某林转让股权的《股东会决议》以及《股权转让协议》,均非本人签名,其本身证明了《股东会决议》和《股权转让协议》不是原告崔某龙、原告俞某林的真实意思表示。因此,不能认定5位被告对本案争议的股权享有处分权。

2.第三人履行了谨慎调查义务,且支付了合理对价,实际取得了股东权利。

(1)5位第三人受让5位被告转让的股权时,并不明知转让的股权中有部分股权实际属于原告崔某龙和原告俞某林,是善意第三人。

在股权转让前,5位第三人还到工商管理部门调查,证实世纪公司的股东就是5位被告,其已尽到谨慎注意义务。

同时,工商行政部门的登记具有公信力,公示性最强。从权利外观而言,5位第三人有理由相信本案争议股权的所有人就是5位被告。

(2)5位第三人通过交换取得股权,支付了合理对价。

(3)5位第三人在工商部门办理了相关股权变更手续,此后又实际行使股东权利。在5位第三人行使股东权利的过程中,世纪公司的经营情况已经发生了重大变化,即使5位第三人返还股权,原告崔某龙、俞某林所获权益与其所受侵害亦不对等。

综上,原告崔某龙、原告俞某林与5位被告之间的《股权转让协议》以及相应的《股东会决议》,因为未经原告崔某龙、原告俞某林认可,依法应当认定合同与决议均不成立,对当事人没有约束力。由于合同与决议均尚未成立,故无须再确定其法律效力,5位被告转让原告崔某龙、原告俞某林所有的股权属于无权处分的行为。但是5位被告与5位第三人之间的《股权转让协议》是双方当事人的真实意思表示,且5位第三人属于善意第三人。因此,原告崔某龙、原告俞某林要求确认5位被告与5位第三人之间的《股权转让协议》无效,以及要求恢复其股东身份的诉讼请求,因为股份已经转让于善意第三人之手而不能得到支持。

法院判决:

驳回原告崔某龙、原告俞某林的诉讼请求。

【案例116】受让人为同事兼同学　无法善意取得股东资格[①]

原告: 张某寒

被告: 闫某宇、魏某智

诉讼请求: 请求确认两被告所签订的股权转让协议无效。

争议焦点:

离婚前,丈夫未征得妻子同意,将公司股权转让给同学,受让方是否善意取得,股权转让协议是否有效。

基本案情:

2005年5月16日,原告与被告闫某宇登记结婚。

婚后,两被告与他人出资成立五环公司,其中被告闫某宇享有33%的股权。

被告闫某宇与原告夫妻发生矛盾后,被告闫某宇与被告魏某智签订股权转让协议,约定被告闫某宇将其持有的五环公司660万元股份(占注册资本的33%)转让给被告魏某智,并在工商局办理了股东变更登记手续。

---

① 参见北京市大兴区人民法院(2009)大民初字第8009号民事判决书。

被告魏某智系被告闫某宇的同学、同事,曾参加了被告闫某宇与原告的婚礼。

原告诉称:

被告闫某宇对五环公司的股权应属夫妻共同共有财产,故原告对该部分股权应享有共同处分的权利。但被告闫某宇不仅未征得原告的同意,擅自向被告魏某智无偿转让了该财产,并且还选择的是在向原告提出离婚之前进行转让,同时被告魏某智与被告闫某宇系同学关系,对原告与被告闫某宇的结婚情况是明知的,因此被告闫某宇与被告魏某智很明显是在恶意串通,以股权转让为由提前转移婚内财产,从而达到避免原告在离婚时分得其中一半股权的目的。

被告辩称:

被告认为原告起诉的事实、结婚日期及五环公司在工商部门的变更登记都是事实,没有异议。

原告主张闫某宇、魏某智恶意串通是不成立的:

(1)两被告没有恶意串通的事实,股权转让是公开地向有关部门登记;

(2)两被告的股权转让行为没有损害到原告的利益;

(3)股权转让并非没有对价。

被告闫某宇转让股权给被告魏某智的目的是由于其向案外人刘某媛、季某、李某宾借款共计660万元作为股本投入五环公司,无现金还款,故将股权转让给被告魏某智,由被告魏某智承担对上述3名案外人的还款义务。

被告提交以下证据予以证明:

借款凭证(被告未提供原件)、被告闫某宇与被告魏某智分别与案外人李某宾、季某、刘某媛的协议书等。

律师观点:

1. 关于被告闫某宇提交的借款凭证,由于未提供原件,难以得到法院确认。

2. 被告利用借款对公司出资证据不充分。

被告提交的与案外人李某宾、季某、刘某媛签订的协议书,原告虽否认其真实性,但未提出司法鉴定,故法院对其真实性予以确认,但被告提交的证据缺乏借款款项往来凭证等证据,在原告存有异议的情况下,不能仅以部分证据确定被告闫某宇对外借款的事实;且五环公司登记的出资股东为被告闫某宇,即使被告闫某宇对外借款事实成立,亦是出借人与被告闫某宇之间的债权债务关系,该事实并不能改变该股权为夫妻共同财产的性质。

3. 被告闫某宇对五环公司享有的股权为夫妻共同财产。

被告闫某宇原持有的五环公司股权,系在其与原告婚姻关系存续期间通过投资方式取得的,该股权应推定为被告闫某宇与原告的夫妻共同财产。

夫妻共同共有的财产,未经夫妻双方同意,任何一方不得私自处分。现被告闫某宇未经原告同意,且在其与原告夫妻关系产生矛盾的情况下,擅自将其持有的五环公司660万元(占注册资本33%)的股权转让给被告魏某智,严重侵犯了原告的合法权益,其行为应属无权处分行为。

4. 被告魏某智与被告闫某宇系同学、同事,非善意第三人。

被告魏某智曾是被告闫某宇的同学,现与被告闫某宇系同事关系,并曾同为五环公司的股东。基于双方之间的密切关系,被告魏某智在与被告闫某宇签订股权转让协议前,应明知被告闫某宇与原告之间夫妻关系恶化的事实。在被告魏某智明知上述事实的情况下,仍与被告闫某宇签订股权转让协议,足以证明被告闫某宇、被告魏某智在协议订立时的主观状态并非善意,属于恶意转移财产的行为。且被告魏某智亦认可其尚未支付相应对价,故被告魏某智受让闫某宇股权的行为,不能构成善意取得。

综上,被告闫某宇与被告魏某智于2008年3月7日签订的股权转让协议应属无效。

法院判决:

确认被告闫某宇与被告魏某智所签订的股权转让协议无效。

三、确认股东资格的基本条件

224. 确认股东资格的条件有哪些?

股东资格确认的条件包括形式条件和实质条件。实质条件是以出资为取得股东资格的必要要件,形式条件是对股东出资的记载和证明,是实质条件的外在表现。

形式条件,又称形式证据,是指根据某一当事人所具有的外观形式来确认其是否为公司股东,主要包括公司章程、股东名册、工商登记。

实质条件,又称实质证据,是指根据某一当事人的真实意思表示看其是否具有成为公司股东的主观愿望,主要包括出资设立协议、实际出资、出资证明书、实际享有股东权利。

正常情况下,一个规范的、有效的、无争议的股东应同时具备股东资格确认的形式条件和实质条件,并且这两者之间是统一的,不存在矛盾和记载有误的情形。

225. 形式条件和实质条件在确认股东资格时的效力如何?

(1)形式条件在确认股东资格时的效力

形式条件的功能主要是对外的,目的是使交易相对人便于辨识和判断。在解决公司、股东与公司以外第三人之间的争议时,形式条件的证明力要比实质条件更有意义。其中,公司登记机关的登记公示性最强,其次是公司章程,最后为股东名册。

(2)实质条件在确认股东资格时的效力

实质条件在确认股东资格时的功能主要是对内的,用于确定公司内部的权利义务。在解决股东之间、公司与股东之间的争议时,实质条件对于股东资格认定的证明力优于形式条件。其中,签署公司章程的效力最强。

【案例117】员工仅按月领取"股息" 不视为公司法意义上的股东[①]

原告: 杨某明

被告: 金凯公司

第三人: 吴某文

诉讼请求:

1. 撤销被告的注册登记;

2. 撤销被告于2014年4月28日召开的董事及股民代表会议作出的会议决议。

争议焦点: 公司组织"入股集资",员工认购后并未登记为股东且未参加公司经营仅按月领取股息,是否可以认定该员工为公司股东。

基本案情:

被告成立于1998年1月7日,设立时股东为包括第三人在内等4人。

1998年,被告组织原告等人"入股集资",在交款通知中明确该集资系"为尽快收集资金开展公司正常业务"。集资人员主要为贵州省交通管理局、黔东南州公安局、黔东南州交警支队等单位公务人员。1998年2月23日,原告以每股5000元的价格,出资20,000元,认购了4股。被告向股东出具股权证,并在《入股人员名册》上登记,公司按月发放股息。

2014年,被告召开董事及股民代表会议作出决议,由案外人张某生注入总资产51%的资金后,担任被告董事长,公司以每股30,000元收回公司原始股,不退

[①] 参见最高人民法院(2020)最高法民申1255号民事裁定书。

股的仍以每股每月发股息150元。

原告诉称：

原告是被告第0125号股权证的股东,每股5000元,1998年2月23日出资4股,计20,000元,按被告规定每股每月股息150元,每年12月会领到股息7200元。

2014年4月28日,被告召开董事及股民代表会议作出决议即金凯纪〔2014〕第01号会议纪要,决议：由案外人张某生注入总资产51%的资金后,任被告董事长,被告原始股,公司以每股30,000元收回,不退股的仍以每股每月发股息150元。该决议在程序和实体上都是违法的。

1. 参会的股民代表未经股东民主选举产生,与会的26名股民代表中,有11名不是被告的股东,他们无权代表股东行使表决权；

2. 参加出资入股的股东共有333人,498股,447万元,有省公安交警总队、州交警支队、州公安局、各县(市)公安局和交警大队的人员参加,股东都是在职和退休的公安干警,根据1993年10月1日实施的《国家公务员暂行条例》第31条的规定,国家公务员不得经商、办企业以及参与其他营利性的经营活动,被告是在该条例发布后注册成立,属违规违纪的产物,依法应当撤销,不应当保留；

3. 2014年4月28日被告的总资产已由447万元增至31,624,268.92元,每股股值已由原来的5000元增至63,502元,被告作出决议"以每股30,000元收回",严重侵犯了原告和各股东的合法权益。

被告辩称：

原告不是被告股东,无权提起公司决议撤销诉讼。

第三人辩称：

被告的设立、章程制定、出资及公司管理原告均未参与。被告成立后,为解决经营资金需求而在单位内部集资,借钱经营。原告不是被告股东,无权要求撤销公司决议。

法院认为：

《公司法》第22条规定："股东会或者股东大会、董事会的会议召集程序、表决方式违反法律、行政法规或者公司章程,或者决议内容违反公司章程的,股东可以自决议作出之日起六十日内,请求人民法院撤销。"《公司法司法解释(四)》第2条规定："依据公司法第二十二条第二款请求撤销股东会或者股东大会、董事会决议的原告,应当在起诉时具有公司股东资格。"

本案中,原告请求撤销被告董事及股民代表会议决议,依法应在起诉时具有被告股东资格,否则不符合本案起诉条件。判断原告是否是被告股东,应结合被告章程、股东名册、工商登记信息、出资情况以及原告是否实际行使股东权利等情形予以综合认定。

被告成立时由第三人吴某文等 4 人作为发起人提交公司设立申请、签署公司章程并进行股东登记。原告未参与公司设立及章程制定,亦不在被告历次的工商登记股东名单中。被告于 1998 年组织原告等人"入股集资",在相关交款通知中明确该集资系"为尽快收集资金开展公司正常业务"。集资人员主要为贵州省交通管理局、黔东南州公安局、黔东南州交警支队等单位公务人员。该集资活动与一般股东为公司设立或增资而出资的行为有明显区别,集资对象亦有明显的单位职工身份属性。自参与集资时起至本案起诉前十余年间,原告除领取被告定期向其个人银行账户汇入的固定金额款项外,未向被告提出确认其股东身份或行使参与公司重大决策、选择管理者等股东基本权利的要求。综合考虑以上情形,原告向被告的出资属于公司福利投资行为,仅享有财产性利益。被告虽在入股人员名册、股权证等文件中将原告列为"股东",并使用"股权""认股数""原始股"等用语,但并非公司法意义上的股东及股权。

故原告不是被告股东,不具有提起撤销公司决议诉讼的主体资格,不符合本案起诉条件。

关于请求判决撤销被告的注册登记,因注册登记属于行政机关的职能范畴,不属于人民法院民事法律关系调整的范围,该请求也不符合起诉的相关法律规定。

法院裁定:
驳回原告的起诉。

226. 确认股东资格的条件之间发生冲突时应如何解决?

基本思路是双重标准,内外有别。

(1)在处理公司内部关系引发的纠纷时,应以实质条件为准确认股东资格。即主要应遵循契约自由、意思自治的原则。只要股东与股东之间或股东与公司之间达成约定,只要该约定不违反法律法规的强制性规定,就应对双方之间具有约束力,如股东会决议、签署公司章程、实际享有股东权利等。

(2)在处理公司外部关系时,应遵循公示主义原则和外观主义原则,维护交易安全,保护善意第三人利益,此时应以形式条件为准确认股东资格,如工商登记、公司章程、股东名册的记载等。

227. 如何判定确权请求人是否具备股东资格？请求人民法院确认其股东资格的,应当证明哪些事实？

股东身份的确定应以公司章程、股东名册记载或者工商登记为认定依据。如未予记载,但有确切证据证明其他人实际行使了股东权利,即实际出资并参与公司管理且被其他股东认可其身份,也可确认其股东身份。但鉴于实际出资不是取得股东资格的决定性条件,故仅凭此事实不足以证明其股东资格,尚需结合其他情况综合认定,如公司是否曾向确权请求人分红,公司其他股东是否认可其股东身份,确权请求人是否以股东身份实际参与公司经营管理。

当事人之间对股权归属发生争议,一方请求人民法院确认其股东资格的,应当证明以下事实之一:

（1）已经依法向公司出资或者认缴出资,且不违反法律法规强制性规定,即效力性强制性规定。效力性强制性规定包含两种情况：

第一种是法律、法规规定违反该规定,将导致合同无效或不成立的；

第二种是法律、法规虽然没有规定"违反其规定,将导致合同无效或不成立",但违反该规定若使合同继续有效将损害国家利益和社会公共利益的。

（2）已经受让或者以其他形式继受公司股权,如股权赠与协议、股权继承、公司合并、法院判决书等形式,且不违反法律法规强制性规定。

也就是说,当事人提供的证据系取得股权的实质性证据,即通过出资或受让的方式取得股权,且该证据不违反法律法规强制性规定。

【案例118】股权应归谁　享有实际股权应如何证明[①]

原告: 尹某庆

被告: 君泰公司

第三人: 王某艺、徐某芹、王某

诉讼请求:

1. 确认分别登记于第三人徐某芹、王某艺名下的被告119.65万元、729.65万元股权为原告所有,并确认第三人徐某芹、王某艺不具有股东资格；

2. 确认分别登记于第三人徐某芹、王某名下的被告760万元、130万元股权为原告和第三人王某艺共同所有,并确认第三人徐某芹、王某不具有股东资格；

3. 判令被告根据确权结果变更股东名册、修改公司章程,并办理变更登记

[①] 参见山东省高级人民法院(2015)鲁商终字第209号民事判决书。

手续。

争议焦点：系争股权究竟归属于谁，欲主张享有实际股权，应当如何证明。

基本案情：

原告与第三人王某艺系夫妻关系，第三人徐某芹与王某艺、王某系母女关系，王某艺与王某系姐妹关系。

被告公司成立时，注册资本1000万元，原告出资150.7万元，持有15.07%的股权，另有4名原股东合计持有84.93%的股权。

2003年10月至2004年5月，除原告以外的4名原股东与第三人王某艺、徐某芹协商一致，以股权转让方式退出其持有的被告全部股权，第三人王某艺向被告原股东支付了1000万元股权转让款。股权转让后，原告持有被告15.7%的股权，第三人王某艺和徐某芹分别持有被告72.965%和11.965%的股权。在股权转让办理期间，有关协议中第三人王某艺和徐某芹的签名均为原告代签。

上述股权转让完成后，被告召开股东会会议，决议增资至3190万元，其中原告出资增至1450.7万元，持股45.48%；第三人徐某芹出资增至879.65万元，持股27.57%；新股东第三人王某出资130万元，持股4.08%；第三人王某艺出资不变729.65万元，持股22.87%。根据验资报告，原告、第三人徐某芹、王某均已足额缴纳增资款。

上述股权转让及增资事宜均已经工商登记公示。

原告诉称：

关于通过受让股权取得的被告公司股权，鉴于股权转让时法律不允许设立一人公司，因此原告以其妻子王某艺和岳母徐某芹的名义与股权出让方签署转让协议，第三人王某艺和徐某芹在协议文本上的具名都是原告签署的，所有手续都是原告办理的，第三人王某艺和徐某芹均未参与，故该1000万元股权应归原告所有。

关于通过增资取得的被告公司股权，第三人王某出资的130万元实为公司财产，属于原告与第三人王某艺婚后所得，是夫妻共同财产；第三人徐某芹760万元增资款也不是其出资的。

第三人王某艺、王某与徐某芹属于名义股东，从未参与公司经营管理活动，未参加公司股东会会议，未在股东会决议、公司章程及工商变更材料等能够体现股东身份的任何文件上签名，从未履行过股东义务、享有过股东权利。被告所有股东的权利和义务实际均由原告一人行使。

因原告与第三人王某艺感情破裂，第三人徐某芹、王某艺和王某为侵占原告财产，利用名义股东身份将原告的法定代表人身份更换，已侵犯原告的合法权益。

被告辩称:

股权是由原告代持的,其实际未对被告出资,不具有被告股东身份。

第三人王某、王某艺和徐某芹通过股权转让或实际注资的方式已履行了股东的出资义务,以参加股东会会议形式行使股东权利。即使记名股东未直接参与公司经营管理事宜,并不影响其股东身份。

第三人述称:

与被告4名原股东协商并签订股权转让协议的实际是第三人王某艺。

被告增资后第三人徐某芹出资760万元、王某出资130万元,验资报告可以证明均已实际到账。

法院认为:

1. 系争股权究竟归属于谁?

本案系争股权包括第三人徐某芹和王某艺通过股权转让取得的股权,以及第三人徐某芹和王某通过增资取得的股权。

首先,关于股权转让取得的股权归属问题。

本案中,涉案股权转让协议系签订各方的真实意思表示,不违反法律、行政法规的禁止性规定,应认定合法有效。合同签订后,股权转让合同已实际履行,被告变更公司章程,也实际进行了工商登记变更,故可以认定第三人徐某芹和王某艺享有被告的股权。

原告关于上述协议中第三人王某艺和徐某芹的签名均是原告所签,以及第三人王某艺和徐某芹未参与公司管理及未行使股东权利,并不影响对股东资格的确认。

原告关于被告股权系由第三人王某艺和徐某芹代其持有的主张,因其不能提交其给付受让股权对价的证据,也不能提供代持股协议的证据,故其主张无法获得法院支持。

其次,关于增资形成的股权归属问题。

本案中,被告增资事宜经股东会决议,并经工商变更登记,根据验资报告,原告、第三人徐某芹和王某均向公司交纳了相应增资款,故,可以认定第三人徐某芹和王某享有因增资所形成的股权。而原告对此亦不能提供实际出资及代持股协议的证据,故其主张也无法获得法院支持。

2. 欲主张享有实际股权,应当如何证明?

《公司法司法解释(三)》(2014年修正)第23条规定,当事人之间对股权归属发生争议,一方请求确认其享有股权的,应当证明以下事实:已经依法向公司出资或者认缴出资,且不违反法律法规强制性规定;已经受让或者以其他形式继受公司股权,且不违反法律法规强制性规定。

根据该条规定,当事人欲主张其实际享有股权,应提供取得股权的实质性证据,如股权代持协议、实缴出资凭证、股权转让对价款给付凭证等关于股权投资或其他依法原始取得或者继受取得股权的有关证据,以证明其享有实际股权。

法院判决:
驳回原告的诉讼请求。

228. 实际出资人取得股东资格是否需要遵循《公司法》有关股权转让优先购买权规定,即必须经过其他股东过半数同意?

不适用优先购买权。确权诉讼中有一项重要的规则,即公司其他股东过半数同意。这一意思表示包括同意转让与放弃优先购买权双重意思表示。当其他股东过半数同意时,此时其并没有优先购买权,不能行使优先购买权;未达到其他股东过半数同意,此时不存在优先购买权问题。

229. 股东资格得到法院判决确认后,可否主张已分配或未分配的利润?可否撤销股东会决议或主张股东会决议无效?

对此应区分情况而定:

(1)可以主张的权利如下:

①知情权,股东对被确权前的公司事务享有知情权。

②利润分配请求权,股东有权请求分配确认股东资格之前的未分配利润。

(2)不得主张的权利如下:

主张已生效决议无效。如果无法确定的无效或撤销情形的,为了维护公司内外部法律关系的稳定和交易安全,应当认定该决议有效,确权股东不得以自己未表决而主张无效或撤销。

(3)需要注意的是,股东资格经确认后,确权之前已分配的投资收益应区分不同情况对待:

①公司无过错的情况下向名义股东分配投资收益的。

实际出资人经确认享有股东资格的,在其成为公司股东之前,公司已向名义股东分配投资收益的,则实际出资人可依代持股协议向名义股东主张投资收益,但不得向公司主张。

②由于公司过失分配给非权利人的。

经诉讼确认股东资格的,在确认之前,公司已将利润分配给错误记载的股东的,如果是公司登记错误而造成的,则该确认股东可以向公司主张已分配收益。

③由于权利人过失分配给非权利人的。

经诉讼确认股东资格的,在确认之前,公司已将利润分配给错误记载的股东的,如果是由于该权利人的错误而造成的,则该确认股东不可以向公司主张已分配收益,但可以不当得利向他人追索。

四、公司章程的证据效力

230. 公司章程进行工商登记有何法律效力？其与未登记的公司章程在效力上有何区别？

公司章程一旦进行工商变更登记,即对第三人产生对抗效力,即可视为第三人明确知晓公司章程中所约定的内容。

根据工商登记赋予章程的对抗效力,在公司章程对非公司股东的善意第三人发生法律效力时,应当以签订在前并经过工商登记的章程为准；如果由于不同章程所引发的纠纷仅发生在公司股东内部,或非公司股东的第三人对签订在后的章程内容是明知或应当知道时,应适用最后签订的公司章程的约定；如果不同内容的章程签订时间相同,以工商登记的为准。

231. 未被记载于公司章程是否一定不具有股东资格？

不是。虽然章程对股东资格确认具有决定性的作用,但如果未被公司章程记载并不代表不具有股东资格。因为实践中存在错误记载、股东变更后未及时修改公司章程、公司章程记载与公司登记备案不一致、实际出资人与名义股东等情形。因此,不能仅以是否记载于公司章程作为确认股东资格的唯一依据。

当然,未被记载的股东如欲确认其股东身份,需要提交证据以证明自己的股东资格,如代持股协议、参与并签署的股东会决议、出资证明书等,否则将承担不利的后果。

232. 公司设立协议对股东资格确认有何效力？

公司设立协议中记载的股东及其出资是证明其股东资格的文件之一,能够证明当事人在公司设立时具有成为股东的意思表示。但是,设立协议的证明效力较低,一是《公司法》并不要求公司设立时必须订立公司设立协议,二是设立协议的效力范围和效力期间是有限的。因此,以设立协议作为认定股东资格的证据的,应当与其他证据结合起来认定。①

---

① 沈富强:《股东股权法律实务——股东资格与责任》,立信会计出版社 2006 年版,第 148~149 页。

233. 公司章程关于股权激励对象离职后,由其他股东或公司回购其股权的约定是否有效?

有效。公司章程作为公司股东自由意思表示,对股东具有约束力。如公司章程对股东离职后的股权处理进行了约定,则应当依照约定处理该事宜。

但是需要注意的是,该种约定之所以有效,是基于股权激励等特殊情况。一般情况下,公司章程不能肆意限制股东自由转让的权利。

【案例119】章程限定离职退股　法院判决约定有效[①]

原告:上海某公司

被告:周某

诉讼请求:确认被告自2002年5月起不再是原告单位股东。

争议焦点:公司章程约定股东与公司劳动合同关系终止时丧失股东资格是否有效。

基本案情:

1999年1月,原告单位改制为股份合作制企业,被告作为职工个人入股。1999年6月18日,原告全体股东制定了公司章程,该章程约定了股份合作制企业设立后,股东所持股份不得退股,但职工股东调出或辞职的,股东资格自动丧失,并可以委托董事会办理股份转让或退股手续。

原告诉称:

2002年4月,被告与原告解除劳动合同,并于原告处办理了退股手续、领取了退股金,但其始终未办理工商登记材料中的股东变更手续。

被告辩称:

从工商登记来看,被告仍然是原告股东。公司章程约定员工离职后即不是公司股东侵犯了被告的股东权利,属于无效的约定。

律师观点:

原告公司章程由各股东签字,真实有效,未违反法律的相关规定,对各股东均具有约束力,应予以确认。原告作为股份合作制企业是兼有合作制与股份制两种经济形态特点、实行劳动合作和资本合作相结合的一种经济组织形式。股份合作制企业职工既是在企业工作的劳动者,又是企业的股东,具有双重身份。职工作为企业股东的身份与职工本人在企业劳动紧密联系在一起。现原、被告双方均确

[①] 参见上海市宝山区人民法院(2009)宝民二(商)初字第29号民事判决书。

认被告于 2002 年 4 月离开原告公司,被告离开原告公司后已不再具有企业劳动者的身份,相应也不再享有企业股东的资格。原告的诉讼请求应当予以支持。

法院判决:

判决被告自 2002 年 5 月起不再是原告的股东。

【案例 120】未履行股权激励所附条件 获赠股份应相应退还[①]

原告: 柴某生

被告: 李某辉

诉讼请求:

1. 判令被告返还原告赠与的 522 万股雪莱特公司股份;
2. 判令被告赔偿经济损失 17,812,080.45 元(上述 2 项诉讼请求合计金额为 108,446,502.55 元)。

争议焦点:

1. 原、被告之间是否有股份赠与关系,如有,被告是否全面履行了附条件赠与的义务,即是否为原告提供了 5 年的服务,原告未提供 5 年的服务是因为自愿离职还是被雪莱特公司辞退;

2. 被告是否应当返还原告赠与的全部雪莱特股份;

3. 如何理解《股份受赠承诺书》中关于赔偿金额计算条件"受赠股份已经上市流通",如何确定赔偿金额。

基本案情:

原告为雪莱特公司控股股东、董事长。被告 2000 年进入公司,先担任原告的助理,2001 年起任公司副总经理,专门负责销售。

2002 年 12 月,为激励高管,原告自愿将名下的 38 万股公司股份无偿赠送给时任公司副总经理的被告,双方签订的《关于股份出让的有关规定》载明被告自 2003 年 1 月 1 日起在雪莱特公司服务时间需满 5 年,若中途退出,以原值除以服务年限支付股份。这部分股份占当时总股本的 3.8%,后来在雪莱特公司上市及送股后已增至 522 万股。

2004 年 7 月 15 日,原告还以"股份赠与"的方式,将名下的占雪莱特公司 0.7% 的股份(折合现股票 96 万股)赠与被告。被告则承诺当天起 5 年内,不能以任何理由从公司主动离职,否则将按约定向原告给予经济赔偿,即按被告签署的

[①] 参见最高人民法院(2009)民二终字第 43 号民事判决书。

《股份受赠承诺书》中所承诺：本人离职之日，如果受赠股份未上市流通，赔偿金额＝受赠股份数×公司最近一期经审计的每股净资产值；本人离职之日，如果受赠股份已上市流通，赔偿金额＝受赠股份数×离职之日雪莱特公司股票交易收盘价。

原告诉称：

2007年8月25日，被告以个人身体状况、上班带来巨大压力等原因，向公司提出辞去公司董事及副总经理职务。因被告未履行双方签订的《关于股份出让的有关规定》，原告于2007年9月29日将被告诉至法庭。

被告辩称：

1. 被告不是自愿离职，因此不构成对《关于股份出让的有关规定》的违反；

2. 3.8%的雪莱特公司股票不是原告赠与被告的，被告已经向原告支付了股份转让款106.4万元，因此，不存在返还原告股份的问题。

一审认为：

关于被告是否自愿离职的问题上，被告为证明自己不是自愿离职，于2007年11月23日，向南海区劳动争议仲裁委员会申请仲裁，要求雪莱特公司支付经济补偿及董事津贴，后该请求被驳回。

在3.8%的雪莱特公司股票是否为赠与的问题上，虽然雪莱特公司提供了《关于股份出让的有关规定》等相关材料证明，但是这些材料并未证明原告赠送被告股份。原告还提交了其他员工接受他赠送股份的证据，但这并不能证明与被告有赠送关系。

被告未在雪莱特公司服务满5年而主动辞职，违反了原、被告之间签订的《股份赠与协议》，被告应对原告作出相应的赔偿。

一审判决：

1. 驳回原告要求被告返还522万股雪莱特公司股份的诉讼请求；

2. 以2007年8月28日的该股票收盘价20.05元/股为计赔依据，判令被告赔偿原告1929.40万元。

原、被告均不服一审判决，向上一级人民法院提起上诉。

原告上诉称：

2002年10月30日，原告与被告签订的《关于股份出让的有关规定》确定了被告必须为原告服务满5年的附条件赠与关系。该《关于股份出让的有关规定》是双方的真实意思表示，合法有效，被告违反上述规定应当承担违约责任。因此请求撤销一审判决第1项，改判被告返还原告其持有的雪莱特公司股票522

万股。

被告上诉称：

变更一审判决第2项，改判为被告赔偿原告1,678,669.12元。

律师观点：

1. 原、被告之间是股份赠与关系。

原、被告之间签订的《关于股份出让的有关规定》是双方的真实意思表示，合法有效。被告在一审期间向法院陈述其向原告支付了股份转让款106.4万元，认为这笔股份转让是有偿的，但原告并未提供证据证明其曾经支付过这笔费用，因此对其有偿转让股票的说法不应予以认定。

2. 被告只需退还原告所赠的雪莱特公司股份。

对于原告要求被告返还全部赠与的请求，由于被告已经履行了赠与所附条件约定的大部分服务时间之义务，要求全部返还赠与不合理。被告未完全履行赠与所附条件，应相应退还原告所赠雪莱特公司股份。

由于被告辞职时离"工作5年之限"还差4个月，据此其须向原告相应返还34.83万股雪莱特公司股份。

3. "受赠股份已经上市流通"系指公司股份上市流通。

被告认为"受赠股份已经上市流通"系指其所持有的受赠股份可以在证券交易所上市交易。原告认为"受赠股份已经上市流通"系指公司股份上市流通。按照一般的经济生活习惯，在公司未上市时，公司净资产价值是公司股份价格的最直接参考标准，在公司上市后，公司股票价值是公司股份价格的最直接参考标准。因此，应采纳原告的观点，即"受赠股份已经上市流通"系指公司股份上市流通，被告向原告赠与的0.7%股份，以雪莱特公司股票收盘价20.05元/股为依据计算，被告应赔偿的具体数额为1929.40万元。

综上，原告和被告之间关于3.8%和0.7%雪莱特公司股份的约定确定了附条件的赠与民事法律关系，该民事法律关系是双方当事人的真实意思表示，不违反法律、法规的禁止性规定，合法有效。根据《合同法》第192条[①]和当事人之间的约定，被告未完全履行赠与所附条件，应相应退还原告所赠雪莱特公司的股份及按其承诺对原告作出经济赔偿，应退还的股份数为348,259股，应赔偿金额为1929.40万元。

[①] 现为《民法典》第663条相关内容。

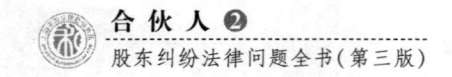

二审判决：

1. 维持一审判决第2项；

2. 变更一审判决第1项为：被告向原告退还雪莱特公司股份348,259股，并于判决生效之日起10日内协助办理股份过户变更登记手续。

五、工商登记的证据效力

234. 工商登记文件的记载对股东资格确认有何效力？

工商登记文件的记载具有公示公信效力，在处理公司与外部人的关系时，通常情况下应以工商备案的文件为准，该文件效力优于其他证据，以有效保护工商登记材料的公示效力和第三人的合法权益。对于公司股东内部而言，工商登记文件不应成为认定股东资格的充分条件，公司股东内部就股东资格产生争议的，应以公司股东之间实际签署的章程或其他协议载明的内容为准。

【案例121】强制退股须有在先依据　解除股东资格须经股东会决议[1]

原告：杨某

被告：利达公司

诉讼请求：

确认被告2014年3月6日董事会决议无效。

争议焦点：

1. 原告是否具有被告公司的股东资格，被告能否以原告不是公司员工为由强制要求原告退出股权；

2. 董事会是否有权决议剥夺股东资格，解除股东资格的条件有哪些。

基本案情：

被告系经由国企改制于2016年新设立的有限责任公司，被告章程第2条规定："公司由原企业自愿入股人员共同出资组建。"原告作为改制前原国有企业的职工，投资入股被告，被告为其颁发了股权证，并将其工商登记为公司的股东。原告被选举为被告董事，一直参与公司经营活动。

2013年，被告部分股东得知原告于被告改制前已调离被告。

2014年1月13日，被告决定暂缓向原告发放2013年年终股份分红及2014

---

[1] 参见贵州省高级人民法院(2015)黔高民商终字第18号民事判决书。

年每月的股份应发现金。

2014年3月6日,被告召开董事会会议并形成决议:"1. 依照公司章程第2条取消原告股东资格,退还其本金,收回股东证,2014年起停发一切分红;2. 如果通过司法程序解决,原告暂不能领取2013年分红;3. 如果通过司法程序解决,原告如败诉,需清退改制后所获全部分红。"

原告诉称:

1. 被告在明知原告已经调离被告的情况下,仍然同意原告入股并依法办理了工商注册登记手续,原告具备股东资格。

2. 被告通过董事会决议排除原告股东资格违反法律规定,决议无效。

被告辩称:

原告只投资了18万元,投资不到位,不具有资合性;原告在被告成立时已经调离,还保留国有企业职工身份,不符合国企改制方案所规定的原告股东条件,不具有人合性。

法院认为:

1. 原告是否具有被告的股东资格?被告能否以原告不是公司员工为由强制要求原告退出股权?

《公司法》对担任有限责任公司股东的人员资格并没有强制性排除规定,需要遵从全体股东的意志。

本案被告系经由国企改制而新设的有限责任公司。在被告成立之时,虽然原告工作被调离,但被告仍同意原告投资入股,经会计师事务所审验原告已足额出资,其股东身份已载入被告公司章程和股东名册,并经工商登记公示,故,足以确认原告具有被告股东的身份资格。

我国《公司法》并无禁止国有企业职工对本公司投资入股的规定,被告公司章程亦无关于不是本公司员工不得投资入股或员工离职须退股的规定,因此,原告成为被告的股东并在调离后仍然保留被告股东身份,并不违反法律或被告公司章程的规定。

2. 董事会是否有权决议剥夺股东资格?解除股东资格的条件有哪些?

根据《公司法》第46条规定,公司董事会是公司的常设经营管理机构,对公司股东会负责,执行股东会的决议,并根据《公司法》、公司章程及股东会的授权,履行经营管理决策及执行的有关职责。公司经营的核心价值是为了实现股东利益最大化,因此根据公司董事会在公司治理架构中的定位,董事会无权就剥夺股东权利事项作出决策。

我国《公司法》对于解除股东资格并无明文规定,关于解除股东资格的依据系《公司法司法解释(三)》第17条之规定,即:"有限责任公司的股东未履行出资义务或者抽逃全部出资,经公司催告缴纳或者返还,其在合理期间内仍未缴纳或者返还出资,公司以股东会决议解除该股东的股东资格,该股东请求确认该解除行为无效的,人民法院不予支持。"剥夺股东权利是一种严厉的措施,故在剥夺股东权利时必须严格依法执行。根据该规定,解除股东资格必须符合三个条件:其一是仅针对全部未出资或抽逃全部出资的股东;其二是必须经合理期限催告,给予相关股东补正的机会;其三是必须经股东会决议。

而即便是基于股权激励等向员工授予的股权,公司若要求离职员工必须通过公司股权回购或向公司实际控制人(或其指示的受让人)转让以强制其退出股权的,亦必须有公司章程在先规定或相关协议的在先约定作为依据,且公司章程或协议约定有关条款亦不得与法律禁止性规定相冲突。

本案中,被告以董事会决议剥夺原告股东资格并无法律或公司章程依据,相关董事会决议显然是无效的。

此外,在原告具备股东资格的基础上,依照《公司法》第4条"公司股东依法享有资产收益的权利"和第34条"股东按照实缴的出资比例分取红利"的规定,原告依法享有分红权。被告通过董事会决议剥夺原告的诉权和收益权利,违反了《公司法》的规定,故董事会决议第2项、3项应属无效。

法院判决:

确认被告2014年3月6日董事会决议无效。

【案例122】工商登记文件不是确认股东资格及股东权利义务的唯一证据

原告: 国融公司

被告: 腾逸公司

诉讼请求:

1. 判令被告提供公司账簿供原告查阅;
2. 判令被告分配公司盈余红利2000万元。

争议焦点:

原告国融担保公司是否具备被告腾逸公司的股东资格。

基本案情:

2009年10月前后,被告因开发六安市"水岸茗城"房地产项目需要融资,始与原告磋商相关融资事宜。2009年10月26日,原、被告双方达成协议,约定自协议签订之日起7日内,被告将其股东价值2000万元的10%的公司股权转让给原告,被告公司的盈利、亏损与原告公司无关,原告国融担保公司享有除不参与经营管理外的2000万元的收益。具体支付方式为以"水岸茗城"项目10,000平方米左右房产进行折抵。一期开盘工程中的约5600平方米房产支付后,待第二周期融资4000万元到达被告指定账户后,被告按二期工程实际开盘价付清剩余房款。

2010年2月6日,双方签订《补充协议》,约定如4000万元后续融资未到位,原告将退还被告公司10%股权,另外退还第一期开盘多支付18%的融资报酬。

2010年3月5日,双方签订《协议(02)》。该协议约定,为开发"水岸茗城"项目,被告法定代表人滕某保个人向合肥家兵物流有限公司借款2300万元(分1500万元和800万元两笔),由原告提供保证,被告及安徽兴昌防水节能建材有限公司等为滕某保的借款提供反担保。该协议还约定如原告支持被告1500万元资金到位,并办理好"水岸茗城"项目土地证原件正副本后,若被告不能将土地证原件正副本交给原告保管及融资抵押使用,则被告的行为视为违约,应支付原告违约金500万元。

2010年5月16日,经过被告全体股东共同决议,被告股东滕某保将其持有的10%的股权转让给原告,被告其余股东放弃优先购买权。同日,被告的公司章程也进行了修正,重新确认了各股东的持股比例,即滕某保占40%、钟某勤占30%、吴某生占20%、原告占10%。被告并向工商管理部门申请将原告登记为其股东。

2010年5月25日,原告与被告、滕某保、钟某勤、吴某生就前述2009年10月26日的协议签订《补充协议书》。该补充协议确认被告通过原告的担保获得了2300万元的第一批建设资金,滕某保愿意无偿赠与其持有的被告10%股权,原告持有的股权以"水岸茗城"项目价值2000万元房屋予以兑现。

2010年12月,因被告未按照双方2010年3月5日协议的约定,将办理好的土地证交付原告保管,原告另案诉至安徽省淮南市中级人民法院,要求被告公司支付500万元违约金。安徽省淮南市中级人民法院于2011年5月20日作出(2011)淮民二初字第00005号民事判决,判令腾逸置业公司支付国融担保公司违约金388万元。腾逸置业公司不服,向安徽省高级人民法院提起上诉。安徽省高级人民法院于2012年6月5日作出(2011)皖民二终字第00187号民事判决,判令腾逸置业公司支付国融担保公司违约金300万元。

2011年3月,原告在借款到期后,作为保证人代被告偿还了合肥家兵物流有限公司2300万元。2011年4月,原告向安徽省淮南市中级人民法院起诉,请求被告偿还2300万元及代为还款之后产生的利息。2011年8月24日,双方达成调解协议,确认在该次诉讼期间被告偿还原告2500万元,另外被告于2011年9月再支付原告100万元。

原告与被告未开展曾约定的4000万元融资业务。

2012年9月,原告另案向安徽省淮南市中级人民法院起诉,请求判令被告支付2000万元(庭审时国融担保公司明确2000万元是以10%股权价值衡量的融资收益,是股权对价,折价方式按合同约定,房产不足则支付货币)。2013年5月23日,安徽省淮南市中级人民法院作出(2012)淮民二初字第00040号民事判决,判令被告给付六安市"水岸茗城"房地产项目中价值760万元的房产,不足部分支付现金。双方均不服上述判决,向安徽省高级人民法院提起上诉。安徽省高级人民法院作出(2013)皖民二终字第00432号民事判决,判令被告给付原告六安市"水岸茗城"房地产项目中价值460万元的房产,不足部分支付现金。同时该判决认定,2009年10月26日《协议》虽约定被告股东将被告公司10%股权转让给原告,但综合双方当事人数份协议约定的内容,结合双方当事人庭审中的陈述,该10%股权应理解成系被告为价值2000万元房产向原告提供的担保。

原告诉称:

2010年5月12日,经被告公司股东共同决议同意,并办理工商变更登记,原告从该日起成为被告的合法股东,持有被告10%股权。

被告辩称:

涉案的10%股权的实质是为原告获得价值2000万元房产的融资报酬提供的担保,原告实际并不享有10%的股权。在约定融资事项完成、融资报酬支付后,该10%股权应当无偿返还。

一审认为:

工商登记资料显示,国融担保公司持有腾逸置业公司10%的股权,但工商登记仅是一种证权性登记,仅具有对抗善意第三人宣示的证权功能,其本身没有创设股东资格的效力。被告对原告的股东资格提出异议,法院应着重从认定股东资格的实质要件角度综合判断。原告在持有被告的股权后从未行使过股东权利,也未承担过股东义务,亦未参与过腾逸置业公司的经营管理,表明国融担保公司并没有成为腾逸置业公司股东的真实意思表示。同时,结合股权转让的原因及本案的背景情况分析,被告的10%股权登记在原告名下,实为被告为价值2000万元房产向原告提供的担保。该观点亦经安徽省高级人民法院(2013)皖民二终字第00432号民事判决的认定。原告已经就2000万元房产问题诉至法院,并经生效判决作出处理,现原告再次以案涉10%股权提出诉讼没有事实和法律依据。

一审判决:

驳回原告的诉讼请求。

原告上诉称:

原告未行使股东权利,是被告违反公司法的规定所致,也是本案的起因。股东的义务主要是出资,原告已经履行出资义务。是否参与公司经营,是股东各方协商的结果。法律未规定股东必须参与经营才具有股东资格。一审认定原告从未行使股东权利、履行股东义务,未参与公司的经营管理,进而推断其无成为被告股东的真实意思表示,与事实不符。因此请求撤销一审判决,依法改判或发回重审。

被告二审辩称:

一审判决认定原告不具有股东资格正确,请求驳回上诉。

律师观点:

工商登记文件具有公示公信效力,但不是确认股东资格及股东权利义务的唯一证据。在公司内部,公司与股东之间或股东与股东之间就股权的取得、持有及股东权利的行使另有约定的,应以约定载明的内容为准。对于股东资格的认定,应结合形式要件和实质要件综合判断。有限责任公司的股东资格的确认,应当根据出资数额、公司章程、股东名册、出资证明书、工商登记、行使股东权利、参与公司决策等多种因素综合审查确定,其中签署公司章程、股东名册、工商登记等是确认股东资格的形式要件,出资、行使股东权利、参与公司重大决策等是确认股东资格的实质要件。上述要件必须综合起来分析,并充分考虑当事人实施民事行为的真实意思表示来判断股东资格具有与否,具有某种特征并不意味着股东资格的必然成立。

本案中,原告虽然根据合同约定受让被告10%股权,登记为公司股东,但双方同时约定原告并不参与被告的经营管理,被告公司的盈利、亏损与原告无关,原告享有的是除不参与经营管理外的2000万元的收益,原告既不能行使股东权利,也不承担被告经营风险,且被告用价值2000万元房屋抵付完成后,原告应按月无偿返还该10%股权。故原告受让的股权仅系2000万元收益的担保,而非实际享有被告的股东权利。因此,原告不具备被告的股东资格。

二审判决:

驳回上诉,维持原判。

235. 未被记载于工商登记文件,是否一定不具备股东资格?

不是。工商登记的优先适用效力是相对的。因为工商登记也会存在错误记载或漏载的情况,或者公司未及时办理变更登记等,如果有其他实质证据也可以推翻工商登记事项,否认工商登记所载股东的资格。

在不损害善意第三人利益的前提下,或者甚至是为了维护善意第三人的利益,或者第三人在主观上是恶意的,则此时其他有形式条件或实质条件的当事人可以向公司提出变更登记或未登记也可对抗恶意第三人。

【案例123】实质证据推翻工商登记　股权比例重新确认[①]

原告: 董某佳

被告: 孙某

第三人: 智大建筑装饰公司

诉讼请求: 判令确认原告持有第三人50%的股权。

争议焦点:

1. 工商登记的章程、验资报告记载的出资比例和出资额与实际不符,如何认定实际股东的股权比例;

2. 因垫资引发的出资瑕疵是否影响股权比例的确认。

基本案情:

2004年3月,原告与被告拟设立第三人,由被告负责公司的注册登记,被告即委托他人办理垫资和验资手续。工商登记的公司章程第9条载明:公司股东2名,被告认缴出资金额90万元,占注册资本的90%,原告认缴出资金额10万元,占注册资本的10%。第三人设立时的验资报告显示,以原告名义投入验资账户现金10万元,以被告名义投入验资账户现金90万元。被告任公司法定代表人。

原告诉称:

事实上,公司股权结构并非如章程所载,实际股权结构为原告与被告各持有50%股权。

原告为证明其观点,提交证据如下:

1. 2005年2月4日的第三人公司利润分配明细说明,证明第三人公司根据股东投资额平均分配利润。

[①] 参见上海市第一中级人民法院(2009)沪一中民三(商)终字第206号民事判决书。

2. 2006年股东分红方案载明,股东会议决定按股东股份比例各占50%分红。证明原、被告按上述内容取得了相应红利。

3. 被告在2007年9月20日公安机关对其的询问笔录中确认公司工商登记被告占90%股份,原告占10%股份是为了公司成立的需要;确认由招商办代验资、代注册登记的事实;确认公司成立后至今其与原告各自投资15万元的事实;确认其与原告在数次盈余分配中各按50%比例分红的事实。

4. 第三人总经理高某华在2007年9月20日公安机关对其的询问笔录中亦确认公司注册资金是南汇工业园区垫资以及公司2名股东没有实际出资的事实。

被告辩称:

1. 股东出资需要有一个合法有效的出资依据,不能简单以公司股东代验资及公司股份分红为依据来认定股东出资,应根据股东双方认可的公司章程予以确认。

2. 原告董某佳出资事实的证据明显不足。被告对原告董某佳提供的公安机关询问笔录的内容合法性和来源合法性提出异议,且认为分红比例不能作为出资比例认定。

第三人同意被告的答辩意见。

律师观点:

工商登记文件不是确认股东资格的唯一依据,若有证据证明登记事项与客观事实不符的,应按照查明的客观事实作出认定。

股东在公司成立时签订的公司章程对股东的出资比例、股权分配等权利义务作出约定,并对外界予以公示。但是,除公司章程外,股东之间可对股权比例另行作出约定,该约定可在股东之间形成约束。

本案中,用于公司登记注册的章程未经原告签字。原告认为其持有第三人50%的股权,股东被告及公司总经理高某华亦在公安部门的询问笔录中陈述被告与原告各持公司50%的股权,且被告与原告分取公司红利时亦注明按照股权比例各占50%平均分配。故该些证据均可证明被告与原告作为第三人的股东对第三人公司股权作了各半持有的约定。

现被告仅以公司章程等工商登记材料来反驳原告的主张难以成立。被告对公安部门的询问笔录提出异议,但未提供相反证据予以反驳。公司股东有义务按出资比例向公司缴纳出资,对未出资部分应向公司补足。但是衡量股权比例不是依据股东已经出资情况,股东出资瑕疵不影响其股权的享有,故被告被告要求按照被告出资情况确定公司股东的股权比例,无法律依据。

法院判决：

第三人 50% 的股份属原告所有。

236. 第三人请求股东在出资不实范围内承担责任时，股东能否以工商登记文件非自己签名为由不予履行？

一般情况下不能。

公司的工商登记具有很强的公信力和公示力，被工商登记文件记载的人如无相反的证据证明，一般不能否定其股东资格。第三人也有理由相信工商登记文件中所记载的人具有股东资格，其可以依工商登记文件的记载主张权利。即使有证据证明签名并非自己亲笔而为，第三人亦可请求其履行股东义务。

如果该当事人确系被他人冒用而登记为股东的，则可向人民法院提起股东资格确认诉讼，请求否认其股东资格。

237. 工商备案登记法定代表人与公司内部文件不一致的，以哪一个为准？

工商登记的法定代表人对外具有公示公信效力，如涉及公司以外的第三人因公司代表权而产生的外部争议，应以工商登记为准。对于公司与股东之间因法定代表人任免产生的内部争议，则应以有效的股东会任免决议为准，并在公司内部产生法定代表人变更的法律效果。

【案例124】公司起诉债务人　新任命法定代表人有权代表公司撤诉[①]

原告： 大拇指公司

被告： 中华公司

诉讼请求： 判令被告履行股东出资义务，缴付增资款 4500 万元。

争议焦点：

1. 原告起诉的意思表示是否真实；
2. 出资责任的问题如何认定。

基本案情：

原告于 2004 年经福建省人民政府批准，取得了外商投资企业批准证书，企业类型为外国法人独资的有限责任公司。该公司自成立始，公司的名称、住所、法定代表人、股东名称、投资总额与注册资本等进行了数次变更。

2005 年 9 月，该公司股东变更为被告。2012 年 12 月 18 日，原告的法定代表

[①] 参见最高人民法院(2014)民四终字第 20 号民事裁定书。

人变更登记为洪某。

2008年6月30日,福建省对外贸易经济合作厅作出批复,同意原告公司投资总额由2.3亿元增至5亿元,注册资本由1.3亿元增至3.8亿元,增资部分应按公司修订章程规定的期限到资,并核准了原告就上述变更事项签订的补充章程。补充章程就增资款及缴纳时间载明:增资部分全部由被告以等值外汇现金投入,首期缴付不低于20%的新增注册资本,余额在变更营业执照签发之日起两年内缴清。

2008年7月16日,被告向原告缴纳了首期增资款50,560,381元;2009年5月19日,被告向原告缴纳了第二期增资款4,660,940元,至此,原告实收注册资本为185,221,300元。2010年8月18日,原告向福州中院提起另案诉讼,请求判被告先行支付增资款4900万元,福州中院判决支持了原告的诉讼请求,被告不服提起上诉后,福建高院于2011年8月31日作出(2011)闽民终字第446号民事判决,驳回上诉,维持原判。被告于2011年10月31日按照生效判决支付了增资款49,395,110.4元,原告于2012年3月12日办理了营业执照变更登记,变更后,原告的注册资本为3.8亿元,实收资本234,616,431.4元。至2013年7月25日,被告对原告尚有145,383,568.6元的出资款未到位。

2012年5月16日,被告向福州中院起诉原告、田某、陈某和潘某土与公司有关的纠纷,提出了确认被告任免原告董事、监事、法定代表人的决议合法有效等诉讼请求。福州中院就该案已于2013年9月17日作出(2012)榕民初字第268号(以下简称268号案)一审判决:(1)确认被告于2012年3月30日作出的《书面决议》和《任免书》有效;(2)原告应于判决生效之日起10日内办理法定代表人、董事长、董事的变更登记和备案手续,将原告的法定代表人、董事长变更为保某武,董事变更为保某武、徐某雯、宋某;(3)驳回被告的其他诉讼请求。

2013年5月7日,被告向福州市鼓楼区人民法院(以下简称鼓楼区法院)起诉福建省工商行政管理局和原告,请求撤销原告法定代表人由田某变更为洪某的行为及相关行政等级,案号为(2013)鼓行初字第167号。鼓楼区法院于2014年3月20日裁定中止诉讼,理由是该案需以268号案的审理结果为依据。

2013年6月26日,被告向福州中院起诉孙某榕、洪某,请求判令两人就擅自将原告法定代表人由田某变更为洪某等行为停止侵权、赔礼道歉、消除影响和赔偿损失,案号为(2013)榕民初字第753号。

2012年11月28日和2013年7月10日,保某武以被告法定代表人名义分别向福建省工商行政管理局、福州市鼓楼区对外贸易经济合作局递交《关于大拇指环保科技集团(福建)有限公司减资事宜的申请》。

2013年12月5日,被告向鼓楼区法院起诉福州市鼓楼区对外贸易经济合作局不履行行政批准法定职责,该案已由鼓楼区法院受理。

原告诉称:

原告系由注册于新加坡的被告在中国设立的外商独资企业,2008年6月30日,原告经批准注册资本增至3.8亿元,增资部分分期至2010年8月3日缴清。至2009年5月19日,实收注册资本为185,221,300元,此后被告未再缴纳。2010年8月18日,原告向福州中院提起另案诉讼,要求被告先行支付增资款4900万元,该案判决生效后,被告于2011年10月31日支付了49,395,110.4元,至此,被告实际缴付的出资额为234,616,431.4元,仍欠缴增资款145,383,568.6元。

被告辩称:

被告作为唯一股东已经就原告包括法定代表人、董事在内的管理层进行更换,新任的原告"法定代表人"向法庭作出撤诉的意思表示,因原告实际控制人拒不交出公章,导致新"法定代表人"无法就撤诉申请盖章为由,否定原告提起本案诉讼的意思表示。

一审认为:

在适用中国法律的前提下,工商登记的信息具有公示公信的效力。认定原告法定代表人仍应以工商登记为准,在无证据证明保某武被登记为原告的法定代表人前,其代表原告作出的意思表示不具有法律效力,故不予认可。原告提起诉讼的目的在于请求其唯一股东履行增资所确定的出资义务,被告不予主动履行,反而向有关部门提出减资申请,以抵消原告的请求,被告与原告显然存在利益冲突。在此情况下,原告起诉主张权利,起诉状及授权委托书盖有公司公章,并不违反中国法律规定,亦不能就此否认原告提起本案诉讼系真实意思。因此,被告关于原告起诉没有法律效力的抗辩主张不成立,不予采纳。

被告系新加坡法人,在中国境内设立外商独资企业原告,其作为股东对原告的出资应适用中国法律。原告于2008年经报外商投资企业审批机关福建省对外贸易经济合作厅批准增资,增资的程序合法有效,被告应遵守中国法律按时、足额履行对原告的出资义务。根据查明的事实,被告对原告尚有145,383,568.6元的出资款未到位。被告未履行股东足额缴纳出资的法定义务,侵害了原告的法人财产权,原告有权要求被告履行出资义务,补足出资。就被告出资不足金额,原告在本案中仅主张被告缴纳4500万元,并不违反法律规定,应予支持。

一审判决：

被告向原告缴纳出资款4500万元。

被告不服一审判决,向上级人民法院提起上诉。

被告上诉称：

保某武为原告合法的现任董事长。原告的起诉状和授权委托书是无权人员盗用公司公章而为,未经合法的法定代表人同意,不能代表原告的真实意思,起诉无效。保某武签署的撤诉申请是原告的真实意思,应予准许。

原告二审辩称：

工商登记载明的原告法定代表人洪某有权代表原告提起本案诉讼。按照中国现行法律规定,原告新任的法定代表人须经合法登记后,方可行使法定代表人职权,被告司法管理人任命的所谓法定代表人保某武未依法进行变更登记,故不能行使法定代表人职权,亦无权申请撤诉。

二审认为：

1. 关于本案适用法律问题。

本案系涉外股东出资纠纷,依《涉外民事关系法律适用法》规定,"法人及其分支机构民事权利能力、民事行为能力、组织机构、股东权利义务等事项,适用登记地法律"。被告的司法管理人以及清盘人民事权利能力及民事行为能力等事项,应适用新加坡法律;原告提起本案诉讼的意思表示是否真实及股东出资义务等事项,应适用中国法律。

2. 关于原告提起本案诉讼的意思表示是否真实的问题。

原告是被告在中国境内设立的外商独资企业,原告属于一人公司,其内部组织机构包括董事和法定代表人的任免权均由其唯一股东被告享有。被告进入司法管理程序后,司法管理人作出了变更原告董事及法定代表人的任免决议。根据新加坡公司法227G的相关规定,在司法管理期间内,公司董事基于公司法及公司章程而获得的权力及职责均由司法管理人行使及履行。因此,本案中应当对被告的司法管理人作出的上述决议予以认可。

公司董事会作为股东会的执行机关,有义务执行股东会或公司唯一股东的决议。原告董事会应当根据其唯一股东被告的决议,办理董事及法定代表人的变更登记。

《公司法》规定公司法定代表人变更应当办理变更登记,其意义在于向社会公示公司意志代表权的基本状态。工商登记的法定代表人对外具有公示效力,如果涉及公司以外的第三人因公司代表权而产生的外部争议,应以工商登记为准。

而对于公司与股东之间因法定代表人任免产生的内部争议,则应以有效的股东会任免决议为准,并在公司内部产生法定代表人变更的法律效果。因此,被告作为原告的唯一股东,其作出的任命原告法定代表人的决议对原告具有约束力。

本案起诉时,被告已经对原告的法定代表人进行了更换,其新任命的原告法定代表人明确表示反对原告提起本案诉讼。因此,本案起诉不能代表原告的真实意思,应予以驳回。

二审判决:

1. 撤销一审判决;
2. 驳回原告的起诉。

六、股东名册的证据效力①

238. 股东名册具有什么法律效力?股东名册的记载对股东资格确认具有何种效力?

股东名册主要记录了公司股东的姓名或名称及出资额,具有很高的效力。主要包括以下三个方面:

(1)证明力。公司法规定记载于股东名册的股东,可以依股东名册主张行使股东权利,据此,可以说明记载于股东名册的人就应认为是公司的股东。

(2)对抗效力。记载于股东名册的人员,可以此来对抗其他股东或公司的不合理要求,如不是公司股东,不享有股东权利。

(3)免责效力。公司只要根据股东名册的记载向股东履行义务,就可以获得免责,而不会承担违反义务的责任。

股东名册的记载对股东资格确认具有如下三种效力:

(1)股东名册上记载的股东通常可确认其股东资格。

根据《公司法》的规定,记载于股东名册的股东,可以依股东名册主张行使股东权利。据此可以推断股东名册的记载具有权利推定力,即虽不是确定股东权利所在的根据,但却是确定谁可以无须举证地主张股东资格的依据,该条实际上赋予了股东名册记载的股东对抗公司的权利。因此,股东名册上记载的股东通常可确认其股东资格。

---

① 有关请求变更登记股东名册的具体内容详见本书第五章股东名册记载纠纷。

(2)有充分的证据可以推翻股东名册的记载。

由于股东名册的记载也只是证明某种权利的存在,并不是通过股东名册的记载来创设出股东资格的,只要反对者能够提供充分的证据证明股东名册上记载的股东不能享有股东权利,其股东资格也会被否定。而且,在实践中由于公司没有或拒不置备股东名册、不及时办理、变更工商登记或登记错误等公司履行义务不当行为,对未被记载于股东名册的股东,并不能因此否认其股东资格。

(3)股东名册的记载仅在公司与股东、股东与股东之间有效。

股东名册属于公司内部经营管理文件,仅对公司内部发生法律效力,是用来解决公司和股东之间的法律关系,而不能用于解决公司和外部第三人之间的法律关系,即对公司以外的第三人不具有任何法律效力。公司以外的第三人不能以股东名册有记载为由,推定记载于股东名册的人是公司股东,进而向其主张权利。①

239. 记载于股东名册的股东是否必然享有股东权利?

根据《公司法》的规定,记载于股东名册的股东,可以依股东名册主张行使股东权利。据此,如果被记载于股东名册,则可依此来行使相应的股东权利。除非有相反的证据推翻股东名册的记载从而否认其股东资格。

240. 签署公司章程并被公司章程记载,但未在股东名册上记载的人,是否具有股东资格?

有。由于股东名册在很多公司都没有置备,如果有其他证据证明其具备股东资格,即使未记载于股东名册,也应认定其具有股东资格。

241. 股东决议增加注册资本,与第三人签订增资协议并收取股款的,如果公司拒不办理工商变更登记、股东名册变更手续,该第三人能否主张不具有股东资格?

如果公司经第三人催告后始终不进行工商变更登记手续,导致第三人根本无法享有股东权利,则视为增资协议的目的根本不能实现,第三人可以请求解除增资协议、收回股款,其也自然不具备股东资格。

七、实际出资的证据效力

242. 实际出资对股东资格确认有何效力?

出资并不能当然取得股东资格,不出资未必不能获得公司股东资格,要视具

---

① 张海棠主编:《公司法适用与审判实务》,中国法制出版社2009年版,第70页。

体情况而定:

(1)根据我国相关法律的规定,在公司设立阶段,投资者只能处于设立人地位。如果公司设立失败,设立人之间的法律关系属于合伙,自然就不能取得股东资格。设立人的身份是随着公司的成立而转化为公司股东的,如果没有公司法人的成立和存续,股东资格就无从谈起。可见,公司法人的成立和存续是股东资格的必要的前提条件。[1]

(2)对于有限责任公司而言,基于人合性特征,股东资格的取得来源于各股东对股权结构框架及其认缴出资的合意,而非必须以实缴出资来确认。当然,在股东未实缴出资或抽逃出资的情况下,可能引发股东失权(依法被除名)或被限制股东权利的后果。

而对于股份有限公司而言,基于资合性特征,原则上股东资格的取得来源于股东的实缴出资,但法律另有规定的除外。

(3)在继承、受赠及显名股东的情况下,虽然未出资,但同样可以取得公司股东资格。

【案例125】凭借条主张股东身份 不具备实质要件被驳回[2]

原告:侯成果

被告:海燕木业

第三人:矫某岩、李某先

诉讼请求:确认原告为被告的股东。

争议焦点:原告是否具备股东资格的实质要件,即:

1. 是否履行了出资义务,借条能否证明为投资款;

2. 是否实际参与公司经营管理,行使了股东表决权;

3. 是否享受了股东盈余分配权;

4. 第三人出具的股东资格证明文件是否真实有效。

基本案情:

被告成立于1998年12月21日,公司股东(发起人)名录和公司章程记载,该公司成立时注册资本为50万元,股东为第三人矫某岩、李某先,出资方式均为货币出资,验资报告载明上述出资已到位。

---

[1] 周友苏等:《公司法学理与判例研究》,法律出版社2008年版,第58页。

[2] 参见山东省青岛市中级人民法院(2010)青民二商终字第480号民事判决书。

原告诉称：

原告曾向被告公司投资102万元，并以技术入股，且实际享有股东权利。获得现金200万元分红和实物分红轿车一辆，应享有35%的股权。

被告辩称：

原告不是公司的股东，被告公司从成立至今，所有的注册资本均由第三人矫某岩、第三人李某先投入，股东也只有其二人。被告公司2000年至2008年历年审计报告中均无股东分红的账面显示。原告提交60万元借条和42万元收据，并主张明为借贷、实为出资，但是借条和收据上明确载明款项性质为借款而不是出资。

律师观点：

1. 本案原告是否具备系被告公司股东的形式要件。

从被告公司工商登记信息查询资料看，公司设立登记审核表、公司设立登记申请书、公司股东(发起人)名录、公司章程、验资报告中均无原告出资及股东身份的记载。被告公司三次资本变更登记时的股东会决议和章程修正案中亦无原告出资情况及原告系被告公司股东的记载。且原告称在2007年4月24日被告已认可其股东身份，并取得股权证明时，亦未到工商部门办理登记和变更。因此，原告称其系被告公司股东，但未经被告公司章程、股东名录认可，未经工商登记，原告并不具备被告公司股东的形式要件。

2. 本案原告是否具备被告公司股东的实质要件。

(1) 原告并无向被告公司出资的事实。

①被告公司成立于1998年12月21日，其成立时注册资本50万元，经验资已于1998年11月24日到位。原告所提交60万元借条和42万元收据上载明的时间分别为1999年1月2日和1999年3月20日，均在被告公司注册资金到位、公司依法成立之后。且原告自认其资金系被告公司成立后所投，因此，原告并非发起设立被告公司的原始股东，原告所称的102万元也未作为注册资本金投入被告公司。

②原告在起诉状中自认其主张的102万元投资款系投入给棘洪滩木器厂，原告所提交的借条和收据亦均系棘洪滩木器厂在合法存续期间所出具，应当视为原告与案外人棘洪滩木器厂发生的债权债务关系。原告未就棘洪滩木器厂出具的60万元借条与本案被告的关联性提交相关证据予以证明。棘洪滩木器厂与被告公司系两个独立的企业法人，原告据此向被告主张其股东资格，明显不能成立。原告辩称棘洪滩木器厂被矫某岩收购后，并没有继续经营下去，棘洪滩木器厂的

资产实际在被告公司使用,但原告没有就其所称提交证据予以证明,对该意见不应予以采信。退一步讲,即使原告主张被告公司实际使用棘洪滩木器厂的相关资产,也不能据此确认原告在被告公司的股东身份。

③原告所提交60万元借条和42万元收据上均明确载明款项性质为借款而不是出资。且原、被告双方提交的被告公司2001年1月31日其他应付款清查评估明细表中亦载明1999年9月与原告发生的420,000元业务内容为借款。原告主张"名为借款,实为投资",但原告自认其不持有出资证明书、委托持股协议,也未就其与第三人矫某岩有口头合伙约定的主张提交相关证据予以证明。且原告自认被告公司在出具股份证明时未召开过股东会,也未提交相关证据证明两位第三人同意增加其为被告公司股东,两位第三人均不认可原告所称的被告公司股东身份。因此,原告所提交的证据不足以证明其所持有的债权凭证已转化为被告公司的股权。

④对被告提交的40万元还款凭证,原告申请对上面"侯某果"的签名是否其本人所签以及该凭证上的字迹是否同一时间形成进行司法鉴定,但未于指定期限内缴纳相关鉴定费用,视为放弃鉴定申请,应自行承担对其不利的法律后果。而且,该还款凭证与被告公司将该40万元款项以支票转账给青岛环海房地产发展有限公司,用于原告购买该公司所开发商品房的证据之间能够相互印证,证明被告公司已于2001年11月29日还给原告借款40万元。该项事实也表明,原告主张"名为借款,实为出资"不能成立。

⑤原告称其以技术入股,但仅提交了原告的毕业证书及专业技术职务资格证书,所提交的证据不足以证明其主张。根据《公司法》(2005年修订)第27条,"对作为出资的非货币财产应当评估作价",原告未就用于入股的技术名称、评估价值及技术入股协议等提交相关证据加以证明,原告称其以技术入股缺乏事实基础。

综上,原告所提交的证据不足以证明其持有的债权凭证中记载的款项系其在被告公司的入股资金,亦不存在原告以技术在被告公司入股的情形,即原告并无向被告公司出资的事实。

(2)原告未实际享有股东表决权等股东应有的管理权。

原、被告双方均认可原告一直在被告处担任副总经理职务,原告作为被告公司高管之一必然会参与公司部分经营管理事务。区分原告是以公司股东身份还是公司一般高管身份参与公司经营管理,关键在于原告是否行使了股东表决权,即原告是否作为股东参与公司重大决策。关于股东会会议记录,原告自认被告公司开会时原告一直没有签名,即原告未在被告公司的股东会会议记录、股东会决议上签过名。对于被告公司3次增资事宜,原告自认其对具体内容不清楚,认为公司没有就增资而召开股东会。而工商登记变更资料中有历次增资的股东会决议,上面均有两位第三人的署名。原告称其在被告公司行使股东表决权,但未提交相关证据予以证明,因此不能证明原告享有股东表决权等股东应有的管理权。

(3)原告未能证明从被告公司处分取过红利,即原告不享有资产收益。

原告提交的200万元收条复印件及银行进账单复印件只能证明原告通过其妻王某伟收到200万元款项,但不能反映该款项的性质系分红款。原告提交的给付车辆《协议书》抬头载明的甲方系案外人青岛华美木业有限公司,乙方系原告,上面没有加盖被告公司的公章,也没有关于分红的内容表述,不能证明协议中的车辆系被告公司给原告的实物分红。原告称其平时用钱都是到财务支取,也是分红,但未提交证据加以证明,对此不应被采纳。

被告公司2000年至2008年历年审计报告中均无股东分红的账面显示。2009年1月、2月未分配利润分别为-630,284.23元、-944,203元,即截至原告于2009年2月离开被告公司,被告公司无可分配利润,不具备分红的可能。两位第三人亦均确认没有在被告公司分过红。

综上,原告主张其在被告公司分过红的主张证据不充分,且被告提交了公司年度审计报告中关于未分配利润情况的相反证据,被告关于因为原告曾是公司聘用的副总,对公司的贡献较大,故在原告离开公司时给予较大补偿的解释具有合理性,因补偿数额的较大,即认定是分红,没有法律依据。

3. 关于能否依据原告提交的股份证明认定原告系被告公司股东的问题。

(1)关于原告提交的2007年4月24日的证明,原告称该证明由第三人矫某岩出具,但原告自认该证明中"矫某岩"的签名并非第三人矫某岩本人所签;原告称该签名是第三人矫某岩授权第三人李某艳在证明上签名,但没有提交证明第三人矫某岩曾就该签名授权第三人李某艳的相关证据。对该证明的形成,第三人均称其不知情,原告亦自认被告公司出具该证明之前,没有为此开过股东会。因此,从该证明形成过程看不出第三人均同意原告为被告公司股东的意思表示,该证据的来源缺乏应有的合法性。

(2)该证明存在与事实不符的内容。证明中"1999年至2006年,工资总计约为平均每年100,000元人民币"的内容,与被告提交的2006年7月至2008年12月工资单中原告的实际工资月均不足3000元存在较大差异。原告对此辩称被告实际上没有履行该证明中约定的工资标准,但没有提交其年工资10万元的其他相关证据。

（3）该证明中关于原告持有公司约35%股份的比例约定缺乏事实基础。关于该比例约定，原告仅解释为系合伙时与第三人矫某岩的口头约定，但既未就该口头约定的存在予以举证证明，也未举证证明其系以货币、技术或其他何种出资形式为对价而享有的该比例股份。且该股份比例与原告所主张投资款102万元在被告公司同期资本中所占比例亦不相符。因此，关于原告持有公司约35%股份的比例约定缺乏事实基础。

（4）该证明与被告提交的英文证明信、第三人矫某岩的存款证明载明的存入日均发生在2007年7月24日，且原告自认存款证明系为其子出国留学所办，中文证明中的格式及落款时间的排列顺序亦符合英语言国家的书写习惯。各证据间具有内在的关联性，能够相互印证，形成较为完整的证据链，证明被告出具股份证明的真实目的在于为原告之子出国留学提供便利。相对于此，原告称其于同一天办理了上述事宜的解释，现实中发生的概率较低。原告提交的股份证明系被告为便利原告之子出国留学的特定目的所出具更具合理性，不能据此认定原告系被告公司的股东。

综合以上分析，原告不具备系被告公司股东的形式要件和实质要件，其提交的股份证明系被告为特定目的所出具，其中关于股权等的内容缺乏事实基础，不能据以认定原告系被告公司的股东。因此，原告不具备被告公司的股东资格。

法院判决：

驳回原告的诉讼请求。

243. 瑕疵出资股东享有股东资格吗？

司法实践已就完全未出资股东确立了除名制度，即当股东完全未出资时，公司可以股东会决议解除未出资股东的股东资格。但在实际操作中存在一定的操作难度，具体问题详见本书第三章股东出资纠纷第四节股东虚假出资与抽逃出资的责任承担。

八、出资证明书的证据效力

244. 出资证明书对股东资格的确认有何效力？

出资证明书在认定股东资格中无决定性的效力，仅凭出资证明书不足以表明持有者具有股东资格，而未持有出资证明书也不能当然否认其股东资格。

有限责任公司成立后，应当向股东签发出资证明书。在股权转让后，公司应注销原股东的出资证明书，向新股东签发出资证明书。但出资证明书只是一种凭证,主要是用于证明股东已向公司真实出资,本身并无创设股东资格的效力。股东持有出资证明书只能证明其已履行出资义务,但不能仅以出资证明书为据就认定持有人具有股东资格,即使未持有出资证明书的人也可能被认定为股东。[1] 只要出资者能够证明其已经依据公司章程缴纳了出资,就应当依法确认其股东资格。即不能以出资者不具有出资证明书而当然否认其股东资格。[2]

245. 出资证明书要符合哪些形式要件?出资证明书记载了哪些内容?

出资证明书由公司向股东出具,应当加盖公司公章,只有经过公司盖章之后,才能产生法律效力。出资证明书记载以下内容:公司名称;公司成立日期;公司注册资本;股东的姓名或者名称、缴纳的出资额和出资日期;出资证明书的编号和核发日期。

九、实际享有股东权利的证据效力

246. 实际享有股东权利对股东资格的确认有何影响?

享有股东权利是取得股东资格的结果,而不是取得股东资格的条件或原因。由此看出,不能以享有股东权利来主张股东资格。但从维护公司的稳定、保护商事交易安全出发,如果当事人已经参与了公司经营管理,且已实际享有了股东权利,则依公司维持和利益均衡原则,应当尽量认可其股东资格。如果否定其股东资格,很有可能导致其在公司中实施的行为无效或被撤销,从而引起已确定的法律关系发生变更。

据此,权衡各方利益,对实际享有股东权利的当事人,原则上可以认定其具有股东资格,但应及时办理相关手续。在经依法变更工商登记及公司章程记载前,虽然其可以享受股东权利,但不能对抗善意第三人。

247. 未实际享有股东权利是否一定不具有股东资格?

不一定。

在实践中被公司不当剥夺或限制股东权利的股东和不召开股东会、不分配利润、限制股东知情权行使的公司,客观上是大量存在的。因此,不能以没有实际享有股东权利而当然否定其股东资格。

248. 按照发起人协议履行了出资义务,并记载于工商登记,但未签署公司章程,是否具有股东资格?

此种情形下,尽管发起人未签署公司章程,但是在形式上、实质上均具备了获

---

[1] 范健、王建文:《公司法》,法律出版社 2008 年版,第 282 页。
[2] 沈富强:《股东股权法律实务——股东资格与责任》,立信会计出版社 2006 年版,第 142 页。

得股东资格条件,因此仅仅是未签署公司章程的,不影响发起人获得股东资格。

【案例126】国企改制批复文件优于工商登记 诉请确认股东资格获认定[1]

原告: 陈某

被告: 易盛公司、汤某、连某

诉讼请求: 确认原告拥有被告易盛公司20%股权。

争议焦点:

1. 国企改制方案批复、产权交易合同等文件与工商登记不一致时,如何确认证据效力;

2. 未履行出资义务是否影响股东资格。

基本案情:

被告连某与原告原系上海电压调整器厂二车间员工。

2003年8月,上海电压调整器厂二车间因需要准备剥离转制,由经营者购买部分经评估过的有效资产,组建被告易盛公司。注册资本50万元,股东3人(被告连某、原告及卓某)签署了《共同投资组建被告易盛公司协议书》,约定共同投资组建前述公司。被告连某出资30万元,占60%,原告、卓某出资各10万元,各占20%。

上海电气(集团)总公司作出沪电企〔2003〕61号批复,同意上海电压调整器厂二车间剥离转制、组建被告易盛公司。

2004年7月30日,上海电压调整器厂与被告易盛公司签订《产权交易合同》1份,明确上海电压调整器厂将经过评估后的部分资产作价249,159.79元转让给被告易盛公司。其中,被告易盛公司章程由被告连某、原告签署,明确注册资本50万元,被告连某出资40万元,占80%,原告出资10万元,占20%;被告易盛公司决议也由被告连某、原告签署,明确被告易盛公司股东会决定出资249,159.79元收购上海电压调整器厂经评估的部分资产。

2004年2月3日,被告易盛公司经上海市工商行政管理局嘉定分局核准成立,工商登记材料显示:公司注册资本为50万元,股东为被告汤某、被告连某(被告连某、被告汤某系夫妻关系)。其中被告连某认缴出资40万元,占80%股份,并任执行董事兼法定代表人,被告汤某认缴出资10万元,占20%股份。

---

[1] 参见上海市第二中级人民法院(2010)沪二中民四(商)终字第489号民事判决书。

原告诉称：

2008年6月，原告经工商查询得知公司股东名册中无其姓名，只有被告连某和被告汤某，认为其权益受到侵害，遂向法院起诉。

被告辩称：

1. 被告易盛公司是由被告连某、被告汤某实缴出资计50万元而组建，其中被告连某认缴出资40万元，占80%股份，被告汤某认缴出资10万元，占20%股份，有工商登记材料为证。

2. 原告并未向被告易盛公司出资，也未行使过股东权利，不符合实际股东的法定特征。

律师观点：

1. 原告提供的批复等文件可以证明被告易盛公司是经改制而来，且原告参与了改制的过程。

能够证明股东身份的证据有出资证明书、股东名册、工商行政管理部门登记备案的章程等。其中出资证明书是基础性法律文件，公司登记机关登记备案的章程属于对抗性证据。工商登记材料可以证明被告连某、被告汤某是被告易盛公司的登记股东，具有对抗第三人的法律效力。但原告提供的批复、产权交易合同及附件、社保核定单、证人证言、改制方案及职代会决议等证据，可以证明被告易盛公司是通过上海电压调整器厂二车间转制成立的公司。

2. 被告易盛公司的成立过程能够证明原告的股东身份。

由于属于国有企业改制，既涉及国有资产保护问题，又涉及为国有企业发展做出过贡献的职工的利益保护问题，故被告易盛公司的成立经过了特殊的程序，如上级国资部门的批准、企业职工代表大会审议通过等，并按照政策规定妥善处理改制企业与职工的劳动关系，与职工签订经济补偿费偿还协议，用3年分期偿付补偿金的方式支付有效资产转让款。故上海电压调整器厂二车间改制方案和组建公司的申请及批复，是认定被告易盛公司股东身份的原始证据，在证明股东身份的效力方面，具有优于工商备案章程的法律效力。根据产权交易合同所附的章程、决议由原告签署而非被告汤某签署的情况，可以认定被告汤某是被告易盛公司的名义股东，原告是被告易盛公司的实际股东。

3. 原告未实际出资并不影响其股东资格的确认，但其作为被告易盛公司的股东应当履行出资补足义务。

法院判决：

确认原告享有被告易盛公司20%的股份。

249. 第三人与公司签订增资协议并支付了股款,公司也办理了工商登记、股东名册的变更,全体股东能否以未经股东会决议为由否定其股东资格?

能。在一般情况下该第三人不享有股东资格,但股东会事后决议追认,或者享有公司 2/3 以上表决权的股东实际认可该第三人享有并行使股东权利的除外。

第三节　特殊情形的股东资格确认的裁判标准

一、实际出资人与名义股东的股东资格确认的裁判标准

250. 实际出资人显名的条件是什么?

此前,认定实际出资人具有股东资格,须满足以下两个条件:

(1)实际出资人证明其已实际出资。

(2)公司其他股东半数以上同意,此处的公司其他股东指的是名义股东以外的股东。即满足以上两个条件实际出资人可请求公司变更股东、签发出资证明书、记载于股东名册、记载于公司章程并办理公司登记机关登记。

《九民纪要》对此作了进一步的解释,实际出资人能够提供证据证明有限责任公司过半数的其他股东知道其实际出资的事实,且对其实际行使股东权利未曾提出异议的,对实际出资人提出的登记为公司股东的请求,人民法院依法予以支持。

【案例127】未实名登记不影响实际股东资格　滥用股东权利剥夺优先认购权无效①

原告:游某萍

被告:西山公司

第三人:西山公司工会、邱某

诉讼请求:

1. 确认被告股东会决议无效;

2. 被告对回购的股份按股东出资比例重新进行分配认购,同时确认原告享有优先认购权;

---

① 参见云南省高级人民法院(2008)云高民二终字第 197 号民事判决书。

3. 被告以目前公司全部资产为基础计算准确的收购价格收购原有在被告的全部股份。

争议焦点：

1. 原告是否为被告的股东；若不是显名股东，是否导致本案原告不适格；

2. 被告以公积金支付股权回购价款是否合法，被告以明显不合理的低价分配回购的股权是否合法，系争股东会决议是否有效。

基本案情：

2003年，被告由国有企业改制为有限责任公司，由原公司职工自愿出资组建，原告作为公司职工先后出资146,669元，被告向原告出具了出资证明。根据工商登记材料记载，被告公司股东登记的是本案两位第三人。

2007年5月至11月，被告以38,491,250元的价格回购了38名原出资职工持有的股权，该回购价格是原出资额的10倍，并用公司公积金支付了股权转让款。

2007年11月9日，被告董事会形成了《关于认购部分股本的方案》，规定将回购股权以3,849,125元（相当于股权回购价格的1/10）进行认购分配，其中50%分配给第三人邱某及另外54名原出资职工，另外50%分配给3名董事、10名公司中层干部以及其他在岗的31名职工，认购人全部按照出资额原值购买。

2007年11月27日，被告召开临时股东会会议，投票表决《关于认购部分股本的方案》，与会54人中47人同意，包括原告在内的7人投了反对票。同日，被告形成了《关于认购部分股本的方案》股东会决议。

原告诉称：

被告不顾原告在内的股东强烈反对，强行通过了损害小股东利益的《关于认购部分股本的方案》股东会决议，该决议将回购的股权按1/10的价格分配给部分董事会成员和管理层成员，其实质是董事会成员和管理层人员变相非法侵吞公司巨额资产。该决议违反法律规定，应属无效。

被告辩称：

原告不是被告股东，无权要求确认公司股东会决议无效。

原告不享有被告已回购股权的优先购买权，原告不是被告的股东，且股权转让是在股东间进行。

原告无权要求被告回购其股权，原告是被告的实际出资人，但不是被告的股东，被告无法定或者约定的义务回购其出资。

第三人均述称：

同意被告的答辩意见。

一审认为：

被告的公司章程及工商注册登记档案中载明的股东均为本案第三人，从形式上看原告并非被告股东。原告虽提交了其参与公司管理的相关证据，但参与管理、管理者、股东等概念有本质区别。参与管理仅是一种参与行为，不具约束力，而股东却包含着事实上及法律意义上的双重概念，是最为严格的一种权利义务关系。故即使原告能证明其参与了管理，也并不能导致其必然成为被告的股东。且一旦确认原告的股东身份，将违反《公司法》第24条"有限责任公司由五十个以下股东出资设立"的规定。因此原告基于股东身份提起的诉讼缺乏请求权基础，不应得到支持。

一审判决：

驳回原告的诉讼请求。

原告不服一审判决，向上级人民法院提起上诉。

原告上诉称：

1. 原审法院认定股东身份仅考虑形式证据而不顾实质证据，仅将工商登记资料作为确认股东身份的标准并无法律依据。出资是出资人获得公司股东身份的核心和基础，不能因为公司登记程序的瑕疵而抹杀出资人获得公司股东身份的本质。无论是参与股东会投票表决还是领取每年股东分红，均系原告行使股东权利的具体体现，原告具备股东资格。

2. 被告用于回购股份的资金系未分配利润，原本这些利润应按各股东持股比例进行分配，而现在把这些利润买成股份分给董事会成员及在岗员工，严重违背了《公司法》同股同权的基础性原则。

被告二审辩称：

原告通过工会入股，工会才是被告的股东，对此，公司文件及工商登记备案资料均有明确记载。原告曾在全体职工大会决议中签字认可，委托工会行使股东的权利。因此股东会决议有效。

第三人二审均述称：

同意被告的答辩意见。并称：实际出资与取得股东资格并无必然联系，《公司法》也未规定出了资就能取得股东资格，是否具备股东资格应该结合工商登记综合进行考虑。

二审认为：

1. 原告是否为被告的股东？不是显名股东，是否导致本案原告不适格？

虽然被告的工商注册登记档案以及工商备案文件均无原告系公司股东的记

载,但一审法院以此简单否定原告的股东资格,忽略了处理公司法问题通常应遵循的"双重标准、内外有别"这一基本原则。

在处理涉及公司以外善意第三人的外部法律关系时,为维护交易秩序和安全、保护善意第三人的利益,应当遵循公示主义原则和外观主义原则,此时应当着重审查工商登记的内容。但本案并不涉及案外人,其属于被告内部关系引发的纠纷,工商登记不应作为审查的主要内容,此时应当遵循契约自由、意思自治的原则,着重进行实质性审查。

从现有证据看,被告是国有企业改制而来的有限责任公司,具有较强的历史背景。其系根据国企改制方案,由原国有企业职工出资入股改制而成。与一般的有限责任公司不同,被告国企改制时受特殊政策和历史条件的限制,其股东的组成范围和股东持股比例等都带有强烈的政策性色彩。

作为原国有企业的职工,原告在入股时与被告签订了《职工入股协议书》,该协议书载明原告按其所缴出资享有包括股东表决权、股份所有权、收益权和直系亲属的继承权等股东权利;在原告入股后,被告向其开具了《出资证明书》。被告公司成立后,原告以股东身份多次参加股东会会议,对审议事项进行了表决。被告每年都按照公司规定直接向原告分红,其享受了只有股东才能享受的权益。

以上事实表明,从被告国企改制至今,被告及第三人对原告的股东身份的意思表示是明确的,对原告的出资,其他股东明知且被告也认可其以股东身份行使权利,为了不违反《公司法》关于股东人数的强制性规定,被告在改制时只设了两位第三人为公司显名股东。虽然公司章程及工商登记未记载原告的股东身份,但原告依约履行了股东出资义务,实际行使了股东权利并享受了股东权益,其应为被告公司的隐名股东,在公司内部享有与显名股东同样的权利。

故一审法院以《公司法》关于有限责任公司股东人数上限为50人的规定驳回原告的诉讼请求,混淆了隐名股东与显名股东的性质。

如前所述,原告系因国有企业改制而形成的隐名股东,是因政策而形成的产物,不存在恶意规避法律的动机和目的,其股东地位依法应予保护。虽然不能突破现行《公司法》关于有限责任公司人数限制的硬性规定认定其为显名股东,但本案系公司内部纠纷,对公司内部而言,隐名股东享有与正常股东相同的权利义务。故,原告作为被告公司的隐名股东,可就被告公司内部与其相关的纠纷提起诉讼,依法具备本案的主体资格。

2. 被告以公积金支付股权回购价款是否合法?被告以明显不合理的低价分配回购的股权是否合法?系争股东会决议是否有效?

被告回购股权动用的是38,491,250元公司的公积金。根据《公司法》第168

条之规定,公司的公积金用于弥补公司的亏损、扩大公司生产经营或者转为增加公司资本;资本公积金不得用于弥补公司的亏损。本案中被告将公积金用于回购股权显然悖于法律。

被告回购股权的价格为 38,491,250 元,旋即以 1/10 的价格将股权分配给部分股东,且分配比例并未按照股东的实际出资比例,有明显的倾斜。如此分配方案势必导致部分股东在公司全部出资中所占的比例降低,从而深刻影响到相关股东的经济利益和经营管理权利。

由此可见,被告以低股价分配股权的行为,究其实质就是变相分红,但分红又不按实际出资比例,显然损害了部分中小股东的利益。

根据《公司法》第 35 条"股东按照实缴的出资比例分取红利;公司新增资本时,股东有权优先按照实缴的出资比例认缴出资。但是,全体股东约定不按照出资比例分取红利或者不按照出资比例优先认缴出资的除外",以及《公司法》第 22 条"公司股东会或者股东大会、董事会的决议内容违反法律、行政法规的无效。……"之规定,该股权认购方案除非全体股东一致认可,否则应为无效。而前述事实表明,有 7 名股东已经当场表示不认可,故在此情况下,被告强行通过《关于认购部分股本的方案》并形成股东会决议,该股东会决议应当确定为无效。

3. 关于原告提出的其他诉讼请求。

原告还主张被告对其回购的股份按股东出资比例重新进行分配认购,同时确认其享有优先认购权。是否对回购股份进行分配以及具体应当如何分配,是被告公司内部事务,属于意思自治范畴,人民法院仅对行为的合法性进行审查,并无权干预公司内部事务的处分。

二审判决:

撤销一审判决,确认被告股东会决议无效,驳回原告其他诉讼请求。

251. 半数以上其他股东知晓实际出资人实际出资的认定标准是什么?

(1)股东作出明确意思表示同意将实际出资人登记为公司股东时,往往会有股东会决议、股东同意函等书面文件予以证明,此种情形的证据认定思路较为清晰,即实际出资人未能提供证明半数以上股东同意将其登记为公司股东的证据,即可认定为没有达到相应的证明标准,需要承担举证不能的不利后果。

(2)对于完全没有参与公司实际经营的实际出资人而言,半数以上其他股东无法从公司正常经营活动中知悉其作为实际出资人的事实,除非该实际出资人能够举证证明其明确告知了半数以上其他股东自己作为实际出资人的身份,或者其与半数以上其股东签订的协议文本中确认了这一事实,否则为半数以上其他股东不知晓实际出资人的真实身份。

（3）对于参与公司日常经营管理的实际出资人而言,考虑到有限责任公司的人合性,股东必然对公司的经营管理密切关注,未注意到实际出资人参与公司管理实为小概率事件。此种情形下,只要实际出资人证明自己以实际出资人的名义参与公司重要经营管理(如担任或指派人员担任公司董事、法定代表人、财务负责人等)超过一定的合理期限,就应推定公司半数以上其他股东知晓实际出资人实际出资的事实。[①]

252. 实际出资人如何证明其已实际出资?

实际出资人证明的方式主要有以下三种:

（1）在签订代持股协议时,应明确出资款由实际出资人支付,并由名义股东签发收据,注明"收到实际出资人出资款";

（2）在向公司出资时,由公司出具收据,载明"收到实际出资人的出资款";

（3）以转账的方式向公司支付出资款的,应保留银行汇款或转账凭据,并注明支付出资款。

【案例128】验资报告未能反映实际情况　以实际出资为准判别股权归属[②]

原告:萧某勋(SIU,RICHARDLEUNG FAN)

被告:甘某

诉讼请求:确认现登记于被告名下的冠达公司20%股权属于原告所有。

争议焦点:

1. 原告是香港特别行政区居民,本案的管辖权与解决争议的准据法如何确定;

2. 验资报告是否为证明履行出资义务的唯一证据,验资报告与实际出资不符,如何认定股东的实际出资额和出资比例。

基本案情:

冠达公司注册资金为50万元,工商登记的股东为原告(出资40万元,占出资比例80%)和被告(出资10万元,占出资比例20%)。

[①] 最高人民法院民事审判第二庭编著:《全国法院民商事审判工作会议纪要》,人民法院出版社2019年版,第229页。

[②] 参见广东省广州市中级人民法院(2011)穗中法民四终字第47号民事判决书。

2002年5月26日,原告和被告在冠达公司股东会决议上签名,通过如下决议事项:公司注册资本由原来的50万元增加至300万元;原股东出资比例不变,原告增加现金出资200万元,总出资240万元,占公司注册资本80%;被告增加出资50万元,总出资60万元,占公司注册资本20%。会计师事务所出具了验资报告并经工商部门核准登记变更如下:被告出资60万元,占出资比例20%;原告出资240万元,占出资比例80%。

原告诉称:

1. 冠达公司设立时的注册资本50万元和后来增资的250万元,是其全额投入的,被告完全没有出资。

2. 被告在冠达公司从事经营管理工作,是基于其受薪任职的劳动关系,不是公司股东。

原告为证明其观点,提交的证据如下:

1. 原告持有《冠达公司股东会同意被告转让股份决议》(以下简称《决议》)原件2份。内容为:根据股东被告提出的转让公司股份的申请,公司股东会讨论决议同意被告将所持公司20%股份以10万元人民币转让给(空白)先生,批准被告与(空白)先生关于股份转让事宜签订的协议,转让后被告原享有的股东权利和义务随股份转让而由(空白)先生享有和承担;决定根据本次会议精神及《公司法》修改公司章程,并委托(空白)负责拟定相关文件向广州市工商局申办公司变更登记手续等。原告和被告在"原股东"处签名,该文件首部的"时间""地点""出席会议的股东",内容均留空,尾部"新增股东"签名处空白。

2.《股权转让合同》原件4份。内容为:《股权转让合同》转让方(甲方)为被告,受让方(乙方)(空白),约定甲方将所持冠达公司20%股份以10万元人民币转让给乙方,乙方在合同订立一日内以现金形式支付甲方所转让的股份等。被告在合同尾部"甲方"处签名,合同尾部"乙方"签名处空白;时间为"二〇〇〇年(空白)月(空白)日"。

3.《冠达公司章程修正案》(以下简称《章程修正案》)原件3份。内容如下:"根据本公司(空白)年(空白)月(空白)日第(空白)次股东会决议,本公司决定变更公司股东,特对公司章程作如下修改:章程第(空白)章第(空白)条原为'公司股东共两人,分别为(空白)和(空白)',现改为'公司股东共两人,分别为(空白)和(空白)'。"该文件尾部"股东签名"处有原告和被告的签名,时间为空白。

4.《委托书》原件3份。内容如下:"根据本公司(空白)年(空白)月(空白)日第(空白)次股东会决议,本公司决定变更公司股东,现特委托(空白)办理冠达公司股东变更登记的有关事宜"原告和被告在该《委托书》上签名。

5.《正式收据》原件1份。内容如下："本人被告今收到（空白）以现金支付给本人转让冠达公司20%（百分之二十）股份转让价10万元人民币（大写壹拾万元整）。至此,本人即退出该上述公司之股东会,原由本人之前享有的股东权利和义务即由（空白）承担。"被告在该收据上签了名。

6. 原告于1999年12月至2000年3月,以储蓄存单质押先后向中信实业银行贷款60万元人民币的相关证据,包括中信银行托收款项收据、特种转账贷方传票、存入中信实业银行账户60万元港币作为质押向中信实业银行借款60万元人民币的借款凭证、储蓄特种定期存款单、储蓄存款利息清单、中信银行押品保管封袋、涉外收入申报单等证据,以及增资资本金投入情况表、中国银行外汇兑换水单、中国银行存款回单、机动车注册登记摘要信息栏、广东发展银行外汇兑换水单、广东发展银行信息卡存款单、工商银行个人业务凭证、花旗银行大额支付系统实时收款记录。

7. 原告于2003年8月至2007年9月,分12次投入共计2,598,554.48元用于冠达公司购买营运车辆的证据。

8. 证人沈某林出庭作证称：我原同被告一起在中国大酒店工作,是同事；2000年2月被告介绍我认识了原告,当时原告决定投资开办汽车租赁公司,由我负责办理开业所需的资质审核手续及批文证明。冠达公司50万元出资是原告个人全额投入的,当时原告到东风东路中信银行提款50万元后交付验资,提款时我和被告、原告3人都在场。原告是冠达公司的全资股东,被告没有出资,因《公司法》规定公司须由2名以上人员组成,由被告合作为公司董事会成员。冠达公司成立后被告负责业务工作,包括购置车辆和制定营运价格、司机招聘、车辆调度；本人在冠达公司配合被告工作,分管业务拓展、牌证办理和司机安全教育。被告在冠达公司与我共事期间,手脚不干净,损害公司利益,我看不惯其作为。于2002年4月离开冠达公司。

被告辩称：

工商登记显示被告是公司股东,同时设立与增资时的验资报告也显示股东实际出资。

一审认为：

1. 我国内地法律为解决本案争议的准据法。

原告是香港特别行政区居民,本案属于涉港股权确认纠纷。根据《民事诉讼法》第22条关于对公民、法人提起的诉讼,由被告住所地人民法院管辖的规定,本案被告住所地在广州市越秀区,原审法院作为具有涉港民商事案件管辖权之法院依法对本案具有管辖权。因当事人对处理合同争议所适用的法律未作选择,参照《合同法》第126条第1款①的规定,应适用最密切联系原则,涉案企业所在地和甘成所在地均在我国内地,故确认中华人民共和国内地法律作为解决本案争议的准据法。

2. 原告与被告预先签订的有关系争股权转让的决议、股权转让合同、章程修正案等证明其为冠达公司实际出资人,被告只是挂名股东。

从原告持有被告签署的《冠达公司股东会同意被告转让股份决议》《股权转让合同》《冠达公司章程修正案》《委托书》《正式收据》的情况来看,被告预先签下可用于办理涉案20%股权转让的合同、公司决议、章程修正案等文书及确认收到股权转让款的收据,并将这些文件交给原告,可合理推断原告所述冠达公司设立时,被告没有出资,只是替原告挂名出资及挂名股东的情况属实,被告实际上不是冠达公司股东。根据原告举证和陈述,冠达公司后来增加250万元注册资本,是原告在验资后以投入2,598,554.48元用于冠达公司购买营运车辆的方式实现的,即2002年验资时原告增加投资200万元、被告增加投资50万元的验资报告是操作所得的结果,其内容不能反映冠达公司真实的注资情况。被告作为挂名股东,在冠达公司交工商部门备案登记的有关文件上以股东名义出现,也属挂名的情形。

被告自述曾从冠达公司分红,但未能举证证明,法院不予认定。被告在冠达公司从事经营管理工作,是基于其受薪任职的劳动关系,其股东身份未能得到原告的认可。

综上,被告虽然在冠达公司章程及该公司工商登记文件中列为股东,但没有实际出资,也没有以股东身份参与公司管理及享有资产受益等股东权利,属于挂名股东,其名下20%股权应属于原告。

一审判决:

1. 确认现登记于被告名下的市冠达公司20%股权属于原告;

2. 被告于判决发生法律效力之日起15日内,协助原告到有关工商行政管理部门,共同办理现登记于被告名下的冠达公司的20%的股权变更登记到原告名

---

① 现为《民法典》第467条相关内容。值得注意的是,《民法典》第467条虽不再明确表述为"最密切联系",但"最密切联系原则"作为国际私法领域一个很重要的原则,并无不适用之意。基于"负面清单"制度,其他国家和地区当事人在我国从事商业活动,我国法律当然有管辖权,且规避我国监管的,我国司法机关当然有权行使主权权利,宣告相关违法行为在中国领域内无效。

下的手续。

被告不服一审判决,向上级人民法院提起上诉。

被告上诉称:

1. 原审判决认定被告只是挂名出资及挂名股东是严重歪曲事实。原审法院以 60 万元人民币质押推定由原告出资,但并不能证明被告没有出资。即使没有出资,股东的义务是继续出资,以及向出资的股东承担违约责任,原审判决就此推定被告没有出资而确认股权归原告所有没有法律依据。

2. 本案中并不存在被告是挂名股东的情形,被告与原告之间并没有关于名义出资或者事实出资的约定。从公司设立及工商登记反映的是双方共同出资设立有限责任公司,对于原告提交的股权转让合同等文件中留有空白,对此双方有不同的解释,存在的可能性不具有唯一性。事实上是由于公司前期经营亏损,在亏损的情况下,被告要求解散公司,而原告并不愿意就此解散公司,所以提出找新股东受让股权,才起草了这些股权转让合同。但是后来没有找到合适的愿意受让股权的新股东,经营过程中公司的经营状况好转,双方不再提及股权转让,所以股权转让没有实际实施。不能因为原告持有这些文件就推定被告只是挂名股东,原审判决作出这样的推定没有事实依据。

3. 公司在 2008 年 7 月至 2009 年 7 月对股东进行了红利分配。这些分配的财务凭证、资料存在公司,而公司由原告掌控,所以被告在一审诉讼期间无法提交。但原审法院只是简单认为没有证据而不予认定。一审判决后被告多次和相关银行申请调取转账账号的银行明细清单,显示公司财务人员将分红款的 50% 转到被告的账户,由于双方约定分红的 50% 用于归还借款本息,50% 用于分配。清单上的分红共 13 笔,8 笔一致,其中 5 笔有出入,原因是被告主持经营工作过程中有报销款项,报销的款项也一并转入被告的账户。从签收表所列还款数额及财务直接转到被告账户中的分红款项基本一致,足以证明分红的事实真实存在,所以被告享有股权分配,并不只是挂名的股东。

4. 被告具有股东身份及在公司任职受薪的双重身份。法律没有禁止股东不能在公司任职受薪,所以被告既有出资履行股东义务,又参与经营,而且享有股权分配,是真实合法的股东。

5. 原审判决适用法律错误,适用《公司法》第 28 条第 1 款,而该条款是对股东足额出资股东义务的规定。《公司法》第 28 条第 2 款规定了股东无按照规定缴纳出资的法律责任和法律后果除向公司足额缴纳外,还应当向已按期足额缴纳出资的股东承担违约责任,但不是丧失股权。

6. 原审判决适用程序及法律不当。公司章程列明被告是公司的股东,即使查实被告没有实际出资,也不影响工商部门对被告股东资格的认定,被告只是负补缴出资的义务。

原告二审辩称：

1. 被告自始至终没有出资,开办公司的 50 万元都是由原告投入的。原告提交了充分的证据证实资金的来源是将汇入的 60 万元港币作为质押借出人民币,该 60 万元的汇款时间与公司设立的时间一致。相反被告一直无法说明其作为一名打工司机如何有 10 万元投入开办公司。

2. 至于公司有无挂名股东的约定的问题,因为原告是香港人,以前一直在香港工作,来到广东之后是在上市公司担任高层管理人员,其教育背景、身份及守法意识,导致其认为不能这么做,所以才没有要求被告写保证和说明,而是选取了隐蔽又安全且能保障自己 20% 的实际股权的做法,就是要求被告签署相关的文件。这 5 份文件可以证明双方存在让被告作为挂名股东的合意,而工商登记仅仅是公司的壳。

3. 被告不属于瑕疵出资的情形。双方没有合意开办公司,所以即使一方没有出资也不能通过填补出资而取得股东资格。

4. 被告在冠达公司只是作为受薪的管理人员,没有决策权。公司的决策权自始至终只掌握在原告的手上,被告不是股东,也没有分红。

5. 本案是股权归属纠纷,仅涉及公司内部股东之间关系的纠纷,不涉及公司以外的第三人,应该根据民事法律规则确定双方的权利归属,不能凭工商登记确定股权归属,所以不存在由工商部门认定谁是真正股东的问题。

6. 冠达公司一直都由原告掌握,有包括公司银行印鉴卡及银行账户开户、变更申请书,相关的收据、发票、工资表、支付证明单等,冠达公司与客户签订的合同,原告致被告的函件、冠达公司内部通知等证据,均证明原告是冠达公司唯一真实的股东。

律师观点：

1. 股权归属发生争议,当事人应该举证证明其实际出资,如不能证明则需承担举证不能的责任。

《公司法司法解释（三）》第 22 条规定:"当事人之间对股权归属发生争议,一方请求人民法院确认其享有股权的,应当证明以下事实之一:（一）已经依法向公司出资或者认缴出资,且不违反法律法规强制性规定……"原告在原审诉讼期间提供了中信银行托收款项收据、特种转账贷方传票、存入中信实业银行账户 60 万元港币作为质押向中信实业银行借款60万元人民币的借款凭证、储蓄特种定期存款单、储蓄存款利息清单、中信银行押品保管封袋、涉外收入申报单等证据,以及增资本金投入情况表、中国银行外汇兑换水单、中国银行存款回单、机动车注册登记摘要信息栏、广东发展银行外汇兑换水单、广东发展银行信息卡存款单、工商银行个人业务凭证、花旗银行大额支付系统实时收款记录等证据,证明其实际出资设立冠达公司,后来该公司增资的250万元亦全部由其投入。被告上诉认为其本人并非名义股东,对此应当由其承担举证责任。被告未能提供证据证明其已经向冠达公司出资,其在二审诉讼期间所提供的证据亦不属于新证据,不应采纳。因此,被告应当承担举证不能的法律后果,其请求法院确认其享有冠达公司股权的主张缺乏证据支持。

2. 公司实际出资人与名义股东发生股权归属争议,不能仅凭验资报告和工商登记认定,而应以实际出资为准。

《公司法司法解释(三)》第24条第2款规定:"前款规定的实际出资人与名义股东因投资权益的归属发生争议,实际出资人以其实际履行了出资义务为由向名义股东主张权利的,人民法院应予支持。名义股东以公司股东名册记载、公司登记机关登记为由否认出资人权利的,人民法院不予支持。"被告虽然在冠达公司章程及该公司工商登记文件中列为股东,但没有实际出资,也没有以股东身份参与公司管理及享有资产收益等股东权利,其属于名义出资人。由于冠达公司在设立时被登记注册为内资公司,在新增注册资本时也经过了工商行政部门的核准,而且双方当事人都没有提出要求将该公司变更为外资公司的性质,因此,原告诉请变更登记冠达公司的股权不涉及是否需要向外商投资企业审批机关进行审批的问题,被告应该协助与原告办理将该股权变更登记到原告名下的相关手续。

二审判决:

驳回上诉,维持原判。

【案例129】已投资并取得分红　隐名股东如何显名[①]

原告: 王某华

被告: 潘某华、华喜公司

第三人: 刘某喜

---

① 参见上海市第二中级人民法院(2018)沪02民终11540号民事判决书。

诉讼请求：

1. 确认登记在被告潘某华名下的被告华喜公司 16% 股权属于原告；

2. 判令被告华喜公司将原告登记为股东，并将 16% 股权变更登记至原告名下，被告潘某华予以协助。

争议焦点：

1. 原告是否为被告华喜公司的隐名股东，隐名股东如何证明其享有公司的实际股权；

2. 隐名股东欲显名，已与之达成股权合资协议的股东是否属于《公司法司法解释（三）》第 24 条第 3 款规定的"其他股东"。

基本案情：

被告华喜公司系于 2008 年 3 月 5 日登记成立的有限责任公司，成立时注册资本为 50 万元，股东为被告潘某华和第三人，两人分别持股 50%。被告华喜公司第一期实收资本 10 万元，两人各实缴出资 5 万元。会计师事务所出具的验资报告显示，被告潘某华和第三人已出资到位。

2008 年 12 月 8 日，被告潘某华、第三人与原告共同签订《合作协议书》，约定：三方共同投资设立华喜公司，公司注册资本 50 万元，注册时被告潘某华和第三人各缴纳 5 万元；第二期被告潘某华应缴付 3.4 万元，第三人应缴付 3.3 万元，原告应缴付 3.3 万元，三方的投资比例分别为 34%、33% 和 33%；公司投资比例以第二期为准。

随后，被告华喜公司向原告出具了《股东出资证明书》，载明：2008 年 12 月 8 日被告潘某华、第三人与原告三方协议对公司实收资本 10 万元进行分摊，并确定各股东分别为持股比例为 34%、33% 和 33%；被告华喜公司核定实收原告出资 3.3 万元，公司法定代表人被告潘某华在该证明书上签字确认。

2011 年 1 月 23 日，被告潘某华、第三人与原告三方签订了 1 份《备案》文件，载明：被告华喜公司 3 位股东的持股比例分别为 34%、33% 和 33%。三方共同认可，签字生效。该《备案》文件形成后，被告华喜公司未进行工商变更登记。

2014 年 12 月 9 日至 2015 年 7 月 28 日，被告潘某华及第三人合计向原告配偶戈某账户汇入 144 万元，备注均为分红。

之后，被告潘某华、第三人与原告三方共同制定《华喜公司股东会行使管理权基本原则》，载明：每位股东有一票表决权，股东会讨论事项须经 2/3 的表决权通过才能形成股东会决议。

起诉时，被告华喜公司注册资本已增至 3000 万元，但实收资本只有股东第一期实缴的 10 万元。

原告诉称：

原告出资后与被告潘某华以及第三人共同经营管理被告华喜公司，并按照上述股权比例分取公司红利，履行股东义务，享受股东权利。

两被告及第三人拒绝配合原告将其登记为被告华喜公司的股东，故请求确认其股东身份并要求实名登记。

被告华喜公司辩称：

对原告诉称的事实和理由无异议，同意原告的诉请，被告华喜公司一直按照3名股东享有的股权比例进行分红。

被告潘某华辩称：

认可原告的股东资格，同意按照原告的诉请将原告登记为被告华喜公司的股东，原告没有被登记为被告华喜公司的股东不是被告潘某华造成的，是第三人刘某喜不配合。

第三人述称：

不同意原告诉讼请求。

原告未支付任何出资给第三人，在被告华喜公司后来的历次增资中，原告不能证明其出资或者认缴出资的事实，如果确认原告享有被告华喜公司33%的股权，依据被告华喜公司现在工商登记的3000万的注册资金，原告应实缴或者认缴990万元。

原告不能证明其受让或者继受取得被告华喜公司股权的事实，原告提供的《合作协议书》和《备案》文件不能证明原告和第三人存在股权转让关系，也未实际履行，《备案》的法律性质不是股权转让协议也不是增资扩股协议，原告也不能证明其与第三人之间建立了股权代持的法律关系。

被告华喜公司从未进行过分红，第三人打给原告配偶戈某的钱款虽然备注为分红，但不是本案意义上的分红，只是工程介绍费。

因为第三人不认可原告的股东资格，所以原告不满足显名股东需要公司其他股东过半数同意的条件。

原告对第三人意见补充陈述为：

原告和被告潘某华以及第三人于2011年1月23日签订了《备案》文件，再次确认了原告的股权份额，说明在此之前被告潘某华和第三人即收到了原告的股权转让款，否则不可能时隔3年，三方再次签订《备案》文件确认原告的股权份额。

原告在被告一直按照股权比例正常享受分红，第三人也曾经多次打款给原告,备注为分红,如果第三人没有收到原告当初的股权转让款,完全可以在后面的打款中扣除,实际上第三人并没有扣除该笔费用,也说明第三人实际上收到了原告的股权转让款。被告华喜公司后来的历次增资都没有实际到位,都是在增资当天或者次日将资金转走的,历次增资被告潘某华和第三人的出资都不是真实的,应该按真实的出资比例确认三方的股权份额。

法院认为:

1. 原告是否为被告华喜公司的隐名股东?隐名股东如何证明其享有公司的实际股权?

隐名股东是指虽然实际出资认购了公司股份,但在公司章程、股东名册或工商登记中未记载为股东的投资者。公司内部就股东资格发生争议,应当依据出资证明书、股东权利行使及股东分红情况等实质要件进行股东资格和股权确认。

《公司法司法解释(三)》第24条第1款规定,有限责任公司的实际出资人与名义出资人订立合同,约定由实际出资人出资并享有投资权益,以名义出资人为名义股东,实际出资人与名义股东对该合同效力发生争议的,如无《合同法》第52条规定的情形,人民法院应当认定该合同有效。

第2款规定,前款规定的实际出资人与名义股东因投资权益的归属发生争议,实际出资人以其实际履行了出资义务为由向名义股东主张权利的,人民法院应予支持。名义股东以公司股东名册记载、公司登记机关登记为由否认实际出资人权利的,人民法院不予支持。

本案中,原告实际投资为公司其他股东知晓,实际参与公司经营管理与利益分红。具体而言:

首先,各股东之间有合意。

根据原告、被告潘某华和第三方三方签订的《合作协议书》中对第二期三方缴付出资的约定,原告3.3万元占投资总额的33%,被告潘某华3.4万元占投资总额的34%,第三方3.3万元占投资总额的33%,公司投资比例以第二期为准。

再根据2008年2月27日的验资报告、庭审中被告华喜公司、被告潘某华的陈述可以证明被告华喜公司实收注册资金只有第一期被告潘某华和第三人实缴的10万元。可见所谓的第二期出资实际上是对第一期10万元的实缴出资进行分摊,实质上是原告从被告潘某华和第三人处继受取得合计33%的股份。

根据被告华喜公司2008年12月8日向原告出具的《股东出资证明书》,也证明被告华喜公司实收原告出资3.3万元,原告享有被告华喜公司33%的股权。

再根据2011年1月23日三方签订的《备案》文件,再次确认三方各自享有的股权比例,并约定在 2012 年 12 月 31 日前将原告的出资比例按照 33% 加入被告华喜公司股权。之后,三方形成的《华喜公司股东会行使管理权基本原则》约定的每位股东有一票表决权也印证了 3 名股东之间的股权比例。

以上证据都证明了被告华喜公司、被告潘某华、第三人刘某喜对原告的股东资格及享有的股权份额均是知情和认可的,否则不可能在 2008 年签订《合作协议书》后再签订《备案》和《华喜公司股东会行使管理权基本原则》,只是原告的股东资格和股权比例一直没有登记在工商资料中,原告为被告华喜公司的隐名股东。

其次,原告在被告华喜公司已参与实际经营管理。

根据被告潘某华、华喜公司及案外人华喜公司财务人员胡某的陈述,均认可原告在公司实际参与经营。被告华喜公司实际由原告、被告潘某华、第三人管理经营。

最后,原告在被告华喜公司享受分红。

根据原告提供的银行交易流水记录,在被告华喜公司经营过程中,被告潘某华和第三人多次汇款给原告配偶戈某,且第三人汇入的多笔款项均备注为分红,戈某并未在被告华喜公司担任任何职务,可见汇入的多笔款项是被告华喜公司给原告的分红。并且被告潘某华、华喜公司均认可公司按照股权比例给 3 名股东分红的事实。

综上,原告从被告潘某华、第三人处继受取得了被告华喜公司的股权,实际已参与被告华喜公司经营管理和享受分红,因此原告作为被告华喜公司股东的身份应该得到确认。

2. 隐名股东欲显名,已与之达成过股权合资协议的股东是否属于《公司法司法解释(三)》第 24 条第 3 款规定的"其他股东"?

《公司法司法解释(三)》第 24 条第 3 款规定,实际出资人未经公司其他股东半数以上同意,请求公司变更股东、签发出资证明书、记载于股东名册、记载于公司章程并办理公司登记机关登记的,人民法院不予支持。

由此可见,隐名股东在被确认具有股东资格后若要显名,还须征得公司其他股东半数以上的同意。

但本案中,原告已与被告潘某华及第三人签署过《合作协议书》及《备案》等文件,被告潘某华及第三人系上述协议的一方当事人,表明其对原告为隐名股东的事实知情且予以接纳,故,被告潘某华及第三人不属于《公司法司法解释(三)》第 24 条第 3 款规定的"其他股东",因此,原告欲通过工商变更登记成为被告华喜公司的显名股东,无须再额外征得被告潘某华或第三人的同意。

法院判决：

1. 确认登记在被告潘某华名下的被告华喜公司 16% 的股权归原告所有；

2. 被告华喜公司将原告登记为公司股东，并将 16% 的股份登记在原告名下，被告潘某华、第三人予以协助。

253. 如何区分投资关系与借贷关系？

确权诉讼中，认定实际出资人交付款项的性质是出资款还是借款，系实际出资事实认定的关键。一般判定标准如下：

（1）如果双方约定一方实际出资，另一方以股东名义参加公司，且约定实际出资人为股东或者承担投资风险的，实际出资人可以主张名义出资人转交股权财产利益，但违背法律强制性规定的除外。

（2）如果双方未约定实际出资人为股东或者实际出资人应承担投资风险的，且实际出资人亦未以股东身份参与公司管理或者未实际享受股东权利的，双方之间不应认定为隐名投资关系，可按债权债务关系处理。

【案例130】集资款不等于出资　股东确权被驳回[①]

原告： 吴某等 10 人

被告： 贸易公司、工贸公司、电光源厂

第三人： 杰成公司、中晨公司

诉讼请求：

1. 确认吴某等 10 名原告为"永昌公司"的股东；

2. 确认三被告向两位第三人转让资产无效，恢复永昌公司股东大会，责令两位第三人交出管理权；

3. 赔偿原告经济损失 3 万元人民币。

争议焦点：

1. 集资行为是否得到公司股东会同意；

2. 集资款是否等同于出资款；

3. 系争股权已由善意第三方受让，则还能否主张股权转让无效。

基本案情：

1994 年 12 月 18 日，三被告签订永昌公司章程，约定成立永昌公司。同日，三

[①] 参见上海市第二中级人民法院(1997)沪二中经终字第 1494 号民事判决书。

被告召开股东会议,选举原告吴某为永昌公司董事长,后又任命原告吴某为总经理。

1995年1月17日,永昌公司开业,工商登记股东为三被告,法定代表人为原告吴某。

1996年1月28日,永昌公司1995年的年检报告书仍确认三被告为股东。

原告诉称:

永昌公司系由吴某等10名原告以及其他股东集资筹建。从1995年1月3日至同年5月12日,10名原告共出资7.9万元人民币,用于永昌公司的经营。

三被告召开非法股东会议,撤销原告吴某的董事长和总经理职务,并与两位第三人达成协议,将永昌公司的全部股份转让给两位第三人,并进行了工商变更登记。原告认为该转让行为属无效行为,故诉至法院。

被告辩称:

10名原告不是"永昌公司"的股东,股东是三被告。10名原告确实提供了资金,但是三被告作为企业法人股东并未授权原告吴某集资,故不同意原告的诉讼请求。

第三人述称:

两位第三人取得"永昌公司"的股权,经过三个企业法人股东的转让、登记机关的批准,是合法的。

律师观点:

1. 原告未提交有效证据证明其股东资格的存在。

从形式要件上而言,有限责任公司章程应当载明股东的姓名或者名称,且股东应当在公司章程上签名、盖章。

永昌公司的章程由三被告签订,10名原告既未在章程中被列为股东,也未在章程上签名、盖章。

从实质要件而言,原告提交的集资款证明,不符合作为股东的法律规定,不能证明该集资款是10名原告向永昌公司支付的出资款。同时,三被告对此集资行为也予以否认。

因此无论从形式要件或是实质要件,原告要求确认为股东都无法律依据。

2. 第三人已合法取得股东资格。

永昌公司的股东,即三被告将全部股份转让给第三人,并经登记机关核准,转让程序符合法律规定,两位第三人已经取得股东资格。退一步而言,三被告已将永昌公司股权转让予两位第三人,即使原告可以享有永昌公司的股东资格,现两位第三人已经善意取得永昌公司股权,基于商事交易安全的考虑也不宜认定转让行为无效。

综上,原告不具备享有股东资格的形式要件,也未充分举证证明其实际出资,其诉讼请求于法无据。

法院判决:

驳回原告的诉讼请求。

【案例131】朋友代持埋隐患　律师斡旋平争端

基本案情:

小吴在上海创办尊为公司。由于公司设立当时的《公司法》不允许设立一人公司,因此小吴将200万元中的140万元登记在好友小代名下,约定由小代担任名义上的法定代表人及执行董事,但双方未签订代持股协议。

公司成立后经营状况不佳始终亏损,小吴为筹措资金申请了国家科技型中小企业技术创新基金。为了能顺利申报成功,小吴编造、夸大了包括小代在内的项目组成员信息,最终申请资料获得了100万元的基金支持。

期间,由于未兑现小代承揽业务应得的劳务报酬等原因,二人之间发生矛盾。小代认为自己作为工商登记的法定代表人,可能要为小吴的造假行为承担法律责任。于是索性将公司的公章、营业执照、税务登记证、银行开户许可证等一并取走,并威胁小吴以40万元换回证照,否则就到科委进行举报,并向公安指控其构成诈骗罪。

小吴遂委托宋律师帮助自己解决与小代之间的纠纷。

律师观点:

1. 关于小吴是否具备公司股东身份。

尊为公司设立时,小吴借用小代的身份证,以小代名义登记了尊为公司70%股权,该股权的实际权利人为小吴。依据《公司法司法解释(三)》的规定,"实际出资人与名义股东因投资权益的归属发生争议,实际出资人以其实际履行了出资义务为由向名义股东主张权利的,人民法院应予支持。名义股东以公司股东名册记载、公司登记机关登记为由否认实际出资人权利的,人民法院不予支持"。当然确认股东资格并非毫无风险。由于小吴与小代之间没有代持股协议,仅从验资报告、工商登记来看,都显示小代是公司股东。如果小吴提起确权之诉,则需要证明自己是实际出资人。然而,除了当时的代办人员,即小吴的助理能证能明小代的出资款实际由小吴给予外,没有其他任何证据能证明小吴实际出资。并且小代完全可声称140万元系其向小吴所借并用以设立公司。在此情况下,小吴便难以确定自己100%股权的股东资格。当然,小代则必须向小吴归还140万元借款,因此确权诉讼将存在一定风险。但根据目前尊为公司亏损状况以及小代的经济情况,其采用这种抗辩方式的可能性并不大。

如果小代拒绝协商解决此事,则小吴可先行向人民法院提起股东资格确认诉讼,请求确认小吴为公司100%股权的股东并办理工商变更登记,而后通过公司证照返还诉讼要求小代返还证照。在诉讼过程中,为了防止小代动用公司资金,可同时向人民法院申请财产保全,冻结公司账户。

2. 关于小吴是否构成诈骗罪。

作为小吴的律师,宋律师在本案中只负责处理股东纠纷,判断创新基金项目申报是否存在刑事犯罪问题不在本案代理范围内。且从现有情况分析,即使项目申报存在形式瑕疵,但只要研发项目真实存在,申报行为并不足以构成诈骗罪。

3. 小代作为名义的法定代表人是否需承担刑事责任。

法定代表人并不必然为公司犯罪承担刑事责任。当年北京某庆文化艺术有限责任公司涉嫌偷税848.9万元,由于刘某庆只是公司的法定代表人却从不过问日常经营管理,一切犯罪行为皆由其妹夫所指使。根据《刑法》规定,单位犯罪的,直接责任人应承担刑事责任,因此刘某庆未受到刑事处罚。故即使尊为公司存在违法甚至犯罪行为,小代仅是名义上的法定代表人,不必承担法律责任。

4. 关于小代向小吴索要40万元的行为性质。

小代作为代持股人,除非与实际出资人存在合同约定,否则并无理由索要劳动报酬。而小代在毫无根据的情况下,以40万元要挟对小吴进行举报和指控,有构成敲诈勒索罪之嫌。

处理结果:

向小吴详细分析法律风险后,宋律师向小代发出律师函并就上述法律问题当面与小代进行了充分的沟通。最终在宋律师的主持下双方办理了股权变更手续,由小代以零价款将70%股权转让给小吴,同时将公司法定代表人由小代变更为小吴,公司证照也最终交还小吴,而小吴则向小代支付了1.5万元的业务提成。

税务风波:

小吴作为尊为公司的实际出资人,在工商登记上将其显名在实践操作中有两种方式:

第一种是通过办理股权转让的方式。该方式的优点是效率高、成本低,但也存在缺点。根据《国家税务总局关于股权转让所得个人所得税计税依据核定问题的公告》规定,如果公司的净资产较股东取得股权时为高,但股权转让价格却明显偏低且无正当理由,税务机关可按公平交易价格进行核定,并要求转让人缴纳所得税。

第二种是通过股东资格确认诉讼的方式。该种方式的优点是通过法院判决确定股权的实际拥有人,从而避免税收问题,但其缺点是诉讼周期较长,时间成本与经济成本均可能较高。

本案中小吴与小代通过签订股权转让协议的方式,实现了实际出资人显名化。之所以为小吴选择该方式进行操作,恰是考虑到公司自成立以来便即亏损,股权转让便不存在税负。

但股权转让后,税务机关找到小吴,要求公司承担股权转让中转让股东小代的个人所得税代扣代缴义务税款1.4万元。

宋律师查阅了尊为公司股权转让当月的资产负债表查后发现恰在小代与小吴办理股权转让变更登记手续的前1个月,国家创新基金的首笔款项70万元已经进入了公司账户,公司的兼职会计做账时便将该笔款项列入了公司资本公积项下。因此,公司不再处在亏损状态,净资产从140万元净增至210万元,反倒较注册资本200万元还多出了10万元,从而产生了所谓的投资收益,需要缴纳个人所得税1.4万元。

宋律师认为,根据《科技型中小企业技术创新基金财务管理暂行办法》第21条的规定,"无偿资助项目承担企业,在收到创新基金拨款后作为专项应付款处理,其中:形成资产部分转入资本公积"。所以,创新基金在未形成资产之前如果不作为专项应付款而直接列入资本公积,既违反了创新基金财务管理办法也违反了企业会计准则的规定,应重新进行财务处理,并向税务机关出具了法律意见书。

最终,通过规范的财务处理,将70万元的创新基金由资本公积金项下调至其他应付账款,公司的净资产恢复为合法、准确的数额,即不存在股权转让投资收益问题,不必缴纳个人所得税。

254. 实际出资人如何证明其他股东同意其作为公司股东?[①]

根据《九民纪要》的最新规定,公司其他股东半数以上同意既包括明示的同意,也包括默示的同意,即公司其他半数以上股东在知晓实际出资人的存在,且实

---

① 最高人民法院民事审判第二庭编著:《全国法院民商事审判工作会议纪要》,人民法院出版社2019年版,第229~230页。

际行使股东权利的情况下,未曾提出过异议,即可推定为其认可实际出资人的股东身份,实际出资人即符合登记为公司股东的要件。

那么,如何正确理解半数以上其他股东未曾对实际出资人行使股东权利提出异议?

根据《公司法》的规定,股东权利主要包括知情权、资产收益权、参与重大决策和选择管理者等权利。实际出资人一般可以通过制定和修改公司章程、列席股东会、委派董监高等方式实际行使股东权利。实际出资人行使股东权的方式有两种情形:

(1)一种是由名义股东代为行使股东权利,由名义股东向半数以上其他股东披露实际出资人,并明确表示自己是在按照实际出资人的指示行使股东权利,有关决策均是基于实际出资人的意志,投资收益属于实际出资人,半数以上其他股东在知悉名义股东是在代实际出资人行使股东权利后未表示反对的,应当认定为认可实际出资人行使股东权利。

(2)另一种情形是实际出资人撇开名义股东,直接参与到公司的决策与经营活动中来,只在必要的时候由名义股东出面解决形式合法性问题,平时均由实际出资人直接与其他股东共同进行决策,指派管理人员对公司直接进行管理,半数以上其他股东接受与实际出资人共同管理公司的事实,则可认定为其认可实际出资人行使股东权利,未提出异议。

【案例132】推定其他股东知悉代持股　实际出资人成功"显形"[1]

原告:道纪忠华公司

被告:国府公司

第三人:徐某晗

诉讼请求:

1. 确认原告系被告实际股东,并享有被告49%的股权;

2. 判令被告将第三人持股49%变更登记为原告持股49%,公司法定代表人由第三人变更为原告指定的人,第三人予以协助。

争议焦点:原告与第三人签订的代持股协议是否经公司其他股东同意。

基本案情:

2005年1月5日,李某英(本案证人)、陆某征(本案证人)共同出资设立被

---

[1] 参见上海市第二中级人民法院(2009)二中民终字第02130号民事判决书。

告,公司注册资本 300 万元,其中李某英占股权比例 49%,陆某征占股权比例 51%,李某英任被告法定代表人、经理。

2008 年 2 月 3 日,李某英(甲方、转让方)与原告(乙方、受让方)签订《股权转让与法人变更协议》,内容为:

1. 甲方同意将被告 49% 的股权转让给乙方,乙方同意接受该部分股权,但不承担该部分股权在被告在本签约日前的各项债务;

2. 甲方同意将被告的法人身份变更为乙方和乙方指定代表等。

之后,李某英又与第三人签订落款日期为 2008 年 2 月 19 日的《出资转让协议书》,约定:"李某英愿意将被告的出资货币 147 万元转让给第三人;第三人愿意接收李某英在被告的出资货币 147 万元。"

当日签署的还有被告的被告章程修正案、《第一届第一次股东会决议》,其内容为包括新增股东第三人,免去李某英的执行董事、经理职务,同意转让原李某英的 49% 股权,同意修改公司章程。

2008 年 3 月 3 日,原告与第三人签订指定(委托)书,内容为:

1. 兹指定(委托)第三人代表原告在被告承接法人和执行董事,并代为持有原告在被告 49% 的股权,经原告授权代为行使相关股东权利;

2. 第三人同意接受原告的委托,并代为行使该相关权利;

当日第三人与高某君(原告员工)签订指定(委托)书,委托其代为办理股权转让的变更手续。

2008 年 3 月 6 日,经工商部门核准,第三人成为被告持股 49% 的股东和法定代表人。

原告诉称:

第三人仅为原告的代持股人,但其现否认原告的实际股东权利。

被告辩称及第三人述称:

1. 陆某征作为其他股东并不知悉代持股事宜。

对于代持股份,被代持人应当向目标公司及其他股东明示该代持关系。

陆某征对原告受让李某英在被告 49% 股权的《股权转让与法人变更协议》并不知情,仅知道李某英向第三人转让股权的《出资转让协议书》。因此所谓代持股事项并未向其他股东明示。

2. 进一步而言,虽然原告在李某英向第三人转让股权的过程中,可能做了一定的工作,提供居间服务,或提供办公场所,但并不能依据其在该股权转让中的工作就认定其是实际股东。

律师观点：

李某英作为被告的股东,有权处分自己的股权份额。李某英与原告签订《股权转让与法人变更协议》,系双方当事人的真实意思表示,该协议合法有效。

第三人与原告签署指定委托书,接受原告委托,以自己名义代原告持有被告股份,该委托合法有效。原告作为委托人要求第三人将代持股份变更到原告名下,第三人应当按照委托人指示,及时办理相关手续。

被告股东陆某征虽陈述对李某英将股份转让给原告并不知悉,但该陈述与李某英陈述相左。

陆某征与李某英、第三人于2008年3月初,在原告会议室签署了出资转让协议、股东会决议等变更工商登记所需文件,原告股东胡某宇亦在场。此后,又由原告的员工高某君具体办理了股东变更登记的工商手续。因此陆某征应知悉原告在股权转让中的地位。现第三人、被告主张陆某征对李某英将股权转让给原告之事并不知悉,与相关事实相悖,且缺乏其他事实予以佐证,其主张将难以得到法院的采信。

关于原告主张变更法定代表人的诉讼请求,由于公司法定代表人的变更需由股东会决议,因此原告的该项诉讼请求并无法律依据,将难以得到法院支持。

法院判决：

1. 原告为被告的合法股东,享有现由第三人持有的被告49%的股权;

2. 被告于判决生效之日起10日内办理股权变更登记:将第三人持股49%变更为原告持股49%,第三人予以协助;

3. 驳回原告的其他诉讼请求。

255. 实际出资人与名义股东之间订立的代持股协议的效力如何?

如未违反法律、行政法规的效力性强制性规定的,应当认定为合法有效。

代持股协议是股东资格确认的重要证据,但并非持有代持股协议就一定能够保证确权成功。因为该协议只能在当事人之间发生效力,不能对抗第三人,实际出资人不能以此协议直接要求公司变更股东,确认其股东资格。

256. 签订代持股协议应注意哪些要点?

签订代持股协议应注意:(1)明确约定出资额比例,实际股东的权利与义务,股权转让的限制等条款;(2)保证公司其他股东对代持股协议予以签字确认;(3)名义股东擅自转让实际出资人股权时,实际出资人的损失如何计算。

如果能够同时满足上述三个条件,即实际出资人在提起股权确权纠纷时,获得"显名"的机会较大。即使确权失败,实际投资人的经济利益也能够得到保障。

【案例133】"假"股东自认 "真"股东顺利显名[①]

原告:华闻公司

被告:中达公司[②]

诉讼请求:

1. 确认被告名下广联公司600万股股份归还原告所有;
2. 判令被告配合原告办理相关股权变更手续。

争议焦点:如何认定"关于代持事宜回复"的证明效力。

基本案情:

1997年6月,原告与案外人中保公司广西分公司等发起设立广联公司,股份总额为8594.85万股。其中,原告作为发起人实际出资并认购股份为600万元。

2003年10月15日,原告因清理整顿需要与被告约定由被告代为持有股份,为办理工商变更登记手续,原告与其签订股权转让协议书。

2003年10月22日,广联公司在工商管理部门办理股东变更登记,将原告名下的600万股股份变更至被告名下。至本案诉讼前,工商登记中,被告仍为广联公司600万股股东。

原告诉称:

原告认为被告仅为广联公司的名义股东,系代其持股,但被告拒绝返还,遂提起此诉。

原告为证明其观点,提交证据如下:

1. 1997年6月6日广联公司章程。其中载明原告为广联公司600万股份之股东。

2. 2001年2月12日企业国有资产占有产权登记表。证明2001年2月12日,财政部对原告的国有资产占有情况进行了产权登记,确认原告对广联公司享有的股份为600万股。

3. 原告上级主管部门人民日报社事业发展部向被告发出(2007)11号函,内容为:

我部所属原告作为广联公司的发起人之一,认缴出资额600万元(出资额

[①] 参见北京市第二中级人民法院(2010)二中民终字第05176号民事判决书。
[②] 本案被告应为广联公司,中达公司应为第三人。

已到位），持有该公司600万股股权。2003年,因我部清理整顿工作的需要,经我部领导同意并批复,同意由你公司为我部代持,并将这600万股股权过户到你公司名下。现经我部研究决定,将由你部代持的广联公司600万股股权收回,请协助办理有关手续。

4. 2007年11月23日,被告作出《关于代持广联公司600万元股权事宜的回复》,内容为:贵部(2007)11号函收悉。我部服从贵部安排,一旦贵部重新指定原告在广联公司股权代持或转让单位,我公司将根据贵部及原告的指令办理有关手续。

被告辩称：

1. 被告合法受让股权。

原告向被告转让600万股股份系双方真实意思表示,合法有效,该协议未反映任何股权代持关系。被告在受让股权前通过董事会会议讨论并一致通过,后该股权转让亦经过了工商变更,实质、形式上被告皆应被认定为广联公司合法股东。

2. 回复函不足以说明原告的持股情况。

被告认为仅凭一纸回复不能片面认定代持关系成立。对于回复的内容,被告认为:该回复仅反映被告服从人民日报社事业发展部的股权转让安排,而并未反映被告认可"代持股权事实"的任何意思表示;即使认定该回复认可股权代持事实,但从证据的效力看,2003年的股权转让协议书及股权工商变更登记事实的证明效力远高于2007年一纸回复的效力。

律师观点：

被告的回复函认可了其与原告的代持股关系。

双方未签订书面代持股协议,仅凭双方签订的股权转让协议书,确实无法得出被告受让的广联公司600万股股权系代原告持有。但是,原告提供的人民日报事业发展部(2007)11号函、《关于代持广联公司600万股权事宜的回复》,无论是从函件的名称,还是函件的内容,都能反映出被告认可代原告持有600万股权的事实。因此原告的诉讼请求理应得到法院的支持。

法院判决：

1. 确认被告所持广联公司600万股股份属原告所有;
2. 被告配合原告办理相应的股权变更手续。

257. 取得股份有限公司股票的方式有哪些？

股东取得股份有限公司股票的方式包括如下四种：

(1) 发起人记名股票。

股份有限公司发起人记名股票(权)的取得必须在办理工商登记中注册登记,发起人记名股票的转让必须由公司将受让人的姓名或名称及住所记载于股东名册,并办理工商登记变更,才有法律效力。

(2) 记名股票的转让方式。

股份有限公司章程对记名股票转让作出限制的,应按章程规定。章程规定应征得公司董事会同意,其他股东同意以市场价格受让时,享有优先购买权的,应从其规定。一般情况下,公司股票在工商部门变更登记后就取得了股权,如果公司章程有限制的,应该遵守这种限制。

(3) 记名法人股的转让方式。

对定向募集设立的股份有限公司记名法人股的转让方式,公司已经委托证券管理机构托管的,记名法人股转让应在公司委托的证券管理机构办理过户手续,由委托的证券管理机构通知公司将受让人的姓名或名称及住所记载于股东名册。原发行定向募集法人股的公司未委托证券管理机构托管的公司记名法人股转让,应当在证券交易所上市交易。

(4) 记名股票被裁定转让。

人民法院裁定或确认记名股票的转让。被执行人在其他股份有限公司中持有的股权凭证(股票),由于被强制执行,所持有股权凭证(股票)的转让方式,人民法院可以按照公司的有关规定转让,也可以采取拍卖、变卖的方式进行处分,或直接将股票抵偿给债权人。此时,记名股票在法院裁定或者判决发生效力的时候发生转让。

【案例134】未登记股票被他人转让 刑事立案材料确认股东资格[①]

原告:陈某富

被告:源兴针织厂

诉讼请求:依法确认被告名下账号为 B88006×××中2万股上海九百(证券代码600838)的原始股票及其派生的权利归原告所有。

争议焦点:

1. 象港公司及其上海办事处的报告附表情况说明是否可作为涉案股权处分的依据;

[①] 参见浙江省宁波市象山县人民法院(2009)甬象商初字第1503号民事判决书。

2. 被告是否有权取得象港公司涉案股权。

基本案情：

原告在象港公司成立时任总经理，其负责象港公司上海办事处的工作。

1993年12月，象港公司驻上海办事处以象港公司名义购得上海市第九百货商店股份有限公司法人股股票2万股（股东账户为B88003××××）。

1994年8月，象港公司上海办事处与象港公司进行了财务清算。然后，象港公司由蒋某权担任董事长。

由于原告承担了该公司办事处有关债务的经济责任，作为对价，上海市第九百货商店股份有限公司法人股股票2万股（股东账户为B88003××××）归原告所有，由原告持有。

1996年3月8日，象港公司被注销，上级单位为大徐镇工办。

1996年8月8日，被告由殷夫中学开办，蒋某权被任命为被告厂长。

1996年8月14日，蒋某权利用原来的董事长身份，用已注销的象港公司介绍信、委托书向上海证券交易所申请上海市第九百货商店股票（股东编号为B88003××××）挂失，并于1996年8月29日将该股票转让给被告（股东编号为B88006××××）。

1997年3月，原告在办理配股事宜时发现，上述股票已经被转至被告名下R88006×××股东账户内，原告遂向上海市公安局虹口分局报案。上海市公安局虹口分局以诈骗案立案侦查。后被撤销。

原告诉称：

上海市第九百货商店股份有限公司法人股股票2万股（股东账户为B88003××××）系原告的股票，被告将其登记在自己名下侵犯了原告的权利。

原告为证明其观点，提交证据如下：

1. 认购上海市第九百货商店股票的凭证2份，证明原告持有象港公司认购的2万股上海九百原始股票的事实。

2. 介绍信及挂失申请书、挂失委托书、过户凭证各1份，证明上海九百的股票被蒋某权通过虚构事实的方法转至被告账户的事实。

3. 股票账户2份，证明股票名称、账号、股东编号等记载内容由象港公司变更为被告的事实。

4. 象港公司驻上海办事处审计处理报告书、双方账款结算清单各1份，清单上有盖具大徐镇工办印章的补充说明："注甲乙双方根据上述协定，以下部分财产及证券归乙方所有：一、移动电话5.74万元；二、空调0.43万元；三、BP机0.1万元;四、证券 10 万元,库存商品 6.5 万元;五、汽车(马时特)1.5 万美元。"

5. 大徐镇工办出具的 1997 年 5 月 15 日的证明 1 份。该证明载明:"兹证明原象港公司驻上海办事处在 1994 年 8 月 3 日与上海办事处(原告)办理手续原上海办事处的财产及证券归原告所有。即移动电话、空调、10 万元证券、汽车等。"

6. 上海市公安局虹口分局向大徐镇工办的白某艳询问笔录 1 份。白某艳陈述:"……根据协商,我们和原告达成关于象港公司上海办事处的财产归原告所有,上海的债务也归原告承担,当时上海的债务有 210 万元左右,上海中百九店 2 万股股票也归原告所有。……自 1994 年 8 月……象港公司由蒋某权担任董事长……"证明原告支付了对价,原象港公司认购的上海九百的原始法人股 2 万股归原告所有的事实。

7. 蒋某权的谈话笔录 3 份,证明被告非法取得股票的事实。

8. 象港公司的工商登记材料,证明象港制衣于已被注销的事实。

被告辩称:

1. 被告主体不适格。

原告不是象港公司的股票权利人。被告所得的股票是从象港公司取得,不是从原告处取得。原告对被告持有股票有异议,应向象港公司要求,与被告无关。原、被告之间不存在因果关系,被告主体不适格。

2. 象港公司未把股票转让给原告,大徐镇工办也无权处理象港公司的财产。

象港公司与上海办事处之间的财产处理不包括该股票。因为象港公司的股票是原始法人股,其转让是有条件的,象港公司从未把自己的股票转让给原告。大徐镇工办将象港公司的股票处置原告所有。而象港公司是独立的法人,其对自身的财产有处置权,大徐镇工办没有资格也没有权利处理象港公司的财产。大徐镇政府也出具了相关证明,证明了工办的行为是无效的。

3. 被告合法取得象港公司。

被告取得象港公司的股票是合法所得。原告向上海市公安局虹口分局报案,该案经侦查,现在公安局已撤销案件,说明被告取得的股票是合法有效的。

被告为证明其观点,提交证据如下:

大徐镇政府于 1999 年 7 月 25 日作出的《关于追回上海九百法人股的请求》1 份,用于证明大徐镇工办的证明无效,不存在原象港公司持有的上海九百公司的股票划归原告的事实。

律师观点:

1. 象港公司驻上海办事处购买的上海市第九百货商店股份有限公司法人股

股票应属原告所有。

(1) 象港公司上海办事处的债权债务清算后的权利义务的约定系诸方的真实意思表示。

原告提供的证据来源于上海市公安局虹口分局,其合法性和真实性应当予以认定。其内容为象港公司上海办事处的债权债务清算后的权利义务的约定。报告由象港公司及其上海办事处、大徐镇工办签署,象港公司及其上海办事处意思表示真实。

(2) 大徐镇工办有权处理象港公司上海办事处的债权债务关系,且报告说明清晰。

大徐镇工办作为主管部门参与企业的清算,按照当时的工办职能并不违反法律规定,因此该报告书合法有效。虽然该报告中未明确涉案股权属原告所有,但在报告书第1条列举了6条后并写明详见附表1,附表1应属报告书的组成部分。在附表1的情况说明中载明了原告享有的债权中包括了涉案股权,并且大徐镇工办出具的证明及主管领导白某艳的陈述均印证了这一事实。

(3) 被告提供的证据不能反映象港公司的财产分割情况。

被告提供的大徐镇政府作出的《关于追回上海九百法人股的请求》不能反映象港公司财产分割情况。

2. 被告无权取得象港公司涉案股权。

被告法定代表人蒋某权利用担任象港公司董事长的职务之便,于1996年8月14日在该企业申请注销时,隐瞒了有关事实,向上海证券交易所申请挂失,并于1996年8月29日将涉案股票转入被告名下。蒋某权的民事行为明显违法,被告取得涉案股权无事实和法律依据。

综上,本案争议的股票原虽登记在象港公司名下,但应属原告所有。

法院判决:

被告名下股东编号为B88006××××上海九百(证券代码600838)的股票及其派生的权利归原告所有。

【案例135】有效证据链助实际出资人"夺回"股东资格[①]

原告: 钱某培

被告: 卫荣公司

第三人: 钱某斌、陆某祥、广粤公司

---

① 参见上海市崇明县人民法院(2005)崇民二(商)初字第224号民事判决书。

诉讼请求:

1. 确认原告为被告的股东;
2. 判令依法恢复原告在被告的法定代表人身份。

争议焦点:

1. 原告与第三人广粤公司是否存在代持股关系;
2. 原告是否履行了出资义务;
3. 公司其他股东是否认可原告为公司实际股东。

基本案情:

原告与第三人钱某斌、第三人陆某祥分别系父子、翁婿关系。

1998年4月10日,原告与第三人广粤公司以组建被告为由签订《协议书》1份,该协议内容为:

1. 乙方(原告)以甲方(第三人广粤公司)名义投资被告,根据公司章程,注册资金共计70万元,乙方投资总注册资金的54%,合计378,000元,全部由乙方投资;
2. 甲方委派季某娟、乙方委派原告出任被告董事会董事;
3. 该公司组建后,一切经营管理、人事管理、财务、分配、盈亏等都由乙方负责全权处理;
4. 所有一切债务由乙方承担;
5. 甲方不承担一切债务。

1998年5月5日,被告经工商核准登记成立。公司章程载明股东为第三人广粤公司(占54%股权)、第三人钱某斌(占23%股权)和第三人陆某祥(占23%股权),注册资本为70万元,已实际缴纳。

被告成立后,法定代表人为第三人钱某斌。同年4月15日,被告通过股东会决议,选举原告、第三人钱某斌、案外人季某娟为该公司董事。

2003年5月20日,经工商局核准变更登记被告的法定代表人钱某斌为原告。

2004年6月28日,被告又通过工商登记将法定代表人原告变更为第三人陆某祥。期间,原告曾以被告代表身份对外签订《电力工程承包协议》《工程合同》等。

2005年10月31日,第三人广粤公司以被告、第三人钱某斌和第三人陆某祥擅自召开股东会、变更法定代表人并修改公司章程之行为严重违反了公司章程和相关法律规定为由诉至法院,请求撤销被告、第三人钱某斌和第三人陆某祥作出的股东会决议、董事会决议,并要求恢复原告的法定代表人身份。同年11月10

日,第三人广粤公司又撤回了起诉。

2005年11月10日,以第三人广粤公司(以下简称甲方)为转让方,第三人钱某斌(以下简称乙方)、第三人陆某祥(以下简称丙方)为受让方订立《股份转让协议》,约定:

1. 甲方持有被告54%股份,现全部转让给乙、丙方所有。股份转让完成后,乙方持有被告50%股份;丙方持有被告50%股份;

2. 甲方持有的被告54%股份的转让价为378,000元。第三人广粤公司在被告注册登记时应出资的注册资本378,000元,由乙、丙方垫支,现甲方将股份转让款归还乙、丙方;

3. 本股份转让协议书达成后,由被告到工商局办理有关部门变更登记手续等。

2006年2月10日,第三人广粤公司的经办人季某娟向法院陈述如下情况:

1. 被告的成立因需集体性质的股东参股,原告遂找其商量。后第三人广粤公司同意作为被告的名义股东在工商局备案,但第三人广粤公司确未投资。出资款是原告或钱某斌垫付的。其间第三人广粤公司也未分得过红利。

2. 第三人广粤公司的经办人与原告签订的《协议书》并非1998年4月10日形成。原告在2005年10月向其提出只要在该协议上盖章,便能以集体名义向万盛公司催款。考虑到原告对其承诺还债,经办人才同意并盖章。

3. 2005年11月10日,其代表第三人广粤公司与第三人钱某斌、第三人陆某祥所签订的《股份转让协议》亦是有条件的,即由第三人钱某斌提出代原告偿还结欠其19万元借款才同意签订《股权转让协议》。实际变更手续尚未办理。

原告诉称:

1. 第三人广粤公司为名义股东。

限于被告设立时的规定,设立公司需由集体性质的企业参股。故原告找到第三人广粤公司并与之订立《协议书》1份,由第三人广粤公司代其持股54%。

2. 被告的70万元注册资本全部由原告实际出资。

《协议书》订立后,原告实际履行了被告的全部出资70万元,并由其将验资款70万元解入银行。被告成立后于同年4月15日形成股东会决议,由原告与第三人季某娟、第三人钱某斌3人组成董事会。嗣后,原告曾担任过被告的法定代表人,并代表被告对外签订工程项目,参与公司经营。

2004年6月28日,被告违反公司章程无故免去原告的法定代表人身份,侵犯了原告的股东权益,故诉至法院。

原告为证明其观点,提交证据如下:

证人陆某和沈某超的证词。其中陆某系原告的驾驶员,沈某超为某驾驶学校教练员。两证人共同证实在 1998 年 5 月左右,为原告开车从沪赴崇明城内的信用社,由原告将携带的 70 万元解入信用社之事实。

被告辩称:

被告股东由第三人陆某祥、第三人钱某斌及第三人广粤公司组成,与原告无任何法律上的关系,其不具备股东资格。

原告提供的 1998 年 4 月 10 日与第三人广粤公司订立的协议书,被告根本不清楚,系原告伪造。

综上,被告请求法院驳回原告之诉讼请求。

被告对原告所提供的证据发表质证意见如下:

对于证人陆某和沈某超的证词,被告认为该证人与原告有利害关系,不应予以认可。

第三人广粤公司述称:

第三人是被告的名义股东,未向该公司投入资金。其与原告订立的协议书虽落款时间为 1998 年 4 月 10 日,但该协议实际形成的时间为 2005 年 10 月。形成的原因系原告与其存有债权、债务关系,原告承诺归还其借款才答应签订了该份协议。该协议内容非本第三人的真实意思,故原告诉请与其无关。

第三人钱某斌、陆某祥述称:

第三人广粤公司是被告的名义股东,但原告与第三人广粤公司于 1998 年 4 月 10 日订立的协议书两位第三人根本不清楚。原告虽担任过公司的法定代表人,但也是其冒用公司董事签名后才予以登记,其也未向公司投资过。公司的投资款均由两位第三人投入。故原告非被告股东,其要求确认公司股东无事实依据。

律师观点:

1. 原告与第三人广粤公司之间存在隐名投资关系。

结合第三人广粤公司、季某娟所作的陈述,证明被告开办前夕确由原告找到参股企业第三人广粤公司,第三人广粤公司仅是被告的名义股东,其未向被告投入资金。并且第三人季某娟称该投资款实际由原告或第三人钱某斌垫付,而第三人钱某斌与第三人陆某祥对投资款究竟由谁具体出资、以何形式出资也未能表述清楚。虽原告提供两证人的证词未被相对方采信,但综合第三人季某娟的陈述与被告开办过程中的具体细节可确信原告的投资事实。而且,其后原告与第三人季某娟共同担任被告董事的事实也印证了协议书的内容与实际履行的一致性。

退一步讲,即便该协议书是2005年形成的,亦系第三人广粤公司与原告对原达成的口头协议的一种追认,鉴于该协议明确了原告以第三人广粤公司名义投资被告,且约定由实际出资人原告承担投资风险,据此也可以认定原告与第三人广粤公司之间存在隐名投资关系。

2. 原告实际参与公司经营,其他股东对原告的实际出资人身份是明知的。

原告按照公司章程的规定作为第三人广粤公司的派出人员担任被告的董事,之后又担任过法定代表人,并对外代表被告签订过多个工程项目,应视其参与了被告之经营。

基于原告与第三人钱某斌、第三人陆某祥之间特殊的亲情关系,据此,有理由相信原告在被告展开的一系列运作目的均为实现其家族利益,故可以推定原告的实际出资人身份相对于第三人钱某斌、第三人陆某祥是明知的。

3. 法定代表人身份系公司内部事宜,法院就此直接宣判。

原告提出恢复其在被告的法定代表人身份,但公司法定代表人的担任应依照公司章程之规定,由公司内部股东通过选举产生,属公司内部治理之事宜,司法不应过多干预。

综上,对于原告请求确认其在被告的股东身份之诉请应予支持。

法院判决:

1. 确认原告为被告的股东;
2. 驳回原告要求恢复其为被告法定代表人的诉讼请求。

258. 公司与员工约定,其无须出资,但可以分配公司收益,则该员工是否具有股东资格?

实践中,公司为了奖励公司技术骨干与管理层,往往会与这些人员达成协议,约定年底会从公司的利润中提取一部分分配给技术骨干与管理层。这与股权激励不同。股权激励是公司股东将一部分股权转让或赠与给员工。无论在工商登记与否,这些员工都是公司的实际股东。但上述协议并不涉及股权转让或赠与,而仅为公司对员工工资、奖金计算、发放的一种特殊形式,因此员工不具有股东资格。

259. 实际出资人能否依据隐名投资协议请求名义股东履行相关合同义务,并交付从公司获得的收益?

能。隐名投资协议是实际出资人与名义股东对双方权利义务的约定,只要没有违反法律、法规的禁止性规定均视为有效。

260. 名义股东不履行隐名投资合同义务,致使合同目的不能实现的,实际出资人能否请求解除合同,并由名义股东承担违约责任?

能。根据《民法典》规定,合同一方迟延履行合同义务或者有其他违约行为致使合同目的不能实现的,守约方可以解除合同,并要求违约方承担违约责任。

261. 名义股东能否请求实际出资人支付必要的报酬?

名义股东代为持股的行为是否能够取得报酬,取决于其与实际出资人之间是否存在相关的约定,如果实际出资人愿意对名义股东的付出给予回报,并将之约定于代持股协议当中,则名义股东能请求实际出资人支付一定的费用。

262. 隐名投资协议解除后,实际投资人能否请求名义股东返还投资款和利息?

视情况而定。

合同解除的效力应区别不同的合同而定:继续性合同原则上无溯及力,非继续性合同原则上有溯及力。笔者认为,名义股东和实际股东之间的合同属于继续性合同,法定违约解除的情形,是在合同履行过程中发生的,对解除事由形成前双方之间长期持续发生的收益、费用、成本、劳务不具有可返还性,亦不利于现状的稳定。故应认定解除合同不能溯及既往,易言之,合同解除应向将来发生效力,已经履行的部分不发生回复原状的后果。尤其在投资款已经实际投入公司后,在违约事由发生前公司可能盈利,可能亏损,应当根据违约前企业盈利和亏损状况确定实际出资人与名义股东依约按比例享受利益或分担亏损。但根据名义股东违约与实际投资人的损失之间的因果关系,实际出资人有权请求名义股东就其违约行为承担违约责任,赔偿因其违约行为致实际投资者遭受的损失。因此,对于实际出资人返还投资款和利息的诉讼请求,不可一概予以支持,而应当根据不同情形予以处理。[①]

263. 隐名投资协议被认定无效后,投资款与股权收益应如何处理?

投资款与股权收益的处理方法有以下三种:

(1)名义股东持有的股权价值高于实际投资额,实际出资人可以请求名义股东向其返还投资款并根据其实际投资情况以及名义股东参与公司经营管理的情况对股权收益在双方之间进行合理分配。需要注意两点:

[①] 万鄂湘主编:《最高人民法院关于审理外商投资企业纠纷案件若干问题的规定(一)条文理解与适用》,中国法制出版社2011年版,第171页。

①返还的利益不仅包括实际出资款,还包括平均的投资收益;

②对于剩余股权收益的分配,应综合考虑名义股东参与了公司的实际经营是否获得相应报酬、实际出资人是否参与实际经营、实际出资人是否已获得相应收益等。

(2)名义股东持有的股权价值低于实际投资额,实际出资人可以请求名义股东向其返还现有股权的等值价款。

(3)实际出资人与名义股东之间的合同因恶意串通,损害他人合法权益,被认定无效的,人民法院应当将因此取得的财产收归国家所有或者返还集体、第三人。

264. 名义股东明确表示不要股权的,如何处理实际出资人的投资款?实际出资人可否参与名义股东放弃的股权的拍卖?

如果名义股东明确表示放弃股权或者拒绝继续持有股权的,人民法院可以判令以拍卖、变卖名义股东持有的公司股权所得,向实际出资人返还投资款。

若股权价值高于实际投资额,其余款项根据实际出资人的实际投资情况、名义股东参与公司经营管理的情况在双方之间进行合理分配。

关于股权拍卖或变卖,应当注意保护公司其他股东的优先购买权。实际出资人也可以参与到拍卖中。

265. 名义股东私自处分股权的,实际出资人应如何保护自身利益?[①]

名义股东将其名下的股权转让、质押或者以其他方式处分的,如果受让人不具有善意取得情形,那么实际出资人可以主张该股权转让无效。名义股东私自处分股权导致实际股东利益受损的,可以向名义股东主张损害赔偿责任。

如果受让方具有善意取得情形的,实际出资人只能向名义股东主张违约责任与损害赔偿责任。

266. 名义股东能否以其非实际出资为由对抗债权人?

不能。公司债权人以名义股东未履行出资义务为由请求其对公司债务不能清偿的部分在未出资本息范围内承担补充赔偿责任的,名义股东不能以其仅为名义股东而非实际出资人为由进行抗辩。

当然,名义股东根据前款规定承担赔偿责任后,有权向实际出资人追偿。

---

① 关于名义股东无权处分,实际出资人如何保护自身权益这一问题,详见本书第七章股权转让纠纷。

267. 名义股东因自身债务成为被执行人的，若法院强制执行"名义"股权，实际出资人提出执行异议，能否得到支持？

这一问题实践中存在不同观点。认为隐名股东可排除强制执行的理由主要在于，股权交易的债权人不属于《公司法》规定的信赖公示的第三人，其并非基于公示而与显名股东进行股权交易，不存在对该公示的信赖问题。因此，工商登记的外观主义原则上不适用于非股权交易当事人。

认为隐名股东不得排除强制执行的理由主要在于，股权代持仅具有内部效力，对于外部第三人而言，股权登记具有公示公信力，其作为名义股东的债权人有权申请查封执行，且隐名股东在享受隐名便利的同时，应当承担可能出现的风险。[1]

但法院如果根据商事外观主义原则，强制执行"名义"股权清偿名义股东债务，因此导致实际出资人利益受损的，名义股东须向实际出资人清偿。

268. 如果确认实际出资人股东资格将导致公司股东人数超出有限责任公司股东法定 50 人上限的，法院是否会支持原告的诉请？

该问题在实践中存在较大争议。北京市法院的判决往往对此不予支持。

笔者认为，如果实际出资人已实际出资，并与名义股东明确约定了其享有的股东权利，并且实际出资人主张确认股东资格也能够得到全体股东过半数同意，那么应当得到法院的支持。此种情形下，不应以确认股东资格后股东人数超出法定 50 人上限为由驳回诉讼请求。

但是实践中，为保护有限责任公司在工商登记中的合法性问题，法院可以通过调解的方式解决问题，如由确认股东资格后的新股东将股权转让给公司的原股东，或由公司对其股权进行回购等。

【案例 136】确权将导致股东人数超限　法院不予确认股东资格[2]

原告：郑某娟

被告：星城商厦商贸

诉讼请求：确认原告为被告的股东。

争议焦点：确认股东资格后公司股东人数将超过 50 人，原告可否主张确认其

---

[1] 最高人民法院民事审判第二庭编著：《全国法院民商事审判工作会议纪要》，人民法院出版社 2019 年版，第 229~233 页。

[2] 参见北京市大兴区人民法院(2010)大民初字第 7970 号民事判决书。

为公司股东。

基本案情：

2004年3月30日，被告作出股份募集方案，该方案确定了股权设置方式，募集总股本为4300万元，职工个人股3700万元，按照工龄、岗位确定职工的入股限额。该股份募集方案作出后，原告作为被告职工参加了增资入股，出资21万元。

2005年4月28日，被告公司进行了工商变更登记，注册资本变更为4300万元，工商登记的股东变更为26名，原告不在其中。被告工商备案的公司章程中也没有列明原告是被告的股东。

原告自2005年起取得被告分红。

2009年4月6日，被告作出股东会决议。决议中写明"本公司实行全员参股制度，共有284名员工出资"。在进行工商登记时，受制于当时《公司法》之限制及政策影响等因素，在得到有关部门认可的前提下，实行了捆绑式登记办法，即从全员股东中选择26名股东（每名股东代表名下的出资额实为相应公司员工实际出资额的总和）作为本公司的注册股东进行工商登记。公司成立后，股东大会由注册登记的26名股东组成，其他实际股东无法行使其股东权利，但一直享有利润分配权。本次股东大会决定，将现行公司26名股东代位行使的股东会职权改为由284名全体股东（股东名册附后）组成新的公司股东会，依法行使股东会的职权，保证全体股东能够依法享有资产收益、参与重大决策和选择管理者等权利。该决议附有被告股东名册。该股东名册列明股东284名，其中有原告的出资额记载，与原告股份所有权证记载的出资额一致。

原告诉称：

原告履行了出资义务，这一点被告的出资额记载可以证实。原告之所以没有出现在被告的工商登记中，是由于改制时的《公司法》之限制以及政策影响。现原告要求在工商登记上作为显名股东体现。

被告辩称：

被告认可原告的股东身份，但原告要成为被告工商登记的股东不符合《公司法》的规定，工商局不能办理。

律师观点：

按照《公司法》的规定，有限责任公司股东人数不能超过50人。被告目前为有限责任公司，但被告股东名册记载的股东已有284人。显然这284人不能全部成为工商登记上的股东，否则将导致被告公司的股东人数超过法定上限，并难以进行工商变更登记。

法院判决：

驳回原告的诉讼请求。

269. 上市公司存在股份代持，相关代持协议是否有效？

无效。一方面，上市股权不清晰，不仅会影响公司治理的持续稳定，影响公司落实信息披露、内幕交易和关联交易审查、高级管理人员任职回避等证券市场基本监管要求，还容易引发权属纠纷。另一方面，上市公司披露的信息是影响股票价格的基本因素，要求上市公司保证信息的真实、准确、完整，是维护证券市场有效运行的基本准则，也是广大投资者合法利益的基本保障。

依据民事法律关于民事法律行为效力的规定，以及证券市场、上市公司相关法律规定综合判断，相关股权代持协议因违反公共秩序应为无效。

【案例137】上市公司发行人存在股权代持情况 隐名代持协议被认定无效[①]

原告： 杉浦立身

被告： 龚某

诉讼请求：

1. 被告按照判决生效之日A公司股票的市值向原告返还投资款，包括截至判决生效之日因配股、送股所取得的所有股票的市值；

2. 被告赔偿原告股票红利损失352,000元。

争议焦点：

1. 原告与被告之间是否存在委托购买股份关系；

2. 原告主张的投资款差额2,956,800元有否事实和法律依据；

3. 系争《股份认购与托管协议》是否有效；

4. 系争股份以及相应投资收益应由谁获得。

基本案情：

2005年3月26日，被告出具收条，称收到原告购买A公司股份款定金10万元，购买数量约为50万股，具体股数到时再商定，股票价格4.36元/股。

2005年8月23日，被告作为甲方与原告作为乙方签订《股份认购与托管协议》，合同载明：被告持有A公司的股份88万股，原告欲认购全部，并于认购后委

[①] 参见上海金融法院(2018)沪74民初585号民事判决书。

托被告管理;认购数量为 88 万股,占股本总额 2.52%,认购总金额为 3,836,800 元;方式为现金转账,于 2005 年 9 月 3 日前支付;被告对外以自己名义参加股东大会,行使股东权利,在国家有关法律法规许可的范围内,根据原告的指示处分股份,并将处分该股份的收益及时全部交付给原告;关于股东权益的情况,被告应当在合理的期限内通知原告,征询其意见并据此处理有关事宜。若《股份认购与托管协议》被认定无效,就股份投资收益(包括股价上涨和分红)在双方当事人之间进行分配。2005 年 8 月,被告从案外人张某富处受让 A 公司 88 万股份,并过户至被告名下。

A 公司的前身是 A 有限公司,A 公司于 2017 年在上海证券交易所首次公开发行股票并上市。A 公司在申请首次公开发行股票并上市的过程中,被告作为股东曾多次出具系争股份清晰未有代持的承诺。2018 年 5 月 28 日,A 公司股东大会通过了《2017 年度利润分配暨资本公积金转增股本的预案》,向全体股东按每 10 股派发现金红利 4 元(含税),用资本公积按每 10 股转增 4 股的比例转增股本。被告名下的 A 公司股份数量增加至 123.2 万股。2018 年 6 月,A 公司将 2017 年现金分红 10,777,762.8 元委托中证登公司予以支付,中证登公司出具的投资者证券持有信息显示被告账户内权益类别一栏中存在"2017 第一次红利",目前状态为司法冻结。

原告诉称:

原告系日本籍人士,与被告系朋友关系。2005 年 3 月初,被告向原告推荐投资机会,称可由原告出资并以被告名义代为购买 A 公司股份。经协商,原告委托被告购买 A 公司股份 88 万股,认购价为每股 4.36 元。2005 年 3 月至 2005 年 9 月,原告分 4 笔交付了股份认购款 3,836,800 元,被告出具了收据、收款证明等凭证,确认收到全部款项。2005 年 8 月 23 日,双方签订《股份认购与托管协议》,对以往事实予以书面确认并进一步明确了权利义务。2005 年 8 月 24 日,被告与案外人张某富签订《股权转让协议》,约定张某富将其持有的 88 万股 A 公司股份转让给被告。2005 年 9 月 9 日,张某富持有的 88 万股 A 公司股份过户至被告名下。

2017 年 4 月 21 日,A 公司在上海证券交易所首次公开发行股票并上市。原告经查询该公司《首次公开发行股票招股说明书》方得知,被告于 2005 年 8 月代为购买系争股份所支付的实际对价款仅为 88 万元(每股作价 1 元),远低于原告交付给被告的股份认购款,差额部分为 2,956,800 元。2018 年 5 月 28 日,A 公司股东大会通过了《2017 年度利润分配暨资本公积金转增股本的预案》,向全体股东按每 10 股派发现金红利 4 元(含税),用资本公积按每 10 股转增 4 股的比例转增股本,因此被告代持的股份数量增加至 123.2 万股,并获得 2017 年现金分红 352,000 元。原告认为,双方签订的《股份认购与托管协议》合法有效且已实际履行,其作为实际投资人有权要求被告支付股份收益,且被告作为受托人向原告收取的股份认购款远超其实际购买金额,严重侵犯委托人利益,超出部分应予返还,但被告一直不予配合。

被告辩称:

第一,其与原告之间并不存在委托代理买卖 A 公司股份的关系,而是其将自身持有的 A 公司股份依照每股 4.36 元的价格转让给原告,其从何人处以何种价格受让股份与原告无关。

第二,原告作为外国人不得投资 A 股上市公司的股份,且 A 公司属于涉密单位,依照国家保密局的明文规定不得有外商投资行为。因此系争《股份认购与托管协议》自始无效,应当恢复原状,被告应当向原告返还已支付的认购款 3,836,800 元,系争 A 公司股份应归被告所有。

法院认为:

1. 原告与被告之间是否存在委托购买股份关系?

本院认为原告与被告之间不存在委托购买股份关系,原告主张被告返还投资款差额 2,956,800 元缺乏事实和法律依据。首先,系争《股份认购与托管协议》明确载明协议签订的背景是被告为 A 公司之合法股东,拥有 88 万股 A 公司股份,原告欲全部认购,认购总金额为 3,836,800 元,并在认购后委托被告管理。上述表述显然不同于委托购买股份的意思表示,原告亦未有证据证明其曾授意被告向案外人购买系争股份。其次,在系争《股份认购与托管协议》签订的同日,原告与世和公司签订了《委托办理股权过户协议书》,委托世和公司代理受让 A 公司股份 88 万股,受让价格为每股 4.36 元,总价为 3,836,800 元。该协议书中所约定的标的股份名称、数量和价格均与系争《股份认购与托管协议》一致。可见原告已明确委托世和公司办理系争股份的购买事宜,与其主张和被告之间亦存在委托购买系争股份关系相矛盾。上述《委托办理股权过户协议书》第 1 条约定,在世和公司完成受让股份后,由原告将受让款直接支付给出让方或出让方代理人,结合《委托办理股权过户协议书》和《股份认购与托管协议》同时签订,世和公司向原告出具的收款证明和收据上均有被告签字等事实来看,本院认为《委托办理股权过户协议书》应是配合《股份认购与托管协议》而签订,原告委托世和公司从被告处受让 A 公司股份,原告与被告之间不存在委托购买股份的关系。尽管被告在签订《股份认购与托管协议》时尚未实际获得 A 公司股份所有权,其收到原告的股份转让款在先,向张某富支付股份转让款在后,但此两点并不足以认定其与原告之间存在委托购买股份法律关系。况且,被告在签订《股份认购与托管协议》之前已与张某富签订了《股权转让协议》,具有了将来获得系争股份的合理预期,之后亦实际从张某富处受让了系争股份。

2. 系争《股份认购与托管协议》的效力。

系争《股份认购与托管协议》虽然从形式上看包括股份认购和股份托管两部分内容,但两者紧密相关、不可分割,双方约定原告向被告认购股份,又同时约定认购的股份不实际过户,仍登记在被告名下,被告以自己名义代原告持有并行使股东权利,故上述交易安排实质构成了系争股份隐名代持,原告是实际出资人,被告是名义持有人。结合 A 公司首次公开发行股票并上市时,被告以股东身份作出系争股份未有代持的承诺,原告在发行上市前后未向公司或监管部门披露代持情况,发行上市后系争股份登记在被告名下等情形,本院认为系争股份隐名代持涉及公司发行上市过程中的股份权属,其效力如何应当根据现行民事法律关于民事法律行为效力的规定,以及证券市场、上市公司相关法律规定综合判断。

《民法总则》第 8 条①规定:"民事主体从事民事活动,不得违反法律,不得违反公序良俗。"第 143 条②规定:"具备下列条件的民事法律行为有效:(一)行为人具有相应的民事行为能力;(二)意思表示真实;(三)不违反法律、行政法规的强制性规定,不违背公序良俗。"第 153 条第 2 款③进一步规定:"违背公序良俗的民事法律行为无效。"《民法通则》第 7 条规定:"民事活动应当尊重社会公德,不得损害社会公共利益,破坏国家经济计划,扰乱社会经济秩序。"第 55 条规定:"民事法律行为应当具备下列条件:(一)行为人具有相应的民事行为能力;(二)意思表示真实;(三)不违反法律或者社会公共利益。"第 58 条规定:"下列民事行为无效:……(五)违反法律或者社会公共利益的……"《合同法》第 52 条④规定:"有下列情形之一的,合同无效:……(四)损害社会公共利益……"需要注意的是,《民法总则》系我国第一次在民事立法中采用"公序良俗"这一概念,并用以取代之前《民法通则》和《合同法》等一直采用的"社会公共利益"的概念。民事法律行为因违背公序良俗而无效,体现了法律对民事领域意思自治的限制,但由于公序

---

① 现为《民法典》第 8 条相关内容。
② 现为《民法典》第 143 条相关内容。
③ 现为《民法典》第 153 条第 2 款相关内容。
④ 现为《民法典》第 143 条、153 条相关内容。

良俗的概念本身具有较大弹性,故在具体案件裁判中应当审慎适用,避免其被滥用而过度克减民事主体的意思自治。公序良俗包括公共秩序和善良风俗,其中公共秩序是指政治、经济、文化等领域的基本秩序和根本理念,是与国家和社会整体利益相关的基础性原则、价值和秩序。

本院认为,不同领域存在不同的公共秩序,首先应当根据该领域的法律和行政法规具体判断所涉公共秩序的内容。在该领域的法律和行政法规没有明确规定的情况下,判断某一下位规则是否构成公共秩序时,应当从实体正义和程序正当两个方面考察。其中,实体正义是指该规则应当体现该领域法律和行政法规所规定的国家和社会整体利益;程序正当是指该规则的制定主体应当具有法定权威,且规则的制定与发布应当符合法定程序,具体可以从法律授权、制定程序、公众知晓度和认同度等方面综合考量。

(1)就实体层面而言,《证券法》是我国证券市场的基本法,其第1条规定的立法目的是规范证券发行和交易行为,保护投资者的合法权益,维护社会经济秩序和社会公共利益,促进社会主义市场经济的发展。因此,证券市场的公共秩序应是体现《证券法》立法宗旨,属于证券市场基本交易规范,关涉证券市场根本性、整体性利益和广大投资者合法权益,一旦违反将损害证券市场基本交易安全的基础性秩序。一方面,股票发行上市是证券市场的基本环节,经此环节,公司的股权结构发生重大变化,股东范围扩至公开市场上潜在的广大投资者,证券市场严格的监管标准也对公司治理能力提出更高要求,因此发行人的股权结构清晰就显得十分重要。如果发行人的股权不清晰,不仅会影响公司治理的持续稳定,影响公司落实信息披露、内幕交易和关联交易审查、高管人员任职回避等证券市场基本监管要求,还容易引发权属纠纷,例如本案。为此,证监会于2006年5月17日颁布的《首次公开发行股票并上市管理办法》第13条规定:"发行人的股权清晰,控股股东和受控股股东、实际控制人支配的股东持有的发行人股份不存在重大权属纠纷。"另一方面,上市公司披露的信息是影响股票价格的基本因素,要求上市公司在股票发行上市的过程中保证信息的真实、准确、完整,是维护证券市场有效运行的基本准则,也是广大投资者合法利益的基本保障。发行人的股权结构是影响公司经营状况的重要因素,属于发行人应当披露的重要信息。对此,《证券法》第63条[1]规定:"发行人、上市公司依法披露的信息,必须真实、准确、完整,不

---

[1] 现为《证券法》(2019年修订)第78条相关内容。

得有虚假记载、误导性陈述或者重大遗漏。"第68条第3款①规定："上市公司董事、监事、高级管理人员应当保证上市公司所披露的信息真实、准确、完整。"综合上述两方面的分析可以看出,发行人必须股权清晰,股份不存在重大权属纠纷,且上市需遵守如实披露的义务,披露的信息必须真实、准确、完整。申言之,即发行人应当如实披露股份权属情况,禁止发行人的股份存在隐名代持情形。本院认为,上述规则属于证券市场基本交易规范,关系到以信息披露为基础的证券市场整体法治秩序和广大投资者合法权益,在实体层面符合证券市场公共秩序的构成要件。

(2)就程序层面而言,《证券法》第12条②规定："设立股份有限公司公开发行股票,应当符合《中华人民共和国公司法》规定的条件和经国务院批准的国务院证券监督管理机构规定的其他条件",《证券法》本身并未对股份公司公开发行股票的具体条件作出规定,而是明确授权证监会对此加以规范。证券市场具有创新发展快、专业性强等特点,欲实现《证券法》规范目的,离不开专业监管机构的依法监管。因此,《证券法》第7条也规定："国务院证券监督管理机构依法对全国证券市场实行集中统一监督管理。"证监会作为由《证券法》规定,经国务院批准,对证券行业进行监督管理的专门机构,在制定股票发行上市规则方面具有专业性和权威性。本院认为,《证券法》授权证监会对股票发行上市的条件作出具体规定,实质是将立法所确立之原则内容交由证监会予以具体明确,以此形成能够及时回应证券市场规范需求的《证券法》规则体系。证监会在制定《首次公开发行股票并上市管理办法》的过程中向社会发布了征求意见稿,公开征求意见,制定后也向社会公众予以公布,符合规则制定的正当程序要求,而且上述办法中关于发行人股权清晰不得有重大权属纠纷的规定契合《证券法》的基本原则,不与其他法律、行政法规相冲突,已经成为证券监管的基本规范和业内共识。发行人信息披露义务由《证券法》明文规定,经严格的立法程序制定。因此,发行人应当如实披露股份权属情况,禁止发行人的股份存在隐名代持情形,从程序层面亦符合证券市场公共秩序的构成要件。

结合上述两点分析,本院认为,发行人应当如实披露股份权属情况,禁止发行人的股份存在隐名代持情形,属于证券市场中应当遵守,不得违反的公共秩序。本案中,A公司上市前,被告代原告持有股份,以自身名义参与公司上市发行,隐

---

① 现为《证券法》(2019年修订)第82条相关内容。
② 现为《证券法》(2019年修订)第11条相关内容。

瞒了实际投资人的真实身份,原告和被告双方的行为构成了发行人股份隐名代持,违反了证券市场的公共秩序,损害了证券市场的公共利益,故依据《民法总则》第8条、143条、153条第2款和《合同法》第52条第4项的规定,应认定为无效。

3. 系争股份及相关投资收益归属。

系争《股份认购与托管协议》因涉及发行人股份隐名代持而无效,根据《合同法》第58条①的规定,"合同无效或者被撤销后,因该合同取得的财产,应当予以返还;不能返还或者没有必要返还的,应当折价补偿。有过错的一方应当赔偿对方因此所受到的损失,双方都有过错的,应当各自承担相应的责任。"无效合同财产利益的处理旨在恢复原状和平衡利益,亦即优先恢复到合同订立前的财产状态,不能恢复原状的则应当按照公平原则在当事人之间进行合理分配。

按照上述原则,在本案中,首先,系争A公司股份应归被告所有,被告作为A公司股东围绕公司上市及其运营所实施的一系列行为有效;其次,本案中不存在投资亏损使得股份价值相当的投资款贬损而应适用过错赔偿的情形,故原告向被告支付的投资款3,836,800元应予返还;最后,系争A公司股份的收益,包括因分红以及上市而发生的大幅增值,并非合同订立前的原有利益,而是合同履行之后新增的利益,显然不属于恢复原状之适用情形,如何分配应由双方当事人协商确定,协商不成的应当适用公平原则合理分配。本院注意到,系争《股权认购与托管协议》第6条第8款约定:"甲方(指被告)承诺:因甲方的原因或无法对抗第三人的原因或本协议无效的原因致使乙方(指原告)无法拥有上述认购的股份时,甲方应当按照该股份当时的市值退还乙方认购款。"现双方当事人一致同意放弃适用上述约定,愿意就系争股份投资收益在双方当事人之间进行分配。本院认为此属当事人对自身权利的合法处分,于法不悖,予以确认。鉴于双方无法就具体分配方案达成一致,本院将依照公平原则酌情处理。

系争股份收益应当包括分红以及因A公司股价上涨而发生的增值。关于A公司2018年6月8日后的分红和增股所对应的收益,原告和被告均表示将另案诉讼,本院认为系当事人自行选择权利救济方式,于法不悖,应予准许,本案中对该部分收益不作处理。本案中处理的系争股份收益具体包括:(1)系争123.2万股A公司股票因股价上涨而发生的增值收益,即上述股票市值扣除变现成本后的现金价值减去投资成本3,836,800元;(2)A公司2017年度的分红,按照每10股

---

① 现为《民法典》第157条相关内容。

派发现金红利4元(含税)乘以股数88万股为352,000元(含税)。

股份投资是以获得股份收益为目的并伴随投资风险的行为,在适用公平原则时应当着重考虑以下两方面的因素:一是对投资收益的贡献程度,即考虑谁实际承担了投资期间的机会成本和资金成本,按照"谁投资、谁收益"原则,将收益主要分配给承担了投资成本的一方;二是对投资风险的交易安排,即考虑谁将实际承担投资亏损的不利后果,按照"收益与风险相一致"原则,将收益主要分配给承担了投资风险的一方。

本案中,首先,从双方之间支付资金、订立协议和股份过户的时间顺序来看,本院有理由相信被告从案外人张某富处购买系争股份的目的在于向原告转让,以赚取差价,被告并无出资以最终获得股份所有权的投资意图。反之,原告的投资意图则显著体现于系争《股份认购与托管协议》中,即通过支付投资款以换取系争股份的长期回报。被告向案外人张某富转账1,408,000元之前,已先从原告处收到款项3,836,800元,从中获得差价2,728,800元的利益至今。因此,投资系争股份的资金最初来自原告,亦是原告实际承担了长期以来股份投资的机会成本与资金成本。其次,虽然系争《股份认购与托管协议》无效,但无效之原因系违反公序良俗而非意思表示瑕疵,因此该协议中关于收益与风险承担的内容仍体现了双方的真实意思。根据约定,被告须根据原告的指示处分系争股份,并向其及时全部交付收益。庭审过程中,双方亦确认被告在代持期间未收取报酬。可见在双方的交易安排中,被告仅为名义持有人,实际作出投资决策和承担投资后果的系原告,若发生A公司上市失败或经营亏损情形,最终可能遭受投资损失的亦是原告。根据上述两方面的考虑,本院认为应由原告获得系争股份投资收益的大部分。同时,本院注意到被告在整个投资过程中起到了提供投资信息、交付往期分红、配合公司上市等作用,为投资增值做出了一定贡献,可以适当分得投资收益的小部分。综合上述情况,原告应当获得投资收益的70%,被告应当获得投资收益的30%。案件审理中,被告表示无力筹措资金,申请将系争A公司股份进行拍卖、变卖,就所得款项减除成本后在双方当事人之间进行分配。原告对此予以同意。本院认为,此为双方当事人就系争股份处置方式并由此确定可分配之股份收益范围达成一致,属于依法处分自身权利的行为,不违反法律法规的禁止性规定,可予支持。

综上所述,原告与被告签订的《股份认购与托管协议》无效,系争123.2万股A公司股份归被告所有,由于系争股份价值高于实际投资额,原告有权要求被告返还投资款3,836,800元,并分得系争股份收益的70%。双方关于以系争A公司股份拍卖、变卖后所得向原告返还投资款和支付股份增值收益的主张,于法不悖,本院予以支持。

法院判决:

1. 被告应向原告支付 2017 年现金红利 352,000 元人民币(扣除应缴纳税费)的 70%;

2. 原告可对被告名下 123.2 万股 A 公司股票进行出售,若协商不成,原告可申请对上述股票进行拍卖、变卖,上述股票出售、拍卖、变卖所得款项中优先支付原告投资款 3,836,800 元人民币,若所得款项金额超过投资款金额,超过部分的 70% 归原告所有,剩余部分归被告所有;

3. 驳回原告的其余诉讼请求。

270. 新三板存在股份代持,相关代持协议是否有效?

新三板公司股东签订"代持股协议",如不存在违反《民法典》第 153 条、154 条规定的情形,应为有效。

需要注意的是,新三板精选层的监管规则已趋近于上市公司,挂牌企业的适格投资者范围较基础层和创新层更大,交易更活跃,因此笔者认为新三板精选层企业股权代持有可能被判定无效。

【案例138】新三板股份代持未违反效力性强制规定 《代持股协议》有效[①]

原告: 毛某青

被告: 毛某舟

第三人: 多彩公司

诉讼请求:

1. 解除原告与被告签订的关于第三人的《代持股协议书》;

2. 确认被告代持的第三人 25% 股权归原告所有;

3. 判令被告和第三人配合原告至贵州省市场监督管理局办理股权变更登记手续,将被告代持的第三人 25% 股权变更登记至原告名下。

争议焦点:

1. 原被告于 2018 年 10 月 26 日签订的《代持股协议书》是否有效;

---

① 参见贵州省贵阳市中级人民法院(2019)黔 01 民终 4785 号民事判决书。

2. 原被告代持股份形成的是委托投资关系还是代持关系；
3. 原告主张解除其与被告签订的《代持股协议书》是否符合法律规定。

基本案情：

2006年1月19日，第三人设立，发起人股东为案外人金阳集团和贵州省歌舞团。经多次股权变动后，至2015年11月13日，第三人实缴注册资本为2000万元，股东变更为原告和被告两人，各持50%股份。

2015年12月10日，原告将所持的50%股份当中的5%转让给被告。

2016年9月，第三人在全国中小企业股份转让系统（以下简称新三板）挂牌并公开转让。

2018年10月26日，原告与被告签订《代持股协议书》，其中约定如下内容："1. 被告持有的第三人55%股权，其中25%股权原告是实际出资人，原告因其他原因，委托被告代持上述25%股份，被告对此予以确认；2. 签署股东表决权或相关资料前，被告须经原告同意，由原告出具书面意见，被告按其书面意见和要求进行表决与签字，否则原告可以不予认可；3. 若原告决定将其持有的第三人部分或全部（包括被告代持的25%）对外转让，被告无条件配合办理有关股权转让事宜及工商备案登记变更手续，且不向原告或新的持股人索取任何代价；4. 被告确认登记在其名下的第三人25%的股权，被告没有支付任何对价；5. 如协议与第三人在工商管理部门备案的章程不一致，以本协议为准。"第三人在该《代持股协议书》上盖章确认。

2019年1月16日，原告通过EMS向被告邮寄送达《关于解除〈代持股协议书〉的通知》，载明："尊敬的毛某舟女士：鉴于我本人毛某青委托您代持多彩贵州文化艺术股份有限公司股权事宜，我与您于2018年10月26日签订了关于多彩贵州文化艺术股份有限公司的《代持股协议书》，根据《代持股协议书》之约定，以及资产配置战略，现我需收回委托您代持的多彩贵州文化艺术股份有限公司的25%的股权，请您收到本通知后3日内将25%的股权变更到我名下，并积极配合与我到市场监督管理局办理股权变更登记手续。"

2019年1月17日，被告签收了前述邮件。

原告诉称：

1. 原告并非隐名股东，其现属于第三人公司的在册股东，本案所主张的是要求将代持的部分股权归还；
2. 双方签署的《代持股协议书》没有违反法律规定。

被告辩称：

1. 被告并非适格的被告。

本案案由为股东资格确认纠纷，且原告的诉请为"请求确认被告代持的第三人25%股权归还原告所有"。股东资格确认之诉，系隐名股东请求公司显名，公司对实际出资人给予确认并登记在册，是公司的法定义务，应以公司为被告。依据《公司法司法解释（三）》第21条"当事人向人民法院起诉请求确认其股东资格的，应当以公司为被告，与本案有争议股权利害关系的人为第三人参加诉讼"之规定，被告应当为第三人多彩公司。

2. 被告系第三人50%股权的实际出资人，即50%股权的所有人，不存在代持的情形。

2008年5月18日至2015年12月10日，第三人的实际出资人明确，不存在代持股的情形。被告是贵州公司50%股权的所有人，事实清楚。2015年12月10日，原告将所持有的5%股权转让给被告，被告未支付5%股权的对价，只是基于《股权转让协议》所产生的债权债务法律关系，即使认定为代持股关系，也仅仅存在代持5%股权的事实，与被告自身所持有的50%的股权没有任何关联。不应简单依据2018年10月26日所签订的《代持股协议书》，将被告代持5%类推等同于25%股权。

3. 代持股关系的发生时间为2018年10月26日，应适用关于股份公司的相关法律规定。

《代持股协议书》中的25%股权，其中5%股权因代持违反相关强制性规定无效，20%股权因双方的错误认识导致，原告未对该部分股权履行出资人义务，不属于实际出资人，也未向股权所有人被告支付相应的对价受让该部分股权，违反民法和《合同法》的公平交易原则，不应发生任何法律效力。

法院观点：

1. 关于原、被告签订的《代持股协议书》是否有效的问题。

（1）原、被告双方关于形成股权代持法律关系的时间存在争议，《代持股协议书》的签订是为确认股权代持事实而非股权转让，而2018年10月26日原、被告双方签订《代持股协议书》前后并未发生股权变动，而在2015年12月10日，原告将所持第三人5%股份转让至被告名下后，被告所持第三人股份由50%增长为55%，结合《代持股协议书》载明"被告持有的第三人55%股权，其中25%股权原告是实际出资人，原告因其他原因，委托被告代持上述25%股份，被告对此予以确认"以及被告关于认可代持事实但只代持5%股权的答辩意见，认定2015年12

月10日原、被告股权转让时即为股权代持法律关系形成时间符合逻辑,《代持股协议书》是对该事实所作的书面确认。因此,由于本案股权代持法律关系形成时间与《代持股协议书》签订时间不一致,认定《代持股协议书》的效力实质是探究协议本身以及体现出的原、被告股权代持法律关系是否合法。

依据《合同法》第52条第5项①"有下列情形之一的,合同无效:……(五)违反法律、行政法规的强制性规定"及《合同法司法解释(二)》第14条"合同法第五十二条第(五)项规定的'强制性规定',是指效力性强制性规定",合同无效,是指当事人所缔结的合同违反法律、行政法规的效力性强制性规定,在法律上不按当事人合意的内容赋予效力,不发生当事人期待的法律行为后果。本案代持法律关系形成于第三人成为新三板企业之前,第三人仍属于有限责任公司,依据《公司法司法解释(三)》第25条第1款②"有限责任公司的实际出资人与名义出资人订立合同,约定由实际出资人出资并享有投资权益,以名义出资人为名义股东,实际出资人与名义股东对该合同效力发生争议的,如无合同法第五十二条规定的情形,人民法院应当认定该合同有效"之规定,可见法律并未禁止有限责任公司股权代持行为。

(2)被告主张《代持股协议书》违反上市公司关于股权必须明晰的监管规定,《证券法》第12条③、《公司法》第63条均不属于效力性强制性规定,《首次公开发行股票并上市管理办法》《非上市公众公司监督管理办法》均为中国证券监督管理委员会制定,效力层级属于部门规章,亦不属于《合同法》第52条第5项规定的"法律、行政法规的强制性规定"。因此,2015年12月10日,原、被告在第三人尚属于有限责任公司时进行股权代持,在第三人成为新三板企业时未进行披露,并于2018年10月26日以签订《代持股协议书》的形式对股权代持事实进行书面确认,该行为未违反法律、行政法规的效力性强制性规定,对第三人成为新三板企业后因原、被告股权代持行为违反相关监管规定的法律后果,应由有关管理机构对其进行规制。

(3)被告主张原、被告之间的股权代持行为导致第三人成为新三板企业时股权情况不真实,加大投资者风险,因此《代持股协议书》符合《合同法》第52条第4项规定的"损害社会公共利益"情形。原、被告股权代持行为发生在第三人成为新三板企业之前,且第三人虽作为新三板企业在全国中小企业股份转让系统挂牌

---

① 现为《民法典》第153条相关内容。
② 现为《公司法司法解释》(2018年修正)第24条相关内容。
③ 现为《证券法》(2019年修订)第11条相关内容。

转让,但并非实质上的上市公司,结合其股权结构的特殊性,原、被告在股权代持发生前后均为第三人股东,仅持股比例改变,因此该股权代持行为所造成的社会影响和辐射范围相对较小,达不到社会公共利益的程度,被告也未举证证明该协议达到了损害社会公共利益的程度。

综合以上认定,本案《代持股协议书》系原、被告双方真实意思的表示,未违反《合同法》第52条关于合同无效的规定,应认定为有效。《合同法》第8条①规定"依法成立的合同,对当事人具有法律约束力。当事人应当按照约定履行自己的义务,不得擅自变更或者解除合同。依法成立的合同,受法律保护"。依据此规定,对原告要求确认被告代持的第三人25%股权归其所有的诉请,予以支持。

2. 关于原、被告代持股份形成的是委托投资关系还是代持关系的问题。

委托投资的侧重点在于分享投资利润和承担投资风险,并不当然涉及公司管理决策,但结合双方签订的《代持股协议书》中约定:"签署股东表决权或相关资料前,被告须经原告同意,由原告出具书面意见,被告按其书面意见和要求进行表决与签字,否则原告可以不予认可。"可见,原、被告双方所签署的《代持股协议书》对双方股权比例、股权归属和表决权行使方式,以及其他相应股东权利进行了约定,因此本案原、被告所签署的《代持股协议书》应属于股权代持关系。

3. 关于原告主张解除原被告之间的《代持股协议书》是否符合法律规定的问题。

无论委托投资,还是委托代持,均属于委托合同关系。而就本案的股权代持关系,依据《合同法》第410条②"委托人或者受托人可以随时解除委托合同。……"之规定,原告于2019年1月16日通过EMS向被告邮寄《关于解除〈代持股协议书〉的通知》,要求正式解除双方签署的《代持股协议书》,被告于2019年1月17日签收。现原告主张解除《代持股协议书》,予以支持。

法院判决:

1. 解除原、被告双方于2018年10月26日签订的《代持股协议书》;
2. 确认被告代持的第三人25%股权归原告所有;
3. 被告、第三人配合原告办理股权变更登记手续,将被告代持的第三人25%股权变更登记至原告名下。

---

① 现为《民法典》第119条、465条相关内容。
② 现为《民法典》第933条相关内容。

二、股权转让中股东资格确认的裁判标准

271. 因股权转让而引起股东资格争议的,如何处理?

股权转让人、受让人以及公司之间因股东资格发生争议的,应结合形式要件和实质要件综合判断股东资格。一般应根据工商登记认定股东资格,若有证据证明工商登记股东并不参与公司的经营管理,其也不享有股东权利的,公司盈亏风险也不导致其股权价值变动,则该工商登记股东实质上不具有股东资格。若公司未办理工商变更登记前,受让人实际已参与公司经营管理、行使股东权利的,应认定受让人具有股东资格,并责令公司办理工商变更登记。

对于这一问题,安徽高院的观点是:工商登记文件具有公示公信效力,但不是确认股东资格及股东权利义务的唯一证据。在公司内部,公司与股东之间或股东与股东之间就股权的取得、持有及股东权利的行使另有约定的,应以约定载明的内容为准。对于股东资格的认定,应结合形式要件和实质要件综合判断。有限责任公司的股东资格的确认,应当根据出资数额、公司章程、股东名册、出资证明书、工商登记、行使股东权利、参与公司决策等多种因素综合审查确定,其中签署公司章程、股东名册、工商登记等是确认股东资格的形式要件,出资、行使股东权利、参与公司重大决策等是确认股东资格的实质要件。上述要件必须综合起来分析,并充分考虑当事人实施民事行为的真实意思表示来判断股东资格具有与否,具有某种特征并不意味着股东资格的必然成立。

272. 股权转让合同签订后受让人何时享有股东资格?

股权转让后受让人取得股东资格的时间应视情况而定:

(1)股权转让合同生效后,受让人的股东资格自转让人或受让人将股权转让事实通知公司之日取得。但股权转让合同对股权的转让有特殊约定,或者股权转让合同无效、被撤销或解除的除外。

(2)股东将同一股权多次转让的,一般情况下应认定取得工商变更登记的受让人具有股东资格。

(3)股东将同一股权多次转让,且均未办理工商登记变更手续的,转让人将受让人的情况及股权转让通知先告知公司的,由该受让人取得股东资格。

273. 股权转让合同能否对受让人取得股东资格的时间作出约定?

能约定。

股权转让合同可以约定受让人取得股东资格的时间,如约定在办理工商和(或)股东名册变更登记手续后,或约定在支付全部股权转让款之后股权发生

转移。

274. 股权转让中未向股权转让人支付对价的,是否享有股东资格?

享有,但股权转让协议约定支付对价后方能享有股权的除外。

如果其他股东或转让股份的原股东作为权利人向其主张违约责任,其在合理期限内仍不支付对价义务的,其他股东或原股东可以当事人一方迟延履行债务致使不能实现合同目的为由主张解除合同,进而解除未支付对价之受让人的股东身份。

275. 受让人已经支付价款,并且以股东身份参加股东会、参与公司经营和利润分配,但未办理工商登记变更的,该受让人是否具有股东资格?

具有,但其应享有的股权已经由善意第三人取得并办理工商变更登记手续的除外。

上述的情形表明,其他股东已经同意受让人为公司的新股东,并且其实质上也享有了股东的各种权利,如参与决策权、参与分配的权利,只不过其不具备形式条件,即公司章程记载和工商登记记载。但这并不影响其股东资格。

当然,该受让人有权要求进行公司章程变更、股东名册变更和工商变更登记,公司应当履行工商变更登记的义务。

276. 股权转让中受让人股东资格未被确认的,应如何保护其利益?

股权受让人取得股权后未及时办理工商变更登记,转让人又将该股权让与他人并办理工商变更登记的,则受让人可以请求转让人承担赔偿责任,包括损失、利息、可预期收益等。如果对于未及时办理变更登记是由于董事、高级管理人员或者实际控制人的过错而导致的,则受让人有权向上述人员主张损害赔偿责任。当然,如果受让股东对于未及时办理变更登记也有过错的,可以适当减轻上述董事、高级管理人员或者实际控制人的责任。

三、干股股东资格确认的裁判标准

277. 干股股东是否具有股东资格?

视情况而定。

是否具有股东资格不以是否实际出资为条件,不出资也可以成为公司的股东。干股股东的形成是公司或股东意思自治行为,只要其办理了相应的手续,如公司章程登记、工商部门登记等一系列形式要件和实质要件,就应当确认其股东资格。

如干股股东出资已实际缴纳,其与实际出资股东之间的关系按垫资或赠与关系处理;如其名下出资未实际缴纳,应负补足出资义务,干股股东不能以受赠与为由主张免除其应尽的法律责任。

278. 干股股东在确认其股东资格时应提交哪些证据?

应提交的证据主要有:(1)公司及股东会决定给予其干股的证明文件;(2)其股东姓名已经在公司章程中登记,或已经办理了工商登记,或拥有股东名册。

279. 出资人以贪污、受贿、侵占、挪用等违法犯罪所得向公司出资取得股权或干股的,是否具备股东资格? 对这部分股权应当如何处理?

具备股东资格。出资人以贪污、受贿、侵占、挪用等违法犯罪所得的货币出资并不影响出资行为的效力,出资人可以享有股东权利。同时,对违法犯罪行为予以追究、处罚时,应当采取拍卖或者变卖的方式处置其股权。注意,在处置股权时,还应保护有限责任公司股东的优先购买权。

【案例139】公司不得持有本公司股权　犯罪所得股权应拍卖返还[①]

原告: 李某忠、韦某平、程某会等28人

被告: 金某中、张某忠、程某、肖某勇

第三人: 五金公司、南川市财政局

诉讼请求:

1. 被告金某中在第三人五金公司的股权为848,408元,其中99,176元系贪污国家公款所得,应收归国有,其余749,232元系侵占、挪用公司资金购买,应收归公司所有;

2. 被告肖某勇挪用公司资金购买的公司股权113,520元和侵占公司资本公积金取得的股权33,270元应归公司所有;

3. 被告张某忠挪用、职务侵占公司资金取得的股权192,984元和侵占公司资本公积金非法取得的股权33,270元应归公司所有;

4. 被告程某挪用、侵占公司资金取得的股权192,984元应归公司所有。

争议焦点:

1. 原告的诉讼主体是否适格,在什么情况下,股东可为公司利益以自己名义直接提起诉讼;

2. 以挪用、侵占资金获得的股权可否归公司,公司可否持有本公司的股权。

[①] 参见重庆市南川市人民法院(2006)南川法民初字第539号民事判决书。

基本案情：

第三人五金公司原为国有企业。原告李某忠、韦某平、程某会等28名自然人以及被告金某中、张某忠、程某、肖某勇均是第三人五金公司职工。

1998年，国有企业改制时，确定国有股为934,730元，个人股为1,811,768元组成注册资金为274.65万元的五金公司。根据当时公司改制时的股权设置方案经理交10,000元、副经理交8000元、一般中层干部交4000元、职工交2000元后按规定配股的原则，被告金某中交10,000元取得股权99,176元，被告程某交8000元取得股权78,741元，被告张某忠交4000元取得股权41,270元，被告肖某勇交4000元取得股权43,270元。

2000年年底，该公司第二次改制，国有股权彻底退出公司，加上1998年改制时漏评的国有资产200,427.82元，经南川市商业局同意后报南川市财委，财委于2000年12月11日批复同意将国有股权1,135,200元作价50万元转让给第三人五金公司领导集团。南川市商业局与被告金某中等4人于2000年12月14日签订了转让协议：被告金某中，任董事长兼总经理，用300,000元受让国有股权681,120元；被告张某忠、被告程某，分别任副董事长兼副总经理，分各用75,000元各受让170,280元；被告肖某勇，任监事会副主任，用50,000元受让113,520元。该转让款50万元经南川市商委与四被告协商每年付10万元，5年内付清。四被告每年按受让比例给付。协议同时约定，价款付清后，四被告获得所转让的国有股份的全部所有权，并凭商委的收款证明由所在单位发给股权证，未付清转让款前，不得办理所有权证。如被告金某中等人未按时付款，将按银行同期利息给付资金占用费和每天万分之三的违约金。协议后，2001年12月30日，公司股东名册上便按照4人受让后的股份进行了登记。

2001年年初，南川市商委多次要求四被告支付首次转让款。2001年3月，被告金某中分别与被告张某忠、被告程某、被告肖某勇商量，决定从公司收款员田某旺处拿出公司营业款10万元按比例垫交了4人的首次转让款，并由肖某勇将交款后的发票复印给每人一份。同年7月底8月初，四被告先后归还了公司的营业款10万元。

2002年5月16日，被告肖某勇将自己受让的国有股113,520元以50,870元按6:2:2的比例转让给了被告金某中、被告张某忠和被告程某。

2002年11月，经南川商委、财政局批准，将金某中、张某忠、程某未缴纳的转让款40万优惠20%，即8万元，余款32万元必须在2002年12月20日前一次性付清。实际上，在2002年6月，被告金某中、张某忠、程某将公司的空调安装款

33,367元进行私分,被告金某中分得16,683.5元,被告张某忠、程某各分得8,341.75元后。各自按比例补足差额后,交纳了当年的国有股转让款10万元。2002年12月18日,被告金某中、张某忠、程某3人商量,决定用公司的营业款按比例垫交转让款22万元。第二天,被告金某中便安排收款员田某旺用公司营业款替3人交了转让款22万元。2003年4月22日,公司按规定给被告办理了股权过户手续。

2004年10月,被告金某中因贪污第三人五金公司改制前的资金、侵占、挪用公司资金、偷税等被法院数罪并罚判处有期徒刑12年;同年的6月,被告张某忠、被告程某因犯挪用、侵占公司资金罪分别被法院数罪并罚判处有期徒刑2年6个月,缓刑4年;被告肖某勇因犯挪用公司资金罪被法院判处拘役6个月,缓刑1年。在司法机关侦查期间,四被告退清了以上的挪用、侵占公司的资金。

原告诉称:

四被告共挪用公司资金32万元支付国有股权转让款。经计算,其中被告金某中挪用205,200元获得股权548,301.6元、被告张某忠、程某各挪用52,400元各获得股权140,197.2元、被告肖某勇挪用10,000元获得股权22,704元。被告金某中侵占公司资金16,683.5元获得股权47,347.77元,张某忠、程某各侵占公司资金8,341.75元各获得股权23,673.89元。

四被告挪用、职务侵占公司资金取得的股权、侵占公司资本公积金非法取得的股权应归公司所有。

被告金某中辩称:

本人虽有贪污行为,但公司改制时本人用10,000元取得的股权99,176元是合法收入。本人挪用、侵占公司资金购买公司股权是事实,但只是本人购买的749,232元中的一部分。现本人已受到刑法处罚。虽然挪用、侵占公司资金的行为是违法的,但购买股权的行为是合法的。

被告肖某勇辩称:

2000年12月转让给本人的113,520元的国有股权已转让给他人,现本案应与本人无关。

被告张某忠辩称:

原告诉称本人挪用、侵占公司资金购买了股权192,984元不属实。在购买国有股权时,本人也用了一部分合法的收入。原告诉称本人侵占公司资本公积金购买了股权33,270元不属实。

被告程某辩称同张某忠相同。肖某勇、张某忠、程某对用非法收入购买股权的观点和金某中相同。

四被告共同辩称：

原告28人不是本案的适格主体,适格主体应为公司,故请求法院驳回原告起诉。

律师观点：

1. 原告是适格主体。

原告李某忠、韦某平、程某会等28名五金公司股东在公司高管人员被判处刑事处罚和其他高管人员不愿起诉的情况下,根据《公司法》(2005年修订)第152条第2款的规定,有权为了公司的利益以自己的名义直接向人民法院提起诉讼。四被告提出原告28人不是本案的适格主体,要求驳回原告起诉的理由不能成立。

2. 公司不得持有本公司股权,因此违法所得出资的股权应当依法拍卖。

四被告身为公司的高管人员,本应履行对公司的忠实、勤勉义务,其侵占、挪用公司资金的行为不仅与自己应尽的义务相违背,而且严重违反了我国有关法律的规定。根据2000年12月14日四被告与南川市商委签订的《国有股权转让协议》的约定,四被告只有付清了购买款后,方能取得国有股权转让后的所有权。在协议签订后,四被告未交清购买款以前,国有股权的国有性质是没有改变的。因此,四被告挪用公司资金去购买的国有股权系挪用公司资金取得的收入,按我国《公司法》的规定,应归公司所有。由于公司不能成为本公司的股东,应归公司所有的只能是拍卖4人挪用资金获得的股权后的收益。被告肖某勇辩称已将2000年改制时应得的股权转让他人,并不能免除其挪用公司资金应承担的责任。被告金某中、张某忠、程某侵占公司资金购买的国有股权属违法所得,按其行为时的《公司法》规定,应予以没收。

法院判决：

1. 对被告金某中挪用本公司资金所获得的股权548,301.6元,经拍卖后的所得收入归第三人五金公司所有;

2. 对被告张某忠挪用本公司资金所获得的股权140,197.20元,经拍卖后的所得收入归第三人五金公司所有;

3. 对被告程某挪用本公司资金所获得的股权140,197.20元,经拍卖后的所得收入归第三人五金公司所有;

4. 对被告肖某勇挪用本公司资金所获得的股权22,704元,经拍卖后所得的收入归第三人五金公司所有;

5. 驳回原告李某忠等 28 名股东的其他诉讼请求。

四、借用或冒用他人身份的股东资格确认的裁判标准

280. 当事人被冒用或借用身份证从而登记为公司股东的,能否请求法院判决否认其股东资格?

被冒用或借用身份证明的人一般情况下在主观上根本没有成为股东的意思表示,也未签署公司章程,更未实际出资。该当事人因此请求人民法院判决否认其股东资格的,人民法院应予受理,并根据依法查明的事实,确认被冒用人或借用人不具备股东资格。

此外,实践中被冒用人也可以通过起诉冒用人侵犯姓名权,主张冒用人停止侵权,并在适当范围内要求冒用人承担损害赔偿责任。

281. 名义股东和冒名股东的法律责任有何不同?

公司债权人以登记于公司登记机关的股东未履行出资义务为由,请求其对公司债务不能清偿的部分在未出资本息范围内承担补充赔偿责任的,股东以其仅为名义股东而非实际出资人为由进行抗辩的,人民法院不予支持;而对于冒用他人名义出资并将他人作为股东在公司登记机关登记的,由冒名登记行为者承担相应的责任;公司、其他股东或者公司债权人以未履行出资义务为由,请求被冒名登记的股东承担补足出资责任或者对公司债务不能清偿部分的赔偿责任的,人民法院不予支持。

需要注意的是,实践中公司股东为规避债权人主张未履行出资义务股东承担连带补充赔偿责任,常常以身份被冒名为由诉请否认其股东身份,对此应侧重于工商登记形式要件判断其是否具有股东资格。

【案例140】名义股东谎称被冒名　逃避出资义务难得逞[①]

原告:彭某某
被告:甲公司
诉讼请求:请求判令原告不具有股东资格。
争议焦点:
1. 原告系被告的名义股东还是被冒名登记的股东;

[①] 参见上海市中级人民法院(2011)沪一中民四(商)终字第647号民事判决书。

2. 在股东资格确认诉讼中如何保护债权人的利益,认定股东资格的标准是工商登记等形式要件还是实际出资等实质要件。

基本案情:

被告注册资本为 1000 万元,原告享有的 20% 股权系原股东,即公司法定代表人无偿转让股权取得。

2009 年 7 月 21 日,被告的债权人以委托合同纠纷将被告、被告法定代表人等诉至法院,要求被告支付拖欠款项。审理中经上述债权人申请,原审法院追加本案原告等为共同被告。

经法院审理认定,被告股东虚假出资 900 万元,判决原告对被告清偿不能部分在 900 万元出资不足的范围内承担连带补充责任。在上述案件的庭审中,原告陈述知晓有股权转入其名下,承认是被告的名义股东,但不清楚公司给其股权的原因的事实。

原告诉称:

原告是被冒名的股东,没有股东资格,法院不应判令原告承担被告的股东责任。

被告法定代表人在该诉讼中也陈述,被告的注册资本均由其一人出资,其为被告唯一股东的事实;同时被告法定代表人也表示由于原告在被告工作,经其操作,将其名下以及挂名在他人名下的部分股权转让至原告名下的事实。对于股权转让的原因,被告法定代表人在庭审中陈述,"所以谁来了我觉得他可以对公司有利,我就将股份给他。我也没有征求他们意见,我当时是希望公司能变好"。

被告同意原告的诉讼请求。

一审认为:

虽然被告认可原告的诉讼请求,但由于《公司法》在内部利益平衡和外部利益平衡上秉承不同的理念。确认股权不能以单一事项作为标准,应当根据具体情形综合考虑股权权属的实质要件和形式要件,公平合理地作出判断。并且,在股东资格确认问题上应注重保护善意第三人的利益。

从本案的基本事实看,原告应当知晓其为被告股东,理由如下:

1. 原告就职于被告,在公司部分股权转让至其名下时,按常理,应经得原告同意或默许。

2. 原告受让股权是在原告在被告处工作期间。根据被告法定代表人的陈述,给予员工部分股权有安抚之意,用给予股权形式激励员工。所以,原告对其受让股权必然知晓。

3. 原告在他案庭审中自认知道股权转入其名下的事实。

4. 原告起诉的本因为欲通过本案诉讼达到免除他案判决确定的其作为公司股东在出资不足范围内承担的义务。

综上，虽然是否具有成为股东的真实意思表示是认定股权或股东资格的基本标准，但在公司债权人因股东资格发生争议时，应优先使用形式特征特别是工商部门登记、公司章程记载来认定股东资格，保护公司外部人的权利，而不宜依据投资者是否具有成为股东的真实意思。被告将原告作为公司登记股东后，原告事后知晓但不作反对表示。因此，原告的诉讼请求不能得到法院的支持。

一审判决：

驳回原告诉讼请求。

原告不服一审判决，向上级人民法院提起上诉。

原告上诉称：

原告既无出资的事实，也没有成为股东的意思表示及承受股东权利义务的行为。所谓的名义股东纯粹是被冒名和被欺诈的结果。

被告二审未作答辩。

律师观点：

根据《公司法》的相关规定，对于名义股东与被冒名登记的股东的法律责任完全不同，即公司债权人以登记于公司登记机关的股东未履行出资义务为由，请求其对公司债务不能清偿的部分在未出资本息范围内承担补充赔偿责任的，股东以其仅为名义股东而非实际出资人为由进行抗辩的，人民法院不予支持；而对于冒用他人名义出资并将他人作为股东在公司登记机关登记的，由冒名登记行为者承担相应的责任，公司、其他股东或者公司债权人以未履行出资义务为由，请求被冒名登记的股东承担补足出资责任或者对公司债务不能清偿部分的赔偿责任的，人民法院不予支持。由此可见，原告提请本案诉讼的原因就是为了逃避其在他案判决书中确认其系名义股东而应承担的相应民事责任。

对此，原告作为完全民事行为能力人，对于其自认系被告的名义股东的法律后果应是明确的，故原告关于其系被冒名登记的股东的主张，难以得到法院的采信。

事实上，原告提请本案诉讼的目的是否定其从 2005 年 12 月 12 日起作为被告的股东身份。但综上分析，在原告提起本案诉讼之前，对外来说，原告始终是被告的股东，其应对外承担相应的责任。当然，作为被告名义股东的原告，如根据相关法律规定对外承担赔偿责任后，可向实际出资人进行追偿。至于本案判决后，如原告与实际出资人就股东身份能达成一致意见的，双方可直接至工商管理部门办理变更登记。

二审判决：

驳回上诉，维持原判。

【案例141】工商登记非本人签字自称"被股东" 电邮证其诉求"被股东"不成立[1]

原告： 张某明

被告： 环球公司

诉讼请求： 判决原告不具有被告的股东资格。

争议焦点：

1. 工商登记材料中原告的签名是否系其本人所签；

2. 关于回购股权的电子邮件是否为原告转发，能否证明原告知晓认可其股东身份。

基本案情：

被告系有限责任公司，被告成立时，股权分别登记在案外人赵某国、原告和案外人陈某3人名下。

公司设立时，公司设立材料中包括公司章程、张某明本人身份证复印件等4份文件签有"张某明"字样。原告本人对字样的真实性予以怀疑，遂在案件审理过程中提交司法鉴定，结论为文件上"张某明"字样非其本人所写。

原告诉称：

被告成立时假冒其出资和签名，将其错误登记为股东。

被告辩称：

原告为被告股东，并且已经行使了股东权利，其诉请无事实和法律依据。公司成立时，是委托中介办理相关手续的，签字虽非张某明本人所写，但所有材料均为其本人知晓并认可的。

被告为证明其观点，提交证据如下：

《公证书》1份，证明赵某国曾收到以原告名义发送的电子邮件，能证实其与赵某国讨论了有关被告回购股权事宜并参与了被告与上海某公司合作协议的草拟过程。

---

[1] 参见人民网 http://su.people.com.cn/GB/155006/170030/12252813.html，2012年3月19日访问。

针对被告的上述证据,原告认为:

原告认可发件人邮箱是他本人申请并使用的,但该邮箱为其工作单位共用,邮件均不是其本人所发。

法院使用原告提供的密码进入电子邮箱,确认2006年期间该电子邮箱发出的电子邮件无留存,收到邮件大部分系发给原告本人,其中有一封电子邮件是发给"李女士"。

律师观点:

本案系股东与公司之间就股东资格发生争议,主要应依据当事人之间是否对股东资格有明确约定及当事人是否实际出资、实际行使股东权等事实作出认定。

本案中,被告提供公证书欲证明原告通过电子邮件方式与公司股东兼法定代表人赵某国讨论了有关公司回购股权事宜。经查证,上述电子邮件是从原告本人申请并使用的电子邮箱中发出。原告提出该电子邮箱是其工作单位公用、上述邮件不是其所发,未能提供充分证据证明,故对原告否认该电子邮件系其所发的主张不应予以采信。

原告所发的上述电子邮件表明其对被登记为被告股东是知晓并认可的,现原告以工商登记资料上的字不是其本人所签为由要求确认其不是被告股东,不应予支持。

法院判决:

驳回原告的诉讼请求。

【案例142】冒用父亲名义做股东 女儿被判侵犯姓名权[①]

原告: 黄某土

被告: 黄某

诉讼请求:

1. 要求被告立即停止侵权行为,登报赔礼道歉;
2. 要求被告支付名誉损害赔偿金及精神损失1万元;
3. 要求吊销被告公司的营业执照。

争议焦点:

1. 明知姓名被他人长时间使用而未提出异议,是否属于表见代理中的"视为同意","视为同意"是否适用侵权行为;

---

① 参见福建省厦门市思明区人民法院黄某土与黄某侵犯姓名权纠纷案。

2. 侵权人在什么情况下应当登报公开赔礼道歉；
3. 如何判断是否构成侵害名誉权；
4. 吊销公司营业执照的诉讼请求是否属于法院受理的范围。

基本案情：

1996年6月1日，被告为金兰公司的需要，与父亲即原告签订了1份租房协议书，约定："甲方（指原告）作为公司股东，无偿提供经营场所……"此后，被告在办理公司的工商注册登记手续中，多次在公司股东栏目中代原告签写了原告姓名。

1996年11月，该公司更名为厦门丰仁得贸易有限公司时，仍由被告延用原告姓名作为公司股东签名。

1997年5月28日，原告代书以厦门丰仁得贸易有限公司名义向中国人民银行厦门分行提出了申办贷款证的报告。

原告作为公司股东的姓名记载存在至今。

原告诉称：

被告在申办公司注册登记及其后的经营活动中，提供其"股东"的身份，虚构其入股，并假冒其签名，构成对其名誉和身份的双重侵犯。原告是学者，因被告冒名虚构其股东身份，造成熟人、朋友及学生议论其从事经商，名誉受到损害。

被告辩称：

其申请注册公司时，曾口头向原告说明因公司股东人数的需要，需借用原告的姓名，原告对此表示同意。双方于1996年6月1日签订了1份租赁协议，写明原告作为公司的股东，无偿提供经营场所。所以，其并非冒用原告姓名，也未给原告造成任何损害。要求驳回原告的诉讼请求。

律师观点：

1.《民法通则》表见代理中"视为同意"条款的适用范围不及于交易行为之外的侵犯姓名权纠纷。

姓名是公民专用的文字符号，是公民人格特征的重要标志，是区别于其他公民的社会标识，公民的姓名权禁止他人干涉、盗用、假冒。原告虽然有同意作为公司股东的意思表示，但并不意味着被告即可代替原告在工商登记手续中签署姓名。被告冒签原告姓名和以原告名义对外从事商事活动这两种行为，产生的是各自独立的、不同的两个法律关系。

《民法通则》第66条第1款①有关"视为同意"的规定，目的在于保护"交易安

---

① 现为《民法典》第171条相关内容，其中删除了"视为同意"的规定。

全",其适用范围并不及于交易行为之外的侵犯姓名权行为。因此,被告虽然使用原告姓名长达数年时间,且原告未提出异议,但不能据此视为原告已同意被告使用其姓名。被告未经原告同意或授权,冒用原告姓名作为公司股东,该行为已侵犯了原告的姓名权。但由于被告冒签原告姓名的行为仅为了满足设立公司股东法定人数的需要,与被告实际经营的有限责任公司之间并无利害关系,因此,被告的上述侵权行为并未产生物质利益的损害后果,仅造成了原告精神上的损害。现原告要求被告停止侵权行为、赔礼道歉,并赔偿精神损失是合法的,应予以支持。

2. 被告冒用原告的姓名仅体现在工商注册资料之中,尚未在公开场合造成不良影响。

关于原告要求被告登报赔礼道歉的诉讼请求,因被告的侵权行为仅体现在工商注册登记的资料中,并未在公开场合给原告造成负面影响,因此被告应以书面形式向原告赔礼道歉为宜。

3. 被告的侵权行为并未构成对原告名誉的侵犯。

由于名誉是一种社会评价,所以原告既要证实其名誉受损的后果,还要证明被告的行为已为第三人所知悉。而在侵害姓名权的情况下,只要存在被告假冒、盗用的事实,不管第三人是否知悉,均可构成对原告姓名权的侵害,原告并无必要证明被告的行为是否为第三人所知悉。本案原告不能提供相关证据,证明被告侵犯姓名权的行为使原告的社会评价降低,特别是被告冒用原告的姓名仅体现在工商注册资料之中,尚未在公开场合造成不良影响。即使是群众议论原告系学者经商,与其名誉受损之间也无因果关系。因此,对原告主张被告的侵权行为已构成对其名誉损害的请求应不予支持。

4. 原告要求吊销被告的公司营业执照的诉讼请求不属于法院管辖。

原告要求吊销被告的公司营业执照的诉讼请求,由于该诉讼请求不属于民事案件管辖范围,应不予支持。

法院判决:

1. 被告应立即停止对原告姓名权的侵害,并在判决生效之日起3日内,以书面形式向原告赔礼道歉(内容须经法院审查);

2. 被告应在本判决生效之日起3日内,支付原告侵害姓名权精神损害赔偿金2000元;

3. 驳回原告要求支付名誉损害赔偿金、吊销被告所经营的公司营业执照的诉讼请求。

282. 身份被他人借用的,被借用人是否具有股东资格?

对此,应区分内外部法律关系来认定。

(1)对内来说,由于被借用人并没有成为公司股东的意思表示,也没有实际出资与行使股东权利,因此不应当将其认定为股东资格。其不享有股东权利,被借名人也不对实际出资人承担任何义务。

(2)对外来说,被借名人被登记或记载于工商登记、股东名册、公司章程等文件,依据外观主义和公示主义原则,当事人可以向登记的股东主张权利,且被借名人与借名人就股东责任对外承担连带责任。

283. 冒用他人身份登记为公司股东的,被冒用人是否具有股东资格?

区分不同情况进行处理:

(1)有确切证据证明经登记的公司股东系被他人冒用或盗用身份进行公司登记的,且其从未具有设立公司和成为公司股东的意思表示,该被冒名人不具有股东资格,应由冒名登记行为人承担相应的责任。

(2)经登记的公司股东被他人冒用或盗用身份进行公司登记,但有证据证明该股东事后明知但不作反对表示,或者该股东明确表示愿意成为公司股东,或虽未明确表示,但实际以股东身份参与公司经营管理、行使股东权利,且确实履行了出资义务的,被冒用人享有股东资格。

(3)有证据证明该登记股东明知他人使用其名义设立公司而出借身份证明且履行了出资义务的,此时应确认其具有股东资格。

第四节 外商投资企业股东资格确认的裁判标准

一、外商投资企业股东资格确认的条件

284.《外商投资法》施行后,外商投资指的是什么?外商投资企业指的是什么?

外商投资,是指外国的自然人、企业或者其他组织(以下简称外国投资者)直接或者间接在中国境内进行的投资活动,包括下列情形:

(1)外国投资者单独或者与其他投资者共同在中国境内设立外商投资企业;

(2)外国投资者取得中国境内企业的股份、股权、财产份额或者其他类似权益;

(3)外国投资者单独或者与其他投资者共同在中国境内投资新建项目;

(4)法律、行政法规或者国务院规定的其他方式的投资。

外商投资企业,是指全部或者部分由外国投资者投资,依照中国法律在中国境内经登记注册设立的企业。

285. 具备哪些条件的,人民法院可以确认外商投资企业实际投资者的股东身份?

此前,《最高人民法院关于审理外商投资企业纠纷案件若干问题的规定》规定,当事人之间约定一方实际投资、另一方作为外商投资企业名义股东,实际投资者请求确认其在外商投资企业中的股东身份或者请求变更外商投资企业股东的,人民法院不予支持。同时具备以下条件的除外:

(1)实际投资者已经实际投资;

(2)名义股东以外的其他股东认可实际投资者的股东身份;

(3)人民法院或当事人在诉讼期间就将实际投资者变更为股东征得了外商投资企业审批机关的同意。

可见,我国外商投资企业的设立、变更实施严格的审批制度,而实际出资人的"显名"亦须经过特别审批。

2020年1月1日起正式实施的《外商投资法》对外商投资企业实行"准入前国民待遇加负面清单管理制度",这一制度赋予了在负面清单外的外商投资企业"国民待遇",其实际投资者的"显名"不再需要经过特别审批,上海法院的司法判决亦支持了这一观点。

准入前国民待遇,是指在投资准入阶段给予外国投资者及其投资不低于本国投资者及其投资的待遇;负面清单,是指国家规定在特定领域对外商投资实施的准入特别管理措施。国家对负面清单之外的外商投资,给予国民待遇,即按照内外资一致的原则实施管理。

因此,外商投资企业在负面清单之外的,其实际出资人确认股东资格可以参考境内公司隐名股东的处理规则,即需满足:实际出资人证明其已实际出资且公司其他股东半数以上同意。

【案例143】《外商投资法》实施后　隐名股东"显名"无须特别审批[1]

原告:程某平(美国籍)

被告:纽鑫达公司

---

[1] 参见上海市第一中级人民法院(2020)沪01民终3024号民事判决书。

第三人:张某、程某

诉讼请求:

1. 确认第三人张某名下 26% 的被告股权系原告所有;

2. 被告配合原告将第三人张某持有的公司 26% 的股权变更登记到原告名下。

争议焦点:

1. 第三人张某是否代持了原告所有的 26% 被告股权;

2. 原告能否要求被告办理相应的股权变更手续,变更是否存在法律或政策上的障碍。

基本案情:

2009 年 11 月 10 日,原告与两第三人签订 1 份《股份协议书》,约定成立被告,由于原告为美国籍,目前无法与国内自然人成立合资公司,经商讨,3 人同意先期以两第三人名义成立公司,等条件成熟后,原告与该公司成立中外合资公司,各方出资仍按约定的比例出资。

3 人达成协议:(1)3 人同意以两第三人名义成立被告;(2)实际投资比例为:原告 51%,第三人张某 25%,第三人程某 24%。由第三人张某任法定代表人,注册资金 100 万元,原告出资 51 万元,第三人张某出资 25 万元,第三人程某出资 24 万元。原告拥有该公司 51% 的股权。其中 26% 的股权由第三人张某代持,25% 的股权由第三人程某代持。

2009 年 11 月 11 日,被告成立,类型为有限责任公司(自然人投资或控股),经营范围不属于外商投资负面清单范围。

2018 年 8 月 6 日,被告向原告出具 1 份《出资证明书》,载明:原告于 2009 年 11 月 3 日向被告缴纳出资 51 万元。一审诉讼中,被告和第三人张某对该《出资证明书》提出异议,认为系事后由第三人程某擅自在盖有被告公章的空白页上打印形成。经司法鉴定,意见为:《出资证明书》上"被告"印文不是在 2009 年 12 月 31 日至 2012 年 4 月 20 日盖印形成,但无法判断是否在签发日"2018 年 8 月 6 日"盖印形成。

另,2009 年至 2018 年,第三人张某先后通过电子邮箱与原告、第三人程某等有众多电子邮件往来,汇报被告及相关企业的运营情况等。

原告诉称:

原告作为被告的实际投资人,股权占比为 51%,其中 26% 的股权由第三人张某代持,25% 的股权由第三人程某代持。

被告、第三人张某均辩称：

《出资证明书》的形成过程和时间有重大疑点，法院未予查明。

第三人程某辩称：

对原告作为隐名股东的事实无异议。

法院认为：

1. 第三人张某是否代持了原告所有的被告26%的股权？

首先，双方有一系列明确的协议相互印证原告实际享有被告51%股权。2009年11月10日的《股份协议书》、2018年8月6日的《出资证明书》均是各方真实意思表示，均能证实原告实际享有被告51%的股权，其中26%的股权由第三人张某代持，25%的股权由第三人程某代持。

其次，原告已履行了相应的出资义务，且从各方往来的一系列电子邮件可以看出，原告事实上参与了被告的经营管理，履行了其作为大股东的权利和义务。

至于被告和第三人张某抗辩《出资证明书》系第三人程某事后伪造，一方面，《司法鉴定意见书》没有得出明确的结论，被告和第三人张某也没有提供其他证据予以佐证；另一方面，即使存在第三人程某在空白盖章页上打印《出资证明书》的情况，系被告内部管理问题，不影响法院综合全案证据认定被告股权的实际所有人。

2. 原告能否要求被告办理相应的股权变更手续，变更是否存在法律或政策上的障碍？

被告系有限责任公司（自然人投资或控股），显名股东为本案中的两个第三人，均系国内自然人；隐名股东为原告，系美国籍。如变更相应的工商登记，使隐名股东显名，主要存在以下争议：

（1）关于国内自然人能否与外国人成立外商投资企业问题。《中外合资经营企业法》第1条规定，"允许外国公司、企业和其他经济组织或个人（以下简称外国合营者）……同中国的公司、企业或其他经济组织（以下简称中国合营者）共同举办合营企业"。该法规定的中国合营者未包括中国的自然人，但该法已于2020年1月1日废止。新施行的《外商投资法》并没有这方面的限制。该法第2条明确规定，"外商投资企业，是指全部或者部分由外国投资者投资，依照中国法律在中国境内经登记注册设立的企业"。《外商投资法实施条例》第3条进一步明确，《外商投资法》第2条中的其他投资者，包括中国的自然人在内。

（2）关于外国人成为公司股东是否需要办理相关审批手续问题。《外商投资法》施行后，我国对外商投资实行准入前国民待遇加负面清单管理制度。所谓准入前国民待遇,是指在投资准入阶段给予外国投资者及其投资不低于本国投资者及其投资的待遇;所谓负面清单,是指国家规定在特定领域对外商投资实施的准入特别管理措施。国家对负面清单之外的外商投资,给予国民待遇。本案中,一审法院致函上海市商务委员会,就"如确认原告为被告股东,上海市商务委员会是否同意将原告变更为被告股东,并将被告变更为外商投资企业"进行咨询。上海市商务委外商投资促进处复函称:"……被告所从事领域不属于外商投资准入特别管理措施(负面清单)内范围,我委办理原告变更为被告股东,并将被告变更为外商投资企业的备案手续不存在法律障碍。"因此,原告要求变更为被告股东,不需要履行特别的审批手续,亦不存在法律上的障碍。

此外,根据《公司法司法解释(三)》第24条的规定,实际出资人请求公司变更股东、签发出资证明书、记载于股东名册、记载于公司章程并办理公司登记机关登记的,应当经公司其他股东半数以上同意。本案中,除名义股东第三人张某以外的其他股东,即第三人程某明确认可原告的股东身份,也同意将原告变更登记为被告股东。因此,原告要求被告将第三人张某代持的被告26%股权变更登记到自己名下,符合法律及司法解释规定。

法院判决:

支持原告的诉讼请求。

【案例144】经主管机关审批 股东资格应确认[①]

原告: 忻某芬

被告: 华侨商务

诉讼请求:

1. 确认原告对被告享有4.92%(实际出资65万美元)股权,系被告的股东;

2. 判令被告在判决生效后10日内办理关于原告成为被告股东的变更登记手续。

争议焦点:

1. 系争股权是否已获得相关审批机关的认可;

2. 中外合资公司的股东资格确认是否应当通过行政复议、行政诉讼的方式

[①] 参见上海市高级人民法院(2007)沪高民四(商)终字第46号民事判决书。《外商投资法》实施后,负面清单外的企业的股东变更登记不再需要履行特别的审批手续。该案例虽已经不符合最新的司法观点,但对该法生效前的案件仍具有参考价值。

解决。

基本案情：

被告系上海华侨服务中心、上海华侨商务（国际）有限公司、中行信托公司于1993年12月1日共同设立的有限责任公司。

原告系泰国公民，截至2006年9月11日，其向被告实际投入资金美金65万元。

由上海市外资委协调处牵头召开了关于被告股东变更事宜的专题会议。根据会议纪要内容，市侨办对包括原告在内的各委托人的投资数额负责。中国银行上海市分行、外资委、上海市工商局均认可由上海市侨办确认的各合法股东及最终投资数额。

经上海市侨办确认，原告等29名委托投资人成为被告的直接股东。

另外，被告历年分红系直接向原告及其他直接投资人分配。

原告诉称：

被告未根据上海市侨办的要求办理股东变更登记手续。现原告向人民法院提起此诉。

被告辩称：

原告所述委托投资以及准备变更其为股东等事实属实，被告也同意办理相应的变更手续，但由于被告无法就股东变更等事项形成有效的董事会决议，无法向相关行政部门申请并得到审批，也由于原告等人就股东名额未能最终确定等因素，导致至今未能办妥股东变更手续。

同时，被告认为，现原告通过诉讼方式来确认其股东地位，并没有法律依据。故要求法院驳回原告的诉请。

一审认为：

外商投资企业股东及其股权份额应当根据有关审查批准机关批准证书记载的股东名称及股权份额确定。根据法律规定，外商投资企业的股东发生变更必须经政府有关部门批准。原告系被告批准证书记载的股东以外的自然人，系泰国公民。在其提起本案诉讼之后，法院已经通过释明的方式向其告知应当通过正常的行政审批途径或行政复议、行政诉讼的方式予以解决，但原告仍然坚持本案的诉讼。因此，原告提出的诉讼请求无相应的法律依据，本院不予支持。

一审判决：

驳回原告诉讼请求。

原告不服一审判决，向上一级人民法院提起上诉。

律师观点:

1. 原告享有被告公司的股东身份。

原告请求确认其对被告享有股权,系公司股东身份之主张,鉴于被告已经对原告实际出资的事实予以确认,公司历年分红也是直接分配给原告本人。因此,在双方当事人之间,被告对原告是该公司股东的身份并无争议。

2. 负责变更审批和变更登记的主管机关均已经同意将原告变更为直接投资人。

至于原告提出的要求被告限期办理变更登记手续的主张,由于我国法律规定外商投资企业的股权转让、股东变更实行审批制,且先办理变更审批申请再办理变更登记。因此,原告所提的办理变更手续应包括变更审批以及登记手续。但无论是变更审批还是变更登记手续,从保护实际投资人的合法权益出发,均应由被告及时向有关主管机关提出申请。尤其是本案中,负责变更审批及变更登记的相关主管机关均参加了关于被告股东变更的专题会议,并同意将原告等委托投资人变更为直接投资人的情况下,被告更应尽快办理变更申请。

3. 被告应尽快形成董事会决议,以保障实际出资人的利益。

被告提出在公司内部形成董事会决议存在一定困难,也表示公司并未故意拖延办理,但在协调会召开至今长达3年的时间里,仍未能按照各方商定的方式向主管机关提出变更股东申请,对公司的正常运作和实际出资人的合法利益保护均会造成较大影响。

综上,原告的相关诉讼请求合法有据,应该予以支持。

二审判决:

1. 撤销一审判决;

2. 被告应于本判决生效之日起30日内办理申请变更原告为公司股东的审批以及登记手续。

【案例145】合作协议未审批　实际出资人确权被驳回[①]

原告: 陈某雄

被告: 酒店管理公司、新荔枝湾公司、谢某材

[①] 参见广东省广州市中级人民法院(2007)穗中法民四初字第96号民事判决书。根据《最高人民法院关于适用〈中华人民共和国外商投资法〉若干问题的解释》第2条的规定,对外商投资准入负面清单之外的领域形成的投资合同,当事人以合同未经有关行政主管部门批准、登记为由主张合同无效或者未生效的,人民法院不予支持。本案例所述协议书应当认定为有效。该案例虽已经不符合最新的司法观点,但对该法生效前的案件仍具有参考价值。

第三人:广州文化发展中心
诉讼请求:
1. 被告酒店管理公司、被告新荔枝湾公司立即履行《酒店管理公司转让部分新荔枝湾公司经营期权协议》,承认原告在被告酒店管理公司、被告新荔枝湾公司的股东资格并立即向公司登记机关登记;
2. 被告酒店管理公司、被告新荔枝湾公司立即配合原告行使股东权利并提供章程、股东会会议记录、董事会决议及会议记录、监事会决议及会议记录、财务会计报告、会计账簿及凭证给原告查阅、复制,由原告聘请审计事务所对被告酒店管理公司、被告新荔枝湾公司财务会计报告,会计账簿凭证进行审计;
3. 被告谢某材向原告登报赔礼道歉,消除影响。

争议焦点:
1. 诉争协议是股权转让协议还是中外合资合作协议;
2. 未经外商投资管理机构审批的合资协议效力如何;
3. 合资协议是否经其他股东(第三人)认可,对其股东资格认定有何影响;
4. 原告是否实际参与公司的经营管理及分红。

基本案情:
原告系加拿大籍人。被告酒店管理公司于1999年筹备设立被告新荔枝湾公司,邀请原告出资入股共同经营被告新荔枝湾公司,并于1999年10月13日与原告就被告新荔枝湾公司股权及经营权转让签订了《酒店管理公司转让部分新荔枝湾公司经营期权协议》,约定由原告、被告谢某材等股东共同成立和经营被告新荔枝湾公司,将被告新荔枝湾公司股权及经营权总额分为149股,每股股本金为20万元人民币,由原告占2.5股,出资金额为50万元人民币。原告依约支付相关股权和经营权的出资金额并由被告酒店管理公司出具了出资证明。

1999年12月,被告新荔枝湾公司成立后正式对外经营时,原告发现被告新荔枝湾公司成立工商注册资料股东名称中无原告名称,遂向被告谢某材追问。被告谢某材告知因原告身份是外国人,在工商注册资料及股东名称列入原告手续复杂、时间长,要原告相信其人格,会让原告行使和享有被告新荔枝湾公司实际股东的权利和权益。

之后,被告新荔枝湾公司由被告谢某材经营管理,其间被告谢某材利用其法定代表人身份不让原告参与被告新荔枝湾公司经营管理和重大决策。

2007年2月15日、28日,原告两次发出《关于查阅岭南会有关资料的通知函》《关于查阅岭南会有关资料的再次通知》。被告谢某材收函后电话质疑原告股东资格且在 2007 年 2 月 27 日复函也提出须"提供岭南会店股东的法定文书及相关资料"后方可查阅公司有关资料。

2007 年 3 月 5 日，原告持上述转让协议和出资证明书至被告新荔枝湾公司处要求查阅有关资料时，被告谢某材委托代表林某超先生告知原告不具有法定股东的资格，并代表被告谢某材将原告赶出新荔枝湾公司。

原告诉称：

原告认为，原告、被告酒店管理公司签订的《酒店管理公司转让部分新荔枝湾公司经营期权协议》对双方均有法律约束力，应当严格履行。被告酒店管理公司、被告新荔枝湾公司拒绝履行协议并不承认原告股东资格，致使原告履行出资义务后却无法行使股东权利，无法查阅、复制章程、股东会会议记录、董事会决议、监事会决议、财务会计报告、会计账簿及凭证，显然是不公平、不合理，不符合权利义务对等原则。

被告谢某材丧失诚信，明知原告是外国人不熟悉中国的法律，利用优势和信息的不对称陷原告处于无法主张权利的尴尬局面并将原告赶出岭南会新荔枝湾酒楼，使原告的精神及社会形象均受到极大伤害，故向人民法院提起诉讼以期保护自身利益。

被告酒店管理公司答辩称：

我方与原告签订的协议书，无法履行，属于无效合同。原告称其是公司股东，没有任何证据证明。原告交付的款项不是 50 万元，而是 47.5 万元，从 1999 年至 2003 年，先后支付了 833,252.9 元给原告，原告已收回所有款项和利息。

被告新荔枝湾公司答辩称：

我方没有跟原告签订过任何协议书，也没有收过原告的任何款项，更没有出具股东证明法律文件即出资证明书给原告，故我方和原告不存在任何法律关系。

被告谢某材答辩称：

我方虽然作为被告酒店管理公司、被告新荔枝湾公司的法定代表人，但是原告提起的诉讼是原告跟公司法人之间的关系，与被告个人没有关系。

第三人文化发展中心述称：

我方对原告与被告酒店管理公司签订《酒店管理公司转让部分新荔枝湾公司经营期权协议》一事不知情，原告也没有参加被告新荔枝湾公司的经营。我方从未同意原告参股被告新荔枝湾公司，不认可原告的股东身份。

律师观点：

1. 关于协议书效力问题。

虽然原告与被告酒店管理公司在协议书中约定被告酒店管理公司把其在被

告新荔枝湾公司所持有股份中的一部分作价转让给原告,但该协议书签订时,被告新荔枝湾公司仍未设立。被告酒店管理公司尚未成为被告新荔枝湾公司的股东,其转让被告新荔枝湾公司股份的前提条件并不存在,由此可认定该协议书并非股权转让协议,实际是原告与被告酒店管理公司为共同出资参股设立被告新荔枝湾公司而订立的合作合同。原告身为外国人,其在国内投资设立的公司为外商投资企业。根据我国外商投资法律的相关规定,设立外商投资企业包括中外合营企业应获得外商投资管理机关的批准。本案中,原告与被告酒店管理公司通过签订合作合同形式以被告酒店管理公司的名义参股投资内资企业被告新荔枝湾公司,显然规避了外国人在国内投资设立公司须经外经贸主管部门批准的强制性法律规定。据此,上述协议书因未经外经委审批而未生效。原告仅凭该未生效的合同并不足以证明其在被告新荔枝湾公司享有合法的股东地位。

2. 关于原告是否实际股东的问题。

依照我国《公司法》的相关规定,公司股东身份的确定应以公司章程、股东名册记载或者工商登记为认定依据。如未予记载,但有确切证据证明其他人实际行使了股东权利,即实际出资并参与公司管理且被其他股东认可其身份,也可确认其股东身份。本案中,并无证据显示原告的股东身份被记载于被告新荔枝湾公司的章程、公司股东名册或工商登记资料上,故应重点审查原告是否实际行使了股东权利。虽然原告依据协议书履行了出资义务并由被告酒店管理公司投资到被告新荔枝湾公司中,但鉴于实际出资不是取得股东资格的决定性条件,故仅凭此事实不足以证明其股东资格,尚需结合其他情况综合认定,如公司是否曾向原告分红、公司其他股东是否认可其股东身份、原告是否以股东身份实际参与公司经营管理。经查,原告未能提交足够证据证明其所称被告新荔枝湾公司向其分红的事实。被告新荔枝湾公司的另一股东文化发展中心对原告的股东身份不予认可,原告亦承认其从未以股东身份参与被告新荔枝湾公司的任何经营管理活动。上述事实均反映原告并未在被告新荔枝湾公司实际行使股东权利。

3. 关于原告能否主张知情权的问题。

综上,原告主张确认其在被告新荔枝湾公司股东身份所依据的事实及理由均不能成立。原告既非被告新荔枝湾公司的股东,自然无权行使股东权利要求查阅被告新荔枝湾公司章程、股东会会议记录、董事会决议及财务凭证等相关资料。

4. 关于赔礼道歉等问题。

原告以被告谢某材侵犯其合法权利为由要求其赔礼道歉,消除影响,属于侵权之诉,与本案确认之诉分属不同性质之诉,不符合案件合并审理的条件。故该侵权之诉不属于本案审理范围,原告应另行提起侵权之诉。

法院判决:

驳回原告的诉讼请求。

【案例146】未经主管机关审批 确认资格被驳回[①]

原告: 鲁宾公司
被告: 恒祥大酒店
诉讼请求:

1. 确认原告为被告的股东;
2. 被告向原告签发《出资证明书》;
3. 被告将原告工商登记为公司股东;
4. 查阅被告公司的股东会会议记录、会计账簿及相关的原始凭证。

争议焦点: 作为外商投资企业,被告的设立以及资本变动是否必须经有关行政主管部门审批,原告是否可以直接通过民事诉讼的方式请求确认其被告股东的身份并要求被告办理相应的工商登记手续。

基本案情:

2004年6月18日,被告注册成立,企业性质为外商独资企业,登记的股东为吕某芬。公司注册资金为319,889美元。该款项系由原告分3次向被告账户汇入的20万欧元、5万欧元、1万欧元。其中,原告在汇出20万欧元后出具如下证明:"20万欧元支付给吕某芬在扬州的投资款。"

原告诉称:

被告注册资本26万元欧元系由原告分3次汇入,但被告却将公司股东登记为他人。为了维护原告合法权益,请求法院支持原告的诉讼请求。

被告辩称:

1. 原告所汇款项系作为吕某芬在扬州的投资款。吕某芬是被告公司唯一出资人,而原告不应具有股东身份。至于原告与吕某芬之间纠纷,可另案主张。

2. 鉴于原告并非是被告股东,原告所主张的涉及股东权益的请求均不能成立。

[①] 参见江苏省扬州市中级人民法院(2008)扬民三初字第0031号民事判决书。《外商投资法》实施后对外商投资企业实行"准入前国民待遇加负面清单管理制度",因此本案例中外商投资企业的相关行为无须特别审批。该案例虽已经不符合最新的司法观点,但对该法生效前的案件仍具有参考价值。

律师观点：

1. 外商独资企业的设立以及资本变动需经有关行政主管部门审批，未经审批的行为应当归于无效。

根据《外资企业法》①第6条和第10条的规定，设立外资企业的申请，由国务院对外经济贸易主管部门或者国务院授权的机关审查批准；外资企业分立、合并或者其他重要事项变更，应当报审查机关批准，并向工商行政管理机关办理变更登记手续。

此外，《外资企业法实施细则》②第16条和第17条则进一步规定，外资企业的章程制定和修改经审批机关批准后生效；外资企业的分立、合并或者由于其他原因导致资本发生重大变动的，须审批机关批准，并应当聘请中国的注册会计师验证和出具验资报告，经审批机关批准后，向工商行政管理机关办理变更登记手续。

因此，我国对外资企业的设立和重要事项的变更，采用了严格的审批制度。经我国有关主管部门或者国务院授权的机关批准，并向工商行政管理机关办理变更登记手续，是境外投资者在我国境内设立外资企业，或者通过股权转让等方式取得外资企业股东资格的前提条件。未经审批和登记不得在我国境内设立外资企业，或者取得外资企业股东资格。

由此可见，对于外商独资企业的设立以及资本变动，有关行政主管部门的审批构成实质性要件，而非程序上或形式上的要求，未经审批的行为应当归于无效。

2. 人民法院不能直接通过民事诉讼程序对外资企业的投资人进行重新确定乃至变更。③

通常情况下，人民法院可以通过民事诉讼的判决结果直接或间接地使有关行政行为作出变更。但这些行政行为应理解为只是程序性的或形式性的行为，如备案、登记等行为。而对于实质性的行政行为，如本案所涉的股东身份之审批行为，则是我国法律赋予有关行政主管部门的特有权力，不能通过民事诉讼程序和作出民事判决予以变更。即使审批不当，也只能由批准机构作出具体行政行为予以纠正。

在我国《外资企业法》确立行政机关在三资企业设立方面的批准制度情形下，外资企业的性质以及投资人或者股东均应以批准机关颁发的批准证书记载的

---

① 《外商投资法》自2020年1月1日起施行，《外资企业法》于同日废止。
② 《外商投资法实施条例》自2020年1月1日起施行，《外资企业法实施细则》于同日废止。
③ 如能证明已履行出资义务且公司其他股东认可股东身份，法院在征得审批机关同意的情况下可对股东资格予以认定。

内容为准。如果要作变更,也应根据法律具体规定,由原审批机构批准后进行变更登记。人民法院不能直接通过民事诉讼程序对外资企业的投资人进行重新确定乃至变更。

综上,原告需通过行政复议或者行政诉讼解决股东身份之争议。

法院判决:

驳回原告的诉讼请求。

286. 因虚假报批引发的法律责任由股东还是公司承担?

因虚假报批引发的法律责任由股东承担,理由如下:

(1)外商投资企业董事会是最高权力机构,而董事会成员是由合营、合作各方委派的。如果某位董事受股东指使实施了侵权行为,该股东应当承担责任。

(2)如果认定外商投资企业为唯一的侵权责任主体,一旦受害股东恢复股东地位,其仍需要分摊外商投资企业应承担的损失赔偿责任。后果是无过错的受害股东实质承担了部分责任,而具体实施侵权行为的股东没有承担责任,没有实现侵权行为的救济和制裁功能。

287. 虚假报批导致企业他方股东丧失股东身份或原有股权份额的,他方股东如何救济?

他方股东可以请求确认股东身份或原有股权份额,但第三人已经善意取得该股权的除外。他方股东也可以请求侵权股东或者外商投资企业赔偿损失。损失既包括受害股东股权份额所占的投资收益,也包括侵权期间应得的投资收益即其他合理损失,如侵权人在侵权期间从外商投资企业取得的红利。

二、外商投资企业中代持股协议效力判定

288. 隐名投资协议未经审批机关批准的,其效力如何?

《外商投资法》正式生效前,当事人在外商投资企业设立、变更等过程中订立的合同,依法律、行政法规的规定应当经外商投资企业审批机关批准后才生效的,自批准之日起生效;未经批准的,人民法院应当认定该合同未生效。当事人请求确认该合同无效的,人民法院不予支持。而对于隐名投资协议,合同约定一方实际投资、另一方作为外商投资企业名义股东,不具有法律、行政法规规定的无效情形,人民法院应认定该合同有效。一方当事人仅以未经外商投资企业审批机关批准为由主张该合同无效或者未生效的,人民法院不予支持。

《外商投资法》正式生效后,外商投资准入负面清单之外的领域形成的投资

合同,当事人以合同未经有关行政主管部门批准、登记为由主张合同无效或者未生效的,人民法院不予支持。

但存在以下两种无效情形:

(1)外国投资者投资外商投资准入负面清单规定禁止投资的领域,当事人主张投资合同无效的,人民法院应予支持;

(2)外国投资者投资外商投资准入负面清单规定限制投资的领域,当事人以违反限制性准入特别管理措施为由,主张投资合同无效的,人民法院应予支持。

289.《外商投资法》正式生效后,外商投资企业股权转让是否必须经过特别审批程序?

享有国民待遇的负面清单领域外的外商投资企业进行股权转让时无须办理特别审批手续。

负面清单领域外的外商投资企业股权转让事项,无须经外商投资主管部门审批。《外商投资法》对外商投资企业实行准入前国民待遇加负面清单管理制度。国家对负面清单之外的外商投资,给予国民待遇,即按照内外资一致的原则实施管理。

另外,根据《市场主体登记管理条例》规定,市场主体变更登记事项,应当按规定向登记机关申请变更登记。因此,有限责任公司股权对外转让时或股份有限公司发起人变更时,需要申请变更登记,并非须经审批程序。

290. 外商投资企业实际出资人与名义股东因隐名投资协议产生纠纷,适用中国法律还是域外法?

如果当事人之间并没有约定域外法,根据最密切联系原则,应适用我国法律。当然,如果该域外法约定旨在规避我国法律法规,则不发生适用域外法的效力。因此,在与境外企业或人士进行商务活动、签订相关协议时,从节约诉讼成本与便捷角度考虑,一定要尽量约定适用我国法律解决争议。

291. 外国人或外国企业在中国起诉的,可否委托其本国律师或外国律师?

外国人、无国籍人、外国企业和组织在人民法院起诉、应诉,需要委托律师代理诉讼的,必须委托我国律师。

292. 因公司原因不能办理股权转让审批手续,实际出资人能否请求公司返还投资款与利息?

能。公司不能为实际出资人办理股权变更,对实际出资人的投资款的长期占有必然构成变相的不当得利。基于诚实信用、权利必须得到维护、损失应该补偿的民法精神,实际出资人在不能成为公司股东的情况下,其出资款应该得到返还,而且还应得到相应的利息损失赔偿。

【案例147】实际出资人确权不成　请求公司返还投资款与利息获支持[1]

原告： 洪辉公司

被告： 民丰实业

第三人： 金礼公司

诉讼请求： 判令被告返还217.5万美元的出资款，并偿付自1993年3月29日起至实际清偿之日止的同期银行贷款利息。

争议焦点： 公司承诺将实际出资人的股权挂在第三人名下，对第三人是否有约束力，是否存在隐名投资关系。

基本案情：

被告成立于1991年6月，系中外合资企业，股东为上海第十印染厂、民亿公司和第三人，注册资本575万美元，出资比例分别为45%、5%和50%。

1992年6月12日，被告召开了第一届第三次董事会，决定进行改制，并将在改制前增加公司注册资金435万美元，由股东按投资比例增资。随后，原告汇入被告账户2,174,972美元。

1993年4月14日，被告致函原告称，收到原告汇款217.5万美元，因公司股东增资已经外资委批准，无法办理改变投资方的手续，原告的汇款只能以第三人名义作为增资，并承诺公司改制完毕后，将第三人的投资份额217.5万美元转让给原告，再办理变更手续。

1993年7月10日，被告召开第一届第六次董事会，审议通过公司章程及推选董事，第三人的代表董事为4人，其中包括了原告的职员熊某武。

1994年10月31日，被告将其1993年下半年公司股利88,572.06美元汇入原告账户。

1996年11月8日，熊某武致函被告董事会，建议尽快办理原告217.5万美元股权的变更手续。后经被告董事会决议，一致认为原告提出的股权问题须由第三人向董事会提出，再报请董事会讨论，故对该临时动议不予讨论。

1997年6月27日，第三人致函原告称，第三人应增资部分217.5万美元确系原告出资，因被告当时无法办理投资方变更手续，故暂挂名于第三人。现该公司愿以原告出资加利息向原告购买挂名于第三人之股份，或者召开董事会，依法办

---

[1] 参见洪辉国际有限公司诉民丰实业、金礼发展有限公司隐名出资纠纷案。

理原告的股权过户手续。该函件同时抄送被告及股东。

1999年6月22日,原告向上海市第一中级人民法院提起诉讼,请求判令被告将相当于217.5万美元的原始股份转让给原告,并偿付自原告出资后历年发生的红利及利息。

2000年9月22日,上海市第一中级人民法院作出(1999)沪一中经初字第609号民事判决书,驳回原告的诉讼请求。该判决认定:原告的出资系第三人在被告改制时的增资,其出资行为未经被告董事会决议及政府主管部门批准,只能证明原告与第三人间存在代为增资付款的法律关系。

原告不服上述判决,向上海市高级人民法院提起上诉。

2003年6月26日,上海市高级人民法院对该案作出终审判决,驳回原告的上诉请求,维持原判。该判决认为:

1. 原告对被告确有出资事实存在,但其出资因未经批准且无充分有效证据证明出资行为属于投资,故原告请求确认该公司具有合法股东地位,缺乏事实和法律依据;

2. 原告诉讼对象为被告,但诉请内容所涉承担义务的主体却为第三人,故原告将被告列为诉讼主体,显属不当。

2003年6月26日,上海市高级人民法院作出的(2001)沪高经终字第239号终审判决认为:"鉴于现无确凿证据证明第三人同意处分股权转让事宜,故此承诺书仅对民丰实业具有约束力,而无法直接溯及第三人。"

为此,原告于2005年6月再向法院起诉。

一审法院认为:

本案系争的217.5万美元汇入被告后,原告派出的职员熊某武就已经作为第三人委派的董事直接参与被告的经营和决策活动,故原告对政府主管部门批准的增资计划应是十分清楚的,应当知道第三人应增资217.5万美元及被告采取定向募集的方式组建被告。在上述情况下,即便原告有对被告的投资计划,也应当知道该公司对被告的任何出资只能列为某一股东名下,而无法取得合法的股东身份。

因此,根据原告早已派出职员作为第三人委派的董事参与被告经营,及原告根据公司董事会决议第三人应增资的金额向被告汇款的行为,推定原告与第三人间存在隐名投资关系或垫付投资款关系。故原告应向第三人主张权利。故一审法院驳回原告的诉讼请求。

原告不服一审判决,向上一级人民法院提起上诉。

律师观点:

1. 关于隐名投资关系法律主体的确立的问题。

根据原告将系争款项汇入被告账户,被告将该款项列为第三人的增资转账款,以及此后由被告将其1993年下半年公司股利汇入原告账户的事实,可见直接收取系争款项的为被告。虽然在审判实践中,隐名投资关系一般是在隐名投资人与公司显名股东之间发生,但是本案的特殊性在于,原告将系争款项汇入被告账户,并由被告安排列为第三人的增资款;而根据现有证据,原告与第三人之间并未达成隐名投资的协议,故只能认定是在原告与被告之间发生了投资关系。而且,这一认定还可以从此后被告将公司股利汇入原告账户的事实得到佐证。同时,被告曾致函原告称,收到原告汇款后,因公司股东增资已经外资委批准,无法办理改变投资方的手续,原告的汇款只能以第三人名义作为增资,并承诺公司改制完毕后,可将第三人的投资份额217.5万美元转让给原告,再办理变更手续。由此明白无误地显示,将原告的出资款挂在第三人的名下纯属被告的安排,而与第三人无涉。

2. 关于隐名投资人的出资款及其利息应否得到返还和支付的问题。

原告的本意是要成为被告的股东。嗣后由于被告的董事会决议不能解决原告的股权问题,为此才导致原告提起原先的股东确权纠纷。但原告的股东确权请求因缺乏我国《中外合资经营企业法》①规定的必须经过行政审批程序,而不能获得支持,为此原告无奈之下只能转而求其次,从而又提起了本案的返还出资纠纷。

基于诚实信用、权利必须得到维护、损失应该补偿的民法精神,原告在不能成为被告的股东情况下,其出资款应该得到返还,而且还应得到相应的利息损失赔偿。

法院判决:

判决向原告返还2,174,972美元,并支付自原告投入出资款以来的利息。

第五节 股东资格继承问题

一、遗产继承的一般规则

293. 哪些财产可以作为遗产继承?

下列财产可以作为遗产继承:

(1) 收入;

---

① 《外商投资法》自2020年1月1日起施行,《中外合资经营企业法》于同日废止。

(2) 房屋、储蓄和生活用品；

(3) 林木、牲畜和家禽；

(4) 文物、图书资料；

(5) 法律允许公民所有的生产资料；

(6) 著作权、专利权中的财产权利；

(7) 其他合法财产。包括股权、质押权、抵押权、留置权、典权、证券、债权债务。

294. 夫妻一方死亡时，是否所有夫妻共同财产均需要作为遗产分割？

不是。夫妻一方死亡时，应当先行将夫妻共同财产的一半分给配偶一方，而后将属于死亡自然人的财产进行遗产分割。

295. 夫妻一方继承的遗产是否属于夫妻共同财产？

是。夫妻在婚姻关系存续期间通过继承或者赠与所得的财产为夫妻共同财产。但是，如果遗嘱或者赠与合同中确定只归夫或妻一方的财产，归一方所有，属于夫妻个人财产。

296. 继承权纠纷诉讼时效是几年？起算时间如何计算？

起算时间为继承人知道或应当知道其权利被侵犯之日。但是，在继承开始之日起超过 20 年的，不得再提起诉讼。

诉讼时效一般为 3 年，但是因诉讼时效起算点落在 2017 年 10 月 1 日前后不同而有所不同：

(1) 起算点在 2017 年 10 月 1 日之后，应当适用 3 年诉讼时效期间的规定；

(2) 起算点在 2017 年 10 月 1 日前开始计算，至 2017 年 10 月 1 日，诉讼时效期间尚未满 2 年的，当事人主张适用 3 年诉讼时效期间规定的，人民法院应予支持；

(3) 起算点在 2017 年 10 月 1 日前开始计算，至 2017 年 10 月 1 日，2 年诉讼时效期间已经届满的，不适用 3 年的诉讼时效。

【案例148】三星家族爆巨额遗产　诉讼时效成焦点[①]

惊现巨额隐名股份遗产　家族为争夺遗产诉讼不断

2012 年 2 月 15 日，三星集团创始人李某喆的长子李孟某在首尔中央地方法

---

① 参见《豪门遗产恩怨录——韩国三星集团千亿遗产争夺案（四）》，载搜狐网，https://www.sohu.com/a/297073864_120055348，2020 年 6 月 28 日访问。

院向弟弟三星集团总裁李健某提出巨额遗产诉讼,要求李健某向原告李孟某返还其父李某喆遗产中与原告的继承份额相当的股份,包括三星生命824万股股票和股票分红,约7138亿韩元(折合约为6.35亿美元、40.22亿元人民币)。由于这是韩国历史上最大的遗产官司案,因此立即轰动韩国。

三星集团创始人李某喆共有8个子女,按照年龄顺序分别是李仁某(长女,现Hansol集团顾问)、李孟某(长子,前第一肥料会长)、李昌某(次子,已故)、李淑某(次女,已故LG集团旗下食品制造商Ourhome会长具某学的妻子)、李顺某(三女,与西江大学教授结婚)、李德某(四女,嫁给庆尚南道大地主家)、李健某(三子,三星集团会长)、李明某(五女,新世界集团会长)。而提起诉讼的李孟某虽然是李某喆的长子,在1965年以后曾经担任过三星电子的副会长,并一度被选为三星集团的继承人,但在最后的关键时刻,李某喆将三星集团的继承权交给李健某,而李孟某随后逐渐淡出三星集团的经营,并独居北京。李孟某的长子是现任韩国CJ(希杰)集团董事长李某贤(见图4—5)。

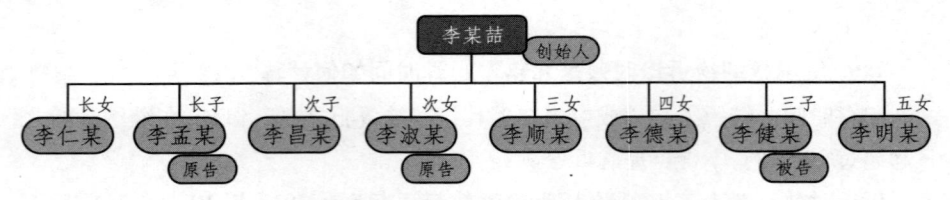

```
                    李某喆
                    创始人
    ┌────┬────┬────┬────┬────┬────┬────┐
   长女  长子  次子  次女  三女  四女  三子  五女
   李仁某 李孟某 李昌某 李淑某 李顺某 李德某 李健某 李明某
          原告        原告              被告
```

图4—5 三星集团家族关系示意

2月27日,李健某的姐姐李淑某也向法院提出遗产诉讼,要求李健某支付相当于1900亿韩元的继承公司股份,李淑某起诉的理由与李孟某一样。

其实,早在1971年2月,李某喆便召集过一次三星高管会议,并宣布了遗嘱:把名下资产平均分为三份,其中两份捐献出去,直系子女和有功职员得到另外一份,由李健某担任三星集团主席。而当1987年11月,李某喆去世后,各继承人也已将财产进行了分割。

2011年6月,韩国国税厅向原告李孟某等李某喆继承人发出公文称:李某喆总裁借名隐藏的财产于2008年12月转到三星集团会长被告李健某的名下,问继承人是否放弃继承权,赠与被告李健某。

被告李健某方面得知该消息后,即给原告李孟某之子、CJ集团总裁李某贤发出一份内容为"前总裁的财产在继承当时业已进行分割,所有继承人对其他继承人的财产没有任何异议"的文件,并要求在文件上签名盖章后交到国税厅。但未得到李某贤的同意。

李孟某称看到三星的文件后才知道父亲留有借名财产,并由此提起了继承权诉讼。

诉讼时效

5月30日下午4点左右,三星集团会长李健某与其兄妹的遗产之争正式在首尔中央地方法院开庭。李孟某和李淑某希望要回李健某持有的三星生命人寿保险公司25%的股权,其总计价值约为8.5亿美元。

庭审中最大的争议焦点是诉讼时效问题,即其他继承人在事隔多年后能否再次主张继承权。根据韩国《民法》第999条规定,要求恢复对遗产的再次继承主张必须满足以下两个条件,即侵害继承权的行为必须发生在10年以内,且被侵害人知道该事实3年以内。只有同时满足上述两个条件,才能对遗产提出恢复继承请求。

李孟某和李淑某认为自己的诉讼符合上述两个条件,因为侵害继承权发生的时间点是在2008年12月,而知道该事实是在2011年6月。李孟某表示:"2011年6月左右,李健某方面邮寄来了'继承财产分割相关文件'等材料,要求声明父亲去世时财产已经分割完毕,这时我才知道有其他财产的存在。"另外,只要查一下当年金融监管部门2008年12月的记录,就可以发现李健某当时把李某喆当年委托给他人的三星生命股份转为自己名下的行为,因此可以证明侵犯继承权的行为发生在当时,因此3年的废止时效并没有过期。

但是李健某方面则不这样认为。首先,李某喆是1987年去世的,距今已经25年,早就超过了李孟某可以向法院继续主张继承权的期限(10年)。其次,即使存在侵害继承权的行为,但由于这一侵害行为发生在1987年,李孟某等人知道侵害事实是在2008年,分别过去了10年和3年以上,所以时效全部作废。李健某自父亲去世的1987年11月之后就一个人对托名股份进行管理并领取分红,而李孟某等人了解到自身继承权被侵害的事实是在对三星涉嫌设立秘密资金的韩国特检公布调查结果的2008年4月17日。

根据分析,李孟某和李淑某要想胜诉并不容易,因为只要法院接受了三星方面的任何一个主张,该继承权的重新申请将不被认可。由于担心遗产诉讼将影响整个三星家族(包括其企业)的形象,因此三星家族的遗产争夺案最终会通过幕后谈判进行和解,但审判结果可能会影响到三星集团的治理结构。

尘埃落定

2013年2月1日,韩国首尔中央地方法院宣布,驳回三星集团创始人李某喆长子李孟某向胞弟、三星集团会长李健某提出7000亿韩元(约合40亿元人民币)的遗产分配诉讼。

法院判决认为,虽然李健某未与兄长李孟某商议,就自己继承了全部的信托财产,但这些财产已经超过了10年的诉讼时效期,因此不能进行分割,驳回李孟某提出的巨额财产诉讼。

李孟某咽不下这口气,仍然坚持上诉。

在二审过程中,李孟某提出要和解,但是李健某却没有见好就收,他认为这个案件关系到三星集团正统继承人的问题,并以此为理由拒绝了和解。2014年2月6日,首尔高院进行二审宣判,维持了一审的判决结果。

二、法定继承

297. 若继承人先于被继承人死亡,该份遗产如何处理?

由该继承人晚辈直系血亲代位继承。需注意的是:

(1)代位继承只适用于法定继承,不适用于遗嘱继承和遗赠;

(2)若继承人丧失继承权,则不可代位继承;

(3)代位继承不受辈数的限制,只要是晚辈直系血亲都可继承;

(4)代位继承只能继承应得的遗产份额。

【案例149】霍氏兄弟争夺64亿港元遗产 情势逆转最终和解[①]

自古豪门是非多,遗产纠纷是老生常谈的话题。香港富豪霍某东虽早早就将遗嘱订立,却仍难避免遗产争夺战,霍氏家族成员为争夺64亿港元遗产对簿公堂。

精心设计"完美"遗嘱 子孙仍涉争产纷争

曾担任过全国政协副主席的霍某东有"红色资本家"之称,他早年做过苦力,开过杂货店,之后则以经营海上驳运业务开创财富帝国。

从1955年开始,霍某东先后创办多家公司,业务范围遍及地产、建筑、航运、建材、百货和酒店等领域。据估计,在2006年去世时,霍某东的家产约为37亿美元。

早在1978年,霍某东就立下遗嘱,所有太太和子女都是遗产受益人,受托人在其死后20年内不可分配剩余的遗产,并制定由儿子霍某寰、霍某宇,妹妹霍某

[①] 参见《霍英东遗产争夺再爆发,协商结果恐等到2019年!》,载搜狐网,https://www.sohu.com/a/166187751_633088,2020年6月28日访问。

勤及妹夫蔡某霖担任遗产执行,负责从遗产中按月向家族成员支付定额生活费。但实际上,由于妹夫蔡某霖去世较早,妹妹霍某勤则年事已高,实际的遗产执行人只有霍某寰和霍某宇两人。

根据我国香港特别行政区的法律,立遗嘱人在去世后,其财产会进入遗嘱信托中。遗产的管理将由遗嘱中确认的遗嘱执行人操办。其他继承人不能直接参与遗产分配。换而言之,霍某寰和霍某宇两兄弟对霍某东留下的300亿港元家财具有非常大的决定权。

此外,为避免家族成员争产,根据霍某东的安排,只有"震"字辈的长房子女才能打理家族生意,并成为家族产业的继承人,三个长房儿子霍某霆、霍某寰和霍某宇分别负责霍某东基金会的体育事业、家族龙头事业和南沙开发区,而二房和三房的子女均不得从商。

然而,就是这样一份曾被媒体誉为"完美"的遗嘱设计,亦未能避免子孙卷入争产潮(见图4-6)。

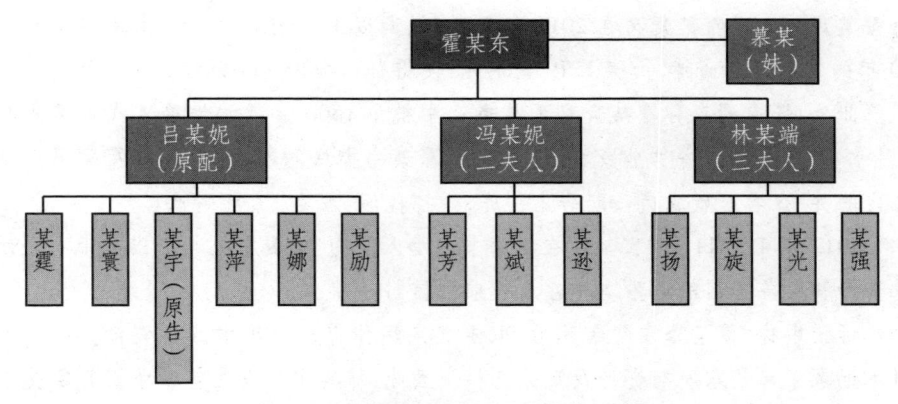

图4-6 霍某东家族成员(部分)示意

兄弟争夺霍兴业堂　涉诉遗产高达64亿港元

2011年12月20日,霍某东长房三子霍某宇上诉控告身为霍某东集团总裁及遗嘱执行人的兄长霍某寰私吞至少64亿港元遗产,要求法院撤换遗产执行人,并由霍某寰交代遗产账目。

霍某宇在诉状中称,2008年8月至10月,霍某寰将霍某东生前与霍某寰联名持有的3个银行户头存款7.36亿港元转到自己银行户口;变卖霍兴业堂置业350万股(约占46%)股权,价值约50亿港元;变卖霍某东生前成立的3家离岸公司的全部股份,价值约7亿港元。霍某寰将出售所得存入自己户头。与此同时,霍某寰要求其他三房家族成员签署4份家庭协议,承认他个人拥有上述三项资产。

最后二房及三房成员全部签署家庭协议,并获分配5亿港元遗产,唯独霍某寰所属的长房兄弟姐妹及母亲吕某妮拒绝,霍某寰遂于2008年7月与长房兄弟姐妹开会,声言拒绝签协议的成员会"无得分",只能每月从遗产支取款项。

针对霍某宇的指控,霍某寰逐条发起猛烈反驳。霍某寰声称海外公司股权及户口资产,价值仅14.36亿港元,但霍某宇认为估值过粗及已过时。霍某宇表示,曾要求胞兄交代账目,但胞兄仅披露霍某东在另一银行户口有2900万美元(约2.26亿港元)。

上诉状中涉及16名被告。首被告霍某寰和次被告霍某勤,与原告同是霍某东遗产执行人,其余14名被告包括霍某东原配吕某妮、二夫人冯某妮和三夫人林某端,以及其他11名子女,包括立法会议员霍某霆。

争产案一开始的爆发原因,是由于霍某宇指控哥哥霍某寰在未得到另两位遗产执行人的同意下,就私自将14亿港元的资产转至其名下和私人账户。之后,大哥霍某霆与二哥霍某寰又在2011年2月,低调以1.8亿港元出售由家族持有了50年的铜锣湾老商铺,大赚1.79亿港元,使得争产案进一步升级。

此外,还有消息称霍某寰私下从遗产中批出1500万港元为第三代霍某刚和"跳水皇后"郭某晶举办世纪婚礼,此举将霍某宇彻底惹怒,并将包括霍家第三代在内的共16名家族成员一起告上法庭,指控他们"私吞"家族财产。

2012年4月11日,霍某宇在诉讼书内加入新内容,要求兄长交出父亲用来记录资产和财务资料的记事本和存放股票的信封。

诉状中称,霍某霆在父亲死后,取走父亲用作存放记事本的公文包。这些记事本记录了霍某东所有资产及财务资料。因此,霍某宇要求法官颁令霍某霆交出记事本。

此外,霍某宇还称,20世纪80年代,霍某寰曾取走父亲存放股票的信封,并存放于瑞士一间银行的保险箱。另外,霍某寰当时还替父亲保管着价值9000万港元的金银首饰及玉器。霍某宇要求法院让霍某寰交出有关资产。

一波未平一波又起　第三人追讨10.68亿港元欠款

2012年6月29日,一间由霍某寰等控制的霍家财务公司——香港贷款财务有限公司(以下简称财务公司)向香港高等法院提起诉讼,称霍某东生前曾向该公司借钱,现要求霍某东的遗产执行人从遗产中拨出一笔资金,以偿还该财务公司本金连利息10.68亿港元。

财务公司的"杀入",令尚无结果的霍家争产案,又多出一重纠结。

香港公司注册处资料显示，霍家的财务公司成立于1972年1月，董事包括霍某东大房的3位儿子霍某寰、霍某宇、霍某霆，霍某霆儿子霍某山及霍老三房小舅子林某鎏。这意味着，提起向霍老遗产索赔的原告是霍家成员。

在上述诉讼中，财务公司向霍某勤、霍某寰及霍某宇3名霍某东的遗嘱执行人追讨欠款和利息。由于霍某东遗嘱中规定，在他死后20年内不可分遗产，因此，无论原告方提起的诉讼出于怎样的目的，若能胜诉，则财务公司几位受益人便可光明正大地从霍家财产中分走10.68亿港元。

我国香港特别行政区的法律规定，无论债务人在世与否，一笔债务的追诉期为6年。若此时距离霍某东欠财务公司款项的时间为6年或以上，且在此期间，财务公司没有向霍某东追索赔款，则财务公司将失去追诉这笔欠款的权利。若此期间，财务公司曾向霍某东追讨款项，则追诉期从最后一次追讨的时间算起。

霍某东2006年病逝，距今已快到6年。据推测，该诉讼可能是财务公司为满足以上法律，保持追诉权而采取的一个步骤。该案件于2012年9月20日在香港高等法院审结。

剑拔弩张对峙法庭　　一人对抗一家族

2012年8月2日下午2时30分，霍某宇控告霍某寰私吞至少64亿港元遗产，撤换遗产执行人一案终于在香港高院开庭。庭审开始仅约1分钟，诉讼双方再次申请庭外协商，法官表示同意。之后，诉讼双方代理律师进行了长达1小时之久的唇枪舌剑，不过最终协商未果。当庭审再次开始后，当事双方再次请求"法官给多点时间"，希望案件再延后一天。法官当场宣布，当天的庭审结束，将于下一日继续开庭。

据悉，被霍某宇告上法庭的14名家族成员全部反对罢免遗产执行人的申请，霍某宇实际上是一个人在同一个家族"开战"。

据悉，香港《遗嘱认证及遗产管理条例》第33条规定，如果遗产的实际受益人主张遗嘱执行人管理遗产不当的诉求被法院采信，法院可以暂停或撤销遗嘱执行人身份，并规定由另一人继任遗嘱执行人管理遗产。

霍某宇方在法庭上表示，霍某寰声称拥有霍家部分遗产，法院应考虑这与他从事遗产执行人的工作是否有利益冲突。霍某东的遗产数目庞大，有很多受益人，需要大量管理工作，但霍某东去世至今，遗产管理陷于停顿。故案件不可再拖应尽快了断。但霍某寰方反驳了这一观点，认为不存在遗产管理陷于停顿的情况。

情况逆转和解收场　大部分由三兄弟平分

2012年8月4日,这宗引发外界关注的豪门官司出现了戏剧性一幕,霍家兄弟经过连日紧张协商后,终于达成庭下和解协议。霍某寰仍然是遗产的执行人,其他执行人也无变动。《和解协议》内容为:霍某霆、霍某寰及霍某宇各自分得65亿港元遗产。首阶段长房三兄弟各得20亿港元,须于2012年8月17日前支付,余下45亿港元则分别在一年内的两个指定时限分批缴付。霍某东的原配吕某妮及长房3名女儿在第一阶段亦各自分得6250万港元家财。原本由每月分发"零用钱"的霍家二房及三房成员,包括霍某东二太冯某妮,二房的继子某芳、儿子某斌和某逊,三房三太林某端,4名儿子某扬、某旋、某光及某强等9人,在首阶段亦同等各自分得6250万港元的遗产。

风波再起

2013年10月28日是霍某东7周年祭日,在2012年已达成和解的霍家争产案在当天卷土重来。导致霍家大和解泡汤的是番禺南沙发展项目。毕马威会计师事务所获委任进行遗产调查时,发现了极具争议的这一项目。霍某东生前持有南沙项目51%权益,1997年6月,霍某东四父子通过决议,将其中一半股权转到霍某东基金有限公司,代价仅为1港元。截至2007年6月到期日,有荣有限公司并没行使回购权,所以南沙项目的25%权益目前仍属霍某东基金所有。根据2011年底的估值,南沙项目的25%权益超过30亿港元。

如果南沙项目归入和解协议中,权益将由长房男女成员平均分配,否则只会由霍某寰及霍某霆所得,霍某宇不会取得任何利益。霍某宇方面称,有荣有限公司可在2007年6月底前以1港元回购其一半股份,自己并不知情,霍某寰"立坏心肠",隐瞒此事,如果自己和霍某萍、霍某娜知道在签署和解协议后,不会分得南沙项目的权益,他们不会签署。他要求,以长房子女共同持股公司的名义,回购南沙项目25%股权,或搁置和解方案,或向他赔偿。

随着事态的发展,争产案涉及的霍家子女也逐渐增多,霍家也分成了泾渭分明的两派人马。香港最高法院方面作出回应,称各方将就和解再作商讨。但是聆案官终将案件暂缓至2019年1月3日,并透露,如最终未能达成和解,诉讼如常展开。目前,该案件仍在进一步审理之中。

298. "私生子"是否享有法定继承权?

是。"私生子",即"非婚生子女"。《民法典》规定,非婚生子女享有与婚生子女同等的权利,任何组织或者个人不得加以危害和歧视。第一顺序的继承人包括:配偶、子女、父母,子女包括婚生子女、非婚生子女、养子女和有扶养关系的继子女。

因此,"私生子"享有法定继承权。

【案例150】巴西首富去世 55名私生子争夺30亿美元巨额遗产①

76岁的巴西首富安东尼奥·路西安诺·佩雷拉·费尔霍1990年去世之后,留下了多达30亿美元遗产。随后,他的遗产被分给了3名婚生子女以及他和25名情妇所生的35名私生子。然而时隔18年后,又有20名佩雷拉的"私生子"浮出水面,并展开"遗产争夺战"。2008年11月初,法庭被迫下令,要求此前的38名继承人将遗产全部归还,以便对遗产进行"重新分配"。

死后留下30亿美元遗产

佩雷拉曾先后当过医生、银行家、企业家和政客,拥有众多庄园、名马以及所有电影院。安东尼奥于1990年6月19日因癌症去世。他留下了12个公司、4万处房产、600个农场、24万头牲畜、3座豪华饭店以及3架私人飞机。其财产清单总共有98册,多达5万多页,总计价值约为30亿美元。

佩雷拉和妻子克拉拉·布莱克·卡托·佩雷拉生有3名子女,但他一生却极为花心,曾与众多情妇偷情。有趣的是,佩雷拉生前就意识到他四处花心所留下的大量私生子会对将来的遗产分配造成纠纷,因此他特意在临终前留下了血样,以供将来做DNA亲子鉴定之用。

100人争做DNA亲子鉴定

佩雷拉去世后,先后有至少100人"闻风而至",声称自己是佩雷拉的私生子。当法庭利用佩雷拉的血液样本进行了DNA对比试验之后,最终其中35人被证实是佩雷拉和至少25名情妇所生的私生子。随后,佩雷拉30亿美元遗产被一一分配给了他和妻子克拉拉所生的3名婚生子女,以及他的35名私生子。

据参与遗产分配的当事人估算,35名私生子每人都继承了2000万美元左右遗产,而他的3名婚生子女每人则得到了大约5亿美元。而当数年后,佩雷拉的妻子克拉拉也去世之后,这3名子女还继承了他们母亲得到的那一部分巨额遗产。

---

① 参见宗文:《巴西首富去世后冒出20名私生子争夺遗产》,载中国法院网,https://www.chinacourt.org/article/detail/2008/11/id/330870.shtml,2020年6月28日访问。

法庭收回原遗产"再分配"

没想到的是,这场声势浩大的遗产大战并未就此结束。在佩雷拉去世 18 年之后,又有 20 名佩雷拉的"私生子女"浮出水面,并向法庭要求分得遗产。巴西法庭一边对这最新冒出的 20 名佩雷拉"私生子女"进行调查,查看他们的出生证明文件。同时,再次找出佩雷拉 18 年前的血液样本,对这 20 人进行 DNA 亲子鉴定,以确定他们是否的确是佩雷拉的子女。

2008 年 11 月初,法官朱力乌斯·恺撒·劳伦斯宣布,出于慎重考虑,她要求此前佩雷拉的 38 名遗产继承人将他们继承的 30 亿美元遗产全部归还,从而对原先的遗产进行重新分配。尽管这一命令遭到了此前遗产继承人的强力反对,但法官劳伦斯坚持表示:"每一名子女都应当获得和其他人一样多的遗产,在调查此案期间,所有能够提供文件和证据证明他们是佩雷拉后代的人,都应该受到公正待遇。"

【案例151】私生子争千万遗产　亲子鉴定争得遗产继承权[1]

我国台湾地区富商林先生不幸英年早逝。7 岁男孩小龙和妈妈伤心之余决定离开厦门,远赴新加坡,却偶然发现林先生在厦门留下的高档豪宅被他在台湾的妻子以每平方米 4000 元的低价贱卖。为了捍卫自己的继承权,小龙在妈妈的代理下,将林先生的台湾妻子陈女士及购房人吴某告上法庭。

豪宅遭贱卖　私生子跨境争遗产

小龙的母亲杨女士和林先生在安徽滁州相识,并于 2002 年 3 月 5 日生育小龙。不过,杨女士和林先生一直没能登记结婚,后来她才知道林先生在台湾已有妻室。

2003 年,林先生购买了厦门禾祥苑金典大第的一套楼中楼,面积 279.7 平方米,登记在林先生台湾配偶陈女士的名下。2003 年这处房产交付后一直由小龙及其母亲居住。

2008 年开始,林先生身体不适,杨女士陪他四处求医。同年 7 月底,林先生病情恶化回到台湾。同年 12 月 3 日,林先生因为恶性肿瘤突然去世。林先生去世后,伤心的杨女士和小龙害怕触景伤情,于是搬离这套楼中楼,只是偶尔回来

---

[1] 参见沈华铃,王伯清:《台商死后豪宅遭贱卖　7 岁私生子争千万遗产》,载新浪网,http://news.sina.com.cn/c/2009-08-22/060516166200s.shtml,2020 年 6 月 28 日访问。

看看。

2010年7月,杨女士决定离开厦门这个伤心地,准备和儿子移民新加坡。7月22日,她在做移民公证时,偶然遇到一个在房管部门工作的朋友,从这位朋友口中得知,楼中楼竟已被人以111万余元低价卖掉。杨女士大惊,她到房管部门查询后发现2009年5月18日林先生的台湾妻子陈女士将这套楼中楼以每平方米4000元、总价款111.88万元出卖给吴某。

经查,吴某和林先生的同胞兄弟林某都是厦门一家礼服公司的股东,且和林先生、陈女士是朋友关系。而且,2009年5月,这套楼中楼当时同一地段、同一时间的房屋均价均在1万元以上。

杨女士遂代理小龙将林先生的妻子陈女士以及低价购买豪宅的吴先生告上思明区法院,要求判令买卖无效。此外,母子俩还在台湾提起遗产诉讼。

亲子鉴定　台湾地区法院认定父子关系

2010年8月初,小龙和妈妈杨女士赴台湾做亲子鉴定,因为林先生去世前曾在台湾国泰综合医院治疗,该院留存有他的组织标本。在台湾士林地方法院的委托下,医院对小龙、杨女士和林先生的组织标本进行了亲子血缘鉴定。8月下旬,亲子鉴定结果终于出来了,小龙和林先生综合亲子指数＞1000,且亲子关系确定率＞99.9%,因此亲子关系鉴定结果为吻合。

根据这份亲子鉴定结果,以及杨女士提供的关于林先生生前与其母子的生活照片等各种证据,法院认为,小龙和林先生确实具有父子的真实血缘关系,并且林先生前又以小龙生父申报身份,并予以照顾、抚养,确已发生林先生认领小龙为儿子的效力。因此,法院认定小龙已受林先生认领而视为其婚生子女。

据了解,杨女士台湾方面的律师经过初步调查,发现林先生名下的资产至少数亿元人民币。接下来,小龙将和林先生的原配陈女士及其两个子女一起分割林先生的巨额遗产。

价格明显不合理　厦门法院判决合同无效

2011年12月15日上午,厦门法院针对房屋买卖案件第四次开庭。在此之前的三次庭审中,吴先生的律师都认为杨女士无法证明小龙和林先生的亲子关系,无权要求法院认定合同无效。

第四次庭审中,杨女士出示了亲子鉴定结果和台湾方面的判决书。对此,吴先生的律师承认了亲子事实,不过他强调购房时并不知道小龙的存在,每平方米4000元的价格也通过了房管部门的审核,是"善意取得"。

法院认为,林先生去世后,这处房产应由其法定继承人(包括小龙)依法继承,因此,被告陈女士未经小龙同意,无权出卖这套楼中楼。另外,吴某即使不知道小龙是林先生的儿子,也应当在购房时要求陈女士出具其他继承人同意出售房屋的书面材料,以证明陈女士对讼争房屋具有处分权,或者就其善意进行举证。但是吴某拿不出相应的证据,因此,他购买这套楼中楼不属于善意取得。此外,陈女士和吴某在房产合同中约定的每平方米4000元的价格,属于明显不合理低价。

综上,法院认定,被告陈女士和吴某签订的房产买卖合同无效,小龙作为共有人依法享有继续保管、使用这套房产的权利。

律师观点:私生子也有继承权

根据我国法律,本案中所涉房产是小龙父亲与台湾配偶陈某在婚姻存续期间购买,属于夫妻共同财产。小龙父亲去世后,按照遗产继承顺序,小龙享有相应的继承权。因此,陈女士在继承人不知情的情况下,擅自出售,剥夺了继承人的继承权,其买卖行为是无效的。

此外,如果小龙经过DNA鉴定,确认为林先生的直系亲属,并且这份DNA鉴定经过相关部门确认,那么,小龙可根据我国台湾地区所谓的"民法典"所确认的继承程序,享有继承权。

三、遗嘱继承及遗赠

299. 何为遗赠?遗赠必然是无偿的?有无特殊限制?

遗赠是指自然人以遗嘱的方式将其个人的财产赠与国家、集体或者法定继承人以外的个人。

遗赠是无偿的,但可以附有义务。遗赠附有义务的,继承人或者受遗赠人应当履行义务。没有正当理由不履行义务的,经利害关系人或者有关组织请求,人民法院可以取消其接受附义务部分遗产的权利。

遗赠的"特殊限制"包括两种情况:

(1)受遗赠权不能转让,且只有在优先清偿了遗赠人的债务以后遗产有剩余时,才能执行遗赠;

(2)受遗赠人应当在知道受遗赠后60日内,作出接受或者放弃受遗赠的表示;到期没有表示的,视为放弃受遗赠。

300. "二奶"是否有权继承遗产?

由于"二奶"并非法定继承人,因此也不能作为遗嘱继承的继承人。

同时,"二奶"作为被遗赠人接受死者的遗赠时,如果该项遗赠导致其他法定继承人或遗嘱继承人的生活难以正常维系的,或者严重违反了公序良俗原则的,同样可能导致该遗嘱被判无效。

【案例152】违背公序良俗　遗赠"二奶"被判无效[1]

原告:张某英

被告:蒋某芳

诉讼请求:判令被告给付原告接受遗赠约60,000元的财产,并承担本案诉讼费用。

争议焦点:

1. 住房补贴、公积金、抚恤金是夫妻共同财产还是个人财产;
2. 经过公证的遗嘱是否必然有效;
3. 遗赠"二奶"财产是否有效。

基本案情:

被告与案外人黄某彬系夫妻关系,在其夫妻关系存续期间,案外人黄某彬与原告非法同居。

2001年4月18日,案外人黄某彬立下书面遗嘱,将其所得的住房补贴金、公积金、抚恤金和夫妻共同拥有房屋的售房款的一半4万元及自己所用手机一部赠与原告,该遗嘱经公证处公证。

2001年4月22日,遗赠人黄某彬去世,原告要求被告交付遗赠财产遭被告拒绝,双方发生争执。

原告诉称:

原告与被告之夫黄某彬是朋友关系。黄某彬于2001年4月18日立下遗嘱,将自己价值约60,000元的财产在其死亡后遗赠给原告,该遗嘱已经公证机关公证。遗赠人黄某彬因病死亡,遗嘱生效,但被告控制了全部财产,拒不给付原告受赠的财产。现请求法院判令被告给付原告接受遗赠约60,000元的财产,并承担本案诉讼费用。

被告辩称:

黄某彬所立遗嘱的内容侵犯了被告的合法权益,遗赠的抚恤金不属遗产范围,公积金和住房补贴金属夫妻共同财产,遗赠人黄某彬无权单独处理;遗赠涉及的售房款是不确定的财产,所涉及的条款应属无效。此外,遗赠人黄某彬生前与

---

[1] 参见四川省泸州市中级人民法院(2001)泸民一终字第621号民事判决书。

原告长期非法同居,黄某彬所立遗赠属违反社会公德的无效遗赠行为。请求判决驳回原告的诉讼请求。

律师观点:

1. 关于遗赠人所立遗嘱的效力问题

遗赠是公民以遗嘱的方式将个人合法的财产的一部分或全部赠给国家、集体或法定继承人以外的其他人,并于死后发生效力的法律行为。遗赠行为成立的前提是遗嘱,而遗嘱是立遗嘱人生前在法律允许的范围内,按照法律规定的方式处分自己的财产及其他财物,并于死后生效的法律行为。一个合法的遗嘱成立必须具备其构成要件。

本案中,遗赠人黄某彬在所立遗嘱中,将其所得的住房补贴金、公积金、抚恤金和夫妻共同卖房所得的房价款的一半4万元等财产赠与原告所有,是其真实意思表示,并经过公证机关公证。但从其遗嘱处分的财产性质看,遗赠人黄某彬处分的财产内容已超出了其个人财产的范围,侵犯了被告作为法定继承人应享有的合法财产权利。主要表现在以下几个方面:

(1)按照国家有关政策规定,抚恤金是死者单位对死者直系亲戚的抚慰。黄某彬死后的抚恤金不是黄某彬个人财产,不属遗赠财产的范围。

(2)遗赠人黄某彬的住房补助金、公积金属黄某彬与蒋某芳夫妻关系存续期间所得的夫妻共同财产。按照《继承法》第16条①和司法部《遗嘱公证细则》第2条之规定,遗嘱人生前在法律允许的范围内,只能按照法律规定的方式处分其个人财产。遗赠人黄某彬在立遗嘱时未经共有人被告同意,单独对夫妻共同财产进行处理,侵犯了被告的合法权益,其无权处分部分应属无效。

(3)泸州市住房一套,系遗赠人黄某彬与被告婚姻关系存续期间被告继承父母遗产所得。《婚姻法》第17条②规定,夫妻在婚姻关系存续期间所得的财产,归夫妻共同所有,双方另有约定的除外。夫妻对共同所有的财产,有平等的处理权。该住房为夫妻共同财产。但该房以8万元的价格卖给陈某,黄某彬生前是明知的。且该8万元售房款还缴纳了有关税费。并在2001年春节,黄某彬与被告共同又将该售房款中的3万元赠与其子黄某用于购买商品房,对部分售房款已作处理,实际上并没有8万元。遗赠人黄某彬在立遗嘱时,仍以不存在的8万元的一半进行遗赠,显然违背了客观事实,系虚假行为。遗赠人黄某彬的遗赠行为,违反

---

① 现为《民法典》第1133条相关内容。
② 现为《民法典》第1062条相关内容。

法律规定,剥夺了被告依法享有的合法财产继承权。

2. 关于公证遗嘱的效力

根据《公证暂行条例》第2条①的规定,"公证是国家公证机关根据当事人的申请依法证明法律行为、有法律意义的文书和事实的真实性、合法性,以保护公共财产,保护公民身份上、财产上权利和合法利益"。公证机关作为行使国家证明权的机关,应当按照法定程序对所要证明的法律行为、文书和事实的真实性、合法性进行认真审查。司法部《公证程序规则》(试行)第32条②明确规定,"法律行为公证应符合下列条件:……(三)行为的内容和形式不违反法律、法规、规章或者社会公共利益。"遗嘱行为属民事法律行为,因此,法律行为公证的条件就必须与民法上规定的民事法律行为成立的要件相符合。《遗嘱公证细则》第17条也规定,遗嘱内容不得违反法律规定和社会公共利益,对不符合前款规定条件的,应当拒绝公证。《公证暂行条例》第25条及《四川省公证条例》第22条规定,公证机构对不真实、不合法的行为、事实和文书应拒绝公证。

因此,遗赠人黄某彬所订立的将其死后遗产赠与原告的遗嘱虽然经过公证机关办理了公证手续,但因该遗赠行为本身违反了法律,损害了社会公共利益,属无效民事行为。《民事诉讼法》第67条③规定,"经过法定程序公证证明的法律行为、法律事实和文书,人民法院应当作为认定事实的根据。但有相反证据足以推翻公证证明的除外"。故泸州市纳溪区公证处所作出的(2001)泸纳证字第148号公证书依法不能产生法律效力。

3. 关于法律的适用

遗赠行为作为民事法律行为的一种,除应当具备继承法所规定的有关构成要件外,还必须符合《民法通则》对民事法律行为的一般规定。

《民法通则》第7条④明确规定,"民事活动应当尊重社会公德,不得损害社会公共利益"。此即民法的"公序良俗"原则。作为现代民法的一项基本原则,"公序良俗"原则充分体现了国家、民族、社会的基本利益要求,反映了当代社会中居于统治地位的一般道德标准。就其本质而言,是社会道德规范的法律化。在现代市场经济条件下,起着使社会道德观念取得对民事主体之民事行为进行内容控制的重要功能,在法律适用上有高于法律具体规则适用之效力。"公序良俗"原则

---

① 现为《公证法》(2017年修正)第2条相关内容。
② 现为《公证程序规则》(2020年修正)第36条相关内容。
③ 现为《民事诉讼法》(2021年修正)第72条相关内容。
④ 现为《民法典》第8条相关内容。

所包括的"社会公德"与"社会公共利益",又可称作"公共秩序"和"善良风俗"。两者的概念基本一致,相辅相成。在确定"公序良俗"原则中"社会公德"或"社会公共利益"的法律内涵进行具体法律适用时,必须也只能通过不同历史时期法律具体规定所体现的基本社会道德观念和价值取向加以确定。因此,并非一切违反伦理道德的行为都是违反社会公德或社会公共利益的行为,但违反已从道德要求上升为具体法律禁止性规定所体现的维持现行社会秩序所必需的社会基本道德观念的行为则必然属于违反社会公德或社会公共利益的行为,依法应为无效民事行为。

在本案中,遗赠人黄某彬与被告系结婚多年的夫妻,本应按照《婚姻法》第4条①的规定互相忠实、互相尊重,但黄某彬却无视夫妻感情和道德规范,与原告长期非法同居,其行为既违背了我国现行社会道德标准,又违反了《婚姻法》第3条②"禁止有配偶者与他人同居"的法律规定,属违法行为。黄某彬基于其与原告的非法同居关系而订立遗嘱将其遗产和属于被告的财产赠与原告,以合法形式变相剥夺了被告的合法财产继承权,使原告实质上因其与黄某彬之间的非法同居关系而谋取了不正当利益。我国《民法通则》第58条③规定,"民事行为违反法律和社会公共利益的无效",因此,遗赠人黄某彬的遗赠行为,应属无效民事行为。无效的民事行为,从行为开始就没有法律约束力。

综上所述,遗赠人黄某彬的遗赠行为虽系黄某彬的真实意思表示,但其内容和目的违反了法律规定和公序良俗,损害了社会公德,破坏了公共秩序,应属无效民事行为。原告要求被告给付受遗赠财产的主张,应不予支持。被告要求确认该遗嘱无效的理由成立,应予以支持。

法院判决:

驳回原告的诉讼请求。

301. 出现多份遗嘱,应以哪份遗嘱为准?

当事人立有数份遗嘱,内容相抵触的,以最后的遗嘱为准。

【案例153】存在多份遗嘱　内容互不抵触的均有效④

原告: 马某(系马某1之女)

---

① 现为《民法典》第1043条相关内容。
② 现为《民法典》第1042条相关内容。
③ 现为《民法典》第153条相关内容。
④ 参见北京市第一中级人民法院(2019)京01民终861号民事判决书。

被告：张某1

第三人：朱某

诉讼请求：依法继承马某1遗留的位于北京市昌平区某号楼某单元某层某号房屋一套。

争议焦点：

1. 打印遗嘱及无签名的遗嘱是否有效；
2. 遗嘱处分财产涉及诉讼，且判决内容尚未生效该如何认定；
3. 有多份遗嘱的，是否均有效。

基本案情：

马某1与陈某婚后生育一女马某，陈某于1986年2月死亡。马某1与朱某于1989年2月25日登记结婚，二人均系再婚，未生育子女，张某1系朱某之子，与马某1、朱某共同生活。2009年马某1诉至法院，要求与朱某离婚，后法院判决马某1与朱某离婚；位于北京市昌平区某号楼某单元某层某号房屋一套归马某1所有，马某1给付朱某该套房屋折价款30万元。后马某1提出上诉，法院于2010年11月19日作出判决，判决驳回上诉，维持原判。后该房屋由朱某居住使用至今，并对该房屋进行了装修，马某1生前未给付朱某上述房屋折价款。马某1于2014年1月17日死亡。

庭审中，马某提交了6份遗嘱，1份为打印遗嘱，5份为自书遗嘱，具体内容如下：

打印遗嘱主要内容为："遗嘱人马某1,1949年7月16日出生，汉族，住北京市昌平区某园某号楼某单元某层西门，身份证编号：×××。我立此遗嘱，对我所有的财产，作如下处理：（一）我自愿将下列归我所有的财产遗留给女儿马某。1.北京市昌平区某号楼某单元某层某号房产一套遗留给女儿马某所有，依据（2009）昌民初字第9712号民事判决书，我与前妻朱某离婚诉讼中，法院将位于北京市昌平区某号楼某单元某层某号房产判归我所有。2.我与前妻朱某离婚后财产纠纷所得留给女儿马某所有，我所得房屋折价款482,127元和房屋鉴定费4500元、一审案件受理费3325元、二审案件受理费3325元。依据（2013）一中民终字第04122号民事判决书。3.存款全部归女儿马某所有。4.其他书籍及日常生活用品。5.其他属于我的财产。我遗留给马某的财产，仅限于马某个人，是遗留给马某的个人财产，他人不得以任何理由主张权利。（二）关于我的后事：我过世后，由女儿马某负责处理我的后事，包括领取抚恤金及丧葬费等用于为我处理后事使用。（三）未了事宜：我生前尚有诸事未了，包括与前妻朱某离婚后财产纠纷虽有北京市第一中级人民法院终审判决,但尚未执行没有完全了结,如在我生前留有没有完结的事项,也由我的女儿马某代我完成。本遗嘱委托以下人员执行:第一委托人:雷某;第二委托人:赵某;第三委托人:孙某。本遗嘱一式4份,1份由我收执,1份由委托执行人赵某保存,1份由委托执行人孙某保存,1份由女儿马某保存。自书立遗嘱人:马某1,日期:2013年11月9日。"该遗嘱是马某姑姑马某3打印的,然后拿到敬老院,根据现场视频,马某1依照事先打印成文的遗嘱宣读,并签字。该遗嘱也无打印人马某3的签名。

5份自书遗嘱分别为:

第1份,《关于马某1根治肿瘤术前遗嘱》,主要内容:马某1与朱某二审离婚案交由昌平区法院审理,到目前已过去10个多月,还没结案。近期马某1因患肿瘤需住院手术治疗,如果遇有意外,法院裁定夫妻双方共同财产中,分割给马某1那一部分,由亲生女儿马某来继承。其中房屋共同财产为昌平区城区镇某家园某号楼某单元某号,建筑面积59平方米,房产证号:1××××号和昌××××号,建筑面积100平方米,房产证号3××××号为马某1和朱某婚后共同财产的一部分。目前,本人不愿见朱某,住院费用全部由马某垫付。立遗嘱人签字:马某1,时间2010年6月22日。

第2份,《关于马某1根治肿瘤术前遗嘱》,主要内容:近期马某1因患肿瘤需住院手术治疗,如果在手术中死亡,就不能说话了,所以有些事需在手术前交代完毕。……根据上述情况,马某1立如下遗嘱:(1)……;(2)法院最终判决,分割给马某1财产归马某所有;……。立遗嘱人签字马某1,时间:2010年6月27日。

第3份,《遗嘱》,主要内容:近期马某1因患肿瘤需住院手术治疗,如果在手术中死亡,就不能说话了,所以有些事需在手术前交代完毕。……根据上述情况,马某1立如下遗嘱:法院最终判决,分割给马某1财产归马某所有;……。立遗嘱签名处无马某1签名,时间:2010年6月27日。

第4份,《遗嘱》,主要内容为:因本人患重病在身,为防止女儿日后为遗产问题产生争议,特立遗嘱如下:(1)我在与朱某离婚时分得的位于北京市昌平区某家园某号楼某单元某号(原某局家属院)住宅楼一套,在我去世后,全部由马某继承;(2)我与朱某正在诉讼分割的位于北京市昌平区某园某号楼某单元某号(原某厂宿舍南楼)房产中属我的产权份额,在我去世后全部由女儿马某继承;(3)我现有的其他财物和可得利益在我去世后均由马某继承。立遗嘱人签字:马某1,立遗嘱时间:2010年11月17日。

第5份,《遗嘱》,主要内容:因本人患重病在身,为防止女儿马某日后为遗产产生争议,特立如下遗嘱:(1)我在与朱某离婚时分得的位于北京市昌平区某家园某号楼某单元某号(原某局家属院)住宅楼房,在我去世后,全部由马某继承;(2)我与朱某正在诉讼分割的位于北京市昌平区某园某号楼某单元某号(原某厂宿舍南楼)中属于我的产权份额,在我去世后全部由女儿马某继承;(3)我现有的其他财产和可得利益在我去世后均由马某继承;(4)由于目前身体状况,再无精力和能力为各项产权纠纷耗费气力,我无论生前和身故后,纠纷事宜均由女儿马某和其律师代理辩诉,为我讨回公道。立遗嘱人马某1,立遗嘱时间:2011年11月24日。

原告诉称:

马某之母陈某于1986年2月去世,1989年2月25日,马某之父与张某1母亲朱某结婚,当时张某1,17岁,与马某1形成抚养关系。2010年11月19日,北京市第一中级人民法院作出终审判决,准许马某1与朱某离婚。马某1父亲马某2已于2001年12月18日去世,马某1母亲于1992年9月8日去世。2014年1月17日,马某1去世,去世前有遗嘱,明确表示其生前财产由马某继承,但张某1阻挠,直至今日马某无法取得被继承人马某1的遗产。

被告辩称:

1. 马某提供的6份遗嘱中应当以最后一份(打印件)为准,而打印件遗嘱我方认为该遗嘱不具有法律效力。

2. 马某提交的5份手写体遗嘱,其中一份无马某1签字,不具有质证意义。而2010年6月22日、6月27日和11月17日手写体遗嘱,当时,一中院还没有作出判决确认诉争房屋归马某1,一中院判决是在2010年11月19日作出的,即(2010)一中民终字第17942号民事判决书,因此,上述三份遗嘱不具备法律效力。

3. 2010年11月24日手写遗嘱内容与上述判决内容相悖,诉争房屋只有马某1将朱某应得的房屋折价款给付后,房屋才全部归马某1,而马某1至今未给付朱某房屋折价款,因此,马某1将诉争房屋遗嘱全部归马某继承侵犯了朱某的利益,因此,该份遗嘱的效力无法确认。

法院认为:

1. 关于打印件遗嘱。根据马某的陈述,该遗嘱打印人为其姑姑马某3,非马某1自己打印形成,同时,根据现场视频,马某1仅是依照事先打印成文的遗嘱宣读,且宣读时,在场人多次提示,该遗嘱虽有马某1本人签名,但不符合自书遗嘱的法定形式要件,同时,该遗嘱也无打印人马某3的签名,也不符合代书遗嘱的法定形式要件,因此,该遗嘱不具备上述法律规定的法定形式要件,应为无效遗嘱。

2. 马某提交的无马某1签名的手写遗嘱,不符合自书遗嘱的法定形式要件,其效力应不予确认。

3. 马某提交的落款签有"马某1"名字的手写遗嘱,落款时间分别为2010年6月22日、6月27日、11月17日、2011年11月24日,符合自书遗嘱的法定形式要件。

马某1于2010年11月17日立遗嘱时,虽其与朱某离婚案件的一审判决尚未生效,但该判决已将诉争房屋判决归马某1所有,且此后(2010年11月19日)二审判决维持原判,遗嘱内容与生效判决并不矛盾,因此,张某1、朱某仅以马某1立上述遗嘱时一审判决尚未生效为由主张该份遗嘱无效,无法律依据。关于马某1于2011年11月24日的自书遗嘱,马某1未给付朱某房屋折价款,其法律关系为债务关系,该付款义务的履行与否,不影响物的所有权的归属。

4. 法律规定被继承人生前立有数份遗嘱,内容相抵触的,以最后的遗嘱为准,本案中,马某1生前立有数份遗嘱,但每份遗嘱内容并不相互抵触,因此,张某1、朱某辩解以最后一份打印遗嘱为准,不符合法律规定。同时,打印遗嘱无效,并不影响此前自书遗嘱的效力。

法院判决:

位于北京市昌平区某号楼某单元某层某号房屋(房屋产权证登记位置为昌平县城区镇某路东某局宿舍楼某门某层某号)由马某继承。

302. 哪些遗嘱需要见证?何为律师遗嘱见证?律师在办理涉及股权的遗嘱见证时应注意什么问题?

代书遗嘱、录音录像遗嘱、打印遗嘱、口头遗嘱都需要有两个以上的见证人在场见证。

实践中常发生的情形是,被继承人由于缺乏法律知识,由他人代书遗嘱,但由于缺少见证人,或见证人为利害关系人,最终导致遗嘱被认定无效。致使继承人为遗产继承纠葛不休,最后由亲人成为陌路。

为避免该类情况的发生,笔者建议应聘请律师进行遗嘱见证。

律师遗嘱见证,是指律师事务所应立遗嘱人的委托,指派两名以上的律师参与订立遗嘱的过程,并对遗嘱人订立遗嘱过程予以证明的一种活动。[1]

对于企业家来说,最大的资产莫过于所拥有的公司股权。律师在办理涉及股

---

[1] 参见中华全国律师协会汇编:《中华全国律师协会律师承办继承法律业务操作指引》(2013年)第18条。

权的遗嘱见证时应特别注意股权继承方案的设计。虽然我国法律规定,自然人股东死亡后,其合法继承人可以继承股东资格及相应的财产权。但是,由于股权的特殊性,在企业家过世后,这部分财产仍常会引发争议。而律师遗嘱见证,是许多企业家为了避免遗产纠纷出现采用最多的方法。律师在办理遗嘱见证业务时,应注意以下问题:

(1)针对企业家的资产状况以及个人要求,设计遗产继承方案;

(2)与公司其他股东进行协商,邀请其参与遗嘱见证,请股东签署确认遗嘱内容并保证配合股权顺利过户的同意书;

(3)如果继承人人数过多,可能导致公司法定人数超限等问题,应当提醒立遗嘱人并与其进行讨论,是否将股权集中由一个或两个继承人继承等方式解决问题,并在遗嘱加入相关条款;

(4)在遗嘱中将律师指定为遗嘱执行人,利用律师的专业知识以及中立角色避免遗产纠纷的产生。

303. 哪些人不得作为代书遗嘱、录音录像遗嘱、打印遗嘱、口头遗嘱的见证人?

下列人员不能作为遗嘱见证人:

(1)无民事行为能力人、限制民事行为能力人以及其他不具有见证能力的人;

(2)继承人、受遗赠人;

(3)与继承人、受遗赠人有利害关系的人。

值得注意的是,继承人、受遗赠人的债权人、债务人,共同经营的合伙人,也应当视为与继承人、受遗赠人有利害关系,不能作为遗嘱的见证人。

【案例154】继承人代书遗嘱不合法　状告祖父母获公司股权[①]

原告:张甲

被告:张乙、夏某

诉讼请求:

确认张丙所立遗嘱无效。

争议焦点:

继承人能否代书或见证遗嘱。

---

① 参见中顾法律网 http://news.9ask.cn/ycjc/yzjc/201011/951779.shtml,2012年7月11日访问。

基本案情：

原告系张丙的女儿，张丙生前立下遗嘱，将属于其个人的某公司 50% 股权赠与二被告。该遗嘱由被告张乙代书，两名居委会干部见证并签名。该遗嘱上有张丙的签名及手印，注明日期为 2002 年 10 月 29 日，但"10"有修改痕迹。

原告诉称：

遗嘱代书人是继承人，见证人也没有注明见证年份，这些不符合继承法上关于代书遗嘱的形式规定。另外，印章签名的日期有改动。因此，该遗嘱无论是内容还是形式上都不严密、不真实，属于无效遗嘱。

被告辩称：

该遗嘱虽然在形式上稍有欠缺，但确实是张丙的真实意思表示，没有胁迫或伪造，所以应当是有效的。

律师观点：

根据《继承法》规定，代书遗嘱应当由两个以上见证人在场见证，由其中一人代书，注明年、月、日，并由代书人、其他见证人、遗嘱人签名。继承人不能作为遗嘱见证人。

本案中的遗嘱由被告张乙代书，而被告张乙为遗嘱继承人之一，属于法律上的利害关系人。所以由其代书的遗嘱不符合法律规定，应为无效。

法院判决：

张丙所立遗嘱无效。

304. 在什么情况下，遗嘱视为无效或撤回？

下列遗嘱视为无效或撤回：

（1）遗嘱人以遗嘱处分了属于国家、集体或他人所有的财产，这部分应认定无效。

（2）无民事行为能力人或者限制民事行为能力人所立的遗嘱无效，但遗嘱人立遗嘱时有行为能力，后来丧失了行为能力，不影响遗嘱的效力。

（3）遗嘱必须表示遗嘱人的真实意思，受欺诈、胁迫所立的遗嘱无效。

（4）伪造的遗嘱无效。

（5）遗嘱被篡改的，篡改的内容无效。

（6）被继承人生前与他人订有遗赠抚养协议，同时又立有遗嘱的，继承开始后，如果遗赠抚养协议与遗嘱有抵触，按协议处理，与协议抵触的遗嘱全部或部分无效。

(7)遗嘱人在危急情况下,可以立口头遗嘱。口头遗嘱应当有两个以上见证人在场见证。危急情况消除后,遗嘱人能够以书面或者录音录像形式立遗嘱的,所立的口头遗嘱无效。

(8)遗嘱继承人依法丧失继承权,遗嘱的相应内容无效。若遗嘱继承人故意杀害被继承人的,或者为争夺遗产而杀害其他继承人的,则该遗嘱继承人丧失继承权,遗嘱的相应内容无效,所涉及的财产按照法定继承办理。

(9)系遗嘱人真实意思表示但不符合法定形式要件的代书遗嘱不宜认定为有效。

(10)立遗嘱后,遗嘱人实施与遗嘱内容相反的民事法律行为的,视为对遗嘱相关内容的撤回。

【案例155】遗嘱处分离婚未分割股权无效 主张了解经营财务状况获支持[①]

原告:刘女士

被告:保利泰克公司

诉讼请求:

1. 判令确认周先生所立遗嘱中关于财产和经营权的部分无效;
2. 将被告的财务报表、账簿、合同给予原告查阅。

争议焦点:

1. 周先生能否在遗嘱中对被告的财产及经营权作出处分;
2. 原告是否有权要求查阅被告的财务报表、账簿、合同。

基本案情:

被告由原告和周先生出资成立,其中周先生持有公司70%的股份,担任执行董事、经理职务,原告持有公司30%的股份,担任监事职务。

2000年,原告与周先生在法院调解离婚,并对财产进行了分割,但未涉及被告的股权。

2003年,周先生因病去世,去世前立下遗嘱,其中一项内容为:从2003年10月31日起公司由王某接管经营,2003年10月31日之后的公司财产归王某所有,一切债权债务由王某处理。

[①] 参见郭京霞:《股东自立遗嘱转让公司财产和经营权无效》,载中国法院网,https://www.chinacourt.org/article/detail/2006/06/id/208675.shtml,2020年6月28日访问。

原告诉称：

原告为被告的合法股东,周先生在遗嘱中擅自处分公司财产及经营权的行为严重侵犯了原告的合法权益。

被告未答辩。

律师观点：

1. 离婚协议并未分割股权,故原告有权行使股东权利。

原告在被告章程和工商登记中均被记载为股东,其与周先生离婚时约定共同财产现在谁处归谁所有,但双方并未对所持有的被告股份进行分割、转让,亦未对公司章程和工商登记进行修改。因此,原告有权行使股东权利。

周先生作为被告的执行董事在其遗嘱中擅自处分变更被告的财产、经营权,违反了法律及公司章程规定,侵害了原告作为公司股东所享有的资产受益权和对公司事务的重大决策权。故周先生所立遗嘱中关于公司财产和经营权的内容是无效的。

2. 原告有权查阅财务报表、账簿、合同。

《公司法》(2005年修订)第32条的规定,股东有权查阅股东会会议记录和公司财务会计报告。根据公司法及被告章程的规定,股东享有了解公司经营状况和财务状况的权利。因此,被告有义务将其从2003年10月20日至今的财务报表、账簿、合同给予原告查阅,从而保障股东知情权的实现。

法院判决：

1. 判令周先生所立遗嘱中关于2003年10月31日之后被告由王某接管经营、公司财产归王某所有、一切债权债务由王某处理的部分无效；

2. 被告将其从2003年10月20日至今的财务报表、账簿、合同给予原告查阅。

【案例156】两份遗嘱引香港"的士大王"家族之争 原配6名子女败诉二房独享10亿港元遗产①

绰号"的士招"的香港隐形富豪招某全,2004年去世时遗下估计逾10亿港元资产。原配6名子女却指父亲死前立下遗嘱将所有遗产转赠二太的决定是受精神问题影响,双方对簿公堂。

---

① 参见杨育才：《香港"的士大王"家族争夺10亿遗产》,载凤凰网,http://news.ifeng.com/C/7fZOhCzVrqu,2020年6月28日访问。

炒出租车牌和房产发迹

外号"的士大王",招某全被认为是全香港最为神秘的富豪之一,被媒体称为"隐形富豪"。这位隐形富豪发家的第一桶金则来自炒卖香港出租车(香港称为"的士")营业牌照。

根据我国香港特别行政区的法律规定,经营出租车必须持有出租车牌照,一辆车一块,否则载客收费则为黑车,是非法行为。加之香港政府对出租车进行总量控制,使得出租车牌照奇货可居,一度成为炒卖的投机商品。每个出租车牌照的拍卖价格曾高达约500万港元。

招某全在20世纪90年代开始炒出租车牌照,高峰时期拥有100多个出租车牌,如果按照目前的价格计算,其价值超过5亿港元。除了依靠出租车牌照发家之外,招某全还在SARS期间大手炒楼,买入多个楼盘物业。2004年,招某全因病去世后,其遗产管理人向税局申报的遗产显示,单是港岛花园道爱都大厦及薄扶林碧瑶湾豪宅共33处物业,2005年已价值2.6亿港元,这还不包括未计入的外汇、股票等其他财产。

两份遗嘱截然不同　原配6子女与二太争产

招某全奔忙一生,身后除了价值10亿港元遗产之外,还有至少三房姨太和十几个子女。2004年平安夜,招某全死于急性心肌梗死及糖尿病,终年55岁。

招某全在1973年和原配王某英结婚,育有5女4子。两人早年在工厂当工人,租住在铜锣湾百德新街,后来买卖出租车牌照致富后,于20世纪90年代开始买入碧瑶湾物业。1992年,招某全和原配王某英离婚。2003年,王某英在内地住所自杀身亡。

1997年平安夜,招某全曾立下遗嘱,将家产分为19份,分予各房的14名子女(当时尚有5名子女未出世),5个儿子各得两份,9个女儿各得一份。然而,在招某全于2004年去世之后,二姨太钟某英却出示了一份招某全在2003年平安夜所立的遗嘱,遗嘱指明"不分财产予原配子女",所有遗产只留予钟某英一人。钟某英所持的遗嘱遭到长房子女们的质疑。由于两份遗嘱内容不同,王某英的6名子女向香港高等法院提起诉讼。诉状中声明,二姨太钟某英手持的2003年遗嘱无效。他们认为,父亲招某全患有焦虑症、糖尿病而长年服药,在2003年年底未必具有签署遗嘱的精神能力,有可能是在神志不清的情况下才另立遗嘱。

原告代理律师苏某年也指出,2003年遗嘱违反1997年遗嘱原意,而且是由为招某全当秘书、并与二姨太关系良好的三姨太陈某卿吩咐律师拟备,其有效程度备受质疑。

针对指控,二姨太钟某英表示,2003年遗嘱有律师见证,钟某英称,招某全当场撕烂了1997年遗嘱,证明他有心废除旧遗嘱。

法院最终判决:二房独享10亿港元资产

2012年1月31日,香港高等法院裁定二太钟某英胜诉。

案件的焦点集中招某全于2003年更改遗嘱时的精神状态。

原配王某英的6名子女称,在他们眼中招某全是一名好父亲,得知他更改遗嘱后大吃一惊。长子文甲指父亲当时服食很多不同的药物,又表现怪异,但各子女均未能证实父亲精神有问题;而替招某全工作的大律师、地产经纪,均表示他精明能干、心思缜密,当时跟他相处并没有任何异样,就连医治他多年的医生及精神科专家,也没有证实他患有脑退化或任何精神问题。

另外,从子女的证供显示,他不失为一位好爸爸,所以子女才质疑他更改遗嘱。但这只可将招某全看成是为人不公或不讲理由,但不代表当时他更改遗嘱时受精神问题影响。反而他跟二太同居20载,与她非常亲近,又将其的士公司以二太命名,这样更容易相信招某全愿意将遗产交托二太。

【案例157】老板娘意外身亡　上亿遗产引家族纷争[①]

在温州街头,到处都可以看到一家家装修简洁时尚的蛋糕坊——"桂新园"。2009年6月25日,桂香村老板娘陈某伟在自家公寓晨练时不慎失足落水,意外死亡。其后,其父母和其丈夫马某伟为争夺上亿遗产上演了一出"豪门恩怨"。

股权遗产纷争

桂香村由马某伟、陈某伟(曾用名陈某瑜)夫妇于1989年创建。2002年公司创办,注册商标"桂新园"。当年小小的糕点店不断发展壮大。2008年12月公司注册的资本金为1000万元,马某伟和陈某伟各占50%股份。喜欢思考、有些内向的丈夫马某伟主要负责公司的生产和技术,性格爽朗的陈某伟则是外当家,夫妻俩一直被业界称为"最佳搭档"。多年打拼之后,桂新园已成为浙南地区烘焙行业的第一品牌。

但在陈某伟去世后不久,桂香村陷入了旷日持久的内部纷争。

"其实我们还没有想到什么遗产继承的事,是二姐夫(马某伟)主动提起要把二姐的遗产让我父母来继承。"陈某伟的妹妹陈某秋说。

[①] 参见吴行妙:《温州知名蛋糕店女掌门过世10亿遗产继承惹官司》,载搜狐网,http://news.sohu.com/20100210/n270166729.shtml,2020年6月28日访问。

双方协商了陈某伟遗产问题,但最终没有谈妥。陈家人认为,马某伟想把公司股份、不动产等都"折现"分给陈某伟父母,"等于让陈家彻底退出桂香村了"。

2010年11月3日,陈某伟父母向温州鹿城区法院提起民事诉讼,要求分割陈某伟的遗产。陈某伟的父母称,陈某留下的遗产有浙江桂香村食品连锁有限公司(桂新园)50%的股权,海南某食品有限公司6%的股权及16处不动产、2辆汽车、银行存款、股票、手表和黄金的50%。两原告依法各继承被继承人遗产份额的1/5。

"马某不但不分割陈某发生意外以后应该给予岳父母的赡养费,还私自转移财产,悄然举家搬迁,并阻止两个小孩探望外公外婆。"陈某秋说。

双方争论的焦点是,马某伟只希望把不动产和股份等折算成现金给其岳父母,但其岳父母不同意折现。马某伟的代理律师说,他们对两原告是陈某伟的继承人没有异议。不过在分割遗产时,应当有利于生产和生活需要来进行。

2010年7月16日,法院作出判决:马某伟和子女占80%,余下的20%归陈某伟父母。

一名知情人士透露,对于这份判决,双方都比较尊重,相关交接处置也在进行中,事态看似逐渐恢复平静,但是桂香村靠血亲维系的经营弊端开始在股权分割后显现。

管理僵局

一个典型的家族企业,在突遭股权分割后陷入了艰难的磨合期,尤其是两大股东方互相猜忌、互有对立的情况下,纷争在所难免。

法院判决之后,桂香村被动转变为股份制,工商注册、公司章程重新制订。2010年10月底,陈某伟父母和女婿马某伟3个人召开了桂香村第一次股东会议,议题是选举公司的监事人。

会议期间,陈某伟父母推举自己的三女儿陈某秋出任监事人,理由是陈某秋"熟悉公司业务"。这一提议被马某伟否决,在马看来,2009年9月,陈某秋"利用职权之便蓄意隐匿或遗失公司财物"。

马某伟的提名是他的一名同学。此人到公司时间不足一年,遭到了陈某伟父母的反对。74岁的老丈人情绪激动。双方都不同意对方提议的人选,最终不欢而散。

与此同时,马家和陈家的纷争在桂香村之外继续扩大。被"清理"出公司后,大姐陈某军舍不得自己做了10多年的行业,现在和朋友合伙在温州也开起了蛋糕坊,成了桂香村的竞争对手。

律师观点:股权与经营权要区别对待

企业创办之初股权就要明晰化,越是亲戚越要分清楚。

桂香村面临的管理难题,是温州乃至中国诸多家族企业都可能面临的问题。一方面,为了企业更好地经营和发展,建立产权明晰的现代企业制度十分必要;另一方面,家族企业的特性,又使得这条现代企业之路,往往走得漫长而艰难。

但不要忘了,古人都知道"亲兄弟明算账"这个道理。这就好比几个兄弟都长大了,分家反而能避免矛盾。家族企业所有权和经营权高度重合的状况,往往会导致所有权的纷争,从而直接影响经营权的正常执行。很多人的固有观念是,有股权就一定要参与经营。为了规避这样的风险,家族企业发展到一定规模,就应该考虑按照各自权利和义务,尽快明晰产权。国际上很多成功的企业,即使股东是仇人,也能不影响企业正常经营。

家族企业的股权往往像一锅粥,企业小的时候还好,做大了就容易有纠纷。兄弟、父子成仇的教训见多了。所以企业创办之初股权就要明晰化,越是亲戚越要分清楚。

另外,家族企业经营权和所有权混淆是普遍现象。所有权是和利益挂钩的,让不同的利益主体去经营,能不产生矛盾吗?因此,在企业走上正轨之时应当咨询律师等专业人士,逐渐为企业建立起股权与经营权有区别的现代企业制度与内部管理规范制度,避免相关风险的产生。

305. 何为遗嘱信托?遗嘱信托有何作用?

委托人通过订立遗嘱或签署遗嘱性文件而设立的信托,是遗嘱信托。[1]

遗嘱信托的作用:

(1)税务方面会减少一些不必要的麻烦。生前赠与、身后继承在税务上可能适用不同税法规定,通过遗嘱信托,立遗嘱人可依资产配置状况选择最有利的规划方式。

(2)通过遗嘱信托可规避资产纠纷。在不违反特留份制度的规定下,按照事先做好的遗产规划将财产依自身意志分配,各继承人可分的财产清楚透明,避免子女争夺财产。比如香港女富豪小甜甜龚如心的丈夫突然辞世之后,法院对其遗产很难作出判决,如果当初有遗嘱信托就不会出现这种麻烦。

---

[1] 何宝玉:《信托法原理研究》,中国法制出版社2013年版,第28页。

（3）当资产庞大并且形成产业后，通过遗嘱信托可把产业存续下来。财产在受托人的保管下，不会被继承人轻易挥霍殆尽，得以代代相传。比如美国的洛克菲勒公司办理了遗嘱信托后，企业家就不用担心遗产会被挥霍掉。

（4）解决财产共有不易处分的缺点。传统继承方式常发生不动产由多人共同持有的情形，增加了财产处分的困难且易产生纠纷。但是用遗嘱信托的方式就能提前解决这些麻烦。

（5）遗嘱信托可以用于公益事业，比如规定30%左右遗产用于社会公益，从而体现自身的社会责任。

306. 设立遗嘱信托应注意哪些问题？

遗嘱信托除符合《信托法》的基本要求外，还应当符合《民法典》继承编等相关法律的规定。一般来说，遗嘱信托应当采取书面形式。遗嘱信托文件不同于一般的遗嘱。遗嘱信托文件应包括三个方面的当事人：委托人（被继承人），受托人（遗嘱执行人），受益人（继承人）。

遗嘱信托必须指定受托人（遗嘱执行人），遗嘱执行人一般选择具有理财能力的律师。遗嘱信托的受益人可以是法定继承人的一人或者数人。公民可以立遗嘱将遗产受益人指定为法定继承人以外的人。遗嘱信托在被继承人订立遗嘱后成立，并应于遗嘱人（被继承人）去世后生效。

【案例158】"遗嘱信托第一案" 遗嘱家族信托获法院支持[①]

原告：李某1

被告：钦某某、李某2

第三人：李某5、李某6、李某7

诉讼请求：

1. 按照被继承人李某4的遗嘱继承其遗产；
2. 剩余遗产部分由李某1与钦某某、李某2依法继承分割。

争议焦点：涉及遗嘱信托的遗嘱是否有效，其理解、执行和财产管理该如何确认。

基本案情：

被继承人李某4于1950年8月19日出生，其父母为李某华、刘某香。李某华于1984年10月10日死亡，刘某香于1998年1月3日死亡。

[①] 参见上海市第二中级人民法院(2019)沪02民终1307号民事判决书。

1980年4月2日,李某4与案外人李某3登记结婚。婚后二人育有一女,即李1。

2006年,李某4与钦某某生育李某2。

2012年5月28日,李某3向法院起诉要求离婚。

2012年11月3日,李某4与钦某某又生育一女,取名李某8,后于2015年5月去世。

2013年2月16日,李某4与李某3经法院判决离婚。离婚时,李某4名下财产包括:海口房屋、三菱汽车1辆、光大证券股份有限公司内价值1,265,486.26元的股票及资金、中信建投证券股份有限公司内价值35,895.84元的股票等;李某4名下债务包括:应付李某3折价款91万元、应付李某3精神损害抚慰金1万元、诉讼费65,650元等。在该案中,李某4曾将541万元汇入指南中心,并确认该钱款系应当归还企业的钱款。

2013年9月5日,李某4与钦某某登记结婚。

2015年8月11日,李某4因病在上海瑞金医院过世。过世前,李某4于2015年8月1日写下亲笔遗嘱1份,内容如下:

一、财产总计:

1. 元普投资500万元月月盈招商证券托管;

2. 上海银行易精灵及招商证券约500万元;

3. 房产:金家巷、青浦练塘前进街、海口房产各1套。

二、财产处理:

1. 在上海再购买三房两厅房产1套,该房购买价650万元左右,只传承给下一代,永久不得出售;现有3套房产可出售,出售的所得并入李某4家族基金会,不出售则收租金;

2. 剩余350万元资金及房产出售款项约400万元和650万元房屋和其他资产约1400万元,由李某4家族基金会管理。

三、财产法定使用:

妻子钦某某、女儿李某2每月可领取生活费1万元整,现房租金5000元,再领现金5000元,所有的医疗费全部报销,买房之前的房租全额领取。李某2国内学费全报。每年钦某某、李某5、李某6、李某7各从基金领取管理费1万元。妻儿、三兄妹医疗费自费部分报销一半住院大病。

四、以后有补充,修改部分以日后日期为准。

财产的管理由钦某某、李某5、李某6、李某7共同负责。新购650万元房产钦某某、李某2、李某1均有权居住,但不居住者,不能向居住者收取租金。

李某4过世时,其名下已查明的财产有:招商证券股份有限公司内股票、基金6只,分别是东方证券74,000股、晶方科技3000股、众兴菌业1026股、赛摩电气1500股、中飞股份1000股、华厦现金基金432,757.91份;招商银行账户存款175,052.42元;上海元普投资管理有限公司500万元理财产品及相应收益;上海银行账户存款32,774.32元、美元8857.12元;上海银行账户存款303,543.96元;上海银行易精灵理财产品100万元;三菱汽车1辆;海口房屋1套;建设银行账户存款2330.58元;建设银行账户存款966.16元。

李某4过世后,其名下财产发生较大规模变动,包括:上海元普投资管理有限公司处的投资产品到期发生赎回;钦某某分90余次以支付宝、微信钱包等方式从李某4名下招商银行账户中转账钱款;钦某某从李某4名下上海银行账户中取款;李某4在上海银行的存款含易精灵理财产品100万元因此前的离婚案件被法院强制扣划1,099,076.93元,含逾期履行判决义务产生的费用;李某4家属提取部分钱款用于丧事;李某4原工作单位发放钱款;存款结息;股票、基金价格变化。

另查,李某4曾于2014年11月23日写下自书遗嘱1份,其中提及设立"李某4家族信托基金"。指南中心的法定代表人为李某4,指南中心的出资人为海南影视,海南影视的法定代表人亦为李某4。

法院认为:

1. 遗嘱的效力

从遗嘱的内容来看,李某4表达的意思是不对遗产进行分割,而是要将遗产作为一个整体,通过一个第三方进行管理,这个第三方李某4命名为"李某4家族基金会",组成人员为钦某某、李某5、李某6、李某7,管理方式为共同负责管理。李某4还指定了部分财产的用途,指定了受益人,明确了管理人的报酬,并进一步在购买房屋一事上阐明其目的——"只传承给下一代,永久不得出售",也就是要求实现所有权和收益权的分离。上述李某4的意思表示,符合信托的法律特征,应当识别为李某4希望通过遗嘱的方式设立信托,实现家族财富的传承。李某4在2014年11月23日自书遗嘱中也明确表示了"信托"二字,与2015年8月1日遗嘱可相互印证。因此,该份遗嘱的效力,应当根据《继承法》和《信托法》进行认定。

根据《信托法》的规定,信托目的必须合法。李某4的信托目的在于根据其意志管理遗产并让指定的受益人获得收益,符合法律规定。根据法律规定,信托应当采用书面形式,包括遗嘱等。李某4立有自书遗嘱,符合书面形式的要求。根据法律规定,信托文件还应当载明信托目的、委托人及受托人姓名、受益人范围、信托财产范围、受益人取得信托利益的形式和方法。李某4所立自书遗嘱明确其信托目的为管理遗产,委托人为李某4,受托人为钦某某、李某5、李某6、李某7,受益人为钦某某、李某2、李某1,信托财产为其遗嘱中所列举的财产,受益人以居住、报销和定期领取生活费等方式取得信托利益。因此,李某4的遗嘱符合《信托法》的规定,为有效信托文件。

2. 遗嘱的理解和执行方式

李某1认为,遗嘱中提及了购买1套650万元的房屋,该房屋"只传承给下一代,永久不得出售",说明李某4就该部分剥夺了钦某某的继承权。李某1认为,对该句的理解应当是指该650万元的房屋或钱款由"下一代"继承,钦某某不属于"下一代",所以该部分遗产应当由李某1和李某2均分。至于"永久不得出售",这只是李某4的一个愿望,实际无法实现。

钦某某、李某2认为,李某1对遗嘱的理解是错误的,李某4作出这个安排是为了保护未成年人的成长。分割夫妻共同财产后,李某4的遗产已经没有650万元,因此遗嘱实际无法执行,不能成立信托。

对遗嘱的理解,应当结合遗嘱的目的和上下文来进行。从遗嘱的目的来看,李某4的目的在于保持其继承人及直系后代能够获得稳定收益,将遗产的处分权与收益权相分离。从上下文来看,李某4在遗嘱中明确要把650万元房产并入"李某4家族基金会",由管理人统一管理。因此,遗嘱对该650万元房产的安排与其他资产一致,既没有剥夺钦某某的继承权,也没有安排李某1、李某2直接继承。遗嘱中的"只传承给下一代,永久不得出售"在法律上并非不能实现,这恰恰正是信托制度的功能之一。

由于股市波动等客观原因,李某4的遗产总值已不足650万元,因此遗嘱中关于购买650万元房屋的内容已无法执行。遗嘱中提及的金家巷房屋和青浦练塘房屋亦无法处分,该部分不可执行。但遗嘱中还有设立信托以及钦某某、李某2可收取信托利益等内容,上述内容与购买650万元房屋之间没有因果关系或前提关系。只要信托财产符合法律规定,即具备执行条件,可获执行。因此,部分遗嘱可获执行。

3. 遗嘱执行与财产管理

根据法律规定,立遗嘱人有权在遗嘱中指定遗嘱执行人,信托的委托人有权指定多个共同受托人。从遗嘱的上下文来看,李某4指定的管理人即为遗嘱执行人和信托受托人。钦某某亦为被指定的管理人之一,但其已向法院明确拒绝该指定,故钦某某不再列为遗嘱执行人、管理人和受托人。李某7、李某6、李某5向法院表示承诺信托,愿意履行相关法律义务,故信托成立,李某7、李某6、李某5为遗嘱执行人、管理人和受托人,有权根据一审判决指定的范围接管李某4的遗产。

4. 法定继承

李某4的遗嘱并未涵盖其全部遗产,尚有三菱汽车一辆含牌照未在遗嘱中进行安排。根据法律规定,该部分遗产应当按照法定继承予以分割,由李某1与钦某某、李某2均等继承。考虑到汽车无法实体分割,钦某某并无本市户籍,李某2作为未成年人无法驾驶车辆,故一审法院决定该车及其牌照由李某1继承,由李某1向钦某某、李某2各支付折价款42,766元。

法院判决:

1. 李某4所立遗嘱有效,依法成立信托,支持李某1要求按照遗嘱继承的请求。

2. 支持李某6、李某5、李某7要求执行遗嘱的请求,并担任受托人,根据判决指定的范围,按照法律规定以及遗嘱的内容履行受托人义务。遗嘱范围以外的遗产,按照法定继承进行分割。

307. 律师在遗嘱信托中有哪些作用?

(1)清点遗产,制作遗产清单。将自己所保管的遗产进行清点,并登记造册、制作遗产价值及清算移交遗产,便于继承人或利害关系人随时查阅。

(2)对死者的债权作受遗赠人的公告和通知。若不知道死者生前是否有债权人和受遗赠人,则需要申请法院公告。如果已经知道死者生前有债权人和受遗赠人,则可以分别通知,要他们报明债权和表明是否接受遗赠。

(3)清偿债务及交付遗赠物。财产所有人死后,如其继承人所在不明,有无债权人尚不清楚,或继承人是否接受继承、受遗赠人是否接受遗赠等不明确的,遗产管理人必须对死者的债权人和受遗赠人进行公告。在公告期限届满以后,着手进行债务的清偿和向受遗赠人交付遗赠物的工作。

(4)为保存遗产应当采取必要的处分措施,在管理遗产时,如果没有采取必要的处分措施的权限是不足以保护遗产的,处分措施以不变更遗产的标的物或权利上的性质为限。大致有以下几种:

①为保存遗产作出的处理遗产的行为。例如,为保护房产,与他人订立房屋修缮合同,维修破旧房屋,以免房屋倒塌、损坏等而造成遗产灭失和损毁。又如为防止遗产被破坏和遗产价值的减少,对于那些因长期保存耗费资金太大的遗产标

的物,也可以变卖,保存价款。

②对死者紧急债务和税款的清偿和行为。例如,为料理死者丧事的需要,可以对死者遗产作出处分,作为丧葬费用。又如,对于死者生前因治疗疾病所花费的医疗费用,也可以从死者的遗产中支付。再如,对死者生前应当缴纳的税款,可以从遗产中支付。

③对死者生前的经营性资产,有必要进行营业行为。如收取利息,取得营业的收益,支付参加该营业的职工工资等,均在遗产管理的权限之内。

(5)遗产的移交。在财产所有人死后,一旦有合法继承人出现并表示接受继承时,遗产管理人应及时将遗产移交给继承人。

四、股东资格的继承

308. 有限责任公司的股东资格是否可以继承?

可以。自然人股东死亡后,如果公司章程没有限制性规定,其合法继承人可以继承股东资格。

【案例159】谢某妻儿股东身份获确认　继承谢某生前企业股权[①]

著名电影导演谢某遗孀徐某雯携儿子状告谢某影视科技有限公司案,一度经过两次公堂对簿,最终调解结案。被告上海谢某影视科技有限公司确认两原告为公司股东,确认两原告继承取得的25%股权。

谢某曾于2000年9月发起创办一家文化影视科技企业。作为股东之一,谢某生前以现金出资占有公司25%股权,并担任公司法定代表人。

2008年10月18日,谢某意外去世,谢某的遗孀徐某雯及小儿子要求公司确认继承取得25%股权,办理工商变更登记以便行使股东权利。但两年来,公司一直没有办理工商变更登记。2011年3月,徐某雯与小儿子阿四将该公司告到徐汇区法院,要求确认原告的股东资格,判令被告变更工商登记。

作为被告的公司方表示,原告之一的谢某小儿子是限制行为能力人,不适合作为股东。拟收购两原告相应的股权,以给付股权转让款的形式让两原告退出公司。

最后,在法院主持下,双方达成调解协议。基于原告之一的特殊身体状况,双

[①] 参见严姗隽、侯荣康:《谢晋遗产案尘埃落定　名下股权归遗孀及儿子》,载新浪网,http://sh.sina.com.cn/news/e/2011-07-12/0825188858.html,2020年6月28日访问。

方从其生活保障考虑,对股权比例进行了调整。最终谢某名下上海谢某影视科技有限公司25%股权中的18.5%归徐某雯所有,6.5%归儿子所有。

【案例160】股权现金慈善 李嘉诚三分家产把控有道①

据《福布斯》2012年最新统计,当年83岁的李嘉诚身家多达255亿美元(约合1989亿港元),全球排名第9,连续多年稳居华人首富的宝座。这位出身寒微、学历不高、白手起家的华人首富日前用了不到15分钟的时间,向公众宣布了一项工程浩大的关于自己的资产交接计划。

长子得股权 次子获现金

2012年5月25日,李嘉诚在出席了旗下公司长江实业及和记黄埔股东大会后首次宣布其家族资产分配计划。

按照李嘉诚的分配方案,长子李某钜将得到超过40%的长江实业及和记黄埔的股权,以及加拿大最大的能源公司赫斯基35.5%股权,这三块业务也是李嘉诚旗下权重最大的资产(约2041亿港元)。

而对于次子李某楷,李嘉诚则称将以现金方式全力帮助其收购心仪的目标公司,资助金额将是李某楷目前身家的数倍。从分配的公平性角度来说,李嘉诚两个儿子分到的财产无论是实物还是股票、现金,从数量上来说,应该说是旗鼓相当。

此外,李嘉诚恪守自己的承诺将财产的1/3捐给社会,为此成立"李嘉诚慈善基金"。这被其称为"第三个儿子"。他表示,基金的规模早已经超越他个人定下的目标,对公益事务服务投入的金额更是高到"估不到"。该基金将会由两个儿子共同管理。

性格差异决定守成创业不同

1985年毕业于斯坦福大学的李某钜,获土木工程学士学位、结构工程硕士学位,同年加入长江实业。曾分拆长江基建上市,任长江基建主席,获选《时代》杂志"2003年度全球商界最具影响力人物之一"。比起弟弟因年少叛逆和花边绯闻,频频出现在娱乐头条的事迹,李某钜显得低调沉稳,即使是在有质疑李某楷可能分到的资产更多时,其也只是含笑表示,"爸爸的安排我们永远都OK",确实是可当重任的首选。

---

① 参见吕静莲:《股权、现金、慈善 李超人三分家产把控有道》,载搜狐网,http://voll.sohu.com/20120606/n344844614.shtml,2020年6月28日访问。

次子李某楷,且不说李嘉诚是否属意李某楷接任,其本身似乎就不喜欢家族所给的种种束缚,去美国时宁愿当球童自我贴补。比起李某钜,李某楷也许少了份稳重,但更具胆识和开拓精神,2000年就正式组建电讯盈科,成为与父亲比肩的香港第二大富豪。

应该说,李某钜、李某楷都很优秀,只是稳重的哥哥更适合继承庞大家业。

家产延续不忘信托基金助力

李嘉诚目前已获得中国内地8个城市及加拿大温伯尼市的荣誉市民称号,可能还拥有加拿大居民权和中国香港公民权。而他两位出生于香港的儿子,目前拥有加拿大国籍。李某钜与妻子在香港结婚,李某楷的长子李某治在加拿大出生,而次子和三子则均在美国出生。以上只是李嘉诚家族部分财产受益人或潜在受益人的一小部分生活经历,已涉及3个国家和地区。

如此复杂的家庭成员关系与他们的经历,可能是造成未来家族资产纠纷的重要隐患。因此,为了避免财产风险,李嘉诚会将其资产逐渐转移至他的家族信托基金中。

2003年5月6日,李嘉诚家族基金以每股作价约44港元,增持了5390多万股长江实业(00001.HK)股份,总值23.74亿港元。该基金持有的长实股权由33.31%增至35.65%。同日,由李嘉诚私人持有的长实股份,则相应减少了5390多万股。

2010年5月12日,李嘉诚申报所持的其中7866.8万股股份权益性质出现变动,但他所持有的长实股份仍保持42.01%。同日,李嘉诚长子、长实副主席李某钜及李嘉诚家族信托基金对长实股份的持仓量同升7866.8万股。有关股权披露方面的变化,是由于李嘉诚赠送了7866.8万股长实股份予家族信托,因而令信托的持股量由37.04%增至40.43%。

目前,李嘉诚设立了至少4个信托基金,分别持有旗下公司的股份,并对每个信托基金指定了受益人。

整个信托控股架构基础的是两个全权信托——The Li Ka-Shing Unity Discretionary Trust(以下简称DT1)及另一全权信托(以下简称DT2),李嘉诚为两个全权信托的成立人。Li Ka-Shing Unity Trustee Corporation Limited(以下简称TDT1)及Li Ka-Shing Unity Trustcorp Limited(以下简称TDT2),分别为DT1和DT2的受托人。TDT1和TDT2各自持有房产信托The Li Ka-Shing Unity Trust(以下简称UT1)中的若干物业,但上述全权信托在UT1的任何信托资产物业中并无任何利益或股份。DT1及DT2的可能受益人包括李某钜、其妻子及子女,以及李某楷。

再下一层,Li Ka-Shing Unity Trustee Company Limited(以下简称 TUT1)为 UT1 的受托人,并以这一身份控制其他公司,TUT1 及其控制的其他公司共同持有长江实业 936,462,744 股。

在对信托的控制上,TUT1、TDT1 与 TDT2 的全部已发行股本由 Li Ka-Shing Unity Holdings Limited(Unity Holdco)拥有。李嘉诚、李某钜及李某楷各自拥有 Unity Holdco 全部已发行股本的 1/3。TUT1 所拥有的长江实业的股份权益,只为履行其作为受托人的责任和权力而从事一般正常业务,并可以受托人的身份,独立行使其持有的长江实业股份权益的权力,而无须向 Unity Holdco 或李嘉诚、李某钜及李某楷征询任何意见。

此外,TUT1 还以 UT1 的受托人身份持有长江基建 5,428,000 股。

在持有和记黄埔部分股权时,李嘉诚采用了类似的结构。11,496,000 股和记黄埔股份由 Li Ka-Shing Castle Trustee Company Limited(以下简称 TUT3)持有,TUT3 是物业信托 The Li Ka-Shing Castle Trust(以下简称 UT3)的受托人。

作为基础的是李嘉诚成立的另外两个全权信托 DT3 和 DT4,其受托人分别为 Li Ka-Shing Castle Trustee Corporation Limited(以下简称 TDT3)和 Li Ka-Shing Castle Trustcorp Limited(以下简称 TDT4)。TDT3 和 TDT4 分别持有 UT3 的若干物业,但全权信托 DT3 和 DT4 在 UT3 的任何信托资产物业中不具有任何利益或股份。

DT3 及 DT4 的可能受益人与 DT1 及 DT2 类似。

TUT3、TDT3 与 TDT4 的全部已发行股本由 Li Ka-Shing Castle Holdings Limited("Castle Holdco")拥有。李嘉诚、李某钜及李某楷各自拥有 Castle Holdco 全部已发行股本的 1/3。TUT3 在和记黄埔中履行责任及权力,与 TUT1 之于长江实业类似。

此外,TUT3 还以 UT3 受托人的身份持有和记电讯香港 53,280 股普通股。

控制财产风险　解决住所地争议

通常,没有订立遗嘱的人士(不论是否香港居民)在持有香港财产时,需要考虑到遗嘱承办纸(Letter of Administration)这一步。根据相关法律,在香港拥有资产的非香港居民,其后人如要获得这份香港的财产,需要分别获得住所地国和香港两地监管部门开出的遗嘱承办纸后,方能按法律规定获得死者在香港的财产。而在香港拥有资产的非香港居民的后人(该后人由住所地国法律指定为遗产执行人),如果也不是香港居民,那么他在香港开具遗嘱承办纸时,需要找 1 至 2 名符合一定条件的香港居民提供相应保证,或在保险公司帮助下,以保单形式邀请该公司担任保证人。

但问题在于,若选择第一种方式,该遗产代理人因需要承担法律连带责任而一般不会接受;第二种情况下,保险公司需要收取遗产3%至4%的高额佣金。

遗产执行人也可以向法院申请豁免上述保证。例如,在相关遗产没有负债且得到所有遗产受益人同意的情况下,就可申请。不过,这些条件对于资产庞大、继承人较多的人士却不一定太适用。

为了避免在决定住所地方面的争议,对生意和背景较复杂的高净值人士,"信托+遗嘱"可能是更有保障的方式。

因为,若高净值客户在他来不及将一些资产注入家族信托基金前便去世,例如投资回报在他去世后才呈现,则设立遗嘱能更好地提供保障。若一位富商拥有香港资产,同时拥有香港和外国国籍,并长期在港定居,在没有立下遗嘱的情况下,他未注入家族信托的遗产很大可能会依照我国香港特别行政区的法律分配。若一名外籍人士,住所地在外国,但在香港有生意,则有可能其遗产分配需要遵循其住所地法律。

【案例161】他人放弃继承　妻子获公司股权[①]

原告: 程某珠

被告: 李某莲、欣合品公司、莘吴公司

诉讼请求:

1. 确认被继承人杨某发在被告欣合品公司50%的股权由原告继承;
2. 判令被告欣合品公司办理将杨某发名下50%的股权变更为原告的股东变更批准事项;
3. 被告李某莲、莘吴公司协助被告欣合品公司办理将杨某发名下被告欣合品公司50%的股权变更为原告的股东变更批准事项。

争议焦点:

1. 股东资格能否作为遗产继承;
2. 如何证明其他继承人放弃继承;
3. 外资企业变更股权需履行哪些报批手续。

基本案情:

2000年4月14日,案外人杨某发与被告李某莲共同出资,与被告莘吴公司合作设立被告欣合品公司。其中被告莘吴公司提供厂房和土地使用权作为合

[①] 参见上海高级人民法院(2009)民四(商)终字第58号民事判决书。

作条件,杨某发与被告李某莲以货币及实物合计20万美元出资作为被告欣合品公司注册资金。但就出资比例两人未作约定,仅明确为共同享有欣合品公司的股权。

2007年5月13日,杨某发在上海去世,生前未留有遗嘱,其在欣合品公司的股权属于其遗产,其法定继承人共有4名,分别是母杨某息、妻原告、长女杨某雁、次女杨某馨。杨某雁、杨某息和杨某馨已书面作出放弃继承的意思表示。由于被告欣合品公司拒绝配合办理将杨某发名下欣合品公司50%的股权变更为原告的股东变更批准事项,原告遂向法院提起诉讼。

原告诉称:

杨某发与被告李某莲在欣合品公司中共同享有的股权中的50%在其去世后,应当由其法定继承人继承。现另3名继承人已明确表示放弃继承,该股权应当由原告继承。但被告却不配合原告履行变更登记义务,侵害了原告的合法权益。

被告李某莲辩称:

原告提供的有关被继承人杨某发母亲杨某息及女儿杨某馨放弃继承的相关文件在形式上有重大瑕疵,并非她们的个人意愿的真实表示。

被告莘吴公司愿意配合办理股权变更手续。

庭审过程中,各方当事人均确认,杨某发可供继承的股权,就是其与被告李某莲在欣合品公司中共同享有的股权中的50%。此外,被告欣合品公司章程中未对股东死亡后的股权继承问题作出规定。

律师观点:

1. 关于本案适用的法律。

由于本案系涉及我国台湾地区居民的股权确认纠纷,相关公司的注册经营地均在上海,被继承人生前亦在上海长期居住且在上海去世,故依据最密切联系原则,本案应当适用我国大陆地区法律。

2. 被继承人的遗产应依法按照法定继承人继承,被告应依法配合办理审批手续。

杨某发在被告欣合品公司享有的股权系其个人合法财产,而被告欣合品公司章程中未对自然人股东死亡后的股权继承问题作出规定,因此就杨某发享有的股权,在其去世时应作为其遗产依法由继承人予以继承。

杨某发生前未订立遗嘱,其遗产应按照法定继承办理。现其4名法定继承人中已有杨某息、杨某雁、杨某馨3人明确表示放弃继承,故杨某发在被告欣合品公司享有的股权应由其法定继承人原告予以继承。

由于原告继承股权后,涉及被告欣合品公司股东的变更。因被告欣合品公司系中外合作企业,该项变更依法须经行政主管机关审批,被告欣合品公司应履行向相关行政主管机关报请审批的义务,被告李某莲、莘吴公司作为公司的中外合作者应予以配合。

3. 关于其他3位继承人中的两位即杨某息和杨某馨放弃继承的意思表示是否真实。

原告提交的证据杨某息《放弃继承声明》和杨某馨《放弃继承声明书》上,有权利人杨某息加盖的印章和权利人杨某馨的签名,上述证据材料均经过台湾公证人员的公证。原告提交的证据从内容上能够证明杨某息和杨某馨明确表示放弃涉案股权的继承份额,形式上也符合证据规定的要求。故据此可以认定杨某息和杨某馨放弃继承权利有事实依据,原告有权继承被继承人杨某发在欣合品公司中的股权份额。

法院判决:

1. 确认被继承人杨某发在被告欣合品公司50%的股权由原告继承;

2. 被告欣合品公司应自本判决生效之日起30日内办理将杨某发名下欣合品公司50%的股权变更为原告的股东变更批准事项;

3. 被告李某莲、莘吴公司应自本判决生效之日起30日内协助被告欣合品公司办理将杨某发名下欣合品公司50%的股权变更为原告的股东变更批准事项。

【案例162】未召开股东会 继承人获股东资格[1]

原告: 沈某观、钟某宝、汤某、沈某天(曾用名沈某)

被告: 汇信公司

诉讼请求:

1. 要求确认四原告的股东资格,股份占总股本比例分别为:原告沈某观1.1153625%、原告钟某宝1.1153625%、原告汤某5.5768125%、原告沈某天1.1153625%;

2. 判令被告修改公司股东名册和章程,同时向公司登记机关办理变更登记。

争议焦点:

1. 继承的股权是在被继承人死亡后自动取得还是须经股东会决议取得;

---

[1] 参见浙江省嘉兴市秀洲区人民法院(2011)商初字第433号民事判决书。

2. 继承人自何时起享有继承的权益。

基本案情：

被告系由沈某明等20名自然人共同发起设立的股份有限公司,公司注册资本为6200万元人民币,沈某明占注册资本8.9229%,553.22万元。

2011年2月5日,沈某明因病过世,没有立下遗嘱,也没有订立遗赠抚养协议。四原告均系沈某明法定的第一顺序继承人。在沈某明病故后,四原告多次向被告提出要求继承沈某明的股东资格,但被告总以各种理由搪塞,迟迟不予更改公司股东名册和公司章程。

四原告诉称：

四原告对于沈某明在被告的8.9229%股份具有合法的继承权,被告应当配合原告更改股东名册及公司章程,并办理工商变更手续。

被告辩称：

1. 被告尚未召开股东大会,无法答复原告。原告要求被告在召开股东大会前就立即确认其股东资格和修改公司章程,不符合法律规定。

2. 被告尚未进行答复,双方未形成纠纷,原告的诉讼不符合起诉条件。

3. 原告诉前未向被告提供详细的继承人资格证明。

4. 原告的诉讼请求没有法律依据。

综上,请求驳回原告的诉讼请求。

律师观点：

1. 股份有限公司的股权继承是全面概括的继承。

股份有限公司兼具资合性和开放性,股权具有财产权利属性和人格权利属性,按照现行法律,除公司章程另有约定外,被告的股东沈某明死亡后,其所享有的股权可以作为遗产被继承。继承人对股权的继承,应是全面概括的继承,即通过继承取得的股权,既包括股权中的财产性权利,也包括非财产性权利。

本案中,四原告作为沈某明的第一顺序法定继承人,在沈某明死亡后,有权全面继承沈某明所占有的被告公司8.9229%股权,因被告公司章程并未排除或限制继承发生时新股东的加入,四原告自动取得被告股东资格。

2. 四原告的遗产分割协议合法有效。

此外,由于四原告对沈某明所占有的被告公司8.9229%股权达成了遗产分割协议,该协议符合婚姻法和继承法的规定,合法有效。

3. 被告辩称的因未召开股东大会,原告方要求被告在召开股东大会前就确认其股东资格和修改公司章程不符合法律规定。

由于继承系事实行为,被继承人死亡后,继承事实即发生。原告方有权在继承事实发生后请求法院确认其股东资格。沈某明于 2011 年 2 月 6 日 0 点 35 分死亡,原告方也于 2011 年 4 月 27 日、28 日向被告发出私信和律师函,但被告至今未予明确答复。且沈某明作为被告的发起人和总经理,其死亡对于被告来讲应属重大事件,被告董事会也未根据公司章程的约定及时召开临时股东大会,对沈某明所占有的股权继承作出相应处理,已损害了原告方的合法权益。原告方有权通过诉讼方式维护自己的合法权益,故被告辩称原告的诉讼不符合起诉条件的理由不成立。

法院判决:

原告沈某观、钟某宝、汤某、沈某天具有被告的股东资格,被告应于本判决生效后 30 日内将股东名册和公司章程上记载于沈某明名下的 8.9229% 股份分别变更记载于沈某观名下 1.1153625%、钟某宝名下 1.1153625%、汤某名下 5.5768125%、沈某天名下 1.1153625%,并向公司登记机关办理上述股东变更登记事项。

【案例163】妻子据遗嘱继承股东资格　法院判决支持[①]

原告: 丁某

被告: S 公司

诉讼请求: 判令被告立即办理原告继承周某股权的工商变更登记手续。

争议焦点:

1. 周某生前所立遗嘱是否符合法律的规定;
2. 原告能否继承周某在被告处的股权。

基本案情:

原告之夫周某生前系被告股东。2006 年 2 月 28 日周某死亡,留有遗嘱:其在被告的股权由原告继承。周某共有法定继承人 4 人,其他继承人对上述遗嘱无异议。

2006 年 8 月 9 日、8 月 17 日,原告致函被告董事会要求被告办理周某股权继承的工商变更登记手续,被告未予回复。原告遂诉至法院。

原告诉称:

根据周某所立遗嘱,原告依法可以继承周某在被告处的股权。

[①] 张海棠主编:《公司法适用与审判实务》,中国法制出版社 2009 年版,第 47 页。

被告辩称：

周某所立遗嘱不符合法律规定，应当无效，请求法院驳回原告诉讼请求。

律师观点：

按照《公司法》第75条的规定，只要在本案所涉继承开始时公司章程未对股东资格的继承作出禁止性规定，股东死亡后，其合法继承人即可继承股东资格。

本案中，周某所立遗嘱为其亲自所写，内容没有违反法律的规定。其他继承人对该份遗嘱也予以认可，因此遗嘱合法有效。此外，周某死亡时，被告的章程并未对股东资格的继承作禁止性规定，故原告依据周某的遗嘱要求被告办理股东变更登记手续的诉讼请求，符合法律规定，应予支持。

法院判决：

被告到工商部门将周某名下的全部股权变更至原告名下。

309. 确认继承人享有股东资格的应提交哪些证据？

应当提交如下三类证据：

（1）合法继承人证明，如属于法定继承人的范围。

（2）被继承人所在公司未禁止股东资格继承。

（3）证明被继承人对标的公司拥有合法的股权。

310. 继承人有多人的，是否都可以继承股东资格？各自继承的比例如何确定？

可以，但前提是公司章程未对股东资格继承作出特别规定。

但有一点要注意，由于《公司法》规定，有限责任公司的股东人数最高为50人。如果在多人继承股东资格的情形下，超过50人的，则就需要在继承人之间作出协商，究竟由谁来继承股东资格，不继承的可以获得哪些权益，从而使股东人数符合法定数额。对于继承比例，应按相同比例继承股东资格，但继承人之间有特殊约定的，可以从其约定。

311. 实践中如何禁止或限制股东资格继承条件，以防止"无能"股东入主公司？

现实中，有些股东取得公司股东身份，主要是基于其某方面专业技能，如持有某项技术、拥有良好的管理能力等，而并非基于出资。该股东的股东资格可能是通过公司或其他股东赠与取得的，这一情况在股权激励中尤为突出。公司吸引这名股东加入公司，主要是想发挥他的特长为公司服务，如果该名股东死亡，其继承人并不具备专业技能，因股权继承取得公司股东资格，参与公司实际经营管理，与公司其他股东最初的想法大相径庭。为了避免这一现象的产生，可以在章程中禁止或限制继承股东资格。

需要注意的是,如果死亡股东的继承人不能继承股东资格,公司其他股东应当支付股权对价。

【案例164】公司章程可以排除股东资格继承[1]

原告:周某

被告:建都公司

诉讼请求:确认原告享有被告42%的股权(股权价值为32,555万元),并判令被告将原告载入股东名册、办理将上述股权变更登记至原告名下的相应变更登记手续。

争议焦点:

原告周某要求确认其股东资格,并要求被告建都公司办理股权变更手续是否有事实和法律依据。

基本案情:

1997年10月10日,被告建都公司成立,原注册资本200万元,其中启东建筑集团有限公司出资160万元,启东市建筑装饰工程成套公司出资40万元。至2007年9月,被告建都公司注册资本为5000万元,股权结构变更为江苏博圣集团有限公司出资2500万元,启东建筑集团有限公司(以下简称建筑集团)出资2500万元。

自2009年2月起,被告建都公司实行股权改制,江苏博圣集团有限公司将其占注册资本50%的出资额2500万元、建筑集团将其占注册资本16.4%的出资额820万元通过签订《股权转让合同》转让给公司职工共计3320万股。其中,原告父亲周某新出资2100万元从江苏博圣集团有限公司受让2100万股,双方于2009年2月18日签订了《股权转让合同》。

后被告建都公司经多次股权转让,至2014年12月20日,公司股东演变为31名自然人股东,其中周某新出资额为2100万元,占注册资本42%。

被告建都公司自2009年改制以来至诉讼前先后4次修改章程。其中2009年2月11日、2009年4月29日、2012年3月29日的章程在第4章第7条规定:"股东之间经股东会批准,可以相互转让其全部或者部分股权。股东不得向股东以外的人转让股权。股东出资的股份在经营期内不保本、不保息。股本金实行动态持股管理办法。对免职、调离、终止合同、退休(退休后继续任职的除外)等人

---

[1] 参见最高人民法院(2018)最高法民终88号民事判决书。

员及时办理股权转让手续,由公司其他股东按原出资额受让,转让股权的股东,除公司发生累计亏损外(经会计师事务所审计确认),其持股期间每年另按出资额的 8% 享受公司增值资产固定回报。对不及时办理转让手续的股东,自股东会批准转让之日起不再享受分红,也不享受银行存款或贷款利息的回报。股东由于主观原因造成公司重大损失或因严重违反财经法纪,徇私舞弊,中饱私囊构成违法、违纪被处理的人员也将被取消股东资格,其股金及分红应首先用于弥补公司损失。"

2015 年 1 月,被告建都公司经股东会决议修改公司章程,在原章程第 4 章第 7 条中增加规定"对正常到龄退休(返聘除外)、长病、长休、死亡的股东,应及时办理股权转让手续,股东退股时,公司累计有盈余的(经会计师事务所审计确认),持股期间按本人持股额每年享受 20% 以内回报",该内容作为第 7 条第 3 款。

周某新生于 1948 年 10 月,与曹某如系夫妻关系,原告系二人唯一女儿,生于 1980 年 2 月。周某新自 1997 年 10 月至去世之前一直担任被告建都公司法定代表人。

2011 年年初,周某新经诊断患病。2015 年 11 月 23 日,周某新在医护人员见证下订立遗嘱,遗嘱中明确遗嘱执行人为上海陆某劭和律师事务所邵某雷律师、田某冰律师。遗嘱内容:"鉴于本人身患重症,特立此遗嘱,表明本人就自己拥有的股权财产在去世后的处理意愿。一、股权财产情况:本人拥有的公司股权财产包括:1. 投资于建都公司的全部股权,出资额贰仟壹佰万元人民币,占建都公司初始注册资本的 42%。2. 投资于建筑集团的全部股权,出资额壹仟万元人民币。二、股权财产继承:本人去世后,以上投资于建都公司和建筑集团的股权均由本人女儿周某继承。与以上股权相对应的股东权利均由周某享有并承受。本人在此明确,订立本遗嘱期间本人神智清醒且就订立该遗嘱未受到任何胁迫、欺诈,上述遗嘱为本人自愿作出,是本人内心真实意思的表示。本人其他亲属或任何第三人均不得以任何理由对继承人继承本人以上遗产及权益进行干涉。以上任一条款无效,不影响整个遗嘱或其他条款的效力。立遗嘱人签字:周某新。日期:2015 年 11 月 23 日。"见证人也在该遗嘱上签字。

2015 年 12 月 4 日,周某新逝世。2016 年 2 月 25 日,周某新配偶曹某如出具说明,对周某新订立的遗嘱无异议,并同意将周某新名下被告建都公司 42% 股权变更登记在原告周某名下。钟某、宋某琼也分别出具声明,证明周某新遗嘱的订立及见证过程。

2016 年 7 月 2 日、10 月 3 日,本案纠纷发生后,建都公司召开股东会会议。

2016年7月2日股东会决议载明:"本次股东会会议由董事会提议召开,应到股东31人,实到股东30人,符合公司章程规定,会议有效。会议就公司部分资产抵债以及股权转让等事宜,形成如下决议:……四、公司股东辞职、离职、去世或退休后不再返聘的(统称离职股东),按公司章程规定应及时办理股权转让或退股手续。具体流程是:离职股东的股权,先由剩余股东按各自所占的股权比例受让,放弃受让的股东可以在1个月内推荐其他股东受让其有权受让的股权份额。如果1个月内未能达成股权转让协议的,则由公司董事会协商推荐受让股东人选,然后按章程规定办理股权转让手续,以保持公司现有的注册资本金,不影响公司房地产开发的一级资质。公司股东退股的股权价格由本金和回报两部分组成,本金是指股东原出资额;回报按章程规定由公司支付,公司累计有盈余的,按股东持股期间本人持股额每年享受8%~20%回报。持股期间从持股之日起至离职事由发生之日止。鉴于公司章程对股权回报缺乏具体的细分标准,不便于操作,在充分尊重章程起草人本意的基础上,作出如下补充规定:原董事长周某新持股期间按其持股额的20%计算。今后股东的股权回报比例董事、监事、总经理、副总经理的股东每年按其持股额的15%计算;其他股东每年按其持股额的10%计算。五、股东周某新因病去世,其持有的2100万元股权按公司章程规定办理股权转让或退股手续,具体办理程序按照本决议第4条第1款规定执行……"

2017年10月3日的《建都公司2017年第一次股东会会议关于5名股东退股及减少注册资本的决议》载明:"应到股东28人(公司现行章程31名股东中,周某新已因病去世;陆某昌、张某萍已签署股权转让手续,并已领取退股款,包括股权本金及退股回报,已退出股东会。上述3人不再具有股东资格,故应到股东28人,代表股权2650万元),实到股东28人,代表股权2650万元占100%表决权。根据《公司法》及本公司章程的有关规定,经代表股权2550万元占96.22%表决权的股东通过,形成如下股东会决议:一、5名股东退股。根据《公司法》、本公司章程第7条以及2016年7月2日股东会会议规定,周某新因2015年12月4日病逝而退股2100万元;陆某昌因退休不再返聘而退股200万元;张某萍因退休不再返聘而退股50万元;郁某兵因退休不再返聘而退股50万元;郭某健因退休不再返聘而退股50万元。上述5人自退股事由成立之日起已不再具有股东资格。二、股东退出回报。按照公司章程以及2016年7月2日股东会决议确定的标准和方法计算:股东退股时,公司累计有盈余的,持股期间按本人持股额每年享受20%以内回报。周某新的退股回报为持股期间按持股额每年享受20%的回报,持股期间为从其实际出资之日起至死亡之日止;郁某兵、郭某健的退股回报为持股期间按持股额每年享受 10% 的回报,持股期间从股东实际出资之日起至社保部门确认的退休之日止(退休后返聘的至实际离岗之日止)。三、由于上述 5 名股东的股权共计 2450 万元按照章程退出,且因没有其他股东认购这些股权,故由公司回购作退股处理。公司注册资本 5000 万元人民币中减少上述 5 名退股股东的出资额 2450 万元,公司减资变更后的注册资本为 2550 万元人民币,股东及股权结构见下表……"

同日产生的《建都公司关于修改公司章程的决议》载明:"会议应到股东 26 人(公司现行章程 31 名股东中,周某新因病逝退出股东会;陆某昌、张某萍已签署股权转让手续,并已领取退股款,包括股权本金及退股回报,已退出股东会;郁某兵、郭某健已经本次股东会表决退出股东会。上述 5 人不再具有股东资格,故应到股东 26 人),实到股东 26 人,代表公司注册资本 2550 万元占 100% 表决权。根据《公司法》和本公司章程的有关规定,经代表股权 2550 万元占 100% 表决权的股东通过,对本公司作如下修改:……关于公司注册资本:公司章程第 4 条规定'公司注册资本 5000 万元人民币'修改为'公司注册资本 2550 万元人民币'。五、关于公司股东和出资比例:公司章程第 5 条修改为……;第 32 条修改为'清算组应按国家法律、行政法规清算,对企业财产、债权、债务进行全面清算,编制资产负债表和财产清单,制订清算方案,报股东会或者有关主管机关确认。公司进入解散、清算程序后,对章程第 7 条第 2 款、3 款关于持股期间的回报相应取消。'"

建都公司至目前先后有郁某新、曹某华、张某萍、陆某昌 4 名股东离开公司。4 名股东离职后,其股权处理如下:郁某新于 2011 年 12 月 31 日与建筑集团签订《股权转让合同》,将其持有的建都公司 0.8% 股权计 40 万元股金作价 40 万元转让给启东建筑集团有限公司。曹某华于 2014 年 12 月 20 日与张某萍签订《股权转让合同》,将其持有的建都公司 0.4% 股权计 20 万元股金作价 20 万元转让给张某萍(建都公司股东)。同日,曹某华与顾某辉(建都公司股东)签订《股权转让合同》,将其持有的建都公司 0.2% 股权计 10 万元股金作价 10 万元转让给顾某辉。张某萍、顾某辉分别向曹某华支付了转让金 20 万元、10 万元。张某萍因退休于 2016 年 7 月 14 日与建都公司签订《股权转让合同》,将其持有的 1% 股权计 50 万元股金作价 50 万元转让给建都公司。建都公司按照每年 10% 向张某萍支付了持股期间的股权回报合计 180,732.8 元,另退股本金 50 万元。陆某昌(建都公司副总经理)因退休于 2016 年 12 月 31 日与建都公司签订《股权转让合同》,将其持有的 4% 股权计 200 万元股金作价 200 万元转让给建都公司。建都公司按照每年

15%支付了陆某昌持股期间的股权回报,另退股本金200万元。

根据2017年10月16日查询的工商登记信息,郁某新、曹某华不再是建都公司的在册股东,张某萍、陆某昌仍然是建都公司的在册股东。

原告诉称:

建都公司系依法登记成立的有限责任公司,注册资本5000万元,其中周某父亲周某新出资2100万元,持有42%的股权并担任法定代表人。2015年11月23日周某新订立遗嘱,明确其所持有的建都公司42%股权由周某继承,与股权相对应的股东权利均由周某享有并承受。同年12月4日,周某新因病逝世。对于周某新上述遗嘱,周某新的配偶(周某母亲)并无异议,并同意将上述42%股权变更登记在周某名下。后周某向建都公司主张股东资格并要求将原登记在周某新名下的42%股权变更至周某名下时,因建都公司现有管理层及其他股东的干扰,建都公司一直未能办理相应工商变更登记手续,严重损害了周某的合法权益。

被告辩称:

1. 源于特定历史原因,建都公司的股权性质在历次章程中均明确为岗位股,即股东在岗工作享有股权,不在岗不得享有股权,股东资格不得继承。2015年1月10日章程增加规定:正常到龄退休(返聘除外)、长病、长休、死亡的股东退股时,股权回报为20%以内。之前建都公司股东不论何种原因离职后,均按照章程退出了股权。

2. 建都公司章程秉承建筑房地产业长期一贯的高度人合性特征,每部章程均规定公司股权为岗位股。现行有效的2015年章程又增加规定了股东资格不得继承,并调高了退股回报标准。公司股权排除继承,已经从周某新的个人意志上升为以周某新为主的全体股东的共同意志,成为章程内容。

3. 公司章程规定股东资格不得继承的做法,受《公司法》保护,所以依法应当驳回周某关于继承和确认其股权的要求。

4. 建都公司的曹某华、郁某新、陆某昌、张某萍等股东退休或者离开建都公司后,均按照章程退出了股权,周某新股权让周某继承不仅违反章程,也难以服众。

5. 公司股权不得继承的做法,在其他行业也屡见不鲜。

6. 周某作为周某新的继承人,可以继承股权财产权利,但不能继承股东资格。2016年7月2日股东会决议对于章程规定的股东退股的股权回报制定了细分标准,2017年10月3日公司股东会决议明确周某新等5名股东退股,并明确了周某新股权退出的回报标准。按照公司章程第7条规定,周某继承的财产权利为周某新出资额2100万元,加上其持股额每年20%以内的股权回报共计2204.9096万元,合计4304.9096万元。

7. 周某新的遗嘱真实性不予认可。2015年11月23日周某新的遗嘱两页,第一页没有签名,第二页签名但没有实质性内容。即便遗嘱属实,遗嘱第一页内容说的是继承股东财产权利,未提及股东资格继承问题。

综上所述,依据《公司法》、公司章程,周某无权继承股东资格,请求法院驳回其诉讼请求。

一审认为:

关于有限责任公司自然人股东死亡后其股东资格继承问题,《公司法》第75条规定"自然人股东死亡后,其合法继承人可以继承股东资格;但是,公司章程另有规定的除外"。根据该条规定,自然人股东的合法继承人可以继承股东资格,同时考虑到有限责任公司具有人合性,股东之间的合作基于相互间的信任,允许公司章程对此另行规定。

本案中,原告周某的父亲周某新去世前在建都公司有42%的股权,周某新去世前留有遗嘱,将其案涉股权全部由周某继承,由于周某新的其他继承人对该遗嘱并无争议,故周某作为原告提起本案诉讼,要求继承其父亲的股东资格,其主体资格符合法律规定。

至于其诉讼请求能否得到支持,主要在于如何看待建都公司章程的规定。

首先,本案应以周某新去世之前的2015年1月最后一次所参与修改的公司章程为据进行认定。对该章程的修订程序,各方均未提出异议,内容也未违反法律强制性规定,章程合法有效,对全体股东均有约束力。其次,章程第四章第7条第3款明确"对正常到龄退休(返聘除外)、长病、长休、死亡的股东,应及时办理股权手续,股东退股时,公司累计有盈余的(经会计师事务所审计确认),持股期间按本人持股额每年享受20%以内回报"。章程第7条系对股东之间转股的规定,该条款充分体现了建都公司人合性特点,对离开公司的股东的股权由其他股东受让。

本案中,周某新去世后,公司和其他股东理应按章程规定处理,即公司应安排其他股东受让周某新的股权以维护公司的人合性,但建都公司其他股东无人认购受让周某新的42%的股权,而该种情形如何处理在建都公司的章程中并未作出明确规定,因此该章程对继承问题的规定具有不完全性。

故虽然公司章程可以对股权继承问题作出另行规定,作为建筑公司也有权在遵守法律基本原则的前提下通过实行岗位股进行公司治理的创新,但应以章程的明确规定为据,对公司章程中没有明确规定的情形则应按法律规定处理。即本案中,在公司无人受让周某新股权的情况下应按《公司法》第75条的规定"自然人股东死亡后,其合法继承人可以继承股东资格"而支持周某根据遗嘱继承周某新在建都公司的股东资格。建都公司在周某新去世后,周某新所合法拥有公司42%的股权未参加表决的情况下通过的股东会决议,对周某新的股权作减资处理,不符合《公司法》第43条第2款规定的"股东会会议作出修改公司章程、增加或者减少注册资本的决议,以及公司合并、分立、解散或者变更公司形式的决议,必须经代表三分之二以上表决权的股东通过"。

被告提供了郁某新、曹某华、张某萍、陆某昌4名股东离职时转让股权的事例以证明公司章程排除继承,但这4名股东中的张某萍、陆某昌系在周某新去世之后其自愿所发生的股权转让,郁某新、曹某华系根据周某新去世前所参与制定的公司章程并在有股东受让的情况下所办理的股权转让,与本案因股东去世且无人受让而产生股权争议的情况不同,周某新是公司自成立以来发生的第一起在职股东去世因股东资格继承发生的争议,公司尚无先例可借鉴。故被告提供的4名股东离职情况与本案不具可比性,尚不能充分证明公司章程排除继承的问题。

综上,由于非原告周某的原因致周某新的股权无法转让,且公司当时的章程对无人受让股权如何处理未作明确规定,故原告周某根据父亲所立遗嘱要求继承周某新的股东资格符合《公司法》第75条的规定,其要求确认股权并由被告办理股东资格手续的诉请应予支持。

一审判决:

确认原告周某继承取得周某新股东资格,对被告启东市建都房地产开发有限公司享有2100万元出资额,出资比例为注册资本的42%。

被告启东市建都房地产开发有限公司将原告周某载入股东名册,并向公司登记机关申请办理将周某新2100万元出资额由周某继承取得的变更登记手续。

被告不服一审判决,向上级人民法院提起上诉。

被告上诉称:

1. 建都公司2009年实行股权改制时,删除了原章程关于"股东资格允许继承"的相关条款,并在此后历次修改章程时,均明确规定退休、离职、死亡等股东应及时退股,这充分体现了建都公司高度人合性、封闭性特点。因此,排除外部人员通过继承成为公司股东,是建都公司章程应有之意和基本原则。

2. 在建都公司现有章程明确规定失去任职资格的股东均应办理退股的情况

下,规定和实践处理的方式是:周某新老董事长逝世后,其股权可由其他股东直接受让,亦可由建都公司预先回购再行处理。一审判决忽略了建都公司章程本意和规定的退出途径,未完全查实建都公司离职、退休等股东退出公司的实际操作方式,进而认定周某新老董事长的股权因无人受让而转让不能,与章程规定和事实明显不符。

3. 章程已通过规定死亡股东股权退出的方式明确排除股东资格继承,章程规定的退出途径也包括公司回购。即便章程未对无人受让股权时如何处理作出明确规定,亦属对不能继承之股权后续处理问题未明确,并不影响排除股东资格继承的原则规定。在不违反章程原则规定的前提下,股权后续处理问题是可以通过多种方法予以明确和细化的,且建都公司后续已通过股东会决议补足。

4. 建都公司章程排除股东资格继承,周某继承的仅系股权相对应的财产权益,符合周某新老董事长的个人意愿,未侵害周某依法享有的继承权,同时,亦兼顾了其他股东利益和公司整体利益。

5. 案涉遗嘱存在诸多疑点,真实性和有效性无法确认。

原告二审辩称:

1. 建都公司章程并未排除死亡股东的合法继承人继承股东资格。

(1)《公司法》第75条规定"自然人股东死亡后,其合法继承人可以继承股东资格",建都公司是否删除之前章程中规定同样内容的条款,并不能导致法律适用上的差异,更不能据此得出建都公司排除股东资格继承的结论。而且后续历次章程修改均是围绕"股权转让"而设,未规定"股东资格不得继承"。建都公司所称的"岗位股"也从未出现在建都公司的历次章程之中。

(2)依据建都公司现章程第7条第3款无法形成股权转让的合意并办理股权转让手续。规定死亡的股东办理股权转让手续,本身在法律上系属履行不能,应归于无效。即便死亡股东的继承人愿意办理股权转让手续,也是以继承取得股东资格为前提。

(3)从建都公司现章程第7条第4款来看,不及时办理股权转让手续只是股东分红权受到限制,并未排除或使股东丧失股东资格。

(4)是否因强调人合性而需要排除死亡股东的合法继承人继承股东资格,必须由章程另行作出明确规定。

2. 建都公司所称由公司回购周某新的股权不仅没有章程依据,而且明显违法。

(1)建都公司现章程第7条第3款并没有规定由其他股东直接受让股权,也没有对转让价作出规定。更何况建都公司一审举证表明建都公司其他股东均明确表示不受让周某新名下股权。

（2）建都公司现章程第7条的所有规定中，没有任何一款规定建都公司可以回购其股东的股权。

（3）《公司法》没有规定有限责任公司可以强行单方回购股东所持股权。

（4）即使由公司回购，也涉及减少注册资本以及修改公司章程，建都公司在周某新名下股权未行使表决权的情况下，于2017年10月3日形成的所谓股东会决议属于最高人民法院《公司法司法解释（四）》第5条规定的"决议不成立"之情形。

3. 周某新立遗嘱时意识清醒、情绪稳定，对遗嘱内容充分了解，不仅自己签名，还有两位医护人员在场见证，是其本人真实意愿。

二审认为：

《公司法》第75条规定："自然人股东死亡后，其合法继承人可以继承股东资格；但是，公司章程另有规定的除外。"根据该条规定，《公司法》赋予了自然人股东的继承人继承股东资格的权利，但是同时亦允许公司章程对死亡股东的股权处理方式另行作出安排。因此，判断本案中周某是否有权继承其父周某新的股东资格，关键在于解读建都公司章程有无对股东资格继承问题作出例外规定。

2007年9月12日，建都公司章程第20条规定"自然人股东死亡后，其合法继承人可以继承股东资格"。2009年2月11日、2009年4月29日、2012年3月29日建都公司章程删除了2007年9月12日章程第20条股东资格允许继承的条款；同时第7条规定"股东不得向股东以外的人转让股权……股本金实行动态持股管理办法。对免职、调离、终止合同、退休等人员及时办理股权转让手续……"2015年1月10日建都公司章程第7条在前述章程规定基础上增加第3款规定"对正常到龄退休（返聘除外）、长病、长休、死亡的股东，应及时办理股权转让手续，股东退股时，公司累计有盈余的，持股期间按本人持股额每年享受20%以内回报"。周某新自2011年诊断患病，至2015年12月4日去世，前述章程的修订，其作为法定代表人均有参与，且签字确认。公司章程作为公司的自治规则，是公司组织与活动最基本与最重要的准则，对全体股东均具有约束力。

正确理解章程条款，应在文义解释的基础上，综合考虑章程体系、制定背景以及实施情况等因素以分析。

1. 建都公司自2007年以来先后经历5次章程修订。自2009年起章程中删除了继承人可以继承股东资格的条款，且明确规定股东不得向股东以外的人转让股权,可以反映出建都公司具有高度的人合性和封闭性特征。

2. 周某新去世前,2015 年 1 月 10 日的公司章程第 7 条第 3 款对死亡股东股权的处理已经作出了规定,虽然未明确死亡股东的股东资格不能继承,但结合该条所反映的建都公司高度人合性和封闭性的特征,以及死亡股东应及时办理股权转让手续的表述,可以认定排除股东资格继承是章程的真实意思表示。

3. 周某新去世之前,股东郁某新、曹某华在离职时均将股权进行了转让,不再是建都公司的在册股东,建都公司亦根据章程规定支付了持股期间的股权回报款。该事例亦进一步印证了股东离开公司后按照章程规定不再享有股东资格的实践情况。

因此,纵观建都公司章程的演变,并结合建都公司对离职退股的实践处理方式,本案应当认定公司章程已经排除了股东资格的继承。

二审判决:

1. 撤销一审判决;
2. 驳回原告的诉讼请求。

312. 出资不实的股东死亡后,其继承人能否继承股东资格?

能,但应当补足出资。

出资不实股东的权利问题一直是争论的焦点。关于继承人能否继承出资不实的股东的权利法律未明文规定。转让与继承一样都是发生股权所有权与公司股权结构变动,我们认为既然法律未禁止出资不实股权的转让,那么出资不实股东的继承人就可以继承其股东资格。

313. 股东的继承人能否直接要求分割并继承公司的利润?

不能。公司利润属于公司财产,只有经过召开股东会通过利润分配方案,才能对股东进行分红。《公司法》未赋予股东强制分红权。而死亡股东的继承人虽具有股东资格,但在未召开股东会的情况下,无权要求直接分割公司利润并予以继承。

314. 股东生前为隐名股东的,其继承人可否直接继承其股东资格?

不能。继承人取得股东资格须要公司其他股东过半数同意,否则只能向名义股东主张权利。

【案例165】温州富商去世　婆媳争夺8000万元巨额遗产[1]

原告：张某娣、胡某春

被告：郑某菊、胡某飞

诉讼请求：

1. 确认原告张某娣与被继承人胡某招夫妻关系存续期间的夫妻共同财产的范围并进行分割；

2. 确认原告张某娣、胡某春在被继承人胡某招所留遗产中的份额并进行遗产分割；

3. 确认原告张某娣、胡某春在新七浦投资公司中的股权份额。

争议焦点：

1. 新七浦投资公司在2002年2月到10月的利润情况；

2. 新七浦市场公司的利润情况以及是否属于遗产；

3. 被继承人胡某招生前债务的数额和性质。

基本案情：

被继承人胡某招，男，1965年出生，户籍所在地浙江省乐清市，2002年10月15日死亡。胡某招与陶某芬于1988年生育一子被告胡某飞。后胡某招与陶某芬离婚。2002年2月20日，胡某招与原告张某娣登记结婚，2002年9月19日生育一女原告胡某春。被告郑某菊是胡某招的母亲，胡某招的父亲已经先于胡某招死亡。

2000年3月17日，胡某招与中电公司共同发起成立了新七浦投资公司。该公司注册资本3000万元，法定代表人为胡某招。其中，胡某招出资2100万元，占70%；中电公司出资900万元，占30%。2001年6月22日，新七浦投资公司作为股东之一，发起设立新七浦市场公司，注册资本50万元，其中新七浦投资公司出资24.5万元，占49%。新七浦市场公司后曾增资，注册资本变更为200万元，其中，新七浦投资公司出资170万元，占85%。

根据2002年12月31日资产负债表，新七浦投资公司全年未分配利润约1500万元；新七浦投资公司于2002年8月对新七浦市场公司的投资从24.5万元增加到170万元，该增资145.5万元也属于新七浦投资公司的利润。被继承人胡

---

[1] 参见《公司的股权继承和收益分割》，载找法网，http://china.findlaw.cn/gongsifalv/guquan/jicheng/74754.html，2020年6月28日访问。

某招对上述未分配利润和增资享有70%的份额。

被继承人胡某招死亡后,因继承人对如何继承遗产协商不成,故原告张某娣和胡某春提起诉讼。

原告诉称:

因2002年2月至10月是胡某招与被告张某娣的夫妻关系存续期间,因此,新七浦市场公司产生的可分配利润中,原属于胡某招的份额应认定为夫妻共同财产,原告应该获得其中的35%。另外,新七浦市场公司在2002年9月分配了利润100万元,新七浦投资公司按照85%的比例取得上述利润,这些都已经反映在同期财务报表中,应当予以分割。

被告辩称:

报表由原告的亲戚制作,被告对报表的真实性不予认可。原告所陈述的有关报表期末数扣除期初数后得出的数值是2002年度的收益,而原告应当确定每个月的具体数额。新七浦投资公司对新七浦市场公司的投资已经计入新七浦投资公司报表,不应当重复计算。同时,上述期间还有胡某招投资失败的费用,该费用有2000余万元,而原告未将这笔费用剔除。另外,胡某招的经营收益与债务是混杂的,而原告提供的资产负债表中没有体现出债务。因此,被告认为原告举证的利润数额不准确,其客观性无法认可。

律师观点:

1. 关于有限责任公司的自然人股东资格继承

对被继承人胡某招在新七浦投资公司的出资额2100万元(股权份额占总股本的70%)的处理,涉及有限责任公司的自然人股东的股份继承问题。

本案的继承纠纷发生在2002年10月,当时的《公司法》没有对公司自然人股东的股权继承作出规定。根据《公司法司法解释(一)》第2条的规定,《公司法》(2005年修订)实施后,因《公司法》(2005年修订)实施前有关民事行为或者事件发生纠纷起诉到人民法院的,如当时的法律法规和司法解释没有明确规定,可参照适用《公司法》的有关规定。根据现行《公司法》第75条的规定,"自然人股东死亡后,其合法继承人可以继承股东资格;但是,公司章程另有规定的除外"。经审查,新七浦投资公司的章程没有对自然人股东的股权继承作出规定。因此,本案适用现行《公司法》的规定,4位法定继承人都有权继承新七浦投资公司股东胡某招的股东资格,并对胡某招名下的出资额依法分割。

对于股份的具体分割,庭审前后,双方当事人就股份的折价款协商不成。被告方提出其取得股东资格,由被告给付原告折价款,但原告方坚决要求同样继承股东资格,拒绝接受折价款。关于股权分割的具体方法,目前没有成例可以援用。根据我国《继承法》的规定,同一顺序继承人继承遗产的份额,一般应当均等。因此,可将胡某招名下的股份均等分割,并由4位法定继承人继承胡某招的股东资格。

2. 夫妻关系存续期间公司经营收益的范围和分割程序

(1)新七浦投资公司在2002年2月到10月的经营收益情况以及是否在本案中进行确认和分割。

按照我国《公司法》的规定,被继承人名下股权在其和张某娣婚姻存续期间的经营收益也主要包括三个方面:一是公司每年按照经营情况依法分配的红利或股息;二是如果公司破产或解散,公司清算后分配给股东的财产扣除双方结婚时股权价值以后所得的余额;三是如果股权转让,相应转让价款扣除双方结婚时股权价值以后所得的余额。由此观之,如果在继承发生时尚未发生公司破产解散或股权转让的事实,被继承人经营收益的范围,应当确定为夫妻关系存续期间公司分配到股东名下的红利、股息等。本案中,新七浦投资公司在2002年2月至10月的利润分配中胡某招名下部分应当属于夫妻共同财产。

但是,在本案中分割公司经营收益存在较多困难:(1)自被继承人胡某招死亡后,新七浦投资公司没有进行年度利润分配,也一直没有进行年检,无法确认应分配利润的准确数额;(2)分配利润事宜应当由新七浦投资公司股东大会作出决议才能依法有效,在其他股东未参与诉讼的情况下,在本案中直接确定新七浦投资公司的可分配利润总额并进行分割,将侵害其他股东的诉讼权利和实体权益;(3)应分配利润现仍然在新七浦投资公司处,被告作为法定继承人,没有占有新七浦投资公司可分配利润,因此无法成为支付利润之诉的当事人;(4)因新七浦投资公司连续两年以上没有年检,公司的法律状态不确定,故目前也无法对其2002年的利润直接作出处理。最终,法院对2002年2月至10月胡某招名下的投资收益问题不予处理。

笔者以为,有关投资收益的分割,涉及公司所有股东的权利。公司股东会本身负有法定义务,就公司每年的利润形成决议并在以下方案中作出选择:转化为资本公积金、补充公积金还是分配给股东。因此,某股东死亡后,应当允许股东的配偶和其他法定继承人代为提起要求公司支付利润的诉讼,公司其他股东为共同被告。诉讼中,人民法院一般可以根据审计报告中公司年度可分配利润以及公司资本充足的情况来确定原告应得的分红数量。该诉讼一定程度上属于司法权介入公司经营,因属于特定事由,符合公司法理。

审判实践中,部分公司缺乏多年的公司年检报告,故夫妻结婚当年公司的经营状况可能同样没有证据予以证实,有关利润分配的诉讼可能会再次陷入困境。笔者的观点是公司进行年检属于公司的法定义务,公司未进行年检的责任应当由全体股东承担。股东的配偶提起诉讼时,对利润情况的认证应当按照适当有利于配偶一方的原则适用。具体到个案中,还可以根据公司历年的纳税情况、增资扩股情况以及现有公司资产与公司设立时相比的增长情况酌情确定。

(2) 新七浦市场公司的股权增值和增资部分是否属于遗产范围。

母公司对子公司增资(包括直接增资和子公司利润转增)是否属于母公司增加的资产并计入利润?理论和实践中对此均有不同观点。一种观点认为,子公司增资,实际是母公司利润的转化,因此,增资部分应当视为母公司当年利润的组成部分。另一种观点认为,母公司对子公司的增资,应当属于母公司独立的经营行为,该增资一经登记,即成为子公司所有的法人财产,母公司对该增资不再享有所有权,而仅依出资额享有股东权益,包括分得红利或股息等并作为其年度利润核算的组成部分。因此,如果配偶要求将该部分增资按照出资比例确认为母公司的经营收益并予以直接分割,是不符合公司法理的。笔者认为,从公司法的基本原则理解,第二种观点比较符合逻辑。

至于股权的增值,基于同样的理解,笔者认为,公司的财产与公司成员和创立人的财产是严格分开的。公司的财产权利是法人财产权,其具有独立的人格。股东享有股权是以其对公司的出资为表现,但股东对出资不具有直接支配权,只是根据出资比例享有分红和参与公司事务等权利。不论股东出资如何增值,均不能作为股东个人的收入。出资人在公司的出资及增值只有在公司清算时,才能对剩余财产按出资比例分配。这从根本上是源于股权是一种特殊的权利束,具有特殊的权利内容,不宜按照传统的财产进行认识和分割处理。

法院判决:

1. 新七浦投资公司股东胡某招的股东资格由原告张某娣、胡某春、被告郑某菊和胡某飞继承,原告张某娣、胡某春、被告郑某菊和胡某飞名下的出资额各为525万元人民币,其出资比例各占注册资本的17.5%;

2. 对胡某招遗留的房屋等财产依法分割。

315. 被继承人死亡后,股东会修改公司章程禁止继承股东资格是否具有约束力?

不具有。《公司法》规定,自然人股东自死亡后,其合法继承人可以继承股东资格,但是公司章程另有规定的除外。可见公司章程可以规定禁止股东资格的继承。但是,在股东死亡后,合法继承人已自动继承了股东资格,此时修改公司章程禁止继承股东资格不具有溯及力。

【案例166】股东死亡后修改章程禁止继承的决议无效①

原告:丁某梅

被告:设备公司

诉讼请求:被告立即办理原告继承周某玉股权的工商变更登记手续。

争议焦点:

1.《公司法》关于股东资格继承的规定是否具有溯及力;

2. 公司章程可否将股东限制为本公司员工,该限制对股东资格的继承有何影响;

3. 禁止继承股东资格的章程修改股东会决议是否有效。

基本案情:

原告之夫周某玉生前系被告职工。

被告于2002年5月10日制订的章程第9条载明,周某玉以货币出资183,000元,占注册资本的2.35%。章程第11条规定,股东死亡情况发生时,其所持股份可予以转让,并由其继承人办理转让手续。

2005年2月28日,周某玉死亡,留有遗嘱载明"公司股权由丁某梅(原告)继承……"

2006年8月9日、17日,原告致函被告董事会要求被告办理周某玉股权继承的工商变更登记手续,被告未予回复。

2005年5月28日,被告在明知周某玉死亡未通知周某玉继承人参加的情况下,召开第十次股东会,对2002年5月17日的章程进行了修改。修改后的章程规定,公司股东为设备公司在册职工或公司董事会聘用人员。股东死亡,其所持出资应予转让。之后,认为周某玉的股权只能按修改后的章程规定转让,不能变更到原告名下。由于双方各执己见,致使调解无效。

原告诉称:

其丈夫周某玉是2005年2月28日死亡的,生前他立有遗嘱,股权由原告继承,其他继承人对原告的继承没有异议。据此,原告作为唯一的继承人事实是清

---

① 参见江苏省常州市中级人民法院(2007)民二终字第1号民事判决书。

楚的。此外,股权继承的开始时间是周某玉死亡之后,即2005年2月28日。根据被告当时的章程,并不禁止股东资格的继承,《公司法》(2004年修正)对股东资格的继承没有明文禁止的规定。根据《公司法》(2005年修订)第76条的规定及司法解释的规定,股东资格是可以继承的。

被告辩称:

1. 2005年5月,被告对公司章程的修改不是公司作出的,而是公司股东根据章程及法律规定依职权作出的,故公司章程的修改合法有效。

公司股东会所作出的章程修改案的时间在2005年5月,故对该案效力的确认应该按照当时的法律规定。周某玉于2005年2月28日去世,当时的《公司法》并没有关于股东资格继承的规定,直至2006年1月1日修正后的《公司法》才规定自然人股东死亡,其合法继承人可以继承股东资格。被告在2005年5月召开股东会,遵照的是当时生效的法律和公司的章程,并由此通过股东会决议,完全是合法有效的。周某玉死亡,其继承人可以继承他的财产,而不是股东资格。在2005年12月31日前讲继承股东资格是没有法律依据的。根据法不溯及既往的原则,《公司法》(2005年修订)修改后的条款对其生效并施行之前即已依法通过的章程修正案也不具备当然的法律效力,不应当作为对该章程修正案进行法律评价的法律依据直接适用。

2. 不论是按照公司2002年的章程还是2005年修改后的章程,原告都不能成为被告的股东。

(1)公司2005年修改后的章程规定,"股东死亡,其出资应予转让"。按此规定,原告只能继承周某玉的股份转让所得的财产权益,而不能继承其股东资格。

(2)被告是改制企业,由常州市化工设备厂改制而来,为了保护企业职工的权益,常州市化工设备厂改制工作领导小组在改制过程中制订了"公司股东条件",在其中规定:股东必须是常州市化工设备厂的在册职工。该项"公司股东条件"早已作为工商登记资料送工商部门登记备案。原告不具备常州市化工设备厂在册职工这一前提条件,也就不具备成为本公司职工的资格。

(3)2002年的公司章程对股东资格作了明确规定。第2条规定,"公司实行有限责任公司,股东为常州市化工设备厂职工";第8条规定,"1. 符合股东条件,可作为自然人股东,行使权利。2. 公司成立后,凡与公司建立正式合作关系的在册职工,符合有关规定,经股东会批准,可认购出资。3. 股东不得随意变更"。从以上规定可以看出,章程对可以成为股东的自然人的条件作出了明确规定,即必须是本公司的职工。对于2002年公司章程第11条规定,"股东死亡,其股份可予以转让,由其继承者办理转让手续"。转让与继承是两个完全不同的法律概念,且彼此之间应是相斥的而非相容的关系,该条款的实质就是仅肯定了对死亡股东的股份只能转让,而否定了股份可以继承。否则,其表述应为"其股份可予以转让或者继承"。对该条款的理解不能孤立于章程全文来理解。《公司法》(2005年修订)第76条,"但是,公司章程另有规定的除外",所指的也应当是公司章程全文中有关内容,而绝非仅片面地某一单独条款。2002年的公司章程除了上述第11条规定外,第2条、8条均对成为公司股东的自然人的条件作了明确规定,这其实就是对继受股份成为公司股东的人的资格作了限制。股份的受让人(包括股东的继承人)如果不是公司的在册职工,不符合章程规定的股东条件,就不能受让股份享有股东资格。所以,"股东死亡后,其股份可予以转让"是指股东死亡后,股份只能转让,且必须转让给本公司的原有股东或者是符合条件的其他在册职工。而"由其继承者办理转让手续"仅指继承人根据继承的有关法律规定就股份转让所得的财产权益办理交接等必需手续而已。

(4)《公司法》(2005年修订)第22条规定,"股东会或者股东大会、董事会的会议召集程序、表决方式违反法律、行政法规或者公司章程,或者决议内容违反公司章程的,股东可以自决议作出之日起六十日内,请求人民法院撤销"。可见,法律对撤销股东会决议的程序作了明确规定。因此,原告欲撤销2005年5月章程修正案应另行起诉。

综上所述,原告无权因继承而成为公司的股东,其只能将周某玉名下的股份按规定转让,从而继承股份转让所得。

律师观点:

1. 由于2004年《公司法》未对能否继承作出规定,本案应适用2005年修订后的《公司法》。

继承从被继承人死亡时开始。本案所涉继承自被继承人周某玉2005年2月28日死亡时开始。根据《最高人民法院关于适用〈中华人民共和国公司法〉若干问题的规定(一)》第1条规定,2005年《公司法》实施后,人民法院尚未审结的和新受理的民事案件,其民事行为或事件发生在2005年《公司法》实施以前的,适用当时的法律法规和司法解释。第2条规定,因2005年《公司法》实施前有关民事行为或者事件发生纠纷起诉到人民法院的,如当时的法律法规和司法解释没有明确规定的,可参照2005年《公司法》的有关规定。本案继承发生在2005年修订的《公司法》实施前,按上述司法解释的第1条规定,应适用2005年修订前的《公司法》。但因2005年修订的《公司法》对有限责任公司的股东资格能否继承未作规定,而 2005 年修订后的《公司法》对此有明确规定,因此本案纠纷的处理应参照 2005 年修订后的《公司法》。

2. 公司章程未对股东资格的继承作禁止性规定。

2005 年修订后的《公司法》第 76 条规定,"自然人股东死亡后,其合法继承人可以继承股东资格。但是,公司章程另有规定的除外"。本案中,根据 2002 年 5 月 10 日被告制订的章程规定自然人股东死亡后,其股份可予以转让。以此可看出,该章程对股东资格的继承未作禁止性规定。

被告认为章程第 2 条规定"股东为常州市化工设备厂职工",即是对继受股东资格的限制,但该规定仅是对出资认缴人身份作出的限制,并非是对股权转让所作的禁止性规定,而且被告的理解也与当时制定章程的相关意思表示,即章程第 11 条规定"股东可以向股东以外的人转让出资"相矛盾。

3. 被告未通知原告召开股东会修改公司章程不符合法律规定。

原告作为周某玉的遗嘱继承人,在周某玉死亡时即继承周某玉的股东资格。而被告在明知周某玉已死亡,在未通知周某玉继承人参加股东会的情形下召开股东会并修改章程,剥夺原告对周某玉股东资格的继承权,违反了《公司法》关于股东会由全体股东组成,修改公司章程的职权由股东会行使的规定。该章程的修改因程序违法而无效。被告依据无效的章程对抗原告的诉请,缺乏法律依据。

综上,原告依据周某玉的遗嘱及《公司法》(2005 年修订)第 76 条的规定要求继承周某玉的股东资格,并要求设备公司到工商部门办理股东变更登记手续的诉讼请求,符合法律规定,应予支持。

法院判决：

被告于判决生效之日起 15 日内到工商部门将周某玉名下的全部股权变更至原告名下。

316. 实际出资人在确权之前死亡的,其继承人能否继承其股东资格？

股东资格的继承必须以具有股东资格为前提,如果被继承人的股东资格能够被确认,则继承人可以继承其股东资格。

317. 夫妻一方能否依据离婚协议中的股权分割约定直接取得股东资格？

不能。由于有限责任公司具有较强的人合性,即使夫妻双方在离婚协议中已经对一方或双方股权比例进行了分割,公司其他股东仍有可能对此享有优先购买权。

【案例167】离婚调解书助股东成功确权[①]

原告：陈某明

被告：银厦公司

第三人：莫某武、卢某雄、杨某波

诉讼请求：

1. 准许原告在被告行使股东权利；

2. 被告按57号调解书确认的股份比例，注销股东第三人莫某武的原出资证明，将第三人莫某武的出资证明变更为2,100,800元，并向新股东原告签发出资额为565,600元的出资证明；

3. 被告应相应修改公司章程和股东名册，在公司章程、股东名册中增加原告的股东名字及出资额，变更第三人莫某武的出资额；

4. 被告应履行相应的工商变更登记手续。

争议焦点：

1. 离婚时，一方将自己名下的股权分割给另一方，公司其他股东是否享有优先购买权；

2. 法院通过调解分割股权时是否应征询其他股东关于优先购买权的意见；

3. 主张以低于股权转让（分割）价格购买是否视为已放弃优先购买权；

4. 损害公司利益的行为是否影响股东资格的取得。

基本案情：

被告是由第三人共同投资组建而成的，第三人莫某武占注册资本33%；第三人卢某雄占注册资本37%；第三人杨某波占注册资本30%（见图4-7）。

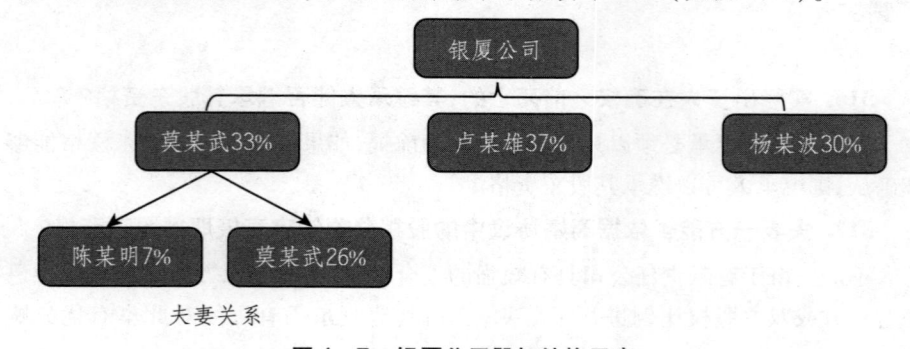

图4-7 银厦公司股权结构示意

[①] 参见广西壮族自治区玉林市中级人民法院(2006)玉中民二终字第23号民事判决书。

在经营活动中,第三人卢某雄直接参与了被告的经营管理活动,而第三人杨某波从未参与过该公司的经营管理活动,其在被告处的股东权利,一直是由其父杨某昆代表行使。

第三人莫某武与原告原为夫妻关系。原告退休以后,一直作为第三人莫某武的全权代理人参与该公司的经营管理活动,行使股东的权利和履行股东的义务。原告与第三人莫某武后因夫妻感情破裂,达成民事调解,现已经发生法律效力。原告与第三人莫某武在民事调解书中达成的协议中包含如下条款:

1. 第三人莫某武与原告自愿离婚。

2. 以第三人莫某武名义在被告投资的占公司总股份33%的股份,由第三人莫某武享有26%,原告享有7%股份。对此,法院办案人员征求被告的其他股东第三人卢某雄和行使第三人杨某波股东权利的全权代理人杨某昆。他们既不同意第三人莫某武转让股份给原告,也不同意以同等价格购买第三人莫某武转让的股份。据此,法院在民事调解书明确,视第三人卢某雄、第三人杨某波同意第三人莫某武转让股份给原告,原告可以成为被告的股东,第三人卢某雄、第三人杨某波和第三人莫某武已丧失对这7%股份的优先购买权。

原告诉称:

法院以57号调解书,确认其可以成为被告的股东,在该公司占有7%的股份。但经其与第三人卢某雄、第三人杨某波协商变更股东权手续却始终未果,故原告向人民法院提起诉讼。

被告辩称:

1. 由于双方缺乏合作基础,原告不能因此不能成为股东。

原告是玉林市邦达房地产有限责任公司的股东和监事,经营与其公司同类的业务。在此之前,原告已多次故意损害其公司的利益,而且多次对簿公堂,双方已毫无合作基础。因此,被告不同意原告成为其公司的股东。

2. 原告的离婚纠纷中的股权转让事宜第三人不知情。

在原告与第三人莫某武的离婚纠纷案中,就股权转让问题并没有征求过股东第三人杨某波的意见,致使第三人杨某波无法享有优先购买权。

3. 股权转让价格未经评估。

原告与第三人莫某武自行协商转让的7%股份未经任何有资质的评估机构进行评估,自定价格为190万元,要求其公司股东以190万元的价格购买7%的股份是不合法的。

综上,被告股东并没有丧失对7%股份的优先购买权,且愿意按565,600元购买第三人莫某武所要转让的 565,600 元的出资额。

第三人莫某武辩称：

第三人卢某雄、第三人杨某波称对第三人莫某武将股份转让给原告不知不是事实，故被告的 7% 股份转让给原告，合法有效。

被告是其和第三人卢某雄、第三人杨某波共同投资组建的，其在该公司享有 33% 的股份，并有权决定是否转让自己的股份。而第三人杨某波在被告的股东权利，一直由第三人杨某波的父亲杨某昆代表其全权行使。在与原告的离婚案中，双方约定由其转让 7% 的股份给原告，是在法院主持下进行的，是对其夫妻共同财产的分割和处理，且就转让的问题已征求过第三人卢某雄、第三人杨某波的意见。因此，同意原告的诉请。

第三人卢某雄、第三人杨某波辩称：

不同意原告成为被告的股东，第三人卢某雄、第三人杨某波没有丧失对第三人莫某武转让给原告 7% 股份的优先购买权利。其愿意按 565,600 元购买第三人莫某武所要转让的 565,600 元的出资额。

一审认为：

1. 原告未在被告担任董事或高管，其在邦达公司的股东和监事身份不影响被告的利益。

《公司法》规定，公司的董事及高管不得自营或者为他人经营与所任职公司同类的业务，否则应对公司承担赔偿责任及将所得交公司所有。

但本案中，原告并非被告的董事及高管。因此被告和第三人卢某雄、第三人杨某波以原告为邦达公司的股东和监事，经营与其公司同类的业务，曾多次故意损害公司利益和其公司对簿公堂等理由不能成立，依法不予支持。

2. 第三人莫某武向原告转让股权程序合法，未损害第三人卢某雄及第三人杨某波的优先购买权。

在原告与第三人莫某武离婚纠纷一案中，第三人莫某武自愿将其在被告被告中所占的 33% 股权转让 7% 给原告，是双方当事人对其夫妻共同财产进行分割，并没有损害其他股东的利益，况且法院在处理原告与第三人莫某武离婚纠纷一案件时，依据《婚姻法解释（二）》的有关规定，已征求过被告的其他股东第三人卢某雄和行使第三人杨某波股东权利的全权代理人杨某昆的意见。他们既不同意第三人莫某武转让股份给原告，也不同意以同等价格购买第三人莫某武转让股份出资额。

据此，应视为第三人卢某雄、第三人杨某波同意第三人莫某武转让股权给原告,原告可以成为被告的股东。

一审判决:

1. 原告有行使股东权的权利。

2. 被告应按57号调解书确认的股份比例,注销第三人莫某武的原出资证明,将第三人莫某武的出资证明由原来的2,666,400元变更为2,100,800元,并向原告签发出资额为565,600元的出资证明。

3. 被告应相应修改公司章程和股东名册,并相应修改公司章程和股东名册中有关原告及其出资额的记载,以及第三人莫某武的出资额的记载。

4. 被告应到工商行政管理部门办理相应的工商变更登记手续。

原审第三人卢某雄、第三人杨某波不服一审判决,向上一级人民法院提起上诉。

律师观点:

1. 本案是股东确认纠纷,原告已成为被告的股东。

本案纠纷发生的原因是原告要求在被告行使股东权利及办理变更股东权等手续未果,起诉请求准许其行使在被告的股东权利,请求被告签发出资证明书、修改公司章程和股东名册等。诉讼的根本目的在于要求实现生效民事调解书所确认的股东权利,享有被告股东的各项权益,而不是要求受让本案所争议的股权。

因此,本案法律关系是股东权纠纷而不是股权转让纠纷。

事实上,在原告与第三人莫某武就离婚后夫妻共同财产分割包括所投资的公司股权分割计划及转让价格等达成调解协议后,就第三人莫某武将所拥有的被告7%股权转让给原告等相关事项征求了第三人卢某雄及全权行使第三人杨某波股东权利的杨某昆的意见,两人明确表示不同意按190万元购买,且接到法院通知后亦未在规定期限内提出书面意见。在原告提起本案之诉时,一审期间被告、第三人卢某雄提交的答辩状中仅表示以565,600元购买该股份,与第三人莫某武、原告双方分割夫妻共同财产时商定的价值190万元明显不符,不符合股东行使优先购买权的"同等条件"的要求。

因此,应认定被告及其股东第三人卢某雄、第三人杨某波事实上不同意以190万元的价格购买该股权,已丧失了上述股权的优先购买权。

综上所述,应认定被告的股东、第三人卢某雄、第三人杨某波同意第三人莫某武将其在被告的7%股权以190万元的价格转让给原告。

2. 如果第三人卢某雄、第三人杨某波认为原告损害被告的利益,被告应以其他途径予以追究,而非阻碍原告成为公司股东。

3. 被告应依法履行相应的变更登记义务,以保障原告行使股东权利。

原告在其他股东放弃优先购买权之后,因夫妻分割共同财产合法受让第三人莫某武的股权,有权成为被告的股东。被告应根据实际变化到工商行政管理部门办理相应的工商变更登记手续,使股权变化发生对抗第三人的效力,并向新股东签发出资证明、置备股东名册等。但是,如何行使股东权利并不是具体的权利,不具有可诉性。因此,原审第1项判决确有不妥,应予撤销。

二审判决:

1. 驳回被告、第三人卢某雄、第三人杨某波的上诉请求。
2. 撤销"原告在被告有行使股东权的权利"的民事判决。
3. 维持玉林市玉州区人民法院(2006)玉区法民初字第637号民事判决第2项、3项、4项。

第六节 股东资格确认中的税务问题

一、实际出资人确权的税务问题

318. 实际出资人被确认为工商登记股东是否需要缴税?

实践中,实际出资人确认为工商登记股东有两种方式:向人民法院提起股东资格确认纠纷诉讼以及经股权转让工商登记为股东。

(1)股东资格确认纠纷诉讼

《国家税务总局关于企业转让上市公司限售股有关所得税问题的公告》(国家税务总局公告2011年第39号)中明确,依法院判决、裁定等原因,通过证券登记结算公司,企业将其代持的个人限售股直接变更到实际所有人名下的,不视同转让限售股。因此,上市公司限售股的实际出资人通过诉讼确认为工商登记股东无须按照股权转让缴税。借鉴上述规定,一般有限责任公司中的实际出资人通过法院判决显名并办理工商变更登记,同样无须缴纳个人所得税。

(2)经股权转让工商登记为股东

该方式存在较高的税务风险。即便是实际出资人与显名股东有意降低股权转让价款以避免税收,对申报计税依据明显偏低(如平价和低价转让等)且无正当理由的,主管税务机关仍有可能参照每股净资产或个人股东享有的股权比例所对应的净资产份额核定。① 因此确权时公司净资产较原先有较大增长的,不建议采用股权转让进行实际出资人显名。

319. 为了逃避股权转让纳税义务,当事人以虚假诉讼方式确认股权,可能会承担哪些刑事责任?

《民事诉讼法》第 112 条规定,"当事人之间恶意串通,企图通过诉讼、调解等方式侵害他人合法权益的,人民法院应当驳回其请求,并根据情节轻重予以罚款、拘留;构成犯罪的,依法追究刑事责任"。第 113 条规定,"被执行人与他人恶意串通,通过诉讼、仲裁、调解等方式逃避履行法律文书确定的义务的,人民法院应当根据情节轻重予以罚款、拘留;构成犯罪的,依法追究刑事责任"。

因虚假诉讼引发的犯罪根据具体违法形式构成不同的罪名。对此,浙江省高级人民法院与浙江省人民检察院作出了详细的规定:

(1)为了提起虚假诉讼,或者在虚假诉讼过程中,指使他人提供虚假的物证、书证、陈述、证言、鉴定结论等伪证,或者受指使参与伪造证据,分别按照《刑法》第 307 条妨害作证罪,帮助毁灭、伪造证据罪处理。

(2)在虚构事实、伪造证据过程中,伪造、变造、买卖或者盗窃、抢夺、毁灭国家机关公文、证件、印章的,或者伪造公司、企业、事业单位、人民团体印章的,或者伪造、变造、买卖居民身份证的,分别按照《刑法》第 280 条伪造、变造、买卖国家机关公文、证件、印章罪,盗窃、抢夺、毁灭国家机关公文、证件、印章罪,伪造公司、企业、事业单位、人民团体印章罪,伪造、变造、买卖居民身份证罪处理。

(3)为逃避人民法院生效裁判文书的执行,进行虚假诉讼,套取、转移财产的,按照《刑法》第 313 条拒不执行判决、裁定罪处理。

(4)为转移自有财产、多分共同财产,或者逃避共同债务,进行虚假诉讼的,根据具体情形,按照第(1)、(2)款处理。

(5)以非法占有为目的,进行虚假诉讼,骗取公私财物的,按照《刑法》第 266 条诈骗罪处理。

(6)公司、企业或者其他单位的人员利用职务便利,进行虚假诉讼,侵吞本单位财产的,按照《刑法》第 271 条第 1 款职务侵占罪处理。

(7)国家工作人员利用职务便利,进行虚假诉讼,侵吞公款的,或者国有公司、企业或者其他国有单位中从事公务的人员和国有公司、企业或者其他国有单位委派到非国有公司、企业以及其他单位从事公务的人员利用职务便利,进行、侵

---

① 关于股权转让税收详见本书第七章股权转让纠纷。

吞本单位财产的,按照《刑法》第382条、383条贪污罪处理。

(8)行为人实施虚假诉讼犯罪活动,同时触犯两个或者两个以上罪名的,依法实行数罪并罚或者按处罚较重的罪名定罪处罚。

【案例168】逃避债务不成　虚假诉讼身陷囹圄[①]

被告人:黄某、李某、胡某

基本案情:

2008年,被告人黄某因经营的小企业资金周转困难,向王某等人借款126万余元,但由于企业经营不善和其沉迷赌博而无力偿还。王某等人向法院起诉。判决后,被告人黄某未能主动履行还款责任,于是王某等人向法院申请强制执行,要求拍卖被告人黄某在余姚的一处房产。被告人黄某及其前夫被告人李某得知后,为逃避部分债务的履行,产生了虚构债权债务关系、提起虚假诉讼的念头,并商定由被告黄某向被告人胡某出具3张总额为110万元的借条,并由被告人胡某持借条到法院提起诉讼。得知此事后感到蹊跷的王某等人向检察院申诉,要求审查被告人黄某与被告人胡某间的民事案件。最终,被告人胡某交代了与被告人黄某恶意串通、虚构事实、伪造证据的事实。

法院认为:

被告人黄某及其前夫被告人李某结伙为逃避部分债务的履行,伪造证据,虚构债权债务关系,指使他人提起虚假诉讼并作伪证,骗取人民法院的裁判文书,两人的行为均已构成妨害作证罪;被告人胡某帮助诉讼当事人伪造证据,受指使提起虚假诉讼,骗取人民法院裁判文书,并予以执行立案,情节严重,其行为构成帮助伪造证据罪。

法院判决:

1. 被告人黄某犯妨害作证罪,判处有期徒刑6个月;
2. 被告人李某犯帮助伪造证据罪,判处拘役5个月,缓刑6个月;
3. 被告人胡某犯帮助伪造证据罪,判处拘役5个月,缓刑6个月。

320. 何为逃税罪? 其构成要件、立案追诉标准以及量刑标准分别是怎样的?

逃税罪指纳税人采取欺骗、隐瞒手段进行虚假纳税申报或者不申报,逃避缴

[①] 参见民营企业法律服务网 http://my818.no51.cuttle.com.cn/ReadNews3.asp?table_name=3&NewsID=301,2012年7月11日访问。

纳税款数额较大的行为。

（1）立案追诉标准

涉嫌下列情形之一的，应予立案追诉：

①纳税人采取欺骗、隐瞒手段进行虚假纳税申报或者不申报，逃避缴纳税款，数额在5万元以上并且占各税种应纳税总额10%以上，经税务机关依法下达追缴通知后，不补缴应纳税款、不缴纳滞纳金或者不接受行政处罚的；

②纳税人5年内因逃避缴纳税款受过刑事处罚或者被税务机关给予2次以上行政处罚，又逃避缴纳税款，数额在5万元以上并且占各税种应纳税总额10%以上的；

③扣缴义务人采取欺骗、隐瞒手段，不缴或者少缴已扣、已收税款，数额在5万元以上的。

纳税人在公安机关立案后再补缴应纳税款、缴纳滞纳金或者接受行政处罚的，不影响刑事责任的追究。

（2）量刑标准

①逃避缴纳税款数额较大并且占应纳税额10%以上的，或5年内因逃避缴纳税款受过刑事处罚或者被税务机关给予2次以上行政处罚后又逃税的，处3年以下有期徒刑或者拘役，并处罚金；

②逃避纳税数额巨大并且占应纳税额20%以上的，处3年以上7年以下有期徒刑，并处罚金；

③扣缴义务人采取前款所列手段，不缴或者少缴已扣、已收税款，数额较大的，依照前款的规定处罚；

④对多次实施上述逃税行为，未经处理的，按照累计数额计算；

⑤单位犯逃税罪的，对单位判处罚金，并对其直接负责的主管人员和其他直接责任人员，依照上述的规定处罚。

321. 纳税义务人和扣缴义务人在被发现偷漏税后补缴税款、滞纳金与罚款，是否能够免除刑事责任？

需要区分情况而定：

（1）如果纳税义务人、扣缴义务人补缴税款的时间是在税务机关下达税款、滞纳金与罚款缴款通知书之前或税务机关下达缴款通知书之后，公安机关立案之前这一时间段补缴税款的，可以免除刑事责任；但是，5年内因逃避缴纳税款受过刑事处罚或者被税务机关给予2次以上行政处罚的除外。

（2）如果纳税义务人、扣缴义务人在公安机关立案后补缴税款的，不免除刑

322. 哪些人可能成为逃税罪的主体？单位犯罪的，法定代表人是否应当承担刑事责任？

逃税罪的主体为纳税义务人和负有代扣代缴义务的单位和个人。单位犯罪的，由直接责任人承担责任，法定代表人并非当然承担责任。

【案例169】签订"阴阳合同"规避税款　情形严重可能构成逃税罪[①]

基本案情：

2018年6月初，群众举报范某冰"阴阳合同"涉税问题后，国家税务总局高度重视，即责成江苏等地税务机关依法开展调查核实。从调查核实情况看，范某冰在电影《大轰炸》剧组拍摄过程中实际取得片酬3000万元，其中1000万元已经申报纳税，其余2000万元以拆分合同方式偷逃个人所得税618万元，少缴营业税及附加112万元，合计730万元。此外，还查出范某冰及其担任法定代表人的企业少缴税款2.48亿元，其中偷逃税款1.34亿元。

对于上述违法行为，根据国家税务总局指定管辖，江苏省税务局依据《税收征收管理法》第32条、52条的规定，对范某冰及其担任法定代表人的企业追缴税款2.55亿元，加收滞纳金0.33亿元；依据《税收征收管理法》第63条的规定，对范某冰采取拆分合同手段隐瞒真实收入偷逃税款处4倍罚款计2.4亿元，对其利用工作室账户隐匿个人报酬的真实性质偷逃税款处3倍罚款计2.39亿元；对其担任法定代表人的企业少计收入偷逃税款处1倍罚款计94.6万元；依据《税收征收管理法》第69条和《税收征收管理法实施细则》第93条的规定，对其担任法定代表人的两户企业未代扣代缴个人所得税和非法提供便利协助少缴税款各处0.5倍罚款，分别计0.51亿元、0.65亿元。

依据《行政处罚法》第42条以及《江苏省行政处罚听证程序规则》相关规定，9月26日，江苏省税务局依法先向范某冰下达税务行政处罚事项告知书，对此范某冰未提出听证申请。9月30日，江苏省税务局依法已向范某冰正式下达税务处理决定书和税务行政处罚决定书，要求其将追缴的税款、滞纳金、罚款在收到上述处理处罚决定后在规定期限内缴清。

依据《刑法》第201条的规定，由于范某冰属于首次被税务机关按偷税予以行

[①] 参见蔡昌、倪祎彤、朱凯达：《法理分析范冰冰逃税案》，载《新理财：公司理财》2019年第2期，第87~92页。

政处罚且此前未因逃避缴纳税款受过刑事处罚,上述定性为偷税的税款、滞纳金、罚款在税务机关下达追缴通知后在规定期限内缴纳的,依法不予追究刑事责任。超过规定期限不缴纳税款和滞纳金、不接受行政处罚的,税务机关将依法移送公安机关处理。

法院认为:

1. 本案的涉案主体。

根据官方报道,涉及本案的纳税主体至少有四方,包括:范某冰本人、范某冰工作室和两家由范某冰担任法定代表人的公司。范某冰本人通过签订"阴阳合同"的方式将其片酬收入进行拆分以期达到少缴个人所得税的目的。范某冰工作室通过隐匿范某冰真实收入的方式减少其缴纳个人所得税,由于范某冰工作室不属于法人单位,因此其投资人范某冰对工作室的债务负有无限连带责任。至于范某冰担任法定代表人的两家企业,《税收征收管理法》对企业通过各种方式隐瞒或少计收入的行为明确界定为逃税,故作为法定代表人的范某冰也需要承担连带责任。

2. 范某冰是否会受到刑事处罚取决于其是否按期补缴税款及滞纳金。

《刑法》第201条第1款规定:纳税人采取欺骗、隐瞒手段进行虚假纳税申报或者不申报,逃避缴纳税款数额较大并且占应纳税额10%以上的,处3年以下有期徒刑或者拘役,并处罚金;数额巨大并且占应纳税额30%以上的,处3年以上7年以下有期徒刑,并处罚金。第4款规定:有第1款行为,经税务机关依法下达追缴通知后,补缴应纳税款,缴纳滞纳金,已受行政处罚的,不予追究刑事责任;但是,5年内因逃避缴纳税款受过刑事处罚或者被税务机关给予2次以上行政处罚的除外。

根据前述法律条文可知,偷税行为构成犯罪需要同时满足"少缴税款五万元以上且占各种应纳税总额的10%以上"和"经过税务机关下达追缴通知后,不补缴应纳税款、不缴纳滞纳金或者不接受行政处罚"两个条件。

【案例170】某庆公司偷逃税款710万余元　法定代表人刘某庆免责

偷税案一审宣判　刘某庆未被起诉

2002年4月5日,北京市公安局以北京某庆文化艺术有限责任公司(以下简称某庆公司)1996年以来采取不列或少列收入、多列支出、虚假申报等手段偷逃巨额税款,已涉嫌偷税犯罪为由进行立案侦查。刘某庆妹夫靖某、公司会计方某、刘某庆的妹妹刘某红和刘某庆先后被依法逮捕。

但是出人意料的是,2003年9月某庆公司接到的公诉书中通知被公诉的只有某庆公司和公司总经理靖某,而刘某庆、刘某红姐妹以及其他曾经因为本案被逮捕的人都不在被起诉之列。

2004年4月6日,北京朝阳法院作出一审判决,以偷税罪判处某庆公司罚金710万元人民币,以偷税罪判处被告人靖某有期徒刑3年。

经法院审理查明,某庆公司作为纳税义务人,于1996年至2001年,偷逃各种税款共计6,679,069.6元人民币。被告人靖某于1996年9月至2001年在被告单位任总经理的职务,主管财务工作,对任职期间单位实施的偷税行为负有直接责任。作为代扣代缴义务人,某庆公司在1997年、1998年、2000年拍摄电视连续剧《逃之恋》《皇嫂田桂花》过程中,将已代扣的演职人员个人所得税共计418,574.43元人民币隐瞒,不予代为缴纳。

法院认为,被告单位某庆公司作为纳税义务人、代扣代缴义务人,无视国家税收征管法规,采取伪造记账凭证,在账簿上多列支出或不列、少列收入,进行虚假的纳税申报的手段,不缴或少缴应纳税款,且各年度的偷税数额占当年度应纳税额的比例均在30%以上,被告单位的行为已构成偷税罪。被告人靖某作为单位直接负责的主管人员,参与实施被告单位大部分偷税行为亦构成偷税罪。鉴于被告单位某庆公司已在法院判决前将偷税款全部补缴之情节,故对被告单位予以从轻处罚,对被告人靖某可酌情予以从轻处罚。

不被起诉系因刘某庆并非直接责任人

在"某庆公司"偷税案一审判决后,很多人有这样的疑问:刘某庆为什么没有被追究刑事责任?

《刑法》对单位犯罪进行处罚的规定:单位犯罪的,对单位判处罚金,并对其直接负责的主管人员和其他直接责任人员判处刑罚。因此,刘某庆本人是否属于"直接负责的主管人员"就成为定罪的关键问题。刘某庆虽然是某庆公司的法定代表人,但是否属于"直接负责的主管人员",要看其在公司偷税中发挥了什么作用,是否参与了偷税行为。

【案例171】千万富翁虚开发票羁押两年 申诉8年终获无罪[①]

10年前,58岁的药商焦某军曾是同仁堂最大的经销商之一,拥有两家药厂,

---

① 参见范传贵:《千万富翁被判偷税罪羁押两年 申诉八年终获无罪》,载新浪网,http://finance.sina.com.cn/money/cfgs/20120809/101212802367.shtml,2020年6月28日访问。

年营业额千万元以上。但因为一纸最终被判决"适用法律错误"的税务稽查决定书,在此后10年,焦某军的人生从鼎盛走向支离破碎。

多年的申诉上访之后,焦某军沉冤昭雪。在被宣判无罪的法庭上,他痛哭流涕。小儿子当庭跪下,给法官连磕三个响头。

他在被羁押的两年多时间里,五个民事官司接踵而至,且他全部败诉,因为资产被查封,甚至支付不起上诉的费用。

"适用法律错误"的百万罚单

安国市是全国最大的中药材集散地。焦某军1986年参与组建了安国中药材供销公司。1999年5月,安国市中药材供销公司改制为民营的大仁药业有限公司,焦某军担任该公司法定代表人。他从当地中药材市场的药农手中收购中药材,初加工后供给北京同仁堂,再从同仁堂手中收取成药来销售。

此时,大仁药业已经发展成为拥有员工100多人的中药企业,是同仁堂最大的经销商之一,还在北京核心地带购买了一处四合院设立分公司,与一家大药企联合经营健都制药厂,有200多名员工,年营业额过千万元。

2000年5月,焦某军还与泰国PP集团签订了合作开发协议,拟在泰国、老挝、缅甸三国交界的"金三角"地带购进土地,用于药材的种植与生产。

事业巅峰期的危险伏笔

1997年年底,为了便于成药销售,安国市中药材供销公司在北京成立了中成药销售部,承包给北京人闫某平经营。

2000年7月21日,河北省、市、县国税稽查局组成专案组对大仁药业公司纳税情况进行检查,发现大仁药业在销售中成药时,自1998年至1999年以"大头小尾"的方式填开万元版增值税专用发票,即在填写四联销项发票(销售物品时开给客户的发票)时,把给购货方的二、三联如实填写,但把存根联和报税务局的记账联(一、四联)少记销项收入,虚假填开增值税发票179份,少计销售收入10,790万余元。其中176张发票都是闫某平开的,另外3张无法查清开具人。安国市国税局以该销售额乘以税率,认定大仁药业偷税183万余元。但同时还查出,大仁药业同一时期多交增值税52,809余元。

焦某军不以为然,认为自己的公司和闫某平是承包关系,即使存在偷税行为,自己最多负的也是领导责任。

2000年12月28日,安国市国税局以其认定的偷税额减去多交税款和已补交的20万元款项,出具了税务处理决定书,责令大仁药业补交税款158万余元,并加收滞纳金127万余元。

焦某军遂一纸诉状递至保定市中级人民法院行政庭,状告安国市国税局不执行国家税法。但未及立案,这次起诉就被保定市国税局调解下来。

焦某军表示按照国家税法规定,增值税以商品增值部分乘以17%计算,而安国当地当时却有一条"土税法",即只要使用票据,不管是否增值,国税局和地税局都分别要收取票据数额1%的税款。这也是闫某平要开具"大头小尾"发票的原因,增值税是逃不了的,要逃的是"土税法"。

在最后的判决里,国税局的这份处理决定书,被认定"适用法律错误"。

突如其来的偷税罪

焦某军以为事件就此平息,却未想这只是开始。

时隔半年,2001年7月3日,安国市公安局、检察院以税务局的处理书为依据,突然将焦某军刑拘,同年8月批捕。10个月之后,安国市检察院以涉嫌虚开增值税发票罪对大仁药业、焦某军和闫某平提起公诉。

法庭上焦某军辩称,闫某平和安国市中药材供销公司签有承包协议,因此闫某平的犯罪行为与大仁药业和焦某军没有关系。未想同为被告人的闫某平却否认说,她并没有与焦某军签订承包协议,协议上的签名不是她写的,对检察机关指控的罪名没有异议。

2003年1月,安国市法院最终以偷税罪一审对大仁药业判处罚金366万余元,追缴违法所得183万余元;判处焦某军有期徒刑4年,并处罚金183万余元;判处闫某平有期徒刑3年,缓刑3年,并处罚金178万余元。

宣判后,焦某军上诉到保定市中级法院,中院以事实不清为由撤销原判发回重审。

重审中,焦某军提供了17份总额169万元的税票,称是大仁药业应抵扣而未抵扣的税票。他提出,北京同仁堂给大仁药业的货都是带税商品,大仁药业在购货时已经按价税付款,有这些发票证实。

大仁药业从同仁堂购入货后,以低于进货价卖出,并未增值,不产生增值税。焦某军表示因为我国对中成药的市场价有统一规定,因此大仁药业在与同仁堂的合作中都是将中成药以低于进货价赔钱销售,然后从草药方面盈利以弥补亏空。

幸运的是,法院在最终的判决中确认了这169万元税票是大仁药业在购货时按票上价税付款;而不幸的是,这仅被作为"从轻处理的情节予以考虑"。

2003年7月20日,安国市法院将焦某军的刑期改判为有期徒刑3年,缓刑4年。罚金和违法所得未作变动。

8 年申诉终获清白

在重获自由后的第 3 天,焦某军开始了申诉、上访之路。

2003 年 11 月 26 日,在多次前往河北省反映情况后,时任省人大内司委主任看到了他的材料,并批转省高院立案庭庭长复查,后又批转至保定中院,中院转到安国市法院立案复查。此后多年虽时不时有一些好消息出现,但没有丝毫实质性进展。

焦某军每年数十次往返石家庄、北京的上访和申诉。终于在 2007 年 10 月,他等来了河北省高院驻保定信访接待组,组长米某祥在看了相关材料后,调了安国法院办案人员和主要领导至保定汇报案件进展。

当年 11 月,安国市法院终于作出了驳回申诉维持原判的通知书。焦某军这才能申诉到保定市中院。2008 年 3 月,保定中院再次作出驳回申诉的通知,焦某军无奈又申诉到河北省高院。

2009 年 3 月,河北省高院作出再审决定,指令保定中院另行组成合议庭对此案进行再审。6 个月后,保定中院作出刑事裁定,撤销原判,发回安国市法院重审。但安国市法院将案件退回中院。保定中院又将此案转到离安国市 200 多公里的涞源县法院再审。

2011 年 5 月 12 日,涞源县法院作出再审判决。判决书认为,安国市税务局作出的处罚决定中并未体现大仁药业的当期进项税额,而是直接以少记销售收入额乘以税率确定的偷税数额。大仁药业借用外省户头购货的 17 份增值税专用发票的价、税款,已由其在购货时缴纳。税务机关以购货单位名称与大仁药业不符为由,未抵扣这部分进项税,是适用法律错误。按照国家税务总局 1998 年发布的 66 号文件规定,认定偷逃税数额时,应当从增值税缴纳的特点出发,根据纳税人的实际缴税情况,客观计算因偷税造成的国家税款损失。大仁药业借用外省户头购货缴纳了国家税款,在计算其偷逃销项增值税数额时,应当减去进项税额,其余为偷逃税额。而本案中,大仁药业虽然虚开增值税发票,但经过计算得出,该公司当期应纳税额为负数,因此公诉机关指控焦某军和闫某平通过虚开增值税发票偷税,证据不足以认定大仁药业、焦某军和闫某平偷逃增值税。经过涞源县法院审判委员会讨论决定,判决大仁药业、焦某军和闫某平无罪。

判决后,涞源县检察院认为法院认定事实不清、适用法律错误,向保定中院提出抗诉。又经过保定检察院、安国检察院、安国公安局、税务局、法院联合查证半年,最后保定检察院认为抗诉不当,撤回抗诉。

2011 年 12 月 16 日,保定中院终审裁定涞源县法院的判决生效。至此,焦某军终于洗脱偷税罪名。

【案例172】政府作出税抵债承诺却未兑现　企业纳税零申报被判逃税罪[①]

被告人：汇林置业公司、范某林

基本案情：

被告人范某林响应在上海招商引资的周口市市长邀请回乡成立被告人汇林置业公司，并出任公司董事长、法定代表人。

2005年和2006年，按照河南省周口市政府的要求，被告人汇林置业公司先行垫资修建两条公路。

2006年10月，周口市市长主持召开了市政府第61次常务会议，会议决定被告人汇林置业公司垫资修路的投资款，从其应缴纳税款中逐步予以偿还，并形成了常务会议纪要。但如何从应缴税款中偿还，被告人汇林置业公司是先缴税后偿还，还是不用缴税直接与投资款相抵消，政府会议纪要并没有明确，也未向其说明。

2007年，被告人汇林置业公司缴纳了1年税款之后，多次找地税局交涉，也未得到答案。

2008年，被告人汇林置业公司做了税收零申报。

2009年10月，检察机关因涉嫌逃税罪对其提起公诉。

公诉人指控：

被告人汇林置业公司作为周口市最大的房地产开发企业，从2000年6月机构设立至2008年12月，长期不进行纳税申报和实施虚假纳税申报，主观上有逃税的故意，客观上实施了隐匿、欺骗、零申报等行为，逃税数额巨大。其行为已构成逃税罪，严重影响了正常的税收征管秩序，严重损害了税法的尊严，败坏了依法治税的环境。

被告人辩称：

由于周口市市政府会议纪要并未明确被告人公司归还欠款与缴纳税款的具体操作问题，被告人汇林置业公司已向税务机关提出缓缴税款申请，并无逃税的故意。且税务机关依法执行被告人公司的5宗土地，所得款项已抵缴所欠税款及滞纳金。根据《刑法修正案（七）》第3条第4款的规定，"经税务机关依法下达追缴通知后，补缴应纳税款，缴纳滞纳金，已受行政处罚的，不予追究刑事责任"，不

[①] 参见《开发商逃税领4亿天价罚单　一审被判逃税罪成立》，载中国新闻网，http://www.chinanews.com/estate/estate-fqzx/news/2010/02-26/2139954.shtml，2020年6月28日访问。

应追究被告人汇林置业公司及范某林的刑事责任。

法院认为:

1. 周口市市政府不存在将欠款和税款抵消的意思表示。

欠款与税收是两个不同的法律关系,不是同一属性,二者不能相互抵消。且周口市市政府会议纪要也明确修路垫资款应从被告人所缴的税款中逐步偿还,不存在欠款和税款相互抵消的意思表示。

2. 被告人汇林置业公司及范某林逃税存在明显逃税故意。

由于延期申报税款和延期缴纳税款是两个不同环节,具备不同的构成要件和不同适用范围,彼此没有必然联系。延期申报属纳税申报的范畴,延期缴纳税款属于税款征收的范畴,引起的法律后果也不一样,同时两者分属不同性质的申请。缓缴税款申请由省级税务机关批准,延期申报申请由主管税务机关批准。被告人汇林置业公司仅有缓缴税款的申请,但没有经过省级税务机关批准;税款延期申报虽有主管税务机关的批准,但其没有进行过申请。

此外,被告人缓缴税款申请的理由是政府欠款和账目被查封,该理由不是法定理由,既不符合缓缴税款申请的条件,也不符合延期申报的条件。被告人汇林置业公司在2008年存在销售行为,应依法应予纳税。被告人汇林置业公司及范某林逃税存在明显逃税故意。

3. 本案不应适用《刑法修正案(七)》第3条第4款的规定。

2009年4月23日,当地税务机关向被告人汇林置业公司下达了限期缴纳税款及滞纳金的通知,被告人汇林置业公司未按通知规定的期限缴纳税款及滞纳金,后税务机关依法强制执行其5宗土地,所得款项抵缴所欠税款及滞纳金。税务机关依法强制执行追缴税款的行为,与《刑法修正案(七)》第3条第4款"经税务机关依法下达追缴通知后,补缴应纳税款,缴纳滞纳金,已受行政处罚的,不予追究刑事责任"的规定明显属不同性质。

法院判决:

1. 被告人河南省周口市汇林置业有限公司犯逃税罪,判处罚金6624万元;涉嫌下列情形之一的,应予立案追诉:

(1) 纳税人采取欺骗、隐瞒手段进行虚假纳税申报或者不申报,逃避缴纳税款,数额在5万元以上并且占各税种应纳税总额10%以上,经税务机关依法下达追缴通知后,不补缴应纳税款、不缴纳滞纳金或者不接受行政处罚的;

(2) 纳税人5年内因逃避缴纳税款受过刑事处罚或者被税务机关给予2次以上行政处罚,又逃避缴纳税款,数额在5万元以上并且占各税种应纳税总额10%

以上的；

（3）扣缴义务人采取欺骗、隐瞒手段，不缴或者少缴已扣、已收税款，数额在5万元以上的。

纳税人在公安机关立案后再补缴应纳税款、缴纳滞纳金或者接受行政处罚的，不影响刑事责任的追究。

也就是说，虽然《刑法修正案（七）》明确纳税人有偷漏税嫌疑的，经税务机关依法下达追缴通知后，补缴应纳税款，缴纳滞纳金，并且接受行政处罚的，不予追究刑事责任，但这一豁免机会仅存于公安机关立案前。如果公安机关立案后再补缴应纳税款、缴纳滞纳金或者接受行政处罚的，依然可以追究其刑事责任。

2. 被告人范某林犯逃税罪，判处有期徒刑3年，并处罚金2208万元。

【案例173】未依决定补缴税款　被判有期徒刑[①]

被告人：胡某亮

基本案情：

2005年5月，被告人作为金垦公司的法人代表，在经营期间，从新疆生产建设兵团棉麻公司购进399.361吨棉花并予以销售，后又以148.371吨棉花抵该公司欠款1,632,081元，均未在账簿上反映，未进行纳税申报，少缴增值税共计256,653.98元，占2005年应纳税额的14.93%。

公诉机关指控：

《刑法》第201条第1款规定，"纳税人采取欺骗、隐瞒手段进行虚假纳税申报或者不申报，逃避缴纳税款数额较大并且占应纳税额百分之十以上的，处三年以下有期徒刑或者拘役，并处罚金；数额巨大并且占应纳税额百分之三十以上的，处三年以上七年以下有期徒刑，并处罚金。"

被告人在经营金垦公司期间少缴增值税共计256,653.98元，占应纳税额的14.93%，其行为已触犯《刑法》第201条之规定，构成逃税罪。

被告人辩称：

金垦公司不构成逃税罪。金垦公司在两笔业务中没有产生增值利润，不可能缴纳增值税。《刑法修正案（七）》规定，对于初犯或是已作出行政处罚的，不再追究刑事责任。

[①] 参见新疆维吾尔自治区乌鲁木齐市中级人民法院(2011)乌中刑二初字第1号刑事判决书。

法院认为:

1. 金垦公司存在逃税行为且已达到追究刑事责任的标准。

被告人认为金垦公司在两笔业务中没有产生增值利润,不可能缴纳增值税。经查,乌鲁木齐市国家税务局稽查局在对金垦公司进行税务检查时发现,金垦公司2005年5月销售399.361吨棉花、以未取得发票的148.371吨棉花抵新疆生产建设兵团棉麻公司欠款1,632,081元均未在账簿上反映,未进行纳税申报。金垦公司对该事实予以认可并于2007年10月23日对税务机关进行了说明。新疆金垦销售货物不入账本身就是逃避纳税义务的行为,且其偷逃税款已达到追究刑事责任的数额、比例标准。既然未作账,是否产生增值利润当然没有证据证实,所以公诉机关将新疆金垦应缴而未缴税达到刑法规定数额、比例标准的行为认定为犯罪是正确的。被告人提出未产生增值润而不缴纳增值税的意见不成立。

2. 金垦公司并未履行税务行政处罚决定,仍应追究刑事责任。

关于税务机关已作出行政处罚决定,是否再追究当事人的刑事责任的问题。根据《刑法修正案(七)》的规定,对于已经构成犯罪的初犯,一是在税务机关依法下达追缴通知后,补缴应纳税款;二是缴纳滞纳金;三是已受到税务机关行政处罚,可不予追究刑事责任。

本案中税务机关虽对金垦公司作出税务行政处罚决定,但金垦公司并未履行,不符合上述条件,所以对其逃税行为应追究刑事责任。

法院判决:

被告人犯逃税罪,判处有期徒刑6个月。

【案例174】用人单位未依法申报员工个税　作为扣缴义务人被判逃税罪[①]

被告人: 龙磐公司、韩某

基本案情:

2008年1月,被告单位龙磐公司成立。

2014年,被告人韩某作为龙磐公司的实际控制人,代表公司与员工赵某、张某签订协议书,约定从该二人工资中各扣下10%作为税款由公司总体规划。龙磐公司代扣员工个人所得税款310,000元人民币后,未依法申报缴纳,经税务机关下达行政处罚决定后,仍不缴纳应缴纳税款。

---

① 参见湖北省武汉市东西湖区人民法院(2019)鄂0112刑初684号刑事判决书。

2019年7月15日,被告人韩某到公安机关投案。案发后,被告单位龙磐公司补缴了应缴税款310,000元人民币,并缴纳相应罚款155,000元人民币。

公诉机关指控:

被告单位龙磐公司采取隐瞒手段,不缴已扣税款,数额较大。

被告人韩某作为单位直接负责的主管人员,均应当以逃税罪追究其刑事责任。被告人韩某具有自首情节,提请依法判处。

法院认为:

被告单位龙磐公司作为扣缴义务人采取隐瞒手段,不缴已扣税款,数额较大,侵犯了国家的税收管理制度,其行为已构成逃税罪。被告人韩某作为直接负责的主管人员,亦应当以逃税罪追究其刑事责任。公诉机关指控的犯罪事实成立,罪名准确。

被告人韩某作为公司实际控制人,犯罪以后自动投案,如实交代单位犯罪事实,被告单位龙磐公司及被告人韩某均是自首,均可以从轻处罚。被告单位龙磐公司已补缴全部税款、缴纳罚款,可以对其及被告人韩某酌情从轻处罚。被告人韩某具有自首情节,认罪认罚,被告单位已补缴全部税款并缴纳罚款,可以从轻处罚。

法院判决:

1. 被告单位龙磐公司犯逃税罪,判处罚金20万元人民币;

2. 被告人韩某犯逃税罪,判处有期徒刑6个月,缓刑1年,并处罚金3万元人民币。

【案例175】心存侥幸为逃税 补缴税款仍处刑[①]

被告人: 王某柱

基本案情:

2009年,被告人在与某项目部的业务往来中,实际交纳税款8343.12元,使用7张假发票及1张销售柴油的商业零售普通发票,逃避缴纳税款190,501.89元,逃避缴纳税款数额巨大,占其应缴纳税款的95.80%,其行为触犯了《刑法》第201条之规定,构成逃税罪。

---

① 参见于云江、周治锋:《心存侥幸为逃税 补交税款仍处刑》,载汉中市中级人民法院网,http://hzzy.chinacourt.gov.cn/article/detail/2011/12/id/2755016.shtml,2020年6月28日访问。

该案在公安机关2010年7月30日立案侦查后,在检察机关审查起诉阶段,税务机关向被告人下发了税务处理决定书及税务行政处罚决定书,被告人委托其女于2010年11月25日代为补缴了所欠税款及罚款。

公诉机关指控:

《刑法》第201条第1款规定,"纳税人采取欺骗、隐瞒手段进行虚假纳税申报或者不申报,逃避缴纳税款数额较大并且占应纳税额百分之十以上的,处三年以下有期徒刑或者拘役,并处罚金;数额巨大并且占应纳税额百分之三十以上的,处三年以上七年以下有期徒刑,并处罚金"。

被告人2009年期间,逃避缴纳税款190,501.89元,逃避缴纳税款数额巨大,占其应缴纳税款的95.80%。符合上述规定,构成逃税罪。

被告人辩称:

依据《刑法修正案(七)》第3条第4项规定,"经税务机关依法下达追缴通知后,补缴应纳税款,缴纳滞纳金,已受行政处罚的,不予追究刑事责任",因税务机关下达追缴通知后已经补缴了应纳税款和滞纳金,受到了行政处罚,故不应再追究刑事责任。

法院认为:

《最高人民检察院、公安部关于公安机关管辖的刑事案件立案追诉标准的规定(二)》第57条①明确规定,"逃避缴纳税款,涉嫌下列情形之一的,应予立案追诉:(一)纳税人采取欺骗、隐瞒手段进行虚假纳税申报或者不申报,逃避缴纳税款,数额在五万元以上并且占各税种应纳税总额百分之十以上,经税务机关依法下达追缴通知后,不补缴应纳税款、不缴纳滞纳金或者不接受行政处罚的","纳税人在公安机关立案后再补缴应纳税款、缴纳滞纳金或者接受行政处罚的,不影响刑事责任的追究"。

本案中,被告人虽已补缴了相关税款和滞纳金,但在税务机关首次发出追缴通知时并未补缴税款、缴纳滞纳金或接受行政处罚。参照上述规定,仍需追究刑事责任。

法院判决:

被告人犯逃税罪,判处有期徒刑3年6个月,并处罚金20万元。

---

① 现为该规定2022年修订版中的第52条相关内容,其中"数额在五万元以上"修改为"数额十万元以上"。

【案例176】补缴税款接受处罚　免除刑事责任[①]

被告人：李某福

基本案情：

被告人在担任亨达公司法定代表人期间，亨达公司于2005年至2007年8月，在转让国际大厦项目中，共取得转让费2509.32万元，将其中的1425.5万元计入"其他应付款"科目，未按规定转入当期收入；其余1083.82万元未计入账簿，偷逃营业税、城市维护建设税等税款134.25万元。

其中，亨达公司2005年偷逃税款655,642.50元，占当年应纳税款1,380,390.09元的47%；2006年偷逃税款386,270元，占当年应纳税款905,425.33元的42%。

甘肃省地方税务局稽查局已于2008年4月16日、7月2日分别作出甘地税稽处〔2008〕1号税务处理决定书和甘地税稽罚〔2008〕1号税务行政处罚决定书。

案发后，亨达公司已分别于2008年8月10日、2009年5月26日、6月11日、8月4日、9月1日、9月8日、9月24日、9月25日按规定向税务机关足额补缴了偷逃的1,342,486.36元的应缴税款，足额缴纳了滞纳金354,245.63元和罚款1,422,776.85元。

公诉机关指控：

2005年，被告人所营亨达公司偷逃税款655,642.50元，占当年应纳税款1,380,390.09元的47%；2006年，偷逃税款386,270元，占当年应纳税款905,425.33元的42%。本案的纳税义务人主观上具有逃避缴纳应交税款非法获利的故意，客观上案件的纳税义务人实施了采取欺骗、隐瞒手段进行虚假纳税申报或者不申报，逃避缴纳税款数额巨大并且占应纳税额30%以上的逃税行为，其行为符合《刑法》第201条关于逃税罪的主、客观构成要件，构成逃税罪，依法应处3年以上7年以下有期徒刑，并处罚金。

被告人辩称：

被告人的行为适用《刑法修正案（七）》第3条第4项的规定，不予追究刑事责任。理由如下：

1.《刑法修正案（七）》第3条第4项并未明确规定适用本条款的前提条件，

[①] 参见法制频道网 http://fzzx.gansudaily.com.cn/system/2010/09/16/011698045.shtml，2014年1月14日访问。

应理解为在法院判决前只要纳税义务人实施了经税务机关依法下达追缴通知后,补缴应纳税款,缴纳滞纳金,已受行政处罚的,同时没有在5年内因逃避缴纳税款受过刑事追究或者被税务机关给予2次以上行政处罚的情况下,就可依本条规定对被告人不予追究刑事责任。

2. 亨达公司已按规定足额补缴了偷逃的1,342,486.36元的应缴税款,足额缴纳了滞纳金354,245.63元和罚款1,422,776.85元,已受行政处罚,且属于初犯,故应按《刑法修正案(七)》第3条第4项之规定对其不予追究刑事责任。这样处理也可以较好地体现宽严相济的刑事政策。

针对被告人的辩称,公诉机关认为:

被告人的行为不适用《刑法修正案(七)》第3条第4项规定的情形,理由如下:

1.《刑法修正案(七)》第3条第4项规定的"经税务机关依法下达追缴通知后,补缴应纳税款,缴纳滞纳金,已受行政处罚的,不予追究刑事责任"的情形,是针对司法机关尚未立案侦查,纳税义务人已缴纳税金等且已受行政处罚,可不予追究刑事责任。而本案甘肃省公安厅于2008年8月28日已立案侦查,此时,纳税义务人的偷税行为已实施终了,犯罪已经完成,纳税义务人的行为已不适用《刑法修正案(七)》第3条第4项的规定,应根据《最高人民法院关于偷税抗税刑事案件具体应用法律若干问题的解释》第1条第3款的规定,依法追究纳税义务人的刑事责任。

2. 纳税义务人在税务部门多次催缴下,缴纳所欠税款的行为是补缴税款的行为,而在司法机关介入后,纳税义务人向税务机关缴纳所欠税款是司法机关依法追缴的结果,可视为退赃行为,只能作为法院量刑考虑的情节。对《刑法修正案(七)》第3条第4项的理解应有个界限,那就是是否进入刑事程序。

综上,本案纳税义务人在公安机关立案侦查后,审查起诉阶段被迫缴纳税金的行为不适用《刑法修正案(七)》的上述规定,应以逃税罪追究被告人的刑事责任。

法院认为:

《刑法修正案(七)》第3条第4项规定,"经税务机关依法下达追缴通知后,补缴应纳税款,缴纳滞纳金,已受行政处罚的,不予追究刑事责任"。同时,"其没有在5年内因逃避缴纳税款受过刑事追究或者被税务机关给予2次以上行政处罚"。该条因无限制条件,应理解为在法院判决前只要涉嫌逃税单位符合上述条件,即可适用该条款的规定。

在本案中，亨达公司在法院判决前，已按规定足额补缴了偷逃的1,342,486.36元的应缴税款，足额缴纳了滞纳金354,245.63元和罚款1,422,776.85元，已受行政处罚，同时该单位在5年内没有因逃避缴纳税款受过刑事追究也没有被税务机关给予2次以上行政处罚，故符合《刑法修正案（七）》第3条第4项规定，应对其不予追究刑事责任。

法院判决：

不予追究被告人的刑事责任。①

二、股权激励的税务问题

（一）有限公司股权激励税收问题

323. 有限责任公司股权激励有哪些方式？

实践中主要采用以下四种方式：

(1) 公司以资本公积金增资后将股权赠予激励对象；

(2) 公司现有股东将部分股权转让给激励对象；

(3) 公司现有股东将部分股权赠予给激励对象；

(4) 被激励对象出资（货币或技术等）增加公司注册资本获得股权。

324. 员工取得以资本公积金增资产生的股权后，如何计征个人所得税？

员工取得资本公积金转增的股权，应当按照"工资、薪金所得"计征个人所得税。

2013年9月29日，财政部、国家税务总局联合发布了《关于中关村国家自主创新示范区企业转增股本个人所得税试点政策的通知》（财税〔2013〕73号），其中指出"企业以未分配利润、盈余公积、资本公积向个人股东转增股本时，应按照'利息、股息、红利所得'项目，适用20%税率征收个人所得税。对示范区中小高新技术企业以未分配利润、盈余公积、资本公积向个人股东转增股本时，个人股东一次缴纳个人所得税确有困难的，经主管税务机关审核，可分期缴纳，但最长不得

---

① 《刑法修正案（七）》自2009年2月28日实施，其规定，"经税务机关依法下达追缴通知后，补缴应纳税款，缴纳滞纳金，已受行政处罚的，不予追究刑事责任。"该法并未明确补缴税款的最截截止时间。2010年5月7日实施的《最高人民检察院、公安部关于公安机关管辖的刑事案件立案追诉标准的规定（二）》明确了补缴税款免予追究刑事责任的时间为公安机关立案前。也就是说在公安机关立案后再补缴税款，不免除刑事责任。本案正好发生于立案追诉标准出台之前，否则被告人需承担刑事责任。

超过5年"。2015年10月23日,财政部、国家税务总局又发布《关于将国家自主创新示范区有关税收试点政策推广到全国范围实施的通知》(财税〔2015〕116号),将国家自主创新示范区有关税收试点政策实施范围推广至全国。

2015年11月16日,国家税务总局发布《关于股权奖励和转增股本个人所得税征管问题的公告》(国家税务总局公告2015年第80号)指出:"上市公司或在全国中小企业股份转让系统挂牌的企业转增股本(不含以股票发行溢价形成的资本公积转增股本),按现行有关股息红利差别化政策执行。"而对于其他企业,如果属于中小高新技术企业以未分配利润、盈余公积、资本公积向个人股东转增股本,可分5期缴纳个人所得税;如果属于非中小高新技术企业,应及时代扣代缴个人所得税(一次性缴纳)。

325. 自然人股东将其持有的部分股权以低价转让或赠与员工的,是否需要缴纳个人所得税?

公司股东将持有的部分股权以低价转让给员工的,若未经税务机关认定为有正当理由导致股权转让价款偏低的,转让方须按照"财产转让所得"项目缴纳个人所得税,税率为20%。具体计税依据由税务机关核定,但股权受让方无须缴纳所得税①。

326. 公司法人股东将股权以低价转让给员工,是否需要缴纳企业所得税?

法人股东申报的计税依据明显偏低,又无正当理由的,税务机关应根据法人股东具体情况,核定征收企业所得税。但如何判定计税依据明显偏低又无正当理由,可以参照《股权转让所得个人所得税管理办法》(国家税务总局公告2014年第67号)的规定,如第14条规定主管税务机关应依次按照下列方法核定股权转让收入。

(1)净资产核定法

股权转让收入按照每股净资产或股权对应的净资产份额核定。被投资企业的土地使用权、房屋、房地产企业未销售房产、知识产权、探矿权、采矿权、股权等资产占企业总资产比例超过20%的,主管税务机关可参照纳税人提供的具有法定资质的中介机构出具的资产评估报告核定股权转让收入。6个月内再次发生股权转让且被投资企业净资产未发生重大变化的,主管税务机关可参照上一次股权转让时被投资企业的资产评估报告核定此次股权转让收入。

---

① 关于计税依据明显偏低的依据以及税务机关核定计税的方法详见本书第七章股权转让纠纷第五节股权转让的税务问题。

(2) 类比法

参照相同或类似条件下同一企业同一股东或其他股东股权转让收入核定；参照相同或类似条件下同类行业企业股权转让收入核定。

(3) 其他合理方法

主管税务机关采用以上方法核定股权转让收入存在困难的，可以采取其他合理方法核定。

(二) 股份有限公司股权激励税收问题

327. 股份有限公司有哪些股权激励方式？如何确定股权激励的来源？

(1) 股份有限公司（包括上市公司与非上市公司）对员工实施股权激励，可以通过以下7种方式实现：

①股权奖励，是指企业无偿授予激励对象一定份额的股权或者一定数量的股份；

②股权出售，是指企业参照股权评估价值的价格，以协议方式将企业股权（包括股份，下同）有偿出售给激励对象；

③股票期权，是指企业授予激励对象在未来一定期限内以预先确定的行权价格购买本企业一定数量股份的权利；

④分红激励，是指企业以科技成果实施产业化、对外转让、合作转化、作价入股形成的净收益为标的，采取项目收益分成方式对激励对象实施激励；

⑤绩效奖励，是指企业完成绩效考核目标后，将税后利润超额部分按规定比例计提激励总额，自批准之日起分年度匀速奖励给激励对象；

⑥增值权奖励，是指企业给予激励对象一种权利，即在规定的有效期内，根据其持有增值权份额和所对应的账面价值的增加额度，作为由企业支付的行权收入；

⑦限制性股票，是指公司按照预先确定的价格授予激励对象一定份额的股票，但在股权激励计划规定的条件未达成时，该股票的转让是受到限制的。

(2) 企业可以通过以下3种方式解决标的股权来源问题：

①向激励对象增发股份；

②向现有股东回购股份；

③现有股东向激励对象转让或赠与其持有的股权。

328. 在我国境内上市的居民企业实施员工股权激励计划的，如何确认其企业所得税？

按以下方式确认：

（1）对股权激励计划实行后立即可以行权的，上市公司可以根据实际行权时该股票的公允价格与激励对象实际行权支付价格的差额和数量，计算确定作为当年上市公司工资薪金支出，依照税法规定进行税前扣除；

（2）对股权激励计划实行后，需待一定服务年限或者达到规定业绩条件（以下简称等待期）方可行权的。上市公司等待期内会计上计算确认的相关成本费用，不得在对应年度计算缴纳企业所得税时扣除。在股权激励计划可行权后，上市公司方可根据该股票实际行权时的公允价格与当年激励对象实际行权支付价格的差额及数量，计算确定作为当年上市公司工资薪金支出，依照税法规定进行税前扣除；

（3）前述股票实际行权时的公允价格，以实际行权日该股票的收盘价格确定；

（4）换取激励对象提供服务的对价按照该股票的公允价格及数量，计算确定作为上市公司相关年度的成本或费用。

329. 股份有限公司采用股票期权方式实施股权激励，员工接受股票期权是否需要缴纳个人所得税？如需缴纳，如何计税？

员工接受雇主（含上市公司和非上市公司）授予的股票期权，凡该股票期权指定的股票为上市公司（含境内、外上市公司）股票的，员工接受该可公开交易的股票期权时，无须缴纳个人所得税。但是，部分股票期权在授权时即约定可以转让，且在境内或境外存在公开市场及挂牌价格，按以下方法进行税务处理：

（1）员工取得可公开交易的股票期权，属于员工已实际取得有确定价值的财产，应按授权日股票期权的市场价格，作为员工授权日所在月份的工资薪金所得缴纳个人所得税。

员工取得的该股票期权在 2021 年 12 月 31 日前，不并入当年综合所得，全额单独适用综合所得税率表，计算纳税。计算公式为：

应纳税额 = 股权激励收入 × 适用税率 − 速算扣除数

员工个人一个纳税年度内取得 2 次以上（含 2 次）股权激励的，应合并按上述规定计算纳税。2022 年 1 月 1 日之后的股权激励政策另行明确。

（2）如果员工以折价购入方式取得股票期权的，可以授权日股票期权的市场价格扣除折价购入股票期权时实际支付的价款后的余额，作为授权日所在月份的工资薪金所得。

另外《财政部、国家税务总局关于将国家自主创新示范区有关税收试点政策推广到全国范围实施的通知》（财税〔2015〕116 号）、《国家税务总局关于股权奖励和转增股本个人所得税征管问题的公告》(国家税务总局公告 2015 年第 80 号)的规定,股权奖励的计税价格参照获得股权时的公平市场价格确定,具体按以下方法确定:

①上市公司股票的公平市场价格,按照取得股票当日的收盘价确定。取得股票当日为非交易时间的,按照上一个交易日收盘价确定。

②非上市公司股权的公平市场价格,依次按照净资产法、类比法和其他合理方法确定。

330. 员工行使股票期权时,是否需要缴纳个人所得税？如需缴纳,如何计税？

需要缴纳。员工行权时,其从企业取得股票的实际购买价(施权价)低于购买日公平市场价(指该股票当日的收盘价,下同)的差额,是因员工在企业的表现和业绩情况而取得的与任职、受雇有关的所得,应按"工资、薪金所得"适用的规定计算缴纳个人所得税。

缴税时,应注意如下几点。

(1)员工行权日所在期间的工资薪金所得,应按下列公式计算工资薪金应纳税所得额:

股票期权形式的工资薪金应纳税所得额=(行权股票的每股市场价－员工取得该股票期权支付的每股施权价)×股票数量

"员工取得该股票期权支付的每股施权价",一般是指员工行使股票期权购买股票实际支付的每股价格。如果员工以折价购入方式取得股票期权的,上述施权价可包括员工折价购入股票期权时实际支付的价格。

(2)该股票期权在 2021 年 12 月 31 日前,不并入当年综合所得,全额单独适用综合所得税率表,计算纳税。计算公式为:

应纳税额=股权激励收入×适用税率－速算扣除数

员工个人一个纳税年度内取得 2 次以上(含 2 次)股权激励的,应合并按上述规定计算纳税。2022 年 1 月 1 日之后的股权激励政策另行明确。

(3)员工因参加企业股票期权计划而取得的境外工资薪金所得,应当与境内综合所得合并计算应纳税额。

(4)对因特殊情况,员工在行权日之前将股票期权转让的,以股票期权的转让净收入,作为工资薪金所得征收个人所得税。"股票期权的转让净收入",一般是指股票期权转让收入。如果员工以折价购入方式取得股票期权的,可以股票期权转让收入扣除折价购入股票期权时实际支付的价款后的余额,作为股票期权的转让净收入。

(5)员工将行权后的股票再转让时获得的高于购买日公平市场价的差额,是因个人在证券二级市场上转让股票等有价证券而获得的所得,应按照"财产转让所得"适用的征免规定计算缴纳个人所得税。

(6)凡取得股票期权的员工在行权日不实际买卖股票,而按行权日股票期权所指定股票的市场价与施权价之间的差额,直接从授权企业取得价差收益的,该项价差收益应作为员工取得的股票期权形式的工资薪金所得,按照上述规定计算缴纳个人所得税。

(7)员工因拥有股权而参与企业税后利润分配取得的所得,应按照"利息、股息、红利所得"适用的规定计算缴纳个人所得税。

331. 员工在纳税年度内第一次取得股票增值权时,如何确定应纳税额?

(1)股票增值权被授权人获取的收益,是由上市公司根据授权日与行权日股票差价乘以被授权股数,直接向被授权人支付的现金。被授权人股票增值权应纳税所得额计算公式为:

股票增值权某次行权应纳税所得额=(行权日股票价格-授权日股票价格)×行权股票份数

(2)该股票增值权在2021年12月31日前,不并入当年综合所得,全额单独适用综合所得税率表,计算纳税。计算公式为:

应纳税额=股权激励收入×适用税率-速算扣除数

员工个人一个纳税年度内取得2次以上(含2次)股权激励的,应合并按上述规定计算纳税。2022年1月1日之后的股权激励政策另行明确。

(3)股票增值权个人所得税纳税义务发生时间为上市公司向被授权人兑现股票增值权所得的日期。

332. 员工在纳税年度内第一次取得限制性股票的,如何确定应纳税额和纳税义务发生时间?

(1)原则上应在限制性股票所有权归属于被激励对象时,确认被激励对象限制性股票所得的应纳税额。即上市公司实施限制性股票计划时,应以被激励对象限制性股票在中国证券登记结算公司(境外为证券登记托管机构)进行股票登记日期的股票市价(指当日收盘价)和本批次解禁股票当日市价(指当日收盘价)的平均价格乘以本批次解禁股票份数,减去被激励对象本批次解禁股份数所对应的为获取限制性股票实际支付资金数额,其差额为应纳税所得额。被激励对象限制性股票应纳税所得额计算公式为:

应纳税所得额=(股票登记日股票市价+本批次解禁股票当日市价)÷2×

本批次解禁股票份数 − 被激励对象实际支付的资金总额 ×（本批次解禁股票份数 ÷ 被激励对象获取的限制性股票总份数）

（2）对该股票期权在 2021 年 12 月 31 日前，不并入当年综合所得，全额单独适用综合所得税率表，计算纳税。计算公式为：

应纳税额 = 股权激励收入 × 适用税率 − 速算扣除数

员工个人一个纳税年度内取得 2 次以上（含 2 次）股权激励的，应合并按上述规定计算纳税。2022 年 1 月 1 日之后的股权激励政策另行明确。

（3）限制性股票个人所得税纳税义务发生时间为每一批次限制性股票解禁的日期。

333. 对于授予限制性股票的股权激励计划，企业应如何进行会计处理？等待期内企业应如何考虑限制性股票对每股收益计算的影响？

财政部《企业会计准则解释第 7 号》对此问题进行了较为明确的规定，同时结合《企业会计准则第 11 号——股份支付》《企业会计准则第 22 号——金融工具确认和计量》《企业会计准则第 34 号——每股收益》和《企业会计准则第 37 号——金融工具列报》等准则，对于授予限制性股票的股权激励计划，企业按以下方法进行会计处理。

（1）授予限制性股票的会计处理

上市公司实施限制性股票的股权激励安排中，常见做法是上市公司以非公开发行的方式向激励对象授予一定数量的公司股票，并规定锁定期和解锁期，在锁定期和解锁期内，不得上市流通及转让。达到解锁条件，可以解锁；如果全部或部分股票未被解锁而失效或作废，通常由上市公司按照事先约定的价格立即进行回购。

对于此类授予限制性股票的股权激励计划，向职工发行的限制性股票按有关规定履行了注册登记等增资手续的，上市公司应当根据收到职工缴纳的认股款确认股本和资本公积（股本溢价），按照职工缴纳的认股款，借记"银行存款"等科目，按照股本金额，贷记"股本"科目，按照其差额，贷记"资本公积—股本溢价"科目；同时，就回购义务确认负债（作收购库存股处理），按照发行限制性股票的数量以及相应的回购价格计算确定的金额，借记"库存股"科目，贷记"其他应付款—限制性股票回购义务"（包括未满足条件而须立即回购的部分）等科目。

上市公司应当综合考虑限制性股票锁定期和解锁期等相关条款，按照《企业会计准则第 11 号——股份支付》相关规定判断等待期，进行与股份支付相关的会计处理。对于因回购产生的义务确认的负债，应当按照《企业会计准则第 22 号——

金融工具确认和计量》相关规定进行会计处理。上市公司未达到限制性股票解锁条件而需回购的股票,按照应支付的金额,借记"其他应付款—限制性股票回购义务"等科目,贷记"银行存款"等科目;同时,按照注销的限制性股票数量相对应的股本金额,借记"股本"科目,按照注销的限制性股票数量相对应的库存股的账面价值,贷记"库存股"科目,按其差额,借记"资本公积—股本溢价"科目。上市公司达到限制性股票解锁条件而无须回购的股票,按照解锁股票相对应的负债的账面价值,借记"其他应付款—限制性股票回购义务"等科目,按照解锁股票相对应的库存股的账面价值,贷记"库存股"科目,如有差额,则借记或贷记"资本公积—股本溢价"科目。

(2)等待期内发放现金股利的会计处理和基本每股收益的计算

上市公司在等待期内发放现金股利的会计处理及基本每股收益的计算,应视其发放的现金股利是否可撤销采取不同的方法:

①现金股利可撤销,即一旦未达到解锁条件,被回购限制性股票的持有者将无法获得(或需要退回)其在等待期内应收(或已收)的现金股利。

等待期内,上市公司在核算应分配给限制性股票持有者的现金股利时,应合理估计未来解锁条件的满足情况,该估计与进行股份支付会计处理时在等待期内每个资产负债表日对可行权权益工具数量进行的估计应当保持一致。对于预计未来可解锁限制性股票持有者,上市公司应分配给限制性股票持有者的现金股利应当作为利润分配进行会计处理,借记"利润分配—应付现金股利或利润"科目,贷记"应付股利—限制性股票股利"科目;同时,按分配的现金股利金额,借记"其他应付款—限制性股票回购义务"等科目,贷记"库存股"科目;实际支付时,借记"应付股利—限制性股票股利"科目,贷记"银行存款"等科目。对于预计未来不可解锁限制性股票持有者,上市公司应分配给限制性股票持有者的现金股利应当冲减相关的负债,借记"其他应付款—限制性股票回购义务"等科目,贷记"应付股利—限制性股票股利"科目;实际支付时,借记"应付股利—限制性股票股利"科目,贷记"银行存款"等科目。后续信息表明不可解锁限制性股票的数量与以前估计不同的,应当作为会计估计变更处理,直到解锁日预计不可解锁限制性股票的数量与实际未解锁限制性股票的数量一致。

等待期内计算基本每股收益时,分子应扣除当期分配给预计未来可解锁限制性股票持有者的现金股利,分母不应包含限制性股票的股数。

②现金股利不可撤销,即不论是否达到解锁条件,限制性股票持有者仍有权获得(或不得被要求退回)其在等待期内应收(或已收)的现金股利。

等待期内,上市公司在核算应分配给限制性股票持有者的现金股利时,应合理估计未来解锁条件的满足情况,该估计与进行股份支付会计处理时在等待期内每个资产负债表日对可行权权益工具数量进行的估计应当保持一致。对于预计未来可解锁限制性股票持有者,上市公司应分配给限制性股票持有者的现金股利应当作为利润分配进行会计处理,借记"利润分配—应付现金股利或利润"科目,贷记"应付股利—限制性股票股利"科目;实际支付时,借记"应付股利—限制性股票股利"科目,贷记"银行存款"等科目。对于预计未来不可解锁限制性股票持有者,上市公司应分配给限制性股票持有者的现金股利应当计入当期成本费用,借记"管理费用"等科目,贷记"应付股利—应付限制性股票股利"科目,实际支付时,借记"应付股利—限制性股票股利"科目,贷记"银行存款"等科目。后续信息表明不可解锁限制性股票的数量与以前估计不同的,应当作为会计估计变更处理,直到解锁日预计不可解锁限制性股票的数量与实际未解锁限制性股票的数量一致。

等待期内计算基本每股收益时,应当将预计未来可解锁限制性股票作为同普通股一起参加剩余利润分配的其他权益工具处理,分子应扣除归属于预计未来可解锁限制性股票的净利润,分母不应包含限制性股票的股数。

(3)等待期内稀释每股收益的计算

等待期内计算稀释每股收益时,应视解锁条件不同采取不同的方法:

①解锁条件仅为服务期限条件的,企业应假设资产负债表日尚未解锁的限制性股票已于当期期初(或晚于期初的授予日)全部解锁,并参照《企业会计准则第34号——每股收益》中股份期权的有关规定考虑限制性股票的稀释性。其中,行权价格为限制性股票的发行价格加上资产负债表日尚未取得的职工服务按《企业会计准则第11号——股份支付》有关规定计算确定的公允价值。锁定期内计算稀释每股收益时,分子应加回计算基本每股收益分子时已扣除的当期分配给预计未来可解锁限制性股票持有者的现金股利或归属于预计未来可解锁限制性股票的净利润。

②解锁条件包含业绩条件的,企业应假设资产负债表日即为解锁日并据以判断资产负债表日的实际业绩情况是否满足解锁要求的业绩条件。若满足业绩条件的,应当参照上述解锁条件仅为服务期限条件的有关规定计算稀释性每股收益;若不满足业绩条件的,计算稀释性每股收益时不必考虑此限制性股票的影响。

《企业会计准则解释第7号》发布前限制性股票未按照上述规定处理的,应当追溯调整,并重新计算各列报期间的每股收益,追溯调整不切实可行的除外。

334. 员工转让行权后的股票，是否需要缴纳个人所得税？如需缴纳，该如何缴纳？

《财政部、国家税务总局关于个人转让股票所得继续暂免征收个人所得税的通知》(财税字〔1998〕61号)规定，为了配合企业改制，促进股票市场的稳健发展，经报国务院批准，从1997年1月1日起，对个人转让上市公司股票取得的所得继续暂免征收个人所得税。

《财政部、税务总局、证监会关于继续执行沪港、深港股票市场交易互联互通机制和内地与香港基金互认有关个人所得税政策的公告》(财政部公告2019年第93号)明确，对内地个人投资者通过沪港通、深港通投资香港联交所上市股票取得的转让差价所得和通过基金互认买卖香港基金份额取得的转让差价所得，自2019年12月5日起至2022年12月31日止，继续暂免征收个人所得税。

335. 员工因拥有股权而参与企业税后利润分配取得的所得，应如何缴纳个人所得税？

除依照有关规定可以免税或减税的外，应按照"利息、股息、红利所得"适用的规定计算缴纳个人所得税。[①]

336. 被激励对象为缴纳个人所得税款而出售股票，其出售价格与原计税价格不一致的，应如何计算应纳税所得额和税额？

按原计税价格计算其应纳税所得额和税额。

337. 实施股票期权、股票增值权以及限制性股票计划的境内上市公司，应向税务局报送哪些材料？

(1)实施股票期权、股票增值权计划的境内企业，应在股票期权、股票增值权计划实施之前，将企业的股票期权、股票增值权计划或实施方案、股票期权、股票增值权协议书、授权通知书等资料报送主管税务机关；应在员工行权之前，将股票期权、股票增值权行权通知书和行权调整通知书等资料报送主管税务机关。

(2)实施限制性股票计划的境内上市公司，应在中国证券登记结算公司(境外为证券登记托管机构)进行股票登记、并经上市公司公示后15日内，将本公司限制性股票计划或实施方案、协议书、授权通知书、股票登记日期及当日收盘价、禁售期限和股权激励人员名单等资料报送主管税务机关备案。

境外上市公司的境内机构，应向其主管税务机关报送境外上市公司实施股权

[①] 详见本书第二十二章公司盈余分配纠纷第三节盈余分配的税务问题。

激励计划的中(外)文资料备案。

(3)扣缴义务人和自行申报纳税的个人在代扣代缴税款或申报纳税时,应在税法规定的纳税申报期限内,将个人接受或转让的股权以及认购的股票情况(包括种类、数量、施权价格、行权价格、市场价格、转让价格等)、股权激励人员名单、应纳税所得额、应纳税额等资料报送主管税务机关。

【案例177】乐凯胶片二股东套现亿元　金发科技控制人避税阴谋[①]

乐凯胶片第二大股东熊某瑶的减持步伐,骤然加快。乐凯胶片半年报显示,自然人熊某瑶持有该公司2678.95万股,占总股本的比例为7.83%,为上市公司第二大股东。其中,流通股为1866.70万股,限售股为812.25万股。而乐凯胶片一季报发布时,熊某瑶尚持有乐凯胶片3376.70万股流通股,以及812.25万股限售股。3个月时间,熊某瑶减持达到1510万股。根据乐凯胶片5月12日发布的减持公告,熊某瑶在3月和5月分4次减持1233.29万股,粗略计算,套现已经达到1.6亿元。而熊某瑶从其姑父袁某敏实际控制的广州诚信创业投资有限公司手中,接过全部4232.24万股乐凯胶片股权,不过8个月的时间。

更令人生疑的是,熊某瑶受让上述股权的方式,为借款纠纷后的仲裁。袁某敏以其实际控制的诚信创投所持4232.24万股乐凯胶片股权,抵偿其本人对熊某瑶的借款本金及利息共计2.1亿元。有券商人士向记者表示,上述仲裁,很有可能是熊某瑶暗度陈仓为诚信创投代持,此后其大肆减持,亦验证了此前市场关于袁某敏借此避税的传言。

上海宋和顾律师事务所宋海佳律师向记者表示:"如果企业法人减持转让某公司的股票或股权,作为投资收益应与企业的其他收入合并,扣减投资成本及企业支付的成本费用等可税前列支款项确定应纳税所得额,并以25%的税率计算应缴纳企业所得税。如果公司再向自然人股东分配利润的话,该自然人股东应按20%税率缴纳个人所得税。"

袁某敏、熊某涛夫妇为金发科技的实际控制人,在2009年福布斯百富榜上,二人以38.6亿元的财富总额,位列第183位。金发科技招股说明书显示,熊某瑶持有金发科技118.44万股,其与熊某涛系姑侄关系。而以债务额计算,熊某瑶受让上述4232.24万股,每股作价不到5元,而上市公司公告股权转让的2009年11

[①] 参见中国经济网财经部:《乐凯胶片股东套现　或为金发科技控制人避税》,载中国经济网,http://finance.ce.cn/sub/ssqgc/lkjp/index.shtml,2020年6月28日访问。

月23日,乐凯胶片收报10.02元。而2010年3月4日和3月8日,熊某瑶在二级市场分别减持30.38万股和12.91万股,并在5月6日和5月10日,分别通过大宗交易平台,减持290万股和900万股。

大宗交易信息显示,5月6日和5月10日,分别有两笔大宗交易发生,分别卖出了290万股和900万股,成交价分别为11.95元和10.97元,以此计算,仅两笔大宗交易,熊某瑶就套现1.33亿元。而在此后的6月1日,又有一笔大宗交易成交,卖出方营业部与此前两笔交易一样,都为广发证券股份有限公司东莞中堂证券营业部,买入的营业部也与此前一致,为江南证券有限责任公司上海漕溪北路证券营业部。该笔交易成交320万股,成交额为3011.2万元。

这很有可能是熊某瑶再度减持。而在此后的乐凯胶片半年报中,亦得以验证。7月26日,熊某瑶在电话中向记者表示,代持是"不可能的事情"。但其对受让股权作价与乐凯胶片二级市场的价格之差,并未作出明确解释,仅表示"是在市场价格的基础上做一些浮动"。而熊某瑶对连续减持的解释为"理财需求",并表示"有资金需要的话,还会减持"。

338. 在哪些情形下,股权激励所得,直接计入个人当期所得征收个人所得税?

具有下列情形之一的股权激励所得,不适用优惠计税方法,直接计入个人当期所得征收个人所得税:

(1)除上市公司(含所属分支机构)和上市公司控股企业的员工(其中上市公司占控股企业股份比例最低为30%)之外的集团公司、非上市公司员工取得的股权激励所得;

(2)公司上市之前设立股权激励计划,待公司上市后取得的股权激励所得;

(3)上市公司未按照规定向其主管税务机关报备有关资料的。

三、遗产税与赠与税

339. 在我国,继承遗产或接受遗赠财产是否需要缴税?

由于我国并未开征遗产税,因此,以继承方式取得财产无须缴纳个人所得税。对于接受遗赠财产,由于我国也未开征赠与税,因此受赠人也同样无须缴纳个人所得税。

而诸如美国、英国、日本、德国等国家均有遗产税制度,只有加拿大、澳大利亚等发达国家相继停征遗产税。

但是,根据《国家税务总局关于发布〈股权转让所得个人所得税管理办法(试行)〉的公告》(国家税务总局公告 2014 年第 67 号)第 13 条规定,继承或将股权转让给其能提供具有法律效力身份关系证明的配偶、父母、子女、祖父母、外祖父母、孙子女、外孙子女、兄弟姐妹以及对转让人承担直接抚养或者赡养义务的抚养人或者赡养人,股权转让收入明显偏低可视为有正当理由,可不缴纳个人所得税。

另外,《国家税务总局关于多子女继承房屋有关个人所得税问题的批复》(国税函[2010]643 号)对多子女继承房屋进行了细化明确,规定多子女共同继承房屋,子女对房屋产权进行分割,房屋产权由其中一个子女取得,其他子女应继承房屋的部分产权折价后以现金形式给付,对其他子女取得现金补偿的份额,暂不征收个人所得税。取得房屋产权的子女继承时,按照规定免缴个人所得税,但是当其将继承房屋转让时,要按照有关规定缴税,即以其转让继承房屋的收入减除财产原值以及继承和转让过程中继承人支付的相关税费后的余额为继承人的应纳税所得额,按"财产转让所提"项目,适用 20% 的税率计算缴纳个人所得税。财产原值 = 取得房屋产权子女的继承份额 + 该子女向其他子女支付现金形式补偿款 + 相关税费;取得房屋产权子女的继承份额 = 发生继承行为前该房屋购置成本或者建造成本以及相关税费之和 × 该子女继承比例。

340. 中国香港地区征收遗产税吗?

香港地区自 2006 年 2 月起取消了遗产税的征收。

香港政府于 1915 年引入了遗产税,目的是"让整个社会在那些非常富有的人去世后受惠,因为那些人致富的部分原因是资产增值及香港经济增长,而整个社会对此也曾作出贡献"。

按照当时香港地区的税法,任何人去世后,其香港财产的主要价值包括股票在内都须缴纳遗产税。香港遗产税的起征点是遗产的主要价值达到港币 750 万元,按 5% ~ 15% 的累进税率缴纳遗产税。

2006 年 2 月中旬,随着《2005 年收入(取消遗产税)条例》正式生效,征收了近一个世纪的遗产税在香港地区成为历史。

取消遗产税后,香港居民不需再因遗产税问题而把资产搬离香港,也会有更多人愿意在港投资物业,这将为香港保留更多资金,同时更能增加海外投资者的信心,会有更多人通过投资移民计划来定居香港。根据统计,实施了两年多的投资移民计划,最少已为香港吸纳了超过 43 亿港元的资金。

【案例178】邵某夫家族信托分配遗产[1]

2011年3月,邵某夫名下资产包括邵氏兄弟(香港)有限公司、邵氏基金香港有限公司。Shaw Holdings Inc. 持有邵氏兄弟和邵氏基金100%的股本权益,邵某夫则通过邵某夫慈善信托基金持有 Shaw Holdings Inc. 100%的控制权。也就是说,邵某夫的资产最终都由邵某夫慈善信托基金控制。邵某夫的夫人方某华为邵某夫慈善信托基金主席和邵氏基金主席。

邵某夫慈善信托基金,正是媒体所称的"为儿女成立的信托基金",是邵氏家族财产的最终持有者。而这一基金,被委托给一个注册在百慕大的 Shaw Trustee (Private) Limited 运营,以完成家族财产的增值保值。

2008年年底,邵氏兄弟在港股上市30多年后宣布私有化。控股约75%的股东 Shaw Holdings Inc. 发出要约,以13.3亿港元的价格收购公众手中的25%股份,完成对公司的100%控股。

邵氏兄弟当时发出的公告透露,Shaw Holdings Inc. 是一个投资控股公司,注册在瑙鲁共和国。公告同时透露,要约方 Shaw Holdings Inc. 透过全资附属子公司持有 TVB 6.23%的股权。这一数字正好与邵氏基金(香港)有限公司2011年捐赠之前持有 TVB 的股权一致。这说明,Shaw Holdings Inc. 不仅持有私有化之后的邵氏兄弟100%的股权,也是邵氏基金的全资母公司。按照合理的推论,运营邵某夫奖的邵某夫奖基金会,也可能是 Shaw Holdings Inc. 的全资子公司。如此,Shaw Holdings Inc. 就成为邵氏家族财产的控股平台。公告又透露,邵某夫慈善信托基金全资拥有 Shaw Holdings Inc.。也就是说,邵某夫慈善信托基金通过 Shaw Holdings Inc. 这个控股平台,在私有化后100%地持有了邵氏兄弟的股权,也100%地持有了邵氏基金的股权,同时也可能100%持有邵某夫奖基金会。从而,邵某夫慈善信托基金成为邵氏家族财产的最终持有者。与此同时,邵氏兄弟私有化的公告还披露,邵某夫慈善信托基金的信托人为 Shaw Trustee (Private) Limited,指定人为邵某夫本人,受益人则包括 Shaw Trustee (Private) Limited 根据信托契据挑选之任何人士或慈善团体。公开资料显示,Shaw Trustee (Private) Limited 于1995年5月26日注册在另一个避税天堂百慕大群岛。

也就是说,邵某夫将邵氏家族财产的最终持有者——邵某夫慈善信托基金,

---

[1] 参见刘中盛:《揭秘邵逸夫遗产分割方案》,载腾讯网,https://finance.qq.com/zt2014/focus/jmshaoyixingx.htm,2020年3月28日访问。

委托给 Shaw Trustee(Private)Limited 运营,而受益人则为邵某夫的家人以及慈善团体。目前,无法确认这个信托的受益人都有哪些,但几乎可以确定包括邵某夫的4个子女,但同样可能包括方某华,因为方某华正是邵某夫慈善信托基金的主席。

341. 中国台湾地区是如何征缴遗产税的?

中国台湾地区按以下规则征缴遗产税。

(1)纳税人的先后顺序

遗产执行人;继承人和受遗赠人;依法选定的遗产管理人。

(2)征税对象与范围

①经常居住在台湾的本省居民,或者死亡事实以前两年内自愿丧失台湾本省居民身份,死亡时就其在台湾及台湾以外的全部遗产征收遗产税。

②经常居住在台湾的本省居民、外来居民,死亡时在台湾有财产者,就其在台湾的遗产征收遗产税。

③所谓遗产,包括动产、不动产和其他一切有财产价值的权利,被继承人死亡以前两年之内赠与被继承人的配偶或者其各顺序的继承人或者其各顺序的继承人的配偶的财产之金额。

课税遗产净额 = 遗产总额 − 免税额 − 扣除额

继承发生日在 2006 年 1 月 1 日以后者,遗产免税额为 779 万元[①]。继承发生日在 2009 年 1 月 23 日以后者,遗产免税额 1200 万元。

(3)税率

继承发生日在 2006 年 1 月 1 日至 2009 年 1 月 22 日,不超过 60 万元的部分征收 2% 的遗产税,超过 60 万元至 150 万元的部分税率为 4%,超过 4000 万元至 1 亿元的部分税率为 41%,超过 1 亿元的部分就要征收高达 50% 的遗产税。继承发生日在 2009 年 1 月 23 日至 2017 年 5 月 11 日,适用单一税率 10%。继承发生日在 2017 年 5 月 12 日以后,适用 5000 万元以下征收 10%,5000 万元至 1 亿元部分税率为 15%,1 亿元以上部分税率为 20%。

342. 中国台湾地区是如何征缴赠与税的?

中国台湾地区按以下规则征缴赠与税。

(1)纳税人

赠与税的纳税人为赠与人,但是赠与人行踪不明或者逾限尚未缴纳赠与税,

---

① 本问答中的货币单位均为新台币。

且在台湾无财产可供执行的时候,则以受遗赠人为纳税人。

(2)征税对象与范围

①经常居住在台湾的本省居民,就其在台湾或者台湾以外的财产为赠与者;经常居住在台湾以外的台湾本省居民、外来居民,就其在台湾的财产为赠与者,都应当依法征收赠与税。

②所谓赠与,是指财产所有人以自己的财产无偿给予他人,经他人允受而产生效力的行为。二亲等以内亲属之间财产的买卖不能提出支付价款的确实证明的,以显著不相当的代价让与财产、免除或者承担债务的,其差额部分均以赠与论。未成年人购置财产,除非能够证明支付的价款属于购买人所有,视为法定代理人的赠与。

(3)税率

赠与税按照赠与人每年的赠与总额,减除各项规定的扣除额和免税额以后的为应纳税赠与额。

赠与日发生在2006年1月1日以后至2009年1月22日以前按照十级超额累进税率计算应纳税额。最低税率为4%,最高税率为50%。

赠与日发生在2009年1月23日以后至2017年5月11日,适用单一税率10%。

赠与日发生在2017年5月12日以后,适用2500万元①以下征收10%,2500万元至1亿元部分税率为15%,5千万元以上部分税率为20%。

【案例179】王某庆继承人以实物抵缴22亿元新台币遗产税

2008年10月,王某庆在美国东部家中辞世后,除了非岛内资产诉讼外,仅在我国台湾地区就留下总额高达约600亿元(新台币,下同)遗产。历经遗产分配纠纷与遗产计算、更正、捐赠扣抵等程序,终于确定遗产税总金额约为119亿元。10月10日下午,王某庆继承人委托律师赴台北市税务部门申请递交"实物抵缴"第一批遗产税。首批实物抵缴有365笔土地、股票和债权等价值22亿元。台北市税务部门指出,将尽速确认可抵缴的税额后,将再请继承人将剩余97亿元遗产税以现金缴纳,希望全部税款年底入库。

税务部门强调,"实物抵缴"中的365笔土地中,若有被占用者,税务部门可减价或拒收或排除,且将会开出第二次税单补缴。

---

① 本问答中的货币单位均为新台币。

至于王某庆非岛内遗产部分,税务部门表示,王某庆非岛内资产部分很难查核,目前是以查无非岛内资产方式核计税额。但若王氏家族的非岛内遗产诉讼有结果出炉,台北市税务部门在5年内都还可以追缴相关税款。

【法律依据】

一、公司法类

(一)法律

❖《公司法》

❖《个人独资企业法》

❖《外商投资法》

❖《合伙企业法》

(二)行政法规

❖《市场主体登记管理条例》(国务院令第746号)

❖《外商投资法实施条例》(国务院令第723号)

(三)司法解释

❖《最高人民法院关于适用〈中华人民共和国公司法〉若干问题的规定(三)》(2020年修正)

❖《最高人民法院关于审理外商投资企业纠纷案件若干问题的规定(一)》(法释〔2010〕9号)

(四)部门规章

❖《外商投资准入特别管理措施(负面清单)(2020年版)》(国家发展和改革委员会、商务部令第32号)

❖《鼓励外商投资产业目录(2020年版)》(国家发展和改革委员会、商务部令第38号)

(五)地方司法文件

❖《上海市高级人民法院关于审理涉及公司诉讼案件若干问题的处理意见(一)》(沪高法〔2003〕216号)

❖《上海市高级人民法院关于审理涉及公司诉讼案件若干问题的处理意见(二)》(沪高法民二〔2003〕15号)

❖《上海市高级人民法院关于审理涉及公司诉讼案件若干问题的处理意见(三)》(沪高法民二〔2004〕2号)

❖《北京市高级人民法院关于印发〈北京市高级人民法院关于审理公司纠纷

案件若干问题的指导意见〉的通知》(京高法发〔2008〕127号)

❖《山东省高级人民法院关于审理公司纠纷案件若干问题的意见(试行)》(鲁高法发〔2007〕3号)

❖《江苏省高级人民法院关于审理适用公司法案件若干问题的意见(试行)》(苏高法审〔2003〕2号)

❖《陕西省高级人民法院民二庭关于公司纠纷、企业改制、不良资产处置及刑民交叉等民商事疑难问题的处理意见》(陕高法〔2007〕304号)

二、税法类

(一)法律

❖《企业所得税法》

❖《个人所得税法》

(二)行政法规

❖《企业所得税法实施条例》(国务院令第512号)

❖《个人所得税法实施条例》(国务院令第600号)

(三)部门规范性文件

❖《财政部、税务总局关于境外所得有关个人所得税政策的公告》(财政部、税务总局公告2020年第3号)

❖《国家税务总局关于个人股票期权所得缴纳个人所得税有关问题的补充通知》(国税函〔2006〕902号)

❖《财政部、国家税务总局关于股票增值权所得和限制性股票所得征收个人所得税有关问题的通知》(财税〔2009〕5号)

❖《国家税务总局关于股权激励有关个人所得税问题的通知》(国税函〔2009〕461号)

❖《国家税务总局关于个人所得税有关问题的公告》(国家税务总局公告2011年第27号)

❖《国家税务总局关于我国居民企业实行股权激励计划有关企业所得税处理问题的公告》(国家税务总局公告2012年第18号)

❖《国家税务总局关于股权奖励和转增股本个人所得税征管问题的公告》(国家税务总局公告2015年第80号)

❖《股权转让所得个人所得税管理办法(试行)》(国家税务总局公告2014年第67号)

❖《财政部、国家税务总局、证监会关于沪港股票市场交易互联互通机制试

点有关税收政策的通知》(财税〔2014〕81号)

❖《财政部关于印发〈企业会计准则解释第7号〉的通知》(财会〔2015〕19号)

❖《财政部、国家税务总局关于将国家自主创新示范区有关税收试点政策推广到全国范围实施通知》(财税〔2015〕116号)

❖《上市公司股权激励管理办法》(中国证券监督管理委员会令第126号)

❖《财政部、税务总局、证监会关于继续执行沪港、深港股票市场交易互联互通机制和内地与香港基金互认有关个人所得税政策的公告》(财政部公告2019年第93号)

❖《财政部、国家税务总局关于中关村国家自主创新示范区企业转增股本个人所得税试点政策的通知》(财税〔2013〕73号)

❖《国家税务总局关于多子女继承房屋有关个人所得税问题的批复》(国税函〔2010〕643号)

❖《财政部、国家税务总局关于个人转让股票所得继续暂免征收个人所得税的通知》(财税字〔1998〕61号)

(四)地方规范性文件

❖《广东省地方税务局关于加强股权转让所得个人所得税征收管理的通知》(粤地税函〔2009〕940号)

三、民法类

(一)法律

❖《民法典》

❖《民事诉讼法》

(二)部门规章

❖《遗嘱公证细则》(司法部令第57号)

❖《司法部公证律师司关于涉外遗嘱继承公证中如何确认遗嘱效力问题的复函》(〔87〕司公字第65号)

❖《司法部公证司关于如何确认涉外遗嘱效力的复函》(〔88〕司公字第006号)

❖《司法部律师公证工作指导司对〈关于遗嘱公证能否因未录音或录像而被撤销的请示〉的复函》(〔2001〕司律公函052号)

(三)司法解释

❖《最高人民法院关于空难死亡赔偿金能否作为遗产处理的复函》(最高人

民法院〔2004〕民一他字第26号）

❖《最高人民法院民事审判庭关于未经结婚登记以夫妻名义同居生活一方死亡后另一方有无继承其遗产权利的答复》（最高人民法院〔1987〕民他字第40号）

❖《最高人民法院关于适用〈中华人民共和国民法典〉继承编的解释（一）》（法释〔2020〕23号）

❖《最高人民法院研究室关于代书遗嘱虽不符合法定形式要件但确系遗嘱人真实意思表示能否认定有效问题的答复》

❖《全国各省、自治区、直辖市高级人民法院和中级人民法院管辖第一审民商事案件标准》

四、其他

（一）法律

❖《商业银行法》

❖《保险法》

❖《公证法》

❖《拍卖法》

❖《行政复议法》

❖《行政许可法》

（二）部门规章

❖《司法部关于〈公证程序规则（修订征求意见稿）〉公开征求意见的通知》

❖《公证服务收费管理办法》（计价费〔1997〕285号）

❖《司法部公证司关于涉外公证书认证问题的通知》（〔98〕司公字010号）

（三）司法解释

❖《最高人民法院对外委托鉴定、评估、拍卖等工作管理规定》（法办发〔2007〕5号）

（四）行业规定

❖《办理继承公证的指导意见》

❖《律师见证业务工作细则》

❖《上海市律师见证业务操作指引》

❖《中华全国律师协会 律师承办继承法律业务操作指引》

第五章　股东名册记载纠纷

【宋和顾释义】

> 股东名册是有限责任公司和发行记名股票的股份有限公司必须置备的，记载股东及持股数量的法律文件。当股东转让股权或者发生其他股东、股权变更情况时，若股权转让方或公司怠于履行变更股东名册信息，则可能产生股东名册记载纠纷。实践中，该纠纷常与股东资格确认纠纷、请求变更公司登记纠纷同时发生，一并诉请。

【关键词】股东名册　股东名册封闭制度

❖ **股东名册**：指由公司置备的，记载股东个人信息和股权信息的法定簿册。
有限责任公司的股东名册记载事项如下：
（1）股东的姓名或者名称及住所；
（2）股东的出资额；（自2014年3月1日起，公司仍然应当将股东的姓名或者名称向公司登记机关登记；但是，对"股东的出资额"的登记不再做法律强制规定。）
（3）出资证明书编号。
股份有限公司发行记名股票的，也应当置备股东名册，记载事项如下：
（1）股东的姓名或者名称及住所；
（2）各股东所持股份数；
（3）各股东所持股票的编号；
（4）各股东取得其股份的日期。
股东名册对于认定股东与公司关系具有重要意义，主要体现在以下三点：
（1）记载在股东名册上的股东，推定为公司股东。
（2）股权变动后，如未进行股东名册变更登记，善意第三人仍有理由相信登记在股东名册上的人为公司股东，并对股权享有处分权。

（3）公司可依据股东名册上记载的股东信息向股东履行通知、送达义务，并向股东名册上的股东赋予股东权利，如表决权、盈余分配权、新股认购权等。如果股东名册记载的股东非公司实际出资人，从而公司行为导致实际股东利益受损，公司可对此免责。

❖ **股东名册封闭制度**：指股份有限公司股东大会召开前20日内，或者公司决定分配股利的基准日前5日内，不得进行股东名册变更的制度。

股份有限公司的股东人数较多，如果股份发生频繁转让，将导致股东名册也频繁发生变动，甚至在股东权利行使过程中也随时可能发生变动。这势必将影响公司的正常运营及股东权利的正常行使。

因此封闭股东名册，有助于通过确定形式股东资格从而帮助公司进行有序管理。在封闭期间，股份发生变动的，公司仍向股东名册上记载的股东履行义务，新股东无法履行股东权利的风险则需自行承担。

第一节 立　　案

343. 如何确定股东名册记载纠纷的诉讼当事人？

应当以对股东名册记载存异议的当事人为原告，以公司作为被告。如其他股东不配合办理股东名册变更，则可将不履行配合义务的股东列为共同被告。如诉讼涉及其他股东利益的，应当以其他股东作为诉讼第三人。

值得注意的是，在股权转让中，对名册记载持有异议的当事人既可能是受让方，也可能是转让方。由于实践中当公司运营状况不佳时，转让股东往往希望能够迅速摆脱公司股东的身份，因此也不乏此类转让人向公司起诉主张将其从股东名册中去除的案件。

344. 股东名册记载纠纷按照什么标准交纳案件受理费用？

股东名册记载纠纷案件属于非财产性案件的其他类，统一收费标准为50～100元。

345. 股东名册记载纠纷由何地法院管辖？

股东名册记载纠纷的管辖法院为公司实际经营所在地或登记注册地基层人民法院。

346. 请求公司变更股东名册的诉讼是否适用诉讼时效？

进行股东名册变更是公司的法定义务，该请求权本身也并非债权请求权，因此并不适用诉讼时效的规定。

第二节 股东名册记载纠纷的裁判标准

一、股东名册的置备

347. 哪些主体需要置备股东名册？置备的义务人分别是谁？应在何时由公司哪个机关置备于何处？

公司是置备股东名册的一般主体，根据公司的不同类型，股东名册的置备主体主要有以下三种：

（1）有限责任公司及未上市且未被托管的股份有限公司，由公司置备股东名册；

（2）上市公司的股东名册，由证券登记结算机构负责登记；

（3）未上市的股份有限公司将股权托管在托管机构的，这些托管机构须承担制作股东名册的义务。

实际上，公司登记时应将有限责任公司股东或者股份有限公司发起人的姓名或者名称进行登记，因此市场监督管理部门也登记了股东名册的部分内容。

有限责任公司与股份有限公司的股东名册置备时间不同：

（1）有限责任公司须于公司成立时置备股东名册；

（2）股份有限公司于成立并向股东交付记名股票后置备股东名册。对于股东名册的置备机关，法律未明确。通常情况下，鉴于股东名册的置备属于公司业务执行的范畴，故可在公司章程中约定执行董事或董事会为置备股东名册的机关。

股东名册应置备于公司的注册地或实际经营地，以便于各股东和政府部门查阅、抄录。

348. 上市公司由证券登记机构置备的股东名册和公司置备的股东名册有何关系？

证券登记结算机构的股东名册是正本，上市公司的股东名册是副本，但二者的效力相同。

实践中，证券登记机构置备股东名册后，应留存正本，并将副本转交公司保存。同时，证券登记结算机构应当向证券发行人提供股东名册的所有相关资料。

349. 公司未置备股东名册是否需要承担法律责任？

对此问题法律并无明文规定。从目前立法及司法实践判断公司无须承担责任。

《公司法》虽然规定了置备股东名册是公司的一项法定义务,但如果公司不置备或对股东名册作虚假记载的,其责任如何承担却没有法律规定。因此实践中很难对公司及董事形成有效的约束。

笔者认为,如果由于公司董事、高级管理人员或实际控制人未置备股东名册或对股东名册进行虚假记载,最终直接导致实际股东的利益受损,如无法行使表决权、盈余分配权、新增资本认购权、优先购买权等,公司或公司的董事、高管或实际控制人应当承担损害赔偿责任。当然,如何认定是否直接造成损失、过错责任由谁承担、赔偿金额如何计算等,均需要立法、司法部门在往后的实践中予以确定。

二、股东名册变更的一般程序

350. 股东名册变更登记的请求权人是谁?

根据公司类型的不同,分为以下三种情况:

(1)有限责任公司,需要股权转让人和受让人一同申请变更。(自 2014 年 3 月 1 日起,有限责任公司变更股东的,应当自变更之日起 30 日内申请变更登记,并应当提交新股东的主体资格证明或者自然人身份证明。"变更股东"不仅仅包括股权转让这一种方式。)

(2)上市公司和股份已托管的股份有限公司,股东名册的变更登记由证券登记结算公司或者托管机构在办理过户登记时同时完成。股权受让人无须再向公司申请变更登记。

(3)股份未托管但已经发行记名股票的股份公司,因为持有股票者无须证明自己是真实的权利人就可以被推定为合法的权利人,根据股票占有的权利推定效力,记名股票的受让人可以单独请求公司变更登记股东名册。

351. 有限责任公司股东名册变更须提交哪些材料?

由于股东名册的变更属于公司内部登记记载事项,法律并无明文规定,因此,公司可在章程或章程细则中对于股东名册变更所需材料加以明确。对此,笔者建议有限责任公司中可分为下列三种情况提交不同材料:

(1)因股权转让申请变更的,如为股东之间的转让,则应由转让人和受让人共同申请公司变更,除股权转让合同外无须其他证明材料;如为向股东外的其他人转让股权,应由转让人向公司申请。除需提供股权转让合同外,还须提供全体股东过半数同意的证明和其他股东放弃优先购买权的证明。

(2)因继承取得股权的,可要求提供继承事实的证明,如原股东死亡医学证明或法院宣告死亡裁判文书等。

当然，由于公司章程可对股东资格的继承作出不同于《公司法》的特别规定，因此如有特别规定的，股东名册的变更方式也应适当调整。

(3)依法院裁判文书确定股东资格的，应当由实际股东向公司提交法院裁判文书，从而办理股东名册变更登记。

352. 股份有限公司股东名册变更需要提交哪些材料？

股份有限公司的股东名册需要通过向公司申请进行变更的情况只发生在未上市公司发行记名股票且未委托证券公司托管的情况下。

一般股份转让需要办理股东名册变更登记时，受让人仅需提供记名股票即可，无须说明取得股票的原因。如果受让人遗失了记名股票，则可以通过法院公示催告程序，以除权判决书来申请公司进行股东名册变更。

但是，如果新股东基于继承或公司合并等其他原因取得股权，则并不一定需要提交股票，可通过相关事实的证明来请求公司变更股东名册。

三、股东名册封闭制度的限制及其他表现形式

353. 股东名册封闭制度可否仅对部分股东行使？

不可以。股东名册封闭制度的基本原则为平等原则。封闭股东名册必须全面平等。股东名册不能针对一些股东封闭，而对另一些股东开放。如果发生这种不公平的现象，该种行为在封闭期间不发生法律效力。例如，公司为了确定参加盈余分配的股东而封闭了股东名册，但公司却在封闭期间接受了某一受让人的请求进行了名义变更，使转让人应获得的利润由受让人获得，这种股利分配行为无效。

354. 股东名册封闭的是股东的哪些权利？

股东名册封闭禁止的是在特定时期取得股份的人行使的大部分股东权利。该封闭限于所有股东得以划一行使的权利。如表决权、盈余分配请求权、新股认购权等。针对特定股东的权利，如各种诉权、少数股东权等，则不能封闭。因为这些股东权利的行使与否取决于股东的个人意思，不能为了公司方便而禁止行使。此外，与权利变动无关的记载事项的变更或者更改，如股东住所变更，亦不应当封闭。

355. 公司可否自主决定股东名册的封闭日期？

法律对此并无明文规定。

笔者认为，公司可以通过章程进行约定或者由董事会作出决议，但这种限制不能低于法律规定的最短期限。

如公司章程可约定股东大会召开前25日内或者公司决定分配股利的基准日前10日内，不得变更股东名册。但如果约定股东大会召开前15日内或者公司决定分配股利的基准日前3日内，不得变更股东名册，则该约定无效，应当按照法律规定的时间执行。

公司作出该种决定，如果是董事会决议，必须公告才能生效；如果是公司章程约定则不需公告。

356. 除了封闭股东名册，公司还可采取何种形式确定股东名册上的股东权利行使人？

实践中，股东还可将某一特定日期在股东名册上记载的股东视为可以行使股东权利的股东，称之为设定在册日期，或除权日、基准日。

公司可以通过章程约定或者股东会决议的方式确定在册日期。该种约定或决议应当明确日期、目的等事项。如果是董事会决议，还必须公告。如果是公司章程约定，则无须公告。

357. 哪些做法属于违法封闭股东名册或违法确定在册日期？

如下行为属于违法封闭股东名册或违法确定在册日期：

（1）不具备封闭股东名册或确定在册日期的事项。

（2）未经章程约定或者董事会决议而封闭股东名册或者决定在册日期。

（3）封闭时间超过规定期限或者确定的在册日期违反规定期限。

（4）应公告而未公告。

358. 如果违法封闭股东名册或违法确定在册日期，基于此作出的分红、表决等行为是否有效？

违法封闭股东名册或违法确定在册日期情况下作出的分红、表决等行为应属无效。

公司违法封闭股东名册或违法确定在册日期的，依照封闭期限或者确定的在册日期行使权利的股东所行使的权利应恢复原状。

四、股东名册记载纠纷的举证义务

359. 主张股东名册变更应当提供何种证据？

股东名册记载的本质是对股东资格在形式上的确认，因此主张该项诉讼请求的当事人应当举证证明其具备股东资格的实质要件，并提交相应证据证明合同全部义务或主要义务已经履行完毕，如股权转让合同、原股东死亡的医学证明、继承人的身份证明，证明其有权依法继承股东资格等。

【案例180】记载于股东名册的股东已实际出资 有权要求公司签发出资证明书

原告:姚某杰

被告:纽比公司

诉讼请求:

被告向原告签发载有原告名称、缴纳的出资额的出资证明书。

争议焦点:

被告完成工商变更登记手续,原告已被登记为被告股东并记载于股东名册,原告能否要求被告依据原告的实际付款金额签发出资证明书。

基本案情:

2014年7月5日,原告和被告及被告股东朱某东等签订投资协议书,约定原告以受让朱某东股权的形式向被告投资,并成为被告的股东。之后,原告依约向朱某东履行了投资义务,但被告至今仍未依照约定向原告签发出资证明书。

原告诉称:

原告依约向朱某东支付股权转让款500万元人民币,但被告至今仍未依照约定向原告签发出资证明书。

被告辩称:

被告未应诉答辩,亦未提供证据。

律师观点:

1. 原告已完成投资,被告应出具出资证明书。

2. 被告已完成工商变更登记手续,股东名册已将原告记载为被告股东;而且,其公司章程载明,公司成立后,应向股东签发出资证明书并置备股东名册。

一审判决:

被告于本判决生效之日起10日内向原告姚某杰签发载有原告姚某杰的名称及缴纳出资额(500万元)的出资证明书。

【案例181】关于股东名册纠纷的法律定性问题

原告:黄某鹏

被告:源远公司

诉讼请求:

1. 撤销一审判决;

2. 驳回被上诉人诉讼请求。

第五章
股东名册记载纠纷

争议焦点：

股东名册纠纷的法律定性问题（一审法院认定本案系股东名册纠纷）。

基本案情：

原告黄某鹏先后向被告源远公司支付款项合计591万元；源远公司分别向黄某鹏出具了4张收款收据，其中收款日期为2010年6月9日的收据上载明"收到82000DWT散货船首期投资款156万元人民币（股份比例6%）"，收款日期为2010年9月23日的收据上载明"收到82000DWT散货船第二期投资款150万元人民币"，收款日期为2011年1月12日的收据上载明"收到82000DWT散货船第三期投资款120万元人民币"；收款日期为2011年6月24日的收据上载明"收到82000DWT散货船第四期投资款90万元人民币，占股份比例6%"。

另查明，82000DWT散货船已于2012年5月24日建造完成并进行了移交，建造总金额为28,066万元，其中，案外人招银金融租赁有限公司（以下简称招银公司）根据与源远公司签订的《船舶融资租赁合同》，分4次将造船款17,800万元通过源远公司或直接向造船方支付。现源远公司作为该船舶的承租人进行实际运营。

一审法院认为，本案应认定为股东名册记载纠纷较为恰当。理由如下：第一，福州市中级人民法院基于本案管辖权问题作出（2014）××民终字第××号民事裁定书，其中认定"本案的基础法律关系是投资款项的返还，至于该投资款项是否用于建造船舶，并不影响该基础法律关系的认定，故本案不属于《最高人民法院关于海事法院受理案件范围的若干规定》第14条规定的情形。"因此黄某鹏将591万元交给源远公司，源远公司将该笔款项用于何处，并不能改变黄某鹏向公司投资的实质；第二，双方的行为不符合法律对合伙关系的规定。（1）双方未签订合伙协议书。根据《中华人民共和国民法通则》（以下简称《民法通则》）第30条"个人合伙是指两个以上公民按照协议，各自提供资金、实物、技术等，合伙经营、共同劳动"，第31条"合伙人应当对出资数额、盈余分配、债务承担、入伙、退伙、合伙终止等事项，订立书面协议"的规定①，合伙应当有书面协议，而双方之间并未签订合伙协议书或者足以证明具有合伙性质的其他证明材料；（2）黄某鹏从来没有参与合伙经营活动。根据《民法通则》第34条"个人合伙的经营活动，由合伙人共同决定，合伙人有执行和监督的权利"，黄某鹏从来就没有参与经营活动，尤其是

---

① 现为《民法典》第967条、968条相关内容。第967条规定："合伙合同是两个以上合伙人为了共同的事业目的，订立的共享利益、共担风险的协议。"第968条规定："合伙人应当按照约定的出资方式、数额和缴付期限，履行出资义务。"

向银行融资、船舶转让等重大事项,若是个人合伙,也应由合伙人共同决定,但源远公司未举证黄某鹏知晓或参与合伙的经营;(3)本案所有的经营活动都是以源远公司名义进行的,而非合伙名义。本案中,源远公司提供的《82000DWT散货轮建造合同》《船舶融资合同》《股权转让协议》等证据表明所有经营活动都是以源远公司的名义进行的,并非以合伙名义进行;(4)源远公司自2010年6月开始收取黄某鹏投资款,至今未向黄某鹏分红。

综上,双方之间的法律关系应认定为股东名册记载纠纷。

上诉人诉称:

一审判决认定事实不清,适用法律错误。

1. 关于本案的基础事实。

2010年,黄某鹏与余某良、林某秀等16名自然人拟合伙共同投资建造船舶即案涉"华强号",建造总金额为28,066万元。16名合伙人决定以上诉人(上诉人原实际控制人为林某秀)之名义对外从事融资租赁业务及船舶运营。对此,合伙人确定由全体合伙人共同出资10,100万元,作为造船的前期款项,另通过上诉人向融资租赁公司融资17,800万元用于建造"华强号"。被上诉人确认出资606万元,拟占前期10,100万元总投资的6%,但被上诉人实际仅出资591万元,尚欠15万元。对于"华强号"运营的盈利及亏损均由黄某鹏等16名合伙人共同享有和承担。受国际金融危机影响,航运业遭受了重创,为防止损失的扩大,林某秀在全体股东口头认可的情形下,于2013年2月21日与广微控股有限责任公司签订《股权转让协议》,以"承债收购"的方式,将持有之上诉人全部股权转让给广微控股有限责任公司。被上诉人不甘心591万元的投资化为乌有,遂提起本案诉讼。

2. 本案属合伙纠纷,非一审法院认定的"股东名册记载纠纷"。

原因主要有以下几点:第一,从资金汇转过程看,16名合伙人的投资款均通过上诉人的财务人员兰某锋的个人账户汇入上诉人实际控制人林某秀的个人账户,之后通过上诉人的对公账户汇入签约的造船厂。一系列的资金流转都是围绕借用上诉人之名对外进行融资及运营。第二,上诉人出具给16名合伙人的收据中,对出资的款项性质进行了明确界定,即所投之款项均为"华强号"的造船款。第三,本案中并没有任何一份证据能够证明或反映被上诉人投入的款项属于"增资款",仅有被上诉人的单方陈述。

(当事人在一审程序中提交的证据已随一审案卷移送本院。二审期间,双方当事人均未向本院提交新的证明资料。)

第五章
股东名册记载纠纷

被上诉人辩称：

1. 在案证据足以证明本案系股东名册记载纠纷。

上诉人在管辖权异议阶段均明确陈述其是为了扩大公司规模而建造船舶，说明建造船舶是上诉人的行为，而非林某秀的个人行为，也进一步证明不可能是林某秀与他人合伙的行为。上诉人公司在其资金不足时，采取了债务性融资和权益性融资两种方式。上诉人向招银公司借款属于债务性融资，要求答辩人投资即是权益性融资，上诉人应当通过增资扩股或将部分股份转让给被上诉人，将答辩人登记为公司股东。上诉人出具的收款收据上注明"投资款"，并加盖了上诉人财务专用章，并有会计和出纳的签字。至于收据上注明的"82000DWT散货轮投资款"，仅是上诉人为此次融资的用途而已，并不能说明答辩人与他人合伙投资该船舶。更何况，款项进入上诉人公司账户后怎么使用已不是答辩人所能控制，是否就是用在该船舶的建造上也不得而知。答辩人为了能成为上诉人公司股东而向上诉人投资，但上诉人既未向工商登记部门申请登记增加公司的注册资本金，也没有申请增加答辩人为公司股东，上诉人已构成违约。答辩人有权依《合同法》第94条①规定行使法定解除权，上诉人应当将出资款返还答辩人。

2. 本案并非合伙纠纷。

首先，合伙应当有书面协议，但答辩人与林某秀等人之间未签订合伙协议，也没有足以证明具有合伙性质的其他证据材料。其次，答辩人从未参与经营活动，尤其是向银行融资、船舶转让等重大事项，答辩人完全不知情。上诉人称在转让船舶时口头征求过合伙人意见，完全是虚假的。最后，本案所有经营活动都是以公司名义进行，并非以合伙人名义进行。

3. 上诉人在欺骗答辩人投资后又以本案为合伙纠纷为由拒不返还投资款是极不诚信的，此行为应受到法律严惩。

上诉人在收到答辩人投资款后，不仅未将答辩人登记为股东，甚至连基本的知情权都被剥夺了。从2010年6月第一期投资到2013年公司股东变更，答辩人均不知情。上诉人提交的《股权转让协议》，其实就是将货轮转让，该转让行为是恶意的，损害投资者的利益，其转让协议中约定将优质资产剥离，而转让款仅为740万元，且转让所得用于偿还其他债务。上诉人的行为完全是利用其对公司的操控，从而达到侵吞欲意成为小股东的被上诉人的投资款。该行为极不诚信。综上，一审判决认定事实清楚，适用法律正确，应予维持。

---

① 现为《民法典》第563条相关内容。

律师观点：

1. 现有证据不足以证明黄某鹏投资的款项是股东出资。

缺少证据证实黄某鹏通过新增注册资本金方式成为公司股东；此外，源远公司出具的收款收据已经明确载明"收到82000DWT散货船投资款"。

2. 本案也不属于合伙纠纷。

本案证据中缺少书面合伙协议，也不足以证明其他合伙人之间明知其他合伙人的存在。包括2013年后，"华强号"由案外人受让的情况，亦无证据证明合伙人和黄某鹏获悉。

法院判决：

驳回上诉，维持原判（一审法院认定本案系股东名册纠纷，属法律定性错误。本案应为合同纠纷。一审判决在法律定性上虽然存在不当之处，但判决结论正确，为避免当事人诉累，本院予以维持）。

【案例182】转让已实际履行 股东名册应依法变更①

原告： 杜某军

被告： 杨某全②

诉讼请求： 判令被告立即与原告办理股权转让的登记手续。

争议焦点：

1. 在签订《股份转让协议》时，原告是否存在欺诈行为，《股权转让协议》是否有效；

2. 被告是否有义务协助配合办理股东名册及股权变更工商登记手续。

基本案情：

天津公司于2007年9月16日成立，法定代表人为案外人王某，注册资本50万元。原告占26%股权，案外人段某勇占25%股权，案外人程某占25%股权，案外人王某占24%股权。原告在天津公司工程部工作任总监。

2008年6月21日，天津公司召开股东会，形成股东会决议：

经天津公司全体股东同意，将案外人王某所持有的公司24%股权，案外人段某勇所持有的公司25%股权，原告所持有的公司26%股权，案外人程某所持有的

---

① 参见北京市丰台区人民法院(2008)丰民初字第20563号民事判决书。

② 实践中存在着大量股东名册记载纠纷被告不统一的情况。公司股东名册记载、变更的义务人应当为公司，故实践中应当以公司为被告。如转让人或受让人亦不配合办理股东名册变更，则可将不履行配合义务的转让人与受让人列为共同被告。

公司25%股权一起对外转让。转让协议签署后,案外人王某将不再担任总经理职务和公司法定代表人。转让价格不低于10万元。

2008年6月22日,原告(甲方、转让方)与被告(乙方、受让方)签订股权转让协议:

甲乙双方经过友好协商,就甲方持有的天津公司股权转让给乙方持有的相关事宜,达成如下协议,以资信守:(甲方承诺未将股权对外质押、抵押)

1. 原告转让给被告天津公司的26%股权,受让方同意接受。

2. 股权转让价格为26,000元人民币,协议签署之时由被告当面支付。

3. 本协议签字生效后被告即可获得股东身份。

4. 本协议签字生效后立即依法办理股东、股权、章程修改等相关变更登记手续。原告应给予积极协助或配合,变更登记所需费用由被告承担。

5. 受让上述股权后,由新股东会对原公司成立时订立的章程、协议等有关文件进行相应修改和完善,并办理变更登记手续。

6. 股权转让前及转让后公司的债权债务由公司依法承担。如果依法追及股东承担赔偿责任或连带责任的,由新股东承担相应责任。

7. 股权转让后,受让方按其在公司股权比例享受股东权益并承担股东义务;转让方的股东身份及股东权益丧失。

8. 原告违约应全额退还被告转让出资,并承担被告因此而受到的损失。被告违约转让出资不退,并承担原告因此而受到的损失。

9. 本协议如有变更应获得原公司所有股东同意方可变更,本协议不可解除……

当日,被告支付股权转让款10万元,案外人王某出具收条。该款中包括原告的26,000元,及王某、段某勇、程某的股权转让款。

2008年6月23日,双方对现金账进行了交接。

2008年6月26日,原告与被告再次签订转股协议。在履行上述协议过程中双方发生争议,被告拒绝配合办理股东名册和工商登记变更手续。

原告诉称:

原、被告之间的《股权转让协议》及《转股协议》合法有效。《股权转让协议》签订后被告即交付给原告26,000元转让费,原告与被告办理了管理权移交。但被告至今不与原告办理股权变更登记手续。

原告为证明其观点,提交证据如下:

1. 原、被告间签订的股份转让协议及收条,证明原、被告之间的股权转让关系;

2. 被告付款凭证，证明被告已经实际支付了股权转让款 26,000 元，合同主要义务履行完毕。

被告辩称：

协议是在欺诈的情况下签订的，依法应当予以撤销。原告未如实告知被告公司真实情况。因原告曾承诺公司对外欠款为 70 万元左右，但被告事后发现该承诺并不真实。被告在不了解天津公司资产真实状况下与原告订立股权转让合同，此并非其真实意思表示。

但负有举证义务的被告未提交任何证据对上述抗辩理由予以证明。

律师观点：

1. 关于《股份转让协议》的效力问题。

天津公司股东原告、案外人段某勇、王某、程某于 2008 年 6 月 21 日召开股东会，各股东均同意将股权对外转让，符合我国法律有关股东向第三人转让股权时，应取得其他股东同意的规定。

至于被告认为股权转让协议是在欺诈情况下签订。原告未如实告知被告公司真实情况，因原告曾承诺公司对外欠款为 70 万元左右，但被告事后发现该承诺与事实不符。被告在不了解天津公司资产真实状况下与原告订立股权转让合同，此并非其真实意思表示。由于原告对此予以否认，且股权转让协议中已经对公司债权、债务的承担进行了明确约定。同时，被告并未提供充分有效的证据证明原告存在欺诈行为，且其是基于原告的欺诈行为而作出股权转让的意思表示。因此，可以认定上述股权转让协议是双方按照《合同法》的规定，自愿达成的转让出资的协议，未违反法律、行政法规的强制性规定。该协议合法有效，对双方当事人均具有法律约束力。

此外，被告也切实履行了该协议，支付了所有的股权转让款，这也从另一方面证明其认同协议的效力。原告从实质上已经非天津公司的股东。

2. 关于被告是否负有协助配合工商变更登记的义务。

《公司登记管理条例》第 35 条[①]规定，有限责任公司股东转让股权的，应当自转让股权之日起 30 日内申请变更登记，并应当提交新股东的主体资格证明或者自然人身份证明。《公司法》第 73 条规定，"依照本法第七十一条、第七十二条转让股权后，公司应当注销原股东的出资证明书，向新股东签发出资证明书，并相应

[①] 《市场主体登记管理条例》于 2022 年 3 月 1 日起施行，《公司登记管理条例》于同日起废止。《公司登记管理条例》第 35 条内容，现为《市场主体登记管理条例》第 24 条相关内容。

修改公司章程和股东名册中有关股东及其出资额的记载。对公司章程的该项修改不需再由股东会表决"。

因此,鉴于股权转让协议合法有效,被告应当根据协议的约定,积极协助或配合原告依法办理股东、股权、章程修改等相关变更登记手续。

法院判决:

被告于判决生效之日起30日内与原告办理股东名册及股权变更工商登记手续。

【案例183】判决确定股东资格股东 诉请变更名册获支持[①]

原告: 于某、徐某

被告: 某物资回收利用有限公司

诉讼请求:

1. 判令被告签发新股东出资证明书;
2. 判令被告修改公司章程、股东名册;
3. 判令被告办理相应的工商变更登记手续。

争议焦点: 法院生效判决已认定两名原告具备被告股东资格,被告是否应当向原告签发出资证明书并办理变更股东名册及工商变更登记。

基本案情:

被告成立于2003年10月22日,注册资金为800万元,股东为于甲与王某林。其中王某林认缴出资额10万元,占1.25%,于甲认缴出资额790万元,占98.75%。

2009年4月6日,于甲因病死亡。经法院审判认定,于乙(于甲之父)、范某(于甲之母)共占被告24.68%的股权,王某(于甲之妻)占被告61.71%的股权,于冬(于甲之子)占被告12.34%的股权。

2009年11月,由于于乙、范某年事已高,无力参与公司经营,故将其持有的股份以总价500万元的价格转让给两名原告。因被告拒绝办理相关的工商变更登记,两原告起诉至法院,要求确认其股东身份及所持有的股权比例。经过法院审理,确认原告于某现占被告18%的股份,原告徐某现占被告6.68%的股份。法院判决后,原、被告均未上诉。判决生效后,两名原告一直要求被告签发新股东出资证明书,修改公司章程等,但均未果。

此外,现工商登记管理部门登记显示被告股东为于甲、王某林,认缴的出资额

[①] 参见上海市松江区人民法院(2010)松民二(商)初字第1820号民事判决书。

分别为 790 万元、10 万元。

原告均诉称：

法院判决原告持有被告股份，判决生效后，两名原告一直要求被告签发新股东出资证明书、修改公司章程等，但均未果。被告的行为严重损害了原告的利益。

原告为证明其观点，提交证据如下：

1. (2009) 松民二 (商) 初字第×××号民事判决书 1 份，证明于乙、范某均为被告的股东及其所占被告的股份比例；

2. (2010) 松民二 (商) 初字第×××号民事判决书 1 份，证明于乙、范某将其所有的股份转让给两名原告，两名原告系被告合法股东。

被告辩称：

不同意两名原告的诉讼请求。两名原告没有支付相应的股权转让款。两名原告与案外人于乙、范某之间的股权转让款的金额背离了被告真实的资产金额。因被告的注册资本仅 800 万元，实际资产在 500 万元以下，故认为转让价格过高。

被告对原告的证据真实性没有异议，但对股权转让价格有异议。

律师观点：

1. 股权转让后公司应注销原出资证明并签发新出资证明书。

有限责任公司应当将股东的姓名或者名称及其出资额向公司登记机关登记；登记事项发生变更的，应当办理变更登记。股权转让后，公司应当注销原股东的出资证明书，向新股东签发出资证明书，并相应地修改公司章程和股东名册中有关股东及其出资额的记载。

2. 生效判决已确认两名原告股东身份，被告应履行相应的变更义务。

本案中，法院生效判决认定两名原告系被告的股东，其中原告于某占有被告 18% 的股份，原告徐某占有被告 6.68% 的股份。被告应当根据法院确定的股份比例，向两名原告签发相应的股东出资证明书，并对公司章程、股东名册作出相应的修改，并进行工商变更登记。因此，原告的诉讼请求，于法有据。

法院判决：

1. 被告于判决生效之日起 30 日内向原告于某签发载明其占有被告 18% 的股份的股东出资证明书，向原告徐某签发载明其占有被告 6.68% 的股份的股东出资证明书；

2. 被告于判决生效之日起 30 日内根据上述第 1 项判决内容对公司章程和股东名册中有关股东及其出资额的记载进行相应修改；

3. 被告于判决生效之日起 30 日内至上海市工商行政管理局松江分局办理

相应的股权变更登记手续。

【案例184】改制不影响股东资格　要求变更名册获支持[①]

原告：生物研究所公司
被告：正德堂公司
诉讼请求：
1. 确认原告作为被告股东的资格；
2. 判令被告为原告办理股东名称变更登记。

争议焦点：
1. 原告经过公司改制后是否存在主体资格变动，改制前后是否为同一法人，其享有被告股东资格是否系通过股权转让方式从改制前单位受让取得；
2. 如果生物研究所改制为生物研究所公司（原告）不存在主体变动的问题，被告是否有义务为原告办理股东名称变更登记。

基本案情：

被告成立于2004年3月31日，注册资本50万元，股东及出资比例为生物研究所（原告改制前名称）出资15万元，案外人王某定出资15万元，案外人范某出资10万元，案外人孙某琴出资5万元，案外人田某安出资3万元，案外人毛某雯出资2万元。被告于2004年3月15日向生物研究所出具出资证明书。

2004年4月30日，生物研究所与被告签订协议，协议明确约定，生物研究所当时在用的5家药店的全部固定资产及医药经营部在用的全部固定资产转交被告保管并使用。自2006年5月1日有偿使用上述固定资产，使用费用另外商定。

2005年6月29日，被告股权结构变更为生物研究所出资15万元，案外人田某安出资3万元、案外人毛某雯出资2万元，案外人王某定出资30万元。

2005年8月26日，被告注册资本变更为100万元，股权结构变更为生物研究所出资15万元，案外人王某定出资40万元，案外人田某安出资3万元，案外人毛某雯出资2万元，案外人王某出资40万元。

2006年9月26日，被告股权结构变更为生物研究所出资15万元，案外人王某定出资45万元，王某出资40万元。

2008年3月6日，被告增资扩股，注册资本增加到300万元，股权结构相应变更为生物研究所出资15万元，案外人王某定出资69万元，案外人王某出资63万

[①] 参见北京市第一中级人民法院(2009)一中民终字第9966号民事判决书。

元,案外人北京世贸天阶医药科技有限公司出资153万元。

此外,2005年12月15日,由北京普丰资产评估有限公司出具《评估报告》得出生物研究所持有的被告15%的股权的评估值为13.49万元。

2006年9月12日,由生物研究所出资人的上级主管北京实业开发总公司批复同意改制方案,后经工商登记注册改制为生物研究所公司(原告)。

改制后,原告多次要求被告办理股东变更登记手续,并要求行使股东权利并就有偿使用资产进行协商,但被告公司未予回复。

2008年1月15日,被告致函原告,以被告其他股东对原告享有的15%股权取得手段不合法为由,明确阻止原告行使股东权利。

生物研究所成立于1994年3月15日。2003年3月3日的生物研究所章程显示,京泰公司为国家授权的生物研究所唯一上级管理部门及资产所有者,京泰公司所属的生物研究所为国家事业单位编制、企业化管理的国有独资、具有独立法人地位的经济实体,注册资本500万元,法定代表人胡某平。

2006年生物研究所改制为原告,注册资金600万元,股东由居里公司和京泰公司组成,法定代表人唐某英。

2006年10月26日,工商行政管理部门出具名称变更通知,核准"生物研究所"名称变更为"生物研究所有限公司"(原告)。

原告诉称:

被告以被告其他股东对原告享有的15%股权系接受转让,且不合法为由,明确阻止原告行使股东权利,严重损害了原告作为股东的利益。原告合法取得股权,被告理应确认原告的股东资格,并在原告改制后为原告变更股东名册上的公司名称。

原告为证明其观点,提交证据如下:

正德堂公司出具的出资证明书,北京普丰资产评估有限公司出具的京普评报字〔2005〕第044号《评估报告》,北京实业开发总公司的京实总字〔2006〕30号批复。

被告辩称:

生物研究所与原告的关系并非简单更名而是改制。生物研究所原是国有独资企业,是由京泰公司出资设立的。

2006年发生增资扩股,由京泰公司与居里公司组成了原告,企业性质、法定代表人、注册资金等均发生了根本性变化。应认定原告继受生物研究所在被告的股权的方式为股权转让,这一转让破坏了公司的股权结构。因此,不同意原告的诉讼请求。

被告为证明其观点,提交证据如下:

生物研究所工商登记材料、生物研究所公司工商登记材料、正德堂公司工商登记材料及一审法院开庭笔录。

律师观点:

1. 原告改制仅是内部机构变化,不涉及主体变更。

原告是生物研究所经公司制改造后的产物。尽管前者在企业性质、注册资本、股东构成、法定代表人等方面较之后者均发生了变化,但生物研究所改制为公司只是内部机制发生转换,并非外部主体的变更,也不存在生物研究所将权利让渡给原告后其主体人格消亡的问题。因此,被告主张生物研究所公司改制后主体发生了变化的抗辩理由不能成立。

2. 原告为被告股东,被告应为其办理变更登记。

既然原告与生物研究所属于同一主体,原告当然享有生物研究所持有的被告股权,无须通过股权转让的方式取得。因此被告关于原告与生物研究所之间发生股权转让的主张法院不应采信,并应当确认原告为被告股东,其出资额为15万元。根据《公司法》规定,公司应当将股东的姓名或者名称及其出资额向公司登记机关登记;登记事项发生变更的,应当办理变更登记。现被告股东生物研究所的登记事项出现变更,被告应当为其办理变更登记。

法院判决:

1. 确认原告为被告股东,出资额为15万元;
2. 被告于判决生效之日起10日内为原告办理股东名册和工商变更登记。

360. 当事人可否以股东变更的股东会决议主张变更股东名册?

如果当事人仅提供股东会决议,不足以请求法院变更股东名册。

股东会决议仅能证明就股东变更事项进行了告知及同意程序,但并不意味着股权已经发生实质变动,因此仅以股东会决议主张变更股东名册难以得到法院的支持。但如果股东会决议中明确或涉及了股权转让或增资扩股的事宜,以此主张变更股东名册时可以得到法院的支持。

【案例185】仅以股东会决议主张变更股东名册被驳回[①]

原告: 王某强

[①] 参见北京市第二中级人民法院(2009)二中民终字第10500号民事判决书。

被告：刚德吉尔公司

诉讼请求：判令被告依照股东会决议变更股东名册并办理法定代表人变更工商登记。

争议焦点：

1. 案外人李某勇是否实际完成对原告等7名股东的股权收购事宜；

2. 案外人李某勇因挪用公款罪被判刑罚后是否具备担任公司法定代表人的资格。

基本案情：

被告于2001年11月27日注册成立，公司现任股东包括案外人李某勇、原告等其他7名案外人，原告为法定代表人。

2008年7月10日，被告召开股东会，全体股东一致同意：

1. 原告及其他7名案外人股东将所持有的被告股权转让给案外人李某勇所有，并由案外人李某勇重新分配；

2. 撤销原告法定代表人资格，由案外人李某勇担任法定代表人。

后原告要求被告变更股东名册及法定代表人工商登记未果。

原告诉称：

至原告诉讼之日，被告未按《公司法》及《公司登记管理条例》的规定办理原告的股东名册变更及法定代表人的工商变更手续。被告的行为严重损害了原告的利益。

原告为证明其观点，提交证据如下：

被告的公司章程及股东会决议，证明被告已就股权转让事宜达成股东会决议，原告已非公司股东及法定代表人。

被告辩称：

因案外人李某勇并未实际收购原告等被告其他股东的股份，原告仍然具备被告股东资格。原告的诉讼请求于法无据，请求法院予以驳回。

一审认为：

《公司登记管理条例》（2005年修订）第26条规定公司变更登记事项，应当向原公司登记机关申请变更登记。根据被告2008年7月10日召开的股东会所通过的股东会决议，被告的法定代表人由原告变更为案外人李某勇，被告理应按照上述股东会决议的内容变更登记事项。因案外人李某勇并未实际收购原告等被告公司其他股东的股份，原告仍然具备被告公司股东资格，其要求被告公司变更股东名册的诉讼请求于法无据，法院不予支持。

一审判决：

1. 被告于判决生效之日起 10 日内到工商登记管理部门办理公司法定代表人变更登记，将被告法定代表人由原告变更为案外人李某勇；

2. 驳回原告其他诉讼请求。

被告不服一审判决，向上一级人民法院提起上诉。

被告上诉称：

1. 原告主体不适格，其起诉未经《公司法》规定的前置程序；

2. 股权转让协议作出后应当在 30 日内进行变更，现已超过变更的诉讼时效；

3. 公司现有经营状况不好，不具备继续经营的可能，变更法定代表人无实际意义；

4. 案外人李某勇因刑事经济犯罪已经被判处刑罚，按照《公司法》的规定其已经不具备担任公司法定代表人的资格，故一审法院判决被告将法定代表人的工商登记变更为案外人李某勇已经不具备条件。请求撤销一审法院判决，依法改判驳回原告的诉讼主张。

被告为证明其观点，二审期间提交证据如下：

北京市延庆县人民法院(2009)延刑初字第 48 号刑事判决书，证明案外人李某勇因挪用公款罪已被判处刑罚，不具备成为公司法定代表人的法定条件。

原告二审辩称：

一审法院判决事实清楚，适用法律适当，程序合法，要求维持原判。

律师观点：

1. 案外人李某勇因刑事犯罪被判处刑罚。

虽然根据被告股东会决议，被告的法定代表人已由原告变更为案外人李某勇，被告应按照上述股东会决议的内容变更登记事项。但是，案外人李某勇因挪用公款罪于 2009 年 5 月 15 日被北京市延庆县人民法院(2009)延刑初字第 48 号刑事判决书判处有期徒刑 1 年，缓刑 1 年。一审判决后，案外人李某勇未提出上诉，因此，该判决现已生效。

2. 案外人李某勇不具备担任法定代表人的条件。

依照《公司法》第 146 条第 1 款第 2 项的规定，因贪污、贿赂、侵占财产、挪用财产或者破坏社会主义市场经济秩序，被判处刑罚，执行期满未逾 5 年，或者因犯罪被剥夺政治权利，执行期满未逾 5 年的，不得担任公司的董事、监事、高级管理人员。本案中，案外人李某勇因挪用公款罪已被判处刑罚，按照《公司法》的规定,其已不具备担任公司法定代表人的资格和条件,故原告主张将公司法定代表人由其变更为案外人李某勇不应予以支持。

法院判决：

1. 撤销一审判决；
2. 驳回原告的诉讼请求。

【法律依据】

一、公司法类

（一）法律

❖《公司法》

（二）行政法规

❖《市场主体登记管理条例》（国务院令第746号）

（三）部门规章

❖《国家工商行政管理总局关于实施〈关于外商投资的公司审批登记管理法律适用若干问题的执行意见〉的通知》（工商外企字〔2006〕第102号）

二、证券法类

❖《证券法》

三、民法类

❖《民法典》

四、其他

（一）法律

❖《民事诉讼法》

（二）司法解释

❖《最高人民法院关于适用〈中华人民共和国民事诉讼法〉的解释》（2020年修正）

第六章 请求变更公司登记纠纷

【宋和顾释义】

> 请求变更公司登记纠纷,是指当公司股东姓名或名称、出资额、法定代表人等公司登记事项发生变更时,公司、股东等怠于履行或不配合履行变更登记义务所导致的纠纷。
>
> 实践中,请求变更公司登记纠纷主要包括了如下两种常见情形:
>
> (1)股权转让、公司增资等导致公司股权结构变动的,公司、转让人等怠于变更公司股东的工商登记;
>
> (2)公司作出董事、执行董事、法定代表人变更决议后,原公司控制人拒不履行决议办理变更登记。
>
> 值得注意的是,实践中权利人在面对上述纠纷时,经常选择通过起诉工商行政管理机关的行政诉讼来保障权益。但行政诉讼在适用及效果上均有较大的局限性,司法实践中也存在着相当多的争议。因此本章也将就此问题展开论述。
>
> 另外,实践中对于股东资格确认诉讼与请求变更公司登记纠纷常容易混淆,两者的区别在于请求权的基础不同:
>
> 股东资格确认诉讼属于确权纠纷,其以事实股权交付与否、股东名册、工商变更登记与否作为判断是否具备实际股东资格的实质及形式要件。
>
> 请求变更公司登记纠纷则仅仅是因法定工商登记义务而产生的诉讼。
>
> 该案由系《最高人民法院关于修改〈民事案件案由规定〉的决定》(法〔2011〕41号)与公司有关纠纷新增加的四个案由之一。

【关键词】公司登记　行政许可行为　行政确认行为　形式审查　实质审查

❖ **公司登记**：包括公司内部登记及外部登记。公司内部登记即为股东名册、公司章程等由公司内部机构进行的登记[①]，而外部登记则是由公司登记机关对公司情况进行的登记。在我国，公司登记机关为市场监督管理部门。本章所指的公司登记即指公司外部登记，又称工商登记。

依照登记原因的不同，公司的工商登记分为设立登记、变更登记以及注销登记。依照登记内容的不同，工商登记范围包括名称、经营范围、注册资本、实收资本、住所地、法定代表人、公司类型、营业期限、股东或发起人名称、股东所持股权。

同时，公司的章程、章程修正案以及在上述事项发生变化时作出的股东会决议，也应当交由工商部门备案登记。

❖ **行政许可行为**：指行政机关根据相对方的申请，经依法审查，通过颁发许可证、执照等形式，赋予或确认相对方从事某种活动的法律资格或法律权利的一种具体行政行为。

❖ **行政确认行为**：指行政机关和法定授权的组织依照法定权限和程序对有关法律事实进行甄别，通过确定、证明等方式决定管理相对人某种法律地位的行政行为。

❖ **形式审查**：指由申请人对所提交材料的真实性负责。登记机关只是对申请人提交的材料是否齐全、形式是否合法进行审查。只要符合了这两个条件，登记机关就应予以登记。

❖ **实质审查**：指在形式审查基础上，对申请登记单位是否具备登记条件，申请登记事项是否属实，提交的文件、证件是否真实、有效、合法、完整，是否符合国家法律、法规和政策规定等进行审查。

第一节 立 案

361. 如何确定请求变更公司登记纠纷的诉讼当事人？

原告为对工商登记持有异议的当事人，应以公司为被告，以不履行配合义务的当事人作为共同被告，以或有利害关系的股东、董事、高级管理人员等为第三人。

362. 请求变更公司登记纠纷由何地法院管辖？

应当由公司住所地人民法院管辖。

[①] 详见本书第五章股东名册记载纠纷。

公司的住所地是指公司的主要办事机构所在地,主要办事机构所在地不能确定的,以公司登记地为住所地。

当然,原告需要举证公司的主要办事机构所在地。实践中,最可直接作为证据的材料即为以公司为承租人的主要办事机构所在地的房屋租赁合同与主要办事机构所在地房屋的产权证明。

363. 在提起请求"变更公司登记"诉讼前或在诉讼过程中,系争股权已被冻结或变更登记至第三人名下或受到第三人权利限制的,对该诉讼有何影响?

根据股权登记的公示效力,第三人可以当然地将系争股权作为股权转让方的财产,从而与转让方签订股权转让协议并完成变更登记,或者对系争股权依法申请法院执行等。此时,主张变更登记的当事人的诉讼请求将难以得到法院支持,其只能向股权原所有人主张违约责任或损害赔偿责任。

【案例186】诉争股权被冻结　无法判决办理变更登记[①]

原告: 大康公司

被告: 拍卖公司、典当公司

诉讼请求: 判令二被告依法为原告与被告拍卖公司之间的股权转让事项履行报批和工商变更登记手续。

争议焦点:

1. 根据原告与被告拍卖公司签订《股权转让协议》,被告拍卖公司是否有配合办理向省级商务主管部门申请批准并变更被告典当公司工商注册登记等事项的义务;

2. 被告典当公司中51%股权已被法院采取司法冻结措施,原告是否还能要求被告拍卖公司配合办理工商变更登记手续。

基本案情:

2006年11月15日,原告与被告拍卖公司签订《股权转让协议》1份,约定被告拍卖公司将所持有的被告典当公司51%股权中25%的股权转让给原告,转让价格为250万元人民币。

协议签订后,原告遂于签约当日向被告拍卖公司支付股权转让款250万元。为此,被告拍卖公司向原告开具了收据。

同日,原告与被告拍卖公司召开会议确定由原告派出2人担任被告典当公司

---

① 参见上海市第二中级人民法院(2010)沪二中民四(商)终字第853号民事判决书。

的董事和监事,但事后各方未就上述股权转让事项向工商部门申请办理相应的股权变更登记手续。

2008年9月20日,因另案诉讼,上海市黄浦区人民法院作出裁定将被执行人(被告拍卖公司)所持被告典当公司51%股权交有关单位予以拍卖或变卖。

2008年12月26日,上海市闸北区人民法院向被告典当公司的注册所在地工商局发出协助执行通知,要求查封被执行人、本案被告拍卖公司所持被告典当公司股权中的24万元股权价值部分,并对其余股权作股权价值为26万元的轮候查封。

为此,原告曾向法院提起另案诉讼,请求确认原告为被告典当公司的股东。

2009年1月9日,上海市黄浦区人民法院作出民事判决,确认原告与被告拍卖公司之间的股权转让行为成立。但双方之间的股权转让行为依法尚应经省级商务主管部门的批准,故双方之间的股权协议依法还未成就生效条件。

据此,法院最终判决驳回了原告的诉讼请求。

原告诉称:

本案所涉及的股权转让事实发生在2006年11月15日,当时相关各方对于该股权行为所引发的被告典当公司股东和对应股权变更事实并未产生任何争议,故相关股权转让协议应为自愿、合法。

在双方《股权转让协议》签订后,原告已及时全额支付了股权受让款并委派两名人员分别担任被告典当公司的董事和监事。事实上已以被告典当公司的股东身份参与了公司的日常经营管理,故双方之间的《股权转让协议》实际已发生法律效力,原告依法应被确认为被告典当公司的股东并享有相应股权。但被告怠于履行工商变更登记义务,损害了原告的股东权益。

被告均辩称:

对于原告与被告拍卖公司之间所签订的股权转让协议,经上海市黄浦区人民法院作出的生效民事判决认定协议依法尚应经省级主管部门的批准,因此还未成就生效条件。据此,原告依法还未成为被告典当公司的股东。且事实上,原告与被告拍卖公司就双方所协议转让的股权,实际也未完成相应的股权变更登记手续。

此外,由于被告拍卖公司对外存在未了结诉讼债务,导致被告拍卖公司所持被告典当公司全部股权被相关法院采取了司法冻结措施。故客观上,被告典当公司现也无法为双方的股权转让事项履行报批和工商变更登记手续。

因此,原告可另行通过要求被告拍卖公司返还股权款及承担违约责任的诉讼来维护自身权益。

律师观点:

1. 被告典当公司有义务办理行政审批及工商变更登记。

本案所涉被告典当公司的股权转让成立,但依据《典当管理办法》的相关规定,被告典当公司对外转让股权50%以下的应当经省级商务主管部门批准。被告典当公司作为股权转让标的公司,有义务向省级商务主管部门申请批准并办理变更工商注册登记等事项,并将原告记载于公司的股东名册,使原告得以获得股东身份和行使股东权利。

2. 诉争股权因另涉案件被冻结,无法办理股权转让的审批及变更事项。

现由于被告拍卖公司涉及其他诉讼案件,致使其在被告典当公司中的51%股权已被法院采取司法冻结措施,进而导致被告拍卖公司的其他债权人对原告受让的还未经工商变更登记的被告拍卖公司25%股权主张权利。依据《最高人民法院关于人民法院执行工作若干问题的规定》,被告拍卖公司不得自行转让被冻结的股权,被告典当公司也不得办理被冻结投资权益或股权的转移手续,故本案原告要求被告拍卖公司、被告典当公司办理或协助办理股权转让的批准和变更登记手续的条件不成立。因此,原告的诉讼请求难以得到法院的支持。

法院判决:

驳回原告的诉讼请求。

364. 请求变更公司登记纠纷按照什么标准交纳案件受理费用?

该类案件应当按件收费,受理费用为50~100元。

365. 请求变更公司登记纠纷是否适用诉讼时效?

请求变更公司登记纠纷的请求权并非债权请求权,不受诉讼时效的限制。

【案例187】合同未约定报批时间 受让人可随时主张索赔[①]

原告: 梁某中

被告: 陈某耀、精卓公司

诉讼请求: 判令两被告返还原告18万元人民币及利息。

争议焦点:

1. 在未办理外商投资企业股权转让报批手续的情况下,原告与被告陈某耀之

---

① 参见浙江省杭州市中级人民法院(2009)浙杭商外初字第286号民事判决书。

间的股权转让合同是否成立并且生效，原告是否获得被告精卓公司的股东资格；

2.《股权证明》及原告与被告陈某耀之间的往来电子邮件能否证明原告已经向被告陈某耀支付了股权转让款；

3. 若股权转让合同成立但未生效，被告陈某耀是否应当承担返还股权转让款的责任；

4. 被告陈某耀对于股权转让合同未生效是否存在过错，是否应当承担损害赔偿责任；

5. 被告精卓公司是否应当对损害赔偿承担连带责任；

6. 原告在被告陈某耀出具《股权证明》后6年才要求损害赔偿是否超过诉讼时效。

基本案情：

2000年9月1日，被告精卓公司登记成立，公司类型为外商独资企业，注册资本为62,000美元，被告陈某耀享有100%的股权。

2003年1月20日，被告陈某耀向原告出具《股权证明》，证明原告以18万元的价格从被告陈某耀处受让被告精卓公司30%的股权，上述股权变更未办理批准和登记手续。

2009年8月17日，原告就股权问题通过电子邮件向被告陈某耀提出若干方案，催告被告办理相关审批手续。2009年8月25日，被告陈某耀对原告提出的方案进行回复。后双方未能协商一致。

原告诉称：

原告出资受让被告陈某耀的股权后，被告陈某耀作为出让人应当积极履行合同，使股权转让尽快获得有关部门的批准，并办理相关的登记手续。然而被告陈某耀急于履行合同报批义务，在原告要求的情况下仍借故推托，致使原告出资后无法得到相应股东地位，股东权利落空。

被告精卓公司作为被投资的企业，已认可被告陈某耀将股权转让给原告，其有义务向有关部门申请办理相关批准和登记手续，然而其也未予以办理。故被告精卓公司对原告投资后未能取得股东权利存在重大过错，对原告损失应承担连带赔偿责任。

被告均辩称：

《股权证明》出具后，被告陈某耀没有收到原告支付的任何股权转让款，双方也未达成书面股权转让合同，更未依据外商投资企业股权变更的相关规定向审批机关及工商行政管理部门办理报批及变更登记手续。最重要的是，本案所涉纠纷为外商投资企业的股权转让。根据外商投资企业相关法律法规对股权转让的规定,原告当时就应当清楚知道由于未履行报批程序,故其并未成为被告精卓公司的股东。

此外,现距 2003 年 1 月出具《股权证明》已长达 6 年多时间。根据《民法通则》的相关规定,原告提出的损失赔偿请求权已明显超过了诉讼时效期间。

综上,原告起诉无事实、法律依据,请求法院依法驳回原告的诉讼请求。

律师观点:

1. 关于股权转让合同的效力

从原告提供的《股权证明》来看,原告和被告陈某耀之间就原告出资 18 万元人民币、受让被告精卓公司 30% 股权的事项达成了合意,涉案合同依法成立。按照《合同法》相关规定,依法成立的合同自成立时生效,法律、行政法规规定应当办理批准、登记等手续生效的,依照其规定。①

被告精卓公司系外商独资企业,按照《外资企业法》及实施细则的相关规定,其重要事项变更包括注册资本的转让等须经审批机关批准,并向工商行政管理机关办理变更登记手续。在本案中,股权转让行为并未能办理相关的批准,故涉案合同成立但未生效。

2. 关于被告是否应当向原告返还股权转让款

合同未生效的,因该合同所取得的财产,应当予以返还。有过错的一方应当赔偿对方因此所受到的损失;双方都有过错的,应当各自承担相应的责任。在本案中,被告陈某耀应当向原告返还股权转让款 18 万元人民币。至于被告陈某耀抗辩称原告并未实际支付过 18 万元人民币的股权转让款。由于无论从《股权证明》的内容,还是从双方的往来邮件,均足以证明原告向被告陈某耀支付过相应股权转让款,被告陈某耀的抗辩意见既缺乏相应证据予以佐证,也不符合日常生活经验,不应予以采信。

3. 关于被告陈某耀是否应当向原告赔偿损失,被告精卓公司是否应当承担连带责任

至于损失,被告陈某耀未能在合理期限内办理审批登记手续的行为有违诚实信用原则,具有过错,应就其受领的股权转让款向原告赔偿以同期银行贷款利率计算的利息损失。

对于原告要求被告精卓公司承担连带责任的诉讼请求,被告精卓公司并非股

---

① 现为《民法典》第 502 条相关内容。

权转让合同的当事人,原告要求其承担连带责任,缺乏事实和法律依据。

4. 关于原告要求被告承担损害赔偿责任是否已过诉讼时效

按照《民法通则》相关规定,诉讼时效期间从知道或者应当知道权利被侵害时起计算。① 本案中,原告和被告陈某耀对办理股权变更手续的时间并未作出约定,原告可以随时向被告陈某耀要求办理报批及股权变更手续以促使涉案合同发生法律效力。只有在涉案合同确定不发生法律效力的情况下,原告才知道或者应当知道其权利受到侵害,从而向被告陈某耀主张相应的民事责任。也就是说,对于原告的债权请求权而言,直至本案诉讼前,诉讼时效期间并未开始起算,也就不存在超过诉讼时效期间的问题。

法院判决:

被告陈某耀向原告返还股权转让款18万元人民币并赔偿利息损失。

366. 法院判决增加或变更股东名册记载后,或请求变更登记纠纷诉讼胜诉后,被告拒不执行生效判决、裁定时,原告应如何救济?

变更公司登记诉讼请求获法院支持后,公司或其他负有义务的人不配合进行工商登记时,原告可向法院提出申请,由人民法院向公司登记机关发出协助执行通知书,持判决书至市场监督管理部门办理登记事宜。

股东名册变更的义务履行人因仅能为公司,其地位是不可替代的,所以人民法院将适用间接强制执行,即对公司的直接负责人(一般为法定代表人)依照妨害执行的行为进行处理,包括对其予以罚款、拘留。其中对于罚款的数额,对个人为10万元以下,对单位为5万元以上100万元以下,而对于拘留则不超过15天。

如果被执行人在罚款或拘留后仍拒不配合执行的,可以依照拒不执行判决、裁定罪追究其刑事责任。

第二节　请求变更公司登记纠纷的裁判标准

一、对拒不履行公司登记义务的救济

367. 公司或他人拒不履行工商变更登记义务,原告可以采取哪些救济措施?

救济方式有两种:

---

① 现为《民法典》第188条相关内容。现规定诉讼时效期间自权利人知道或应当知道权利受到损害以及义务人之日起计算。

(1) 诉讼手段。受让人可向人民法院提起诉讼,以公司为被告,以不协助办理变更登记的当事人作为第三人或共同被告,要求办理变更登记手续。

(2) 行政手段。受让人可以向市场监督管理部门举报公司的不作为行为,市场监督管理部门发现该违法事项后,可责令公司在一定期限内办理变更登记;逾期不登记的,可对公司处以1万元至10万元的罚款,情节严重的,吊销营业执照。

368. 当事人可否通过行政诉讼的方式,主张撤销或变更公司工商登记?

如市场监督管理部门对于公司登记的形式要件审查有误,或依据常人的一般识别能力对伪造的股东、法定代表人等签字、盖章未能加以鉴别的,当事人可通过行政诉讼方式主张撤销或变更公司登记。但除上述情况以外的,行政诉讼将难以获得法院支持。

【案例188】工商登记仅作形式审查　请求撤销行政行为被驳回[①]

原告: 吴某彬

被告: 鄞州区工商局

第三人: 七重天公司、章某军、章某

诉讼请求:

1. 撤销被告于2006年3月27日核准第三人七重天公司股权变更登记行为;

2. 判令被告恢复原告为第三人七重天公司法定代表人、股东,持有该公司60%股权,并重新核发营业执照。

争议焦点:

1. 工商部门针对公司法定代表人及股东变更登记应采用形式审查标准还是实质审查标准;

2. 第三人七重天公司申请资料中的"吴某彬"签名真实与否是否属于形式审查范围。

基本案情:

第三人七重天公司于2002年3月21日经被告核准登记,注册资本1000万元,原股东为第三人章某军、第三人章某。其中,第三人章某军出资900万元,占90%股权,第三人章某出资100万元,占10%股权。

原告于2005年5月19日通过股权转让协议从第三人章某军处取得第三人七重天公司50%股权,从第三人章某处取得第三人七重天公司10%股权,并担任

---

① 参见浙江省宁波市中级人民法院(2007)甬行终字第165号行政判决书。

第三人七重天公司的法定代表人。第三人章某军另40%股权转让给案外人胡某远。第三人七重天公司股东由第三人章某军、第三人章某两人变更为原告与案外人胡某远。

2005年5月23日,第三人七重天公司向被告申请了上述股东、法定代表人工商变更登记,被告依法予以核准。

原告、案外人胡某远于2005年5月23日从第三人章某军、第三人章某处受让股权,经工商登记变更为股东、法定代表人后,因未实际付清转让款,对公司未实际进行接管。对公司公章由谁保管,法人营业执照正、副本被收缴、变更之事一概不知。另一股东案外人胡某远在股份转让协议、股东会决议上的签名系其本人所签,且认可已退回其支付的转让款。

事实上,第三人章某军、第三人章某与原告、案外人胡某远之间系进行房地产项目转让,双方另行签订了股权转让合同,约定转让款为8400万元人民币。合同规定了分期付款的期限和条件。但原告仅支付了1000多万元,余款经第三人多次催讨未支付。后原告与案外人胡某远同意将股权再退回第三人。原告将身份证复印件签名后交给第三人章某,由第三人章某回来后在股东会决议、股份转让协议上代签了原告的名字。

2006年3月27日,第三人七重天公司持加盖第三人七重天公司公章、拟定法定代表人签署的公司变更登记申请书、由第三人章某代原告签署的关于股权转让的股东会会议决议、股份转让协议、按股东会决议修改后的章程、股东名录、新股东身份资格证明、公司法定代表人登记表等材料,由第三人七重天公司加盖公章委托案外人麻某东向被告申请办理股权、法定代表人、经营范围等变更手续。被告依法进行了审查,认为申请材料齐全,符合法定形式,作出了准予变更登记的决定。

原告诉称:

原告从未自行或委托他人赴被告处办理股权转让及法定代表人变更事宜。

2006年年底,原告在被告处查阅公司基本情况登记资料时,发现原告的第三人七重天公司股东身份及持有的该公司60%的股份已被更改为第三人章某军、第三人章某所有,法定代表人也变更为第三人章某军。

原告确信现留于被告档案中自2006年3月19日以后的"吴某彬"签名均系伪造。被告未按有关程序规定,在没有原告本人到场、没有原告授权委托书、没有原告身份证明文件,更没有原告本人签名的情况下,准予变更第三人七重天公司关于原告的法定代表人、股东及股权的工商登记,违反了法律相关规定。

股权变更登记涉及千万资产,原告不可能不慎重对待。被告仅凭第三人章某持有经原告签字的身份证复印件,就认定原告同意将拥有的第三人七重天公司股权退回给第三人章某军、第三人章某。

公司的法定代表人是代表企业法人根据章程行使职权的签字人,登记在册是必需条件。申请公司股权、法定代表人变更登记,申请书应由登记在册的原法定代表人签署。被告忽略原告的权利,接受拟任的"法定代表人"第三人章某军签署的《变更登记申请书》,违背了法律设置法定代表人意在宣示公司签字人、保障公司相对人识别公司行为的基本目的,显属不当。

公司变更登记行为赋予登记事项公示、公信的效力,其对公司股东、公司相对人的利益有着直接、重大的影响。公司登记机关应当审慎对待变更登记,对申请资料进行实质审查。被诉变更登记行为是在第三人章某军、第三人章某提供假冒原告签名的情况下作出的,属于《公司登记管理条例》第69条①规定的"提交虚假材料……欺诈手段隐瞒重要事实,取得公司登记"的情形,依照《行政许可法》第69条第2款、《企业登记程序规定》②第17条的规定,此项行政许可行为应当予以撤销。

原告向被告提交"要求更正第三人七重天公司股东工商登记的申请",提醒被告应当依法纠正错误,但被告拒绝更正,属行政不作为。

被告辩称:

变更公司法定代表人是公司内部行为,变更登记只是确认而已。申请公司变更登记是公司的行为,申请人是公司。第三人七重天公司提交的变更登记申请书上,有公司新任法定代表人第三人章某军的签名,申请意思明确,被告接受申请并无错误。

原告认为股权登记应当适用《行政许可法》,没有法律依据。公司登记管理机关对公司涉及股东、法定代表人的变更申请事项进行的审查是形式审查。原告要求被告进行实质审查,与依法行政原则不符,不应予以支持。

申请公司变更登记的主体是公司,被告提交"要求更正七重天公司股东工商登记的申请",不是公司行为,被告不予更正,没有错误。

综上,对第三人七重天公司提交的各项申请材料,被告依法进行了审查,认为申请材料齐全,符合法定形式,作出了准予变更登记的决定。核准第三人七重天

---

① 现为《市场主体登记管理条例》第40条相关内容。
② 《企业登记程序规定》已于2020年7月13日起失效。

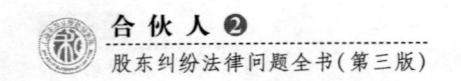

公司申请办理法定代表人及股东变更登记手续齐备,程序合法,适用法律、行政法规准确,故请求法院依法驳回原告的诉讼请求。

第三人均述称:

第三人章某军、第三人章某与原告、案外人胡某远之间在股权转让合同中约定了分期付款的期限和条件,而实际上原告仅支付了 1000 多万元。后原告同意将股权退回,股权退回磋商期间和股权退回之后,第三人章某军、第三人章某已分数次向被告支付了大部分的转让款。原告接受款项没有提出异议,说明退回股权是原告的真实意思表示。其他意见与被告相同。

律师观点:

1. 工商变更登记行为属于行政确认行为。

行政登记行为的性质包括行政许可行为和行政确认行为两种。行政许可是为相对人创设权利和义务的行为。行政许可性质的行政登记是设权行为。工商登记中的企业法人设立登记属于行政许可性质的行政登记。根据《行政许可法》的有关规定,行政机关对属于行政许可登记事项的审查应采用实质审查。行政确认性质的行政登记是对既有法律关系的记载和加强,使原有的法律关系产生相应的公示公信效力。《公司法》第 32 条规定,有限责任公司应当置备股东名册,记载于股东名册的股东,可以依股东名册主张股东权利。登记事项发生变更的,应当办理变更登记,未变更登记的,不得对抗第三人。可见,股权变更工商登记是一种对当事人股权变更事实的确认,属于证权性行为。

2. 工商部门针对公司法定代表人及股东变更登记使用形式审查标准。

《公司法》《公司登记管理条例》等法律、法规并未对公司登记的审查方式作出明确规定。① 因此,在实践中,工商行政管理机关应采用何种方式对公司登记事项进行审查,争议较大。但是根据《行政许可法》的有关规定,行政机关对属于行政许可登记事项的审查应采用实质性审查,所以,工商登记机关对企业法人设立、撤销登记应采用实质性审查。

由于行政确认行为是行政机关依相对人申请而实施的行政行为,法律为该具体行政行为设定了详细、具体、明确的条件和方式等,行政机关必须依照法定的条件和方式作出,完全不享有自由裁量权。这就决定了行政机关在办理行政确认登记申请时,只负形式审查的义务。行政机关的职责在于审查申请人是否依法提交

---

① 《市场主体登记管理条例》已于 2022 年 3 月 1 日起生效,其中第 19 条已明确规定登记机关应当对申请材料进行形式审查。

了申请登记所需的全部材料,申请登记事项有无违反法律的禁止性或限制性规定,申请材料的内容之间是否一致等。只要申请人提交的申请材料符合法律规定,登记机关即应该依法予以登记。至于申请人申请登记的民事法律关系状态在实质上是否真实、合法、有效,则不在登记机关进行行政确认的审查范围之内。简言之,"形式合法"属于登记机关行政确认的形式审查职责范围,对申请资料真实性这一法律基础,依法应由申请人负责。

在本案中,被告对第三人七重天公司提交的要求变更其股东、法定代表人的公司变更申请书及其相关材料有理由相信是真实的,其依形式要件规定审查后准予变更登记,符合法律规定。

3. 第三人七重天公司所提供的变更登记材料是否符合法律规定。

根据第三人七重天公司提交的申请资料记载,第三人章某军作为股权受让方出席第三人七重天公司的股东会并被选举为执行董事,说明第三人章某军已经成为第三人七重天公司的法定代表人。第三人章某军以法定代表人名义签署公司变更登记申请书并不违反法律规定。

《公司登记管理条例》第2条第2款①规定,"申请办理公司登记,申请人应当对申请文件、材料的真实性负责"。可见,公司登记机关对公司登记申请,原则上是采用形式审查方式。申请资料中的"吴某彬"签名是否真实,不属于办理变更登记行为时被告应当予以审查的对象。

但是,法院审理行政确认案件所遵循形式审查的标准是相对于行政登记机关在依法为登记行为时而言,相对于当事人而言,不应因为登记机关形式审查是真实的、合法的,从而认定基础性民事行为是真实的、合法的。在当事人之间,仍应进行实质性审查。

本案中,第三人七重天公司提交的公司变更登记申请相关材料中"吴某彬"签字系伪造,是否足以导致转让行为无效,这种基础性民事行为是否真实、合法,应由民事审判庭进行审查。双方当事人可以另行通过民事诉讼予以解决。

此外,申请公司变更登记是公司的行为,法律、法规并没有要求还需其他相关当事人到场。原告认为被告核准变更登记没有要求原告等人到场,违反法定程序,无法律依据。

---

① 现为《市场主体登记管理条例》第17条相关内容。第17条规定:"申请人应当对提交材料的真实性、合法性和有效性负责。"

法院判决：

驳回原告的诉讼请求。

【案例189】假公章导致股权转让无效 "转让人"成功撤销工商登记[①]

原告：伟业公司

被告：钟某成

第三人：海马公司

诉讼请求：

1. 确认2008年9月1日签订的以原告名义将第三人32%股权转让给被告的股权转让协议无效；

2. 判令被告及第三人向工商登记机关办理申请撤销股权变更登记的手续，将原告持有的第三人32%股权恢复登记至原告名下。

争议焦点：

1. 2008年9月1日第三人股东会决议及股权转让协议上原告的印章是否真实；

2. 原告是否能以股权转让协议上印章非其真实印章为由，向法院要求确认该协议无效。

基本案情：

2001年第三人成立。公司注册资本1000万元。工商登记原记载股东为案外人张某、邵某阁、被告、原告。其中记载被告出资613万元，占注册资本的61.3%，原告出资320万元，占注册资本的32%。

2008年9月，第三人向北京市工商行政管理局提交了股权转让变更登记申请。在其提供的材料中，包括1份2008年9月1日原告与被告签订的股权转让协议书，其中记载：(1)原告同意将所持有的第三人的320万元股权(货币)占注册资本的32%全部转让给被告。(2)被告同意接收原告转让的全部股权，并以其出资额为限对公司承担相应的责任，此协议从签字之日起生效。

该股权转让协议书转让人签字处有原告的盖章。根据在工商部门备案的2008年9月1日第三人股东会决议记载，第三人全体股东同意原告转让其在公司的全部股份。该股东会决议上有原告的盖章，也有其他3名股东的签章。但在案件审理过程中，经鉴定股东会决议上的盖章并非原告的真实印章。

[①] 参见北京市大兴区人民法院(2010)大民初字第10425号民事判决书。

原告诉称：

2008年9月1日，在原告未参加股东会且不知情的情况下，原告名下持有的第三人的股权被人以假冒原告盖章的形式非法转让给了被告，并由第三人向北京市工商行政管理局大兴分局办理了股权变更登记手续。这一行为严重侵害了原告的利益。

被告辩称：

原告主张的两项诉讼请求是不同的法律关系，不应在本案中一并提出，且股权转让协议书上原告的盖章真实有效，故请求驳回原告的诉讼请求。

第三人的陈述意见与被告一致。

律师观点：

合同系双方法律行为，需各方当事人真实意思表示一致。若一方在意思表示方面存在瑕疵，便会对合同的效力产生影响。由于经鉴定确认2008年9月1日《股权转让协议》上原告的印章不是原告的真实印章，且原告对该《股权转让协议》不予认可，故该《股权转让协议》并非原告的真实意思表示，该份《股权转让协议》应属无效。故原告伟业公司的诉讼请求符合客观事实及法律规定，应予以支持。

法院判决：

1. 确认第三人在北京市工商行政管理局大兴分局备案的2008年9月1日以原告名义将其持有的第三人32%的股权转让给被告的《股权转让协议》无效；

2. 被告及第三人向北京市工商行政管理局大兴分局办理撤销依据判决第1项所述股权转让协议办理的股权变更登记手续，将原告持有的32%的股权恢复登记至原告名下。

二、请求变更公司登记纠纷的裁判标准

369. 公司实际出资人主张公司变更工商登记其为公司股东，是否必须先行提起股东资格确认诉讼？

法律对此并无明确规定。

笔者建议，如果需要变更的工商登记内容所对应的事实比较清晰，如股东会决议合法的变更法定代表人或股权转让合同支付完毕全部价款时，当事人完全可以直接提起请求变更公司登记诉讼。但是，如果工商登记所对应的事实尚存在较大争议，则建议当事人先行提起股东资格确认诉讼，同时一并提

出变更公司登记的诉讼请求,争取法院对两项内容一并审理提高效率,降低诉讼成本。

事实上,请求公司变更工商登记或是请求公司变更股东名册,皆为股东资格确认后的法定义务。如果在提起请求变更公司登记纠纷或股东名册记载纠纷前都必须通过股东资格确认诉讼,则将大大增加司法成本,并增加当事人的诉讼成本。实践中,由于法律并无明文规定,因此各地做法不一,我们需耐心等待立法对此加以规范。

370. 通过诉讼主张公司变更登记需要证明哪些事项?

提起请求变更登记诉讼应当举证证明下列事实:

(1)存在明确的法律事实。如公司股权转让、公司法定代表人变更、公司实收资本增加等。

(2)法律事实本身不存在重大争议。如股权转让已经通过了完整的法定程序并支付了全部款项,公司实收资本的增加经过银行验资,公司法定代表人的变更通过股东会决议等。

(3)公司或其他负有义务的人拒不履行或怠于履行工商登记义务。

【案例190】股权转让判决无效　工商登记应恢复原状[①]

原告:郑某雅

被告:方正公司

第三人:冯某良、张某红、博雅公司

诉讼请求:

1. 判令被告向北京市工商行政管理局申请办理变更股权登记,恢复第三人博雅公司在被告方正公司享有的87.5%股权;

2. 3位第三人对前述请求具有协助义务。

争议焦点:

1. 第三人博雅公司对被告出资资金的来源是否影响其成为被告的股东;

2. 第三人博雅公司与第三人冯某良之间的代持股关系是否属于本案法院审查的范围;

3. 法院作出股份转让协议无效的生效判决后,被告及第三人是否应当履行恢复工商变更登记的义务。

---

① 参见北京市大兴区人民法院(2009)大民初字第10052号民事判决书。

基本案情：

被告于2000年7月27日成立，注册资本为1000万元。第三人冯某良系被告股东，担任董事长职务。

第三人博雅公司于2003年4月1日成立，注册资本50万元。原告占博雅公司20%股权，第三人张某红占博雅公司80%股权。

2004年4月18日，第三人冯某良经与被告其他股东协商后欲将公司注册资本增加3000万元，遂与第三人博雅公司签订协议书，约定：

1. 第三人冯某良向第三人博雅公司账户拨入3000万元，该款以第三人博雅公司的名义投入被告；

2. 第三人博雅公司作为被告的挂名股东投入的3000万元，第三人冯某良可随时要求过户到自己或其指定的单位和个人的名下；

3. 第三人博雅公司不因上述原因在被告享有任何权利和承担任何义务。

协议签订后，2004年4月22日，第三人冯某良以被告的名义向案外人春光公司借款3000万元，并委托案外人春光公司将该借款以银行转账方式转入第三人博雅公司的账户。

2004年4月27日，第三人博雅公司将该3000万元以银行转账方式转入被告的验资账户。被告在工商行政部门的增资手续完成后，该3000万元已于2004年8月29日由被告偿还给案外人春光公司。

2005年3月25日，被告与案外人康特尔公司签订委托书，内容为，被告向案外人康特尔公司借款4000万元，并委托案外人康特尔公司将该借款以银行转账方式转入第三人博雅公司的账户。

2005年4月8日，案外人康特尔公司将该借款4000万元以银行转账方式转入第三人博雅公司账户。同日，第三人博雅公司又以银行转账方式将该4000万元转入被告的增资账户。

2005年4月12日，被告在工商行政机关办理完毕4000万元的增资登记手续后，该款由被告验资账户转入被告的基本账户。同日，被告将4000万元以银行转账方式转入第三人博雅公司账户，后由第三人博雅公司偿还给案外人康特尔公司。

被告进行上述两次增资后其工商登记的注册资本由原1000万元变更为8000万元，第三人博雅公司工商登记出资7000万元，占被告股权的87.5%（见图6-1）。

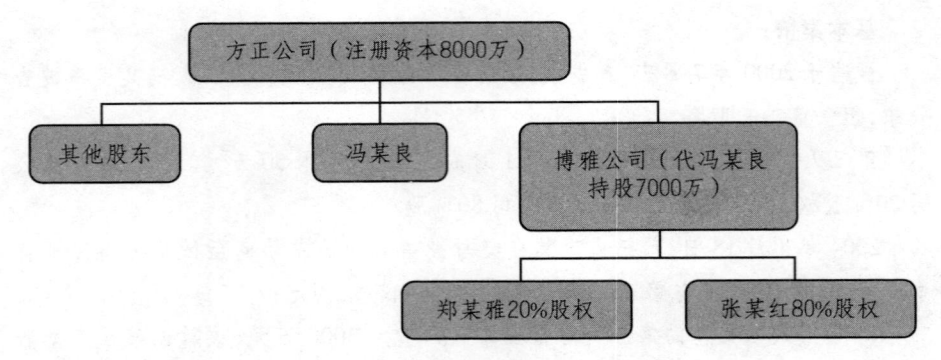

```
方正公司（注册资本8000万）
├── 其他股东
├── 冯某良
└── 博雅公司（代冯某良持股7000万）
    ├── 郑某雅20%股权
    └── 张某红80%股权
```

图6-1 方正公司股权结构示意

2006年6月12日,第三人博雅公司在未召开股东会议且未通知原告的情况下与第三人张某红、第三人冯某良签订股份转让协议书,将其占有被告87.5%的股权7000万元,分别转让给第三人张某红1000万元、第三人冯某良6000万元,并在工商行政管理机关变更了登记手续。

此外,原告曾向北京市大兴区人民法院起诉,要求确认2006年6月12日第三人博雅公司与第三人张某红、冯某良签订的股份转让协议书无效。北京市大兴区人民法院于2008年8月7日作出了判决,确认前述股权转让协议无效。二审维持了一审判决,确认2006年6月12日第三人博雅公司与第三人张某红、冯某良签订的股权转让协议无效。

原告诉称:

2006年6月12日,第三人张某红利用掌管第三人博雅公司的印章、证照的便利,在未经召开股东会议、也未通知原告的情况下,将第三人博雅公司对被告所享有的7000万元股权(股权比例为87.5%)分别转让给第三人张某红和第三人冯某良,并向工商部门进行了变更。第三人博雅公司分别与第三人张某红和第三人冯某良签订的股权转让协议严重侵害了原告的合法权益。原告曾起诉至北京市大兴区人民法院,法院判决确认前述股权转让协议无效,且该判决现已生效。

根据《公司法》(2005年修订)第33条的规定,公司应当将股东的姓名或者名称及其出资额向公司登记机关登记;登记事项发生变更的,应当办理变更登记。现被告发生股东变更,应向公司登记机关申请变更登记。但被告拒不进行工商变更,3名第三人也拒不履行协助义务。

被告辩称:

被告的股东应该是第三人冯某良,第三人博雅公司根本没有对被告进行过任何投资,根本不实际享有被告87.5%的股权。现在原告要求被告恢复第三人博雅公司在被告享有的股权与事实不符。此外,被告在进行股权转让的过程中,已经召开了股东会。被告在公司内部所进行的股权转让是合法有效的。

第三人博雅公司述称:

第三人博雅公司没有向被告实际投资。第三人冯某良以第三人博雅公司的名义,向被告进行了投资,第三人博雅公司不享有任何权利。原告要求冯某良返还第三人博雅公司股权没有依据。另民事判决书虽然认定了第三人博雅公司与第三人张某红、第三人冯某良签订的股权转让协议无效,但是这是程序上的无效,是可以弥补的,并不是所有无效的都需返还。被告目前的工商股权登记情况才是实事求是的。

第三人张某红、第三人冯某良同意被告和第三人博雅公司的答辩意见。

律师观点:

1. 被告增资款项的来源不影响第三人博雅公司的股东地位。

本案所涉被告7000万元的增资款系由第三人博雅公司账户转入被告账户。被告增资后经工商注册登记,第三人博雅公司成为被告的股东,占有被告87.5%的股权。至于该增资款项博雅公司是从何处、通过何种方式筹措以及是否归还、如何归还,在法律上并不影响对第三人博雅公司作为被告股东地位的认定。

2. 股权转让因未履行相应程序无效,3名第三人应协助恢复工商登记。

第三人博雅公司的股东由第三人张某红和原告2人构成。根据法律规定,公司股东享有参加股东会和参与公司重大决策的权利。第三人博雅公司将其在被告的上述股权转让属于决定公司的经营方针和投资规划的行为,应召开股东会进行决议。然而,第三人张某红在未召开股东会,亦未告知原告的情况下,即由其代表公司与其本人和他人签订股权转让协议,将第三人博雅公司在被告的上述股权转让给其本人和他人,显然侵犯了原告作为公司股东所享有的合法权益。第三人张某红此举系法律所禁止的股东滥用股东权利的行为。

因此,2006年6月12日,第三人博雅公司与第三人张某红、第三人冯某良签订的股权转让协议因违反法律的上述强制性规定而无效,法院也已作出了该股权转让协议无效的生效判决。故根据该股份转让协议作出的工商变更登记行为亦无效。被告应将依据上述股份转让协议变更登记给第三人张某红的1000万元、给第三人冯某良的6000万元恢复登记给第三人博雅公司,3名第三人应履行协助义务。

法院判决:

被告办理工商变更登记,将第三人博雅公司持有的7000万元出资额(股权比例 87.5%)记载于被告的工商登记,第三人博雅公司、第三人张某红、第三人冯某良应履行协助义务。

【案例 191】新股东付清股款忠实履约　法院判决公司办理变更登记①

原告: 能源公司

被告: 五环公司、博达公司

诉讼请求: 判令被告博达公司拥有的被告五环公司 55% 的股权变更登记至原告名下。

争议焦点:

1.《备忘录》能否在原告与被告博达公司之间形成股权转让合同法律关系;

2. 原告是否已支付第二期股权转让款;

3. 原告是否有权要求被告五环公司将系争转让股权变更登记至其名下。

基本案情:

被告五环公司系被告博达公司与案外人明明公司于 1997 年 8 月出资设立的有限责任公司。其中,被告博达公司占股 95%,案外人明明公司占股 5%。被告五环公司的实际经营主要由被告博达公司委派的法定代表人和经营管理人员负责。

2003 年 6 月 3 日,原告、被告博达公司与案外人明明公司共同签订《备忘录》1 份。《备忘录》载明,为进一步扩展被告五环公司的经营规模及促进与各方的合作,被告五环公司股东有意向吸纳原告成为公司股东,由被告博达公司将其所有的被告五环公司 55% 股权作价 200 万元出让给原告,案外人明明公司放弃优先购买权;原告在支付首期股权转让款 50 万元后可派员进入被告五环公司参与经营管理;第二期股权转让款 120 万元在首期转让款交付 3 个月后支付;被告博达公司将在收到第二期股权转让款后将协助办妥有关变更手续,余款 30 万元在股权变更手续办理完毕后支付等。

《备忘录》还约定,将根据管理部门要求订立股权转让合同。被告五环公司在《备忘录》上加盖了公司公章。在上述各方签订《备忘录》之前,原告实际已委派相关人员担任被告五环公司的总经理,并负责被告五环公司日常经营管理。

同年 6 月 20 日,原告向被告博达公司支付 50 万元;9 月 25 日,原告又支付 120 万元。之后,原告参与了被告五环公司的股东会议并收取了被告五环公司的

---

① 潘福仁主编:《股权转让纠纷》,法律出版社 2010 年版,第 206~208 页。

股东年度分红。但因入股事宜等原因一直未办理股权变更登记手续。

原告诉称：

原告已按照约定支付了股权转让款，并实际行使了股东的管理职权，请求法院判令确认原告拥有被告五环公司55%的股权。

被告博达公司辩称：

原告已实际行使股东权利，但其延期支付第二期款项，且目前为止仍未支付余款，构成违约。故请求驳回原告的诉讼请求。

被告五环公司辩称：

股权转让是否履行系股东之间的事情，原告已在公司享有了股东的权利义务，公司不应承担任何法律责任。

律师观点：

1.《备忘录》具有法律效力。

本案中，原告与被告博达公司以《备忘录》的形式针对转让标的、数量、价款、支付方式等条款作出约定，可以认为该《备忘录》确立了原告与被告博达公司之间就股权转让形成的具备法律效力的合同法律关系，且合同合法有效。

2. 被告博达公司有义务协助办理股权转让变更登记事宜。

《公司法》第32条、73条规定，股权依法转让后，应由公司将股权受让人及受让股权记载于股东名册，并由公司就股权转让向公司登记机关办理股权变更登记。因此，被告有义务协助办理股权变更登记事宜。

此外，根据《备忘录》约定，"被告博达公司在收到第二期股权转让款后将协助办妥有关变更手续，余款30万元在股权变更手续办理完毕后支付"。现原告已支付第二期股权转让款，剩余款项将在股权变更手续完成之后支付。原告有权请求被告五环公司将系争转让股权变更登记至其名下，被告博达公司则负有协助之义务。被告博达公司以原告未履行股权转让款支付义务为由提出系争股权不应变更登记的抗辩，该抗辩与能源公司已支付相应股权转让款的事实不相符合。

法院判决：

被告博达公司与五环公司将55%的股权办理工商变更登记至原告名下。

371. 董事在任期内辞职，可否请求公司办理变更登记？

董事在任期内辞职，在不导致董事会成员低于法定人数的情况下，可以请求公司办理变更登记。

【案例192】董事辞职未导致董事会成员低于法定人数　公司应办理变更登记[1]

原告：柳某

被告：百年梦公司

诉讼请求：

1. 确认原告于2016年3月1日辞去被告的董事职务；
2. 被告向工商行政管理部门申请办理原告辞去董事职务的变更登记手续。

争议焦点：

董事在任期内辞职，在不导致董事会成员低于法定人数的情况下，可否请求公司办理变更登记。

基本案情：

2014年11月21日，金能公司与马斯特公司签订《设立有限公司合同》，约定共同创办被告，第25条约定双方委派人员成立董事会，第37条约定马斯特公司应在新公司注册成立后10个工作日内递交技术、知识产权变更至新公司的转移手续等。

2014年12月23日，经被告的股东金能公司与马斯特公司决议，确定被告的董事有金能公司委派的梁某丰、朱某能、陶某存，有马斯特公司委派的原告、周某。同日，两股东签署被告章程，该章程中并未约定董事辞职的程序。

2014年12月25日，被告成立，工商登记的董事为梁某丰、朱某能、陶某存、原告、周某。该董事登记事项至今未发生变更。

2016年4月11日，金能公司向仲裁委员会申请仲裁，要求马斯特公司按约履行以技术、知识产权出资的义务等。马斯特公司提出仲裁反请求，要求解除双方之间订立的《设立有限公司合同》。后仲裁委员会裁决马斯特公司继续按照《设立有限公司合同》的约定向被告履行以技术、知识产权出资的义务。

2016年3月1日，原告发函被告，要求从即日起辞去被告董事职务。

2016年3月1日，周某发函被告，要求从即日起辞去被告董事职务。

2016年3月9日，被告董事会回函原告，声称：查阅公司2014年12月23日的股东会决议，公司董事会有5名董事，但此前梁某丰董事已离职，不再履行董事一职，故实际董事为4人，现原告与周某董事辞去董事职务，将导致公司董事会成员人数低于法定人数，故认为原告辞去董事职务不符合《公司法》的相关规定，要

---

[1] 参见江苏省无锡市中级人民法院(2017)苏02民终5346号民事判决书。

求原告继续履行董事职务。

2016年3月15日,原告再次发函被告,声称其辞去董事职务并不导致被告董事会成员低于法定人数,故表示已经辞任董事职务,无须再履行董事职务。

2016年6月7日,原告、周某发函被告,要求被告出示梁某丰已经辞去董事职务的书面材料,且表示如果梁某丰已经辞去董事职务,将由周某按照《公司法》第45条的规定履行董事职务直至新任董事补选完成,与原告无关。

2016年7月7日,原告、周某发函被告,表示因截至2016年7月7日梁某丰在被告的工商登记信息中仍为董事,故要求被告5日内办理原告、周某辞去董事职务的工商变更登记。

原告诉称:

1. 2014年12月25日,金能公司与马斯特公司合作设立了被告,约定金能公司以货币出资,马斯特公司以技术出资。马斯特公司委派原告担任被告的董事。2016年3月1日,原告向被告提出解除劳动关系和辞去董事职务。后又数次向被告发函确认解除劳动关系和辞去董事职务的事实,并要求被告向工商行政管理部门申请办理其辞去董事职务的变更登记手续。原告辞去董事的行为,无须第三方批准,且不会导致被告董事会人数低于法定人数,业已生效。

2. 被告自设立以来,金能公司作为大股东未能按照约定提供公司发展所需要的资金,导致被告发展生产所需的基本条件未得到满足,长期不能正常运行,且两股东金能公司与马斯特公司之间发生多次重大意见分歧,甚至对簿公堂,被告百年梦公司经营发生严重困难,已陷入僵局。原告原为马斯特公司委派至被告的董事,现因金能公司与马斯特公司之间的矛盾,被金能公司控制的被告拒绝为原告办理辞去董事职务的工商变更登记手续,其行为已经侵犯了原告的合法权益。

被告辩称:

1. 原告于2016年3月1日单方发函辞去董事职务属于违约行为。

因为马斯特公司名下并没有登记相关专利技术,该公司的相关知识产权及技术全部来自原告本人,同时原告是该公司的法定代表人,所以就相关技术及知识产权而言,马斯特公司与原告本人混同。金能公司是基于马斯特公司及原告的相关技术优势与马斯特公司签订《设立有限公司合同》的,约定马斯特公司负责出技术、金能公司负责出资共同组建新公司,且该合同第25条约定各派董事组成董事会,事后,依据此约定及股东会决议由原告担任被告董事,担任董事既有权利也有义务,担任董事就是履行合同约定的义务。因履行《设立有限公司合同》,双方曾提起仲裁,马斯特公司的解除合同请求未获得支持,仲裁庭支持了金能公司继续履行合同的申请,原告担任被告董事属于履行生效裁决。

2. 原告单方辞去董事,并提起本次诉讼,其行为目的违法。

因为原告在担任马斯特公司法定代表人、股东期间,无视《设立有限公司合同》,私下另行与翔鹰公司合作,将本应履行与金能公司合作的合同的技术转由翔鹰公司使用,原告同时担任翔鹰公司经理、首席技术官,而翔鹰公司与被告的业务属于同类甚至相同。原告担任被告董事职务就是为了代马斯特公司履行合同,将相关技术投入被告并生产相关产品,其身份具有不可替代性,马斯特公司本身没有也不会再有另外的人持有相关国际领先技术。原告辞去被告的董事,违反《公司法》第148条第5项、《设立有限公司合同》第31条、38条,被告章程第21条、38条的规定。

3. 被告主体不适格。

依据《公司登记管理条例》第27条①之规定,公司申请变更登记,应当提交法定代表人签署的变更登记申请书、依照《公司法》作出的变更决议或决定、国家工商行政管理总局规定要求提交的其他文件。依照上述规定,变更登记涉及公司法定代表人及公司股东,原告应将被告法定代表人及股东作为被告,变更登记与被告无关,本案被告主体不适格。

法院认为:

《公司法》第148条中规定,公司董事、高级管理人员未经股东会或者股东大会同意,不得自营或者为他人经营与所任职公司同类的业务。本案案由为请求变更公司登记纠纷,审理的对象是原告是否有权要求被告向登记机关申请办理辞去董事职务的登记,而非上述法律规定所涉事实,原告在职期间是否实施了上述行为,与本案争议无关,不能成为被告拒绝申请变更登记的理由。

原告提出辞职的行为不违反其他法律规定,不存在其辞职后董事会人数低于法定人数的事实。本案中,被告的公司章程中并没有规定董事辞职的程序,因此董事辞职的程序应当参照《公司法》的相关规定。《公司法》除第45条中规定"董事任期届满未及时改选,或者董事在任期内辞职导致董事会成员低于法定人数的,在改选出的董事就任前,原董事仍应当依照法律、行政法规和公司章程的规定,履行董事职务"外,并未规定其他董事辞职的限制条件,而《公司法》规定有限责任公司设董事会成员为3人至13人,原告于2016年3月1日向被告董事会提

---

① 现为《市场主体登记管理条例》第16条、24条相关内容。

出辞去董事职务,也并未导致被告董事会的剩余董事人数低于 3 人,并不影响被告董事会的正常运作,应为合法有效。被告应办理相应的工商变更登记。

根据《公司登记管理条例》第 2 条的规定,公司设立、变更、终止,应当依照本条例办理公司登记。上述登记申请主体是公司,应由公司向登记机关提交相关申请文件。本案所涉的变更登记事项,应由被告申请提出。正因为被告拒绝向登记机关申请变更登记,本案方才成讼,故被告是本案适格的被告。至于申请文件需要法定代表人签署及形成决议等规定,则是公司在正常申请变更登记情况下的管理性规范要求,与本案无涉,更不会影响被告为本案适格被告的认定。

法院判决:
1. 确认原告于 2016 年 3 月 1 日辞去被告董事职务;
2. 被告应至其公司登记机关办理原告辞去董事职务的变动备案登记。

372. 原法定代表人辞去董事长、执行董事或总经理职务,公司不选派新人继任、不办理变更登记,原法定代表人能否通过诉讼涤除其法定代表人工商登记?

诉请涤除登记是请求变更公司登记纠纷的一种特殊类型,也是较新的一种类型。所谓"涤除登记",通俗来讲,是指在公司不履行工商变更登记义务的情况下,依据生效判决强行消除工商登记公示信息中的某一记载事项。

从目前司法判决来看,诉请涤除登记大多数是要求涤除工商登记中的法定代表人记载事项,也有要求涤除分公司负责人或监事记载事项的情形。

对于在缺失公司有关决议的前提下,诉请涤除登记是否属于法院审理的范围,目前大多数法院裁判认为具有诉的利益,应予进行实质审理。

对于是否支持涤除登记,在司法实践中尚无统一观点,应根据具体案件事实具体分析。就涤除法定代表人工商登记而言,笔者认为,支持涤除登记的要素有以下几点:

(1)原法定代表人与公司没有实质上的利益关联,包括不存在或不再存在直接的股权投资关系,未参与或不再参与公司的经营管理;如果与公司存在实质上的利益关联,则是否变更法定代表人属于公司内部自治的范畴,无公司决议,不能涤除登记。

(2)原法定代表人与公司已解除了"委托合同关系",并已穷尽措施但无法通过参与股东会、董事会决策程序等方式进行自力救济,如不涤除登记将违反公平原则。

【案例 193】与公司无实质性利益关联　可诉请涤除法定代表人工商登记①

原告：朱某敏

被告：诶斯诶福公司

诉讼请求：判令被告向崇明区市场监督管理局涤除原告作为被告法定代表人的登记事项。

争议焦点：

1. 诉请涤除其法定代表人登记应具备哪些条件，实质性利益关联包括哪些内容；

2. 原告间接持股，是否被认定为与被告存在实质性利益关联；

3. 在原法定代表人与公司没有实质性利益关联的情况下，公司股东会能否通过股东会决议强令原法定代表人继任。

基本案情：

被告成立时，原告系被告持股10%的股东，担任被告的执行董事及法定代表人。

后来被告顶层架构调整，原告将其持有的被告股权转让给了新设有限合伙持股平台；股权转让后，原告通过持股平台间接持有被告的股权。

上述股权转让后不久，被告对原告停发工资、停缴社保，原告离职，不再参与被告的经营管理，也不再掌控被告的公章、营业执照等重要物品和文件。

原告离职，被告发生诉讼，依据相关法律文书需承担债务。

原告曾向被告实际控制人孙某通过微信提出要求涤除其法定代表人登记，并向被告提出召开关于更换、选举执行董事、法定代表人的股东会会议，均遭拒绝。

原告诉称：

原告既不是被告的股东，又不再享有被告报酬，且不参与公司经营，又不持有公司印章及证照，继续担任被告法定代表人有失公允。

被告诉讼均是原告离职后发生的，原告对此不知情。

被告辩称：

原告登记为被告的法定代表人，其本人完全知情，内容真实，程序合法。

虽然原告经股权转让不再直接持有被告的股权，但原告通过持股平台间接控股被告。

---

① 参见上海市第二中级人民法院(2020)沪02民终6822号民事判决书。

原告作为法定代表人期间担任公司总经理职务，公司因经营不善不得不采取遣散员工、停发工资、停缴社保等措施，但不能因此作为变更法定代表人的依据。

被告在原告任职期间发生多起诉讼，部分已经入执行程序，原告此时诉请涤除登记，系意图逃避法定代表人之责。

一审审理中，被告召开股东会，决议由原告担任公司新一届执行董事、法定代表人。

法院认为：

根据法律规定，依照法律或者法人章程代表法人从事民事活动的负责人，为法人的法定代表人。法定代表人以法人名义从事的民事活动，其法律后果由法人承受。法律又规定，公司法定代表人依照公司章程的规定，由董事长、执行董事或者经理担任。

由此可见，作为公司的法定代表人，其应当与公司之间存在实质性的利益关联。

就本案来看，原告依据被告股东会决议成为公司第一届执行董事、法定代表人。之后原告亦履行了相应的职责。

其后，在被告明知及其他股东都同意的情况下，原告将其持有的被告的股份全部转让他人，原告已不再是被告公司的股东。被告停缴原告社保，原告从被告离职，亦不再是被告的员工。且现原告作为被告执行董事的3年届期也已届满。

故就原告目前身份而言，其既不是被告的员工，也不是被告的股东，其执行董事的身份业已到期，其已不具备成为法定代表人的基本条件。

原告作为一个与公司无实质性关联的自然人，如果继续由其担任公司的法定代表人，违背立法的初衷和本意，对公司及原告均有失公允。

法定代表人属于意定的公司代理人，两者之间系特殊的委托关系。在原告明确提出不再担任法定代表人，且法院已书面明确告知被告股东，如果法院支持原告诉请涤除其法定代表人，被告存在无法定代表人情况下可能引起被告被吊销营业执照的风险，但被告股东会依然选举其继续担任此身份，显然不具有可操作性。

被告的债务处理与原告是否继续是法定代表人无直接利害关系，被告如认为原告对被告的债务有承担和处理义务，可以通过其他途径予以主张。

法院判决：

被告至崇明区市场监督管理局办理涤除原告作为被告法定代表人的登记事项。

三、未履行变更登记义务对股权转让合同效力的影响

373. 股权转让当事人可否以未办理变更登记为由,主张股权转让合同无效或不生效,或者主张解除合同?如果受让方已经实际享有股东权利,但未被变更登记为股东,是否还可以未办理变更登记为由主张解除合同?

因公司及股权转让方未办理变更登记,导致受让股东在获得股权后始终无法享有股东权益或无法实现股权转让合同目的的,受让人可以诉至法院要求解除股权转让合同。

因未办理变更登记而主张解除合同的根本原因是转让人根本违约导致合同目的无法实现。如果受让方已经实际参与公司经营并享有股东权利,则合同的主要目的事实上已经实现。受让方仅能请求转让方及公司继续履行办理变更登记的义务,并可依约要求支付违约金,不能主张解除合同。

因受让方在实践中往往难以举证证明由于转让方不配合办理变更登记所遭受的损失数额。故笔者建议在股权转让合同中,受让方应当特别注意关于办理变更登记的条款,严格限定办理变更登记的时间、须提交的材料清单、负责前往公司登记机关办理变更登记的联系人等,并针对转让方在不配合办理变更登记时设置违约金。

【案例194】不配合变更致根本违约　股权转让合同被判解除[①]

原告: 圣淘沙公司

被告: 欧联亚公司

诉讼请求:

1. 解除原告与被告签订的《股权转让协议》;
2. 判令被告返还150万元股权转让款并支付违约金15万元。

争议焦点:

1. 被告未进行工商变更登记是否影响《股权转让协议》的效力;
2. 原告是否能以未办理工商变更登记为由,主张解除合同。

基本案情:

2007年6月5日,被告与原告签订《股权转让协议》,同意将其持有的印信通中心5%的股权转让给原告,股权转让价格为150万元。协议生效之日起3日内,

---

① 参见北京市第二中级人民法院(2010)二中民终字第00384号民事判决书。

第六章
请求变更公司登记纠纷

原告向被告支付150万元。协议生效之日起30个工作日内,被告应将其持有的印信通中心5%的股权转让给原告,并完成相关登记批准备案手续。协议正式生效后,各方应积极履行有关义务,任何违反本协议规定及保证条款的行为均构成违约,违约方应赔偿守约方因之造成的全部损失,并向守约方支付本协议项下交易额之10%的违约金。

同日,印信通中心作出《股东及职工代表大会决议》,内容为,全体股东及职工代表一致同意被告将印信通中心的5%股权转让给原告,其他股东放弃优先受让权,同意章程进行相应修正。薛某天、金某莉、杨某桐在决议上签字,被告、北京刑技技术开发公司在决议上盖章。

协议生效后,原告于2007年6月6日向被告支付150万元,但被告至今未办理股权变更工商登记备案手续。

原告诉称:

协议签订后,原告已经全部履行了支付150万元款项的义务,但被告并未履行股权变更登记手续。被告的行为已构成根本违约,原告有权请求法院判决解除合同,要求被告返还转让款并支付违约金。

被告辩称:

被告已经将股权转让给原告,股权变更的工商登记备案只发生对抗第三人的效力,不影响股东的权利和义务,也未对股权构成实质性的损害,故不同意解除协议。

律师观点:

1. 未进行工商变更登记不影响《股权转让协议》的效力。

依据我国法律规定,公司应当在股东发生变更之日起30日内到工商行政管理机关办理变更登记。然而,这种登记仅是起到一种公示作用,不能直接决定股权转让合同生效与否。根据《公司法》规定,除法律、行政法规规定应当办理审核批准手续才能生效,一般股权转让合同应当自合同成立时生效。

2. 两年未办理变更登记,原告可以主张解除合同。

根据《合同法》的规定,当事人在四种情况下可以主张解除合同①:

(1)不可抗力致合同目的无法实现;

(2)一方履行不能;

(3)一方迟延履行债务,经催告后在合理期限内仍未履行;

(4)其他违约行为致不能实现合同目的。

---

① 现为《民法典》第563条相关内容。

本案中，在《股权转让协议》签订后长达两年多的时间内，被告未办理股权变更登记，其违约行为是十分明显的。最为重要的是，这导致原告无法实现其股东权利，股权转让合同的目的不能实现。因此，原告的诉讼请求应当得到法院的支持。

法院判决：

1. 解除原告与被告于 2007 年 6 月 5 日签订的《股权转让协议》；

2. 被告于判决生效后 10 日内向原告返还股权转让款 150 元，并支付违约金 15 万元。

【案例 195】未及时变更登记公司即被注销　转让合同被解除[①]

原告： 夏某

被告： 陈某军

第三人： 奥斯卡公司

诉讼请求：

1. 解除原告与被告签订的《股权转让协议书》；

2. 被告返还原告股权转让款 6 万元并支付利息。

争议焦点：

1. 基于《股权转让协议书》被告是否有义务协助原告办理变更登记；

2. 被告在履行协议过程中是否存在过错；

3. 被告是否能举证证明原告的意愿是成为第三人的隐名股东；

4. 原告能否请求法院解除《股权转让协议书》。

基本案情：

2005 年 6 月，原告与被告签订《股权转让协议书》，约定原告以 6 万元购买被告持有的第三人 12.5% 股份，由被告负责办理股份转让相关手续。

2005 年 6 月 29 日，原告向被告支付了 6 万元，被告委托案外人罗某代为收取并出具收条。

同年 6 月 27 日，第三人召开董事会议对被告未告知其他股东即转让股权的行为表示异议，不同意办理工商变更登记。被告持有的第三人 12.5% 股份至今未变更到原告的名下，后第三人公司停业。

原告诉称：

被告自知无法按约协助原告办理变更手续，但一直没有通知原告，也没有采

---

① 参见四川省成都市中级人民法院（2008）成民终字第 3233 号民事判决书。

取相应的补救措施。虽双方在合同中没有约定办理股权变更手续的期限,但从签订《股权转让协议书》至今已过两年,明显超过了法律规定的合理期限。被告始终不履行义务构成根本违约,《股权转让协议书》理应解除。

被告辩称:

《股权转让协议书》未约定由被告"协助办理股权转让变更手续的义务",且单凭被告是无法办理股权转让手续的,股东的变更登记需新旧股东和公司三方配合方能完成。在上述协议中,双方均未约定办理变更手续的期限,因此被告没有违约行为。

同时,第三人的停业与双方签订的股权转让行为无法律和事实上的因果关系。现公司虽停业,但并未清算和注销,其法律主体资格仍然存在,并不影响原告的股东身份的取得。原告于2005年6月27日给被告出具授权书,授权被告全权代理其在第三人所持有的股份。该授权行为应视为对《股权转让协议书》第2条的变更,其意在成为公司的隐名股东。此外,原告也从未向被告催告协助其办理股权转让变更手续。

律师观点:

1. 原告可以要求解除与被告签订的股权转让协议。

原告与被告签订的《股权转让协议书》系双方当事人真实意思表示,不违反法律、法规的禁止性规定,应确认为有效。但是,股权转让协议签订,且原告按约支付股权转让款后,其名字至今未变更登记到第三人名下。现第三人已停业,原告根本不能成为第三人的股东,其希望通过《股权转让协议书》成为公司股东并获取投资回报的合同目的已无法实现。原告可以请求解除与被告签订的《股权转让协议书》。

2. 被告没有履行合同义务,存在明显过错。

在本案中,原告购买被告所持第三人股权的目的是成为该公司的股东,获取投资回报。根据《公司法》规定股东转让股权后,公司应当注销原股东的出资证明书,向新股东签发出资证明书,并相应修改公司章程和股东名册中有关股东及其出资额的记载。而事实上,被告向原告转让股权后,被告并没有将股权转让事宜经其他股东过半数同意,也未书面通知其他股东并征求意见,导致在股权转让程序中存在瑕疵。同时股东转让股权,必然涉及新旧股东和公司三方对原公司章程进行修改、新旧股东的出资比例、出资额进行变更登记等事项,被告作为出让股权一方,有协助办理股权变更登记的义务,但被告收取原告的股权转让款后并未协助公司将其股权变更到原告名下,现第三人已停业,致使原告成为第三人股东的意愿不能实现,对此被告存在过错。被告认为《股权转让协议书》未约定由其协助办理股权转让变更手续及单凭被告是无法办理股权转让手续,被告不具有协助登记的附随义务,没有依据。

3. 被告认为原告希望成为隐名股东等理由不成立。

原告给被告出具的授权委托书载明"授权被告全权代理原告在第三人所持有的1/8股份",该授权内容不能得出原告成为第三人隐名股东的意思,也不能视为是对《股权转让协议书》第2条的变更。

法院判决:

1. 判决解除原告与被告签订的股权转让协议;
2. 被告返还原告股权转让款6万元并支付利息。

374. 转让人与受让人签订股权转让合同后正常履约,但在进行变更登记时,市场监督管理部门以合同不符合登记标准为由拒绝登记,转让方借此毁约,不愿意按照市场监督管理部门的要求重新签订新合同,此时,受让方如何保障自己的权利?

由于市场监督管理部门的介入,实践中该类情况时有发生,试举一例如下:

A、B、C 3家公司共有5名股东,该5名股东将在3家公司的全部股权以3亿元转让给股东D、E、F,并签订了1份概括性的合同,对3家公司的股权转让一并进行了约定。合同履行至变更登记时,市场监督管理部门认为该合同不符合要求,要求对A、B、C 3家公司的股权转让逐一签订合同,3家公司的5名股东反悔不愿意重新签订股权转让合同,受让方应如何处理呢?

转让人不予配合时,受让人可直接向人民法院提起诉讼,确认该份股权转让合同的效力,并要求转让人继续履行该合同。随后,受让人可持生效判决,要求市场监督管理部门依判决办理变更登记。

四、未履行变更登记义务的责任承担

375. 未办理变更登记,义务人需承担何种民事责任?

实践中,有义务办理登记但未办理的当事人可能承担如下两项民事责任:

(1)违约责任。如在股权转让中,转让人不配合受让人办理变更登记手续,则可能导致受让人依照股权转让合同向转让人主张违约责任,并要求支付违约金。

(2)侵权责任。如义务人未依法办理变更登记,最终导致一方受到实际损失的,如在股权转让中,由于公司或转让人未办理或未协助办理变更登记,导致转让人在未办理变更登记期间丧失表决权、盈余分配权、优先认购权、优先购买权等情况发生,则利益受损一方可向公司或其他负有配合办理变更登记义务的当事人主张损害赔偿责任。

376. 未办理变更登记,公司需承担何种行政责任?

公司登记事项发生变更时,市场主体未办理变更登记的,由登记机关责令改正;拒不改正的,处1万元以上10万元以下的罚款;情节严重的,吊销营业执照。其中,变更经营范围涉及法律、行政法规或者国务院决定规定须经批准的项目而未取得批准,擅自从事相关经营活动,情节严重的,吊销营业执照。公司备案事项变更时,主场主体未办理的,由登记机关责令改正;拒不改正的,处5万元以下的罚款。

【案例196】变更登记材料不全 请求撤销不受理决定遭驳回[①]

原告:张某良、朱某勇、马某、刘某驹

被告:苏州工商局

第三人:机泵公司、孙某敏

诉讼请求:

1. 撤销被告行政复议决定书中"关于撤销沧浪分局受理的决定";

2. 维持被告行政复议决定书中"撤销沧浪分局的登记驳回通知书的决定"。

争议焦点:

1. 被告认为机泵公司变更法定代表人的申请文件、材料不齐全是否合法;

2. 沧浪分局针对原告的申请已作出不予登记决定,被告作为复议机关作出撤销沧浪分局的受理行为是否恰当;原告请求撤销被告行政复议决定书中"关于撤销沧浪分局受理的决定",维持被告行政复议决定书中"撤销沧浪分局的登记驳回通知书决定"的诉讼请求是否恰当。

基本案情:

第三人机泵公司于2003年12月17日被核准转制,有股东10名。4位原告系其中4名股东,注册资金50万元。

2003年10月9日,第三人机泵公司召开第一次股东会议,选举产生了由滕某生、原告张某良、原告朱某勇、原告马某、王某生这5名股东组成的董事会。

[①] 参见江苏省苏州市沧浪区人民法院(2007)沧行初字第13号行政判决书。

2003年10月22日,全体股东通过了公司章程,规定董事长为法定代表人,但未规定董事长的产生及更换办法。

2003年11月15日,第三人机泵公司第一次董事会会议选举滕某生为董事长。

2006年4月30日,第三人机泵公司召开临时董事会会议,通过了罢免滕某生、改选原告张某良为董事长的决议。

2006年5月8日,第三人机泵公司又召开临时股东会会议,以54%的表决权通过了罢免滕某生原董事长职务的决议。

当日,4名原告向沧浪分局递交变更登记申请。经多次补正后,沧浪分局于同年7月25日盖章签收。

同年9月29日,4位原告得知沧浪分局以原告提交的材料不符合《公司登记管理条例》第27条第1款第3项①为由,作出了(沧)登记内驳字〔2006〕第1号登记驳回通知书。为此,4位原告向被告提出行政复议申请,请求被告依法审查,尽快核准机泵公司法定代表人变更登记。

2007年1月5日,被告作出苏工商复字〔2007〕第1号行政复议决定。以《公司登记管理条例》第27条第1款第3项及《国家工商行政管理总局关于印发〈内资企业登记表格和内资企业登记申请材料规范〉的通知》规定为由,认为原告的申请材料不齐全,沧浪分局不应当受理,作出复议决定撤销沧浪分局的受理行为,撤销沧浪分局登记驳回通知书。

原告均诉称:

1. 沧浪分局的行政受理行为合法有效,被告对此予以撤销没有法律根据。

(1)公司登记机关对申请材料的审查是形式审查。

(2)原告的变更申请已被沧浪分局受理,并于2006年7月31日进入电脑流程,证明原告的申请材料齐全,符合法定形式。

(3)只要公司登记事项符合法律、行政法规规定,登记机关就应当受理并依法核准登记,无权干预公司内部事务。

(4)第三人机泵公司对其董事长变更的决议合法有效。被告以机泵公司的章程未明确规定变更程序为由称其"无法判断"决议效力,认为机泵公司变更登记必须以修改章程为前提的观点不能成立。《公司法》(2005年修订)第45条规定的立法本意是授权性的法律规定,不是强制性的法律规定。

---

① 现为《市场主体登记管理条例》第16条相关内容。

（5）即使沧浪分局系认知错误未能一次性告知原告全部补正材料，在受理之后，材料不全的法律后果也不能转嫁原告承担。

（6）被告以《公司登记管理条例》（2005年修订）第27条第1款第3项及《国家工商行政管理总局关于印发〈内资企业登记表格和内资企业登记申请材料规范〉的通知》规定为由，认为原告的申请材料不齐全，沧浪分局不应当受理的观点没有法律依据。国家工商行政管理总局的通知没有在国务院备案，不符合规章的要求。

2. 沧浪分局对4位原告变更登记申请后作出驳回登记的决定违反法律规定，被告对此予以撤销合法有据。

被告辩称：

第三人机泵公司章程只明确董事长为公司法定代表人，没有按《公司法》的要求规定董事长产生、更换办法。而第三人机泵公司提交的以1/2以上多数免除原董事长、选举新董事长的临时董事会决议和以1/2以上表决权罢免原董事长、确认新董事长的临时股东会决议确立董事长产生办法，是不同的产生办法，两份决议的效力待定。沧浪分局对效力不确定的申请材料不应受理。登记机关只有等到机泵公司提供董事长产生、更换办法的章程后才能判定变更董事长是否符合公司章程规定，才能判定临时股东会产生的董事长有效还是临时董事会产生的董事长有效。第三人机泵公司的申请属于申请材料不齐全，不符合法定形式，属于不予受理的情形，沧浪分局的受理行为不合法。《行政复议法》赋予复议机关全面审查的权力，复议机关应当对变更登记行为的全部环节进行审查。同时作为沧浪分局的上级机关还负有行政执法监督的职责，对执法监督中发现下级有违法行为，应当予以纠正。所以，被告撤销沧浪分局的受理行为合法。

综上所述，原告要求撤销行政复议决定书中关于撤销沧浪分局受理行为的决定的请求是错误的，请求法院驳回原告的请求。

第三人机泵公司述称：

本公司认为4位原告作出的临时董事会决议和临时股东会决议均是非法无效的。请求法院依法驳回4位原告的全部行政诉讼请求。

1. 《公司法》和本公司章程均规定公司董事长是本公司法定代表人。召集、主持股东会会议和董事会会议，代表公司签署文件是董事长的职权。本公司于2006年4月24日书面通知全体股东于2006年5月10日下午2时召开临时股东会议，讨论公司如何归还银行巨额逾期贷款，以及如何处理原告张某良擅自以公司名义向银行贷款25万元充作自己在公司出资额及欠缴出资额38万元，损害公司和股东权益的违法行为。原告张某良等原告的决议是非法无效的。

2. 2006年5月10日，公司作出股东会决议，要求原告张某良补交出资额。原告张某良在公司给予的最后宽限期内没有支付欠缴的38.65万元出资额，且被公司查明其已缴的出资额中有25万元是公司名下的银行贷款。4位原告加上第三人孙某敏的认缴出资总额是205.75万元，仅占公司股东已认缴出资总额46%，所以4位原告诉称其拥有公司54%的表决权是不符合事实的。

3. 原告擅自作出的两项决议，已被公司5月10日的股东会决议、5月24日的董事会决议实质否定，不能成为公司的有效文件。本公司已决议撤销原告张某良的董事职务，增选刘某男为本公司股东。

4. 本公司和4位原告以外的其余5名股东自始至终都不承认4位原告擅自非法签署的两项决议。

5. 本公司第一届董事于2006年10月8日届满后，选举了第二届公司董事。由滕某生、王某生、刘某男、张某珍、洪某山5人任董事，滕某生任公司董事长。

律师观点：

1. 原告诉讼主体资格的问题。

根据《行政复议法》第6条第7项、第12条第2款之规定，被告苏州工商局作为工商沧浪分局的上一级主管部门，对于沧浪分局不予登记决定的复议申请有权受理并作出复议决定。根据《行政复议法》第2条之规定，第三人机泵公司依据其2006年4月30日临时董事会决议及2006年5月8日临时股东会决议申请公司法定代表人变更登记。4位原告作为两份决议的决议人，沧浪分局的不予登记决定对4位原告的董事和股东权益有重大影响。4位原告有资格就此申请行政复议。

2. 第三人机泵公司申请其法定代表人变更登记不符合受理条件。

《公司登记管理条例》第27条第1款规定，"公司申请变更登记，应当向公司登记机关提交下列文件：（一）公司法定代表人签署的变更登记申请书；（二）依照《公司法》作出的变更决议或者决定；（三）国家工商行政管理总局规定要求提交的其他文件"。[①]《公司法》（2005年修订）第13条规定，"公司法定代表人依照公

---

① 现为《市场主体登记管理条例》第16条相关内容。第16条规定："申请办理市场主体登记，应当提交下列材料：（一）申请书；（二）申请人资格文件、自然人身份证明；（三）住所或者主要经营场所相关文件；（四）公司、非公司企业法人、农民专业合作社（联合社）章程或合伙企业合伙协议；（五）法律、行政法规和国务院市场监督管理部门规定提交的其他材料。国务院市场监督管理部门应当根据市场主体类型分别制定登记材料清单和文书格式样本，通过政府网站、登记机关服务窗口等向社会公开。登记机关能够通过政务信息共享平台获取的市场主体登记相关信息，不得要求申请人重复提供。"

司章程的规定,由董事长、执行董事或者经理担任,并依法登记。公司法定代表人变更,应当办理变更登记"。第 44 条第 3 款规定,"董事会设董事长一人,可以设副董事长。董事长、副董事长的产生办法由公司章程规定"。

而第三人机泵公司章程第 25 条规定,"董事长为公司法定代表人"。故对于第三人机泵公司来说,其欲办理公司法定代表人变更登记,应向登记机关提交符合其章程的董事长变更决议或决定。但章程中缺少了公司董事长变更的办法,故第三人机泵公司在向登记机关申请公司法定代表人变更登记时,应向登记机关递交其公司修改后的章程或章程修正案,或者提供效力确定的董事会决议、股东会决议,以便登记机关依法审核。

现第三人机泵公司以含有"罢免滕某生原董事长职务,选举原告张某良为公司董事长"决议内容的临时董事会决议和临时股东会决议为依据,向登记机关申请公司法定代表人变更登记,不符合相关法律法规的要求,属于申请材料不齐全。被告苏州工商局据此认为机泵公司的申请文件、材料不齐全,沧浪分局不应受理的观点是正确的。

3. 沧浪分局针对原告的申请作出不予登记决定,被告作为复议机关亦无必要撤销沧浪分局的受理行为。

根据《行政许可法》第 32 条第 1 款、《公司登记管理条例》第 52 条第 1 款[①]、《企业登记程序规定》[②]第 10 条第 1 款之规定,沧浪分局对于第三人机泵公司不齐全的申请材料未当场或在 5 日内一次告知第三人机泵公司需要补正的全部内容,其受理行为欠妥当。但在沧浪分局已经受理并作出不予登记决定、出具了登记驳回通知书的情况下,被告作为复议机关亦无必要撤销沧浪分局的受理行为。受理行为属于一种行为,无撤销的内容,其对不当的受理行为在撤销沧浪分局最终的不予登记决定时明确指出即可。综上,原告诉请法院撤销被告关于撤销沧浪分局受理的决定的理由不能成立。

法院判决:

驳回原告的诉讼请求。

[①] 现行有效的《市场主体登记管理条例》中无相关规定。
[②] 《企业登记程序规定》已于 2020 年 7 月 13 日起失效。

第三节　衍生问题——市场监督管理部门的登记审查责任

一、立案

377. 如何确定与市场监督管理部门的登记审查责任有关纠纷的诉讼当事人？在设立登记中，市场监督管理部门出具的营业执照、核准通知书等文件上有多个机关盖章的，如何确定被告？

与市场监督管理部门的登记审查责任有关的纠纷包括工商行政确认纠纷、工商行政许可纠纷。该类纠纷中，原告一般是与具体行政行为有法律上利害关系的当事人。在一般的行政诉讼中，原告可以是该具体行政行为的相对人，也可以是与该具体行政行为有法律上利害关系的当事人。被告为作出具体行政行为的市场监督管理部门。市场监督管理部门出具的营业执照、核准通知书等文件上有多个机关盖章的，应当以对外发生法律效力的文书上署名的机关为被告。如果市场监督管理部门出具的营业执照、核准通知书上的印章不统一的，应该以营业执照上盖章的机关为准。

根据实际需要，确定是否将登记事项涉及的公司或公司股东作为第三人。

【案例197】被告不适格　裁定驳回起诉[①]

原告：李某

被告：上海市工商行政管理局金山分局（以下简称金山分局）

第三人：宝莱公司、王某

诉讼请求：判令撤销对第三人宝莱公司的注册登记。

基本案情：

第三人宝莱公司原名沙威通讯公司。

1999年12月6日，沙威通讯公司经金山分局注册登记成立。该公司工商注册登记档案显示，法定代表人、公司股东、执行董事为原告，公司另一名股东为第三人王某。李某出资60万元人民币，王某出资40万元人民币。公司注册资本为100万元人民币。

---

① 参见上海市金山区人民法院（2012）金行初字第10号行政裁定书。

第六章
请求变更公司登记纠纷

2003年3月27日,沙威通讯公司经被告核准变更为第三人宝莱公司。

原告诉称:

原告对设立事实完全不知情。原告既没有向第三人宝莱公司出资,也没有签署第三人宝莱公司任何登记及变更申请文件。上述文件中原告的签名均属伪造。被告对第三人宝莱公司予以注册登记的行政行为,依据的是虚假材料。被告对第三人宝莱公司注册登记的行政行为系依据虚假材料,违反了《公司登记管理条例》(2005年修订)的规定,不仅适用法规错误且该行政行为的主要证据不足且程序不合法。

为此原告提出申请对所有设立材料中的原告签字进行司法鉴定。

被告辩称:

1. 原告所起诉的被告不适格。

公民、法人或者其他组织向人民法院提起诉讼的,作出具体行政行为的行政机关是被告。经查实,核准沙威通讯公司设立登记以及第三人宝莱公司变更登记的行政行为均为上海市工商行政管理局,故原告所起诉的被告不适格。

2. 原告起诉已超过法定起诉期限。

公民、法人或者其他组织应当在法定的起诉期限内提起行政诉讼。上海市工商行政管理局核准沙威通讯公司设立登记的具体行政行为系于1999年12月6日作出,核准第三人宝莱公司变更登记的具体行政行为系分别于2003年4月10日、2004年4月19日作出,至原告提起行政诉讼已逾5年。根据《最高人民法院关于执行〈行政诉讼法〉若干问题的解释》第42条①的规定,原告起诉已经超过法定起诉期限。

综上,原告所起诉的被告不适格且诉讼请求已超过法定起诉期限,请求裁定驳回起诉。为进一步证明上述观点,被告提供如下证据:

1. "沙威通讯公司"营业执照复印件,其盖章机关为上海市工商行政管理局;

2. "第三人宝莱公司"营业执照复印件,其盖章机关为上海市工商行政管理机关。

对于被告提供的上述证据原告认为:

原告对被告提交的证据的真实性、合法性没有异议,但是原告认为这两份证据不足以证明该具体行政行为仅由上海市工商行政管理局作出。

第三人宝莱公司成立之初,被告负责受理设立登记材料,并出具名称核准登

---

① 现为《行政诉讼法》(2017年修正)第46条相关内容。

记材料,营业执照核发通知书。名称核准登记材料及营业执照核发通知书上均该有被告的印章。原告认为金山分局、上海市工商行政管理局共同作出了第三人宝莱公司的设立登记。原告选择其中一个作为被告,不存在被告适格的问题。

律师观点:

工商行政管理机关出具的营业执照、核准通知书上等的印章不一致的,应该以营业执照上盖章的机关为准。因此,本案的被告为上海市工商行政管理局,而非本案被告金山分局之行为。

法院裁定:

驳回原告起诉。

378. 工商行政确认纠纷、工商行政许可纠纷由何地法院管辖?

由作出具体行政行为的行政机关所在地的人民法院受理。如果有两个作出机关的,两个机关的所在地法院均有管辖权。原告向两个以上有管辖权的人民法院提起诉讼的,由最先立案的人民法院管辖。

379. 工商行政确认纠纷、工商行政许可纠纷按照什么标准交纳案件受理费?

按件缴纳诉讼费用,每件交纳 50 元。

380. 工商行政确认纠纷、工商行政许可纠纷是否适用诉讼时效?如何理解"不属于起诉人自身的原因"?

请求撤销工商行政登记受到诉讼时效的限制,行政诉讼的法定起诉期间分为以下三种情形:

(1)公民、法人或者其他组织在知道具体行政行为内容的同时,知道了诉权或起诉期限,应当在知道具体行政行为之日起 6 个月内提出。

(2)公民、法人或者其他组织在知道具体行政行为内容时,未被告知诉权或起诉期限,应当从知道或者应当知道诉权之日起 6 个月内提起,但从知道或者应当知道具体行政行为内容之日起最长不得超过 1 年。

(3)公民、法人或者其他组织既不知道具体行政行为的内容,又不知道诉权或者起诉期限的,则其提起诉讼的时间不能超过 5 年或 20 年。5 年、20 年为最长起诉期限。

起诉人由于不属于自身的原因超过起诉期限的,不受最长起诉期限的限制。

"不属于起诉人自身原因"在法律法规中并没有明确地界定。司法实践中一般界定的情形包括不可抗力,因政府机关或法院原因导致当事人无法行使权利。

【案例198】明知登记行为　已过诉讼时效撤销请求被驳回[①]

原告:刘某

被告:上海市工商行政管理局松江分局

第三人:某公司

诉讼请求:撤销上海市工商行政管理局松江分局作出的将原告登记为某公司股东的具体行政行为。

争议焦点:

1. 原告2008年3月6日出具的声明是否可以证明其早已明知其股东身份;
2. 原告的诉讼行为是否超过时效。

基本案情:

被告于2007年5月14日作出第三人被诉登记行为,核准登记股东为傅某英和原告。

原告诉称:

原告与第三人签订劳动合同,负责打版事务。被告将原告作为股东登记,原告对此并不知情。被告提供的材料中涉及原告签名、印章系伪造,被告不应该将原告登记为第三人公司股东。

被告辩称:

第三人提交的声明证明,2008年3月之前原告已知其被登记为股东的情况。原告的起诉明显超过时效,应予以驳回。

第三人述称:

原告系用临时身份证进行工商登记,故其在被诉登记行为作出之时已经知情。

原告之前在与第三人进行的其他诉讼、仲裁程序中,均否认与第三人签过劳动合同。上述陈述内容在仲裁、诉讼笔录中有记载。原告以股东身份参与公司管理,担任厂长,签署公司文件。2008年,第三人通过现金分配红利,原告签收过。上述事实均可证明原告已经知晓其作为第三人股东进行工商登记。

第三人为证明其观点,提交证据如下:

原告于2008年3月6日出具1份声明,内容为,"上海某皮具有限公司(第三人)在组建时我并未出资进行注册,所以我也不享有股东权益,故我声明:上海某

---

① 参见上海市第一中级人民法院(2010)沪一中行终字第310号行政裁定书。

皮具有限公司股东的一切权益我自愿无条件(无偿)放弃,公司法人随时可以要求把我名下的股份无偿的转让给法人指定的人。特此声明"。

律师观点:

根据《最高人民法院关于执行〈行政诉讼法〉若干问题的解释》第41条第1款的规定,"行政机关作出具体行政行为时,未告知公民、法人或者其他组织诉权或者起诉期限的,起诉期限从公民、法人或者其他组织知道或者应当知道诉权或者起诉期限之日起计算,但从知道或者应当知道具体行政行为内容之日起最长不得超过2年"。①

根据原告认可其亲笔签名的2008年3月6日声明内容,"某公司在组建时我并未出资进行注册,所以我也不享有股东权益,故我声明:某公司股东的一切权益我自愿无条件(无偿)放弃,公司法人随时可以要求把我名下的股份无偿的转让给法人指定的人。特此声明"。

故应当认定在2008年3月6日原告已经知晓其被登记为第三人公司股东的有关情况。原告于2010年9月向法院提起本案行政诉讼,显然已超过法定最长为2年的行政诉讼起诉期限,且无正当理由。

法院裁定:

裁定驳回原告起诉。

【案例199】非因自身耽误期间　不计入诉讼时效计算范围②

原告: 宓某民、国信拍卖行

被告: 海南省工商局

第三人: 豫安公司、启铭公司

诉讼请求:

1. 判令被告改正错误,恢复被告名称和原法人代表;

2. 对其中与第三人共同制作虚假变更文件侵吞国有资产的行为请求依法移交有关司法部门处理。

争议焦点: 原告宓某民于2003年10月10日向海南省工商局主张变更登记非法并要求纠正,被告的法规处、内资处和第四纪检组也已受理投诉,但至今没有

---

① 现为《最高人民法院关于执行〈中华人民共和国行政诉讼法〉的解释》(法释〔2018〕1号)第64条相关内容,其中将起诉期限改为"从知道或者应当知道行政行为内容之日起最长不得超过一年"。

② 参见海南省高级人民法院(2007)琼行终字第32号行政裁定书。

得出最终处理结论,耽误的期间是否应计入诉讼时效计算范围。

基本案情:

原告国信拍卖行与第三人豫安公司投资入股,于1994年4月10日向被告申请成立第三人启铭公司(原名豫海公司)。经该局审查核准颁发了注册号为28408675-7的《企业法人营业执照》。该营业执照载明企业名称为豫海公司。

1994年5月24日,海口市税务局核发了国税琼字460100601403890号《税务登记证》。

1994年11月18日,原告国信拍卖行申请企业变更,将法定代表人原告宓某民变更为王某。

2002年1月25日,豫海公司申请变更企业名称、住所、法定代表人、注册资本、经营范围和股东等项,即将豫海公司变更为启铭公司,法定代表人由原告宓某民变更为案外人罗某容,股东原告国信拍卖行和第三人豫安公司变更为案外人海南省国际人才开发交流中心和罗某容等,并同时申请办理企业年检手续。

2002年4月17日,海南省工商局经审查,依据《公司登记管理条例》(1994年)第27条和《企业法人法定代表人登记管理规定》第6条的规定,核准变更登记,核发了《企业法人营业执照》。该营业执照载明,"注册号4600001009135;名称:启铭公司"。

2002年8月20日,《河南日报》刊登案外人河南省国际信托投资公司撤销清算组的《海南省国际信托投资公司撤销清算组公告》(第2号)。案外人河南省国际信托投资公司宣布破产进行清算。该公司的全资子公司目录中有原告国信拍卖行、案外人河南国信、豫海公司。

2003年12月31日,河南省工商局作出豫工商处字(2003)第995号《行政处罚决定书》,决定吊销原告国信拍卖行的营业执照。

2006年10月25日,《海南日报》上刊登的"河南省国信投资公司撤销清算组声明"称,案外人河南省国际信托投资公司已被中国人民银行撤销,河南省政府成立案外人河南省国际信托投资公司撤销清算组依法对该公司进行清算。公司下属子公司原告国信拍卖行的公章予以收缴,所有公章宣布作废。落款时间为2006年10月9日。

自2003年10月10日起,豫海公司原法定代表人原告宓某民先后多次向海南省工商局主张该公司变更为非法变更并要求纠正。但受理投诉的法规处、内资处和第四纪检组没有得出最终处理结论。

原告均诉称：

原告宓某民系豫海公司法定代表人，变更登记为启铭公司，同时作出其他相关变更时，提交的材料皆为虚假材料。被告没有尽到审查义务就帮第三人启铭公司进行工商变更登记，损害了两原告的利益。

原告宓某民直至 2003 年 10 月 10 日起知道该具体行政行为，立即向被告相关部门投诉，但被告的法规处、内资处、第四纪检组受理后均未给出实质结论。

被告辩称：

1. 原告国信拍卖行非本案适格主体。

其已经被有关工商部门吊销营业执照，处于清算阶段。此时适格主体应为清算组而非国信拍卖行。而且原告国信拍卖行的授权委托书中的法人代表（委托人）王某之名笔迹不属于王某本人所签，原告国信拍卖行并无起诉意愿。

2. 原告宓某民非本案适格主体。

被告作出的具体行政行为与原告宓某民并无实质利害关系，其非本案利害关系人，不应作为本案原告提起诉讼。

3. 本案已过诉讼时效。

退一步讲，即使原告宓某民可以提起诉讼，其 2003 年 10 月 10 日起就知道该具体行政行为，至今才提起诉讼，明显超过诉讼时效。

第三人未作陈述。

一审认为：

1. 原告国信拍卖行非本案适格主体。

原告国信拍卖行已被工商行政管理部门吊销营业执照，该公司已纳入其主管部门一起清算，应由清算组进行诉讼，且其法定代表人王某未委托他人提起诉讼，所提交的授权委托书签名并非王某本人所欠，系伪造而无效。故本案的原告国信拍卖行的起诉不符合起诉的法定条件。即原告的诉讼主体不适格，应予驳回起诉。

2. 原告宓某民起诉已过时效。

原豫海公司的原法定代表人原告宓某民认为被告将该公司变更企业名称、法定代表人、股东等项不当，以个人名义提起诉讼，海口市中级人民法院以穷尽当事人的救济途径为由予以照准。但是，原告宓某民自 2003 年 10 月 10 日就知道被告于 2002 年 4 月 17 日应变更申请核准变更，而其至 2006 年 8 月才提起诉讼，依照《最高人民法院关于执行〈行政诉讼法〉若干问题的解释》第 41 条第 1 款"行政机关作出具体行政行为时，未告知公民、法人或者其他组织诉权或者起诉期限的，起诉期限从公民、法人或者其他组织知道或者应当知道诉权或者起诉期限之日起计算,但从知道或者应当知道具体行政行为内容之日起最长不得超过二年"①的规定,原告宓某民的起诉已超过法定期限,且无正当理由,应予驳回起诉。

一审裁定:

驳回两原告的起诉。

原告宓某民不服一审判决,向上级人民法院提起上诉。

原告宓某民上诉称:

一审裁定认定事实不清,适用法律错误,偏袒被告。

被告举证虚假材料,系滥用职权,以伪证变更原告。裁定中"穷尽当事人的救济途径为由予以照准"的原因,故意将被告2003年10月10日至2006年的三封申请受理调查文件的证据断章取义为前一封,由此推断超过起诉期限,显属不当,违背了《行政诉讼法》的有关规定,应当予以撤销。请求:

1. 撤销一审裁定,发回重审;

2. 判令海南省工商局改正错误,恢复被告名称和原法人代表,对其中与第三人共同制作虚假变更文件侵吞国有资产的行为请求依法移交有关司法部门处理。

被告二审辩称:

1. 原告宓某民不具备诉讼主体资格。

原告宓某民不是被告具体行政行为的相对人和利害关系人。被告作出的具体行政行为与原告宓某民个人之间不存在任何利害关系,因此原告宓某民不具备行政诉讼的主体资格。

2. 原告宓某民提出行政诉讼已超过法定时效。

被告2002年4月17日作出变更登记决定后,原告在2003年10月已知晓这一具体行政行为内容,并向被告提出了异议。尽管受理投诉的法规处、内资处和第四纪检组没有得出最终处理结论,但原告在法定的诉讼和复议期限内并没有行使其权利。在法定期限内既未提出行政诉讼,也未提起行政复议,自行丧失了法律赋予其的权利。按照《行政诉讼法》第39条②的规定,原告已超出了法定的诉讼时效。

被告作出的具体行政行为事实清楚、证据齐全、符合法定程序。请求依法驳回原告宓某民的诉讼请求,维持一审法院的裁定。

---

① 当前起诉期限最长不得超过一年。
② 现为《行政诉讼法》(2017年修正)第46条相关内容。

第三人启铭公司二审述称：

1. 一审裁定认定事实清楚，适用法律正确，请求二审法院予以维持。

原告宓某民伪造原告国信拍卖行法定代表人王某的签名，盗用原告国信拍卖行公章，冒用原告国信拍卖行的名义进行诉讼。

2003年12月，原告国信拍卖行已被吊销营业执照，该公司已纳入其主管部门河南省国际信托投资公司一起清算。在公司清算期间，只有清算组有权代表公司参与公司有关的各种诉讼活动。因此法院裁定驳回原告国信拍卖行的起诉，完全正确。

原告宓某民主体资格不适格，且起诉超过诉讼时效。原告宓某民不是本案具体行政行为的相对人，被告作出的所有具体行政行为均不涉及原告宓某民本人。因此，原告宓某民与本案没有直接利害关系，不是本案适格原告。

虽然一审法院允许其作为原告提起诉讼，但是，其起诉早已超过诉讼时效。

2. 原告宓某民的上诉请求与一审的起诉请求不一致，其放弃了一审起诉请求，增加了新的诉讼，请求法院依据《行政诉讼法》相关规定，驳回其新的诉讼请求。

律师观点：

1. 原告国信拍卖行非本案适格主体。

国信拍卖行已被工商行政管理部门吊销营业执照，该公司已纳入其主管部门一起清算，应由清算组进行诉讼。故一审法院认定原告国信拍卖行的起诉不符合起诉的法定条件，对其起诉予以驳回是正确的。

2. 关于原告宓某民的起诉是否超过起诉期限的问题。

虽然从原告宓某民于2003年10月10日向被告主张变更登记非法并要求纠正这一事实，可推定原告宓某民已于2003年10月10日知道了本案被诉具体行政行为的内容，但由于其曾先后多次向被告主张该公司变更为非法变更并要求纠正，被告的法规处、内资处和第四纪检组也已受理投诉，且至今没有得出最终处理结论，故耽误的期间不是原告宓某民自身原因造成。根据《最高人民法院关于执行〈行政诉讼法〉若干问题的解释》第41条第1款"行政机关作出具体行政行为时，未告知公民、法人或其他组织诉权或者起诉期限的，起诉期限从公民、法人或者其他组织知道或者应当知道诉权或者起诉期限之日起计算，但从知道或者应当知道具体行政行为内容之日起最长不得超过2年"及第43条"由于不属于起诉人自身的原因超过起诉期限的,被耽误的时间不计算在起诉期间内"①的规定,不能认定原告宓某民于 2006 年 8 月提起行政诉讼已超过起诉期限。

3. 原告上诉请求一审已经审查,二审法院不需再审。

原告宓某民请求判令被告改正错误,恢复原告名称和原法人代表,对其中与第三人共同制作虚假变更文件侵吞国有资产的行为请求依法移交有关司法部门处理等上诉诉求,因一审仅对原告国信拍卖行及原告宓某民的起诉是否符合起诉条件及是否超过起诉期限进行了审查,故对原告宓某民的上述诉求,法院不需作审查。

综上,一审裁定驳回原告国信拍卖行的起诉正确,应予维持;但其认定原告宓某民起诉超过起诉期限系认定事实不清,应予纠正。

法院裁定:

1. 维持(2006)海中法行初字第 54 号行政裁定第 1 项,即驳回原告河南省国信拍卖行的起诉。

2. 撤销(2006)海中法行初字第 54 号行政裁定第 2 项,即驳回原告宓某民的起诉。

3. 本案由海口市中级人民法院继续审理。

381. 当事人不知道具体行政行为,是否受诉讼时效的限制?

公民、法人或其他组织不知道行政机关作出具体行政行为的内容,但后来知道了具体行政行为的内容,而不知道诉权和起诉期限的,其起诉期限最长不得超过 5 年。

【案例 200】不知设立行为　冒名股东 5 年后诉请撤销被驳回②

原告: 刘某相

被告: 上海市工商行政管理局

诉讼请求: 请求撤销被告于 1999 年 12 月 24 日作出的将原告登记为宜千公司股东及法定代表人的具体行政行为。

争议焦点: 在原告被冒名登记为宜千公司股东及法定代表人情形下,不知晓被告具体行政行为存在的情况下,法定起诉期间从何时计算,是否符合"不属于起

---

① 该解释第 43 条规定,现可见于《行政诉讼法》(2017 年修正)第 48 条相关内容。
② 参见上海市徐汇区人民法院(2012)徐行初字第 76 号行政裁定书。

诉人自身的原因超过起诉期限"的情形。

基本案情：

被告于1999年准予宜千公司设立登记。其中，公司登记股东为原告与倪某，原告任法定代表人。

原告诉称：

原告对公司设立一事完全不知情，既未出资，也未签署公司设立登记及变更登记的申请文件，更未参与公司实际经营活动。公司设立及变更登记中原告签名均属伪造，被告依据虚假材料作出的公司注册登记，违反了《公司登记管理条例》的规定，系主要证据不足、程序不合法、适用法规错误。

被告辩称：

宜千公司设立登记于1999年12月，但原告迟至2012年7月方提起本案诉讼已明显超过法定起诉期限。依据《最高人民法院行政审判庭对如何理解〈关于执行《行政诉讼法》若干问题的解释〉第四十一条、第四十二条规定的请示的答复》（〔2007〕行他字第25号）（以下简称《答复》），公民、法人或其他组织不知道行政机关作出具体行政行为的内容，但后来知道了具体行政行为的内容，而不知道诉权和起诉期限的，应适用《最高人民法院关于执行〈行政诉讼法〉若干问题的解释》（以下简称《解释》）第41条的规定确定起诉期限，但最长不得超过《解释》第42条规定的期间。因此，原告提起本案诉讼已超过法定5年起诉期限，其观点不应得到支持。请求法院裁定驳回原告的起诉。

针对被告的上述观点，原告认为：

有关法定起诉期限的规定，本案主要涉及《解释》第42条、43条。《解释》第42条规定，"公民、法人或者其他组织不知道行政机关作出的具体行政行为内容的，其起诉期限从知道或者应当知道该具体行政行为内容之日起计算。对涉及不动产的具体行政行为从作出之日起超过二十年、其他具体行政行为从作出之日起超过五年提起诉讼的，人民法院不予受理"。《解释》第43条规定，"由于不属于起诉人自身的原因超过起诉期限的，被耽误的时间不计算在起诉期间内"。因人身自由受到限制而不能提起诉讼的，被限制人身自由的时间不计算在起诉期间内。原告认为：

本案的情形与《答复》所述情形截然不同，理由有二：

（1）本案中，原告及被告提交的宜千公司设立登记材料中，所有"刘某相"签字均为他人伪造，原告本人并未作出过设立宜千公司的意思表示；

（2）宜千公司设立至今，原告对于公司设立、运营、管理等事毫不知情，仅在办理出国手续时方知晓其被登记为宜千公司的股东、法定代表人及执行董事。

《解释》第43条中"不属于起诉人自身原因"在法律法规中并没有明确的界定,如何认定"不属于起诉人自身原因"应根据案情仔细审查。是否适用"不属于起诉人自身的原因",应看是否具备以下两项条件:一是起诉人对于起诉超过法定期限没有过错责任,二是由起诉人主观意志以外的无法克服的原因所致。

在过去的十多年中,原告根本没有可能知道有人冒用自己的身份去设立公司,更别提提起诉讼,因此适用《解释》第42条将导致严重的不公。被告在审查虚假注册材料中,未发现原告的身份被冒用,被冒用身份的原告不是行政相对人,而是他人假以利用的"工具",根本不存在"知道或应当知道"的可能性,是无法预见、不可预期、不可控制的事件。

由于原告不存在知道被告具体行政行为的可能,当然也就不存在超过起诉期限的过错责任。客观上,原告对于自己不知道的事情,不具备知道的可能性的事情,当然是无法克服的。试想,对于自己根本无法预料到的事,如何能够作出起诉或者不起诉的选择?故原告知悉自己的身份被冒用之前的期间,应属于《解释》第43条中的"被耽误的时间",应不计算在起诉期间内。

若被告在5年前作出的错误行政行为,5年后却因原告丧失胜诉权而永久"合法",显然有违公平原则。

综上,本案援引《解释》第43条理由充分。原告在知悉自己的权利被侵犯后,随即起诉至人民法院,符合起诉期限的规定。

法院认为:

根据《行政诉讼法》第39条①的规定,"公民、法人或其他组织直接向人民法院提出行政诉讼的,应当在知道作出具体行政行为之日起三个月内提出。法律另有规定的除外"。《解释》第42条②规定,"公民、法人或者其他组织不知道行政机关作出的具体行政行为内容的,其起诉期限从知道或者应当知道该具体行政行为内容之日起计算。对涉及不动产的具体行政行为从作出之日起超过二十年、其他具体行政行为从作出之日起超过五年提起诉讼的,人民法院不予受理"。

根据《最高人民法院行政审判庭关于对如何理解〈关于执行《中华人民共和国行政诉讼法》若干问题的解释〉第四十一条、第四十二条规定的请示的答复》的规定,公民、法人或其他组织不知道行政机关作出具体行政行为的内容,但后来知

---

① 现为《行政诉讼法》(2017年修正)第46条第1款相关内容,其中"公民法人或其他组织直接向人民法院提出行政诉讼的,应当在知道作出具体行政行为之日起六个月内提出"。

② 现为《行政诉讼法》(2017年修正)第46条第2款相关内容。

道了具体行政行为的内容,而不知道诉权和起诉期限的,应适用《解释》第41条的规定确定起诉期限,但最长不得超过该解释第42条规定的期间。

1999年12月,被告作出准予宜千公司设立登记行政行为,并将原告登记为公司股东和法定代表人。但原告至2012年7月方提起本案诉讼,已经明显超过最长5年起诉期限的规定。

法院裁定:

驳回原告的起诉。

382. 市场监督管理部门不作为时,当事人起诉市场监督管理部门要求履行法定职责的起诉情形有哪些?起诉期限有何要求?

当事人的起诉情形分为以下两种:

(1)行政机关在收到申请之日起两个月内,或者在法律、法规、规章和其他规范性文件对行政机关履行法定职责所规定的期限内没有履行法定职责;

(2)当事人在紧急情况下请求行政机关履行保护其人身权、财产权的法定职责,行政机关不履行的,起诉期间不受两个月限制。

当事人应当在行政机关履行法定职责期限届满之日起六个月内提起诉讼。

383. 因他人提供需要材料被登记为公司股东,当事人可否直接向市场监督管理部门,申请撤销公司登记?

可以。提交虚假材料或者采取其他欺诈手段隐瞒重要事实取得市场主体登记的,受虚假市场主体登记影响的自然人、法人和其他组织可以向登记机关提出撤销市场主体登记的申请。登记机关受理申请后,应当及时开展调查。经调查认定存在虚假登记情形的,登记机关应当撤销市场主体登记。相关市场主体和人员无法联系或者拒不配合的,登记机关可以将相关市场主体的登记时间、登记事项等通过国家企业信用信息公示系统向社会公示,公示期为45日。相关市场主体及其利害关系人在公示期内没有提出异议的,登记机关可以撤销市场主体登记。

384. 市场监督管理部门可否主动撤销公司登记?

可以。虚报注册资本、提交虚假材料或者采取其他欺诈手段隐瞒重要事实取得公司登记的,市场监督管理部门依职权调查属实的,撤销公司登记。

385. 在什么情况下,登记机关可以不予撤销市场主体登记?

登记机关可以不予撤销市场主体登记的情形如下:撤销市场主体登记可能对社会公共利益造成重大损害;撤销市场主体登记后无法恢复到登记前的状态;法律、行政法规规定的其他情形。

386. 原告因他人提交虚假材料而被登记为公司股东等,如何确定诉讼请求?

在不同的环节提交虚假材料的,诉讼请求也会不同。工商行政登记分为设立登记、变更登记、注销登记三个环节,其中变更登记又可因不同变更事项拆分。

设立登记这一环节中,法律并未明确规定该如何确定诉讼请求。变更登记中,原告可直接诉请撤销某一具体变更事项,如撤销法定代表人登记变更、撤销股东登记变更。注销登记中,原告可直接诉请撤销公司注销登记。

针对法律未明确诉讼请求的设立登记,司法实践中,原告可以诉请撤销设立登记,也可以诉请撤销股东身份、执行董事身份、法定代表人身份等。

有的观点认为设立登记是一个行政许可行为,不可分割为不同事项,应直接诉请撤销设立登记,理由如下:

(1)设立登记是一个完整的行政许可行为,市场监督管理部门通过审核一系列设立登记材料,最后赋予公司法人主体资格。

市场监督管理部门所谓的公司设立登记行为,在于根据公司设立人的申请,审查申请人提供的资料,包括设立登记申请书、公司章程、股东的主体资格证明或者自然人身份证明、公司法定代表人任职文件和身份证明、公司住所证明等,作出赋予设立的公司以独立开展营业并具有独立法人资格的行政行为,并颁发营业执照。

(2)在撤销虚假设立登记时,应诉请撤销设立登记这一具体行政行为,而不是目前登记的部分事项。

根据上文的阐述,设立登记是一个完整、独立的具体行政行为,不能拆分为各个不同的登记事项。在此种情形下,原告直接诉请撤销整个设立登记行为符合法律的规定,撤销部分登记事项没有法律依据。

(3)如果仅诉请撤销股东身份、法定代表人登记,一旦得到法院支持,该判决书将难以执行。

市场监督管理部门按照判决书撤销了股东登记及法定代表人登记,将导致公司登记不完整。在缺少公司股东、法定代表人登记事项,注册资本不完整的情况下,为了避免严重损害市场监督管理部门的权威性和公信力,市场监督管理部门最后仍要撤销整个公司设立登记。因此,最终的结果仍然是撤销整个设立登记,印证了诉请撤销整个设立登记具有合理性。

(4)撤销设立登记情况下,为保障其他利害关系人,法院应当追加第三人。

实践中,倘若该具体行政行为与第三人有利害关系,但仅原告起诉,法院有可能会限制原告的诉讼请求,不准许原告诉请撤销设立登记。但根据法律规定,原告单独就该具体行政行为提起行政诉讼并无不合法的地方。法院为了保障第三人的合法利益,应在诉讼中追加第三人,限制原告的诉讼请求不符合法律的规定。

也有观点认为,应仅仅诉请撤销股东身份、执行董事身份、法定代表人身份。原因在于撤销整个设立登记行为,可能会给第三人造成损害。尤其在该设立登记行为已经时间较久远的情况下,诉请撤销股东身份、执行董事身份、法定代表人身份会有利于保护第三人的利益,法院也会更容易受理该类诉讼。在法院裁决撤销股东身份、执行董事身份、法定代表人身份后,市场监督管理部门将依职权责令公司重新登记法定代表人、执行董事、股东。若公司没有在规定期限内办理重新登记,市场监督管理部门可吊销其营业执照。

二、执行相关问题

387. 工商行政确认、工商行政许可诉讼请求获法院支持后,市场监督管理部门不配合办理工商变更登记,原告应如何救济?

请求变更登记的当事人可持判决书要求市场监督管理部门撤销登记。若市场监督管理部门不予变更的,请求变更登记的当事人应向法院申请强制执行,由人民法院向市场监督管理部门发出强制执行通知书。

三、工商行政确认纠纷、工商行政许可纠纷的裁判标准

388. 工商登记审查应适用形式审查标准,还是实质审查标准?

《市场主体登记管理条例》规定,登记机关应当对申请材料进行形式审查。但对此,不仅市场监督管理部门的操作实践不一致,法院的裁判标准也不一致。如对于设立登记、注销登记,登记机关仅要求申请人提供设立、注销材料。股东仅须提供身份证明,不需要到现场查验身份。市场监督管理部门也不会对股东签字的真实性作出审查。反之,在提交股权变更材料时,市场监督管理部门反而会要求转让方、受让方其中一方或转受双方到场进行身份确认。不仅如此,同一地区的不同市场监督管理部门,甚至同一市场监督管理部门的不同办事人员对于同一事项的登记要求都不尽相同,这给统一实践操作造成了极大的不便。

同时,司法实践中,有法院认为工商登记审查应遵循形式审查标准,即市场监督管理部门只需审查申请人是否提交了变更登记所需的材料,而无须对材料的真实性进行审查,如变更登记事项有无违反法律的禁止性规定、申请材料内容之间是否一致等。也有法院认为工商登记审查应遵循实质审查标准。公司登记机关

不仅要审查记载的事项是否符合法律、法规的规定,同时还必须审查内容的真实与否。

笔者认为,单纯地遵循形式审查标准或是实质审查标准均不能有效解决目前工商登记实践以及司法实践的困境,建议工商登记审查应遵循审慎审查标准。审慎审查标准要求市场监督管理部门工作人员在履行职责时应尽到合理的注意义务。所谓"合理的注意义务"是指工作人员对申请人提交的材料应该认真、小心谨慎地审核,以发现申请材料实质内容可能存在的真实性问题,尽职尽责地防止自身行为中各种潜在的风险出现。

遵循审慎审查标准要求从主观上无过错、客观上按照工作人员的知识范围和工作经验对应尽的注意义务是否尽到等来判断市场监督管理部门的核准行为是否存在过错,是否应承担法律责任。

【案例201】设立材料系虚假 冒名股东主张撤销公司登记获支持[①]

原告:周某兴、付某华

被告:江西省南昌市工商行政管理局

诉讼请求:撤销被告对奥特公司的注册登记。

争议焦点:

1. 公司登记行为是否属于人民法院的受案范围;
2. 公司登记行为已达4年之久,原告提起诉讼是否超诉讼时效;
3. 起诉撤销公司设立登记,股东是否为适格主体;
4. 本案注册登记行为是否符合行政诉讼法中关于可撤销具体行政行为的范围。

基本案情:

1997年3月6日,被告审核注册登记奥特公司,并将两原告登记为该公司股东。

2001年9月11日,因奥特公司欠债,两原告被南昌市东湖区人民法院缺席判决对该公司债务承担连带责任。

2001年10月26日,两原告收到该判决书后,才知道自己被人伪造、盗用身份证复印件,并由他人代签"股东"签名,以虚假投资等手段注册登记奥特公司,成为该公司"股东"。

为此,两原告为维护自己的合法权益,于2002年1月21日向南昌市西湖区

[①] 参见江西省南昌市西湖区人民法院周某兴等诉南昌市工商局公司注册登记不当案。

人民法院提起诉讼。

原告诉称：

被告作为企业登记的行政主管机关，应对企业登记申请的真实性进行必要的审查。现其在申请方提供虚假的股东签字，虚假出资的情况下，将两原告登记为股东，并批准该公司的注册登记。其错误登记行为，造成了严重的法律后果。

原告为证明其观点，提交证据如下：

1. 奥特公司工商登记档案中的公司章程、审核表、任职证明、登记申请、股东决议等文件，证明这些文件上两原告的签名均是他人所签。

2. 南昌市公安局西湖分局丁公路派出所对原告周某兴身份证的证明，证明他人将周某兴的身份证变造为周某明的身份证进行工商登记。

3. 奥特公司工商登记档案中银行汇票及信用社证明，证明出资方为江西省温圳粮库南昌办事处，两原告未出资。

4. （2000）东民初字第1318号民事判决书。因奥特公司欠债，两原告被南昌市东湖区法院于2001年9月11日缺席判决对奥特公司的债务承担连带责任。证明被告的具体行政行为即公司登记行为侵犯了他们的合法权益。

5. 两原告于2001年10月26日收到该判决的证明。证明2001年10月26日他们才知道被告将他们列为公司股东。他们于2002年1月21日起诉未超诉讼时效。

诉讼过程中，法院对工商档案文件中两原告的签名委托公安机关鉴定部门进行了鉴定，证实工商档案文件中的签名全为他人所签。

被告辩称：

1. 原告起诉已超过法律规定3个月的诉讼期限；

2. 被告仅有义务对申请人提交的材料进行形式审查。奥特公司向被告提交的变更登记申请材料形式、内容均符合法律要求。被告以此为据作出的具体行政行为合法有效。

律师观点：

1. 公司登记行为是否属于人民法院的受案范围。

《行政诉讼法》第2条规定，"公民、法人或其他组织认为行政机关和行政机关工作人员的具体行政行为侵犯其合法权益，有权依照本法向人民法院提出诉讼"。

所谓的"具体行政行为"是指国家行政机关和行政机关工作人员、法律法规授权的组织、行政机关委托的组织或者个人在行政管理活动中行使行政职权，针

第六章
请求变更公司登记纠纷

对特定的具体事项,作出的有关该公司、法人或者其他组织权利义务的行为。

《公司登记管理条例》第4条①规定,"工商行政管理机关是公司登记机关"。

显然,奥特公司登记行为是被告的具体行政行为。两原告认为被告把他们登记为奥特公司股东的具体行为侵犯他们的合法权益,从而提起诉讼要求撤销公司登记,属于人民法院受案范围。

2. 本案诉讼时效自原告知道具体行政行为之日起算,原告并未超过诉讼时效。

《行政诉讼法》第39条②规定,"公民、法人或者其他组织直接向人民法院提起诉讼的,应当在知道作出具体行政行为之日起三个月内提出。法律另有规定的除外。"

1997年3月6日被告审核注册登记奥特公司,将两原告登记为该公司股东。

因两原告是被他人冒名于1997年3月6日注册为公司股东的,而南昌市东湖区法院2001年9月11日的判决又是缺席判决,在被告没有提供相反的证据情况下,应当认定两原告收到东湖法院判决之日,即2001年10月26日,为知道自己被被告注册为奥特公司股东的日期。两原告于2002年1月21日提起诉讼未超3个月的诉讼时效。

3. 本案注册登记行为应否撤销。

公司被告作为行政登记机关,《行政诉讼法》第54条③规定,具体行为有下列情形之一的,判决撤销或者部分撤销,并可以判决被告作出具体行政行为:

(1)主要证据不足的;

(2)适用法律、法规错误的;

(3)违反法定程序的;

(4)超越职权的;

(5)滥用职权的。

本案中,被告将两原告登记为奥特公司股东的具体行政行为主要证据不足且程序不合法,所依据的全部文件全是冒名的。对此注册登记应当依法予以撤销。

---

① 现为《市场主体登记管理条例》第5条相关内容。第5条规定:"国务院市场监督管理部门主管全国市场主体登记管理工作。县级以上地方人民政府市场监督管理部门主管本辖区市场主体登记管理工作,加强统筹指导和监督管理。"

② 现为《行政诉讼法》(2017年修正)第46条相关内容,其中诉讼时效为6个月。

③ 现为《行政诉讼法》(2017年修正)第70条相关内容,其中在原法条基础上,增加了第6项"明显不当的"。

· 817 ·

法院判决：

撤销被告对原告的注册登记。

【案例202】使用虚假材料设立公司　确认工商登记违法[①]

原告： 韩某麟

被告： 上海市工商行政管理局浦东分局

第三人： 南方分公司

诉讼请求：

1. 确认被告注册登记第三人的行为违法；
2. 判令被告赔偿因违法注册行为造成原告的经济损失26万元。

争议焦点：

1. 被告对设立第三人的材料有无尽到法定审查义务；
2. 原告与第三人之间发生的借贷关系所造成的损失与被告的行政许可行为有无直接关系。

基本案情：

被告于2003年9月2日作出行政登记，批准同意成立第三人，并向第三人核发营业执照。

2006年3月16日，上海市第一中级人民法院作出民事判决，判令第三人偿还26万元债务及相应的利息给本案原告，南方总公司对该债务承担补充还款责任。原告依据该民事判决书申请法院强制执行，法院以第三人及案外人南方总公司无可供执行的财产线索为由中止执行。

事实上，由于案外人南方总公司从未经注册登记，系不存在的民事主体。因此，被告于2008年5月20日作出沪工商浦案处字（2008）第150200810213号行政处罚决定书，撤销了第三人的注册登记。2008年5月22日该行政处罚决定书用公告方式向第三人送达。

原告诉称：

南方总公司未经工商行政管理部门的注册登记，该公司根本不存在。

2003年9月2日被告却作出行政登记，批准同意成立该公司的分公司，即第三人。被告的行政登记行为显然错误。

由于被告错误批准成立第三人，致使原告在与第三人的经济交往中，充分地

[①] 参见上海市浦东新区人民法院（2008）浦行初字第105号行政判决书。

予以信赖,并向第三人出借钱款 26 万元人民币。

之后,双方发生经济纠纷而提起民事诉讼。法院的民事判决判令第三人及案外人南方总公司承担还款 26 万元及相应利息的责任。由于第三人无支付能力,而总公司又根本不存在,造成原告的债权无法实现。出现上述损害,主要是因为被告错误的行政登记行为,使第三人取得分公司的资格,从而赢得原告的信赖。被告的登记行为与原告受到的损害有直接因果关系。

原告为证明其观点,提交证据如下:

1. 上海市浦东新区人民法院(2004)浦民一(民)初字第 11541 号民事判决书、上海市第一中级人民法院(2006)沪一中民一(民)终字第 45 号民事判决书,证明法院判决第三人偿还 26 万元债务及相应的利息给本案原告,案外人南方总公司对该债务承担补充还款责任;

2. 查询证明,经向深圳市工商物价信息中心查询,证明所谓南方总公司未注册登记;

3. (2006)浦执字第 3057 号民事裁定书,证明法院的民事判决因南方总公司不存在而被中止执行,由于被告的过错,给原告造成损失。

被告辩称:

1. 被告注册登记分公司是按照法律规定进行的,并不违法。

1994 年实施的《公司法》第 29 条及《公司登记管理条例》(1994 年)第 42 条规定了被告核准设立有限责任分公司的法定职权依据和适用的法律依据。另外《国家工商行政管理总局关于取消营业执照复印件加盖原登记主管机关公章的审批后有关问题的通知》明确了在登记分公司时取消在营业执照复印件加盖原登记主管机关公章的要求。从上述规定判断,被告仔细审查了第三人设立的材料是否齐全、是否符合法定形式,履行了审慎审查的义务。

2. 原告的损失与被告的登记行为没有因果关系。

原告与第三人的负责人蒋某哲在 2003 年 4 月 10 日发生借款经济往来。此时,第三人还未注册成立,原告的经济损失与被告无关。

被告为证明其观点,提交证据如下:

1. 被告向第三人核发营业执照通知书,证明 2003 年 9 月 2 日作出行政登记,批准同意成立第三人。

2. 2003 年 8 月 11 日第三人企业名称预审核准通知书,证明该公司的名称经被告预审核准。

3. 第三人设立登记申请材料,包括 2003 年 7 月 20 日的名称登记(延期、迁移)申请书、申请承诺书、案外人南方总公司委托蒋某哲办理的委托书、法定代表人为罗某林的分支机构设立登记申请书、申请承诺书、企业负责人履历表(签字备案)、身份证、暂住证、分支机构设立录入单、申请报告、2003年8月8日关于申请撤销原名称登记暨重新申请名称登记的申请书、案外人南方总公司的章程、董事会决议、案外人南方总公司任命蒋某哲的任命书、案外人南方总公司营业执照、第三人住所(经营场所)使用证明、房屋租赁协议、房屋所有权证、场地查看情况表、工商注册登记费专用收据、公司(非公司)登记受理通知书存根、第三人营业执照。证明被告对于第三人的设立是否符合法定形式履行了审慎的审查义务。

4. 2008年5月20日被告作出的沪工商浦案处字(2008)第150200810213号行政处罚决定书,证明被告撤销了第三人的登记。2008年5月22日该决定书进行了公告送达。

5. 2008年1月14日被告对原告韩某麟作的询问笔录,证明该笔钱款是第三人的负责人蒋某哲向原告借的,而且主债务发生在第三人成立之前,即2003年4月10日,与被告的登记行为无关。

针对被告的上述证据,原告认为:

案外人南方总公司并不存在,所以被告核发该公司的分公司无依据,其所依据的证据材料不真实。

律师观点:

1. 关于本案的证据认定。

原告提供的证据材料均是真实的,法院应该予以采信。

被告提供的证据1、2、3号因南方总公司未经注册登记成立,该三组证据材料不具有真实性、合法性,法院不应认定其为有效证据。

2. 本案被告享有批准、登记第三人设立申请的职责。

1994年实施的《公司法》第29条规定,有限责任公司成立后设立分公司,应当由公司法定代表人向公司登记机关申请登记,领取营业执照。

据此规定,被告具有登记分公司的法定职责。被告按照《公司登记管理条例》(1994年)第42条规定的登记程序和设定的条件对申请人提交的材料进行审核,核准登记第三人,并颁发了营业执照。

3. 由于第三人提交虚假的材料,导致被告登记行为错误。因此,被告的该行政行为依法应当确认违法。

《行政许可法》第31条规定,"申请人申请行政许可,应当如实向行政机关提交有关材料和反映真实情况,并对其申请材料实质内容的真实性负责"。国家工商行政管理总局工商企字〔2003〕第14号文取消了在登记分公司时,在营业执照复印件加盖原登记主管机关公章的要求。根据上述法律和规范性文件的规定,被告在审查登记申请材料时,对于材料的形式和实质内容行使了审核和注意义务。①

由于第三人违反法律规定,没有如实向被告提交真实材料、反映真实情况,导致被告作出被诉具体行政行为所依据的证据缺乏真实性、合法性。因此,造成该行政行为错误的主要责任归属第三人。

4. 关于被告是否应当承担赔偿责任的问题。

《国家赔偿法》第2条规定,国家机关和国家机关工作人员违法行使职权侵犯公民、法人和其他组织的合法权益造成损害的,受害人有获得国家赔偿的权利。因此,要取得国家赔偿,必须是国家机关违法行使职权,且该违法行为直接导致当事人的损害,即国家机关的违法行政与当事人的损害有直接的因果关系。

本案原告要求赔偿的损失是其与第三人间发生的借款纠纷。该损害的发生与被诉具体行政行为不存在直接的因果关系。因此,对原告要求国家赔偿的请求不应予支持。

法院判决:

1. 确认被告于2003年9月2日注册登记第三人的行政行为违法;
2. 驳回原告要求国家赔偿的诉讼请求。

【案例203】设立登记岂能形式审　冒名登记被确认无效②

原告: 某晨

被告: 南京市工商行政管理局

第三人: 某亮

诉讼请求: 确认被告将原告登记为博大公司的股东和法人的具体行政行为违法。

争议焦点:

1. 被告对第三人提交的设立登记申请材料负有形式审查的义务还是实质审查的义务;

---

① 根据《市场主体登记管理条例》第19条规定,自2022年3月1日起,登记机关应当对申请材料进行形式审查,下同。
② 参见江苏省南京市白下区人民法院(2002)白行初字第22号行政判决书。

2. 形式审查的义务是否表示可以完全不审查申请材料的真实性。

基本案情：

原告与第三人系兄弟关系。

1997年12月30日，第三人向被告提出申请办理博大公司的有关事项。

1998年1月12日被告批准了博大公司的设立申请，次日领取了企业法人营业执照。

1998年10月20日，吉事达公司向尧化农村信用合作社贷款20万元，博大公司为该项贷款提供了担保。

2001年5月21日，第三人以博大公司总经理的身份到被告处办理了博大公司的年检手续，后第三人因打架被公安部门拘留。因吉事达公司的20万元贷款到期后未还，故信用社将博大公司及原告诉至法院。原告在得知自己是博大公司的法定代表人后非常震惊，向被告提出了书面声明，要求被告认定该项登记行为无效。被告以不对申请材料的真实性负责为由拒绝撤销，要求原告找第三人。但因无法找到第三人，被告未给原告办理相关的手续。

原告诉称：

被告在博大公司注册登记过程中，没有严把审核关，在原告未到场且缺少委托书和验资报告附件等重要资料的情况下，将原告登记为博大公司的股东和法定代表人，给原告造成了名誉损失和精神损害。原告已向被告作出书面声明，提出纠错申请，但没有结果，故向法院提起行政诉讼。

被告辩称：

被告作为公司登记主管机关，主要责任是对申请人提交的申请材料和证明文件是否齐备，以及申请材料和证明文件及其所记载的事项是否符合有关登记管理法律法规的规定进行审查。这种审查是一种书面审查，对材料的真实性所引起的法律后果不负相应的责任。

1997年12月30日，博大公司向被告提出了设立登记申请。当时该公司向被告提交了有关的材料，经对当事人所提供的材料进行审查，被告认为该公司当时已经具备了《公司法》第19条[①]所规定的有限责任公司设立的条件——股东人数达3人，股东出资额达50万元，股东共同制定了公司的章程，公司具备相应的组织机构、经营场所、经营条件和名称。

据此，被告于1998年1月12日批准了该公司设立申请，故原告诉被告对

---

① 现为《公司法》(2018年修正)第23条相关内容。

博大公司股东和法人登记行为无效无法律依据,请求法院驳回原告的诉讼请求。

第三人述称：

第三人是吉事达公司的法定代表人,因吉事达公司要向银行申请贷款,而银行要求有人提供担保,在此情况下第三人申请注册成立公司作担保,因为手头上有原告的身份证复印件,所以就向被告申请注册了博大公司。在办理注册公司时,所需的一切手续都是第三人操办的,提供的相关材料及法定代表签字都是虚假的,第三人在办理这些事情时,没有告诉原告,因此原告对此一无所知。博大公司成立后一直未经营,现第三人因打架被逮捕,失去了人身自由,无法来处理此事。

诉讼中,2002年4月被告对博大公司作出责令改正通知书,第三人向被告打了书面申请报告。2002年5月12日被告依职权将博大公司的法定代表人更换为第三人。

在被告变更具体行政行为后,原告不同意撤诉。

律师观点：

本案第三人虚假注册的博大公司属于一般有限责任公司,其设立应当实行严格准则主义,即作为公司登记主管机关,有责任对申请人提交的有关申请材料和证明文件是否齐全,以及申请材料和证明文件及其所记载事项是否符合有关登记管理法律法规的规定进行审查。

因此被告依据国家工商行政管理局工商企字〔2001〕第67号文件,认为该审查行为只是一种书面的、形式性审查,对材料真实性所引起的法律后果,应当由申请人承担,登记机关不负相应的责任。

依一般形式审查的要求,如果申请人本人不到场,别人代为申请提交的身份证件又不是原件,又没有相应的委托授权证书,其材料的真实性显然不能保证。故应当视为形式上有欠缺,登记管理机关应当不予登记注册。

对公司登记注册申请进行形式性审查,主要是指工商行政管理机关在审查申请材料时,不可能对申请材料所载内容的真实性进行全面审查,但对申请材料本身的真实性可以依一定程序和一定形式给予保证,以减少虚假登记的发生。

因此,在本案审理中,对被告依据工商局行政规章所作出的关于形式性审查的解释不应予采信。本案被告作为公司登记机关有责任认真、全面地审查当事人的申请材料。本案中的第三人采取欺骗手段,向被告提供不真实资料。而被告在原告本人未到场及没有原告身份证原件的情况下,只进行了一般的书面审查,未进行认真严格的审查,给博大公司发了企业法人营业执照,导致原告成为博大公司的法定代表人和股东,并成为民事案件的被告。因此给原告名誉和精神都造成了影响,对此被告负有一定的责任。被告积极纠错行为值得提倡,但原告未撤诉,法院仍应当依法判决。本案主要过错在第三人。

在诉讼期间,被告已经变更了具体行政行为,将博大公司的法定代表人变更为第三人。这种积极纠错的行为值得提倡,但未能得到原告的谅解。法院仍应当依法判决。

法院判决:

确认被告将原告登记为博大公司的股东和法人的具体行政行为违法。

389. 对于股东、法定代表人的变更登记应遵循什么审查原则?应该审查哪些内容?

股东、法定代表人的变更登记是一种行政确认行为。

行政确认性质的行政登记属于对既有的法律关系的记载。登记行为只不过是以原有的法律关系为基础的一个附加行为,不会产生权利义务关系从无到有的变化,但却能加强原有的法律关系,如使原有的法律关系的变动得到国家的认可,或者使原有的法律关系具有相应的公示、公信效力等。由于行政确认行为是行政机关依相对人申请而实施的行政行为,这就决定了行政机关在办理行政确认登记申请时,只负形式审查的义务,即是否给予相对人行政登记取决于相对人的申请是否符合法律规定的条件。

因此,对于股东、法定代表人的变更,应遵循形式审查标准,但在必要的时候应当坚持审慎审查标准。

如公司法定代表人的审查应当遵循形式审查,行政机关无须对法定代表人的任职资格进行登记审查,但是对于《公司法》、行政法规、公司章程规定的任职条件负有审慎审查义务和合理注意义务。具体如下:

(1)《公司法》规定,担任因违法被吊销营业执照、责令关闭的公司、企业的法定代表人,并负有个人责任的,自该公司、企业被吊销营业执照之日起未逾3年,不得担任法定代表人。市场监督管理部门对此应当熟悉,负有审慎审查义务和合理注意义务。

(2)对于行业主管部门,如证监会、银保监会等,对抄告的任职资格受到限制的法定代表人,负有审慎审查义务和合理注意义务。

(3)对第三人已经向市场监督管理部门举报或登记机关通过其他途径知晓

拟任法定代表人可能存在限制任职情形的,行政机关负有审慎审查义务和合理注意义务。

【案例204】未审查任职决议合法性　法定代表人变更被撤销[①]

原告:徐某

被告:上海市工商行政管理局

第三人:博大公司

诉讼请求:撤销被告核准第三人法定代表人由原告变更为案外人邵某红,住所地变更为本市某路201-209号803室的具体行政行为。

争议焦点:

1. 被告是否应对第三人法定代表人变更的股东会决议的议事方式和表决程序的合法性进行审查;

2. 诉讼中,第三人的原法定代表人即原告涉嫌职务侵占罪被刑事拘留,丧失担任法定代表人的资格,对于原告提起的要求撤销变更法定代表人的诉讼请求应如何处理。

基本案情:

第三人股东为金环公司和新富公司,第三人原法定代表人、执行董事为原告,系新富公司委派。

2003年3月24日,第三人召开股东会,会议由金环公司派员主持。会议作出决定,免除原告担任第三人的法定代表人和执行董事职务,任命邵某红为第三人的法定代表人及执行董事,并将公司章程中法定代表人姓名作相应调整。原告及新富公司均未出席。

同年4月18日,第三人在《上海法治报》刊登公告,声明其营业执照正、副本灭失。

同月25日,第三人向被告提交企业法人变更登记申请材料,申请变更法定代表人及公司住所地。

被告受理申请后,于同日作出核准第三人法定代表人由原告变更为案外人邵某红、住所地变更为本市某路201-209号803室的具体行政行为。

原告后向上海市人民政府提出行政复议,上海市人民政府于2003年9月29日作出维持原具体行政行为的复议决定。

[①] 参见上海市第一中级人民法院(2004)沪一中行终字第38号行政判决书。

原告诉称：

原告及第三人另外一位股东新富公司均未收到股东会会议通知并出席会议。第三人提交的用于变更法定代表人的变更申请书、股东会决议、公司章程等申请材料中的印章与第三人的原印章不一致。第三人提交的变更登记材料系伪造，被告没有履行其应有的审查义务，即作出核准变更的具体行政行为，系非法行政行为，应予以撤销。

被告辩称：

被告仅有义务对申请人提交的材料进行形式审查。第三人向被告提交的变更登记申请材料形式、内容均符合法律要求。被告以此为据作出的具体行政行为合法有效。

一审认为：

被告主管本市公司登记工作，有权受理第三人提出的变更登记申请。第三人提交的变更申请书、股东会决议、公司章程等申请材料中的印章与原公司的印章不一致。被告在审核申请材料时未就印章的一致性进行形式审查，作出的变更登记形式上不合法。

金环公司未证明原告没有或不能履行第三人法定代表人的职责。其单方召开股东会、形成单方决议并向被告申请变更法定代表人违反《公司法》及《企业法人法定代表人登记管理规定》①等关于召开股东会的规定。

一审判决：

撤销被告于 2003 年 4 月 25 日作出核准第三人变更登记的具体行政行为。

被告及第三人不服一审判决，向上级人民法院提起上诉。

被告上诉称：

1. 被告对企业登记申请材料只进行形式审查，而申请材料中公司印章的真实性属实质审查内容。新富公司来函亦未表示公司印章是伪造的，故被告对此不应承担责任。

2. 被告无权对公司股东会程序是否合法、股东会决议是否有效作出确认，故原判要求其证明原告没有或不能履行职务缺乏法律依据。原告未出席由金环公司提议召开的股东会，已经证明其不履行职责，故金环公司召开股东会并作出相关决议符合《公司法》及《企业法人法定代表人登记管理规定》。请求二审法院撤销原判，依法维持其核准变更登记的具体行政行为。

---

① 该规定于 2022 年 3 月 1 日起失效，《市场主体登记管理条例》于同日起施行。

第六章
请求变更公司登记纠纷

第三人上诉称：

1. 其向被告申请变更工商登记符合《企业法人法定代表人登记管理规定》；

2. 工商机关并无对公司印章真实性予以审查的法定义务；

3. 原告从未召开过第三人的股东会,已严重损害了股东权益,据此金环公司召集股东会并作出相关决议在实体上和程序上均符合法律规定,应为有效,请求二审依法改判。

原告二审辩称：

1. 被告在受理变更登记之前,新富公司已发函表示公司股东有纠纷,且公司印章的刻制有特别规定,被告未进行有效的形式审查,对此不予理睬；

2. 金环公司出资不实,其作为第三人股东是虚设的,且金环公司自身主体亦存在问题。一审判决正确,请求二审予以维持。

二审审理期间,上海市公安局徐汇分局因原告涉嫌职务侵占罪,根据上海市公安局徐字102716号拘留决定,于2004年5月31日对原告执行刑事拘留。

律师观点：

1. 一审判决认定事实、适用法律并无不当。

根据《行政诉讼法》第5条①的规定,"人民法院审理行政案件,对具体行政行为是否合法进行审查"。原审法院在查明本案事实的基础上,认定被告未依照《公司法》《公司登记管理条例》《企业法人法定代表人登记管理规定》及第三人章程的规定程序进行变更登记,并无不当。

2. 因二审期间原告被刑事拘留,二审法院应当予以改判。

鉴于本案原告于二审期间因涉嫌职务侵占犯罪而被公安机关刑事拘留,根据《企业法人法定代表人登记管理规定》第4条②的规定,"有下列情形之一的,不得担任法定代表人,企业登记机关不予核准登记：……（二）正在被执行刑罚或者正在被执行刑事强制措施的"。原告已不符合继续担任第三人法定代表人的法定条

---

① 现为《行政诉讼法》（2017年修正）第6条相关内容。

② 现为《市场主体登记管理条例》第12条相关内容。第12条规定："有下列情形之一的,不得担任公司、非公司企业法人的法定代表人：（一）无民事行为能力或者限制民事行为能力；（二）因贪污、贿赂、侵占财产、挪用财产或者破坏社会主义市场经济秩序判处刑罚,执行期满未逾5年,或者因犯罪被剥夺政治权利,执行期满未逾5年；（三）担任破产清算的公司、非公司企业法人的法定代表人、董事或者厂长、经理,对破产负有个人责任的,自破产清算完结之日起未逾3年；（四）担任因违法被吊销营业执照、责令关闭的公司、非公司企业法人的法定代表人,并负有个人责任的,自被吊销营业执照之日起未逾3年；（五）个人所负数额较大的债务到期未清偿；（六）法律、行政法规规定的其他情形。"

件。而撤销被告核准变更登记行政行为将至原告继续担任第三人法定代表人。

故法院应根据这一实际情况予以改判。

法院判决：

1. 撤销一审判决；

2. 驳回原告要求撤销被告2003年4月25日核准第三人变更登记具体行政行为的诉讼请求。

【案例205】私章与预留印鉴明显不一致　未尽审查义务股东登记被撤销[①]

原告：李某华

被告：海南省洋浦经济开发区工商行政管理局

第三人：李某宙、陈某桦、张某永

诉讼请求：撤销被告于2001年12月24日作出的光华公司股东变更登记的行政行为。

争议焦点：

1. 被告进行股东变更登记时，对申请人提交的材料是应该进行形式审查还是实质审查，即是否应当审查材料的真实性；

2. 原告称变更登记材料中的股权转让协议是伪造的，是否应提起民事诉讼确定其效力，能否提起行政诉讼要求被告撤销行政行为，在民事诉讼未确认前，行政诉讼是否应中止；

3. 《股权转让协议》中所盖的转让人私章与留存于被告处的印鉴明显不一致，是否需要进行司法鉴定确认。

基本案情：

被告原名洋浦公司，1998年3月，公司注册资本为500万元人民币。其中第三人李某宙出资400万元，占80%股份，原告出资100万元，占20%股份。

1999年10月26日，经被告核准登记，洋浦公司更名为光华公司，注册资本增加为5000万元。其中第三人李某宙出资4000万元，占80%股份，原告出资1000万元，占20%股份。

2001年12月24日，光华公司通过2001年的企业工商年检。年检报告中公司的股东和股东所持的股份均没改变。

同日，第三人陈某桦持登记注册委托书到被告处申请办理光华公司股权变更

---

① 参见海南省洋浦经济开发区中级人民法院(2002)浦中行终字第1号行政判决书。

登记。

被告经审查后,认为上述申请材料合格,遂同意光华公司的股东由第三人李某宙和原告变更为第三人陈某桦和第三人张某永,并办理了核准登记手续。

第三人陈某桦所提交的变更材料中,第二次股东会决议的股东为第三人陈某桦、第三人张某永,时间为2001年12月21日;股权转让协议上均盖有第三人李某宙、原告、第三人陈某桦、第三人张某永4人的私章,但没有签名,时间为2001年12月21日。

2002年3月18日,原告得知其股东被变更后,于3月28日向被告提交《复议申请书》,被告未予书面答复,因而成讼。

原告诉称:

原告作为光华公司股东,从未在任何股权转让协议上签章,也从未申请过有关光华公司的股东工商变更。在办理股权转让时,原告也并不在被告处。

第三人陈某桦提交的《股权转让协议》中所盖的原告的私章与签订于1998年2月28日的《股份转让协议》上所盖的原告的私盖明显不一致。后一份《股权转让协议》备案于被告处。被告未尽到审查义务,依据虚假的材料进行工商变更登记,严重损害了原告的利益;而且在原告向被告提交《复议申请书》之后,被告仍一直未予以书面答复。

被告辩称:

1. 被告没有审查申请人提交的申请材料真实性的义务,仅需对相应材料进行形式审查即可;

2. 申请人提交的材料齐全,形式、内容均符合法律规定,被告尽到了审查义务,作出的具体行政行为在程序上和实体上都是符合法律要求的;

3. 原告称材料中的股权转让协议为伪造的,应提起民事诉讼确定其效力,而不应当提起行政诉讼要求被告撤销行政行为。

被告为证明其观点,提交证据如下:

1. 被告于1998年3月9日作出的公司变更登记表;

2. 洋浦宇宙进出口公司提交的公司变更登记申请表以及有关材料;

3. 光华公司2001年度公司年检报告书;

4. 光华公司提交的公司变更登记申请书;

5. 第二次股东会议决议;

6. 有限责任公司章程;

7. 第二次董事会决议;

8. 光华公司董事会成员名单；

9. 第三人陈某桦、第三人张某永、第三人李某宙等3人身份证复印件；

10. 登记注册委托书。

第三人李某宙辩称：

原告的起诉已超过诉讼时效。

一审认为：

1. 讼争具体行政行为属可诉的具体行政行为。

被告作为行政机关，根据法律、法规的规定，其有权对公司的变更事项作出核准登记或不予登记。

被告根据当事人提出的申请对光华公司的股东作出核准变更登记，这一行为属行政管理行为。

《最高人民法院关于执行〈行政诉讼法〉若干问题的解释》第1条第1款规定，"公民、法人或者其他组织对具有国家行政职权的机关和组织及其工作人员的行政行为不服，依法提起诉讼的，属于人民法院行政诉讼的受案范围"。根据这一规定，被告作出的核准股东变更登记的行为是一种可诉的具体行政行为。

被告作出的该变更登记行为，依《公司登记管理条例》的规定，并不必经过行政复议这一前置程序，当事人既可提出行政复议，也可以提起行政诉讼，故当事人有选择权。现当事人提起诉讼，法院可以直接受理。

2. 被告未尽到审查义务，作出行政行为所依据的事实缺乏证据支持，据此作出的具体行政行为应被撤销。

对于本案被告作出股东变更登记所依据的事实问题，法院认为，行政机关作出行政行为所依据的事实应该客观、真实，且有证据予以证实，行政机关的行政行为才具备合法性的基础，同时，适用法律要正确，程序应该合法否则具体行政行为必然违法。

《公司登记管理条例》（1994年）第24条规定，"公司申请变更登记，应当向登记机关提交如下文件：（一）公司法定代表人签署的变更登记申请书；（二）依照公司法作出的变更决议或者决定；（三）公司登记机关要求提交的其他文件。公司变更登记事项涉及修改公司章程的，应当提交修改后的公司章程或者公司章程修正案"。

《公司法》（1999年修正）第35条第2款、3款规定，"股东向股东以外的人转让其出资时，必须经全体股东过半数同意，不同意转让的股东应当购买该转让的出资，如果不购买该转让的出资，视为同意。经股东同意转让的出资，在同等情况下，其他股东对该出资有优先购买权"。

《公司法》(1999年修正)第38条第10项规定，对股东向股东以外的人转让出资作出决议，系由股东会行使的职权。

在本案中，光华公司申请股东变更登记，其向被告提交了有关材料，但所提交的材料中，并没有依照《公司法》作出的变更决议即原股东关于股东转让出资而作出的决议等材料。尽管有《股权转让协议》，但在该协议中盖有的原告的印鉴与原告于1998年受让股权时所留在档案材料中的印鉴字体和笔画相去甚远，明显不一样。

另外，原告既否认其签订过股权转让协议，又否认办理股权转让时在场，被告对此又未能提供证据予以证明。因此，被告仅凭股权转让协议就确认光华公司股权转让的事实成立，是缺乏主要证据予以证实的。

原告的诉讼理由成立，其诉讼请求合理，应予支持。

3. 第三人李某宙提出原告的起诉已超过诉讼时效没有事实依据，法院不予支持。

一审判决：

撤销被告于2001年12月24日作出的光华公司股东变更登记的行政行为。

被告不服一审判决，向上级人民法院提起上诉。

被告上诉称：

1. 被告对光华公司提交的股东变更申请材料的真实性不负有审核义务，一审判决对此义务承担主体的认定错误。

《公司登记管理条例》(1994年)第10条明确规定"登记事项符合法律、行政法规的规定"即可，并未规定登记机关对登记事项的真实性负有审核义务。

同时国家工商局工商企字(2001)批67号文也明确规定，"申请人提交的申请材料和证明文件是真实的责任应由申请人承担……登记主管机关不承担相应责任"。基于上述法律规定及其客观实际情况，被告不负有对申请材料真实性的审核义务。

本案中，光华公司于2001年12月24日向被告提交了公司变更登记申请书、股东会议决议、第二次股东会决议、股权转让协议等9份文件，上述申请和证明文件符合《公司登记管理条例》(1994年)第24条之规定，材料齐备，内容合法，适用法律正确，程序合法。被告已认真负责地履行了其相应的审核义务，其行政行为并无不当之处，理应予以维持。

2.《股权转让协议》中的原告印鉴的真实性既未经民事诉讼确认，也未经司法鉴定确认,一审法院直接认定《股权转让协议》无效,属事实认定不清。

一审判决认定《股权转让协议》中盖有的原告印鉴与原告于1998年转让股权时留在档案中的印鉴明显不一样,并由此认定该股权转让协议不能真实确认光华公司股权转让的事实。一审判决的该项认定无任何鉴定结论作为依据,仅凭主观臆断,不符合《行政诉讼法》第31条有关证据之规定,不能作为定案依据。

被告认为,对于原告印鉴与预留印鉴不符的情况,存在2种可能性:

(1)该印鉴系伪造;

(2)原告自行更换了印鉴又未进行变更登记。

一审判决没有认定究竟属哪一种情况。

如属后一种情况,只要原告亲自加盖,且是原告的真实意思表示,该印鉴即使与预留印鉴不符,《股权转让协议》《股东会决议》也是真实有效的。

一审判决在无绝对排他性证据的前提下,简单地以印鉴不符为由认定《股权转让协议》无效,属事实认定不清,理应撤销。

在无任何民事判决或司法鉴定结论否定《股权转让协议》的真实性之前,该协议当然真实合法有效。在民事诉讼确认《股权转让协议》印鉴真实性之前,本案应中止审理。

被告二审申请两位证人出庭作证:

1. 证人杨某出庭以证实原告在进行变更登记的当天在场。证人杨某证实说他于2001年12月24日上午9时左右看到原告与第三人李某宙正在工商局里面,具体办什么手续不清楚。

2. 证人柯某华出庭以证实原告在光华公司变更登记后知此情况。证人柯某华证实说他听黄某星说光华公司被第三人李某宙转让了。

原告二审辩称:

一审认定事实清楚,适用法律正确,应予维持。

第三人称: 原告的起诉已超过诉讼时效。

针对被告的上述证人证言,原告认为:

1. 2001年12月24日,原告和第三人李某宙、第三人陈某桦到被告处办理了年检手续。也就是说原告的确在当天到过被告处,但并非办理股权变更登记。

2. 黄某星在一审时曾明确说明其并不知道讼争事项,因此柯的证言不能采信。

第六章
请求变更公司登记纠纷

律师观点：

1. 一审法院认定讼争具体行政行为属可诉具体行政行为正确。

工商行政管理机关对公司进行变更登记的行政行为属于可诉的具体行政行为。原告对被告的这一具体行政行为不服提起行政诉讼，原审法院具有管辖权。第三人认为原告的起诉已超过诉讼时效，但没有提供相应的证据证实，原审法院予以受理是正确的。原审法院公开开庭审理这一行政诉讼，程序合法。

2. 被告应尽材料真实性审查义务。

被告称其对申请人所提供的材料的真实性不负审核义务，并提供了国家工商行政管理局工商企字〔2001〕第67号文作为依据。该文明确指出"登记主管机关的责任是对申请人提交的有关申请材料和证明文件是否齐全，以及申请材料和证明文件及其所记载的事项是否符合有关登记管理法律法规的规定进行审查。因申请材料和证明文件不真实所引起的后果，登记机关不承担相应的责任"。

工商登记机关既然要审查记载的事项是否符合法律法规的规定，就必须审查内容的真实与否。

原判认定被告对申请人提供的材料的真实性负有审核义务，符合法律精神，是正确的。

3. 两份证人证言的证据效力不应予以认定。

关于两位证人的证言，这两位证人的证言不属被告为具体行政行为时已经收集但因不可抗力所不能提供的证据，依照《最高人民法院关于执行〈中华人民共和国行政诉讼法〉若干问题的解释》（以下简称《解释》）第28条[①]的规定，不应作为补充证据对待。

从证言的真实性看，证人杨某证实说他于2001年12月24日上午9时左右看到原告与第三人李某宙正在工商局里面，具体办什么手续不清楚。而当天原告和第三人李某宙、第三人陈某桦又到被告处办理了年检手续。因此，证人杨某的证言不能充分证实原告在办理变更登记时在场。证人柯某华证实说他听黄某星说光华公司被李某宙转让了。但黄某星在一审时明确说明其并不知道这回事，因此柯的证言不能采信。

同时，这两份证人证言是第一审阶段所没有提交的证据，依照《解释》第31条

[①] 现为《行政诉讼法》（2017年修正）第36条相关内容。

第 3 款①的规定，即使这两份证据真实可靠，但为了保护具体行政行为的相对人（处于弱势）的权利，也不能作为撤销或变更一审判决的依据。

因此对两份证人证言的证据效力不应予认定。

4.《股权转让协议》中原告印鉴与备案于被告处的印鉴明显不同，行政诉讼中无须进行鉴定。

被告称，原判认定《股权转让协议》中所盖的原告的印鉴与原告于1998年转让股权时留在档案材料中的印鉴明显不一样，没有任何鉴定结论作依据，是凭主观臆断。

但两个印鉴的字体和笔画相差甚远、一目了然时，并不需要鉴定。被告的这一上诉理由没有事实依据和法律依据。

被告称本案应该依民事诉讼程序提起确认之诉，并要求先中止本案的审理，待原告或第三人以民事诉讼的方式对《股权转让协议》的真实性、有效性予以确认以后，再行恢复对本案的审理。

人民法院审理行政案件，以法律和行政法规、地方性法规为依据，同时参照国务院部、委根据法律和国务院的行政法规、决定、命令制定、发布的规章以及省、自治区、直辖市和省、自治区的人民政府所在地的市和经国务院批准的较大的市的人民政府根据法律和国务院的行政法规制定、发布的规章。

5. 被告进行变更登记过程中存在违反法定程序的行为。

第三人陈某桦在向被告申请变更股权时，没有依照《公司登记管理条例》（1994年）第24条的规定提供完整的申请文件，即没有股东会对股东向股东以外的人转让出资而作出的决议，而被告就予以进行变更登记，没有法律依据，其所为的行政行为没有充足的证据，没有做到依法行政。尽管有《股权转让协议》，但它不是也不能代替股东会作出的决议。

被告在一审期间也没有提供证据证实其在收到全部申请文件后，向申请人发给了《公司登记受理通知书》，也没有提供证据证实在核准登记后将核准登记的事项记载于公司登记簿上。因此，被告的行为违反了《公司登记管理条例》（1994年）第24条、45条第1款、47条的规定，即违反法定的变更注册程序。

依照《行政诉讼法》第54条②第2项第1目、3目的规定，应当撤销该具体行政行为。

---

① 现为《最高人民法院关于适用〈中华人民共和国行政诉讼法〉的解释》第35条相关内容。
② 现为《行政诉讼法》（2017年修正）第70条相关内容。

法院判决：

驳回上诉，维持原判。

390. 在办理工商变更登记中，如果公司拟进行变更的内容已由股东会表决通过，但部分小股东未在股东会决议上签字，市场监督管理部门是否会受理变更登记材料？如果市场监督管理部门未进行变更，股东能否提起行政诉讼？

市场监督管理部门按照变更登记的形式审查要求，应对表决权达到法定要求的股东会决议事项予以变更。但是，实践中会有以下两种做法：

（1）市场监督管理部门以股东未全部签字为由，拒绝对部分股东未签字的股东会决议所记载的事项予以变更，只有收到全体股东都签字的股东会决议才准予进行变更；

（2）市场监督管理部门可以部分股东未签字、但已达到表决权要求的股东会决议为依据，进行变更登记，但是该股东会决议须经过公证或者律师见证，且与该股东会会议相关的召集、召开、主持的流程均须经过公证或律师见证，以表明该股东会决议在程序上没有瑕疵。

股东以市场监督管理部门未变更股东会决议内容为由提起行政诉讼的诉讼风险较大。此时，股东可以以股东会决议为依据提起变更之诉，要求公司对股东会决议内容进行变更；若公司不配合办理变更，股东可申请法院强制执行。

【案例206】尽责调查会议决议个别股东未签字　决议内容仍可变更[①]

原告： 冯某中

被告： 佛山市禅城区工商行政管理局

第三人： 盈科公司

诉讼请求： 撤销被告于2006年4月10日核准将第三人法定代表人变更为洪某阳的登记。

争议焦点：

1. 被告并非第三人设立行为的登记机关，能否作为本案的适格主体；

2. 被告是否已尽到全面审查义务，原告未在股东会决议上签字，是否影响该股东会决议作为变更法定代表人的依据；

3. 第三人另一股东是否必须参加本案，其未参加庭审，庭审程序是否存在瑕疵。

---

① 参见冯某中与佛山市禅城区工商行政管理局工商行政登记纠纷案。

基本案情：

第三人注册资本为100万元。第三人原登记机关是佛山市工商行政管理局，但该局下发的佛工商〔2005〕2号文件，对原在佛山市工商行政管理局登记、经营住所在禅城区的、注册资本500万元以下的有限责任公司的变更、注销等登记权限已经规定由被告行使。

2006年2月22日，第三人召开股东会，股东之一时任第三人的法定代表人原告主持会议，后因故离开会场。此后，股东会作出了决议及《盈科公司章程修正案》《盈科公司董事、监事任免职书》《盈科公司董事长、法定代表人、经理任免职书》，到会股东除原告外均在签名册签名。

2006年3月2日，第三人向被告递交《公司变更登记申请书》等材料申请变更公司原法定代表人原为洪某阳。

被告审查了第三人提交的材料后，于2006年3月8日向原告发出通知，征询其对第三人变更法定代表人是否有异议。

同年3月10日，原告答复不同意第三人此次申请变更法定代表人。

同年3月22日，原告到被告处查阅第三人申请变更登记资料时，被告对原告作了询问笔录。

在原告提出异议的情况下，次日，被告又找第三人占78%表决权的其他股东（洪某阳、涂某进、罗某方、刘某梅、陈某、刘某平、陈某英、陈某荣）——核实股东会决议及其他申请材料的真实性，作了调查笔录。在其他股东均确认股东会决议及其他申请材料真实合法。

同日，被告对第三人的申请作出了《受理通知书》。

同年3月29日，被告作了《申请材料核实情况报告书》。

同年4月10日，被告根据《公司变更登记审核表》作出佛禅核变通内字〔2006〕第0600296697号《核准变更登记通知书》。

同日，被告通知第三人带原企业法人营业执照正本和编号为2-1的副本到该局登记注册，换取新核发的营业执照。因第三人营业执照在原告手中，当日第三人向被告提交《关于盈科公司不能缴回原企业法人营业执照正本及副本(2-1)说明》。

同月14日，被告向原告发出通知，要求其将第三人营业执照正本及副本(2-1)交回该局登记注册。原告逾期未能缴回上述营业执照，被告在《佛山日报》刊登该营业执照正本及编号为副本(2-1)作废的公告。

同年4月19日，第三人法定代表人洪某阳在被告的《企业登记颁证及归档记录表》上签名签领了新的营业执照。

原告诉称：

2006年2月22日，第三人作出的股东会决议系无效决议，原告从未在该决议上签字。

被告依据第三人提交的无效股东会决议作出的工商变更登记显然是错误的，应予以撤销。

被告辩称：

第三人提交的工商变更登记材料齐全，内容合法。被告对其尽到了审查义务，并依程序作出了受理通知书，同时对原告、第三人部分股东进行了调查核实。

同时因原告逾期未缴回第三人原企业法人执照，被告依照《公司登记管理条例》(2005年修订)第64条第3款的规定，刊登公告声明第三人原企业法人营业执照作废，并于2006年4月19日，向第三人核发了变更后的营业执照。

被告作出工商变更登记的依据合法，程序正确。依法应予以维持。

一审认为：

本案的行政争议焦点是被告于2006年4月10日核准登记第三人法定代表人变更是否合法。

1. 原告以自己没有在股东会议签名册签名，主张决议无效，理据不足，于法无据，应予驳回。

根据《公司登记管理条例》(2005年修订)第4条和第8条的规定，被告有办理公司登记的职责，其主体适格。

2006年2月22日第三人召开股东会作出了决议、公司章程修正案、公司董事、监事任免职书、公司董事长、法定代表人、经理任免职书，上述事实有到会股东签名册签名和被告对原告、第三人到会股东的调查笔录的内容证实。依照《公司法》(2005年修订)第44条第2款"股东会会议作出修改公司章程、增加或者减少注册资本的决议，以及公司合并、分立、解散或者变更公司形式的决议，必须经代表三分之二以上表决权的股东通过"的规定，该股东会通过的决议、公司章程修正案、公司董事、监事任免职、公司董事长、法定代表人、经理任免职符合法律规定。

2. 被告对第三人变更法定代表人的登记事实清楚，证据确实充分，适用法律法规正确、程序合法，应予维持。

依照《公司登记管理条例》(2005年修订)第30条"公司变更法定代表人的，应当自变更决议或者决定作出之日起30日内申请变更登记"的规定，第三人于2006年3月2日填写《公司变更登记申请书》和出具《指定代表或者共同委托代理人的证明》《公司法定代表人登记表》《公司董事、监事、经理情况》，以及公司决议、公司章程修正案、《公司董事、监事任免职书》《公司董事长、法定代表人、经理任免职书》等相关资料，向被告申请变更公司法定代表人。

被告依照该条例第 52 条的规定，于 2006 年 3 月 22 日对第三人的申请作出了受理通知书，同时对原告、第三人部分股东进行了调查核实。

2006 年 4 月 10 日，被告对第三人发出佛禅核变通内字〔2006〕第 0600296697 号《核准变更登记通知书》，核准了第三人变更法定代表人的申请。因原告逾期未缴回第三人原企业法人执照，被告依照《公司登记管理条例》（2005 年修订）第 64 条第 3 款的规定，刊登公告声明第三人原企业法人营业执照作废。并于 2006 年 4 月 19 日，对第三人核发了变更后的营业执照，其行政程序合法。

一审判决：

维持被告于 2006 年 4 月 10 日核准将第三人法定代表人变更为洪某阳的登记。原告不服一审判决，向上级人民法院提起上诉。

原告上诉称：

1. 原审没有通知第三人股东涂某进等参加诉讼错误。

2. 原审判决认定第三人 2006 年 2 月 22 日股东会决议合法有效是错误的，该股东会议既未涉及选举和更换董事问题，也没有形成任何决议。

被告二审辩称：

原审认定被诉具体行政行为合法所依据的事实清楚，适用法律正确，程序合法，请求二审法院予以维持。

第三人在二审期间未进行答辩。

律师观点：

1. 被告的行政主体资格合法。

根据《公司登记管理条例》第 4 条、8 条[①]的规定，除须由国家工商行政管理总局及省工商行政管理局负责登记的有限责任公司以外，被告对本辖区内的其他有限责任公司具有行政登记的职权。第三人向被告申请的是变更法定代表人行政登记，根据《公司登记管理条例》第 26 条[②]的规定，应当向原公司登记机关申请变更登记。

根据佛山市工商行政管理局下发的佛工商〔2005〕2 号文件，第三人法定代表

[①] 现为《市场主体登记管理条例》第 5 条相关内容。
[②] 现为《市场主体登记管理条例》第 24 条相关内容。

第六章
请求变更公司登记纠纷

人变更应由被告进行登记,被告的行政主体资格合法。

2. 原审判决认定事实清楚,证据充分,适用法律正确。

被告在接受第三人的申请后,经审核向第三人发出了受理通知书,对有关申请文件、材料进行了核实,作出了核准变更登记决定并告知申请人,同时告知申请人换发营业执照,在申请人说明无法交回营业执照的情况下登报申明第三人原营业执照作废,并为其换发了变更后新的营业执照,其行政程序符合《公司登记管理条例》第8章的规定。

本案中,第三人申请法定代表人变更提交的申请材料齐全,符合《公司登记管理条例》第27条、国家工商行政管理总局《企业法人法定代表人登记管理规定》第6条①及《内资企业登记表格和内资企业登记申请提交材料规范》的有关规定。

被告在接受第三人申请材料后,向原法定代表人原告发出通知,询问其对第三人变更法定代表人的意见。在其提出异议的情况下,被告又找第三人占78%表决权的其他股东——核实股东会决议及其他申请材料的真实性。在其他股东均确认股东会决议及其他申请材料真实合法的情况下,依照《公司登记管理条例》的规定作出变更登记。被告已经尽到了行政审查核实的义务,其作出的被诉行政登记行为认定事实清楚,证据确凿,适用法律法规正确。原告对股东会决议的效力有异议,可依照《公司法》第22条的规定主张自己的权利。

综上,原审判决认定事实清楚,证据充分,适用法律正确,应予维持。

3. 原告认为原审未通知第三人股东参加诉讼程序违法不成立。

本案所诉的是工商行政登记行为,并非股权纠纷。第三人的股东虽与本案被诉的具体行政行为有一定利害关系,但其不是本案必须参加诉讼的当事人,人民法院可以不通知其参加诉讼。原审法院已依法通知应当参加诉讼的当事人第三人参加诉讼,其审判程序符合法律规定,原告的上诉意见法院不应予以采纳。

法院判决:

驳回上诉,维持原判。

391. 若登记事项仅须形式审查,市场监督管理部门是否完全不需要对真实性负责?

按照形式审查原则,市场监督管理部门不需要对真实性负责,但是在以"常人

---

① 上述两规定均已于2022年3月1日失效,有关申请材料的规定详见于《市场主体登记管理条例》第16条相关内容。

标准"可以判别真伪的情况下,市场监督管理部门应该要对真实性负审慎的审查义务。"常人标准"是指市场监督管理部门在审查申请材料时,以肉眼可识别为限,主要的识别方式为文件比对。

【案例207】法定代表人变更材料虚假　工商行政登记被撤销[①]

原告: 徐某如

被告: 上海市工商行政管理局浦东新区分局

第三人: 普联公司

诉讼请求: 撤销被告作出的法定代表人变更登记行为。

争议焦点: 被告依据虚假材料作出的具体行政行为,但申请材料齐全、符合法定形式的,能否认定被告尽到审慎审查职责。

基本案情:

第三人法定代表人为原告。

而后第三人向被告提交股东会决议、董事会会议和公司章程修正案等申请材料,申请变更公司法定代表人为李某东,被告予以变更。

原告诉称:

第三人从未就变更法定代表人事宜召开董事会议和股东会议,并且申请材料中涉及原告的签名均非本人所签,遂以此为由向法院提起行政诉讼,要求撤销被告的变更登记行为。

被告辩称:

第三人提交的材料齐全、符合法定形式,自己并非专业鉴定人员,无法对签名的真实性作出正确判断,因此驳回原告诉讼请求。

律师观点:

被告未尽到审慎审查职责,且据以作出具体行政行为的申请材料系虚假,属于主要证据不足。

被告在审查申请材料时,对于材料的形式和实质内容均有谨慎审核和注意义务,而第三人违反法律规定,没有如实提交真实材料、反映真实情况,向被告提交虚假申请材料,导致被告作出被诉具体行政行为所依据的证据缺乏真实性、合法性,属于主要证据不足,该具体行政行为依法应予撤销。

法院判决:

判决撤销被告的变更登记。

[①] 参见上海市第一中级人民法院行政判决书(2006)沪一行终字第62号行政判决书。

392. 如何理解市场监督管理部门"怠于履行行政义务"？

主要表现为以下五种情形：

(1) 拒绝作为，指对行政相对人的申请明确予以拒绝，故属于完全程度的怠于履行行政义务。例如，对于申请人符合条件的公司登记申请，市场监督管理部门予以拒绝，作出不予核准登记的行政决定。

(2) 不予答复，指对行政相对人的申请，既不履行作为义务，也不明确予以拒绝。例如，对于申请人提交的公司登记申请，市场监督管理部门不作出予以核准或者不予核准的明确表示。

(3) 拖延作为，指超过法定期限而未履行行政义务，或者虽然未超过法定期限，但是未能及时履行行政义务。例如对于申请人提交设立合伙企业的申请材料齐全、符合法定形式的，市场监督管理部门应当当场作出核准的决定，否则即便没有超过20日的审查期限，也属于拖延作为。

(4) 没有实施防止危害的行为，指对已出现的危害、风险和危险等情况，负有采取措施予以防止的行政义务，如未采取相应措施且未能防止危害结果的发生。例如，市场监督管理部门明知申请人提交的申请材料虚假，不符合法律的规定，仍然要作出予以核准登记的行政决定，就应当视为没有实施防止危害的行为。

(5) 没有防止危害结果的发生，指虽然实施了一定行为，但是由于没有尽到应有的、合理的注意义务，没有采取足够有效的措施，从而没有能够防止危害结果的发生。例如，在审查申请材料的过程中，申请材料上的签名是虚假的，依照"常人标准"的审慎审查标准即能发现的，市场监督管理部门却未能发现。

【案例208】经营场所证明材料已完备　工商局被判履行设立登记职责[①]

原告：陈某钦

被告：海南省儋州工商行政管理局

诉讼请求：判令被告履行法定职责，给原告颁发《个体工商户营业执照》。

争议焦点：

1. 原告对请求被告换发营业执照撤诉后又向被告申请开业，被告作出《设立登记不予受理通知书》，原告不服再次向法院提起行政诉讼，法院是否不应予以受理；

2. 原告出具的经营场所证明是否合法有效；

3. 被告作为个体经营登记机关，对个体经营申请人申请开业登记提供的经营场地证明是形式审还是实质审。

---

① 参见海南省海南中级人民法院(2008)海南行终字第118号行政判决书。

基本案情:

2002年上半年以前,原告在儋州市那大镇老解放北路租铺面场地从事钢材等行业,被告向原告颁发《个体工商户营业执照》。因儋州市人民政府对那大城区老解放北路进行整治,原告搬迁至军屯建材市场,并与儋州市军屯实业开发公司签订《军屯建材市场租赁合同》。

2003年2月,原告向被告申请经营场地变更登记,被告受理申请后没有给原告办理变更登记手续。

2004年4月30日,儋州市建设局向儋州市那大军屯村委会作出《关于军屯建材商场搬迁的通知》,原告等人不服向法院提起行政诉讼。

2007年12月27日,法院作出(2007)儋法行字第38号行政判决书,撤销儋州市建设局作出的《关于军屯建材商场搬迁的通知》。

2007年4月16日,儋州市人民政府发出《儋州市人民政府关于那大地区各建材经营户限期迁入儋州琼西建材市场统一经营的公告》决定,那大地区各建材经营户限于2007年5月10日前一律迁入儋州琼西建材市场经营。原军屯临时建材市场将按有关规定依法取缔。

2007年4月18日,儋州市人民政府办公室要求被告对那大地区儋州琼西建材市场以外的经营户不再发放营业执照。

2008年1月25日,儋州市建设局向被告发函,说明军屯市场已不符合儋州市目前的城市规划建设要求,市场内的建筑物建设未履行规划和建筑施工许可等相关手续,属违章建筑。

2008年1月9日,原告以被告不履行法定职责给其换发营业执照为由提起行政诉讼。在审理过程中原告以与被告协商解决为由向法院撤回起诉。2008年4月17日,原告向被告申请在军屯建材商场开业经营钢材,并向被告递交了《军屯建材市场租赁合同》等材料。2008年4月30日,被告以军屯建材市场内的建筑物未履行规划和许可手续,属违章建筑为由作出《设立登记不予受理通知书》,对原告的申请不予受理。

原告诉称:

原告向被告申请在军屯建材商场开业经营钢材所递交的《军屯建材市场租赁合同》等材料,符合《个体工商户登记程序规定》中关于个体工商户登记的规定。被告对其开业申请作出不予受理的行政行为不合法。

被告辩称:

原告撤诉后以同一事实和理由重新起诉,违反了《最高人民法院关于执行

《行政诉讼法〉若干问题的解释》第36条①关于"人民法院裁定准许原告撤诉后,原告以同一事实和理由重新起诉的,人民法院不予受理"的规定,法院不应予以受理。

一审认为:

1. 关于被告提出原告撤诉后以同一事实和理由重新起诉的问题。

经审查原告两次起诉的事实和理由,原告对换发营业执照撤诉后又向被告申请开业,被告作出《设立登记不予受理通知书》。原告不服再次向法院提起行政诉讼,不属于《最高人民法院关于执行〈中华人民共和国行政诉讼法〉若干问题的解释》第36条规定的以同一事实和理由重新起诉,被告这一主张与事实不符,不予采纳。

2. 关于申请个体工商户设立所需经营场所的问题。

《个体工商户登记程序规定》第5条②规定,申请个体工商户设立登记;应当提交经营场所证明等材料。《城乡个体工商户管理暂行条例》第14条③规定:"个体工商户所需生产经营场所地,当地人民政府应当纳入城乡建设规划,统筹安排"。

依据上述有关规定,申请个体工商户设立所需的经营场所应当符合当地城乡建设规划。虽然原告向被告申请在军屯建材市场开业经营钢材时提交了《军屯建材市场租赁合同》等材料,但由于儋州市建设局向被告发函,说明军屯建材市场已不符合儋州市目前的城市规划建设要求,市场内的建筑物建设未履行规划和建筑施工许可等相关手续,属违章建筑。所以原告提供的《军屯建材市场租赁合同》等材料并不能证明其取得了合法的经营场所。

除此之外,(2007)儋法行字第38号行政判决书虽然撤销了儋州市建设局作出的《关于军屯建材商场搬迁的通知》,但并不否认军屯建材市场内的建筑物属违章建筑的事实,其与儋州市建设局认定军屯建材市场内的建筑物属违章建筑并不矛盾。因原告不能提供合法的经营场地证明,原告申请开业的个体经营不符合开业登记条件,被告对其开业申请作出不予受理的行政行为合法。原告请求被告颁发《个体工商户营业执照》,依据不足,法院不予支持。

一审判决:

驳回原告的诉讼请求。

---

① 现为《最高人民法院关于适用〈中华人民共和国行政诉讼法〉的解释》第60条相关内容。

② 该规定于2011年11月1日起失效,《个体工商户登记管理办法》于同日起施行。有关申请个体工商户注册登记的规定可详见于《个体工商户登记管理办法》(2019年修订)第14条相关内容。

③ 该条例已于2011年11月1日起失效,《个体工商户条例》于同日起施行。《个体工商户条例》(2016年修订)第19条保留了《城乡个体工商户管理暂行条例》第14条的基本内容。

原告不服一审判决，向上级人民法院提起上诉。

原告上诉称：

1. 原告的经营场所合法。

一审法院在地方政府的压力下，作出违背事实和法律的认定，损害了公民的合法权益，践踏了公平竞争的原则。

事实上，2002年6月21日，儋州市人民政府已将军屯建材商场纳入城乡规划。2002年9月11日和2003年10月27日，被告给军屯建材商场颁发了《市场登记证》。

原告等经营户为响应政府号召，于2003年5月搬迁至军屯建材商场经营，并与市场的开办单位儋州市军屯实业开发有限公司签订《建材市场租赁合同》。2004年年初，儋州市政府及所属的职能部门滥用行政权力，限制原告等在军屯建材商场的正当经营活动，指定原告等经营者一律必须到政府指定的儋州琼西建材市场经营，否则强制搬迁。2004年4月30日，儋州市建设局向军屯村委会作出《关于军屯建材商场搬迁的通知》，以军屯建材商场不符合城市规划、未履行报建手续，属违章建筑为由，通知军屯建材商场内的经营户搬迁到琼西建材市场经营。后原告不服向儋州市人民法院起诉。儋州市人民法院作出(2007)儋法行初字第38号行政判决书，认为儋州市建设局的理由不能成立，判决撤销儋州市建设局作出的《关于军屯建材市场搬迁的通知》。该判决已发生法律效力。这说明以军屯建材商场不符合儋州市城市规划要求、不履行报建等相关手续认为需要搬迁的理由已被法院生效判决否定，但被告还是以同一事实和理由作出不予受理的行政行为，违反了"不能以同一事实和理由作出相同具体行政行为"的法律规定。

2. 被告作出行政行为的依据是错误的。

《个体工商户登记程序规定》第5条规定，申请个体工商户设立登记，应当提交经营场所证明等材料。对于经营场所证明的进一步解释，国家工商行政管理总局没有相关规定，但被告对目前申请个体工商户登记的经营场所证明材料实际的做法是要求申请人提供租赁合同或居(村)委会出具的证明就给予登记。被告作出不予受理原告的个体经营开业申请所依据的都是儋州市政府颁发的文件、公告等，而不是依据法律、法规、规章，显然属于适用法律错误。

综上，请求撤销一审判决，并判决被告履行法定职责、给原告颁发《个体工商户营业执照》。

原告为证明其观点，提交证据如下：

1. 原儋州市规划局于2000年6月29日批准了《儋州市军屯新村修建性详细

规划图》，该规划图当中包括有"军屯建材商城";

2. 儋州市人民政府于2002年6月21日作出的《儋州市人民政府关于兴办军屯建材商场的批复》(儋府函〔2002〕147号)。

被告二审辩称：

1. 原告原在解放北路经营钢材，于2003年5月搬迁到军屯建材商场经营后，未及时办理经营场所变更登记，仍持原营业执照继续经营。2008年4月30日，原告向被告申请个体工商户开业登记，因原告所在的经营场地军屯建材商场不符合城乡建设规划，该商场内的建筑物建设未履行规划许可和建筑施工手续，属违章建筑。因原告无法提供合法场地证明，故被告根据《城乡个体工商户管理暂行条例》的有关规定，不给原告办理营业登记手续;

2. 变更登记和设立登记不同，是两个不同的法律事实，不是原告所说的"同一事实"。

综上，被告不受理原告的注册登记是有事实和法律依据的，请求二审法院驳回原告的上诉请求。

律师观点：

被告作为个体经营登记机关，对个体经营申请人申请开业登记提供的经营场地证明的审查仅限于证明手续是否完备，至于经营场地是否符合规划及是否属违章建筑不是工商行政管理机关审查的范围。且本案原告提供的经营场地即军屯建材市场是经儋州市人民政府批准开办的，也是经原儋州市规划局规划许可建设的，并不属违章建筑。儋州市建设局作出的责令军屯建材市场搬迁的决定被人民法院判决撤销后，至今儋州市人民政府或儋州市建设局并未作出要求军屯建材市场关闭或搬迁的决定，被告认定军屯建材市场属违章建筑属越权行为，亦不符合事实。故被告对原告的开业登记申请不予受理属不履行法定职责的不作为行为。

另外，军屯建材市场和琼西建材市场均是平等的市场主体投资开办的，属商业行为。被告作为市场管理行政机关，依法应当平等保护市场主体的平等竞争，而不能利用行政职权限制市场主体的公平竞争权。故被告在申请人提供了完备的登记申请所需证据材料的情况下，作出不予受理申请人的登记申请，是没有事实和法律依据的。被告应对原告的登记申请在法定期限内履行其法定职责。

综上，一审以原告不能提供合法的经营场地证明判决驳回原告的诉讼请求属认定事实不清，证据不足，应予撤销。

二审判决：

1. 撤销一审判决;

2. 限被告在本判决生效后的法定期限内对原告提出的工商登记申请履行其法定职责。

393. 市场监督管理部门作出错误的行政许可行为,应对行政相对人承担什么样的法律责任?

市场监督管理部门是否需要承担法律责任分为以下三种情形:

(1)市场监督管理部门在实施行政许可过程中,与他人恶意串通共同违法侵犯原告合法权益的,应当承担连带赔偿责任;

(2)市场监督管理部门在实施行政许可过程中,与他人共同侵犯原告合法权益的,应当根据其违法行为在损害发生过程和结果中所起作用等因素,确定其行政赔偿责任;

(3)市场监督管理部门在实施行政许可过程中,已经依照法定程序履行审慎合理的审查职责,因他人行为导致行政许可决定违法的,不承担赔偿责任。

【法律依据】

一、公司法类

(一)法律

❖《公司法》

(二)行政法规

❖《市场主体登记管理条例》

二、行政法

(一)法律

❖《行政诉讼法》

❖《行政许可法》

(二)部门规章

❖《市场监督管理行政处罚程序暂行规定》

(三)司法解释

❖《最高人民法院关于适用〈中华人民共和国行政诉讼法〉的解释》(法释〔2018〕1号)

❖《最高人民法院印发〈关于依法保护行政诉讼当事人诉权的意见〉的通知》(法发〔2009〕54号)

❖《最高人民法院关于审理行政许可案件若干问题的规定》(法释〔2009〕20号)

第七章　股权转让纠纷[①]

【宋和顾释义】

> 股权转让纠纷，是指公司股东转让股权而引发的股权转让合同效力、股权转让合同履行、瑕疵出资股东转让股权等纠纷。
>
> 以公司性质作为划分标准，该案由可区分为有限责任公司与股份有限公司（包括上市公司）的股权转让纠纷。
>
> 以股权性质作为划分标准，该案由可区分为一般股权转让纠纷、国有股权转让纠纷、外商投资企业股权转让纠纷。
>
> 该类纠纷发生的主要原因包括：股东行使优先购买权、股权转让合同履行中的一般违约行为、"一股多卖"、瑕疵出资股权的转让、国有股权交易未履行必要程序、外商投资企业股权转让未履行批准程序、夫妻一方处分共有股权及另一方股权、其他人冒用股东签字转让股权、隐名股东转让或受让股权等。

【关键词】股东优先购买权　限售股　股权收购　资产收购　股权支付　非股权支付　国有创业投资企业　实质经营性资产

❖ **股东优先购买权：**指在有限责任公司中，股东对股东以外的第三人转让股

[①] 在2021年12月24日全国人大常委会发布的《〈公司法〉修订草案》（以下简称《修订草案》）中：

　　a. 关于股东优先购买权的通知和行使，删除了"应当经过其他股东过半数统一"的规定。

　　b. 将股权转让的数量、价格、支付方式和期限作为书面通知的必须记载事项加以规范。

　　c. 删除了现行《公司法》关于发起人自股份有限公司成立1年内不得转让公司股份的禁止性规定。

　　d. 对公司董监高在"就任时确定的"任职期间内的股份转让行为进行进一步限制，弥补了董监高为股份减持而提前辞任的"漏洞"，更加严格地限制了董监高可能存在的短期行为。

权时,其他股东可以享有以同等条件优先购买该拟转让股权的权利。

❖ **限售股**:限售股包括两类:

(1)上市公司股权分置改革完成后股票复牌日之前股东所持原非流通股股份,以及股票复牌日至解禁日期间由上述股份孳生的送、转股;

(2)2006年股权分置改革新老划断后,首次公开发行股票并上市的公司形成的限售股,以及上市首日至解禁日期间由上述股份孳生的送、转股(以下简称新股限售股);

❖ **资产收购**:指一家企业(以下简称受让企业)购买另一家企业(以下简称转让企业)实质经营性资产的交易。受让企业支付对价的形式包括股权支付、非股权支付或两者的组合。

❖ **股权收购**:指一家企业(以下简称收购企业)购买另一家企业(以下简称被收购企业)的股权,以实现对被收购企业控制的交易。收购企业支付对价的形式包括股权支付、非股权支付或两者的组合。

❖ **股权支付**:指企业重组中购买、换取资产的一方支付的对价中,以本企业或其控股企业的股权、股份作为支付的形式。

❖ **非股权支付**:指以本企业的现金、银行存款、应收款项、本企业或其控股企业股权和股份以外的有价证券、存货、固定资产、其他资产以及承担债务等作为支付的形式。

❖ **国有创业投资企业**:指在我国境内注册设立的,在发改委备案的主要从事创业投资的国有企业组织。其中,创业投资系指向创业企业进行股权投资,以期所投资创业企业发育成熟或相对成熟后主要通过股权转让获得资本增值收益的投资方式。而创业企业,系指在我国境内注册设立的处于创建或重建过程中的成长性企业,但不含已经在公开市场上市的企业。

❖ **实质经营性资产**:指企业用于从事生产经营活动、与产生经营收入直接相关的资产,包括经营所用各类资产、企业拥有的商业信息和技术、经营活动产生的应收款项、投资资产等。

第一节 立 案

394. 如何确定股权转让纠纷的诉讼当事人?

一般的股权转让合同纠纷,应当以合同一方当事人为原告,以其主张应当履行义务或承担责任的另一方或多方为被告。

非合同当事人主张股权转让合同无效或可撤销的诉讼,则应当以转、受让各方为共同被告。

395. 如何确定股东主张优先购买权的诉讼当事人?

股东主张优先购买权诉讼的原告应当为行权股东,应当以转让人、受让人为被告,公司为第三人。

此外,与诉讼有利害关系的公司其他股东应当以第三人身份参加诉讼。

396. 股权转让纠纷中,受让人以转让的股权存在出资瑕疵为由提起诉讼,应当如何确定诉讼当事人?

出资瑕疵股权的转让所引起的纠纷,应当以转让人为被告,由于股权出资瑕疵,诉讼结果可能导致公司出资义务的主体发生变化,间接对公司利益产生影响,故可将公司列为无独立请求权的第三人。如公司或者公司其他股东以转让人拖欠出资为由,主张以股权转让款补足出资并请求参加诉讼的,人民法院应将案件合并审理。

397. 股份有限公司发起人、董事、监事、高级管理人员转让股份违反《公司法》的限制性规定,如何确定诉讼当事人?

公司及与股份转让有利害关系的当事人可以作为原告提起诉讼,请求确认上述人员与受让人签订的股份转让协议无效或者部分股份转让无效。

但是需要注意的是,如果在诉讼中,《公司法》限制股东转让股份的时间已经届满或者转让人的情况发生变化导致《公司法》限制股份转让的情形消灭了,法院将驳回原告的诉讼请求。

398. 其他股东以转让人侵犯其优先购买权为由,要求撤销股权转让变更登记行为的,应当如何确定诉讼当事人?

对此法律并无明确规定,借鉴上海市的司法实践,应当以转让人、受让人和公司为被告。

399. 股权转让纠纷案件由何地法院管辖?

如由股权转让合同的当事人提起诉讼,且合同中并未对管辖法院作出约定的,则应当由被告住所地或者股权转让合同履行地法院管辖,其中合同履行地应当确认为公司实际营业所在地或注册地。

但股权转让合同可约定被告住所地、合同履行地、合同签订地、原告住所地、公司所在地中一处的人民法院管辖。

如由非合同当事人提起股权转让纠纷诉讼的,则应当由被告住所地法院管辖。

400. 股权转让纠纷按照什么标准交纳案件受理费用？

如原告主张确认合同效力的，则应当按件收取案件受理费，即案件受理费为50～100元。

如果原告主张被告履行支付股权转让款义务的，则应当依照诉讼标的额比例收取案件受理费。

401. 股东主张优先购买权的诉讼按照什么标准交纳案件受理费？

股东主张优先购买权的诉讼请求一般为请求确认优先购买权，应适用按件收费，受理费应为50～100元。

402. 股权转让纠纷是否适用诉讼时效？

适用。股权转让合同纠纷的诉讼时效适用一般时效3年。

403. 股东主张优先购买权的诉讼请求应如何表述？

借鉴上海市的司法实践，诉讼请求可表述为：

"请求判令原告××对被告（转让人）××与被告（受让人）××转让的××公司的股权享有优先购买权；原告××对××公司股权优先购买权的行使条件，与被告（转让人）××与被告（受让人）××签订的股权转让合同约定的转让条件相同。"

404. 在股东主张优先购买权的诉讼中，原告是否需要提供财产担保？数额如何确定？

转让人可以要求原告提供担保，具体数额应该相当于转让股东与受让人签订的股权转让合同价款或者受让人已经实际支付的股权转让款数额。

第二节 有限责任公司股权转让纠纷的裁判标准

一、股权转让纠纷一般裁判标准

405. 股权转让时，可否仅转让股权中的部分权能？

股权的权能包括知情权、表决权、分红权等。实践中，可否仅向受让人转让部分权能，而不转让股东资格呢？《公司法》并无明确规定。

笔者对此持否定意见。

（1）股权的权能依附于股东资格，在股东资格未发生变化时，股权权能不具有可转让性；

（2）当部分财产性权能被具体化后已经表现为普通的债权，即使转让亦只是转让普通债权,并不代表股权的权能发生转让。如公司通过盈余分配方案后,股东将其应得的盈余转让给受让人,其实质只是转让自己对于公司的债权,而并未转让其盈余分配请求权。

406. 股权转让合同何时成立、生效？是否可以约定办理工商变更登记手续后生效？

一般情况下,股权转让合同自合同各方签订之日起成立、生效,但以下两种情况除外：

(1)依法须经批准、登记等方能生效的合同,如国有股权转让合同、外商投资企业股权转让合同等[①];

(2)合同各方对合同的生效附条件或附期限的,如约定"合同自公证机关公证之日起生效"或"合同自某年某月某日起生效"。

此外需要注意的是,如果在合同中约定股权转让合同待办理工商变更登记后生效是无效的。

合同双方对股权转让合同的生效时间可以附条件,但实践当中常有股东对合同附上"本合同自合同双方办理工商变更登记之日起生效"的条件。此种条件违反了法律逻辑,即合同生效本就是双方及公司办理工商变更登记的前提,合同一方配合另一方及公司办理工商变更登记是合同的附属义务,如果合同自办理工商变更登记之日起生效,则办理工商变更登记反而没有了依据。

407. 外商投资企业《股权转让协议》订立后未经有关行政主管部门审批,是否有效？

2020年1月1日起施行的《外商投资法》规定,国家对外商投资实行准入前国民待遇加负面清单管理制度。

《最高人民法院关于适用〈中华人民共和国外商投资法〉若干问题的解释》(以下简称《外商投资法司法解释》)规定,对《外商投资法》所指的外商投资准入负面清单之外的领域形成的投资合同[②],当事人以合同未经有关行政主管部门批准、登记为由主张合同无效或者未生效的,人民法院不予支持。前款规定的投资合同签订于《外商投资法》施行前,但人民法院在《外商投资法》施行时尚未作出

[①] 详见本章第四节国有股权转让的裁判标准、第五节股权转让的税务问题。

[②] 《外商投资法司法解释》第1条规定："本解释所称投资合同,是指外国投资者即外国的自然人、企业或者其他组织因直接或者间接在中国境内进行投资而形成的相关协议,包括设立外商投资企业合同、股份转让合同、股权转让合同、财产份额或者其他类似权益转让合同、新建项目合同等协议。"

生效裁判的,适用前款规定认定合同的效力。

因此,除非另附生效条件,有关《股权转让协议》不涉及外商投资准入负面清单领域,且不违反法律、行政法规效力性强制性规定的,自订立之日起生效;未经行政主管部门审批,不影响《股权转让协议》的效力。

408. 股权转让合同应当具备哪些必备条款?

实践中,有限责任公司的股权转让合同应当包含下列内容:

(1)转让标的;

(2)转让价款;

(3)支付期限及方式;

(4)股权转让基准日;

(5)债权债务;

(6)利润或亏损;

(7)登记手续;

(8)合同中止与解除;

(9)违约责任与争议解决;

(10)通知;

(11)生效。

409. 涉外股权转让协议中,关于汇差由一方补足的约定是否有效?

该约定只要是各方真实意思表示,即合法有效,对各方具有约束力。

【案例209】股权转让汇差约定有效应履行[①]

原告(反诉被告):四维公司

被告(反诉原告):蓝波公司

诉讼请求:被告继续履行《股权转让合同》并承担违约责任。

反诉请求:原告支付尚未付清的股权转让款、汇差及利息。

争议焦点:股权转让中,关于汇差由受让方补足的约定是否有效。

基本案情:

2015年,被告与原告签订《股权转让合同》,约定原告向被告转让其所持有的某公司股权,价款为1950万元人民币,按照合同约定汇率折算为2452万余元

[①] 参见《广东法院粤港澳大湾区跨境民事纠纷典型案例(二)》,载广东法院网,http://www.gdcourts.gov.cn/index.php?v=show&cid=170&id=55384,2020年7月11日访问。

港币。

原告以人民币支付部分股权转让款后,于2016年与被告签订《付款汇率确认书》,约定将已付股权转让款按照《股权转让合同》约定的汇率由人民币折算为港币后再按照款项支付当日的汇率折算为人民币,据此计得已付款项不足应付款项的部分作为汇差,由原告另向被告支付。

原告诉称：

被告未依约履行,应继续履行《股权转让合同》,并承担违约责任。

被告反诉称：

原告未付清股权转让款、汇差,原告应当履行协议并赔偿利息损失。

法院认为：

《股权转让合同》《付款汇率确认书》是当事人的真实意思表示,双方对汇差负担的约定合法有效,当事人应当继续履行合同,原告未能提供证据证明被告存在违约行为。故对原告的诉请不予支持。

法院判决：

驳回原告的诉讼请求,判令原告向被告支付应付未付的股权转让款、汇差及利息。

410. 有限责任公司股东转让股权,受让人何时成为公司股东？

当事人之间转让有限责任公司股权,受让人自其姓名或者名称记载于股东名册起取得股权,但法律、行政法规规定应当办理批准手续生效的股权转让除外。未向公司登记机关办理股权变更登记的,不得对抗善意相对人。

411. 股权转让合同撤销及无效的法定事由有哪些？

如果股权转让合同有下列情形之一的,应认定合同无效：

(1)无民事行为能力人签订的；

(2)行为人与相对人以虚假的意思表示签订的；

(3)行为人与相对人恶意串通,损害他人合法权益签订的；

(4)违反法律、行政法规的强制性规定。

如果股权转让合同有下列情形之一的,应认定合同可撤销：

(1)因重大误解订立的；

(2)在订立合同时显失公平的；

(3)一方或第三人以欺诈、胁迫的手段,使对方在违背真实意思的情况下订立的合同；

（4）一方利用对方处于危困状态、缺乏判决能力，致使合同成立时显失公平的。

412. 股权转让合同被确认无效或者撤销之后，有何法律后果？

无效的合同或被撤销的合同自始没有法律约束力，因该合同取得的财产，应当予以返还，并赔偿损失：

（1）返还财产，无论转让人或受让人，都应当将受让的财产进行返还，从而将利益关系还原至交易前的状态。同时需要注意的是，公司在此时有义务配合转让人办理股权恢复原状的相关手续，包括但不限于修改章程、变更股东名册、办理工商变更登记；如果不能返还或没有必要返还的，应当折价补偿。

（2）赔偿损失，转让人与受让人应当分别根据自身过错大小，对另一方承担损失赔偿责任。

413. 股权转让合同被确认无效或者被撤销后，对受让人实际参与公司经营管理期间的公司盈亏如何处理？

对此问题须分情况讨论：

（1）如受让人尽到了对公司的忠实义务与勤勉义务，公司的经营亏损不能归责于受让人的，则公司的损失不能要求受让人来承担；

（2）如受让人违背对公司的诚信义务，并由此给公司造成损失，甚至恶意为之，导致公司出现经营亏损的，则公司可向该受让人提起侵权诉讼，请求其承担对公司的损害赔偿责任；

（3）对于盈利，即使受让人对公司的经营管理认真负责，并给公司带来了良好的收益，该盈利仍应归公司所有，受让人无法向公司"请功"。

当然，受让人如作为公司董事和经理，当然有权根据商事习惯要求公司支付合理的经营管理报酬。

414. 股权被他人无权处分转让给第三人，所订立的《股权转让协议》效力如何？无权处分而转让股权是否产生股权变动的法律效果？

人民法院审理股权转让合同纠纷可以参照适用买卖合同的有关规定。除非有证据证明股权受让方不是善意相对人，存在恶意串通损害他人合法权益等合同无效的法定情形，否则，无权处分所订立的《股权转让协议》有效。

转让标的股权依据《股权转让协议》的约定，并通过更改股东名册记载或工商变更登记产生股权变动的效力。若股权因无权处分而无法变动的，作为善意相对人的股权受让方有权解除《股权转让协议》并追究股权转让方的违约责任。

【案例210】无权处分所订立的《股权转让协议》有效[①]

原告：钱某许

被告：钱某龙、张某涛、宋某军

第三人：鑫通公司

诉讼请求：

1. 确认原告与被告张某涛签订的《股权转让协议》无效；
2. 确认被告张某涛与被告宋某军签订的《股权转让协议》无效；
3. 第三人向威海市工商行政管理局办理撤销上述股权转让变更登记手续，恢复原告在第三人的股东资格。

争议焦点：

1. 无权处分所订立的《股权转让协议》是否有效；
2. 原告是否有权要求第三人将涉案97%股权变更登记至其名下。

基本案情：

原告系被告钱某龙的父亲，被告张某涛系原告的外甥。

2009年，被告钱某龙出资以其和被告张某涛的名义成立第三人。工商登记档案中记载被告钱某龙出资291万元，被告张某涛出资9万元。

2011年9月6日，第三人因经营需要，被告钱某龙将其持有的97%股权转让给其父亲，即原告，并办理了工商变更登记。

2013年4月3日，被告钱某龙代被告张某涛签订了《股权转让协议》，并办理了将原告97%的股权变更到被告张某涛名下的工商变更登记手续，被告张某涛成为第三人唯一股东。

诉讼中，对工商登记档案中2013年4月3日《股权转让协议》中原告的"签名"和"指印"的真实性进行鉴定。经鉴定，上述协议中"原告"署名字迹不是原告本人书写形成；原告押名"指印"不具备鉴定条件。

2014年3月31日，被告钱某龙代被告张某涛与被告宋某军签订《股权转让协议》，将被告张某涛名下的100%股权以300万元价格转让给被告宋某军，被告宋某军支付了300万元股权转让款，并办理了股权变更登记手续及税务登记证、开户许可证，领取了营业执照。

被告张某涛表示对被告钱某龙以其名义从事的股权变更行为予以认可。

---

① 参见最高人民法院(2016)最高法民申1594号民事裁定书。

原告诉称：

2011年9月6日，原告以291万元价格从被告钱某龙处受让了97%的股权。2013年4月3日，被告钱某龙在未经原告授权的情况下将该97%股权无偿转让给被告张某涛，严重侵犯了原告的股东权益，是无效的，被告张某涛亦不能取得第三人100%的股权，故被告张某涛将第三人100%的股权转让给被告宋某军的行为当然无效。

被告钱某龙辩称：

1. 其为实际出资人，原告为名义股东，无权就诉争股权主张权利。

2. 其作为实际出资人，认可被告张某涛将股权转让给被告宋某军，两人之间的股权转让有效。

3. 诉争股权已变更登记至被告宋某军名下，被告宋某军进行了大量投资，厂房已基本建设完成，原告起诉要求确认第三人股权归其所有，有违诚实信用原则，不利于维护交易安全。

被告张某涛辩称：

1. 原告未对第三人投资，只是名义股东，不实际享有股东权利和义务。

2. 原告陈述其以291万元现金购买股权，并向第三人投资五六千万元不属实。

3. 当时第三人经营处于停止状态，对外欠付工程款数百万元，原告同意被告钱某龙将其97%的股权转让，股权转让过程并没有侵犯谁的利益。

4. 被告宋某军在受让股权前，不知道钱家家族内部对该公司的股权构成、投资的情况，其已支付全部股权转让款，接管了公司业务，投入了新的资金，是公司股权和公司资产的合法所有人。

被告宋某军辩称：

1. 其是按照工商档案登记中记载的股东进行的合法受让，并依法进行了变更登记，合法享有股权。

2. 原告仅为名义股东，无权提起本案诉讼。且其与原告之间根本没有协议及其他法律关系，原告无权起诉被告宋某军。

3. 无论第一份《股权转让协议》有效与否，签字是否真实，都不能否定其受让股权的合法性及效力。

4. 其接手公司后经营管理、投资至今，但原告未对第三人进行过任何管理及投资行为。

第三人述称：

1. 原告是名义股东，不享有股东资格。

2. 被告宋某军股权受让行为合法有效，并支付了对价，其实际经营管理和投资了公司，是公司的实际股东。

一审认为：

1. 关于原告与被告张某涛签订的《股权转让协议》的效力问题。

经鉴定，此份《股权转让协议》中"原告"的签名并非原告本人所签，各被告对鉴定意见有异议，但未提出相反证据予以反驳。依据该鉴定意见，非原告本人签字，转让名下股权并非其真实意思表示，该《股权转让协议》应为无效。

2. 关于被告宋某军与被告张某涛签订的《股权转让协议》的效力问题。

第三人工商登记的股东信息对外具有公示效力，被告宋某军受让第三人股权时，记载的股东为被告张某涛，其受让股权时是善意的，且被告张某涛亦认可被告钱某龙代表其办理股权变更手续的行为，故签订的《股权转让协议》是当事双方的真实意思表示，被告宋某军又支付了股权转让款，并依法办理了股权变更登记。根据《物权法》第106条①的规定："无处分权人将不动产或者动产转让给受让人的，所有权人有权追回；除法律另有规定外，符合下列情形的，受让人取得该不动产或者动产的所有权：（一）受让人受让该不动产或者动产时是善意的；（二）以合理的价格转让；（三）转让的不动产或者动产依照法律规定应当登记的已经登记，不需要登记的已经交付给受让人。受让人依照前款规定取得不动产或者动产的所有权的，原所有权人有权向无处分权人请求赔偿损失。当事人善意取得其他物权的，参照前两款规定。"综上，被告宋某军受让第三人的股权系善意取得，原告主张被告宋某军与被告钱某龙、被告张某涛存在恶意串通，无事实和法律依据。原告请求确认被告张某涛与被告宋某军之间的《股权转让协议》无效，并要求第三人办理撤销上述股权转让变更登记手续、恢复其股东资格的诉讼请求，不予支持。

一审判决：

1. 原告与被告张某涛于2013年4月3日签订的《股权转让协议》无效；
2. 驳回原告的其他诉讼请求。

原告及被告钱某龙不服一审判决，向上级人民法院提起上诉。

原告上诉称：

被告宋某军受让股权时没有见到出让人被告张某涛，也没有被告张某涛的授

---

① 现为《民法典》第311条相关内容。

权委托书，受让股权并非善意，被告宋某军与被告钱某龙、被告张某涛存在恶意串通，且其没有支付股权转让款。

被告钱某龙上诉称：

1. 其是第三人的实际出资人，原告、被告张某涛均为名义股东，两人签订的《股权转让协议》是被告钱某龙作为实际出资人对股权行使的实际处分权，应为有效。

2. 被告宋某军合法取得诉争股权。

被告张某涛二审辩称：

1. 第三人是被告钱某龙投资成立的，其和原告没有实际出资。

2. 其对于将其名下的股权转让给被告宋某军并由被告钱某龙代为办理所有股权转让事宜，全部同意。

被告宋某军、第三人二审均辩称：

1. 被告宋某军受让被告张某涛的股权是善意的，并支付了股权转让款，又依法变更登记，与被告张某涛签订的《股权转让协议》合法有效。

2. 因被告宋某军系善意取得，原告所享有的股权消灭。原告的上诉请求依法不能成立。

3. 对被告宋某军受让股权之前的股权转让情况不知情，事后才了解到原告仅是名义上的股东。

原告二审辩称：

被告钱某龙已经将股权转让给了原告，被告钱某龙没有证据证明原告仅为名义股东或者拖欠股权转让款。被告钱某龙伪造原告的签名，将股权转让给被告张某涛。

二审认为：

1. 关于涉案2013年4月3日的《股权转让协议》的效力问题。

被告钱某龙主张其是实际出资人，原告为名义股东，无权就诉争股权主张权利。对此，本院认为，登记在被告钱某龙名下的第三人97%股权已于2011年9月变更登记至原告名下，原告否认其仅为名义股东，被告钱某龙亦无有效证据证实原告仅为名义股东，且该协议也是以原告的名义签订，故原告有权对第三人97%的股权提出权利主张。虽然被告钱某龙主张系原告亲自在该协议上签名并捺印，但鉴定结论表明协议上"原告"的签名并非原告本人所签，捺印不具备鉴定条件，应当确定该协议并非原告所签。被告张某涛主张原告同意被告钱某龙将该97%的股权转让给被告张某涛，但原告对此并不认可，被告张某涛也没有相应的证据证明其主张,应当承担举证不能的法律后果。因此,该协议并非原告的真实意思表示,原审法院认定该协议无效并无不当。上诉人被告钱某龙的上诉理由不能成立,不予支持。

2. 关于涉案 2014 年 3 月 31 日的《股权转让协议》的效力问题。

根据《最高人民法院关于审理买卖合同纠纷案件适用法律问题的解释》(以下简称《买卖合同司法解释》)第 45 条①的规定,人民法院审理股权转让合同可以参照适用买卖合同的有关规定。该司法解释第 3 条②规定:"当事人一方以出卖人在缔约时对标的物没有所有权或者处分权为由主张合同无效的,人民法院不予支持。出卖人因未取得所有权或者处分权致使标的物所有权不能转移,买受人要求出卖人承担违约责任或者要求解除合同并主张损害赔偿的,人民法院应予支持。"本案中,被告钱某龙以被告张某涛的名义与被告宋某军签订的《股权转让协议》,被告张某涛对此予以认可,属于协议各方的真实意思表示,协议内容亦不违反法律、行政法规的效力性强制性规定,具有法律约束力。被告张某涛对于其名下的第三人 97% 股权是否享有所有权或处分权,均不影响对于该协议效力的认定。原告虽主张被告宋某军与被告钱某龙、被告张某涛恶意串通,但并无有效证据予以证实,本院不予支持。

3. 关于原告是否有权要求第三人将涉案 97% 股权变更登记至其名下的问题。

第三人的股权登记在被告张某涛名下,被告宋某军基于对该股权登记的信赖而签订 2014 年 3 月 31 日的《股权转让协议》,本案中亦无证据表明其受让该股权时知道或应当知道被告张某涛没有处分权,协议签订后其又支付了相应的股权转让款,并依法办理了股权变更登记。根据《物权法》第 106 条③关于善意取得的规定,被告宋某军对第三人股权享有所有权。原告要求确认第三人 97% 股权归其所有并变更登记至其名下的主张不能成立。

二审判决:

驳回上诉,维持原判。

原告不服二审判决,向最高人民法院提起申诉。

原告再审申诉称:

1. 原判决认定被告宋某军向被告张某涛支付了 300 万元的股权转让款所依

---

① 现为《买卖合同司法解释》(2020 年修正)第 32 条相关内容。
② 《买卖合同司法解释》(2020 年修正)中无此规定内容。
③ 现为《民法典》第 311 条相关内容。

据的证据是伪造的。

(1) 2015 年 3 月 4 日,威海市工商行政管理局对被告钱某龙、被告宋某军的询问笔录可以证明被告宋某军未支付股权转让款,相关证据是伪造的。

(2) 被告张某涛的收款证明时间为 2014 年 12 月 10 日,而本案一审诉讼时间是 2014 年 11 月 27 日,证明了被告张某涛是在本案诉讼之后伪造的收款证明。

(3) 河北志诚石料有限公司支付的股权转让款不能证明系被告宋某军支付。

(4) 被告张某涛和被告宋某军签订的《股权转让协议》并未约定转让价格,这证明该协议是恶意串通的,被告宋某军无须支付股权转让款。

2. 原判决适用法律错误。

(1) 本案不适用《物权法》第 106 条规定的善意取得制度。被告宋某军明知被告钱某龙无权处分,也未以合理的价格转让,故不构成善意。二审法院对股权转让对价的合理性显然并未注意,仅仅简单解释为第三人注册时候的 300 万元,转让的时候 300 万元就是合理对价,完全忽略了公司的投资增值。

(2) 本案不适用《买卖合同司法解释》第 3 条的规定。被告钱某龙在 2011 年将第三人的股权转移给原告之后,就不再享有任何权利,但其却利用职务上的便利,在 2013 年 4 月 3 日及 2014 年 3 月 31 日陆续将股权转移,以达到侵占原告合法权益的违法目的。被告张某涛作为第三人的挂名股东,对股权的两次变更皆不知情,后期又为应付诉讼与被告钱某龙、被告宋某军串通伪造收款证明。被告宋某军作为股权的受让人,理应与股权登记人洽谈交易,但却明知被告钱某龙无合法授权、无处分权的情况下,与被告钱某龙以明显不合理的价格完成了股权交易行为,办理转移登记,三方构成恶意串通,被告张某涛和被告宋某军签订的《股权转让协议》应认定无效。

被告宋某军再审辩称:

1. 被告宋某军受让被告张某涛的股权系善意取得,于 2014 年 3 月 31 日签订的《股权转让协议》合法有效。

2. 原告的诉讼请求的实质是确认其股权及股东身份,系股东资格确认之诉,应以第三人为被告,其以被告宋某军为被告是错误的。且原告的股权已经消灭,其请求也不应得到支持。

第三人再审述称:

1. 被告宋某军是按照工商登记记载的股东进行的合法股权交易,已经支付了全部转让款,并办理了变更登记,转让行为已经完成。

2. 原告对工商部门的询问笔录进行了断章取义的截取,对于原告仅为名义股东而非实际股东的事实只字不提,对于公司的投资行为,原告所述更是与事实不符。

3. 原告对第三人没有任何投资,无论被告张某涛与原告之间的股权转让是否有效,都不应否定被告宋某军受让股权的合法性及效力。

再审认为：

1. 原告提交的威海市工商行政管理局对被告钱某龙、被告宋某军的询问笔录,并未在原审中作为证据提交,原告也未依据《民事诉讼法》第200条第1项①的规定申请再审,故不应采信。上述询问笔录仅表明2014年3月25日出具的股权转让款定金20万元收条是被告钱某龙以被告张某涛名义签署的,被告张某涛于2014年12月10日出具的收到股权转让款300万元的证明系事后补签。但这不足以否定被告钱某龙收到转让款定金20万元以及股权转让款300万元,亦不能推翻被告宋某军支付了股权转让款的事实。原审法院是综合上述转款收条和证明、中国农业银行网上银行转账凭证、有关当事人陈述等证据,以及被告钱某龙与被告张某涛在第三人股权转让中的有关行为等事实,认定被告宋某军已支付300万元,并无不当。

2. 2014年3月31日的《股权转让协议》中约定："甲方（被告张某涛）同意将其在第三人的300万元人民币（占注册资本的100%）,依法转让给乙方（被告宋某军）,乙方同意受让上述股权。"虽然当事人关于股权转让对价的文字表述不甚清楚,但考虑到该公司注册资本为300万元,上述约定也表述将该300万元转让给被告宋某军,被告宋某军亦支付了300万元股权转让对价款,根据《最高人民法院关于适用〈中华人民共和国合同法〉若干问题的解释（二）》第1条第2款、《合同法》第125条第1款②之规定,可以认定当事人在协议中约定的股权转让款为300万元。

3. 第二份《股权转让协议》是被告钱某龙以被告张某涛的名义签订的,此时被告张某涛是该股权的登记名义人,由于被告钱某龙未能提供其在签订该协议时有被告张某涛的相应授权委托,故被告钱某龙的该行为构成无权代理。后协议所涉第三人股权已经登记至被告宋某军名下,被告张某涛于事后（包括诉讼中）对被告钱某龙代签协议的行为明确予以认可。根据《合同法》第49条、51条③之规

---

① 现为《民事诉讼法》（2021年修正）第207条相关内容。
② 现为《民法典》第466条相关内容。
③ 原《合同法》第49条对应《民法典》第172条相关内容,原《合同法》第51条在《民法典》中无对应条款,具体可参见《民法典》中关于民事法律行为、合同的效力等相关规定。

定,该行为的法律后果归属于被告张某涛。而由于第一份《股权转让协议》并非原告的真实意思表示,故被告张某涛对于该协议所涉的第三人 97% 的股权构成无权处分。而第二份《股权转让协议》中有关第三人 97% 的股权转让的约定,根据《合同法》第 174 条①的规定,可参照买卖合同的有关规定,对其效力加以认定。《买卖合同纠纷司法解释》第 3 条第 1 款规定,当事人一方以出卖人在缔约时对标的物没有所有权或者处分权为由主张合同无效的,人民法院不予支持。因此,第二份《股权转让协议》中有关第三人 97% 的股权转让的约定并不因被告张某涛无处分权而无效,现原告亦无证据能够证明上述约定存在《合同法》第 52 条②规定的情形。

4.《公司法司法解释(三)》第 25 条第 1 款规定:"名义股东将登记于其名下的股权转让、质押或者以其他方式处分,实际出资人以其对于股权享有实际权利为由,请求认定处分股权行为无效的,人民法院可以参照物权法第一百零六条的规定处理。"因此,在一定情形下,认定当事人能否善意取得股权,可以参照适用《物权法》第 106 条之规定。虽然根据已查明的案件事实,尚不能确定原告是否为第三人的实际出资人,但由前所述可知,在被告宋某军受让股权前,原告是第三人 97% 股权的合法权利人,其在本案纠纷中所处的法律地位与上述解释所称的"实际出资人"相似,故对于被告宋某军能否取得该部分股权,可根据该法条之规定,参照《物权法》第 106 条及相关司法解释的规定加以处理。《最高人民法院关于适用〈中华人民共和国物权法〉若干问题的解释(一)》第 15 条③规定:"受让人受让不动产或者动产时,不知道转让人无处分权,且无重大过失的,应当认定受让人为善意。真实权利人主张受让人不构成善意的,应当承担举证证明责任。"本案中,案涉股权登记在被告张某涛名下,原告没有证据证明被告宋某军受让案涉股权时知道被告张某涛无处分权。虽然被告钱某龙并未举证证明其在与被告宋某军进行案涉股权转让交易时有被告张某涛的相应授权委托,但这与被告张某涛是否为案涉股权的真实权利人以及被告宋某军对此事实是否知道或应当知道并无直接必然的联系。实际上,就案涉股权从被告张某涛名下转移登记至被告宋某军名下等事实看,被告宋某军有合理理由相信被告钱某龙有权代理被告张某涛处分案涉股权,而且被告张某涛事后也对被告钱某龙转让股权的行为予以认可。故被

---

① 现为《民法典》第 646 条相关内容。
② 关于合同无效的法定情形,可详见第 411 问"股权转让合同撤销及无效的法定事由有哪些?"。
③ 现为《最高人民法院关于适用〈中华人民共和国民法典〉物权编的解释(一)》第 14 条相关内容。

告钱某龙代被告张某涛转让案涉股权给被告宋某军的行为并不影响被告宋某军受让股权的善意。因此,原告主张被告宋某军受让股权是非善意的证据不足,其相应主张不能成立。此外,根据已查明的案件事实,被告宋某军已经支付了300万元股权转让款,原告虽主张该对价因低于第三人股权的现值而不合理,但对此缺乏证据证明,故可认定该股权转让的对价是合理的。另外,案涉股权已经登记至被告宋某军名下,因此,被告宋某军受让案涉股权符合善意取得的构成要件。

再审判决:

驳回原告的再审申请。

415. 在什么情况下,当事人可以单方解除股权转让合同?

根据《民法典》第563条规定,如转让方迟延或拒绝履行支付义务;转让方迟延或拒绝办理工商变更登记的情况等,守约方可以单方解除合同。

需要注意的是,如果有限责任公司股权转让中,受让人依照合同支付部分价款,并已进行工商变更登记,但剩余款项始终未予支付。因转、受让双方都已经依照合同履行了主要义务,且双方对于合同的主要条款均无争议,故转让人一般不能以剩余款项未支付而直接提出解除合同,但转让人可以受让人不履行合同义务为由,要求受让人继续履行合同,并承担相应的违约责任。

当然在以下两种情况下,转让人可提出解除合同:

(1)股权转让合同约定此时可以解除合同;

(2)受让人明确表示不支付该笔款项或事实上其已无支付该笔款项的能力,转让人可在知晓上述情况后的1年内,行使合同解除权。

转让人在解除合同后,可申请将工商登记恢复至转让前的状态。

416. 股权转让合同解除后,出让方已分得的红利如何处置?

出让方可主张受让方返还股权时一并返还其持有该股权在公司所获得的红利、配送新股及因该股份而认购的新股等股东权益,但是如果受让方为此支付对价的,出让方也应当一并予以补偿。

417. 有限责任公司中,如股权转让导致股东人数超过50人,是否影响股权转让合同的效力?

笔者认为,公司人数超过50人,并不导致股权转让合同无效。理由如下:

(1)有限责任公司人数上限50人的规定存在于《公司法》关于公司设立的章节内容中,严格而言并不适用于公司存续及日后经营活动当中。而且,该法也并未将公司人数超过法定上限作为公司依法解散的理由。

（2）《公司法》并未阻止股东将股权转让给多名股东,基于股东的意思自治,股东将自有股权切割成任意份数转让给任意数量的受让人皆为法律所许可。

综上可知,经过股权转让导致公司人数超过50人不会也不应导致股权转让合同无效,同样的,也并不会导致公司解散。

其实,在2005年修订《公司法》前,由于禁止有限责任公司股东少于2人,对于股权转让导致公司仅有1名股东的情况下,股权转让合同效力如何也曾有过争议,但是即使是在当时的司法实践中,也普遍认为股权转让合同的效力不应受到任何影响。

418. 公司解散后,转让股权的合同效力如何认定?

对此问题应分情况讨论:

（1）如果受让人明确知道公司已经解散,只要公司尚未经清算从而注销,该股权转让合同仍应认定为有效合同,可由双方依约履行;

（2）如果转让人隐瞒公司已经解散的事实,以欺诈的手段与受让人签订股权转让合同的,受让人可自知道或者应当知道该欺诈事由之日起1年内,主张撤销合同;

（3）如果公司已经经过清算合法注销,那么由于公司法人主体资格已经丧失,该股权转让合同应被视为无效合同。

【案例211】委托他人处分股权不同于"冒名处分" 应认定有效[①]

原告: 黄某梅

被告: 李某

诉讼请求: 确认2006年3月17日签订的《股权转让协议》无效。

争议焦点: 如何判断授权转让股权委托书的真实性。

基本案情:

2003年1月,搜房公司经核准设立,公司注册资本50万元,股东为九天飞鹰公司和贡某。其中九天飞鹰公司出资40万元,占出资比例80%;贡某出资10万元,占出资比例20%。

2004年2月6日上午,搜房公司作出股东会决议,同意九天飞鹰公司将其40万元的股权转让给原告,吸收被告作为新股东,免去案外人王某培监事职务。同日下午,搜房公司召开股东会,该会形成决议:同意被告成为新股东;公司注册资

[①] 参见北京市第二中级人民法院审理(2007)二民终字第17906号民事判决书。

本由 50 万元增加到 500 万元,其中原告出资 250 万元,占注册资本 50%,被告出资 150 万元,占注册资本 30%,贡某出资 100 万元,占注册资本 20%。股东会决议上有贡某、被告、原告的签字。之后办理了工商变更登记,搜房公司的注册资本增加到 500 万元,股东为原告、被告、贡某 3 人。

2006 年 3 月 17 日,搜房公司作出股东会决议,内容为:原告将所占有公司的 50% 的股份即 250 万元转让给被告,转让后被告占公司 80% 的股份即 400 万元,贡某占公司股份的比例和金额不变;同意修改公司章程。同日签订了《股权转让协议》,搜房公司持上述文件向工商行政管理机关核准搜房公司股东变更为被告和贡某。

工商变更登记的所有手续,包括 2006 年 3 月 17 日的《股东会决议》《股权转让协议》中"原告"的签名非原告本人所写,都是贡某代替原告所签。

此外原告曾在一份授权委托说明上签字,其内容为:由于搜房公司原告没有实际出资,同时也未能履行实缴注册资本的出资义务,从未参加过公司的工作和活动,所以原告不享有公司的股东资格和权利。因此授权委托给贡某全权办理签署公司的股权变更、股权转让、变更登记等工商及其他一切变更手续,全权代原告在股东会决议、股权转让协议等相关手续上签名。一切公司相关手续由其或其指定代理人代为签字办理,并愿意承担一切法律后果,以后无任何异议。

原告诉称:

2006 年 3 月 17 日,被告被告仿冒其签名,伪造了将原告 50% 股权转让给被告的《股权转让协议》,并另行仿冒原告签字,伪造了搜房公司股东会决议,作出了同意将原告 50% 股权转让给被告的虚假文件,并以此办理了工商变更登记。被告的行为侵犯了原告的合法权益。

被告辩称:

原告没有实际出资,也未参与公司的经营,且贡某替原告签字系基于原告的授权。2006 年 3 月 17 日的股权转让协议是有效的,故不同意原告的诉讼请求。

律师观点:

搜房公司是依法设立的有限责任公司,受该公司章程、我国公司法及其他法律、行政法规的调整与规范,其公司的股东之间可以相互转让其全部或部分股权。原告认可授权委托书上"原告"签名的真实性,但辩称其从未在授权委托书上签字,只是在其夫案外人王某培给过的空白纸上签过字,故否认授权委托的真实性。且原告代理人当庭表示对本次股权转让之前,贡某代替原告所签的工商档案材料都予以认可,故对授权委托说明的内容予以确认,因此,原告的说法难以得到采信。依据原告向贡某出具的授权委托说明,贡某有权代原告在股权转让协议等相关手续上签名,并办理签署公司的股权变更、股权转让、变更登记等工商及其他一切变更手续。故2006年3月17日股权转让协议的形成不违反公司章程与公司法的规定,应属有效。

法院判决:
驳回原告的诉讼请求。

419. 公司章程可否规定股东离职或在其他情况下,其股权由其他股东受让?该强制股权转让交易是否有效?

对此《公司法》及相关法律法规并无明确规定,司法实践观点不一。

一种观点认为,股东自由转让股权系其股东权利的基础,不容动摇。《公司法》针对公司股权转让允许章程作出不同于《公司法》规定的程序,但章程的约定不能损害自由转让股权的基本权利。因此强制股东离职时应当转让股权系无效的约定,相应的转让行为也归于无效。

另一种观点认为,股东离职或在其他情况下以一定条件转让股权,系附条件的股权转让。只要股东在公司章程签字确认,或以其他方式认可公司章程的约定,该约定即为有效。

对此,笔者认为上述两种观点并不矛盾。如果公司章程虽经2/3以上股东表决通过的,但并非每一位股东均签字予以确认,那么约定离职后股东必须转让股权的约定对于未签字认可的股东不产生效力。相反,如果股东曾作出意思表示认可章程该类约定,则在满足一定条件下其转让股权就是股东意思自治的表现,法律、司法机关不应予以干涉。

该类约定常见于公司股权激励方案当中,企业在制作公司章程时,如果有该类条款,则应当确保每一位股东均予以签字确认。

【案例212】公司要求离职员工强制退股 章程不违法主张获支持[①]

原告: 株洲建筑设计公司

被告: 张某生

诉讼请求: 被告按公司章程规定每股以股本原始价格向原告转让其持有的6万股股权。

[①] 参见湖南省株洲市中级人民法院(2010)株中法民二终字第72号民事判决书。

第七章
股权转让纠纷

争议焦点：

1. 受托人谢某在原告公司章程上签名，是否视为被告对原告公司章程的认可；原告公司章程对被告是否具有约束力；

2. 原告强制要求被告按公司章程规定向原告按原值回转股权是否合法有效。

基本案情：

原告系有限责任公司，注册资本300万元。

在公司设立过程中，原告告知全体职工均可以按规定认购公司的股权，认购公司股权的职工即成为公司的股东。受工商登记及《公司法》对有限责任公司股东人数的限制，原告成立时登记的显名股东为20人，其他职工为公司的隐名股东，在召开股东会时有的隐名股东自己参加，有的则授权给公司其他股东行使表决权。

2004年10月24日，原告全体股东共同协商制定了公司章程，主要内容有：

1. 原告公司股东必须是本公司员工；

2. 发生以下事由时，持股人必须自事由发生之日起30天内转让其全部股权：

（1）劳动合同期满未续签合同的；

（2）员工死亡的；

（3）辞职或辞退的；

（4）其他原因离开公司的。

上述事由发生后，持股人未在30天内转让股权，30天期限届满停止分红，如30天内无受让人，由董事会按下列规定接受股权：

（1）劳动合同期满或退休、内退、死亡的，按公司上一年度末账面净资产结合股权比例确定股本受让价格；

（2）辞职、辞退或其他原因离开公司的，按公司上一年度末账面净资产结合股权比例确定股本受让价格，但不高于股本原始价格。

3. 董事会受让股权后，可由董事会成员分摊或转为技术股；公司为发展和留住、引进人才的需要，公司可增设技术股，技术股作为集体股由工会代表集体持有。

4. 本章程须经全体股东会议通过，并由股东签名或盖章。

章程制定后，原告显名股东及部分隐名股东签字确认。被告未直接在章程上签名，但为行使其股东权利，于2004年9月20日出具授权委托书，委托其所在部门的同事谢某就其所持的1.8万元股权份额,在公司进行注册登记及召开股东会会议时行使表决权,有效期3年。案外人谢某在公司章程通过后,以自己名义代被告进行签名。

此外,案外人谢某系被告所在的8人股东小组所委托的股东代表,曾代表该8名股东出席了第一届第一次、二次股东代表大会,谢某在第一次大会上通过的公司章程上签了字,在第二次大会上参与审议通过了公司股权管理办法。

被告在原告公司工作期间,于2006年4月11日以股东身份与其他11名股东以46.5万元价格共同受让案外人黄某等17名股东转让的公司46.5万股。按照被告所持公司股权比例,其此次受让4.2万股,加上公司成立时所认购的1.8万股,被告共持有6万股。

被告与原告所签订的劳动合同约定的劳动期限为2008年1月1日至2010年12月31日,工作内容为在设计室从事设计工作。2008年11月6日,被告向原告递交辞职报告要求辞职。原告同意后,于2008年12月19日出具《解除(终止)劳动合同证明书》,证明与被告的劳动合同从2008年12月31日起解除。

劳动合同解除后,双方就被告持有公司股权是否应按公司章程规定转让产生争议。原告遂就此事召开董事会会议,并于2010年1月13日形成决议:

1. 公司按照章程规定垫资回购辞职人员的股份,将辞职人员的股本金交由工会保管,通知辞职人员领取;

2. 所回购的股份作为技术股,暂时由工会为持股人,待辞职人员办理好股权转让手续后,再将回购股份用于引进人才。

原告形成决议后,将决议内容书面通知被告。被告书面回复称:股权自由转让是股东的法定权利,原告未经被告本人同意擅自处分被告所持股权的行为无效。如原告同意被告提出的转让条件及转让价格,被告才同意转让股权。

另外,原告于2008年1月16日委托会计师事务所对原告公司的净资产价值进行了评估,该评估基准日为2007年12月31日,评估结果为原告公司净资产的评估价值为315.05万元。

原告诉称:

被告系原告员工,劳动合同期限为自2008年1月1日起至2010年12月31日止。被告违反劳动合同期限约定,于2008年11月6日提出辞职,并于2008年12月31日正式离职。

被告持有原告6万元股权,其辞职后一直不予转让股权,原告多次要求其依照章程转让股权,被告均予以拒绝。被告拒不履行股权转让义务,既妨碍了原告对章程的执行,也给原告企业的经营管理造成了一定的损害。

原告认为,公司章程是全体股东共同的契约,被告必须履行。因为被告在离职后的 30 天内无人受让其股权,所以,被告必须按公司章程规定将其股权转让给原告。

被告辩称:

股东转让股权必须经股东本人同意,由本人自由行使权利,不得强制剥夺或限制,原告章程违反《公司法》的规定,系无效条款。且被告并未在公司章程上签名,原告公司章程对其没有约束力。

被告仅委托同事谢某进行注册登记,参加股东会会议行使表决权,并未授权谢某代表被告承诺公司在其离开后可以强行转让被告的股权。

法院认为:

1. 受托人谢某在原告公司章程上签名,是否视为被告对原告公司章程的认可?原告公司章程对被告是否具有约束力?

公司章程是规定公司名称、宗旨、资本、组织机构等对内对外事务的基本法律文件,是规范公司的组织和活动的基本规则,公司章程经全体股东同意并签字即生效。

原告系一家有限责任公司,在公司成立时由全体股东共同制定公司章程,全体股东同意并在章程上签名,公司章程依法生效,对公司股东均具有约束力。

被告虽未直接在章程上签名,但其在公司成立过程中委托其所在部门的同事谢某代为行使股东权利,该授权系被告的真实意思表示。

被告与案外人谢某共同填写的《授权委托书》注明了"委托内容除双方另有商议外,仅指受委托人代表委托人进行注册登记,参加股东会行使表决权,有效期为 3 年"。被告委托谢某参加原告成立的第一次股东会,会议核心内容就是制定通过公司章程。根据《公司法》规定,有限责任公司股东应当在公司章程上签名、盖章。就是说股东在章程上的签名应视为股东对章程通过的认可。谢某作为被告的受委托人参加了股东会,参与审核制定公司章程,对章程的通过与否行使了表决权,最后并在章程上签名。所以谢某的签名应视为代表被告对章程通过及章程内容的认可。

综上,受委托人谢某在公司章程上的签名应视为被告对公司章程的认可,该公司章程对被告具有约束力。

2. 原告强制要求被告按公司章程规定向原告按原值回转股权是否合法有效?

《公司法》(2005 年修订)第 72 条对有限责任公司股权转让的规定分 4 款

列举:

第1款,有限责任公司的股东之间可以相互转让其全部或者部分股权。

第2款,股东向股东以外的人转让股权,应当经其他股东过半数同意……视为同意转让。

第3款,经股东同意转让的股权,在同等条件下,其他股东有优先购买权。……

第4款,公司章程对股权转让另有规定的,从其规定。

前3款规定了有限责任公司股权转让的3种情形,其关系是平等和并列的,而第4款规定应视为兜底性条款,也就是说如果公司章程对股权转让有特别约定,只要该约定不违反法律禁止性规定,那么该公司的股权转让就要遵守公司章程的特别约定,章程的效力高于一切。这也符合民法的民事活动自治自愿的原则。

本案中,原告的公司章程及《股东股权设置、转让、增股、变更持股的管理办法》对股东身份、股权额度、股权转让均作了条件性、限制性规定。原告作为一家技术性企业,吸收本公司职工作为股东,初衷是为引进技术人才,稳定职工队伍,促进公司可持续发展。所以对公司新引进的高级技术人员,可以按相应职位认购公司股份,每年按股份份额享受分红,以作为其对公司发展做出贡献的激励。但对辞职离开公司的高级技术人员,公司的态度是否定的,因为人才的流失会对公司带来巨大的负面影响。所以公司对其股权转让的规定是惩罚性的,"但不高于股本原始价格"。

有限责任公司是人合性与资合性相统一的企业,其规定是公司从其自身特点出发,为其本身发展设置的,其章程只要不违反法律禁止性规定就是合法的。因此,原告的公司章程关于股权管理办法的规定是合法有效的。

被告因辞职失去了原告的职工身份,根据公司章程的规定,"只有该公司的职工才能成为原告的股东",因此被告丧失了原告的股东资格。故被告应按公司章程的规定将所持股权予以转让。原告章程赋予了被告在一定期限内向公司其他股东自由转让股权的权利,但被告并未自由转让。公司章程同时规定,被告在辞职后30日内没有转让其股权的,由公司董事会按每股不高于股本原始价格受让。

公司董事会是有限责任公司的业务执行机关,是一般有限责任公司的必设机关和常设机关,享有公司业务执行权和日常经营决策权,公司章程明确董事会的相关职权是代表公司行使执行权,由董事会受让辞职股东的股权,实质上就是由原告受让、收购该股权。

原告在被告未按公司章程转让股权的情况下，暂将被告持有的股权收购交由公司工会持有和管理，并最终将按公司章程的规定将股权转让给公司其他股东，由此原告受让、收购被告的股权是为了防止公司股份的外部流转，并未造成资本的减少。

综上，公司章程合法有效，原告有权要求被告按公司章程的规定每股以股本原始价格转让其所持有原告的6万股股权。

法院判决：

被告以6万元的价格向原告转让其持有的股权。

【案例213】约定股权激励回购不影响股权转让合同效力

原告： 明日中铁公司

被告： 睿力公司

第三人： 林某雷

诉讼请求： 判令被告就第三人向原告转让22.5万股股权，并办理工商变更。

争议焦点：

1. 股权转让协议及补充协议的法律效力；
2. 被告公司改制前的股权与改制后的股份是否具有一致性。

基本案情：

2008年7月9日，被告与第三人签订《劳动合同书》，第三人在被告产品部工作，合同于2008年7月9日生效，于2012年12月31日终止。

2010年6月21日，原告与第三人签订《股权转让协议》，约定：原告同意依据本协议条款向乙方转让原告所持有的被告0.375%的股权及与该股权相关的权益、利益、主张及依法享有的全部权利。双方商定本次股权转让价格为304,500元人民币。乙方在本协议生效后10日内向原告支付本次股权转让价款。协议签订后，第三人支付304,500元转让款，被告变更了工商登记手续。

2010年10月21日，原告与乙方第三人又签订1份《补充协议》，约定原告与乙方之间的股权转让是被告员工股权激励计划的一部分，双方约定：在被告首次公开发行人民币普通股股票并上市前，未经原告同意，其不得向任何第三方转让、质押或以其他方式处置其持有的被告股权；被告与乙方之间的劳动合同终止，乙方应在劳动合同终止后5个工作日内将其所持有的被告全部股权转让给原告，转让价格为乙方受让被告股权时的价格。为此，双方同意，在签订本补充协议的同时再行签署本协议附件1之《股权转让协议》，该等股权转让协议应自被告与乙方之间的劳动合同终止时自动生效。

2011年6月23日，被告进行改制，公司名称由北京睿力恒一科技发展有限公司变更为北京睿力恒一物流技术股份公司，被告在工商登记中载明的第三人认缴及变更时实际缴付情况均为22.5万股，出资方式为净资产折股，出资比例为0.375%。之后，被告两次增资，现被告的注册资本为6300万元，第三人的持股数为22.5万股，持股比例为0.357%。

2011年10月24日，第三人向被告提出申请，休病假4个月。2012年12月31日，第三人与被告的劳动合同终止后，双方未续签新的劳动合同。2012年7月20日，科技公司向第三人汇款304,500元，作为第三人持有的被告的22.5万股股份的股权转让款。被告向第三人分配2011年股利6万元，2012年股利38,250元该院2013年11月20日最后一次开庭时止，被告尚未公开发行人民币普通股股票并上市。

原告诉称：

根据《股权转让协议》及《补充协议》的约定，第三人与被告之间的劳动合同在被告首次公开发行人民币普通股票并上市前终止的，则第三人应以其受让股权时的价格向原告转让其持有被告的22.5万股股份。原告已于2012年7月19日先行向第三人支付了股份转让价款304,500元，但被告由于第三人不予配合至今未办理完成工商变更登记手续。

被告辩称：

同意变更，因为第三人不配合，不愿重新签订《股权转让协议》，故无法办理工商变更登记。

第三人辩称：

第一，原告诉被告变更第三人所持有的22.5万股股份的工商登记，没有合法有效的依据。虽然申请变更工商登记的主体是被告，但22.5万股股份的所有权人是第三人，第三人并未同意将股份转让给原告，原告亦没有有效证据证明第三人同意以304,500元的价格转让股份，故原告的请求没有任何依据，被告在未经股东第三人书面认可的情况下亦没有权利处置第三人所持有的股份，应驳回原告的诉讼请求。

第二，第三人受让被告0.375%股权时，股权包括全部股东权益一并转让，第三人已经支付合理对价304,500元人民币，并办理工商变更登记。被告所称股权激励计划并不存在，一方面，被告并无证据证明所谓的股权激励计划，另一方面，第三人受让0.375%股权时，被告的注册资本仅为800万元，0.375%换算成注册资本金只有3万元,但第三人当时支付了304,500元股权转让款,属于合理对价;第三人受让该0.375%股权并办理工商登记后,其享有法律上规定的股东地位,理应享有股权及所有股东权益;22.5万股股份是被告整体改制过程中,以未分配利润和盈余公积金等股东权益转增资本而来,依据税法等相关规定这部分股东权益属于股东个人所得,且第三人确实缴纳了相应的个人所得税。

第三,原告所提供的2010年10月21日签订的《补充协议》及《股权转让协议》并未生效。此两份协议属于附生效条件的协议,条件为第三人与被告解除劳动合同,该条件至今未成就,但一直未有解除劳动合同的书面证据,且第三人开始病休的时间是2012年2月,此时被告已经整体改制,合同标的已经不存在;此两份协议约定的合同标的已经不存在,即便条件成就,该协议也不能生效。协议约定的合同标的为被告0.375%的股权,但被告已于2011年6月23日整体改制,0.375%的股权已经不存在,第三人现在持有的被告22.5万股的股份,是由第三人享有的股东权益转增资本得来,因此,22.5万股股份与之前0.375%股权完全不同;原告汇给第三人的304,500元不是股权转让款,仅是原告一方意思表示,股权转让需要转让人与受让人就股权转让达成一致意见,并签署有效的股权转让协议方可,原告自行打款的行为不能证明第三人同意以304,500元价格转让所持有的被告22.5万股的股份,仅是科技公司单方意愿。

第四,第三人所持有的被告22.5万股股份是由第三人的个人股东权益转增股本得来,其价值远远大于被告0.375%的股权,两者不能等同。

一审认为:

公司应当将股东的姓名或者名称及其出资额向公司登记机关办理登记,登记事项发生变更的,应当办理变更登记。科技公司与第三人于2010年10月21日签订的《股权转让协议》约定,本协议自双方签字或盖章后于被告与第三人之间的劳动合同终止时自动生效,被告与第三人签订的劳动合同于2012年12月31日终止,且双方未再续签新的劳动合同,故该《股权转让协议》已生效。同时《补充协议》约定:"如果被告首次公开发行人民币普通股股票并上市前之任何时候,被告与第三人之间的劳动合同终止,第三人应在劳动合同终止后5个工作日内将其所持有的被告全部股权转让给科技公司。"由此,双方应按该协议约定,第三人应将其持有的被告的0.375%的股权以协议约定的价格转让给科技公司,因科技公司于2012年7月20日向第三人支付了协议约定的股权转让款304,500元,科技公司已履行了该协议中约定的义务,第三人亦应按约定履行其义务。关于第三人称其所持有的被告22.5万股股份与0.375%的股权不能等同,故不同意转让的抗辩意见，因科技公司主张的第三人持有的22.5万股股份系基于科技公司转让给第三人的被告0.375%的股权而产生，涉案的股权名称虽有变化，但该22.5万股的股份仍系《补充协议》及两份《股权转让协议》约定的转让标的，即被告的0.375%的股权。

一审判决：

被告于判决生效10日内就第三人股权转让事宜办理工商变更。

第三人上诉称：

1. 被告注册资本为800万元，0.375%股权对应的注册资本为3万元，第三人是以被告的净资产作价30.45万元购买的上述股权，高于科技公司出资成本10倍，故第三人高价购买被告的股权，并非以优惠价格购买，应享有全部股东权益，其股东权益并未受到限制，第三人购买被告股权时并不存在股权激励的说法，只是在购买股权4个月后被告迫使员工签订协议时才说明是股权激励。

2. 一审法院认定事实错误，被告改制前第三人享有的0.375%股权，与改制后第三人享有的22.5万股不是同一个标的物。被告改制时各股东均未再实际出资，而是以公司盈余公积金和未分配利润转增资本，属于股东个人所得，故上述资金转增资本实际是向股东支付股息和分配红利，股东缴纳个人所得税后，再以分得的股息和红利增加注册资本。第三人在被告改制过程中缴纳了个人所得税，并由被告代扣代缴，如第三人在公司改制过程中不同意认购，则被告应将第三人个人所得转增资本的资金已股息红利的形式向第三人发放。第三人受让被告0.375%股权时，其股东权益并未受到限制，该股权相当于原物，该股权产生的股息、红利等股东权益相当于孳息，且依据第三人与科技公司的约定以及相关法律的规定，股东权益归第三人个人所有。2010年10月21日《股权转让协议》中收购的标的物是0.375%股权，不是0.375%股权和基于该股权产生的股息、红利，也不是22.5万股股份。第三人现在持有的被告22.5万股股份包括被告原注册资本0.375%的股权和基于该股权产生的股息、红利等股东个人所得转增资本，这两部分均应属于第三人个人所有。

3. 被告掌握第三人账号，科技公司与被告实际控制人为同一人，第三人对科技公司向其账户转账30.45万元一事不知情，且第三人一直没有动用该笔款项。同时，该协议以第三人与被告解除劳动合同为生效条件，而被告一审期间并未提供证据证明其与第三人解除了劳动合同关系。一审法院认定科技公司履行完毕合同义务，并要求第三人履行股权转让的合同义务与事实不符。

4. 2010年10月21日《股权转让协议》约定，在被告首次发行人民币普通股股票并上市前,第三人与被告劳动合同终止,第三人应在劳动合同终止后5日内将其持有的被告的股份转让给科技公司,该约定变相剥夺了第三人平等就业和选择职业的权利,违反了《中华人民共和国劳动法》第3条的规定,该《股权转让协议》应属无效,同时,科技公司在劳动合同终止前即向第三人支付转让价款,属于不正当促成合同条件的成就。

原告二审辩称:

1. 第三人受让股权的价格是公平合理的,是按照净资产的账面价值来定价的,并非按照评估价格确定。王某是投资者,并非被告员工,与第三人所参与的员工股权激励计划无关。科技公司和第三人对于《补充协议》的签订都是认可的,不存在第三人所称受到胁迫的情况。

2. 被告在2011年6月由有限责任公司改制为股份有限公司,第三人持有被告0.375%股权折为22.5万股股份。

3. 第三人与被告的劳动合同于2012年12月31日到期,且双方未续签,故该劳动合同已经终止,2010年10月21日《股权转让协议》已经生效,第三人应将其持有的被告的股份向科技公司转让,在科技公司已支付该协议约定转让款的情况下,第三人应配合办理工商登记手续。

律师认为:

1. 股权转让合同中约定股权回购条款,不违反法律法规禁止性规定,应属有效。

本案系原告基于第三人与原告之间股权转让事宜提起的请求变更公司登记之诉。上述协议约定,第三人在合同约定的特定情况下离职时,应将其持有的被告的股权回转给原告。该约定并非对第三人平等就业和选择职业的权利进行限制,而是对第三人与被告劳动关系终止后相关权利义务如何处理作出的约定,不违反法律法规的强制性规定。另外,第三人一审诉讼期间并未请求一审法院确认其与科技公司之间《股权转让协议》和《补充协议》无效,亦未申请撤销或变更上述协议。故该股权转让协议对双方均具有法律约束力。

2. 职工是否参加股权激励计划,并不以持股员工获得股权价格是否优惠作为唯一的判断标准。

员工股权激励计划制度的设立,旨在由企业员工持有本公司股权或股份,以激励持股员工勤勉尽责地为公司提供长期服务,通常情况下,实施股权激励计划的企业会对参与计划员工所持公司股权或股份的转让作出一定限制,职工是否参加股权激励计划,并不以持股员工获得股权价格是否优惠作为唯一的判断标准。第三人与原告签订的《补充协议》中明确约定,第三人与原告之间的股权转让是被告员工股权激励计划的一部分,且《补充协议》中对第三人转让其所持被告股权作出限制性的规定,原告和第三人均在该协议上盖章或签字,应为各方真实意思表示。

3. 第三人持有的22.5万股股份系由被告改制前的0.375%股权转化而来,属按原有出资比例享有的折股后股本,虽然数字表述上不一致,但实为同一标的。

根据各方在《股权转让协议》及《补充协议》中对于公司公开上市后方可自由转让股权的约定,第三人应当知悉被告计划公开发行股票一事,其对被告需进行改制,以及改制后其所持被告股权相应变更为被告股份,且该股份的转让可能会受到限制应有预见。公司股权或股份所对应的注册资本的数额并非确定股权转让价格的唯一标准,出让方与受让方通常综合考虑公司的资产数额、盈利能力等因素,对股权转让价款的数额进行协商并达成一致。本案中,被告改制前,第三人所持0.375%的股权对应的注册资本为3万元,其受让上述股权支付的对价为30.45万元,该数额以第三人受让上述股权时,被告的账面净资产值约为8000万元而定,而根据第三人签字的被告2011年5月21日股东会临时会议的记载,截至2011年2月28日,被告经审计的账面净资产为88,620,306.51元人民币,由此可见,被告的净资产数额在改制前后并未发生明显变化,结合被告改制时并未将全部净资产折股的情况,被告改制增资的方式为净资产折股,第三人在此之外并未投入其他资金;再次,被告改制前,第三人持有被告0.375%股权,被告改制完成时,第三人持有该公司22.5万股股份,对应被告总股份的比例为0.375%,且第三人在诉讼中亦认可,其持有的被告22.5万股基于其持有的改制前被告0.375%股权形成,据此可以认定第三人系按原有出资比例持有被告的股份。

4. 第三人与被告劳动合同已经终止,股权回购条款生效,第三人应将相应股份及相关权益转给原告。

根据《股权转让协议》的约定,该协议于被告与第三人之间劳动合同终止时自动生效。现第三人与被告的劳动合同于2012年12月31日终止,故一审法院认定第三人与被告的劳动合同终止及2010年10月21日《股权转让协议》已经生效并无不当。如前述,第三人持有的被告22.5万股股份属按原有出资比例享有的折股后股本,系上述协议中约定的股权,在上述协议生效后,第三人应依约将该22.5万股股份以及相关权益向原告转让,上述协议明确约定股权转让价款的数额为30.45万元,原告亦已实际将款项支付第三人,故第三人负有将相应股份及权益转给原告的义务。

二审判决：

驳回上诉，维持原判。

【案例214】章程约定的股本原始价格回购离职员工股权有效[①]

原告：建筑设计院有限公司

被告：张某生

诉讼请求：被告按照章程约定价款将其持有的原告股权转让给原告。

争议焦点：公司章程关于员工离职应以不高于股本原始价格将股权转让给公司或原股东的约定，是否剥夺了股东自由转让股权的权利，是否有效。

基本案情：

原告公司章程约定：

1. 公司名称为原告，注册资本300万元人民币，企业类型为有限责任公司，由职工个人共同出资组建。

2. 公司注册资本300万元人民币，全部由股东出资构成，每股为1元，总股本为300万元，股东必须是本公司员工，公司设立后，股东不得抽回出资，股东是公司资产的所有权人，享受公司章程所规定的权利，并承担公司章程所规定的义务，同股同权，同股同利。

3. 公司股权按照岗位、职称设置，股东岗位变动时，确定岗位股的转让价格，协商不成的，由董事会按上一年度末公司账面净资产结合股权比例确定转让价格，股权转让价格不影响股权所占的份额。

4. 公司个人股实行自愿认购的原则，第一次股权认购后，不再增加一般职工股东，在此以后聘任的人员，必须具备一级注册资格或高级职称时，才可以吸纳为股东并认购相应股份。

5. 发生以下事由时，持股人必须自事由发生之日起30日内转让其全部股权：

（1）劳动合同期满未续签合同的；

（2）员工死亡的；

（3）辞职或辞退的；

（4）其他事项离开公司的。

上述事由发生后持股人未在30日内转让股权，30日期限届满停止分红，如

[①] 参见湖南省株洲市中级人民法院(2010)株中法民二终字第72号民事判决书。

30日内无受让人,由董事会按下列规定接受股权:

(1)劳动合同期满或退休、内退、死亡的,按公司上一年度末账面净资产结合股权比例确定股本受让价格。

(2)辞职、辞退或其他事项离开公司的,按公司上一年度末账面净资产结合股权比例确定股本受让价格,但不高于股本原始价格。董事会受让股权后,可由董事会成员分摊或转为技术股。

6. 公司为发展和留住、引进人才的需要,公司可增设技术股,技术股作为集体股由工会代表集体持有。

7. 股东的按出资比例分得红利,优先获得其他股东转让的出资等权利,同时要履行遵守公司章程、服从和执行董事会决议,以所持出资承担公司的亏损和债务等义务。

8. 股东会是公司的最高权力机构,董事会是公司股东会的执行机构,董事会为公司的法定代表人,董事会对股东负责。

9. 公司员工有辞职的自由,但必须在辞职前30日提出申请,经公司总经理建议后报董事会批准后履行手续。

10. 公司在每一会计年度(每年1月1日至12月31日)结束时,编制财务会计报告,并依法审计验证,公司分配红利,每年支付一次,按股分配,在公司年度财务决算完毕,并经股东会审议通过后进行。

11. 公司股东大会通过的有关公司章程的补充决议和其他文件,均为本公司章程的组成部分,本章程的解释权属公司董事会,未尽事宜按《公司法》的有关规定办理或由董事会研究决定;公司按本章程制定相关内部管理细则,内部管理细则经股东会表决通过,所制定的内部管理细则与本章程具有同等效力。

12. 本章程须经全体股东会议通过,并由股东签名或盖章。

章程制定后,原告公司的显名股东及部分隐名股东在章程上签了字。被告认购的股权额为1.8万元,被告没有直接在章程上签名,但被告为行使股东权利,出具1份授权委托书,委托其所在部门的同事谢某就其所持的1.8万元股权份额,在公司进行注册登记及召开股东大会时行使表决权,有效期为3年。谢某以自己的名义代被告在章程上签了名。

2007年12月20日,被告与原告签了1份劳动合同,合同约定的劳动期限为2008年1月1日至2010年12月31日,工作岗位为设计师,从事设计工作。

2008年11月6日,被告向原告递交辞职报告要求辞职,原告同意后,于2008年12月19日出具《解除终止劳动合同证明书》,证明与被告的劳动合同从2008

年12月31日起解除。

原告与被告解除劳动合同后,双方就被告持有公司股权是否应按公司章程转让产生争议,在被告未按公司章程转让所持股权的情况下,原告遂就此事召开董事会会议,并于2010年1月13日形成决议:

1. 公司按照章程规定垫资回购辞职人员的股份,将辞职人员的股本金交由工会保管,通知辞职人员领取;

2. 所回购的股份作为技术股,暂时由工会为持股人,待辞职人员办理好股权转让手续后,再将回购股份用于引进人才。

原告形成决议后,于2010年1月22日以书面形式将决议内容通知了被告,被告收到通知后,于2010年1月27日书面回复,陈述股权自由转让是股东的法定权利,原告未经被告本人同意擅自处分被告所持股权的行为无效。如原告同意被告提出的转让条件及转让价格,被告才同意转让股权。

被告在原告公司工作期间,根据公司章程的约定,以股本原始价格受让了离职员工的公司股权,被告持有的原告公司的股权增为6万股。

原告委托会计师事务所对公司的净资产价值进行了评估,该评估基准日为2007年12月31日,评估结果为公司净资产为315.05万元。

此后,原、被告就股权转让事宜未能达成一致协议,原告遂诉至法院。

原告诉称:

被告委托谢某在3年内代为行使其股东权利,谢某在章程上签字就应代表被告对章程的认可,同时,被告于2006年4月依照公司章程的规定受让了离职股东转让的股份,且受让的价格就是按照章程规定的"股本原始价格"。所以说被告以其行为表明已认可公司章程,被告应当按照章程约定将其名下原告的股权转让给原告。

原告为证明其观点,提交证据如下:

1. 企业注册登记资料。证明2008年6月,被告进入公司注册股东名册。

2. 原告第一届第二次股东大会会议纪要、股权管理办法。证明2005年3月27日,被上诉方召开股东代表大会,谢某作为被告的委托人出席了会议,行使了表决权,通过了股权管理办法。

3. 培训记录表。证明2007年9月19日,公司组织相关规章制度学习,被告参加了这次培训。

4. 原告第一届第六次股东大会会议通知及参加会议股东名册。证明2008年3月28日,公司召开全体股东代表大会,会议审议2007年度公司预、决算报告方案和利润分配方案,被告作为股东代表参加了这次会议。

5. 原告股东名册及授权委托书。证明谢某系被告等8人股东小组的代表,股东小组另7人在2004年9月均出具了授权委托书,委托谢某在以后3年内代为行使股东权利。

被告辩称:

1. 股权自由转让是被告作为原告股东的基本权利之一,原告以章程规定为由,剥夺被告的基本权利违反法律规定;

2. 被告仅委托谢某进行注册登记,参加股东大会行使表决权,没有授权谢某可以代表被告承诺公司在被告离开公司后可以强行转让被告股权的权利。

被告对原告所提供的证据发表质证意见如下:

1. 对企业注册登记资料没有异议;

2. 对原告第一届第二次股东大会会议纪要、股权管理办法的真实性有异议,认为该书证的纸张偏新,不像保存5年以上的资料,另从内容看也与公司章程存在矛盾,因为章程中明确了股权管理的详尽规定参照"股东股权设置、转让、增股、变更持股的管理办法",这说明管理办法应制定在先,章程在后,但按照该纪要及该次会议通过的管理办法,管理办法制定在后,章程制定在先,所以第二份证据存在虚假。

3. 对培训记录表的关联性有异议,培训记录表上没有记载培训的具体内容,不能说明被告学习了股权管理办法和公司章程。

4. 对原告第一届第六次股东大会会议通知、参加会议股东名册、原告股东名册及授权委托书的关联性有异议,认为不能证明被告签字认可公司股权管理办法,不能证明授权委托书的权限包括同意公司股权转让办法。

被告为证明其观点,提交证据如下:

出资证明书,证明出资6万元的时间系2006年1月。

针对被告的上述证据,原告认为:

承认出资证明书上的时间系当时书写错误,被告在2006年4月接受他人转让的股份后,共持有公司6万元股份,公司出具出资证明书的准确时间应是2006年4月。

一审认为:

1. 公司章程对被告具有约束力。

公司章程是规定公司名称、宗旨、资本、组织机构等对内对外事务的基本法律文件,是规范公司的组织和活动的基本规则,公司章程经全体股东同意并签字即生效。

第七章
股权转让纠纷

原告系一家有限责任公司,在公司成立时由全体股东共同制定公司章程,全体股东同意并在章程上签名,公司章程依法生效,对公司股东均具有约束力。

被告虽没有直接在章程上签名,但被告在公司成立过程中委托其所在部门的同事谢某代为行使股东权利,该授权系被告的真实意思表示,故谢某在公司章程上的签名视为被告对公司章程的同意,该公司章程对被告具有约束力,被告认为其没有在公司章程上签名,公司章程对其没有约束力的抗辩理由,法院不予支持。

原告的公司章程明确规定是由公司职工共同出资组建的有限责任公司,限定只有该公司的职工才能成为原告的股东,该规定并没有违反法律法规的强制性规定,该规定合法有效,对原告的股东均有约束力。

2. 原告要求被告按公司章程的规定以股本原始价格转让股权的理由正当。

2008年12月31日,被告因辞职离开原告,失去了原告的职工身份,按公司章程的规定,被告丧失了原告的股东资格,而且根据《公司法》(2005年修订)第72条第4款的规定"公司章程对股权转让另有规定的,从其规定"。故被告应按公司章程的规定将所持股权予以转让。按原告的章程规定,赋予了被告在一定期限内向公司其他股东自由转让股权的权利,但被告没有自由转让。

公司章程同时规定,因辞职离开公司,在辞职后30日内没有转让股权的,由公司董事会按不高于股本原始价格受让股权。

公司董事会是有限责任公司的业务执行机关,是一般有限责任公司的必设机关和常设机关,享有公司业务执行权和日常经营决策权,公司章程明确董事会的相关职权实质上代表公司行使执行权,由董事会受让辞职股东的股权,实质上由原告受让、收购该股权。原告在被告未按公司章程转让股权的情况下,暂将被告持有的股权收购交由公司工会持有和管理,并最终将按公司章程的规定将股权转让给公司其他股东,由此原告受让、收购被告的股权是为了防止公司股份的外部流转,并没有造成资本的减少。

综上,原告要求被告按公司章程的规定以股本原始价格转让股权的理由正当,对原告要求被告按公司章程的规定向原告转让股权的诉讼请求,依法予以支持。

一审判决:

原告按章程的规定以6万元的价格受让被告应转让的其所持有原告的6万股股权。

被告不服一审判决,向上级人民法院提起上诉。

被告上诉称：

1. 股东转让股权必须经股东本人同意,由本人自由行使,不得强制剥夺或限制,原告的章程违反公司法的规定,系无效条款;

2. 被告仅委托谢某进行注册登记,参加股东大会行使表决权,没有授权谢某可以代表被告承诺公司在被告离开公司后可以强行转让被告股权的权利;

3. 一审判决认定原告可以强行收购被告的股权,没有事实和法律依据。

请求二审法院撤销一审法院的判决,驳回原告的诉讼请求或将本案发回重审。

原告二审辩称：

原判认定事实清楚,适用法律正确。被告授权他人行使股东权利,对公司章程签字认可,应按公司章程规定处置自己的股份。

律师观点：

1. 谢某的签名应视为代表被告对章程的认可。

被告作为委托人与受委托人谢某共同填写的《授权委托书》注明了"委托内容除双方另有商议外,仅指受委托人代表委托人进行注册登记,参加股东大会行使表决权,有效期为3年"。所以本焦点的关键在于如何理解该委托内容。

被告委托谢某参加的股东大会为公司成立的第一次股东大会,会议核心内容就是制定通过公司章程。根据《公司法》的规定:有限责任公司股东应当在公司章程上签名、盖章。也就是说,股东在章程上的签名应视为股东对章程通过的认可。谢某作为被告的委托人参加了股东大会,参与审核制定公司章程,对章程的通过与否行使了表决权,最后在章程上签了名。所以谢某的签名应视为代表被告对章程通过的认可,对章程内容的认可。

2006年4月,被告依照公司章程的规定受让了离职股东转让的股份,且受让的价格就是按照章程规定的"股本原始价格"。所以说被告以其行为表明已认可公司章程,那么他作为公司股东,必须受公司章程约束,其辞职后股权的处理办法也应遵照章程规定。所以被告辩称章程对股东股权转让的规定不能约束自己的理由不成立。

2. 原告章程关于离职股东股权转让的规定合法有效。

被告认为原告章程对股权转让的规定违反公司法法理,剥夺了小股东自治权。《公司法》第71条对有限责任公司的股权转让的规定分4款列举:

第1款"有限责任公司的股东之间可以相互转让其全部或者部分股权";

第2款"股东向股东以外的人转让股权,应当经其他股东过半数同意……视

为同意转让";

第3款"经股东同意转让的股权,在同等条件下,其他股东有优先购买权……";

第4款"公司章程对股权转让另有规定的,从其规定"。

前3款规定了有限责任公司股权转让的3种情形,其关系是平等和并列的,而第4款规定应视为兜底性条款,也就是说,如果公司章程对股权转让有特别约定,只要该约定不违反法律禁止性规定,那么该公司的股权转让就要遵守特别约定,章程的效力高于一切。这符合民法民事活动自治自愿的原则。

本案原告公司章程及《股东股权设置、转让、增股、变更持股的管理办法》对股东身份、股权额度、股权转让均作了条件性、限制性规定,作为一技术性企业,吸收本公司职工作为股东,初衷是为引进技术人才,稳定职工队伍,促进公司可持续发展。所以对公司新引进的高级技术人员,可以按相应职位认购公司股份,公司股东每年按股份份额享受分红,公司发展了,为公司做出贡献的人员可以享受利益。但对辞职离开公司的高级技术人员,公司的态度是否定的,因为人才的流失对公司带来的影响是负面的,巨大的。所以公司对其股权转让的规定是惩罚性的,"不得高于原股本价值"。

有限责任公司是人合性与资合性相统一的企业,其规定是公司从其自身特点出发,为其本身发展设置的,其章程只要不违反法律禁止性规定就是合法的。被告的上诉理由不成立。

法院判决:

驳回上诉,维持原判。

【案例215】强制退股需一致同意　滥用多数决修改章程无效[①]

原告: 李某荣、史某智、温某娟、徐某

被告: 金牧公司

诉讼请求: 确认被告2017年第一次临时股东会审议通过的《公司章程》第7条新增内容和第22条、23条内容无效。

争议焦点: 公司成立后修改《公司章程》规定股东离职需强制退股而少数股东不同意,相关条款及股东会决议是否有效,如果在公司设立之初就以《公司章程》规定股东离职需强制退股,相关规定是否有效。

[①] 参见北京市第二中级人民法院(2018)京02民终1332号民事判决书。

基本案情:

被告系有限责任公司,于2008年3月31日成立。原告4人系该公司股东。

2017年3月17日,被告召开了2017年第一次临时股东会,会议通过了关于修改的议案。修改后的《公司章程》增加了第7条的部分内容及第22条和第23条。

1. 第7条增加:本公司自然人股东必须是本企业正式在职职工或公司聘请的专家,股东离职或专家不再续聘,其所持公司股份必须转让给公司其他股东或由公司进行计价回购。

2. 第22条:股东从公司离职的,其应当在办理离职前30日将其所持有的公司股权转让给公司其他股东。股权转让价格按以下原则确定:

(1)股东持股不满1年的,按公司上一年度净资产价值的60%为标准确定;满1年的,按公司上一年度净资产价值的70%为标准确定;满2年至3年的,按公司上一年度净资产价值的80%为标准确定;满4年的,按公司上一年度净资产价值的85%为标准确定。

(2)股东入股满5年的,可以按公司上一年度净资产价值的100%为标准确定。

(3)持股时间以公司的出资证明为起点,以股东离职时间为终点,期间股东需不间断地持股。

3. 第23条:对于离职股东的股权按以下顺位受让:

(1)股东按照持股比例依次确认,持股比例高的股东优先于持股比例低的股东,股东放弃优先顺位,自然进入下一顺位;

(2)除离职股东外,其他股东均放弃受让的,由公司回购。

在股东会会议表决过程中,原告4人对上述议案投了反对票。但该议案经2/3以上表决权赞成通过。

原告均诉称:

原告4人均认为上述内容违反了民法及《物权法》规定,损害了股东的意思自治和小股东的合法权益。因此,被告2017年第一次临时股东会审议通过的《公司章程》第7条新增内容和第22条、23条内容无效。

被告辩称:

系争《公司章程》经2/3以上表决权决议通过,有关股东会会议的召集、召开、表决程序及决议内容均合法,应为有效。

被告之所以修订《公司章程》是为了始终保持公司的活力和发展的动力,希望更多的骨干参与持股,分享到公司的经营成果;同时,要求离职的股东退股,是不希望股东论资排辈,搭企业发展的便车,那样会使公司失去发展的动力,最终将被市场淘汰出局。

此外,要求离职的股东退股已设计了合理的退出机制和公允的对价,并不损害股东的合法利益。《公司章程》修订的内容均基于股东的约定,并不违反法律强制性规定,属于公司意思自治的范畴,合法有效。

一审认为:

《公司法》第22条规定:"公司股东会或者股东大会、董事会的决议内容违反法律、行政法规的无效。"有限责任公司兼具资合性与人合性,在不损害其他主体利益的情况下,应当允许公司内部对股东资格及股权转让等作出合理约定。涉案章程新增的内容系对公司自然人股东资格、股东离职时股权处理的规定,系公司意思自治的体现,不违反法律、行政法规的效力性强制性规定,应属有效。

综上,关于原告4人要求确认被告2017年第一次临时股东会审议通过的《公司章程》第7条新增内容和第22条、23条内容无效的诉讼请求,缺乏事实和法律依据,法院不予支持。

一审判决:

驳回原告的诉讼请求。

原告4人不服一审判决,向上级人民法院提起上诉。

原告均上诉称:

1. 强制股东转让股权违背相关法律规定应属无效。

(1)我国《物权法》第65条①规定:私人合法的储蓄、投资及其收益受法律保护。《民法总则》第113条②规定:民事主体的财产权利受法律平等保护。股权作为股东的合法财产受法律保护,对股权的处分权应当由股东本人行使而非公司自治的范畴,股东享有对股权中的财产权益占有、使用、收益、处分的权利。非经权利人的意思表示或法律的强制执行程序不得变动。在未得到股东的同意下,强制离职股东转让股权必然是对离职股东财产权的损害。

(2)本案不适用《公司法》第71条,该条规定公司章程对股权转让另有规定的,从其规定。但是该规定中的公司章程系指合法有效的公司章程,当公司章程损害了股东权益,则此章程无效。《公司法》第71条第4款的规定是针对本条前

---

① 现为《民法典》第267条相关内容。
② 现为《民法典》第113条相关内容。

3款规定而言,是对前3款的补充,约定的范围是"股东之间转让股权""股东向公司以外的第三人转让股权"及"股东优先权行使"3个方面,是在充分考虑到有限责任公司人合性的基础上,就股东股权转让的受让主体、受让程序及优先权行使等非实体处分权方面的规定,而不是对股东是否进行股权转让这一实体权利的规定,股权转让权可以通过章程进行限制,但一般限制的是权利的行使方式而非权利的处分,公司章程不能强制股东在非自愿的情况下转让股权。因此,强制离职股东转让股权的公司章程并不是公司的自治范畴,一审法院认定是错误的。

2. 强制股权转让条款严重损害小股东权益。

综上,股权转让属于股东意思自治范畴,强制股权转让条款无效。

被告二审辩称:

一审判决认定事实清楚,适用法律正确。

二审认为:

公司成立后修改《公司章程》规定股东离职需强制退股而少数股东不同意,相关条款及股东会决议是否有效?如果在公司设立之初就以《公司章程》规定股东离职需强制退股,相关规定是否有效?

有限责任公司兼具资合性与人合性,人合性为其本质属性,资合性为其外在表现形式。在决定公司经营策略、收购、合并、分立、清算或者变更公司形式等具体经营上更多体现的是有限责任公司的资合性,只要按照公司章程规定,完成了召集、通知、表决等《公司法》规定的程序,决议内容多数通过就生效。

在这种情况下,异议股东可以通过行使股东知情权了解公司运营情况,或者依照《公司法》第71条转让股份,从而来表达自己的意见,维护自己的权益,自由行使自己的股东权利。而在通过类似于限定股东资格身份、现有股东如何退出等内容的决议时,应该更多地体现有限责任公司的人合性,类似于合伙企业,必须经现有股东一致通过方可有效,不然就会出现有限责任公司控股股东恶意操纵股东会、随意修改公司章程、强制驱逐不同意见的小股东的行为。

但如果相关内容条款是在有限责任公司设立之初就已经在公司章程约定的,那么就可以认定此内容得到所有股东的一致同意,对所有的股东都有约束力。

具体到本案,被告按照法定程序召开股东会会议,全体参加股东行使了自己的表决权,按照达到2/3多数通过的《公司章程》规定,通过了相关的公司决议,修改《公司章程》,程序上完全符合《公司法》规定。

但是,被告的决议内容是修改《公司章程》,对股东资格进行了限制,要求不符合资格的股东必须退出公司,将股份转让。这种对股东最基本的身份限制的决议内容没有得到现有股东的全部同意,相当于强制剥夺了小股东对自己股东权利的自由处分。

《公司法》第22条规定:"公司股东会或者股东大会、董事会的决议内容违反法律、行政法规的无效。"

被告2017年第一次临时股东会审议通过的《公司章程》第7条新增内容和第22条、23条内容,损害了原告4人股东权益,违法剥夺了股东对自己股份权利处分的意思自治,违反了《民法总则》中的公平原则和自愿原则,决议内容无效。

二审判决:

1. 撤销一审判决;

2. 被告2017年第一次临时股东会审议通过的《公司章程》第7条新增内容和第22条、23条内容无效。

【案例216】合伙协议约定员工离职退伙有效　无须分析劳动合同解除原因[①]

原告: 鑫而行合伙

被告: 兰某华

诉讼请求:

1. 确认被告于2016年8月20日在原告退伙;

2. 判令被告协助原告办理退伙工商变更手续。

争议焦点: 原告作为股权激励持股平台依据合伙协议约定强制要求已离职的激励对象退伙,是否需要证明与激励对象解除劳动合同的原因及合法性。

基本案情:

原告是案外人五舟公司(股份有限公司)的股东,系五舟公司为实施股权激励计划而设立的员工持股平台。

被告于2008年10月20日入职案外人五舟公司,被告离职前在五舟公司担任西南大区销售总监。双方于2016年2月5日解除劳动关系。

2015年4月12日,被告作为原告的有限合伙人之一与案外32名有限合伙人签署《鑫而行合伙协议》。其中第10条对合伙人的出资方式、数额和缴付期限进行约定,其中被告为有限合伙人,出资金额66,667元,出资比例为1.3333%,须于2015年6月30日前缴付。第17条约定有限合伙人不得自营或者同他人合作经

[①] 参见广东省广州市中级人民法院(2018)粤01民终7204号民事判决书。

营涉及被投资公司及其子公司商业机密及经营范围相竞争或与本有限合伙企业相竞争的业务。第21条约定有限合伙人在不给合伙企业事务执行造成不利影响的情况下,可以自愿退伙,但应当提前30日通知其他合伙人;合伙人退伙,其他合伙人应当与该退伙人按照退伙时的合伙企业财产状况进行结算,退还退伙人的财产份额。退伙人对给合伙企业造成的损失负有赔偿责任的,相应扣减其应当赔偿的数额。第23条约定合伙人有《合伙企业法》第49条规定的情形之一的,经普通合伙人一致同意,可以决议将其除名。如被除名合伙人给合伙企业造成损失的,则须以其实缴出资金额为限对合伙企业进行赔偿。如被除名合伙人未给合伙企业造成损失的,则退还其实缴出资金额。对合伙人的除名决议应当书面通知被除名人。被除名人接到除名通知之日,除名生效,被除名人退伙。被除名人对除名决议有异议的,可以自接到除名通知之日起30日内,向人民法院起诉。

2015年4月12日,被告作为原告的有限合伙人与案外32名有限合伙人又共同签订《鑫而行合伙协议之补充协议》,约定如有限合伙人在被投资公司或其子公司任职未满2年(自本协议签署之日起至批准离职日),有限合伙人应当自提出书面离职申请日起30日内一次性转让其所持有的合伙企业的所有合伙份额,普通合伙人以其实缴出资金额和同期银行存款利息合计金额购买该有限合伙人转让的本合伙企业中的合伙份额。

10个月后,案外人五舟公司向被告发送了《解除劳动合同通知书》,载明因公司业务布局发生重大调整,五舟公司决定于2016年2月5日起正式与被告解除劳动合同关系。为此,被告与五舟公司产生劳动争议,经生效判决确定,五舟公司违法解除劳动合同,应支付被告违法解除劳动合同赔偿金1,242,902元。

半年后,原告作出合伙人会议决议,决议内容为包括被告在内的4名鑫而行合伙的有限合伙人从案外人五舟公司离职,属于合伙协议及其补充协议所规定的应当退伙的情形。但由于被告等故意不配合原告办理合伙人退伙手续,给原告造成损失,因此经其他合伙人一致同意,决议将该4名合伙人除名。被除名人应在收到本通知之日起10日内协助原告办理退伙的工商变更手续。会议到会合伙人27人均签名确认。原告于2016年8月18日向被告邮寄了除名决议和除名通知书。

原告诉称:

被告擅自设立了与案外人五舟公司经营范围相同的企业,损害了五舟公司的利益,违反了合伙协议第17条竞业禁止的约定,被告法定退伙条件已经成立。

被告辩称:

原告没有证据证明被告利用自己的身份经营案外人品力公司给案外人五舟

公司造成损失,且被告从未收到过除名通知。

一审认为:

被告为案外人五舟公司的员工,因五舟公司对其员工实施股权激励计划而设立原告作为持股平台,被告因此成为原告的有限合伙人。案件的争议焦点为被告退伙的条件是否已成就。

1. 被告是否符合法定退伙事由?

依照《合伙企业法》第49条的规定:"合伙人有下列情形之一的,经其他合伙人一致同意,可以决议将其除名:(一)未履行出资义务;(二)因故意或者重大过失给合伙企业造成损失;(三)执行合伙事务时有不正当行为;(四)发生合伙协议约定的事由。对合伙人的除名决议应当书面通知被除名人。被除名人接到除名通知之日,除名生效,被除名人退伙。被除名人对除名决议有异议的,可以自接到除名通知之日起30日内,向人民法院起诉。"

本案中,原告的举证不足以证明被告存在违反涉案合伙协议第17条约定的竞业禁止情形,亦未能证明被告因故意或者重大过失给原告造成损失,因此,应由负有举证责任的原告承担不利后果,原告主张适用该条法律规定的理据不足,一审法院不予支持。

2. 被告是否符合约定的退伙事由?

涉案合伙协议的补充协议约定,有限合伙人在被投资公司或其子公司任职未满2年(自本协议签署之日起至批准离职日),有限合伙人应转让其持有的原告的所有份额。该条约定涉及的是有限合伙人主动申请离职的情形,而本案中已有生效的法律文书认定被告与案外人五舟公司之间的劳动关系属五舟公司违法解除,并非因被告自身原因申请离职,故并不适用该约定必须退伙的情形。

3. 除名决议对被告是否具有法律效力?

如上所述,被告并不具有法定或约定的退伙事由,并不属于《合伙企业法》第49条规定的可以决议除名的情形,故涉案除名决议对被告并不具有法律约束力。

一审判决:

驳回原告的诉讼请求。

原告不服一审判决,向上级人民法院提起上诉。

原告上诉称:

1. 一审判决没有查明被告违约设立公司的行为。

被告是案外人五舟公司西南大区的销售总监,是西南大区销售团队的负责人。在职期间,被告私自成立案外人品力公司,是该公司的股东与法定代表人。

该公司与五舟公司的经营范围完全重合,与五舟公司构成业务竞争。被告的行为严重违反了合伙协议的第17条之规定。因为被告另立公司,可以合理地推断,被告把本应由五舟公司接下的业务转移到其名下的公司。从时间上来看,自从品力公司成立后,五舟公司西南大区被告团队的业绩便迅速下滑,这也是五舟公司将其解雇的关键的原因。

2. 被告法定退伙条件已经成立。

被告私自成立与案外人五舟公司存在竞争关系的品力公司,显属利用自己有利身份的故意行为,客观上已经给五舟公司造成损失。同时其行为违反了合伙协议第17条的约定亦符合《合伙企业法》第49条第1款中的第2项和第4项。故被告法定退伙的条件已经成立,原告通过其他合伙人一致同意形成决议的方式将其除名,完全合法。

3. 一审判决机械地凭快递没有签收从而认定除名通知书没有送达被告。

就算两份快递因被告拒收退回,但是,本案一审的诉讼材料已经送达被告却是可以确定的。一审法官可以凭借被告收到一审诉讼证据的时间作为除名决议、除名通知书送达的时间。

4. 原告属于实施股权激励计划而设立、存续的员工持股平台。

合伙企业设立的初衷是为了激励该等员工与案外人五舟公司作为利益共同体,更加积极主动为公司发展作出努力。故对于原告合伙人是否需具备五舟公司员工资格的认定,应当结合合伙企业设立的目的、补充协议签署条款的隐含之意等进行综合判断。具备五舟公司或其子公司员工身份是其作为原告合伙人应当具备的合伙人资格。《合伙企业法》第48条第1款第4项明确,法律规定或者合伙协议约定合伙人必须具有相关资格而丧失该资格的情形下,合伙人当然退伙。在被告与五舟公司解除劳动关系后,其当然丧失了合伙人应当具备的员工身份,理应属于退伙情形。

被告二审辩称:

1. 案外人品力公司是案外人五舟公司法定代表人鼓励被告成立的。公司成立后,被告考虑到自己仍在五舟公司任职,故没有投入经营。生效判决已经认定五舟公司以公司效益不好解雇被告,而非以被告另外成立公司而解雇。原告没有证据证明被告利用自己的身份经营品力公司给五舟公司造成损失,且被告从未收到过除名通知。

2. 原告是案外人五舟公司为鼓励员工而实施的股权激励计划的持股平台。若支持原告的上诉主张,将剥夺员工依法取得合伙人权益的资格和能力,将鼓励企业为实现短期目标虚假承诺,不符合合伙的本意。

二审认为：

原告作为股权激励持股平台依据合伙协议约定强制要求已离职的激励对象退伙,是否需要证明与激励对象解除劳动合同的原因及合法性?

涉案《鑫而行合伙协议》及《鑫而行合伙协议之补充协议》虽未对合伙人被原告所投资公司或其子公司辞退的情形提供解决方案,但根据双方当事人的陈述及协议约定的内容分析,原告系为对员工实施股权激励计划而设立的持股平台。在被告已经与案外人五舟公司解除劳动关系的情况下,被告不再是原告所投资公司或其子公司的员工,则不再是原告实施员工股权激励计划的对象,应从原告退伙。且原告已经于2016年8月11日召开合伙人会议,作出了对被告的合伙除名决定。原告虽未能证明该除名通知已成功送达,但一审法院于2017年9月17日送达给被告本案诉讼材料的时间,可视为有效送达,故应当认定被告于2017年9月17日退伙,被告应当协助原告办理退伙的工商变更登记。

二审判决：

1. 撤销一审判决;
2. 确认被告于2017年9月17日在原告退伙;
3. 被告协助原告办理退伙的工商变更登记。

420. 人民法院拍卖上市公司的国有股和社会股时,应当履行哪些程序?

人民法院应当遵循以下程序:

(1)拍卖股权之前,人民法院应当委托具有证券从业资格的资产评估机构对股权价值进行评估。资产评估机构由债权人和债务人协商选定。不能达成一致意见的,由人民法院召集债权人和债务人提出候选评估机构,以抽签方式决定。

(2)人民法院收到资产评估机构作出的评估报告后,须将评估报告分别送达债权人和债务人以及上市公司。债权人和债务人以及上市公司对评估报告有异议的,应当在收到评估报告后7日内书面提出。人民法院应当将异议书交资产评估机构,要求该机构在10日之内作出说明或者补正。

(3)对股权拍卖,人民法院应当委托依法成立的拍卖机构进行。

①拍卖机构的选定,参照选定评估机构的方法进行。

②拍卖股权,人民法院应当委托拍卖机构于拍卖日前10日,在《中国证券报》《证券时报》或者《上海证券报》上进行公告。

③股权拍卖保留价,应当按照评估值确定。

第一次拍卖最高应价未达到保留价时,应当继续进行拍卖,每次拍卖的保留价应当不低于前次保留价的 90%。经三次拍卖仍不能成交时,人民法院应当将所拍卖的股权按第三次拍卖的保留价折价抵偿给债权人。

人民法院可以在每次拍卖未成交后主持调解,将所拍卖的股权参照该次拍卖保留价折价抵偿给债权人。

④拍卖成交后,人民法院应当向证券交易市场和证券登记结算公司出具协助执行通知书,由买受人持拍卖机构出具的成交证明和财政主管部门对股权性质的界定等有关文件,向证券交易市场和证券登记结算公司办理股权变更登记。

(4)国有股权竞买人应当具备依法受让国有股权的条件。

(5)股权拍卖过程中,竞买人已经持有的该上市公司股份数额和其竞买的股份数额累计不得超过该上市公司已经发行股份数额的 30%。如竞买人累计持有该上市公司股份数额已达到 30% 仍参与竞买的,须依照《证券法》的相关规定办理,在此期间应当中止拍卖程序。

421. 股东转让其正在被执行的独资开办的企业(被执行人),人民法院能否追加该股东为被执行人?

不能。股东转让股权的行为,是依据《公司法》规定合法转让的行为,股东转让被执行人股权的行为,因该转让既不改变被执行人的独立法人地位,也未造成被执行人资产的减少,不属抽逃注册资本;且股东转让被执行人而获益是股东通过转让股权获得的对价款,该对价款也不是股东在被执行人获得的投资权益或投资收益。因此,不能据此追加股东为被执行人。

422. 股权转让纠纷胜诉后,公司拒绝将股东名册或工商登记中的股东由转让人变更为受让人的,受让人应如何救济?

受让人合法受让股权,但公司拒绝办理工商变更登记或股东名册变更的,受让人可以公司为被告提起请求变更公司登记纠纷或股东名册记载纠纷诉讼,请求公司更改股东名册或工商登记记载事项。①

当然,实践中为了保证效力,可以一并提起股权转让纠纷以及请求变更公司登记纠纷、股东名册记载纠纷,并申请中止审理请求变更公司登记纠纷、股东名册记载纠纷的诉讼。

---

① 具体内容详见本书第五章股东名册记载纠纷及第六章请求变更公司登记纠纷。

二、股权转让的对价确定

423. 股权转让纠纷中,出现多个对价时,应当如何判断合同当事人的真实意思表示并确定股权转让价格?

出现多个对价时,股权转让价格的确定应当从以下四个方面入手:

(1)尊重市场交易一般规则。

市场交易的一般规则,即"一分价钱一分货",当股权转让中出现多个对价时应当依据股权的价值判断何为真实意思表示。

(2)当事人的真实意思表示。

合同是当事人意思表示一致的结果,诉讼中应尽量寻找证据,并组成证据链以证明某一个交易价格是双方当事人的真实意思表示,并证明将该价格认定为双方真实意思表示符合逻辑及经验法则。

(3)工商登记材料。

工商登记材料中所记载的股东持股状况、出资数额和股权价值是公司债权人向公司和股东主张权利的重要依据,也是股东承担相应民事责任的依据之一。

(4)合法有效的合同。

实践中常存在着当事人签订"阴阳合同"以逃避税收等法定义务,该类合同应属无效合同,因此确定股权转让价款时,不应以此类合同的价格作为转让价格。

【案例217】根据净资产状况推断价款获法院支持[①]

原告: 张某

被告: 张某大、莎宏公司

诉讼请求: 被告张某大向原告支付股权转让款 325 万元人民币及相应利息。

争议焦点:

1. 约定对价为 325 万元的股权转让协议书是否系仅为办理工商登记所用,是否系原、被告之间的真实意思表示;

2. 原告是否对所出让的股权支付了相应的对价;

3. 两被告主张股权转让价格应为股份转让协议书中约定的借款 80 万元,该主张是否有相应依据。

---

① 参见潘福仁主编:《股权转让纠纷》,法律出版社 2010 年版,第 155~159 页。

基本案情：

被告莎宏公司注册资本500万元人民币，其中原告认缴出资额325万元，出资比例65%；案外人陈某强出资175万元，占35%。

根据会计师事务所出具的工商年检审计报告载明，截至2004年12月31日，被告莎宏公司所有者权益为1,441,107.73元。

2005年1月15日，被告莎宏公司召开股东会，并形成股东会决议。主要内容是：

1. 同意原告将其持有的本公司65%的股权转让给被告张某大。其他股东放弃优先购买权。

2. 股权转让后，公司股东案外人陈某强出资额175万元，出资比例35%；被告张某大出资额325万元，出资比例65%。

同日，原告与被告张某大签订股权转让协议书，原告将持有的公司65%的股权作价325万元转让给张某大；受让人于协议签订之日起30日内向转让人付清全部股权转让价款。被告莎宏公司在该股权转让协议书上加盖了印章。

同日，原告、被告张某大、案外人陈某强另签订1份股份转让协议书。主要内容是：

1. 原告占公司65%股份，转让给张某大。

2. 公司原向原告借款债务80万元，由被告张某大和债务人陈某强共同连带偿还给原告，应于2005年6月20日前偿还40万元，12月30日前偿还40万元。

3. 协议签订后，公司的一切资产债权债务以及全部经营管理权依约定转让给被告张某大和案外人陈某强享有，原告不再承担任何责任。

被告莎宏公司在该协议书上加盖印章。案外人刘某作为担保人承诺为被告张某大和案外人陈某强履行第2条义务提供连带责任保证。同日，原告、案外人陈某强、被告张某大又签订协议书，除重申案外人陈某强、被告张某大欠原告80万元外，还做了防腐厂过户给原告等约定，上述股权转让协议办理了工商登记备案。

现莎宏公司章程约定的股东为陈某强，认缴出资额175万元，出资比例35%；张某大，认缴出资额325万元，占65%。后被告张某大未能向原告支付股权转让款。

被告莎宏公司设立时，原告及被告张某大各出资175万元，案外人黄某坚及案外人黄某各出资75万元，注册登记事宜由股东原告、案外人陈某强、案外人黄某、案外人黄某坚委托上海宏裕经济发展有限公司办理。2003年12月3日，宏创公司向华夏银行上海分行申请了两张金额为175万元的本票，收款人分别为案外人陈某强及原告。同日，宏创公司还申请了两张金额均为 75 万元的本票，收款人分别为案外人黄某坚及案外人黄某，上述四张本票款共计 500 万元，均解入被告莎宏公司在华夏银行上海分行闸北支行开设的账户。

2003 年 12 月 4 日，被告莎宏公司申请了两份金额分别为 220 万元及 280 万元的本票，共计 500 万元，收款人分别为若某及王某。经若某、王某背书，本票款解入了宏创公司在华夏银行上海分行闸北支行开设的账户。

此前，在 2004 年 5 月 27 日，被告莎宏公司召开股东会，并形成《股东会纪要》，该纪要载明原告应出资 126 万元，已实际出资 120 余万元，其余股东中案外人陈某强、案外人黄某坚已履行了出资义务，案外人黄某亦履行了部分出资义务。2004 年 5 月 31 日，被告莎宏公司原 4 名股东在该纪要上签字确认。

原告诉称：

原告与被告签订的股权转让协议书合法有效，但被告张某大未依据协议约定向原告支付股权转让款，其行为严重侵犯了原告的合法权益，被告张某大应立即向原告支付相应款项及利息，被告莎宏公司应承担连带责任。

二被告辩称：

原告诉请没有依据，股权转让协议书仅为原被告双方办理工商登记所用，原告并未出资，股份转让协议书系各方当事人真实意思表示，请求驳回原告诉讼请求。

证人刘某为二被告作证陈述转让款对价是 80 万元而非 325 万元。

一审认为：

本案 325 万元合同及 80 万元合同形式上都是真实的，前者办理了工商登记，而后者未办理。鉴于工商登记并非合同成立和生效的要件，因此 325 万元合同并不因登记而当然具有比 80 万元合同优先的效力。解决本案的关键在于辨别哪一份合同是双方的真实意思表示。

从形式上来看，原 80 万元合同将"公司原向原告个人借款债务 80 万元"作为股权转让对价颇难理解。对该 80 万元，原告并不否认真实性，但认为与本案属不同的法律关系。而被告认为原告真实出资 80 万元，以公司负债的形式予以记载。基于以下理由，应采纳被告的辩解：

（1）公司设立时 500 万元资金的流向足以表明原告等 4 名发起股东的出资款来源于宏创公司，以后又回到宏创公司。这就形成了原告在以后的经营中向公司"出借"资金的前提条件。

（2）被告张某大除应付股权转让款 325 万元外，其与案外人陈某强还应额外代公司向原告归还借款80万元,显然不符合生活常理。

比较两份合同,不难看出80万元合同才是双方真实意思表示:

(1)从证据证明力来看,证人刘某作为签约见证人,其作证陈述转让款对价是80万元而非325万元。作为无利害关系的第三方,刘某证言具有很高的证明力。

(2)从出资情况来看,前已述及,500万元源自宏创公司,又回到宏创公司。原告65%的股权折价325万元实则根据注册资本计算得出,而注册资本并不等同于实际出资。

(3)从公司财务状况来看,截至2004年12月31日,工商年检审计报告记载的公司所有者权益为1,441,107.73元。65%的股权按此折算,与325万元相差甚远。此外,结合80万元要求担保而325万元不要求担保、80万元分期履行而325万元签约30日内一次履行、股东会决议载明附股份转让协议书而非股权转让协议书等情节,均可以印证80万元合同系双方真实意思表示。

必须指出,股东向公司缴纳出资是其法定义务,出资并不构成股东对公司的债权,本案莎宏公司将原告出资80万元记载为公司负债的行为违反了法律规定。然而,股权以80万元转让是允许的,80万元作为转让的对价是真实的,被告张某大应依此向原告支付股权转让款。

325万元合同系当事人恶意串通骗取工商登记所签订,应属无效合同,原告依此协议而提出的诉讼请求缺乏事实依据,不符合法律规定,不予支持。鉴于原告明确表示80万元合同与本案不属同一法律关系,不愿意在本案中主张80万元的合同权利,要求另案处理,这是原告对自己权利的处分,予以准许。

一审判决:

驳回原告的诉讼请求。

原告不服一审判决,向上级人民法院提起上诉。

原告二审上诉称:

被告莎宏公司成立时投资即已全部到位,原告此后又出资受让了另两股东的股权,故原告出让的股权已支付了相应对价,股权转让协议书将股权转让价格确定为325万元符合真实情况,原告的主张应得到支持。

股权转让协议书与股份转让协议书均约定股权转让价格为325万元,两份协议书之间并不存在矛盾,且股东会决议亦约定张某大受让股份后的出资为325万元,据此应认定股权转让价格为325万元,原审法院对此认定有误。

被告莎宏公司存在大量资产,有关年检报告不能反映真实的股权价值,股份转让协议书中约定的 80 万元系另一法律关系,与本案无关,有关证人证言缺乏证明力,原审法院认定 80 万元为股权转让价格缺乏依据。原告据此请求撤销原判,改判支持其原审诉讼请求。

被告张某大二审辩称:

股份转让协议书系各方当事人真实意思表示,股权转让协议书仅为办理工商登记所用,原告并未实际出资,且其在股权转让后已分得了相应资产,有关证人证言具有证明力,请求驳回上诉,维持原判。

被告莎宏公司二审辩称:

股权转让协议仅是虚拟的协议,股份转让协议书约定的 80 万元才是股权转让真实价格,原告在公司成立时并未实际出资,公司亦实际一直亏损,故原告的上诉理由不能成立。

律师观点:

1. 股权转让协议书为原被告双方的真实意思表示,合法有效。

从各方当事人的书面约定来看,股权转让协议书中已约定转让价格为 325 万元,虽然两被告辩称该份协议书并非当事人真实意思表示,但之后的股份转让协议书中亦有被告"投资 325 万元占公司 65% 股份"的约定,相应股东会决议中亦记载被告张某大受让系争股权后,其相应出资额为 325 万元,鉴于上述公司文件均确认原告出让的股权对应价值为 325 万元,而两被告亦已确认上述公司文件的真实性,故应认定股权转让协议书中约定的转让价格即为各方当事人真实意思表示。

从实际出资情况看,虽然各方当事人均确认,在被告莎宏公司设立时股东并未实际出资,但莎宏公司 2004 年 5 月 27 日的股东会纪要已载明原告履行了 120 余万元的出资义务,其余股东也均履行了相应出资义务,故应认定原告已实际向莎宏公司投入了资金 120 余万元。同时,原告出让的股权中,部分系其此前通过受让黄某坚等案外人的股权而获得,原告亦已举证证明其受让该部分股权支付了相应对价 150 万元,故应认定原告出让的股权具有其相对应价值,且其价值大于两被告辩称的 80 万元,原告据此主张股权转让价格为 325 万元并无不当。

2. 被告张某大支付 325 万股权转让款,应承担相应的责任。

系争股权转让行为发生在原告与被告张某大之间,被告张某大作为系争股权的受让人应承担相应付款义务,现被告张某大未能举证证明其履行了上述义务,应承担相应民事责任,原告的相关诉请应予支持,但被告莎宏公司并非股权转让关系的当事人,其不应承担相应付款义务,故原告对于被告莎宏公司的诉请缺乏依据,不应予以支持。

3. 股份转让协议中约定的 80 万元借款事项与股权转让关系为不同的法律关系。

股份转让协议书中虽然约定了借款 80 万元的相关事项,但借款关系与股权转让关系为不同的法律关系,在两被告未能进一步举证的情况下,认定上述借款 80 万元即系股权转让价款显然缺乏依据。两被告在原审期间对此仅提供了相关证人证言,但该证人同时即系股份转让协议书的担保人,与本案存在利害关系,其证人证言缺乏相应证明力,故被告对股权转让价格为 80 万元的主张,缺乏依据。同时,有关协议书中虽然约定了被告莎宏公司的部分资产由原告使用经营,但两被告并未举证证明该部分资产已从被告莎宏公司分离,且已过户到原告名下,由原告所有,故应认定相关防腐厂仍系被告莎宏公司资产的一部分,并未转移至原告所有,两被告据此主张系争股权转让价格应为 80 万元缺乏依据,亦不应予以采信。

二审判决:

撤销原判,改判被告张某大支付原告股权转让款 325 万元人民币及相应利息。

424. 股权转让合同如未约定转让价款的,且无任何证据证明双方当时的真实意思表示,应如何确定对价?

如无相应证据可供参考,合同当事人又各执一词,一般按照"有利于债务人"的合同解释精神,认定股权转让无对价。

但是如果认定合同无对价又将造成合同显失公平的,人民法院应当认定股权转让合同不成立。

【案例218】未明确股权转让价格　合同虽无对价但有效[①]

原告: 孙某香

被告: 张某

诉讼请求: 判令被告支付原告股份转让款 15 万元,并承担本案的诉讼费用。

争议焦点: 原告与被告之间签订的股权转让协议中约定的股份 15 万元是股权对价还是出资份额,若该 15 万元系出资份额,则股权转让的价格如何确定,无

---

① 参见北京市朝阳区人民法院(2008)朝民初字第 14618 号民事判决书。

法确定股权转让价格的情况下合同效力如何。

基本案情：

恒辰公司注册资本30万元。2003年8月19日，股东变更为赵某萍、原告，二人各拥有15万元出资，股权比例均为50%。

2005年1月19日，被告（赵某萍之子）与原告签订股权转让协议书，约定恒辰公司股东原告同意将所持有的股份15万元转让给被告，被告同意受让，并以其出资额为限对公司承担责任。

同日，恒辰公司作出第二届第二次股东会决议，被告、赵某萍、原告参加了会议，内容为：原告同意将15万股额转让给被告；全体股东一致同意赵某萍原公司执行董事、经理职务不变，公司监事由被告担任；免去原告监事职务。

在上述股权转让协议书和股东会决议形成之后，被告受恒辰公司委托到工商机关办理了股权变更登记手续。

在案件审理过程中，赵某萍曾另案提起诉讼，以恒辰公司第二届第二次股东会决议中的"赵某萍"签名不是其本人所签为由，要求确认恒辰公司第二届第二次股东会决议无效，故案件依法中止。在法院委托鉴定机关进行鉴定期间，赵某萍撤回起诉，案件随即恢复审理。

原告诉称：

原告将所持有的恒辰公司的股份15万元转让给被告，然而，被告至今没有向原告支付股权转让款项。被告的行为严重侵犯了原告的合法权益。

被告辩称：

不同意原告的诉讼请求。因为双方签订的股权转让协议书是为了办理工商变更，从内容上看是格式化合同，对标的、价格等无法约定，从效果上看没有对价，不具备合同的必备要素，不是一个完整的合同。另外，原告的诉讼请求已过诉讼时效。

律师观点：

1. 股权转让协议合法有效。

基于赵某萍与被告为母子关系，且在本案诉讼过程中，赵某萍以不是其本人签名为由提出确认恒辰公司第二届第二次股东会决议无效的诉讼导致本案依法中止，并在委托鉴定期间撤诉使得本案恢复审理，可以推定赵某萍对恒辰公司第二届第二次股东会决议的内容不持异议。因此，被告与原告签订的股权转让协议书，是当事人的真实意思表示，内容不违反法律、行政法规的强制性规定，系合法有效。

2. 原、被告双方未就股权转让款项的具体数额达成合意。

2005年1月19日签订的股权转让协议书仅记载,"恒辰公司股东原告同意将所持有的股份15万元转让给被告,被告同意受让,并以其出资额为限对公司承担责任",并无股权对价的约定。其中的15万元系出资份额的约定,而非股权转让款的约定。股权转让款的数额系当事人合意事项,在目前没有证据证明存在合意的情况下,原告要求被告支付15万元股权转让款,难以得到法院的支持。

法院判决:

判决驳回原告的诉讼请求。

425. 股权转让合同签订后,在履行过程中请求变更股权转让款是否允许?其行为如何定性?

对股权转让价格要求变更的请求,在性质上仍属于对合同撤销权的行使。

既然请求变更的性质等同于行使合同撤销权,那么该权利的行使期限也应当以1年的除斥期间为限,无中断、中止及延长。

另外,行使撤销权,必须满足可撤销合同的法定情形:

(1)因重大误解订立的;

(2)一方利用对方处于危困状态、缺乏判断能力等情形,致使合同成立显失公平的;

(3)合同一方以欺诈的手段,使对方在违背真实意思情况下订立的;

(4)第三人实施欺诈行为,使一方在违背真实意思的情况下订立合同,对方知道或应当知道该欺诈行为的;

(5)一方或第三人以胁迫手段,使对方在违背真实意思的情况下订立的。

426. 股权转让时,原股东捏造虚假信息,欺骗受让人以较高的价格购买股权,受让人购得公司股权后应如何救济?

受让人可采取下列两种方法:

(1)由于转让人对受让人进行了欺诈,受让人可向人民法院提起诉讼主张对合同价款进行变更;

(2)基于欺诈签订的合同,受让人可主张撤销该合同,并要求转让人承担相应的损害赔偿责任。

但受让人还须注意如下两点:

(1)主张变更股权转让价款或撤销合同都应当在1年的除斥期间内行使,否

则将丧失请求变更或撤销的权利;

(2)为保障新股东的利益,在诉讼前或诉讼中,新股东可向人民法院提出财产保全,防止转让人恶意转移资产,逃避执行。

【案例219】已确认股权转让价款且超过1年 转让人主张变更价款被驳回[①]

原告:黄某

被告:新风公司

诉讼请求:判令被告在维持原股权转让价格的基础上给付遗漏股权转让金(暂计10,000元)。

争议焦点:

1. 原告能否基于股权转让合同无效而主张被告向其返还不当得利;

2. 假设原告系对股权转让合同行使撤销权,该权利行使是否已过除斥期间;

3. 对饮片厂因股权转让所涉及的全部资产和负债进行的资产评估报告是否存在未评、少评的情形,股权转让协议是否因此而归于无效。

基本案情:

饮片厂原系国有企业,截至2003年11月30日,该厂股本结构为被告占30%股份,饮片厂退管会占14.09%股份,该厂104名职工占55.91%股份,其中原告的股份比例为0.56%。

饮片厂在拟改制为有限责任公司期间,于2003年9月就全体股东股权转让事宜进行了信息告知和转让价格的书面征询活动。该厂全体职工股东除1人弃权外,其余103人均一致同意将股权进行转让,并以资产评估结果作为股权转让价格的参考依据。为此,饮片厂委托众华公司对该厂因股权转让所涉及的全部资产和负债进行资产评估,其目的是"饮片厂股东方拟股权转让,为此需对股权转让所涉及的全部资产及负债进行评估,并以评估确认后的价值为上述经济行为提供价值参考依据"。

2003年10月31日,众华公司对该厂因股权转让所涉及的全部资产和负债出具了资产评估报告,该评估的基准日为2002年12月31日,评估确认饮片厂净资产为26,213,018.97元。评估报告中对存在瑕疵的资产作了特别事项说明。之前,众华公司出具过征求意见稿,饮片厂就该征求意见稿进行了公示,2003年10

[①] 参见黄某诉上海新风商业(集团)有限公司股权转让纠纷上诉案。

月 28 日，众华公司专门就职工股东对资产评估中提出的意见和疑问进行了解释和答疑，饮片厂 104 名职工股东中对该评估征求意见稿结果表示同意的有 103 名（含本案原告），弃权 1 名。

2003 年 11 月 24 日，上海市有关国有资产管理机构对饮片厂的上述整体资产评估结果予以确认。

2003 年 12 月 17 日，饮片厂全体股东召开股东会议，经股东方讨论、研究，同意以评估确认的净资产 26,213,018.97 元，扣除不实资产 1,618,355.40 元及 2003 年已分的 2002 年红利 720,555.76 元，加上 2003 年 1 月至 11 月利润 596,230.86 元的余额 24,470,338.67 元作为转让价格依据，按照总股本 520 万股计算，每股净资产值为 4.71 元；其中 104 名职工股东一致同意将其全部股份转让给被告。同日，饮片厂作出了企业改制方案。

2003 年 12 月 23 日，104 名职工股东、饮片厂退管会作为转让人，与受让人被告、上海汇丰医药药材有限责任公司签订了股权转让协议。

2003 年 12 月 24 日，各方在上海联合产权交易所签订了上海市产权交易合同，并办理了产权转让交割。

2003 年 12 月 29 日，经国有资产管理机构同意，饮片厂由股份合作制转制为有限责任公司，股东为被告和上海汇丰医药药材有限责任公司，其中被告占 90% 的股份，新公司名称为饮片公司。被告已经根据股权转让协议将股权转让款全部支付完毕。

原告诉称：

饮片厂资产评估不实。

饮片厂四处网点的房屋因系租赁房屋，无所有权，故未纳入评估范围，但收益权亦未进行评估；土地使用权因尚未依法取得，故对土地未评估，对已支付的购买该土地使用权及厂房的 180 万元款项，仍按账面原值在原科目中列示，未考虑增值部分；砖木结构房屋使用权因未取得产权和土地使用权，故评估未考虑土地使用权价值，仅按成本法计算建筑物价值；因徐汇中药贸易经营部未能提供评估基准日库存商品明细表，故评估仍按原账面值在原科目中列示。饮片厂应收款和应付款存在少评，但其并未对该相关事实予以具体说明。所有网点出租取得的收益均应是网点的使用价值，应当纳入被告应向其给付的款项范围。因此，被告隐匿资产导致评估不实。被告作为饮片厂的大股东，滥用其决策权和经营权等权利，以非法手段将未评、少评的资产（包括收益）占为己有，显然是不当得利的行为，理应返还。

被告辩称:

原告认为本案存在不当得利,是基于股权转让协议。而系争股权转让协议合法有效,所有程序都经过国资委确认,并进行公示,所有股东亦表示同意。饮片厂整体资产评估征求意见稿经公示并由评估公司向自然人进行解释和答疑,在获得全体股东确认后通过该评估报告,包括评估报告中对瑕疵资产的特别说明。本案中不存在漏评和少评的资产。被告不是评估报告的委托人。原告提出的是给付之诉,但基于的事实和理由是不当得利,现原告要求重新确认股权转让价格,就应撤销原股权转让协议,在没有撤销原股权转让协议的情况下,其无权要求确定新的股权价格。据此请求驳回原告诉讼请求。

律师观点:

1. 原告不能基于股权转让协议主张不当得利,原告的撤销权也因超过除斥期间而消灭。

原告在本案中的诉讼请求是要求被告返还不当得利、支付漏评、少评资产的股权转让款。但原告以股权转让协议为基础关系所提起的显然是股权转让合同之诉。故称其所主张的不当得利显然超越了其诉讼请求所依据的股权转让合同法律关系的范畴,不属于本案审理的范围。

原告虽否认其所行使的请求权系对股权转让合同的撤销权,但从权利性质上说,其请求支付遗漏股权转让款的权利属于对股权转让价格变更和撤销的请求权。饮片厂整体资产评估报告中对其所称的漏评少评的资产作出了特别说明。原告作为饮片厂的职工和股东,在知晓该评估报告所涉及的饮片厂资产状况的情况下,仍与被告签订了股权转让协议,并完成了股权转让,亦未在法定的1年除斥期间内行使撤销权,其请求变更股权转让价格的权利已依法消灭。

此外,从本案系争股权转让的程序来看,饮片厂向全体股东就股权转让事宜进行了充分的信息告知和征询,股权价格的参照依据和最终确定均是全体股东一致同意的结果。原告认为股权转让的程序违法,但其举证并不足以证明此点。

2. 评估报告对饮片厂的资产不存在少评和漏评的情形。

至于原告所称漏评少评的资产,饮片厂虽是4个商业网点的原租赁者即使用权人,但该4个网点在评估基准日即2002年12月31日之前即变更至被告名下,由被告作为租赁人,拥有使用权至今,故评估报告未将上述4个网点及其收益列入评估范围。但对于饮片厂当初取得该4个网点使用权时所支付的款项,仍纳入评估范围,列于长期待摊费用科目中。系争土地使用权的权利人在评估基准日前后及至今,始终为另一公司,并未变更至饮片厂名下,更未变更至被告名下,故评估报告亦未将该土地使用权列入评估范围。但双方当事人均确认饮片厂为履行其关于该土地使用权转让合同所支付的180万元人民币,在评估报告中被列入其他应收款科目,亦即被作为评估内容。由于评估报告明确其评估的基准日为2002年12月31日,基准日后发生的债权债务与评估报告评估的资产之间并无联系,而本案双方当事人均确认系争210万元在2003年下半年至2004年上半年支付给饮片厂以及其后的饮片公司。故对评估报告而言,此笔款项并不具有被列入评估资产范围的可能性。

砖木结构房屋因未取得房屋产权和土地使用权,故评估未考虑土地使用权价值,按成本法计算建筑物价值;在评估报告附件《固定资产——房屋建筑物清查评估明细表》中有反映,评估价值为10,000元。虽然该处房屋现由饮片公司使用,但在评估基准日,饮片厂确未取得该处房屋的产权证,故评估报告对该项资产的评估方式及评估结果并未违反相关的法律规定和行业规则。但土地及其地面建筑物尚未取得房地产权证。饮片厂虽然出资在申南路101号建造厂房,而由于土地使用权不属于饮片厂,故饮片厂对其在该土地上出资建造的房屋拥有产权,评估报告中亦将其排除在评估范围外。但评估报告将该建造费用评入了其他科目,评估净值为9,855,291.70元,并体现在评估报告附件《固定资产——房屋建筑物清查评估明细表》中。评估报告将徐汇中药贸易经营部库存商品纳入了评估范围,但指出,因该部未能提供评估基准日库存商品明细表,故仍按原账面值在原科目中列示。可见,原告称评估报告对饮片厂的资产存在少评和漏评的情形,缺乏事实与法律依据。

法院判决:

驳回原告的诉讼请求。

427. 如何证明股权转让合同是基于欺诈而签订的?

证明股权转让合同基于欺诈而签订,须注意以下四点:

(1)欺诈行为人进行欺诈所进行的表述,如宣传材料、书面材料、口头描述的录音等;

(2)受欺诈一方对股权转让合同的标的尽到了注意义务;

(3)一方基于欺诈而签订合同,而非因为其他目的;

(4)由于一方的欺诈行为,导致另一方在合同履行过程中蒙受损失。

【案例220】未尽注意义务　主张欺诈不成立[①]

原告：徐某

被告：隆某

诉讼请求：被告继续依照股权转让合同支付剩余股权转让款,并承担违约金。

争议焦点：被告作为华亚公司董事长是否清楚公司财务状况及确定股权转让价格,其能否以公司财务混乱、严重亏损为由主张股权转让合同无效。

基本案情：

原告与被告等4人共同出资成立华亚公司,原告持有30%股权并任财务总监,被告持有40%股权并任董事长。

后原告与被告签订华亚公司股权转让合同,约定原告将其持有的华亚公司30%股权转让给被告,转让价格为45,000元。后被告拖欠部分股权转让款未支付。

原告诉称：

股权转让合同系原被告直接的真实合意,合同合法有效。被告不履行合同于法无据,请求法院支持原告的诉讼请求。

被告辩称：

被告是在原告声称公司运营尚可的情况下才接受了原告的股权转让,但原告离开公司后,被告发觉原告在作为财务总监及会计时没有作账,财务报表极为混乱,公司当时已到了严重亏损状态。因此,自己是在受到原告欺骗的情况下签订的股权转让合同,属无效合同,请求驳回原告的诉讼请求。

被告为证明其观点,提交证据如下：

1. 金桥警务站的证明材料,该证明材料反映了2004年9月1日至9月11日华亚公司职工、供应商发生闹事的情况;

2. 会计师事务所出具的专项审计报告,该审计报告结论意见为因未能提供经营期间的账册、凭证、会计报表及相关财务资料,不能确定自2003年10月22日至2004年9月21日的经营盈亏状况。该审计报告只是华亚公司未审计经营期间的盈亏状况所制作的。

律师观点：

公司股东之间可以转让其全部或者部分出资。原告作为华亚公司股东之一有权与该公司另外一名股东被告达成股权转让合同将其所持股权全部转让给被

[①] 参见江苏省苏州市中级人民法院(2005)苏中民二终字第305号民事判决书。

告。在签订股权转让合同过程中,被告作为该公司董事长应当清楚且有权审查公司财务状况及确定股权转让价格,其本人具备完全民事行为能力,应能预见到其签订股权转让合同带来的法律后果,且在合同签订后被告实际支付了部分股权转让金。故该股权转让合同真实合法有效,被告应按月支付全部股权转让金。

法院判决:

被告继续依照股权转让合同支付剩余股权转让款,并承担违约金。

三、"一股多卖"及出质股权转让的裁判标准

428. 有限责任公司中,股东将自有股权重复出卖给多个股东的,各受让人应如何主张权利?

此种行为俗称"一股二卖"或"一股多卖"。由于股权的变动规则需要通过形式要件及实质要件综合判断,因此实践中,应当以履行完毕股权转让合同,实际享有股东权利,并办理了股东名册、工商变更登记的受让人为公司股东。而其他受让人只能向转让人主张违约责任。

如果所有受让人均未进行股东名册、工商登记的变更,也未实际享有股东权利,则处理方式与实践中"一房多卖"的方法相同,各合同并无时间先后的位序之分,而只由各受让人依照各自合同向转让人主张继续履行或违约责任,转让人只得择一履行,并对其他履行不能的合同承担违约责任。

此外,如果已经有一名受让人实际享有股东权利并进行股东名册、工商登记的变更,则其他受让人仅能主张转让人承担股权转让合同约定的违约责任。

429. 转让人一股多卖,其中一名受让人经过法院判决取得股权,但另一受让人已经实际享有股东权利、履行股东义务,则通过诉讼获得股东资格的受让人可否主张行使股东权利的受让人在公司作出的行为无效?

"一股多卖"交易如图7-1所示:

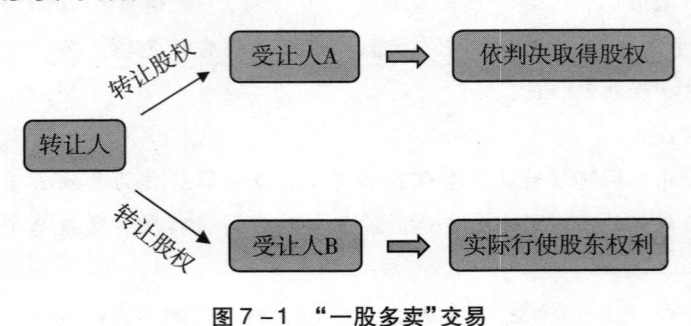

图7-1 "一股多卖"交易

如公司转让人先后与非股东受让人 A、B 签订股权转让合同,重复转让其股权。签订合同后,B 遂以公司股东的名义享有权利并履行义务,期间 B 对公司事项进行表决,并以所持表决权通过了公司的分红方案。A 基于其与转让人之间签订的股权转让合同,诉至法院,经判决获取了公司的股权,则股权由谁所有?

首先,此时股权应当依照判决由 A 所有。但是基于保护商事交易安全,不溯及既往的基本原则,A 不能主张 B 所作行为无效。当然,A 可以要求 B 将其作为股东期间所获得的利益向 A 返还。而 B 只能基于股权转让合同向转让人主张违约责任。

【案例221】一股二卖引发旷日持久连环案[①]

热电公司成立于1995年,其股权结构如下:张某夫拥有78%的股份,置地集团拥有其15%的股份,其他两名股东分别拥有5%、2%的股权。但在2006年,大股东(系自然人张某夫)决定转让其78%的股份后,却使得这家热电公司陷入了无休止的纷争之中(见图 7-2)。

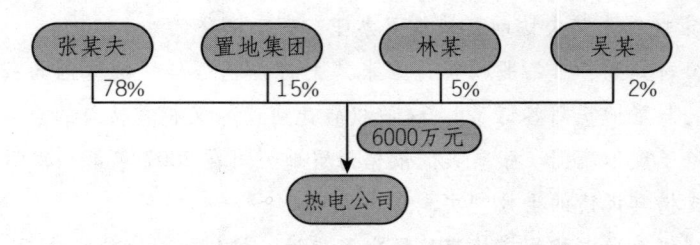

图 7-2 转让前股权结构

2006年,由于公司运营状况不佳,大股东(系自然人张某夫)决定转让其78%的股权。为了转让股份,张某夫先后与不同的受让人签订了两份协议(见图 7-3)。

图 7-3 股权转让

2006年9月,张某夫与宏立公司共同约定以3430万元将其全部股权转让给

[①] 参见浙江省杭州市上城区人民法院(2007)上民二初字第94号民事判决书、浙江省高级人民法院(2008)浙民二终字第147号民事判决书、浙江省杭州市萧山区人民法院(2008)萧民二初字第3558-1号民事裁定书,以及浙江省杭州市中级人民法院(2009)浙杭商终字第1290号民事裁定书。

后者。当月,张某夫又授权后者处理热电公司一切事务。

2006年12月,张某夫又与同为股东的置地集团签订了另一份协议,约定转让全部股份。

短短3个月内,同样的股份转让了两次,无疑在两家受让企业之间挑起了争端,一审,抗诉再审;一审(本诉、反诉、第三人申请参加诉讼),二审;又是一审,二审;还有股东代表诉讼,十八般武艺齐上阵。

1. 置地集团的股权转让协议有效。

2007年1月,置地集团向杭州市上城区法院起诉张某夫,要求确认双方股权转让协议有效,并由张某夫依法履行工商变更登记手续。上城法院的生效判决支持了该诉请。

2. 宏立公司的股权转让协议有效。

2007年6月,张某夫向杭州中院起诉宏立公司,要求确认双方间的协议无效。宏立公司则反诉,要求确认协议有效,并由张某夫协助办理股权过户手续。后杭州中院判决仅确认协议有效,其他诉请均予驳回。

3. 再审撤销张某夫协助置地集团办理工商变更登记。

宏立公司知悉昔日的股权转让方张某夫将自己给告了的原因为:2006年11月张某夫又与置地集团签订了1份《股权转让协议》,又将其持有的热电公司全部股权转让给了置地集团。张某夫的依据为置地公司在2007年第一次诉讼中的获得的一纸支持其诉请的生效判决。

宏立公司随后向杭州市检察院提出了申诉。杭州市检察院审查后,认为杭州市上城区法院的判决不当,遂向杭州市中级人民法院提出了抗诉。上城法院的再审判决在确认协议有效的同时,撤销了由张某夫协助置地集团办理工商变更登记手续的原审判决事项。

4. 置地集团的优先购买权问题应另案解决。

就杭州中院仅确认张某夫与宏立公司的股权转让协议有效的判决,不支持其变更登记的诉请,宏立公司不服,提起上诉。2008年9月24日,浙江省高级人民法院作出终审判决:驳回宏立公司上诉,维持原判。

浙江省高级人民法院认为,主体合格、内容合法、意思表示真实是民事行为的生效要件,宏立公司与张某夫签订的转让协议,符合上述民事法律行为的构成要件,杭州市中级人民法院原审判决确认该协议有效,并无不当,应予维持。根据《公司法》的规定,股东向股东以外的第三人转让股权,同等条件下其他股东具有优先购买权。鉴于置地集团作为阳城热电的股东,其在诉讼中明确表示要主张优先购买权,而置地集团的优先购买权是否成立问题,在其未得到司法机关的终局裁决之前,宏立公司现在提出有关办理股权变更登记的诉讼请求,依据不足。

对置地集团的优先购买权是否成立问题,当事人可另行解决。若另案确认置地集团的优先购买权不成立,则置地集团关于张某夫与宏立公司办理股权变更登记的请求成立。

置地集团的优先购买权是否成立之诉,可作为独立的诉讼,且置地集团和宏立公司均可提起诉讼,并在该诉讼中充分行使有关举证和辩论等诉讼权利,另案解决置地公司的优先购买权,更加有利于保护当事人诉讼权利和实体权利。

5. 置地集团优先购买权诉讼被驳回。

2008年10月,宏立公司根据高院的判决向萧山法院提起诉讼,要求确认置地集团的优先购买权不成立。

萧山法院认为,虽然置地集团享有优先购买权,但其与张的协议中无具体的转让价格,故不应视为置地集团行使优先购买权,且置地集团主张优先购买权已超过合理期限。此外,宏立公司实际经营热电公司已达两年多,更换实际经营者不利于热电公司的稳定经营,客观上也不能履行。

对此,置地集团特别指出,其与张某夫协议时已经确定3580万元的价格,他们曾在庭审中提供了多项证据证明,但萧山法院在审理中并未述及这些证据及其效力。

6. 置地集团上诉请求确定优先购买权被驳回。

2009年8月,置地集团向杭州中院提起上诉。置地集团指出,其以较高的价格受让股权已为此前生效的判决所认定,系不争的事实,但萧山法院却在没有任何相反证据的情况下作出了完全背离协议双方意思表示的认定,粗暴地干预了当事人的私法自治。此外,萧山法院以超过合理期限为由否定其优先购买权,但是所谓的"合理期限"并无任何法律依据。

置地集团还表示,由于生效判决确认了两份股权转让协议均为有效合同,因此本案争讼的焦点已非优先购买权是否成立,而是在"一股二卖"的情况下究竟应当履行哪一份协议。根据合同当事人意思自治原则及有限公司股东的人合性特点,在"一股二卖"的情形下,只能履行张某夫与置地集团间的股权转让协议。

置地集团的诉讼代理人指出,宏立公司在被取消委托的情况下,继续经营热电公司,使得热电公司股东的合法权利遭到了非法剥夺,但萧山法院却以该非法经营长达两年、更换实际经营者不利于稳定经营为由否定股东的法定权利,这一做法让人匪夷所思。

后置地集团撤回上诉,宏立公司获得了热电公司股权。旷日持久的股权转让案最终以宏立公司大获全胜落下帷幕。

7. 股东代表诉讼,一件案中之案。

2008年4月28日,置地集团向萧山法院起诉宏立公司及其法定代表人,请求判令两被告立即停止经营热电公司的侵权行为,两被告返还公司的公章、财务章、合同章、营业执照正本、营业执照副本、财务账册等所有证章和财物。

宏立公司答辩认为:

(1)从置地集团向萧山法院提交的致热电公司监事会《关于请求公司监事会提起诉讼、制止侵权行为的函》来看,热电公司董事会没有《公司法》(2005年修订)第150条规定的情形,因此,置地集团书面请求热电公司监事会对本案两被告提起诉讼的前提条件不存在,也即意味着置地集团提起股东代表诉讼的前提条件不具备。

(2)被告宏立公司派人经营管理热电公司具有法律和合同依据。两被告没有损害热电公司的主观过错、侵权行为和损害事实。宏立公司与张某夫签订的股权转让协议第4条特别约定:"4.1 本协议成立后,甲方同意乙方派员进入公司,甲乙双方共同对公司进行管理。4.2 本协议成立后,由乙方组织对公司的董事会进行调整。在基准日后,乙方有权对公司的财务人员等进行调整,公司的财务由乙负责管理。甲方予以配合。"

(3)热电公司的公章、财务章、合同章、营业执照正本、财务账册等所有证章和财物至今仍由该公司的经营管理人员管理,不存在返还的情况。

2009年12月28日,置地集团向萧山法院申请撤诉,同日,萧山法院裁定准许置地集团撤回起诉。

【案例222】被执行人名下股权已协议转让 未变更工商登记仍可被冻结[①]

申请执行人: 甲公司

被执行人: 乙公司

异议人: 丙大厦

执行请求: 执行法院对申请执行人与被执行人价款纠纷一案作出的民事判决。

---

① 虞政平:《公司法案例教学》,人民法院出版社2012年版,第1471~1478页。

第七章
股权转让纠纷

争议焦点：

1. 执行中，被冻结股权公司是否有权提起执行异议；
2. 被执行人与丁集团等5家企业签订的《债权转让协议》是否合法有效；
3. 执行中，执行法院是否可以冻结、变现登记在被执行人名下，但以协议转让的股权。

基本案情：

申请执行人诉被执行人债权债务纠纷一案，法院经审理后，于2005年2月23日作出一审判决：被执行人于判决生效起10日内返还申请执行人借款700万元人民币。在提起诉讼的同时，申请执行人认为被执行人已不再从事经营活动，而以处理遗留问题为主，为了保证裁判能够得以执行，遂向法院申请诉前保全。由于被执行人没有动产或不动产可供保全，审理法院于2004年11月24日作出保全裁定，冻结了被执行人在异议人的股权价值700万元。一审判决后，被执行人未提起上诉也未按照判决履行义务。2005年6月20日，申请执行人向法院申请强制执行，同日，执行法院立案执行。

在执行过程中，异议人于2006年2月20日向执行法院提出执行异议。异议人系被执行人于1988年筹建，在筹建中使用的资金和建材大都由丁集团等5家企业提供。1994年9月，异议人建设完毕后，被执行人以其向丁集团等5家企业的借款3000万元转为对异议人的长期投资，同时，确认了被执行人欠丁集团等5家企业债务3000万元。2003年9月，被执行人与丁集团等5家企业在征得异议人的同意后签订《债权转让协议》，协议约定：经双方核对账目，截至2003年8月，乙公司共欠下丁集团等5家企业债务计4750万余元，双方同意以乙公司在异议人享有的投资权益3000万元及其对异议人享有的债权1750万余元予以偿还，丁集团等5家企业成为异议人的实际投资人，乙公司在异议人不再享有任何权益，两法人之间不再有任何债权债务关系。《债权转让协议》达成后，该协议上报至省国资委予以备案。

被执行人、异议人、丁集团等5家企业均系国有企业。2004年11月24日，审理法院诉前财产保全裁定冻结被执行人享有的异议人的股权时，根据工商资料记载，被执行人为异议人的出资单位，投资金额为3000万元人民币。

执行申请人认为：

法院已就借款纠纷作出民事判决，同时采取了诉前财产保全措施，应强制执行保全的股权，偿还被执行人欠下的借款。

· 911 ·

被执行人认为：

诉前财产保全冻结的股东实际上已经不属于本公司，不能强制执行。

异议人认为：

被执行人将其在异议人的投资及其享有的债权转让给丁集团等5家企业的行为合法有效，被执行人在异议人不再享有任何权益，执行法院冻结异议人价值700万元的股权系错误，申请予以解冻。

律师观点：

1. 股权属于股东所有，丙集团作为执行异议主体不适格。

本案中，执行法院冻结的是被执行人在丙集团的价值700万元的股权。该股权的所有人为被执行人，即使认定被执行人与丁集团等5家企业的《债权转让协议》合法有效，该部分股权所有人也应是丁集团等5家企业。异议人对这部分股权并不享有权益，执行法院也并没有对异议人的财产采取执行措施，因此，丙集团作为执行异议主体不适格，其无权对冻结股权提出异议。

2. 被执行人与丁集团等5家企业签订的《债权转让协议》违反法律规定，应认定无效。

被执行人向丁集团等5家企业转让其对异议人享有的3000万元股权时，一方面，只是向省国资委备案而非经其决定；另一方面，也未按照转让程序规定对股权价值进行评估。由于被执行人、异议人均系国有企业，根据《企业国有产权转让管理暂行办法》应该进行评估。因此，该转让协议违法行政法规的规定，应该认定无效，不能产生股权转让效力。

3. 执行过程中，执行法院有权冻结已经转让，但仍登记在被执行人名下的股权。

《最高人民法院关于人民法院民事执行中查封、扣押、冻结财产的规定》第2条第1款规定，人民法院可以查封、扣押、冻结被执行人占有的动产、登记在被执行人名下的不动产、特定动产及其他财产权。因此，即使登记在被执行人名下的财产已经转让给其他人，但只要该财产仍登记在被执行人名下，执行法院就可以查封、扣押或者冻结。本案中，在执行法院采取诉前保全措施时，被冻结股权仍登记在被执行名下。因此，即使被执行人与丁集团等5家企业的《债权转让协议》合法有效，但因为其没有办理股权变更登记手续，不能对抗申请执行人，执行法院仍可以冻结被执行人在异议人所享有的股权以偿还其所欠申请执行人的700万元债务。

法院裁定：

驳回执行异议，继续执行。

430. 股权质押如未经工商登记,是否有效?

以其他股权出质的,质权自市场监督管理部门办理出质登记时设立。因此未经工商登记的股权质押不发生法律效力,当然,股权质押合同在当事人之间仍然成立并生效。

四、股权转让所涉资产、资质、控制权转让问题

431. 股权转让中,如果因公司实物资产存在质量瑕疵,该瑕疵的相应责任可否要求股权转让人承担?

股权转让人只应当对所转让的股权的真实性、合法性负责,股权转让也只是导致公司股东的变更,公司的财产等并未发生变化,因此如果受让人因为受让股权后,发现公司实物资产存在质量瑕疵,应当向资产的销售方或其他过错方主张赔偿责任。

当然,如果股权转让合同中,转让人向受让人对公司的资产价值作出质量担保的,则受让人可依据股权转让合同向转让人主张违约责任。

【案例223】股权转让人对公司资产质量问题不承担赔偿责任[①]

原告:三九啤酒厂

被告:卞某居、顾家店镇政府

诉讼请求:判令被告卞某居偿付经济损失 216,810.89 元。

争议焦点:

1. 被告卞某居对于股份转让后公司的资产及经营情况的变化是否负有义务和责任;

2. 原告作为矿泉水公司的股东是否有权直接对外索赔矿泉水公司生产经营中的产生损失。

基本案情:

矿泉水公司系被告卞某居以资金投入、被告顾家店镇政府以矿泉水井投入共同组建的有限责任公司。

1996 年 1 月 23 日,矿泉水公司召开股东大会,同意被告卞某居将其在该公司的股份全部转让给原告。次日,被告卞某居与原告签订转让、购买股权的协议,约定将被告卞某居在矿泉水公司所占 78.1% 的全部股份折价为 105 万元(含银行

[①] 参见湖北省宜昌市中级人民法院(2009)二中民终字第 06645 号民事判决书。

转贷 40 万元)转让给原告,股权自双方签约之日起一次性转让,被告卞某居应积极配合原告办理矿泉水公司的财产清理及交接手续,保证完好的生产、经营设备。协议并对付款方式、双方责任、债权债务的处理等均作了约定。

原告接受该股权后,与被告顾家店镇政府签订了联合经营协议书,调整矿泉水公司的股东出资比例,原告出资为 65 万元,占整个出资额的 68.9%;被告顾家店镇政府出资 29.4 万元,占整个出资额的 31.1%,并委托原告全权负责矿泉水公司的生产经营。

原告在组织矿泉水公司的生产经营中,客户反映矿泉水质量有问题。1996 年 7 月,经有关部门水源采样检测,亚硝酸盐超标,属年检不合格水源地。矿泉水公司即停止生产,打开矿泉水井进行检查,发现于井孔深 15.95 米井管连接处未密封,致使地表层水渗入水井,污染了矿泉水源。矿泉水公司停产半年,对矿泉水井进行维修,经济损失达 312,574.74 元,原告按所占股权(68.9%),其损失为 215,364 元。

原告诉称:

1996 年 1 月,我方与被告卞某居签订股权转让协议,被告卞某居将其拥有的矿泉水公司 78.1% 的股权以 105 万元转让给我方,被告卞某居保证生产设备的完好。后我方在生产经营中,因转让的设备有瑕疵,致使生产的矿泉水质量不合格,给我方造成了经济损失。

被告卞某居答辩称:

造成损失的根本原因是水井不合格,应由水井的所有权人矿泉水公司主张索赔权利,原告无请求权,应予驳回。组织建井是被告顾家店镇政府,施工队是武汉地质勘查院三峡分院,故本人不应是被告。

被告顾家店镇政府辩称:

原告没有起诉资格,应由矿泉水公司行使索赔权利。我方是矿泉水公司的出资者,不应是本案的被告。

一审认为:

原告与被告卞某居之间的股权转让协议规定的权利义务明确,双方诉讼主体资格合法。被告卞某居对出让的财产质量不符合协议的规定,造成受让人的经济损失应负赔偿责任。被告顾家店镇政府虽是矿泉水井的原所有人,在本案中不承担民事责任。

一审判决：

被告卞某居赔偿原告的经济损失 215,364 元。

被告卞某居不服一审判决，向上级人民法院提起上诉。

被告卞某居二审诉称：

本案系股权转让合同纠纷，而原告诉称转让的设备有瑕疵，要求赔偿损失的请求系另一法律关系，依法应由矿泉水公司主张权利，请求二审撤销原判，依法驳回原告的诉讼请求。

原告二审辩称：

一审判决正确，应予维持。

律师观点：

1. 股权转让协议合法有效。

被告卞某居与原告之间签订的转让、购买矿泉水公司部分股权的协议，是在该公司召开股东大会，其他股东放弃优先购买权的前提下，自愿达成的协议，系双方当事人真实意思的反映，合法有效。

2. 被告卞某居对于股权转让后公司的资产及经营情况的变化不负有任何义务和责任。

原告依据该股权转让协议，取代被告卞某居成为矿泉水公司的股东，享有股东的权利，并承担股东的义务。虽然被告卞某居与原告签订的股权转让协议中有"被告卞某居应保证完好的生产、经营设备"的条款，但依照《合同法》的有关规定，股权出让人只对所转让的股权的真实性、合法性负责，股权转让的法律后果只是公司股东的变更，而公司及其财产并未发生变更。出让人与受让人只能根据各自对股权转让时矿泉水公司的资产、经营状况、商誉、市场前景等进行综合考察的情况协商确定股权转让的价款，出让人被告卞某居对于股权转让后公司的资产及经营情况的变化不负有任何义务和责任。

3. 对公司生产经营中的损失进行索赔的权利应由公司行使。

原告诉请的矿泉水公司生产经营中的损失，若需对外索赔，只能由财产所有权人矿泉水公司依法行使，原告作为矿泉水公司的一个股东无权直接行使，而被告卞某居与原告的股权转让系另一个法律关系。

一审判决将被告卞某居出让股权或转让出资认定为出让财产，进而判令被告卞某居对出让财产的质量不符合出让协议的规定承担赔偿责任，混淆了两个不同的法律关系，属适用法律错误。

二审判决：
1. 撤销一审判决。
2. 驳回原告的诉讼请求。

432. 股权转让合同中,约定公司资产归股东所有是否有效?

无效。《民法典》明确规定,行为人与相对人恶意串通,损害他人合法权益的民事法律行为无效。公司资产依法应当由公司所有,股权转让的只是公司的股东权益,如在合同中约定公司资产归股东所有,无异于恶意侵占了公司的资产,自然应当认定无效。

【案例224】股权转让不得一并转让公司资产[①]

原告: 马某丽

被告: 赵某、甘某海

诉讼请求: 确认两被告于2007年8月9日签订的《北京瓦控电气技术有限公司资产暨股权转让协议》无效。

争议焦点: 两被告签订的《股权转让协议》是否对瓦控公司资产进行了非法处置;是否侵犯了原告的权益,效力如何。

基本案情:

瓦控公司系有限责任公司,公司注册资本100万元。

2007年4月,公司股东变更为原告及两被告,其中被告赵某出资79万元,占股权比例79%,被告甘某海出资20万元,占股权比例20%,原告出资1万元,占股权比例1%。

2007年8月9日,被告赵某为股权转让人(甲方)、被告甘某海为股权受让人(乙方)签订《股权转让协议》,内容为:甲、乙双方均为瓦控公司实际股东,对公司的资产及股权做分置清算后,被告赵某将目前公司资产转移,同时将其所持有的全部公司股权转让给甘某海;瓦控公司账面所有剩余资金归被告赵某所有,库存商品清算后归被告赵某所有,一年内收回的货款,在缴纳增值税及附加后的货款支付给被告赵某等。两被告同意另行签订股权及资产转让合同,以备工商变更及资产交割之用,但该合同与本协议不同之处以本协议为准。

另外,此前在2007年7月31日,被告赵某为转让人,被告甘某海为受让人签

[①] 参见北京市朝阳区人民法院(2008)朝民初字第23274号民事判决书。

订《股权转让协议》，约定：被告赵某将其在瓦控公司的出资79万元，占总注册资本79%的股权出让给被告甘某海；被告甘某海接受被告赵某在瓦控公司的出资79万元，占总注册资本79%的股权；本协议自签字之日起生效；签字前债权债务由转让人负责，签字后债权债务由受让人负责。同日，被告赵某、被告甘某海、原告签订《章程修正案》等。后瓦控公司根据上述文件办理了工商变更登记，瓦控公司股东变更为被告甘某海、原告。

2008年7月，被告赵某以被告甘某海为被告向法院提起股权转让纠纷的诉讼，要求被告甘某海按照2007年7月31日双方签订的《股权转让协议》向被告赵某支付股权转让的对价79万元。在该案的审理中，被告甘某海对被告赵某提交的2007年8月9日的《股权转让协议》的真实性表示认可，并曾以此协议作为己方证据提交法庭；原告作为被告甘某海的证人出庭作证，其明确表示本案诉争协议是被告甘某海交给她的。

原告诉称：

2007年8月9日，被告赵某与被告甘某海签订了《股权转让协议》，约定将瓦控公司的全部账面资金、应收账款、办公用品、办公家具、全部库存商品、全部固定资产非法处置给被告赵某所有，系对公司财产进行的非法处置，既违反了法律的强制性规定，也侵害了原告作为股东的合法权益。

被告甘某海辩称：

对原告所述的事实不予否认，被告赵某与被告甘某海确实签订过资产处置协议，但是不能确定原告所出示的复印件是否为两被告之间签订的那份资产处置协议的复印件，且复印件上被告甘某海的签名不清楚，不能确定是否为被告甘某海的亲笔签名，要求原告提供原件。

被告赵某同意原告的诉讼请求。

律师观点：

瓦控公司作为依法设立的有限责任公司，其设立、变更、终止等事项均应受该公司章程、《公司法》及其他法律、行政法规的调整与规范。被告赵某与被告甘某海签订的《股权转让协议》，对瓦控公司资产进行了非法处置，既违反了《公司法》的强制性规定，也侵犯了原告作为公司股东的合法权益，应属无效。

关于被告甘某海否认原告提交法庭的《股权转让协议》真实性，要求原告提供原件的答辩意见，因原告不是缔结诉争协议的双方当事人无法提供原件，且在法院审理案件中被告甘某海曾以此协议作为己方证据提交，原告也证实诉争协议的复印件来源于被告甘某海，现被告甘某海既不申请对原告提交法庭的《股权转让协议》予以鉴定又无相反证据予以证明,故被告甘某海的答辩意见缺乏事实和法律依据,不应予采纳。

法院判决:

确认被告赵某与被告甘某海签订的《股权转让协议》无效。

五、瑕疵股权转让的裁判标准

433. 出资瑕疵的股东可否对外转让股权?

可以。瑕疵出资的股东虽然未对公司完全履行出资义务,但是并不直接导致其失去股东资格,转让股权作为股东的基本权利仍应允许其享有。

【案例225】出资瑕疵的股东仍可对外转让股权[①]

原告: 中信银行上海分行

被告: 宏勤公司、宏置公司、华龙公司、宝安公司、申星公司、东上海公司、实华公司

诉讼请求: 宝地公司的新老股东对宝地公司拖欠原告的债权承担连带清偿本金及利息的责任。

争议焦点:

1. 宝地公司先后两次股权转让都未支付相应股权转让款,是否影响股权转让合同的效力;

2. 被告宏勤公司和被告宏置公司在实际控制、经营宝地公司期间,是否滥用宝地公司的法人人格损害公司债权人利益,其是否需对系争债务承担连带责任;

3. 被告华龙公司、被告宝安公司、被告申星公司作为发起人是否应就其瑕疵转让股权的行为对债务承担清偿责任,该责任系连带责任还是补充连带责任。

基本案情:

1993年,被告华龙公司、被告宝安公司、被告申星公司合作经营成立宝地公司,注册资金2000万元人民币。其中,被告华龙公司占注册资金的15%;被告宝

[①] 参见原告中信银行股份有限公司上海分行与被告上海宝安企业有限公司、上海宝安大酒店有限公司等赔偿纠纷案,载潘福仁主编:《股权转让纠纷》,法律出版社2010年版,第145~147页。

安公司占45%，被告申星公司占40%。但被告华龙公司、被告宝安公司与被告申星公司实际均无任何出资。

宝地公司成立后，先后发生两次股权转让：

第一次股权转让发生在1994年3月，原股东被告华龙公司、被告宝安公司、被告申星公司与被告东上海公司、被告实华公司签订《股权转让协议书》。协议约定：被告华龙公司、被告宝安公司将其在宝地公司的股权转让给被告东上海公司和被告实华公司；股权转让后，宝地公司的股东构成为被告东上海公司占50%股权，被告申星公司占40%股权，被告实华公司占10%股权；根据法律法规，股东对公司债权、债务所负权利、义务随股权转让而转让，但上述协议未在工商部门备案，各方股东也未在工商部门办理相应的变更手续，被告东上海公司与被告实华公司均未支付股权转让款。

第二次股权转让发生在1996年12月20日，宝地公司股东被告东上海公司、被告申星公司、被告实华公司与被告宏置公司、被告宏勤公司签订《股东转让出资协议书》。协议约定：被告东上海公司、被告申星公司、被告实华公司将其在宝地公司的股权转让给被告宏置公司和被告宏勤公司；调整后的宝地公司股东组成为被告宏置公司占60%的股本，被告宏勤公司占40%的股本。在完成宝地公司股权转让后，原股东和现股东的相互经济关系由转让人和受让人作相应处理；在协议生效前，宝地公司原有的债权、债务，除由被告宏勤公司和被告宏置公司承担部分债务外，仍由原股东承担；协议生效后，宝地公司发生的新债权、债务均由调整后的股东承担，与调整前的原股东方无关。但上述协议未在工商部门登记备案，有关各方也未在工商部门办理相应变更登记手续。被告宏置公司与被告宏勤公司均未支付股权转让款。

1999年，宝地公司在一起票据纠纷中被法院判决应向原告给付214万元。但宝地公司本身没有可供执行的资产，并在2000年1月10日被吊销营业执照。

原告诉称：

依据之前生效的法院判决，宝地公司应当向原告给付214万元款项，经原告多次催讨之后宝地公司仍未支付相应款项。经查，宝地公司已无可供执行财产，而被告宏置公司、被告宏勤公司作为公司股东，滥用股东法人人格，应当对相应债务承担连带责任。被告华龙公司、被告宝安公司与被告申星公司作为最初设立宝地公司的股东，实际上均无任何出资，存在出资瑕疵，应当对宝地公司的债务承担补充连带责任。

被告辩称：

原告请求的债务应由宝地公司承担，与宝地公司股东无关，原告的请求于法无据，请法院予以驳回。

律师观点：

1. 本案涉及的两次股权转让均应认定为有效。

虽然转让各方均未对宝地公司履行出资义务，但是受让各方对此均知情，在该公司章程未作出明确规定时，出资瑕疵并不能剥夺转让人的股东资格，股权的自由转让权作为股东权利的一部分，也同样不应被剥夺。

2. 被告宏置公司、宏勤公司滥用法人人格，需对公司债务承担连带责任。

根据1996年12月的第二份股权转让协议，宝地公司发生的新债权、债务均由调整后的股东承担，与调整前的原股东方无涉。本案系争的宝地公司的债务发生在第二份股权转让协议之后，故按该股权转让约定应由被告宏勤公司、被告宏置公司对宝地公司的债务承担责任。宝地公司的开办单位未履行出资义务和受让股东均未补缴出资，故其法人人格始终不存在。因此，被告宏勤公司和被告宏置公司在实际控制、经营宝地公司期间，滥用宝地公司的法人人格，严重损害公司债权人利益，系争债务应由两被告承担连带责任。

3. 被告华龙公司、被告宝安公司和被告申星公司对债务负有补充连带责任。

被告华龙公司、被告宝安公司和被告申星公司作为宝地公司的开办单位，未履行在组建宝地公司的章程中承诺的出资义务，使得宝地公司从登记成立时即为无独立财产的空壳。其后，该3家开办单位分别转让了股权，但不能因为其已将瑕疵股权转让而完全免除其对宝地公司应负的责任。在实际控制股东不能偿还宝地公司债务时，该3家开办单位仍应连带负补充清偿责任。

法院判决：

1. 被告宏勤公司与被告宏置公司连带给付原告本金2,111,150元及其利息；

2. 被告宝安公司、被告宝安大酒店、被告申星公司、被告华龙公司对被告宏勤公司和被告宏置公司不能履行上述第1项判决义务的部分向原告连带承担补充清偿责任。

434. 出资瑕疵的股东转让股权，受让人可否以转让人出资瑕疵为由主张合同无效，或拒绝履行合同？

该问题须分情况讨论：

(1) 如果受让股东在受让股权时明知转让人出资瑕疵的，则其不得以出资瑕疵为由主张合同无效,或撤销合同,且其仍应当依照合同履行付款义务。

(2)如果转让人隐瞒出资瑕疵事实的,则受让股东可以转让人欺诈为由,主张撤销股权转让合同。

(3)如果转让人与受让人均不知晓转让股权存在出资瑕疵的,又应当分两种情况进行讨论:

①若受让人可以举证证明其与转让人订立该合同时存在"重大误解"的,那么其可以主张撤销或变更该合同。"重大误解"是指,行为人因对行为的性质、对方当事人、标的物的品种、质量、规格和数量等发生错误认识,使行为的后果与自己的意思相悖,并造成较大损失的行为。

②若受让人无法举证签订该合同存在"重大误解"的,其亦可通过主张转让人对于标的物瑕疵的担保责任,提出解除合同、要求转让人补缴出资或承担违约责任等。

【案例226】股权明知瑕疵仍受让　拖欠股权转让款需偿还[①]

原告:竺某辉

被告:陈某德

诉讼请求:被告支付股权转让款21万元,赔偿逾期付款利息损失372元。

争议焦点:

1. 签订《股权转让协议》时,被告是否明知原告股权存在瑕疵,有瑕疵的股权是否可以转让;

2. 被告提供的借条中关于应收款项的内容对原告是否具有约束力,该证据是否与本案有关联;所欠股权转让款是否已转化为借款,借条关于还款条件是否对债权人有约束力。

基本案情:

科莱尔公司系原告、被告及另一股东王某伟共同设立,其中原告出资额105万元,占注册资本的25%。注册公司所需的全部注册资本原系三股东委托某投资公司垫资完成。原告与被告在2008年9月17日,被告受让原告持有的25%股权,转让价为26万元,其中5万元在协议签订当日支付,剩余转让款于2009年2月之前分次付清。

此后,双方办妥股权变更登记手续,被告亦已支付首期转让款5万元。

---

① 参见浙江省宁波市中级人民法院(2009)浙甬商终字第1146号民事判决书。

原告诉称：

2008年9月17日，原、被告签订《股权转让协议》1份。协议约定原告在科莱尔公司25%的股权以26万元的价格转让给被告；签约当日被告支付5万元，余款在2009年2月前支付。签约后，被告仅支付5万元，剩余转让款拒绝支付。

被告辩称：

科莱尔公司注册所需的300万元注册资本是三股东共同委托某投资公司代为办理，通过验资手续后已由投资公司收回。公司运行过程中，被告及王某伟已补缴了各自应承担的出资额，但原告未履行出资义务。

被告认为本案的法律关系为借款关系。理由如下：

2008年9月17日被告出具给原告的借条，能够证明双方的法律关系已经转化为借款法律关系，而股权转让款转化为借款，并不违反法律的强制性规定。借条作为债权凭证，对双方当事人均有约束力。根据该借条的约定，被告支付款项的前提为"春节之前原告将公司应收款结清"，现原告未与公司结清应收款项，故其无权要求支付款项。

律师观点：

1. 被告明知原告股权存在瑕疵仍签订《股权转让协议》，协议合法有效。

原告转让股权时即使存在出资瑕疵，但因其当时具备股东资格，有权转让自己的股权，被告作为受让人是在明知原告转让的股权存在出资瑕疵情形下受让。由此，原告与被告于2009年9月17日签订的《股权转让协议》系双方真实意思表示，亦不违反法律、法规的禁止性规定，合法有效。

被告抗辩根据会议纪要、落款时间为2008年9月9日的股东协议以及原告提供的借条中载明的内容，被告支付股权转让款的前提是原告补足出资款并与公司结清应收款；但是，被告不能举证证明股东协议中原告签名的真实性以及会议纪要、借条载明的付款条件是原告的真实意思表示，被告对此应承担举证不能的不利后果。据此，原告与被告应根据经工商管理部门备案的《股权转让协议》来确定各自的权利和义务。

2. 被告应据《股权转让协议》向原告支付剩余股权转让款项。

根据协议，被告应于协议签订当日即2008年9月17日支付5万元，其余21万元将于2009年2月之前分次付清。现原告与被告既已根据《股权转让协议》办理变更登记手续，被告也支付首期转让款5万元，被告理应依约支付剩余转让款。被告以原告未履行出资义务等为由抗辩无须向原告支付股权转让款，缺乏事实及法律依据。

3. 原告与被告关于应收款的约定与本案没有关联。

被告虽在当日又向原告出具了 1 份借条,但从该借条内容分析,该借条并非被告向原告借款,而是被告对其股权转让款进行确认的 1 份欠条。故被告关于股权转让款已经转化为借款的主张,难以成立。该借条中虽有"春节之前在原告将公司应收款结清的前提下付清"的约定,但该约定是附条件和附期限的,而期限的到来是确定的,即春节之前;而条件的成就,取决于公司应收款的收回。而对具体的应收款项双方没有达成一致意见,故该约定是被告单方的意思表示,对原告没有约束力。倘若原告经手的应收款未收回,也与本案没有关联。

法院判决:

被告在判决生效之日起 3 日内一次性支付原告股权转让款 21 万元,并赔偿延期付款利息损失 371.70 元。

六、隐名股东股权转让的裁判标准

435. 隐名股东通过股权转让的方式显名,代持股股东拒不交付股权,却起诉要求隐名股东履行付款义务,如何处理?

实践中,此类问题比比皆是,试举一例如下:

A 为公司的实际出资人,B 作为名义股东代 A 持股,现 A 欲显名,故与 B 签订股权转让协议,约定由 B 将股权转让给 A,A 支付一定对价(实际履行中并不真实支付)。但如果 B 不讲信用,反而要求 A 依照股权转让协议支付对价,则 A 应如何应对?

此时,诉讼中包含了隐名股东确权的审理内容。隐名股东须举证证明如下内容:

(1)隐名股东实际投资;

(2)显名股东以外的其他股东认可隐名股东的股东身份;

(3)与显名股东之间签有代持股协议。

通过上述举证,实际出资人可主张合同中的支付价款并非真实意思表示,双方的真实意思表示基于经验法则判断,应当为零价款转让。

笔者建议,实践中如果实际出资人试图通过股权转让的方式实现显名,签订的股权转让合同可直接约定为零对价。但对于这种方式显名,还应当考虑相应的

· 923 ·

税负问题。①

【案例227】隐名投资证据不足　为"显名"支付转让款②

原告：郑某

被告：丑某红

诉讼请求：判令被告支付股权转让款24万元。

争议焦点：被告提供与案外人资金往来的证据，是否足以证明其与原告之间存在隐名投资锐思公司的关系。

基本案情：

锐思公司于2003年经工商核准设立，原告系锐思公司的登记股东，出资24万元，占注册资本金的8%。

经审计，截至2003年10月20日，锐思公司已收到全体股东缴纳的注册资本，原告缴纳24万元，于2003年10月14日缴存华夏银行重庆分行的锐思公司账户，相应的2003年10月14日进账单显示由川顺公司将101万元（包含了原告的24万元）汇入了锐思公司的账户。

2007年8月18日，原、被告签订《股权转让协议》，约定：原告将其持有的锐思公司8%的股权以转让价格24万元转让给被告；支付时间为2007年8月30日前；本次股权转让后，被告即成为锐思公司的股东，享受相应的股东权利并承担义务，原告不再享受相应的股东权利和承担义务等。合同签订后，锐思公司已经至工商局办理了变更股权转让登记，被告至今未支付股权转让款。

原告诉称：

原、被告之间签订的《股权转让协议》是双方的真实意思表示，被告应当按照协议的约定向原告支付股权转让款。

被告辩称：

原告在锐思公司8%的股份是被告出资的，原告是代实际出资人被告持股，被告在锐思公司成立之初已经是该公司的隐名股东。双方签订的股权转让协议只是让被告成为登记股东，而没有股权转让款的问题。

被告为证明其观点，提交证据如下：

1. 由黄山量银科技投资有限公司、长沙市正事科技有限公司、川顺公司、重

---

① 关于隐名股东显名的税负问题，详见本章第五节股权转让的税务问题。
② 参见上海市第一中级人民法院(2009)沪一中民三(商)终字第1025号判决书。

庆圆成河科技发展有限公司出具的情况证明共 4 份以及付款凭证,说明 2004 年至 2009 年被告至少委托上述 4 家公司向锐思公司转账数百万元,以弥补锐思公司经营亏损;

2. 案外人杜某(被告的妹夫)出具的借款情况说明 1 份以及相关财务凭证,说明被告通过案外人杜某无偿提供给锐思公司多笔钱款;

3. 锐思公司会议纪要 3 份,案外人沈某愚(被告的丈夫)和案外人丑某雁(被告的妹妹)出具的证明各 1 份,说明沈某愚、丑某雁受被告委托,参与锐思公司经营。以上证据材料均用以证明被告作为股东参与锐思公司经营。

律师观点:

1. 被告提供的证据不足以证明其与原告之间为隐名投资关系。

由于根据锐思公司股东(发起人)名录、验资报告的内容,可以认定在锐思公司成立时,原告认缴的 24 万元注册资本已缴足,其持有锐思公司 8% 的股权,是该公司的股东。虽然被告已提供证据欲证明原告的出资是由被告委托川顺公司支付的,但该证据不能证明出资的责任人即为被告。被告提供的证据材料说明其通过案外人与锐思公司存在资金往来,沈某愚与丑某雁承认自己在锐思公司的活动和行为系受被告的委托进行的。但尚不足以证明被告以股东身份参与了锐思公司的管理。故根据现有证据尚不能认定原告、被告之间为隐名投资关系,锐思公司成立时被告是实际出资的隐名股东,原告只是名义股东。

2. 股权转让协议合法有效,被告应按约履行支付转让款义务。

2007 年 8 月 18 日,原告与被告签订了《股权转让协议》,同年 8 月 27 日,锐思公司股东会也形成决议,同意原告将其持有锐思公司 8% 的股份转让给被告。上述《股权转让协议》合法、有效,在该协议中约定了具体的股权转让款付款期限、违约责任等,双方也未有其他协议约定股权转让协议仅为工商登记之用、股权转让款实际不需支付,故双方当事人应当按照《股权转让协议》的约定履行自己的义务。现股权转让登记手续已经办理完毕,被告成为锐思公司的股东,其应按约支付原告股权转让款。

法院判决:

判决被告应于判决生效之日起 10 日内支付原告股权转让款 24 万元。

436. 隐名股东直接以自己名义与他人签订股权转让合同,效力如何认定?

隐名股东转让股权的效力认定需要从两方面进行考虑:

（1）隐名股东能否证明其实际投资行为；

（2）受让人是否知晓或应当知晓其为隐名股东。

如受让人知晓转让人为隐名股东，并且隐名股东也能证明自己的实际出资，且该转让行为并不侵害其他股东的优先购买权，那么股权转让合同应当认定有效，否则受让人可以转让人不具备股东资格为由，请求确认合同无效。

【案例228】实际出资且其他股东认可 隐名股东转让股权有效[①]

原告：江某民、苏某民

被告：马某飞

第三人：黄某俐、宋某琳、孙某智、张某英、熊某林、杜某忠、金某伟

诉讼请求：判令被告马某飞给付原告苏某民3万元及利息。

争议焦点：

1. 实际参与公司经营管理并持有公司出具的出资收据能否确认隐名股东资格；
2. 未在工商登记的隐名股东是否具备转让股权的主体资格。

基本案情：

2004年5月11日，两原告与本案被告及第三人签订《合作协议书》，约定共同出资建立咖啡厅公司，其中两原告出资40万元（各一半），占注册资本20%。工商登记显示，除原告苏某民外，其余投资人均备案登记，公司成立后，原告参与了实际经营活动。公司出具了出资收据。

2004年9月16日，两原告与被告、第三人熊某林、第三人杜某忠、第三人张某英、第三人宋某琳签订《股东协议》，约定：被告用14万元购买原告苏某民在网络咖啡厅的股权，同时将金樽西餐厅10%的股权作价10万元卖给第三人张某越、第三人杜某忠、原告江某民；被告购买原告苏某民的股份14万元，被告只支付4万元给原告江某民，余款10万元由第三人张某英、第三人杜某忠、原告江某民负责支付，与被告无关；被告用金樽西餐厅30%的股权置换第三人张某英、第三人杜某忠、原告江某民在网络咖啡厅30%的股权。2005年4月29日，被告向原告苏某民支付转让款4万元中的1万元，原告苏某民向被告出具收据1张，确认收到该款。被告至今未向两原告支付余款3万元。

原告诉称：

被告应当按照《股东协议》的约定向原告支付剩余股权转让款。

[①] 参见广东省广州市中级人民法院(2010)穗中法民二终字第294号民事判决书。

被告辩称：

工商登记的股东中并无原告苏某民，涉案《股东协议》中约定的转让股权主体原告苏某民不具有转让主体资格。根据《股东协议》第2条的约定，被告购买原告苏某民的股份14万元，而依据被告提供的合作协议、咖啡厅章程、工商行政管理局出具的变更登记核准通知书等证据材料，已充分证实原告苏某民根本没有咖啡厅的股权，不具有咖啡厅股东身份因此，《股东协议》关于原告苏某民转让股权的内容因主体不具备转让主体的资格而无效，原告不应承担履行责任。

律师观点：

1. 原告苏某民为清水居咖啡厅的隐名股东。

涉案咖啡厅被工商登记部门核准登记为股份合作制的法人企业，可参照《公司法》相关规定调整相关法律问题。

工商登记资料显示该咖啡厅的股东为被告、原告江某民、第三人张某英、第三人杜某忠、第三人孙某智，但两原告、被告与第三人金某伟在庭审中均确认股权转让时，4人与第三人熊某林、第三人杜某忠、第三人张某英、第三人宋某琳为该咖啡厅的实际股东，其余原审第三人未提出异议；虽然工商登记资料中没有登记原告苏某民，但该咖啡厅向原告苏某民出具了出资收据，原告苏某民也参与了该咖啡厅的经营。因此，原告苏某民是该咖啡厅的隐名股东，只是其股东身份不得对抗第三人。两原告在股东内部转让其股权，全体股东均一致同意由被告受让，因此，该转让行为有效。

2. 被告应依据股东协议约定向原告苏某民支付余款。

被告在2005年9月16日的《股东协议》中承诺以股权置换、支付价款4万元的方式，受让原告苏某民的股份，并在此后向原告苏某民支付了4万元中的1万元，原告江某民对余款不主张权利，同意由原告苏某民主张权利，因此，被告应遵守其承诺，支付原告苏某民余款3万元及迟延履行期间的利息。

法院判决：

判令被告于判决生效之日起3日内，给付原告苏某民3万元及利息。

437. 未经隐名股东同意，名义股东擅自对外转让股权的，隐名股东可否直接主张股权处分行为无效？

一般情况下不可以。

显名股东将股权转让且受让人在公司登记机关办理了股权变更登记，实际出资人除非能够证明受让人为恶意，否则受让人已经基于善意而取得股权。

此时,实际出资人可依据代持股协议向名义股东主张返还股权转让款,并要求其承担损害赔偿责任或违约金。

【案例229】名义股东擅自转让代持股份 恶意受让代持股股权协议无效[①]

原告:潘某钞

被告:周某海、周某河

诉讼请求:两被告签订的股权转让协议无效。

争议焦点:

1. 名义股东未经实际投资人同意是否有权处分所代持股权;
2. 股权转让前未进行评估资产,转让款也没有实际支付,受让人是否系善意第三人,合同是否有效。

基本案情:

被告周某海与原告系连襟关系,与被告周某河系兄弟关系。

2003年4月20日,原告与被告周某海签订协议书,约定原在被告周某海名下的荣兴钢业15股股份中投入4股(周某海11股、潘某钞4股),协议订立后,原告陆续向被告周某海支付了投资款200万元。

2008年4月28日,被告周某海未经原告同意将8.02%股权以4,956,400元转让给被告周某河,被告周某河未付款。

此外,被告周某海转让股权时恰逢其与妻子(原告胞妹)关系紧张而分居期间。

另外,荣兴钢业注册资本6180万元,8.02%股权对应的注册资金数额为495.64万元。

原告诉称:

被告周某海未经原告同意恶意串通将原告所有股权转让,且未支付对价,该行为严重侵犯了原告的合法权益,股权转让协议应属无效。

被告周某海辩称:

由于公司经营不善,原告投资款已由200万元折价为40万元,后被告周某海将其名下股权转让给案外人余某友和被告周某河,并无恶意串通压低转让价,损害原告的利益,被告周某河已支付了转让股权的对价,并已办理了工商登记,具有公示力。原告称股权转让协议无效与事实和法律不符,请求驳回其诉

[①] 参见浙江省温州市中级人民法院审理(2009)浙温商终字第374号民事判决书。

讼请求。

被告周某河辩称：

工商登记中没有原告的名字，被告周某河受让被告周某海的股权是善意取得，不存在恶意串通的情形。其已经向被告周某海支付了全部股权转让款，已经该公司全部股东同意并经工商登记。原告的起诉缺乏事实和法律依据，应予以驳回。

律师观点：

因出让人被告周某海未经实际出资人原告允许，擅自将股权转让给他人，其行为属于无权处分，除非被告事后追认或受让人善意取得，否则转让行为无效。被告周某海与被告周某河系同胞兄弟关系，股权转让行为发生在被告周某海与其妻子因关系紧张而分居期间，并且双方转让股权前未对公司资产进行评估以确定转让股权的实际价值，而简单以股权对应的注册资金额作为转让金额，转让款也没有实际支付。综上理由，本案无法推定受让人被告周某河系善意、有偿取得股权，因此，法院应以确认股权转让协议无效的方式来保护其实际投资人的合法权益。

法院判决：

周某海与周某河于 2008 年 4 月 28 日签订的荣兴钢业公司股权转让协议无效。

【案例230】显名股东擅自转让股权　隐名股东主张转让溢价款获支持[①]

原告： 甲公司

被告： 乙公司

诉讼请求： 被告按照同股同权原则，支付其450万元股权下的转让溢价计168万余元人民币。

争议焦点：

1. 隐名投资协议是否有效，可否确认原告权益；
2. 隐名股东可否对股权转让溢价款主张权利；
3. 原告主张股权溢价款的诉讼时效应从何时起算；
4. 隐名股东将某年度未分配利润请求权转让给第三人的行为，是否视为丧失股东资格。

---

① 虞政平：《公司法案例教学》，人民法院出版社 2012 年版，第 945~953 页。

基本案情:

被告曾因与原告之间的项目合作关系而欠原告450万元。1995年6月,被告与另一公司共同组建饮水公司,其中被告出资1590余万元,占51%股权,另一公司占49%股权。

1996年9月,被告与原告签订协议,双方约定:原告同意被告将所欠其款450万元投入饮水公司,以此作为原告在饮水公司中的出资金额;原告出资的上述资金,同意以被告名义出资于饮水公司;原告在饮用水公司注册资金中的出资比例为:被告在饮水公司注册资金中的出资额(含原告的450万元)所占的出资比例乘上原告出资额在被告出资额中的比例。饮用水公司的盈利额或亏损额,在被告按注册资金中的出资比例分享或分担后,再按原告在被告出资额中的出资比例。由被告向原告分给利润或分担亏损。饮用水公司每次董事会会议讨论的内容,在会议举行前由被告用书面形式通报原告,会议讨论通过的书面决议和其他书面文件报表,由被告分送原告1份。

1997年7月,饮水公司的注册资金增加为4300余万元,被告出资3070余万元,占出资比例的70%,另一公司则占出资比例的30%。同年12月饮水公司首届董事会临时会议形成决议,同意被告向A公司转让其在饮水公司的70%的股权,该A公司为上市公司。

半个月后,A公司在《上海证券报》刊登首届董事会决议公告,发布了其收购被告在饮水公司70%股权的消息。

10天后,被告与A公司正式签署《股权转让协议书》,明确被告将其持有的饮水公司70%股权全部转让给A公司,转让价格为4230余万元。

3天后,A公司再次在《上海证券报》刊登收购饮水公司70%股权的补充公告,A公司在之后的2个月内即1998年2月前全部付清了上述转让款。

近一年后,1999年1月19日,原、被告签订《股金转让合同》,约定:原告在饮水公司的全部股金450万元在1999年1月1日按原额全部转让给被告,被告支付此转让款的日期为合同签订后3日内支付250万元,1999年2月10日、3月30日、4月30日、5月30日前各支付50万元,若逾期支付应按未付金额的延期期限支付每日5‰的违约金,或解除本合同终止股金转让。该协议签订后,被告至1999年12月1日才将上述款项全部付清。

2000年4月,原告因上述转让款逾期支付以及1996年度、1997年度饮水公司净利润之事,曾向法院状告过被告,2000年12月法院判决被告应支付原告1996年、1997年度利润款5万余元以及股金转让款逾期支付违约金6万余元,该

第七章
股权转让纠纷

判决现已生效。

2001年8月，原告因欠案外人B公司借款70万元，曾将其在被告处的饮水公司1998年度利润67万余元及相关从权利转让给B公司，该B公司因向本案被告催收无着落，于2001年11月向法院起诉，要求本案原、被告共同偿还70万元借款。人民法院于2002年1月曾作出判决，认定从1998年起，被告已不是饮水公司股东，不再享有饮水公司的利润，故原告与该B公司之间的债权转让协议不能成立，判决原告单独偿还B公司借款70万元，该判决也已生效。

据此，原告得知被告已于1997年12月将包含其450万元股权在内的全部股权转让给A上市公司一事，并得知被告因该转让获得相应溢价，遂以被告转让股权给A上市公司未征得其同意以及之后双方《股金转让合同》系被告隐瞒事实所为提起本案诉讼，再次状告被告。

原告诉称：

被告在饮水公司持有的股权中，450万元股本金对应的部分应属于原告所有。被告将其持有的全部股份转让给A公司时获得了股权溢价款，原告认为对450万元股本金部分对应的溢价款被告应属原告所有，被告应当支付给原告。

被告辩称：

1. 450万元应是借款，而非原告的投资款。

之所以双方曾约定为投资款，是为了规避法律，故原告不是饮水公司股东，不享有股东权益。因此，也就不享有股权转让溢价的权利，其向A上市公司转让股权与原告无任何关系；何况，在1999年12月，被告即已全部归还了450万元，且对该笔还款逾期还承担了相应的违约金。

2. 原告对被告转让股权一事系明知，被告不存在欺瞒行为。

另外，其于1997年2月向A上市公司转让股权时依法进行了公告，原告于公告之时知道或应当知道股权转让之事，但原告在知道后又与被告于1999年1月签订450万元的股金转让合同，表明原告已对自己的权利进行了处分。

3. 原告提起本案诉讼已超时效。

无论从1997年12月起算，还是从1999年1月起算，至原告提起本案诉讼时，皆已超过诉讼时效。

4. 原告并非本案适格主体。

原告曾将所谓应当得到的1998年度利润转让给B公司，现原告没有撤销该转让，又来主张权利，故也不具备合格的原告主体资格。

律师观点：

1. 原、被告代持股关系成立,被告在饮水公司的投资中有原告的股份。

原、被告双方曾明确以协议方式约定,由原告将450万元以被告名义投入饮水公司,并共享利润、共担亏损。从该约定来看,原、被告之间设定的是一种隐名投资关系,原、被告之间的这一隐名投资协议是双方真实意思表示,没有违反我国法律和行政法规的强制性规定,所以双方之间的隐名投资不具备无效合同的要件,可以确定被告在饮水公司的投资中有原告的股份。

2. 原告作为隐名股东,对股权溢价款享有请求权。

隐名投资中,隐名合伙人对外不参加企业的管理,不具有经营者的身份,不能对外行使权利。但隐名合伙人与显名合伙人之间的权利义务受双方的隐名投资协议的约束,被告将其在饮水公司中投资款3070余万元以4230余万元的价格转让给A上市公司,其中也包括了原告的投资款450万元,故原告在4230余万元的转让款中也享有相应的份额。原告诉请被告支付相应比例溢价168万余元的理由成立。

3. 原告已实际享受饮水公司股东的权益,被告辩称原告非饮水公司股东不成立。

至于被告辩称,其与原告之间的450万元是借款而非投资款,之所以约定为投资款意在规避法律,所以原告不是饮水公司的股东,被告就此并未提供相应的证据来证实其主张,反之,被告实际已按另案判决将1996年度、1997年度饮水公司的利润分给了原告,原告已实际享受了饮水公司股东的权益,故被告该项辩称不能成立。

4. 被告辩称原告已自己处分其权利,且已超过诉讼时效的主张不成立。

原、被告双方签订《股金转让合同》确在A上市公司刊登股权收购公告后,但双方在该合同中,仅是对450万元股本金进行了处理,并未对该股本金下的转让溢价款作出处理。诉讼时效期间系从知道或应当知道权利被侵害时起计算,在被告未向原告作出拒绝支付股权转让溢价款的明确表示前,不能认为原告的权利受到了侵害,只有被告明确表示不同意给付溢价款,才能视为原告知道或应当知道自己的权利受到了侵犯,所以被告抗辩原告起诉溢价款超过诉讼时效一说也不能成立。

至于被告认为原告曾向案外人B公司转让1998年利润款,因而原告不具备本案适格主体之说,因法院已于另案判定,原告的该项债权转让不能成立,且原告转让的是利润而非股权转让溢价款,故被告此说亦不能成立。

· 932 ·

法院判决:

被告应于判决生效之日起 10 日内支付原告应得股权转让溢价款计 168 万元人民币。

七、股东优先购买权的裁判标准

438. 内部股东之间转让股权时,其他股东是否享有优先购买权?

股东内部转让股权不适用优先购买权制度。

股东优先购买权旨在保护公司的人合性,而股东内部转让股权并不导致公司股东的变化,因此内部转让不应适用优先购买权制度,公司章程特别约定的除外。

【案例 231】内部转让股权　其他股东无优先购买权[①]

原告:李某荣

被告:李某、王某

诉讼请求:

1. 确认两被告签订的股权转让协议无效;
2. 请求以同等条件下按出资比例受让上述股权。

争议焦点:对于股东之间相互转让股权的情形下,其他股东是否具有优先购买权,其他股东是否能够以侵犯其股东优先购买权为由主张股权转让协议无效。

基本案情:

全宏公司注册资本 100 万元。股东为案外人顺昌公司及含原告、两被告在内的 9 名自然人。原告及两被告分别出资 7 万元、13 万元及 20 万元。

2005 年 9 月 26 日,全宏公司召开股东会,并形成以下决议:同意股东被告李某将其持有的公司 13% 股权转让给被告王某;股权转让后,被告王某出资额上升至 33 万元,持股比例为 33%。参加这次股东会的股东共 7 人,持股比例 68%。同日,被告李某与被告王某签订股权转让协议,约定被告李某将持有的公司 13% 的股权作价 13 万元转让给被告王某;附属于股权的其他权利随股权的转让而转让;受让方应于协议签订之日起 10 日内,向出让方付清全部股权转让款。

[①] 上诉人李某荣与被上诉人王某、李某股权转让侵权纠纷上诉案,由上海市高级人民法院审理。

同日，全宏公司召开新股东会，通过了在章程中删去被告李某姓名、出资额及被告王某出资改为33万元、注册资本改为33%的章程修正案。上述股权转让相关事宜，全宏公司已向工商部门登记备案。

原告诉称：

股东无论对内或对外转让股权时，其他股东在同等条件下均有优先购买权，在多个股东同时要求行使优先购买权时，如果公司能够形成股东会决议的，从其决议，没有股东会决议的，可按各个股东的出资比例进行配售。按照上述规定，只要发生股权转让，其他股东就可以行使优先购买权，在多个股东要求行使优先购买权时，应该召开股东会作出决议，现两被告间股权转让，原告有权行使优先购买权，且两被告亦未履行股东会的通知义务，存在过错。

被告辩称：

原告的诉讼请求于法无据，《公司法》(2005年修订)规定的股东优先购买权仅限于股东对外转让股权的情况，对于对内转让股权时，其他股东并不享有优先购买权，现请求法院驳回原告诉请。

律师观点：

原告与两被告均系公司股东，公司内部股东进行股权转让，原告不具有优先购买权。

1. 从法律规定及公司章程约定进行判断。

股东的优先购买权属于法定权利，只应适用于股东向股东以外的人转让股权的情形。对于股东之间相互转让股权法律并无限制规定，此种情形下，其他股东并无优先购买权。原告认为优先购买权无对内和对外转让之分既不符合法律规定，也缺乏章程的依据。

2. 从股东优先购买权的立法用意来看。

有限责任公司具有封闭性和人合性的特征，这种特征使股东间建立一种信赖关系，基于信赖关系，才会实现股东之间资金的联合。但当股东向非股东转让股权时，这一信赖关系可能被打破。对于这种公司人合因素的影响，法律有必要将其控制在一个合理的范围内，故立法规定了对外转让时其他股东的优先购买权。但是，股东内部的转让并不影响公司的封闭性和人合性，不涉及第三人利益和公共利益，立法和司法无须对其进行强制性干预。虽然股东之间的股权转让可能涉及公司内部治理结构的调整和公司控制权的可能性变更，但这属于公司内部事务，非法律应该保护和干预的范围。

3. 从股东会职权与股权转让之关系来看。

原告认为,因其未收到通知而未能出席股东会,知情权被剥夺。否则股权转让可能不会通过。但按照章程规定,对股东向股东以外的人转让出资属于股东会的职权,而股权内部转让并不在此列。因此,原告是否接到通知、是否参加股东会与被告李某、被告王某间的股权转让行为无关。原告以此作为协议无效理由并无依据。当然,全宏公司形成股东会决议以符合登记的要求,也未违反法律规定。从出让人的意思表示来看,被告李某作为原股权持有人,对于自己将股权转让给被告王某并无异议。这是被告李某对自己权利的处分,理应受到他人的尊重。

法院判决:

驳回原告的诉讼请求。

439. 股东向公司以外的第三人转让股权,是否需要其他股东同意?

股东向股东以外的人转让股权,应当经其他股东过半数同意。

过半数股东不同意转让的,该股权不得对外转让,但不同意转让的股东必须购买拟转让的股权,如不购买,则视为同意转让。

【案例232】损害股东优先购买权转让股权　工商股东变更后协议仍被撤销[1]

原告: 郭某清

被告: 莱恩药业公司、朱某发、汤某

诉讼请求: 撤销被告朱某发与被告汤某之间的股权转让协议,由原告按同等价格行使优先购买权。

争议焦点:

1. 关于股权转让的股东会决议是否有效;
2. 是否履行了股权转让的通知义务;
3. 股东会决议与股权转让协议关于转让价格不一致,其他股东的优先购买权如何实现。

基本案情:

原告与被告朱某发均系被告莱恩药业公司的股东,原告出资3万元,被告朱

---

[1] 参见江苏省徐州市中级人民法院(2012)徐商终字第0025号民事判决书。

某发出资 245 万元。

朱某华系被告莱恩药业公司的董事长,2010 年 7 月 1 日,其作为召集人通知全体股东于 2010 年 7 月 15 日召开股东会议,会议性质为临时,通知方式为电话。会议形成决议,被告莱恩药业公司的原股东被告朱某发、案外人刘某、案外人韩某华、案外人蒯某安等股东将所持股权全部或部分转让给被告汤某,股权转让份额占被告莱恩药业公司股份的 50%。被告莱恩药业公司共有 49 名股东,48 名股东在决议上签名同意转让,原告未签名。

当日,被告朱某发向被告汤某出具收条两张,内容为:今收到股权转让金计 490 万元和 171.5 万元。

2010 年 7 月 15 日,被告莱恩药业公司及被告朱某发向徐州市工商行政管理局申请办理股东变更登记。

2010 年 7 月 21 日,被告朱某发与被告汤某达成股权转让协议,内容如下:出让方(被告朱某发)与受让方(被告汤某)经协商一致,达成协议。出让方将其持有的被告莱恩药业公司 245 万元的股权以 245 万元人民币的价格转让给受让方。受让方于 2010 年 7 月 21 日前将股权转让款以现金的方式一次性直接交付给出让方。落款为双方签名。

2010 年 7 月 27 日,案外人朱某华以被告莱恩药业公司的名义向原告邮寄特快专递一封,封面标明内容为《购买转让股权通知书》。原告收到特快专递并在专递回单上注明"内容为空"。

2010 年 7 月 29 日,原告向案外人朱某华邮寄特快专递一封,内容为:"朱某华董事长你好:目前被告莱恩药业公司的股权转让是非法的,我作为公司股东是不同意的,我坚持内部股东在同等条件下有优先购买的权利。我要求收购你及所有股东愿意出让的股权。"落款为原告。并且原告在公司告示栏中张贴了同样内容的告示。

2010 年 9 月 14 日,徐州市工商局准予了被告莱恩药业公司的变更申请。

原告诉称:

原告认可股权转让的股东会决议合法有效,但原告除在 2010 年 7 月 27 日收到 1 封封面标明内容为《购买转让股权通知书》,但实际内容为空的特快专递外,并未收到任何其他股权转让的通知。

在原告了解到存在股权转让的事实后,原告表示行使股东优先购买权,但被告朱某发、被告汤某、被告莱恩药业公司无视原告的购买意思表示,仍然继续办理工商变更登记,严重侵害了法律赋予原告的优先购买权。

被告莱恩药业公司辩称：

1. 被告莱恩药业公司不是股权转让协议的当事人，作为该案当事人不适格；

2. 原告要求撤销股权转让协议无事实和法律依据，要求按同等价格行使优先购买权也没有事实和法律依据，《公司法》(2005年修订)没有规定同等价格优先购买应当具备的条件。

请求驳回原告对被告莱恩药业公司的诉讼请求。

被告朱某发辩称：

1. 原告未在合理期限内行使权利视为放弃，且其购买条件明显低于被告汤某。

股权变更登记前原告既没有向其提出购买价格的意向，也没有实际支付相应的价款，原告与被告汤某的购买条件不属于同一购买条件，被告汤某的购买条件明显优于原告的购买条件。原告在被告朱某发通知约定的期间内没有实际行使法律规定的权利，等于主动放弃权利，原告的诉讼请求没有事实和法律依据。

2. 被告朱某发与被告汤某之间的股权转让已履行了法定的程序，并且在工商局办理了变更登记，实际收取了被告汤某的股权转让款661.5万元。

3. 原告要求行使优先购买权没有达到法律规定的条件，原告至今没有实际支付相应的股权转让款，并且其不具备购买力，也没有购买意愿。

请求驳回原告对被告朱某发的诉讼请求。

被告汤某辩称：

被告汤某购买被告朱某发的股权已实际支付了价款，并在工商局办理了变更登记，根据有关法律规定，被告汤某已实际出资并善意取得股权，原告要求撤销股权转让协议并由其行使优先购买权的主张既与法律规定不符，也无事实依据，故请求驳回原告对被告汤某的诉讼请求。

律师观点：

1. 股东会形成的股权转让决议有效。

因被告莱恩药业公司于2010年7月15日召开股东会时，该公司共有49名股东，除原告外，其余48名股东均在此次股东会形成的对外转让股权决议上签字确认，并且原告对于该股权转让决议的合法性、有效性亦予以认可，因此，上述股东会形成的股权转让决议有效。

2. 被告莱恩药业公司及转让双方均未依法向原告履行通知义务。

根据《公司法》(2005年修订)的规定，经股东同意转让的股权，在同等条件下,其他股东有优先购买权。

在 2010 年 7 月 15 日形成的股东会决议的当日,非股东被告汤某即给付了被告朱某发所持股权的股金,并向工商局申请股东变更登记。

7 月 21 日,被告汤某与被告朱某发签订股权转让协议。

在此过程中,被告莱恩药业公司及转让双方均未依法向原告履行通知义务。

3. 在明知原告表示行使优先购买权的情况下,三被告的行为损害了原告利益。

直至 7 月 27 日,被告莱恩药业公司方通知原告公司股权转让事宜,原告于 7 月 29 日明确表示要求购买后,被告莱恩药业公司、被告朱某发和被告汤某仍继续向工商局申请办理变更登记,其行为侵害了法律赋予的股东原告在同等条件下的优先购买权。

综上,原告有权主张撤销被告朱某发与被告汤某之间的转让协议。

4. 讼争股权是否继续转让,以何种价格转让由公司股东另行协商。

因被告朱某发与被告汤某之间的股权转让协议被撤销,该协议自始没有法律约束力。而股东会决议中转让的价格与被告朱某发和被告汤某主张的转让价格不符,因此,转让价格如何确定,被告朱某发是否继续转让,其他股东是否购买等问题在该案中无法确定,应由该公司股东另行协商决定。

法院判决:

1. 撤销被告朱某发与被告汤某之间的股权转让协议。
2. 驳回原告其他诉讼请求。

440. 股东对外转让股权须经"过半数股东"同意中的"过半数",指的是表决权过半数还是"人头"过半数?

"人头"过半数。

根据《公司法》的立法原意,凡影响公司资合性的事项采"表决权过半数",凡影响公司人合性的事项采"人头过半数"。由于股权转让将影响公司人合性,因此此时的"过半数股东"指"人头"过半数。

441. 转让人向其他股东通知转让事宜必须注意哪些问题?应包括哪些通知内容?

转让人应就其股权转让事项以书面或者其他能够确认收悉的合理方式通知其他股东征求同意。

通知内容应包括拟受让人的有关情况、拟转让股权的数量、价格及履行方式

等主要转让条件。在满足下列两项条件时,该通知可以被视为向其他股东发出的要约:

(1)通知具备合同的基本要素,即标的、价款、履行方式等;

(2)通知明确询问其他股东是否行使优先购买权。

442. 转让人向公司其他股东发出的通知主要转让条件不明确时,如何处理?

如通知中主要转让条件不明确,无法通过合同解释和补充方法予以明确的,视为未发出过书面通知。

443. 其他股东接到转让人的书面通知,应在多少日内给予答复?

其他股东应当在收到通知后,在公司章程规定的行使期间内提出购买请求。公司章程没有规定行使期间或者规定不明确的,以通知确定的期间为准,通知确定的期间短于30日或者未明确行使期间的,行使期间为30日。

444. 转让人未依法履行通知义务,即对外签订股权转让合同,侵犯其他股东的优先购买权,股权转让合同效力如何认定?享有优先购买权的股东应如何救济?股权受让人应如何救济?

股权转让合同如无其他影响合同效力的事由,应当认定有效。

享有优先购买权的股东应当自其知道或者应当知道行使优先购买权的同等条件之日起30日内或者自股权变更登记之日起1年内主张按照同等条件购买该转让的股权。但若享有优先购买权的股东仅提出确认股权转让合同及股权变动效力等请求,而未在上述期限内主张行使优先购买权的,人民法院不予支持。

因股东行使优先购买权而导致股权转让合同无法继续履行或合同目的无法实现的,股权受让人可诉请解除合同、返还已支付的股权转让对价并追究转让人的违约责任。

445. 股东对外转让股权,其他股东是否可对部分股权主张优先购买权?

不可以就部分股权主张优先购买权。

股东行使优先购买权的前提条件之一是与拟受让人处于"同等条件",也即在同等条件下股东才享有受让股权时的在先权利。若允许股东对部分股权主张优先购买权,则不符合"同等条件"的要求。法律规定"同等条件"的目的在于维护转让人的利益,限制主张优先购买权人的权利滥用。

446. 股东对外转让股权时,如过半数股东同意转让,是否股权就可以转让给拟受让人?过半数股东不同意转让时,是否股权就无法转让?

股东对外转让股权时的同意程序及优先购买权的行权结果如图7-4所示:

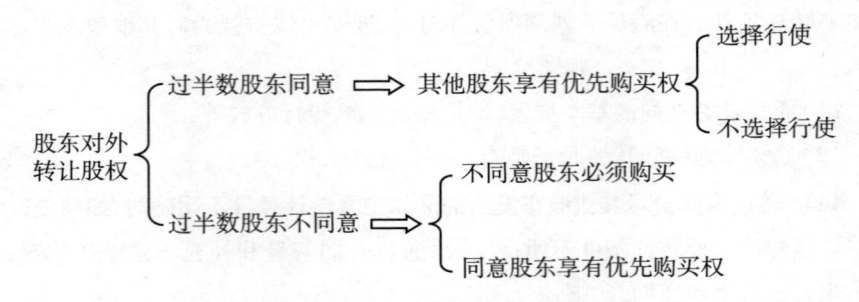

```
                                    ┌─ 选择行使
          ┌─ 过半数股东同意 ⟹ 其他股东享有优先购买权 ┤
股东对外   │                        └─ 不选择行使
转让股权  ┤
          │                        ┌─ 不同意股东必须购买
          └─ 过半数股东不同意 ⟹    ┤
                                    └─ 同意股东享有优先购买权
```

图 7-4　股东对外转让股权示意

（1）在过半数同意转让的情况下，除转让人以外的其他股东均享有优先购买权。如所有其他股东均不行使优先购买权，则转让人可将股权对外转让；

（2）在过半数不同意转让的情况下，不同意转让的股东必须购买拟转让的股权，以保证该股权得以转让，如其他股东既不同意又不购买的，视为同意转让。

同意转让的股东享有优先购买权，可以主张在同等条件下购买拟转让的股权。当然，上述视为同意转让的股东，与在收到通知 30 日内不作表态的股东一样，应视为放弃优先购买权。

【案例 233】外滩地王之争：间接转让无法规避优先购买权　合法形式掩盖非法目的转让合同被判无效[1]

原告：复星商业

被告[2]：绿城公司、嘉和公司、证大五道口、证大置业、长昇公司、长烨公司

诉讼请求：

1. 确认被告长烨公司与被告嘉和公司、被告证大置业签署的《框架协议》及《框架协议之补充协议》中关于被告嘉和公司、被告证大置业向被告长烨公司转让被告绿城公司、被告证大五道口 100% 股权的约定无效；

---

[1] 参见上海市第一中级人民法院（2012）沪一中民四（商）初字第 23 号民事判决书。在该案二审中，双方达成调解意见。2015 年 9 月 23 日，SOHO 中国有限公司与复星国际有限公司双双发布公告，公布了重组上海海之门房地产投资管理有限公司的股东协议。重组之后，复星国际将通过上海证大外滩国际金融服务中心置业有限公司（外滩置业）持有外滩 8-1 地块的全部股权。

[2] 本案涉及的各方诉讼主体以及合同参与主体，按照资产权益归属关系，分别隶属于四个核心利益集团：原告和复地集团、复星国际有限公司为一方；被告长烨、长昇和 SOHO 中国有限公司为一方；被告嘉和公司、绿城公司和绿城中国控股有限公司为一方；被告证大置业、证大五道口和证大房地产公司为一方。

2. 确认被告嘉和公司与被告长昇公司签署的《股权转让协议》无效;

3. 确认被告证大置业与被告长昇公司签署的《股权转让协议》无效;

4. 判令六被告将被告绿城公司、被告证大五道口的股权状态恢复至转让前,即由被告嘉和公司持有被告绿城公司100%股权,被告证大置业持有被告证大五道口100%股权;

5. 判令六被告承担本案的全部诉讼费用。

争议焦点:未经其他股东同意,通过间接转让方式对外转让股权是否侵犯其他股东优先购买权,间接转让股权的合同效力如何认定。

基本案情:

2010年2月1日,被告证大置业公司通过公开竞买方式竞得外滩8-1地块,由其全资控股的项目公司负责签订土地出让合同并对外滩8-1地块进行开发。其后,被告证大置业将其持有的项目公司100%股权转让给海之门公司。

经多次股权结构调整后,海之门公司各股东股权比例为:原告持股50%,案外人磐石投资持股5%,被告证大五道口持股25%,被告绿城公司持股10%,案外人新华信托持股10%。此外,被告证大置业持股被告证大五道口100%股权,被告嘉和公司持股被告绿城公司100%股权(如图7-5)。

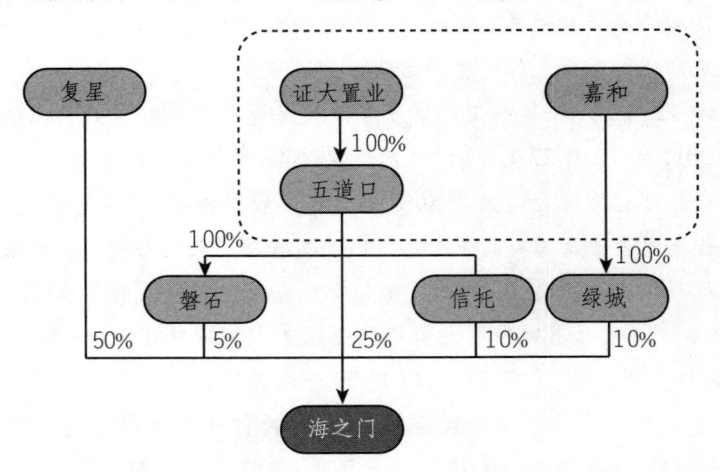

图7-5 转让前海之门公司股权结构

《海之门公司章程》第6.2条和6.3条约定:"6.2 股东向股东以外的人转让股权,应当经其他股东过半数同意。股东应就其股权转让事项书面通知其他股东征求同意,其他股东自接到书面通知之日起满30日未答复的,视为同意转让。其他股东半数以上不同意转让的,不同意的股东应当购买该转让的股权;不购买的,

· 941 ·

视为同意转让。""6.3 经股东同意转让的股权,在同等条件下,其他股东有优先购买权,但本章程另有规定的除外。两个以上股东主张行使优先购买权的,应协商确定各自的购买比例;协商不成的,按照转让时各自的出资比例行使优先购买权。股东将其在公司的全部或部分股权转让给其母公司、子公司的,不适用第6.3条规定的在同等条件下其他股东有优先购买权的规定。"

被告长烨公司唯一投资人系上海长茂投资管理有限公司,被告长昇公司唯一投资人系上海长鼎投资管理有限公司。

2011年12月22日,被告证大置业致函原告,同意原告可以在2011年12月28日之前决定以42.5亿元人民币的总对价购买证大方股东合计持有的海之门公司50%的股权及股东借款;原告如同意购买,应当不迟于2011年12月28日17时30分之前送达正式书面同意决定,且该等书面决定应当不得附有任何额外条件;总对价付款进度应当最迟不晚于:2012年1月31日前完成支付17亿元人民币,2012年2月28日前完成支付12.75亿元人民币,剩余对价在2012年3月31日之前完成支付;如原告适当发出同意购买的正式书面决定,则被告证大置业进一步同意:被告证大置业将促使被告绿城公司、被告证大五道口、案外人磐石投资分别同意和配合按照本函规定出售其在海之门公司持有的股权及股东借款,就原告关联方持有的证大房地产公司的约2,431,815,000股股份,被告证大置业将促使证大房地产公司以成本价格进行回购。

2011年12月26日,被告证大置业与证大房地产公司联合致函原告,同意原告可以在2011年12月27日17时之前决定以42.5亿元人民币的总对价购买证大方股东合计持有的海之门公司50%的股权及股东借款,但不包括证大房地产公司和被告证大置业及其关联方为海之门公司和项目公司前期垫付费用2079.71万元人民币、被告证大置业及其关联方向项目公司直接提供的2600万元人民币流动资金、被告证大五道口公司向新华信托所要支付的信托收益;原告如决定购买,应当不迟于2011年12月27日17时30分之前送达正式书面同意决定,且该等书面决定应当不得附有任何额外条件;总对价付款进度应当符合以下规定:2011年12月28日前完成支付16亿元人民币;2012年1月31日前完成总对价扣除以下两项后金额的支付;2012年4月26日之前支付人民币等值于新华信托发行信托计划的回购价款;等值于证大房地产公司以成本价格向原告关联方收购持有的证大房地产公司的2,431,815,000股股份的金额于相关方进一步约定的时间和方式支付;如原告适当发出同意购买的正式书面决定,则被告证大置业和证大房地产公司进一步同意:被告证大置业将促使被告绿城公司、被告证大五道口

第七章
股权转让纠纷

公司、磐石投资分别同意和配合按照本函规定出售其在海之门公司持有的股权及股东借款，就原告关联方持有的证大房地产公司的约 2,431,815,000 股股份，被告证大置业和证大房地产公司同意以成本价格每股价格 0.33 元港币向原告关联方进行回购。"

2011 年 12 月 29 日，被告长烨公司与被告嘉和公司、被告证大置业签署了《框架协议》，约定被告长烨公司受让被告证大置业、被告嘉和公司分别持有的被告证大五道口、被告绿城公司 100% 股权，转让价款分别为 701,430,000 元人民币、130,330,000 元人民币，合计 831,760,000 元人民币；受让被告证大置业、被告嘉和公司对海之门公司所提供的股东借款债权的转让价款合计 2,189,800,000 元人民币；代被告证大五道口向新华信托支付信托受益权转让对价 978,440,000 元人民币，上述交易价款共计 40 亿元人民币；被告绿城公司、被告证大五道口除上述股权及债权外，尚持有的其他资产或权益，应当剥离至其关联公司名下；《框架协议》中关于签署《框架协议》的目的具有如下描述："转让方（被告嘉和公司、被告证大置业）一致同意，按本协议约定方式向被告长烨公司转让其所持目标公司（被告证大五道口、被告绿城公司）100% 股权。被告长烨公司亦同意按照本协议约定方式，收购转让方所持的目标公司 100% 股权，从而实现间接持有海之门公司 50% 股权以及项目公司 50% 股权的收购目的，被告长烨公司进行本次收购的基础是通过目标公司一次性间接持有海之门公司和项目公司 50% 的股权及权益……"《框架协议》中对被告绿城公司、被告证大五道口持有的，除海之门公司股权外其他资产的处理及被告长烨公司受让被告绿城公司、被告证大五道口公司 100% 股权的先决条件，作出了如下约定："被告绿城公司已将剥离资产全部剥离完毕，除本协议另有约定外未对被告绿城公司造成任何义务或负债；被告证大五道口以被告长烨公司满意方式将剥离资产剥离完毕，除本协议另有约定外未对被告证大五道口造成任何义务或负债；被告证大置业的控股股东证大房地产公司股东大会批准本协议项下交易。"

2012 年 1 月 9 日，被告长烨公司与被告嘉和公司、被告证大置业公司签署了《框架协议之补充协议》，对被告证大置业公司出让被告证大五道口 100% 股权和债权的对价分配进行了调整，即股权转让价款为 624,216,511 元人民币，债权转让价款为 1,357,025,494 元人民币，并对受让被告绿城公司、被告证大五道口 100% 股权的主体作出了如下变更约定："被告长烨公司有权指定第三方适格主体分别自被告证大置业和被告嘉和公司处受让被告证大五道口 100% 股权和相关债权和被告绿城公司 100% 股权和相关债权。本补充协议签署之前被告长烨公

· 943 ·

司分别与被告证大置业和被告嘉和公司就被告证大五道口100%股权和相关债权、被告绿城公司100%股权和相关债权已经签订的股权转让协议和债权转让协议项下的被告长烨公司权利与义务,自本补充协议签署之日起一并概括转让予被告长烨公司指定的第三方适格主体,被告证大置业与被告嘉和公司同意在本补充协议签署之日与被告长烨公司指定的第三方适格主体重新签署相关股权和债权转让协议"。

2011年12月29日,SOHO中国有限公司与绿城中国控股有限公司通过香港联合交易所分别发布《须予披露交易》。SOHO中国有限公司发布的《须予披露交易》声明:"本公司(SOHO中国)全资附属公司长烨公司与卖方订立股权及债权转让框架协议(《框架协议》),以收购证大五道口公司及绿城公司的全部股权及该等股东贷款的所有权利及拥有权,对价40亿元人民币……于完成后,长烨公司将透过证大五道口公司及绿城公司间接拥有海之门公司50%股权,另于完成项目公司转让协议后,海之门公司将成为项目公司的唯一股东,而项目公司拥有外滩8-1项目地块的土地使用权,而长烨公司将间接拥有项目公司及外滩8-1地块50%权益"。绿城中国控股有限公司发布的《须予披露交易》与SOHO中国有限公司发布的《须予披露交易》对以上事实所述吻合。

2011年12月29日,被告证大置业与被告长昇公司签署了《股权转让协议》,约定由被告长昇公司受让被告证大置业持有的被告证大五道口100%股权,转让价款624,216,511元人民币。2012年1月12日,被告嘉和公司与被告长昇公司签署了《股权转让协议》,约定由被告长昇公司受让被告嘉和公司持有的被告绿城公司100%股权,转让价款1500万元人民币。

2012年1月12日,杭州市工商行政管理局核准将被告绿城公司的股东变更为被告长昇公司。2012年1月17日,上海市工商行政管理局浦东分局核准被告证大五道口公司的股东变更为被告长昇公司。

至此,海之门公司的股权结构如图7-6、图7-7所示:

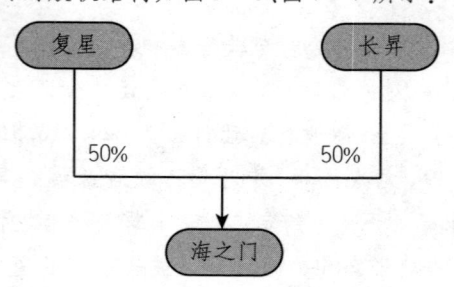

图7-6 如直接收购海之门公司的股权结构

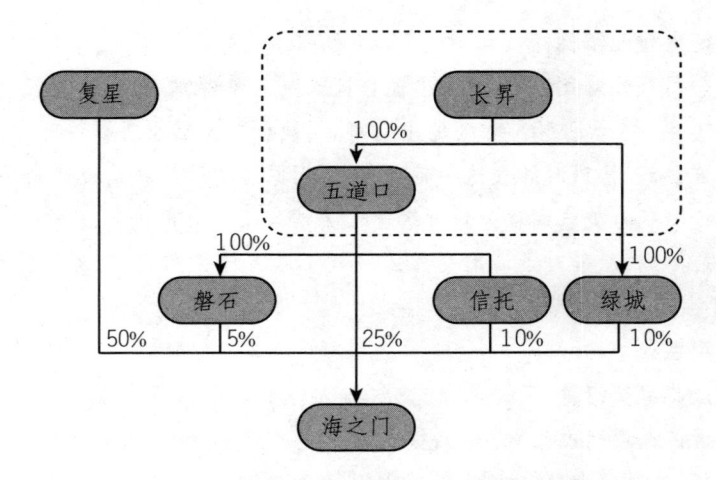

图 7-7　实际间接收购后海之门公司的股权结构

原告诉称：

六被告之间关于股权收购的交易，明显旨在规避《公司法》（2005 年修订）第 72 条关于股东优先购买权的规定及《合资公司章程》第 6.2 条、6.3 条的约定，企图达到侵害原告合法权益的目的；违反了成立合资公司的目的和约定；属于恶意串通，损害原告利益，故应为无效。

被告长烨公司、长昇公司、绿城公司及证大五道口均辩称：

1. 被告绿城公司、被告证大五道口与本案交易行为无关；

2. 原告及其关联方明知并与被告长烨公司、被告长昇公司的关联方协商过股权收购事宜，后因价格原因未能达成一致；

3. 四被告之间的股权交易不涉及海之门公司，亦未改变海之门公司的股权结构，故原告对此不享有优先购买权；

4. 四被告之间的股权交易不违背法律规定，不存在恶意串通，亦未损害原告的合法权益，且相关法定程序已经履行完毕。

被告嘉和公司辩称：

被告嘉和公司及其关联方是基于公司内部原因，愿意与被告证大置业采取捆绑方式转让海之门公司 50% 的权益，原告与被告长烨公司的关联方均表示愿意购买，但原告一直在压价，故被告嘉和公司及其关联方与被告证大置业以利益最大化为目标，最终与被告长烨公司的关联方达成转让合意；被告嘉和公司出让的是被告绿城公司 100% 股权，属有权处置，交易本身不涉及海之门公司，未改变海之门公司的股权结构，故原告对此不享有优先购买权。

被告证大置业辩称：

项目公司及外滩 8－1 地块均由被告证大置业取得，后成立海之门公司，原告享有 50% 权益，对于另 50% 权益的出让事宜，被告证大置业所属关联方最先是与原告关联方协商，协商时间长达半年之久，但因原告的压价和消极而未果；被告证大置业最终决定与被告绿城公司捆绑出让予被告长昇公司所属关联方，完全系出于商业利益考虑；原告对于涉案交易的股权不享有优先购买权，原告因此并未发生损害，不具有请求权基础。

律师观点：

本案法律事实清楚，证据确凿充分，各方当事人亦均不存在争议。本案争议的焦点在于依据现行的法律，对六被告之间的交易行为之法律效力如何进行评判，是否如原告所诉，应依法确认系争协议为无效。

综观本案被告间交易行为的目的，旨在控制海之门公司 50% 的权益。交易前，海之门公司的原有股权结构实际由三方核心利益集团构成，即原告所属方持有 50%，被告绿城公司所属方持有 10%，被告证大五道口所属方持有 40%，原告处于相对控股地位，海之门公司内部的人合性、股权结构的合理性、股东之间的信赖关系相对稳定，经营管理相对正常。交易发生后，仅从形式上研判，被告嘉和公司、被告证大置业、被告长昇公司作为股权交易的主体，与海之门公司并无直接关联，原告与上述交易主体亦不具有同一阶梯的关联关系。但是，从交易行为的实质上判断，上述交易行为结果具有一致性，且最终结果直接损害了原告的利益，即原告对于海之门公司的相对控股权益受到了实质性地影响和损害，海之门公司股东之间最初设立的人合性和内部信赖关系遭到了根本性的颠覆。

有限公司的稳定性决定了公司的发展，也决定了公司股东权益和社会公众利益的实现。为了确保有限公司的人合性和封闭性，《公司法》（2005 年修订）第 71 条第 2 款、3 款明确规定："股东向股东以外的人转让股权，应当经其他股东过半数同意。股东应就其股权转让事项书面通知其他股东征求同意，其他股东自接到书面通知之日起满 30 日未答复的，视为同意转让。其他股东半数以上不同意转让的，不同意的股东应当购买该转让的股权；不购买的，视为同意转让。经股东同意转让的股权，在同等条件下，其他股东有优先购买权。两个以上股东主张行使优先购买权的，应协商确定各自的购买比例；协商不成的，按照转让时各自的出资比例行使优先购买权。"换言之，股东优先购买权具有法定性、专属性，是一种附条件的形成权和期待权。六被告对于上述法律规定应当是明知的，本案中，被告绿城公司、被告证大五道口共同出让其合计持有的海之门公司 50% 股权的意思表示是清晰完整的,并由被告证大置业代表被告绿城公司、被告证大五道口作为联合方发函询问原告是否决定购买之一节事实,亦充分证明了被告绿城公司、被告证大五道口明知法律赋予股东优先购买权的履行条件和法律地位。但嗣后,被告绿城公司和被告证大五道口并未据此继续执行相关股东优先购买的法定程序,而是有悖于海之门公司的章程、合作协议等有关股权转让和股东优先购买的特别约定,完全规避了法律赋予原告享有股东优先购买权的设定要件,通过实施间接出让的交易模式,达到了与直接出让相同的交易目的。据此,被告绿城公司和被告证大五道口实施上述交易行为具有主观恶意,应当承担主要的过错责任。上述交易模式的最终结果,虽然形式上没有直接损害原告对于海之门公司目前维系的50%权益,但是经过交易后,海之门公司另50%的权益已经归于被告长烨公司、被告长昇公司所属的同一利益方,客观上确实剥夺了原告对于海之门公司另50%股权的优先购买权。显然,上述交易后果的发生,不利于海之门公司以及项目公司的实际经营和运作,也难以保障外滩8-1地块项目的正常开发。

《合同法》第52条①规定:"有下列情形之一的,合同无效:……(三)以合法形式掩盖非法目的。"依据上述法律规定并结合本案基本法律事实,被告绿城公司、被告证大五道口系海之门公司的直接股东,被告嘉和公司、被告证大置业公司又系被告绿城公司、被告证大五道口的唯一出资人,被告嘉和公司、被告证大置业公司与被告长昇公司之间实际实施的关于被告嘉和公司、被告证大置业持有的被告绿城公司、被告证大五道口股权的转让行为,旨在实现一个直接的、共同的商业目的,即由被告长烨公司、被告长昇公司所归属的同一利益方,通过上述股权收购的模式,完成了对被告绿城公司、被告证大五道口的间接控股,从而实现对海之门公司享有50%的权益,最终实现对项目公司享有50%的权益。综上所述,被告之间关于股权交易的实质,属于明显规避了《公司法》第71条之规定,符合《合同法》第52条第3项规定之无效情形,应当依法确认为无效,相应的《框架协议》及《框架协议之补充协议》中关于被告嘉和公司、被告证大置业向被告长烨公司转让被告绿城公司、被告证大五道口100%股权的约定为无效,被告嘉和公司与被告长昇公司、被告证大置业与被告长昇公司签署的《股权转让协议》亦为无效。同时,基于《合同法》第58条②之规定:"合同无效或者被撤销后,因该合同取得的财产,

---

① 现无此规定,关于合同无效的情形可参见《民法典》总则编第六章民事法律行为、合同编第三章合同的效力等相关内容。

② 现为《民法典》第157条相关内容。

应当予以返还……"上述交易行为亦应当予以恢复原状。被告之间因无效而产生的财产返还事宜,可自行协商解决。据此,原告的诉讼请求,具有事实和法律依据,应当依法予以支持。

一审判决:

1. 确认被告长烨公司与被告嘉和公司、被告证大置业签署的《框架协议》及《股权及债权转让框架协议之补充协议》中关于被告嘉和公司、被告证大置业向被告长烨公司转让被告绿城公司、被告证大五道口 100% 股权的约定为无效;

2. 确认被告嘉和公司与被告长昇公司签署的《股权转让协议》为无效;

3. 确认被告证大置业与被告长昇公司签署的《股权转让协议》为无效;

4. 被告嘉和公司、被告证大置业应于判决生效之日起 15 日内将被告绿城公司、被告证大五道口公司的股权状态恢复至转让前,即由被告嘉和公司持有被告绿城公司 100% 股权,被告证大置业持有被告证大五道口 100% 股权。

原告不服一审判决,向上级人民法院提起上诉。在该案二审中,双方达成调解意见。

447. 如争议的股权已经被处分,导致股东优先购买权无法实现,主张优先购买权的股东可否要求转让人或公司承担赔偿责任?

如出让股东或公司有过错的,应当对享有优先购买权的股东承担相应的损害赔偿责任,但主张优先购买权的股东需要对出让股东的过错举证,并证明损害赔偿的数额是合理的。

448. "在同等条件下,其他股东有优先购买权"中的"同等条件"包括哪些因素?

"同等条件"包括转让股权的数量、价格、支付方式及期限等因素,还包括转让人与受让人约定的投资、业务合作及债务承担等条件。

449. 股东对外转让股权,其他股东半数以上不同意转让的,不同意转让的股东应当以何种价格购买股权?

参照最高人民法院相关判决的司法观点,《公司法》第 71 条第 2 款与第 3 款之间存在联系,不能分割适用;《公司法》第 71 条第 3 款规定:"经股东同意转让的股权,在同等条件下,其他股东有优先购买权。"因此,不同意转让的股东亦应当以"同等条件"中既已确定的价格购买股权。

《公司法司法解释(四)》征求意见稿和专家论证会征求意见稿均曾规定:"有限责任公司股东依据《公司法》第七十二条第二款之规定主张购买向股东以外的

人转让的股权,因股权转让价格发生争议的案件,人民法院可以依据中介机构的评估确定股权转让价格。"该规定虽最终未记载在《公司法司法解释(四)》正式稿中,但足以窥见法院内部的一种倾向性意见。

【案例234】股东行使优先购买权时 购买价格根据评估价值确定无法可依[①]

原告:王某女

被告:李某村、胡某飞、国华公司

诉讼请求:撤销再审判决。

争议焦点:

1.《公司法》第71条第2款规定的"股东向股东以外的人转让股权,应当经其他股东过半数同意"中的"同意"是否应理解为"明示"同意;

2. 股东行使优先购买权时,购买价格可否根据评估价值确定。

基本案情:

2004年2月23日,案外人王某国、案外人边某、原告(边某之女)投资设立被告国华公司。

2007年11月20日,被告国华公司股东变更为边某、原告、被告李某村,公司注册资本50万元,其中边某出资15万元(持股30%),原告出资20万元(持股40%),被告李某村出资15万元(持股30%)。经营中,被告李某村与边某、原告产生矛盾,欲转让其在被告国华公司的股份。

2009年3月30日,被告李某村(甲方)与被告胡某飞(乙方)签订《股权转让协议》,约定:"1. 甲方将其拥有被告国华公司30%股权作价300万元全部转让给乙方……3.《公司法》及被告国华公司章程相关条款规定:甲方向乙方转让股权须经其他股东同意,其他股东有优先购买权。因此甲方应于本协议签订后3日内,按法律规定将向乙方转让股权的情况书面通知其他股东,履行股权转让的法定程序,收集、保存相关法律文书,并将与股权转让法定程序相关的法律文件提交给乙方,以协助乙方办理股权变更登记手续。4. 如被告国华公司其他股东愿意以同等条件购买甲方股权,则本协议自动解除……如法定期限届满,被告国华公司其他股东仍不同意甲方转让股权给乙方,又不愿意购买甲方股权,则本协议生效……5. 本协议生效后,甲方在被告国华公司所享有的权利及义务即全部转让

[①] 参见最高人民法院(2016)最高法民申3118号民事裁定书。

给乙方,乙方成为被告国华公司的新股东……"

2009年3月31日,被告李某村向其他股东边某、原告发出《告知函》,告知上述股权转让事宜,要求边某、原告收到函件后30日内表明是否同意被告李某村转让股权,如逾期不答复或不同意转让但又不在同等条件下要求购买被告李某村股权,则被告李某村将履行与被告胡某飞签订的《股权转让协议》。函后附被告李某村与被告胡某飞签订的《股权转让协议》。同日,被告李某村与边某、原告就被告李某村股权转让事宜在泾县云岭镇人民调解委员会主持下进行调解,但未果。

2009年4月3日,边某、原告致函被告李某村,函称:"1. 未经股东会议且形成决议,股东与他人签订股权转让协议依法应当无效……3. 我们之间的误解及纠纷,可以通过股东会协商解决……我们不同意你动辄就以转让股份的方式解决我们之间的纠纷。"

2009年4月27日,边某、原告通知被告李某村于5月28日召开股东会会议。

2009年5月5日,被告胡某飞依照约定向被告李某村支付股权转让款300万元,并受让被告李某村持有的被告国华公司30%股权。同日,被告李某村将股权转让情况函告被告国华公司及边某、原告,并告知应按公司章程的规定为被告胡某飞办理相关手续。

2009年5月12日,被告国华公司再次通知被告李某村召开股东会会议,并明确会议议题包括被告李某村的股权转让事项。

2009年5月27日,被告李某村再次函告被告国华公司及边某、原告,召开股东会会议应通知被告胡某飞参加,在被告胡某飞股东身份未明确之前不应召开股东会会议。

2009年5月28日,被告国华公司召开股东会会议并作出决议。会议期间,被告胡某飞要求被告国华公司确认其股东身份,并依法办理相关手续,但被告国华公司均拒绝。

2009年6月4日,被告胡某飞向安徽省泾县人民法院起诉,该院作出确认被告胡某飞各项诉讼请求的(2009)泾民二初字第148号民事判决:"1. 确认被告胡某飞享有被告国华公司30%的股权;2. 被告国华公司于判决生效后30日内注销原股东被告李某村的出资证明书,向被告胡某飞签发出资额为15万元人民币的出资证明书;将公司章程第7条中的股东被告李某村修改为被告胡某飞,将股东名册中的股东被告李某村变更为被告胡某飞并向公司登记机关办理股权变更登记;3. 被告李某村对上述第2项判决内容的履行予以协助;4. 撤销被告国华公司于2009年5月28日作出的股东会决议。"

经被告国华公司上诉。2009年12月14日,安徽省宣城市中级人民法院作出(2009)宣中民二终字第0135号民事判决:撤销安徽省泾县人民法院(2009)泾民二初字第148号民事判决,驳回被告胡某飞的诉讼请求。

经被告李某村申请再审。2011年6月29日,安徽省高级人民法院作出(2010)皖民申字第0141号民事裁定:指令安徽省宣城市中级人民法院再审。

2011年11月15日,安徽省宣城市中级人民法院作出(2011)宣中民二再终字第00001号再审判决:"1.撤销安徽省宣城市中级人民法院(2009)宣中民二终字第0135号民事判决;2.维持安徽省泾县人民法院(2009)泾民二初字第148号民事判决。"

被告国华公司又先后申请抗诉和申请再审,均未成功。

2013年11月,原告受被告国华公司委托代为领取民事判决书后,知晓再审判决等相关内容,便提起了第三人撤销之诉。

原告诉称:

其他股东在接到股权转让的函告通知时,未明确表示同意转让,即为不同意转让,故在主张优先购买权时不应受到"自接到书面通知之日起满30日"的期限约束,被告李某村与被告胡某飞签订《股权转让协议》应为无效。即便不认定无效,原告也可以按照评估价格优先购买。因此请求最高人民法院作出再审裁定。

被告李某村、被告胡某飞辩称:

二被告签订的《股权转让协议》,已经以书面通知方式征求边某、原告对转让股权的意见,也告知了在同等条件下他们享有优先购买权,符合法律规定,协议当然有效。

再审认为:

公司章程第13条规定,股东之间可以相互转让其全部或者部分股权。股东向股东以外的人转让股权,应当经其他股东过半数同意。股东应就其股权转让事项书面通知其他股东征求同意,其他股东自接到书面通知之日起满30日未答复的,视为同意转让。其他股东半数以上不同意转让的,不同意的股东应当购买该转让的股权;不购买的,视为同意转让。上述约定与《公司法》(2005年修订)第72条第1款、2款规定相符。

被告李某村在转让被告国华公司股权之前,与被告国华公司股东边某、原告进行过磋商,未达成协议。被告李某村与被告胡某飞签订《股权转让协议》,并以书面通知方式征求边某、原告对转让股权的意见,同时告知他们在同等条件下享有优先购买权,符合被告国华公司章程及《公司法》规定的股权转让程序。边某、原告在30日内作出不同意被告李某村向被告胡某飞转让股权的意思表示,却未表示按照同样的价格购买,此种情况下原告已放弃优先购买权,视为同意被告李某村向被告胡某飞转让股权。

另外,《公司法》(2005年修订)第72条第2款和第3款存在联系,不能分割适用,原告未购买被告李某村的股权应视为同意转让,被告李某村有权向股东以外的人转让。此时应适用《公司法》(2005年修订)第72条第3款的规定,原告如果要求优先购买股权,应当按照同等条件购买。原告主张其行使购买权的价格应根据评估的价值确定,缺乏依据。

再审判决:

驳回原告的再审申请。

450. 转让人未就其股权转让事项征求其他股东意见,或者以欺诈、恶意串通等手段,损害其他股东优先购买权,其他股东能否起诉要求按照同等条件购买该转让股权?

能,但自知道或者应当知道行使优先购买权的同等条件之日起30日内没有主张,或者自股权变更登记之日起超过1年的除外。

【案例235】法定期限内未主张优先购买权 视为同意股权转让[①]

原告: 于某英

被告: 王某平

第三人: 卢某

诉讼请求: 判令被告将中南公司9.21%的股权转让给第三人的股权转让行为无效。

争议焦点: 法定期限内未主张优先购买权,是否仍可以主张股权转让行为无效。

基本案情:

中南公司章程规定的股东股权转让条件与《公司法》规定的转让条件一致。被告出资额9.3万元,在中南公司的出资比例为9.21%;原告出资额9.3万元,在中南公司的出资比例为9.21%。

2018年11月8日,中南公司通过EMS向原告邮寄送达《2018年第四次临时

[①] 参见江苏省常州市中级人民法院(2020)苏04民终237号民事判决书。

股东会会议通知》,明确"经被告提议,定于2018年11月23日上午9点在本公司会议室召开临时股东会。会议议题为,被告将其持有的中南公司的全部股权以原价转让给第三人"。

2018年12月11日,中南公司召开股东会会议,通过了"同意股东被告将其在本公司的出资额9.3万元转让给新股东第三人"等公司决议,并据此修改了公司章程。原告收到了该股东会会议通知,未到会表决。

原告诉称：

原告在2019年4月22日的庭审中得知被告已经将股份转让给第三人。依照《公司法》的规定："股东向股东以外的人转让股权,应当经其他股东过半数同意。股东应就其股权转让事项书面通知其他股东征求同意,其他股东自接到书面通知之日起满三十日未答复的,视为同意转让。其他股东半数以上不同意转让的,不同意的股东应当购买该转让的股权；不购买的,视为同意转让。经股东同意转让的股权,在同等条件下,其他股东有优先购买权。"原告未收到股权转让通知书,被告未通知原告即转让股权,侵害了原告的优先购买权。

被告辩称：

被告已经就股权转让事宜通过EMS告知原告,中南公司也发出了股东会会议通知,故被告的股权转让符合法律规定。

法院认为：

有限责任公司的股东向股东以外的人转让股权,未就其股权转让事项征求其他股东意见,或者以欺诈、恶意串通等手段,损害其他股东优先购买权,其他股东主张按照同等条件购买该转让股权的,人民法院应当予以支持,但其他股东自知道或者应当知道行使优先购买权的同等条件之日起30日内没有主张,或者自股权变更登记之日起超过1年的除外。

原告虽然否认收到股权转让通知书,但股东会会议通知已经载明"股东被告将其持有的中南公司的全部股权以原价转让给第三人",原告认可收到了该股东会会议通知,故对于被告将股权以原价转让给第三人的事实是明知的。在此情况下,原告未反对该股权转让事宜,应视为其同意股权转让。原告若行使优先购买权,应当在其收到该通知之日起30日内主张,本案原告未在该期间内行使优先购买权,故其已丧失相应的权利。

再者,原告在诉状中陈述,其是在2019年4月22日的庭审中得知该股权转让事宜,即便按照该陈述,至原告主张优先购买权之日即2019年7月8日,原告主张的优先购买权也已超过法定期限。故原告以被告股权转让损害其优先购买权为由，要求确认该股权转让行为无效的诉讼请求，不符合法律规定，依法不予支持。

法院判决：

驳回原告的诉讼请求。

451. 转让人未就其股权转让事项征求其他股东意见，或者以欺诈、恶意串通等手段损害其他股东优先购买权，其他股东能否仅起诉要求确认股权转让合同及股权变动效力，不购买转让股权？

不能，但其他股东非因自身原因导致无法行使优先购买权，请求损害赔偿的除外。

【案例236】未主张优先购买　仅诉请股权转让协议无效的不予支持[①]

原告： 周某平、陈某菊

被告： 欧阳某翔、阳某元、王某平、易某民

诉讼请求： 判令被告王某平、易某民与被告欧阳某翔、阳某元签订的《股权转让协议二》无效。

争议焦点： 两原告未主张优先购买股权，是否可以仅诉请确认被告王某平、易某民与被告欧阳某翔、阳某元签订的股权转让协议无效。

基本案情：

2004年12月20日，两原告（为夫妻关系）设立了案外人今田公司，原告周某平出资25.5万元，占股51%，原告陈某菊出资24.5万元，占股49%。

2009年2月23日，两原告和被告王某平、易某民签订了《股权转让协议一》，约定：被告王某平、易某民向两原告支付660万元受让款受让今田公司全部股权，两原告在全部转让款到位前保留1%的名义股权，不享有实际股东权利。

2009年3月2日，今田公司工商登记变更为被告王某平（出资金25万元，占股50%）、原告周某平（出资0.5万元，占股1%）、被告易某民（出资24.5万元，占股49%）。

后经诉讼执行，被告王某平、易某民向两原告支付了全部股权转让款，但未支付延期支付的利息，原告周某平亦没有将剩余1%股权过户。

2010年8月10日，被告王某平、易某民又与被告欧阳某翔、阳某元签订《股权转让协议二》，将公司99%的股权转让给了被告欧阳某翔、阳某元，但是并未通知

[①] 参见湖南省高级人民法院(2018)湘民申393号民事裁定书。

两原告行使同意权及优先购买权。

此后,两原告以其股东优先购买权受到侵害为由请求法院确认《股权转让协议二》无效,但其并未提出在同等条件下要求购买。

两原告均诉称:

原告仍是1%股东,享有股东权利,并享有股权优先购买权,被告转让股权未通知原告,侵害了原告的优先购买权,案涉《股权转让协议二》应当认定为无效。

被告王某平、易某民辩称:

被告王某平、易某民受让两原告今田公司股权的股权转让款已经支付完毕,原告周某平不再享有股权利益。被告王某平、易某民与被告欧阳某翔、阳某元的转让行为有效,未损害两原告的权益。

被告欧阳某翔、阳某元辩称:

被告王某平、易某民受让两原告今田公司股权的股权转让款已经支付完毕。两原告应当将名下今田公司100%的股权转让于被告王某平、易某民。至于被告王某平、易某民与两原告对转让款项延期支付的利息产生的纠纷不影响转让100%股权的转让效力。被告王某平、易某民与被告欧阳某翔、阳某元的股权转让行为有效,未损害原告周某平的权益。

法院认为:

本案争议焦点为被告王某平、易某民与被告欧阳某翔、阳某元签订的股权转让协议是否有效。

两原告与被告王某平、易某民签订的《股权转让协议一》明确约定两原告转让给被告王某平、易某民的是公司100%股权,为了保证股权转让款的到位,保留1%股权的所有权属于被告王某平、易某民,被告王某平、易某民有权要求原告随时退出。从上述约定得知,两原告将股权转让给被告王某平、易某民后,仅是今田公司1%的名义股东,不是实际股东,不再享有公司股东的权利和义务。

《公司法司法解释(四)》第21条规定:"有限责任公司的股东向股东以外的人转让股权,未就其股权转让事项征求其他股东意见,或者以欺诈、恶意串通等手段,损害其他股东优先购买权,其他股东主张按照同等条件购买该转让股权的,人民法院应当予以支持,但其他股东自知道或者应当知道行使优先购买权的同等条件之日起三十日内没有主张,或者自股权变更登记之日起超过一年的除外。前款规定的其他股东仅提出确认股权转让合同及股权变动效力等请求,未同时主张按照同等条件购买转让股权的,人民法院不予支持……"两原告在得知被告王某平、易某民将股权转让给被告阳某元、欧阳某翔后仅提出确认双方签订的股权转让协议效力无效,至今都没有主张自己按同等条件购买转让的股权。

《公司法》之所以规定股东享有优先购买权,主要目的是保证有限责任公司的老股东可以通过行使优先购买权实现对公司的控制权,该规定体现了对有限责任公司"人合性"的维护和对老股东对公司贡献的承认。本案中,被告王某平、易某民转让出的股权本身就是两原告出让的股权,原告仅是今田公司 1% 的名义股东,原告本来不再愿意经营该公司而将公司 100% 的股权转让,如果此时,原告在仅是公司 1% 名义股东的情况下,仍然行使股东的优先购买权,不符合《公司法》关于股东优先购买权的立法本意。两原告在得知被告王某平、易某民将股权转让他人后仅提出确认转让合同无效之诉,并未主张按同等条件行使优先购买权。故两原告以被告王某平、易某民转让股权时侵犯其优先购买权来主张案涉《股权转让协议二》无效的理由,于法无据,本院不予支持。

被告王某平、易某民与被告欧阳某翔、阳某元签订的《股权转让协议二》系双方真实意思表示,且未违反法律、行政法律规定,合法有效。

法院判决:

驳回原告的诉讼请求。

【案例237】债务承担也应视为同等条件的组成部分[①]

原告: 投资发展有限公司

被告: 王某、设备制造公司、林某

诉讼请求: 确认《股权转让协议》无效,由原告以2元价格优先受让股权。

争议焦点:

1. 《股东会决议》上印章虚假,对外转让股权的行为是否侵犯股东优先购买权,合同效力如何;

2. 如何确定主张优先购买权的合理期限;

3. 如何确定转让股权的同等条件,原告可否仅以2元价格行使优先购买权。

基本案情:

原告、被告王某及案外人黄某系建材公司股东,2003年4月签署的《股东会决议》上约定:同意被告王某将其在建材公司83%的股权转让给被告设备制造公司和被告林某,其他股东放弃优先购买权。同年5月12日,三被告签订《股权转让协议》,约定:被告王某将49.8%的股权作价1元转让给被告某设

[①] 某投资发展有限公司诉王某等股权转让侵权纠纷案,由上海市高级人民法院审理。

备制造公司,将33.2%的股权作价1元转让给被告林某。某建材公司的债权债务由变更后的股东按出资比例全部继承。之后,该建材公司履行了工商变更登记手续。

经查明《股东会决议》上的原告公司印章样式,与原告工商备案登记的印章样式不同。

原告诉称:

关于股权转让的《股东会决议》上原告的盖章系三被告伪造的,被告王某对外转让股权之前,未依法履行通知义务,亦未征求原告是否同意,侵犯了原告的优先购买权,由于股权转让价款为2元,原告也可以依此行使优先购买权购买拟转让股权。

被告辩称:

《股东会决议》上的印章虽然与工商备案登记不同,但不代表该印章即三被告所伪造。原告同意被告王某转让股权的意思表示是真实的,且其也同意放弃优先购买权,故《股权转让协议》已经依法成立生效,原告的诉讼请求不应得到法院的支持。

律师观点:

1.《股权转让协议》侵犯了原告的优先购买权,应被撤销。

虽然被告王某转让股权已经过半数股东同意,但由于《股东会决议》上的印章并非原告公司印章,而且原告的起诉行为也表明其不同意被告王某向外转让股权。故三被告在此情形下所实施的股权转让行为,不符合《公司法》规定的股权转让条件。鉴于股东优先购买权是一种法定权利,而非股东善意受让权则是一种合同约定的权利,结合我国《公司法》保护有限责任公司人合性的立法意旨,故在两者发生冲突的情况下,股东若在合理期限内及时主张优先购买权,应予优先保护。

本案中,原告在完成股权变更登记两个月之后寻求司法救济应认定原告系在合理期限内主张权利,应予优先保护,故被告签订的《股权转让协议》应当依法撤销。

2. 优先购买权包括债权债务的承担。

原告诉请以2元价格优先受让系争股权。对此,《公司法》虽明确规定股东行使优先购买权应以"同等条件"为前提,且实践中对"同等条件"的认定一般也以股权转让当事人之间商定的转让价格为基准,但不能据此将转让价格简单等同于"同等条件",譬如,当事人之间会因为存在业务关系或利益关系等因素确定一个相对优惠的价格,故此类因素在认定"同等条件"时应予以综合考量。

本案中,原告仅以 2 元价格请求优先受让股权,而无视三被告之间除约定该转让价格之外,还约定受让方须按照出资比例承担公司债权债务,故显然与"同等条件"要求不符。

法院判决:

1. 撤销系争《股权转让协议》。

2. 驳回原告其他诉讼请求。

452. 股东主张优先购买权后,转让人解除股权转让合同,其他股东的优先购买权还能否继续行使?

在其他股东主张优先购买权后,转让人又不同意转让股权的,一般情况下其他股东不能主张继续行使优先购买权;但公司章程另有规定或者全体股东另有约定的除外。

如果转让人"反悔"后又向股东以外的第三人转让股权的,其他股东亦有权再次行使优先购买权。

【案例 238】股东解除股权对外转让合同 其他股东无法继续主张优先购买权①

原告:杨某淮

被告:钟某全、谢某

诉讼请求:

1. 确认被告钟某全、谢某于 2017 年 2 月 27 日签订的《同昭公司股权转让协议》、2017 年 3 月 13 日签订的《股权转让补充协议》无效;

2. 判令原告以同等条件优先购买被告钟某全拟转让于被告谢某的同昭公司 0.1% 的股权(以 0.8 万元的价格收购被告钟某全 0.1% 的股权)。

争议焦点:

1. 被告钟某全转让股权时是否依法履行了通知义务;

2. 原告要求按照 2017 年 3 月 13 日《股权转让补充协议》的同等条件行使优先购买权是否应予支持。

基本案情:

案外人同昭公司成立于 2012 年 5 月 22 日,注册资本 5000 万元。

---

① 参见四川省高级人民法院(2019)川民再 377 号民事判决书。

第七章
股权转让纠纷

2016年9月16日,股东变更为原告杨某淮(持股60%)、被告钟某全(持股34%)和案外人陈某兵(持股6%),分别认缴出资3000万元、1700万元、300万元,认缴期限为2044年4月8日。

2017年1月18日,被告钟某全以手机短信的方式分别向原告、案外人陈某兵发出转让同昭公司股权通知。案外人陈某兵电话回复称不愿意购买,原告未予回复。

2017年1月20日,被告钟某全通过公证方式向包括原告的户籍地址在内的3个地址分别邮寄了《关于对外转让同昭公司股权的通知》,但3个邮件均为他人签收或单位收发章签收。

2017年2月27日,被告钟某全与被告谢某签订《同昭公司股权转让协议》,约定被告钟某全将持有的占公司注册资本的0.1%的5万股股权转让给被告谢某,股权转让价款及付款方式双方另行约定,但签署本协议时,视为已实现股权交割。

2017年3月13日,被告钟某全作为甲方与包括被告谢某(占股0.1%)在内作为乙方的6名自然人(共占股0.6%),作为丙方的佳兴教育公司(占股33.4%)又签订了三方《股权转让补充协议》,约定甲方将持有的同昭公司34%股权全部转让给乙方和丙方。甲方实缴的股本金272万元,由乙丙双方按各自受让比例分别支付给甲方;甲方认缴的剩余股本金1428万元由乙丙双方在公司章程规定的认缴期限届满前直接向同昭公司缴纳。同日,被告钟某全向被告谢某出具收条,载明已收到被告谢某支付的实缴股权转让款0.8万元。

2017年4月14日,被告钟某全通过公证方式向包括原告的户籍地址、同昭公司登记注册地址在内的4个地址分别邮寄了《关于限期办理工商变更登记的通知》《同昭公司股权转让协议》《股权转让补充协议》,要求原告及同昭公司在接到通知后15日内依法办理股权转让工商登记事宜。其中,邮寄给原告的3个邮件均为他人签收或单位收发章签收,邮寄给同昭公司的邮件,被告钟某全未提交邮寄情况回单。

2017年8月18日,被告钟某全与被告谢某再次签订《股权转让补充协议》,载明被告谢某已支付了股本金0.8万元,需另行按受让股权的比例再支付股权转让溢价款9.6万元。

2017年8月11日,被告谢某提起请求公司变更登记纠纷案诉讼,要求同昭公司和原告配合办理股权变更登记。原告于同月31日签收了该案民事起诉状副本。

原告诉称:

被告钟某全未依法履行股权转让通知义务,未通知到位。另外,被告谢某已履行第一份补充协议并支付了0.8万元的股权转让款,第二份未履行,系为损害原告利益而故意伪造,原告应以0.8万元的价格行使优先购买权。

两被告共同辩称:

第一份补充协议只是用于办理工商变更登记的格式化协议,第二份补充协议约定的价格条款才是双方的真实意思表示。

一审认为:

1. 被告钟某全与被告谢某签订的《同昭公司股权转让协议》《股权转让补充协议》构成恶意串通,损害原告杨某淮利益,属于无效合同。

(1)从协议的签订情况看,签订前,被告钟某全虽通过手机短信方式向原告作出了股权转让的意思表示,但并未就股权转让的同等条件进行过告知。在未向其他股东通知同等条件的情况下将股权以明显不合理的低价转让给被告谢某,严重损害其他股东的优先购买权。

(2)从协议约定内容及履行情况看,本案中存在两份《股权转让补充协议》,属于阴阳合同,且约定的股权转让款数额不同。被告钟某全与被告谢某仅已按第一份补充协议约定的0.8万元实际履行,第二份未履行。

(3)两份补充协议签订的时间间隔长达5个月。在第二份签订前,被告谢某就要求同昭公司办理股权变更登记,其依据的是第一份补充协议。被告谢某在请求变更公司登记纠纷案的庭审期间也未曾提及第二份补充协议,但在庭审中却突然出示第二份补充协议,要求原告按照明显畸高的价格行使优先购买权,让一审法院产生合理怀疑,第二份补充协议系被告钟某全与被告谢某故意伪造,以阻碍原告行使优先购买权。

(4)当存在与工商备案登记的"阳合同"不一致的"阴合同"时,需根据双方的实际履行情况认定双方的真实意思表示。本案中,被告钟某全与被告谢某实际履行的是第一份补充协议,而对于被告钟某全与被告谢某所称的真实意思表示的第二份补充协议反而未履行。因此,对于该答辩意见不予采纳。

综上,被告钟某全、谢某先是在未通知原告同等条件的情况下签订了低价的股权转让协议并履行,后在原告主张优先购买权的情况下又另行签订了高价的股权转让协议,以达到不让其他股东购买的目的,双方构成恶意串通,签订的《同昭公司股权转让协议》《股权转让补充协议》应属无效。

2. 关于原告是否可以按照0.8万元的价格行使优先购买权的问题。

《公司法司法解释(四)》第21条第1款规定:"有限责任公司的股东向股东以外的人转让股权,未就其股权转让事项征求其他股东意见,或者以欺诈、恶意串通等手段,损害其他股东优先购买权,其他股东主张按照同等条件购买该转让股权的,人民法院应当予以支持,但其他股东自知道或者应当知道行使优先购买权的同等条件之日起三十日内没有主张,或者自股权变更登记之日起超过一年的除外。"被告钟某全于2017年4月14日通过公证方式向原告邮寄了《关于限期办理工商变更登记的通知》《同昭公司股权转让协议》《股权转让补充协议》,但均非原告本人签收,不能证明被告钟某全、谢某向其告知过同等条件,且此时被告钟某全和被告谢某已经完成了股权转让行为,通知的目的并非告知原告股权转让的同等条件,而是要求配合办理股权变更登记。2017年8月31日,原告收到(2017)川0107民初8389号案件的起诉状副本,此时原告知道或应当知道被告钟某全以0.8万元的价格向被告谢某转让了同昭公司0.1%的股权,原告于2017年9月19日向一审法院提起诉讼主张行使优先购买权,未超过法定期间。如前所述,被告钟某全与被告谢某之间订立股权转让协议构成恶意串通,故原告主张按照第一份补充协议约定的同等条件购买被告钟某全持有的同昭公司0.1%的股权,予以支持。

一审判决:

1. 确认被告钟某全、谢某于2017年2月27日签订的《同昭公司股权转让协议》、2017年3月13日签订的《股权转让补充协议》无效;

2. 被告钟某全于判决生效之日起15日内按照2017年3月13日签订的《股权转让补充协议》约定的同等条件向原告出售其持有的同昭公司0.1%的股权(同等条件即向被告钟某全支付0.8万元,在2044年4月8日前向同昭公司补足出资4.2万元)。

被告不服一审判决,向上级人民法院提起上诉。

被告上诉称:

1. 一审法院认定事实不清,证据不足。

2016年同昭公司股权变更登记所依据的股东会决议没有持有公司2/3以上股权的股东签字,要求撤销股权变更登记的行政诉讼正在审理中,一审法院对同昭公司股东及其持股比例的认定与事实不符。《同昭公司股权转让协议》与第一份补充协议是仅用于工商变更登记的格式文本,第二份补充协议是在原告主张优先购买权前形成的真实、有效的合同。

2. 一审法院适用法律错误。

转让股权的股东只需将股权转让事项通知其他股东即可,其已履行通知义务,原告并未在法定期限内向其主张披露同等条件。此外,依照《公司法司法解释

《(四)》的规定,转让股东在其他股东主张优先购买后又不同意转让股权的,其他股东的优先购买主张不应得到支持。因被告钟某全不同意以实缴股本金价格转让股权,原告无权以实缴股本金0.8万元的价格强行购买被告钟某全的股权。原告在已知2017年8月18日补充协议载明的同等条件前提下,并未在合理期限内主张行使优先购买权。

3. 既然一审法院错误认定被告钟某全与被告谢某的股权转让协议无效,现被告钟某全明确表示不同意按上述股权转让协议转让股权,被告钟某全与被告谢某终止股权转让协议履行。此外,被告钟某全在上诉状上附通知书,告知原告,如原告在2018年2月底之前不履行约定的交房等义务,被告钟某全仍要以股本金12倍的价款转让股份。

被告为证明其观点,提交证据如下:

1. 四川省成都市中级人民法院(2018)川01行终514号行政裁定书;

2. 四川省成都市中级人民法院(2018)川01民终9194、9199、9200、9197、9203、9195、9190号民事裁定书7份,被告钟某全与被告谢某等签订的协议书以及退还股权受让人股权转让款的收条。

原告对第一组证据的关联性、第二组证据的真实性、关联性均有异议。

二审法院经审查认为,被告钟某全提交的上述证据具有真实性,能够证明相关案件事实,予以采纳。

原告二审辩称:

1. 一审法院认定事实清楚。

一审法院按照工商登记资料显示的内容认定股东及其持股比例正确。现有证据证明被告谢某已向被告钟某全履行第一份补充协议约定的付款义务,而未履行第二份补充协议。为阻碍原告行使优先购买权,被告钟某全与被告谢某事后故意伪造第二份补充协议,损害了原告的利益。

2. 一审判决适用法律正确。

被告钟某全在二审中作出新的股权转让意向或行使反悔权,目的是通过提高交易价格阻碍原告行使优先购买权,违背诚实信用原则,不应得到支持。请求驳回上诉,维持原判。

原告为证明其观点,提交证据如下:

四川省成都市中级人民法院(2018)川01民终9194、9199、9200、9197、9203、9195、9190号民事裁定书。

二审法院予以采纳。

第七章 股权转让纠纷

二审法院另查明：

1. 2016年9月16日，同昭公司由4名股东变更为3名股东，并向工商登记机关办理了股权变更登记。2017年，案外人陈某兵和被告钟某全以成都市武侯行政审批局为被告，以同昭公司、原告、杨某芬为第三人，向四川省成都市武侯区人民法院提起行政诉讼，要求撤销成都市武侯行政审批局作出的对同昭公司股东及股权变更的行政行为和章程修正案的备案行为。四川省成都市武侯区人民法院一审判决后，被告钟某全、案外人陈某兵不服提出上诉，四川省成都市中级人民法院于2018年7月作出二审裁定，撤销原判，发回重审。现该案还在审理中。

2. 2017年9月30日，四川省成都市武侯区人民法院就被告谢某起诉同昭公司、原告、案外人陈某兵、被告钟某全请求变更公司登记纠纷一案作出(2017)川0107民初8389号民事判决，认为被告钟某全未就股权转让同等条件通知原告，损害了原告作为股东的优先购买权，因此被告钟某全与被告谢某之间的股权转让行为不符合法律规定，不产生股权变动效力，驳回了被告谢某要求办理股权变更登记的诉讼请求。被告谢某、案外人陈某兵、被告钟某全不服，提起上诉，在二审审理过程中，被告谢某、案外人陈某兵、被告钟某全申请撤回上诉，二审法院于2018年6月25日作出裁定予以准许。

3. 2018年1月19日，被告钟某全与被告谢某签订协议，约定解除三份股权转让协议及其补充协议，并将收取的股权转让款0.8万元返还给被告谢某。2018年6月22日，被告谢某向被告钟某全出具了收条。此外，剩余5名自然人及佳兴公司均与被告钟某全签订了解除协议，并出具了收到被告钟某全退还的股权转让款的收条。

二审认为：

虽然当事人就工商登记机关2016年对同昭公司股权变更登记的行为有争议，相关行政诉讼尚在审理中，但原告在2016年同昭公司股权变更登记前后均为公司股东。该行政诉讼结果不影响原告行使股东优先购买权。一审判决事实认定根据工商登记内容对同昭公司股权结构进行的描述，并无错误。对本案主要争议问题评述如下：

1. 关于被告钟某全与被告谢某签订的《同昭公司股权转让协议》《股权转让补充协议》的效力。

股权转让中双方恶意串通，通常是指转让股东与第三人为了达到使其他股东放弃优先购买权的目的，抬高转让股权的交易价格，或者提出其他交易条件的行为。基于有限责任公司股权的特殊性，其市场价格并不易确定，因此，判断是否构成恶意串通,主要应从股权转让双方是否真正履行了该合同,特别是合同的价格条款,来分析认定。从本案的实际情况看,被告谢某与被告钟某全于2017年2月27日、2017年3月13日签订的《同昭公司股权转让协议》及《股权转让补充协议》,约定以被告钟某全实缴股本金的金额作为股权转让的价格,即以0.8万元价格转让同昭公司0.1%的股权,被告谢某实际按此约定向被告钟某全支付了转让款。故一审法院认定上述股权转让协议及补充协议为恶意串通,理由不充分;认定0.8万元为"明显不合理的低价",依据不足。上述《同昭公司股权转让协议》《股权转让补充协议》应为有效。

2017年8月18日,被告钟某全和被告谢某又签订一份《股权转让补充协议》,约定股权转让款增至9.6万元,抬高至12倍,且未履行。该补充协议是被告钟某全与被告谢某在前述协议签订5个月后、因被告谢某要求同昭公司为其办理股权转让变更登记受阻而补充订立,因此有理由相信系2人恶意串通,为阻止原告等股东行使优先购买权而订立,该补充协议应认定为无效。

2. 关于原告能否行使优先购买权的问题。

《公司法司法解释(四)》第21条第1款规定:"有限责任公司的股东向股东以外的人转让股权,未就其股权转让事项征求其他股东意见,或者以欺诈、恶意串通等手段,损害其他股东优先购买权,其他股东主张按照同等条件购买该转让股权的,人民法院应予以支持,但其他股东自知道或者应当知道行使优先购买权的同等条件之日起三十日内没有主张,或者自股权变更登记之日起超过一年的除外。"该条款列举了损害其他股东优先购买权的两种情况,一是"未就其股权转让事项征求其他股东意见",二是"以欺诈、恶意串通等手段,损害其他股东优先购买权"。被告谢某与被告钟某全于2017年2月27日、2017年3月13日签订的《同昭公司股权转让协议》及《股权转让补充协议》,虽然不属于以恶意串通等手段损害其他股东优先购买权的情况,但属于未就股权转让事项征求其他股东意见的情况,原告有权按照该协议的价格行使优先购买权。

《公司法司法解释(四)》第17条规定:"有限责任公司的股东向股东以外的人转让股权,应就其股权转让事项以书面或者其他能够确认收悉的合理方式通知其他股东征求同意。"为保证其他股东的优先购买权,转让股东不仅需要向其他股东告知自己欲对外转让股权,还应当向其他股东告知受让人、转让价格、履行期限等主要内容。本案中,被告钟某全没有足够证据证明其已向原告告知上述股权转让相关事项,被告钟某全关于其已全面履行通知义务的上诉理由不能成立。

《公司法司法解释(四)》第20条关于"有限责任公司的转让股东,在其他股东主张优先购买后又不同意转让股权的,对其他股东优先购买的主张,人民法院不予支持"的规定,是适用于转让股东放弃转让股权的情形,目的是保护有限责任公司的人合性。因为在转让股东"又不同意转让股权"时,可以达到阻止外部人进入公司的目的,故允许转让股东反悔,不再赋予其他股东过多的权利。本案中,从被告钟某全上诉状所附通知书内容可知,虽然被告钟某全解除了与被告谢某的股权转让协议,但被告钟某全并没有放弃转让股权的意思表示,而是在一审法院判决支持原告按同等条件行使优先购买权的情况下,以行使反悔权的名义,将股权转让价款提高至原协议约定价款的 12 倍继续对外转让股权,以此来阻止原告等其他股东行使优先购买权。被告钟某全的行为既不符合《公司法司法解释（四）》第 20 条规定的情形,也有违诚实信用原则,其所谓行使反悔权的主张,不应得到支持。

二审判决：

1. 维持四川省成都市武侯区人民法院（2017）川 0107 民初 10645 号民事判决第 2 项；

2. 撤销四川省成都市武侯区人民法院（2017）川 0107 民初 10645 号民事判决第 1 项；

3. 驳回原告其他诉讼请求。

被告不服二审判决,向上级人民法院申请再审。

被告钟某全再审诉称：

1. 有新的证据足以推翻原判决对原告杨某淮有权行使优先购买权的认定。

被告钟某全用手机短信于 2017 年 1 月 18 日、1 月 20 日向原告杨某淮发送了股权转让事项通知,2017 年 4 月 14 日用特快专递向同昭公司以及原告杨某淮在新疆和成都的地址送达了《同昭公司股权转让协议》《股权转让补充协议》,应当认定为"以其他能够确认收悉的合理方式"通知了包括原告杨某淮在内的其他股东。至 2017 年 8 月 11 日,被告谢某等受让人起诉要求原告杨某淮配合办理工商变更登记时,原告杨某淮均没有主张优先购买权,已超过《公司法司法解释（四）》第 21 条第 1 款规定的 30 日期限,其要求行使优先购买权的主张,依法不应支持。一审、二审判决认定原告杨某淮主张优先购买权未超过法定期间,与客观事实相矛盾。

2. 原判决认定的基本事实缺乏证据证明。

(1) 一审、二审判决认定本案两份《股权转让补充协议》属于阴阳合同,缺乏事实依据。三份协议系当事人双方真实意思表示,不违反法律、行政法规的禁止性规定,且是在原告杨某淮主张优先购买权之前签订,不构成恶意串通,也没有损害国家、集体和第三人的利益。两份补充协议是完全不同的两份合同,依法应认定有效。

(2)2014年6月12日,原告杨某淮、案外人杨某芬收购同昭公司原5位老股东60%的股权,约定的股权转让溢价款为1200万余元,也是实缴股本金480万元的近3倍。时隔3年,随着"同昭大厦"的增值,被告钟某全与被告谢某签订第二份补充协议约定的股权转让溢价款并不算过高。在原告杨某淮放弃第一份补充协议优先购买权之后,双方再次协商签订第二份补充协议,不构成恶意串通等损害其他股东优先购买权之情形。

(3)被告钟某全与被告谢某之间的股权转让合同已经解除,原告杨某淮主张优先购买权不应支持,二审法院认定被告钟某全行使反悔权不成立,没有法律依据。

(4)二审法院以被告钟某全上诉状所附的与本案无关且未经质证的通知书内容认定被告钟某全意在阻止原告杨某淮行使优先购买权,无事实和法律依据,且程序违法。

被告谢某再审述称,同意被告钟某全的再审请求。

原告杨某淮再审辩称:

1. 被告钟某全提交的证据不是新证据,不足以推翻原审判决。

被告钟某全2017年1月18日、1月20日发出的转让股权通知,原告杨某淮未收到,且通知拟转让股权数量与实际转让的股权数量不符,也未告知受让人及转让价格等条件。2017年4月14日发出的通知系被告钟某全与被告谢某签订股权转让协议后要求变更工商登记的通知,并非通知股权转让同等条件。因此,被告钟某全就转让股权事宜未尽到通知义务。

2. 原审判决认定事实清楚。

根据《公司法》第71条第2款、3款规定,无论原告杨某淮有无收到上述通知,即使未答复都不能推定原告杨某淮放弃优先购买权。一审开庭前被告谢某已经向被告钟某全履行2017年3月13日《股权转让补充协议》约定的付款义务,2017年8月18日的《股权转让补充协议》未履行。第二份补充协议是被告钟某全与被告谢某得知原告杨某淮行使优先购买权后,故意补签并约定过高转让价款,恶意串通阻碍原告杨某淮行使优先购买权,明显系双方事后伪造。原审判决按照2017年3月13日《股权转让补充协议》认定优先购买权的同等条件并无不当。

第七章
股权转让纠纷

3. 原审判决适用法律正确。

被告钟某全未就转让股权的同等条件通知原告杨某淮,杨某淮于2017年8月31日收到被告谢某起诉杨某淮、同昭公司请求变更公司股权登记案的起诉状副本后才得知钟某全以272万元的价款对外转让34%的股权,杨某淮即通过诉讼的方式行使优先购买权,符合法律规定。钟某全在一审判决支持杨某淮优先购买权后又解除股权转让合同,再通知以更高价格转让,意图阻止杨某淮行使优先购买权,并未明确表示不同意转让股权。二审法院认定其行使反悔权不符合《公司法司法解释(四)》第20条规定的情形,适用法律正确。

4. 二审程序合法。

被告钟某全在民事上诉状中所附《通知书》系上诉状的一部分,二审庭审中钟某全未将其作为新证据提交,该《通知书》不是认定本案事实的主要证据。

综上,请求驳回被告钟某全的再审请求,维持原判。

被告钟某全为证明其观点,提交证据如下:

1. 2018年11月21日成都蜀都公证处出具的公证书。

拟证明被告钟某全、谢某等于2017年4月14日以特快专递形式向原告在双流的居住地送达了《同昭公司股权转让协议》《股权转让补充协议》以及要求办理工商变更登记的通知,该邮件于2017年4月18日由原告以别名杨某签收,原告同日应知晓被告钟某全转让股权的同等条件。

2. 原告之女杨某签收1075519658919号邮件的收发登记表。

拟证明物业公司以单独的包裹收发登记表记录原告一家所收的包裹邮件。

3. 2017年4月8日,公安机关对莫某和原告的询问笔录以及同昭公司股东会会议照片。

拟证明原告的住所与公证书所记载的地址一致,以及召开新老股东会会议时其向原告出示了《同昭公司股权转让协议》《股权转让补充协议》,原告同日应知晓股权转让的同等条件。

原告对被告所提供的证据发表质证意见如下:

公证书达不到被告钟某全的证明目的。公证书仅仅是对现场的证明,但该地方是否是原告居所、提供收发登记表的人员是否是物业公司的工作人员均无法确定。即使原告收到2017年4月14日的邮件,但邮件内容是限期办理工商变更的通知而非告知股权转让的条件,如果认定为股权转让的同等条件,则与2017年8月18日第二份补充协议约定溢价12倍转让相矛盾。对于公安机关的询问笔录没有异议,但莫某是佳兴教育公司法定代表人,其单方陈述达不到证明目的。

被告谢某对上述证据均无异议。

原告为证明其观点，提交证据如下：

1. 被告谢某在公司变更登记纠纷一案中的起诉状和庭审笔录。

拟证明被告钟某全是按实缴股本金转让股权。

2. (2017)川0107民初8389号民事判决书、(2018)川01民终9190号民事裁定书。

拟证明生效判决已认定被告钟某全未就股权转让的同等条件通知过原告，其对外转让全部股权的价款为272万元。

3. 提存公证书。

拟证明原告已经以提存的方式支付股权转让款272万元。

4. 被告钟某全诉原告、陈某兵、杨某芬与公司有关的纠纷一案的上诉状及(2017)川民终807号民事裁定书。

拟证明被告钟某全在该案上诉时主张的股权转让款为353.6万元，是按照实缴资本金溢价30%计算的。

5. 本案二审庭审笔录。

拟证明被告钟某全所称的行使反悔权并非不再转让股权，只是不想按照一审判决的价格转让给原告。

经被告钟某全和被告谢某质证认为，对于上述证据的真实性没有异议，但不能达到原告的证明目的。

再审认为：

据本案可知，被告钟某全出示的证据均不属于再审新证据，其证明力需结合其他证据综合认定。而原告出示的证据，除提存公证书外，其余也都不属于再审新证据，但提存公证书不能达到其证明目的，其余证据的证明力应予以采信。

有关本案的争议焦点，分析如下：

1. 关于被告钟某全转让股权时是否依法履行了通知义务的问题。

为保护有限责任公司股东在同等条件下的优先购买权，拟对外转让股权的股东不仅需要向其他股东告知自己欲对外转让股权，还应当告知受让人、转让数量、转让价格、支付方式、履行期限等主要内容。根据《公司法司法解释(四)》第17条"有限责任公司的股东向股东以外的人转让股权，应就其股权转让事项以书面或者其他能够确认收悉的合理方式通知其他股东征求同意。其他股东半数以上不同意转让，不同意转让的股东不购买的，人民法院应当认定视为同意转让。经股东同意转让的股权,其他股东主张转让股东应当向其以书面或者其他能够确认收悉的合理方式通知转让股权的同等条件的,人民法院应当予以支持"的规定,转让股东可以一次告知前述全部内容,也可以分几次告知。本案中,被告钟某全于2017年1月18日、1月20日通过短信和邮件通知原告,其拟对外转让22%的股权,要求限期回复是否愿意购买。该通知载明的转让股权数量与实际转让数量不符,且其中"逾期回复视为不同意购买"只是被告钟某全的单方意思表示,不符合同昭公司章程第14条第2款"股东应就其股权转让事宜书面通知其他股东征求意见,其他股东自接到书面通知之日起满三十日未答复的,视为同意转让"的规定,对原告没有约束力。即使原告收到通知后未回复,也只能视为同意转让,而非不同意购买。在原告同意转让股权的情况下,其享有的优先购买权并不丧失,被告钟某全仍须就转让股权的同等条件再次通知原告。但此后被告钟某全在未通知原告的情况下,于2017年2月27日与被告谢某签订《同昭公司股权转让协议》,又于2017年3月13日与被告谢某、佳兴教育公司等签订《股权转让补充协议》,同日收取了被告谢某支付的股权转让价款。虽然被告钟某全于2017年4月14日向原告邮寄了《同昭公司股权转让协议》《股权转让补充协议》,但同时还邮寄了《关于限期办理工商变更登记的通知》,要求原告和同昭公司在接到通知后15日内依法办理股权转让工商登记。显然,被告钟某全向原告邮寄《同昭公司股权转让协议》《股权转让补充协议》的目的并非告知原告股权转让的同等条件,并征求其是否行使优先购买权,而是告知原告股权已经转让的事实,并要求其协助办理股权变更登记手续。此外,被告钟某全一方面主张已经向原告告知股权转让相关事项,另一方面又主张第一份《股权转让补充协议》约定的价格并非真实的转让价格,显然自相矛盾。因此,二审法院认定被告钟某全转让股权时未依法履行通知义务,并无不当。

2. 关于原告要求按照2017年3月13日《股权转让补充协议》的同等条件行使优先购买权是否应予支持的问题。

(1)《公司法司法解释(四)》第17条第3款规定:"经股东同意转让的股权,在同等条件下,转让股东以外的其他股东主张优先购买的,人民法院应当予以支持,但转让股东依据本规定第二十条放弃转让的除外。"第20条规定:"有限责任公司的转让股东,在其他股东主张优先购买后又不同意转让股权的,对其他股东优先购买的主张,人民法院不予支持,但公司章程另有规定或者全体股东另有约定的除外。其他股东主张转让股东赔偿其损失合理的,人民法院应当予以支持。"本案中,同昭公司章程对于转让股东在其他股东主张优先购买后又放弃转让如何处理没有规定,全体股东也没有约定。在原告主张优先购买后,被告钟某全与被告谢某等6名自然人和佳兴教育公司解除了《同昭公司股权转让协议》及两份《股权转让补充协议》,并返还了收取的股权转让款。根据该解释第20条规定,对于原告的优先购买主张,不应予以支持。二审法院以被告钟某全在上诉状所附通知书为依据,认定其并未放弃转让股权,缺乏充分理由。该解释第20条规定的"不同意转让"应理解为放弃本次转让,而非永久放弃转让,也非无条件地放弃转让。当然如果以后转让股东再次转让股权,其他股东在同等条件下仍享有优先购买权。

(2)被告钟某全与被告谢某等6名自然人和佳兴教育公司先后签订了两份《股权转让补充协议》,第一份约定被告钟某全以实缴股本金272万元为价转让股权,第二份约定的转让价格是第一份约定价格的12倍。被告钟某全辩称,第二份约定的价格是根据同昭公司经营情况约定的真实的转让价格,但并无充分证据证明。原告认为第二份是被告钟某全为了阻止其行使优先购买权事后伪造的,也没有充分证据证明。鉴于与被告钟某全签订股权转让合同的受让人都是其实际控制的公司及亲戚、朋友、司机等特定关系人,尤其是向6名自然人分别转让0.1%的股权,表明被告钟某全的真实目的是将其股权分散给他人持股,但仍由自己实际控制,故被告钟某全与受让人之间的股权转让不同于正常的股权交易,第一份约定的价格并非被告钟某全的真实意思表示,原告要求以该价格行使优先购买权,可能造成交易结果明显不公。

综上,二审法院认定被告钟某全转让股权时未依法履行通知义务,并无不当,但认定被告钟某全未放弃转让股权,并判决被告钟某全按照2017年3月13日《股权转让补充协议》约定的同等条件向原告转让股权,适用法律不当。被告钟某全关于其已经放弃转让股权,原告主张优先购买权不应支持的再审理由成立。但需要指出的是,被告钟某全转让股权时未依法履行通知义务是引起本案纠纷的根本原因,在原告已经提起诉讼要求行使优先购买权的情况下,被告钟某全没有在一审中表示放弃转让股权,而是在一审判决支持原告优先购买的请求后,才放弃转让股权,其行为违反诚实信用原则。

再审判决:

1. 撤销一审、二审民事判决;
2. 驳回原告的全部诉讼请求。

453. 如果章程规定或股东约定"股东主张优先购买权后,转让人解除股权转让合同不影响优先购买权的行使",法院应当如何处理?

该规定或约定有效。如果其他股东主张优先购买权,无论转让人对外是否解除合同,均应当与合法行使优先购买权的股东签订股权转让协议。

454. 章程规定、股东约定"股东主张优先购买权后,转让人不能'反悔'",该规定或约定应当经多数决还是一致决作出?

法律对此未作出规定。但因该章程规定涉及具体股东的财产处分权,所以笔者认为,该约定须经全体股东一致同意作出决议。

章程中对此问题的具体表述可以是:"股东优先购买权系形成权,自其他股东向转让人主张优先购买权时起,即形成其他股东与转让人之间的股权转让合同关系,该新合同的条件等同于转让人与非股东第三人之间的股权转让合同,并具有法定优先性。"

455. 如果转让股东为了回避其他股东的优先购买权而反复"反悔",法院如何处理?

转让人不得滥用股东权利,侵害其他股东的优先购买权。如果反复"反悔",法院可否定其"不同意转让"的效力,其他股东有权通过行使优先购买权,按照转让人与股东以外的第三人订立的股权转让协议约定的"同等条件",购买相应的股权。

【案例239】诉讼中解除转让协议　优先购买权被驳回[①]

原告: 姚某

被告: 科技公司、信息公司

第三人: 孙某、胡某

诉讼请求:

1. 撤销两被告签订的《股权转让协议》;

2. 确认原告对被告科技公司向被告信息公司转让的工程公司的股权享有优先购买权;原告对工程公司股权优先购买权的行使条件,除去1362万元或以工程公司截止股权转让时的所有者权益确定的股权转让价款购买外,其他股权转让条件和两被告签订的《股权转让协议》约定的转让条件相同。

争议焦点: 股东主张优先购买权后,转让方解除转让合同,优先购买权能否继续行使。

[①] 参见四川省成都市金牛区人民法院(2010)金牛民初字第3982号民事判决书。

基本案情：

原告与被告科技公司及两名第三人系工程公司股东，被告科技公司出资270万元，占90%股权，原告、两名第三人分别出资10万元，各占3.33%股权。

2010年10月7日，两被告签订《股权转让协议》，约定被告科技公司将其所持有的工程公司90%股权作价270万元转让给被告信息公司。

同月10日，两名第三人签署承诺书，同意被告科技公司将其所持有的工程公司90%的股权作价270万元转让给被告信息公司，并承诺放弃优先购买权。

2010年10月12日，原告以被告科技公司擅自与被告信息公司签订《股权转让协议》，侵犯其所享有的优先购买权为由向法院提起诉讼。

两被告、案外人投资公司、案外人化工公司系关联公司。

诉讼期间，被告科技公司召开临时董事会，形成如下决议：被告科技公司持有的工程公司90%股权不再转让，解除与被告信息公司签订的《股权转让协议》，并与被告信息公司签订《股权转让解除协议》。

原告诉称：

1. 被告科技公司擅自与被告信息公司签订《股权转让协议》，将其在工程公司90%的股权以270万元价格转让给被告信息公司，违反了《公司法》相关规定及工程公司章程第11条规定，侵犯了原告的优先购买权。

2. 股东优先购买权系形成权，自原告行权起即形成了其与被告科技公司间的股权转让合同关系，被告解除（撤销）《股权转让协议》不影响原告与被告科技公司之间的新合同关系。由于被告解除《股权转让协议》的行为发生在原告主张优先购买权之后，基于优先购买权系形成权。自原告通过诉讼手段主张优先购买权之日起，即形成了原告与被告科技公司之间同等条件的股权转让合同关系，此后无论被告解除或撤销《股权转让协议》，都不应影响原告与被告科技公司之间股权转让合同的履行。

两被告均辩称：

1. 原告不是《股权转让协议》的当事人，请求撤销《股权转让协议》无法律依据；

2. 被告科技公司已终止股权转让并与被告信息公司解除《股权转让协议》，原告要求行使优先购买权无事实及法律依据。

两第三人述称：

原告主张优先购买权，如其主张成立，则第三人不愿放弃优先购买权；如仍是被告科技公司将股权转让给被告信息公司，则可以放弃优先购买权。

一审认为：

1. 关于原告要求撤销《股权转让协议》的诉讼请求。

在本案诉讼期间，被告科技公司与被告信息公司协商解除《股权转让协议》，根据《合同法》第 93 条第 1 款①规定："当事人协商一致，可以解除合同"，两被告解除《股权转让协议》具有法律效力。因原告请求撤销的《股权转让协议》已经解除，故法院对原告的该项请求不应再作出处理。

2. 两被告解除《股权转让协议》是否影响原告行使优先购买权。

根据《公司法》(2005 年修订)第 72 条规定，股权转让时，其他股东行使股东优先权的前提条件是股东向股东以外的人转让股权。本案两被告签订的《股权转让协议》在原告提出异议后已经解除，被告科技公司并形成董事会决议终止股权转让行为，原告行使股东优先权的前提条件已不具备，故原告要求行使优先购买权的诉讼请求不能得到支持。

一审判决：

驳回原告诉讼请求。

原告不服一审判决，向上级人民法院提起上诉，二审法院以一审事实不清发回重审，在重审期间，原告与两被告达成协议，由被告科技公司收购原告所持有的工程公司全部股权，本案调解结案。

456. 当多名股东行使优先购买权时，如一名股东表示愿意以更高的价格购买全部或者部分股权，并导致其他股东无法按照各自出资比例行使优先购买权的，应如何处理？

此问题在《公司法》立法时就存有争议：

第一种观点认为，应当采取投标或者竞争性谈判的方式，由其余股东分别向转让人报价，由转让人选择出价最高的股东转让股权。

第二种观点认为，坚持由其余股东按其持股比例分别行使优先购买权。

两种观点相较，前者能够最大限度满足转让人的利益，但其余股东间的现有利益和权力格局会发生变化，并且转让人如与某一名股东达成交易后，其真实履行情况其他股东也将不得而知，不利于保护其他股东。后者则照顾到了其余股东间的现有利益格局，但未必能够最大限度满足转让人的利益。

笔者认为，为避免产生争议，应在公司章程中明确采用第一种观点或第二种

---

① 现为《民法典》第 562 条第 1 款相关内容。

观点。

457. 股东的优先购买权是否适用于股权赠与的情况？如果适用,如何确定同等条件？

笔者认为股权赠与时同样适用股东优先购买权,理由如下：

(1) 转让本身即包括有偿转让与无偿转让；

(2) 股东拟将自己所持股权赠与他人时,如果禁止其他股东行使优先购买权,则可能出现转让人利用名义上赠与,实际上出售的方式规避其他股东的优先购买权。

而对于此时同等条件的确定,应当由转让人与主张优先购买权的股东先行协商,在协商不成的情况下依照转让股权的评估值确定。

【案例240】股权赠与应有其他股东同意　未实际交付仍有权撤销[①]

原告：窦某鸣

被告：盛某

诉讼请求：

1. 判令被告支付原告股权转让对价378万元及利息；

2. 判令被告将持有的欧密格公司3%股权变更登记至原告名下,并协助完成变更登记。

争议焦点：

1. 原告原持有的9%股权的性质以及其是否有权获得股权转让的对价；

2. 原告所主张的3%股权是否为附条件赠与以及被告是否有权行使撤销权。

基本案情：

案外人欧密格公司,注册资本4200万元,股东为被告等5人。2012年5月8日,欧密格公司与原告签订《顾问聘任协议书》,约定聘请原告为公司顾问,关于原告的股权激励约定为："欧密格公司股权的9%作为聘请原告为公司顾问的股权激励(赠与),由公司其他股东按比例转让给原告。在引进原告之日起3个财务年内公司有两年亏损或连续3年盈利低于5%,则赠与的激励股权退给公司。"

欧密格公司根据上述协议完成了工商变更登记,原告并未向其他股东及欧密格公司支付股权转让的对价即378万元。

欧密格公司审计报告显示,公司2012年度、2013年度、2014年度连续3年盈

[①] 参见江苏省常州市武进区人民法院(2017)苏0412民初7789号民事判决书。

利低于5%。

2014年5月9日,欧密格公司通过《股东会决议》,内容为:经全体股东讨论一致同意由原告将其在本公司全部股权转让给被告。

同日,原告与被告签订《意向协议书》,内容为:原告持有欧密格公司9%股权,同意全部出让给被告。原告、被告还签订《补充条款》,约定:原告同意以378万元出让欧密格公司9%股权,股权受让方被告同意以378万元购买原告出让欧密格公司9%股权。在上述股权转让手续完成后一年半内(2015年11月8日前),被告同意赠与股原告3%欧密格公司的股权。

之后,被告并未支付股权对价款及完成赠与欧密格公司3%股权的变更登记。

原告诉称:

原、被告于2014年5月9日签订了《意向协议书》和《补充条款》。被告本应当按合同约定,在规定的时限内支付股权对价款及变更上述股权登记。但在原告多次要求下,被告均不履行。

被告辩称:

原告诉请一中的股权转让对价378万元所对应的9%的股权属于激励股性质,是一种期权,原告虽然在工商登记上记载为股东,但其仅是名义股东,原告也从未支付过任何对价;根据协议约定,在原告未达到其与公司所约定的条件下公司按协议约定将股权收回,原告也在《股东会决议》上签字认可,原告没有实际拥有股权,原告无权再根据协议获得任何利益,被告也无须向原告支付股权转让款。

对于原告的诉请二,被告在审理中已明确表示对该3%赠予股权行使撤销权。

法院认为:

本案的主要争议焦点,一是原告原持有的9%股权的性质以及其是否有权获得股权转让的对价,二是原告所主张的3%股权是否为附条件赠与以及被告是否有权行使撤销权。

关于争议焦点一,欧密格公司为有限责任公司。原告依据《顾问聘任协议书》获得9%的股权并未向公司其他股东及欧密格公司支付相应的对价,该9%的股权是作为公司聘请其为公司顾问的股权激励,其股权的来源实质为通过股东会决议由全体股东以部分股东的名义向其让渡股权性利益,借此激励其作为公司顾问为公司利益服务。原告获得的9%股权性质为公司股权激励而非其本人出资认缴。

关于股权激励,中国证券监督管理委员会发布的《上市公司股权激励管理办法》第2条规定:"本办法所称股权激励是指上市公司以本公司股票为标的,对其董事、监事、高级管理人员及其他员工进行的长期性激励……"所谓股权激励是企业为了激励和留住核心人才,而推行的一种长期激励机制,属于期权激励的范畴。股权激励的理论依据是股东价值最大化和所有权、经营权的分离。因此,股权激励授予股票或股权时一般都设有条件,主要是业绩条件,如净利润增长率、利润总额增长率、净资产收益率等。

本案中,2012年5月8日的《顾问聘任协议书》中明确约定,在3个财务年内公司有2年亏损或者连续3年盈利低于5%,则赠与的激励股权退给公司。因此,原告原持有的9%股权其本质上属于附条件的期权。对于期权,激励对象取得股权的时间后置。即只有达到约定条件后,才开始取得股权。在期权变为股权之前,激励对象并非实质意义上的股东。

原告在担任公司顾问后,根据审计报告,2012年度、2013年度、2014年度公司连续3年盈利低于5%,为此,欧密格公司决定收回原告的股权。由此才产生原告与被告签订的《意向协议书》《补充条款》。虽然9%股权对应的出资额为378万元,但是原告原持有的9%股权其来源于部分股东的权利的让渡,而在其未满足条件时,又由被告代表公司收回。原告向被告主张支付股权对价378万元,无事实和法律依据,本院不予支持。

关于争议焦点二,根据《公司法》第71条规定:"有限责任公司的股东之间可以相互转让其全部或者部分股权。股东向股东以外的人转让股权,应当经其他股东过半数同意。股东应当就其股权转让事项书面通知其他股东征求意见,其他股东自接到书面通知之日起满三十日内未答复的,视为同意转让……经股东同意转让的股权,在同等条件下,其他股东有优先购买权……"

股权赠与是一种特殊的股权转让形式。股权赠与也必须适用《公司法》及公司章程的规定,即应得到其他股东的同意才能赠与。根据《意向协议书》及《补充条款》,在双方办理股权变更手续后,原告已非欧密格公司的股东,因此被告向原告赠与3%股权属向公司股东以外的其他人通过赠与方式转让股权,这就产生了股东赠与权与其他股东优先购买权之间的冲突。《公司法》对股东向非股东转让股权设置了一定程序性限制条件,被告与原告签订《补充条款》约定赠与股权时,被告作为公司股东并未完成上述法律规定和公司章程约定的程序性条件,因此股权转让未生效。

此外,根据《最高人民法院关于贯彻执行〈中华人民共和国民法通则〉若干问题的意见(试行)》第 128 条①的规定,公民之间赠与关系的成立,以赠与物的交付为准。《合同法》第 186 条、192 条②的规定,赠与人在赠与财产的权利转移之前可以撤销赠与。本案中被告作为股权出让方所赠与的股权权利尚未转移,其有权行使撤销权。该股权赠与合同应属可撤销合同,在赠与人撤销赠与后,无须再履行合同义务。因此,原告无权要求被告将持有的欧密格公司 3% 股权变更至其名下并办理相关手续。

法院判决:

驳回原告的诉讼请求。

458. 夫妻离婚时,对财产进行分割,股东一方将股权的部分或者全部转让给配偶时,其他股东可否优先购买?

此时的处理方式与有限责任公司股东对外转让股权时的处理方法一致:

(1)如过半数股东同意,且其他股东均明确表示放弃优先购买权的,该股东的配偶可以成为该公司的股东;

(2)过半数股东不同意转让,但愿意以同等价格购买该股权的,法院将对此转让的价款进行分割;

(3)如过半数股东不同意转让,也不愿意以同等价格购买股权的,视为同意转让,该股东的配偶可以成为该公司股东。

【案例 241】离婚分割股权侵害其他股东优先购买权　被判无效③

原告: 李某珍

被告: 詹某国、韩某玲

诉讼请求: 确认被告詹某国与被告韩某玲的《离婚协议书》中关于"女方分得松子公司股份 10%"的约定无效。

争议焦点: 《离婚协议书》中对股权的分割是否需要征得其他股东的同意;未通知其他股东,是否损害其他股东优先购买权,是否有效。

基本案情:

原告与被告詹某国系母子关系。

---

① 现无此规定,可参见《民法典》第 658 条相关内容。
② 现为《民法典》第 658 条、663 条相关内容。
③ 参见北京市第二中级人民法院(2009)二中民终字第 06645 号民事判决书。

· 977 ·

两人于2006年8月设立松子餐饮公司,注册资本10万元,其中原告出资8万元,被告詹某国出资2万元。

被告詹某国与被告韩某玲于2006年4月结婚,于2006年11月30日协议离婚。两人在《离婚协议书》中约定:"松子餐饮公司女方分得股份10%。"

至诉讼时,松子餐饮公司未形成股权变更的股东会议决,也未办理变更登记。

原告诉称:

2008年3月,原告得知被告詹某国在未经原告同意的情况下,在《离婚协议书》中约定"女方分得松子餐饮公司10%",擅自将松子公司10%的股权转让给被告韩某玲。上述转让行为未经原告同意,侵犯了原告的优先购买权。

被告詹某国辩称:

离婚时没有向原告及时告知,在签订《离婚协议书》时没有考虑到《公司法》以及公司章程的规定,同意原告的诉讼请求,同时愿意将10%股权的对价(大约1万元)支付给被告韩某玲。

被告韩某玲辩称:

1. 被告詹某国与被告韩某玲离婚协议中约定松子公司"女方分得股份10%",该约定自愿真实,是合法有效的。离婚是分割财产,是夫妻双方正当行使权利,该权利有排他性,不需要征得他人同意。

2. 离婚协议的约定是财产分割,不是有偿转让,未侵犯原告的"优先购买权"。

3. 被告詹某国与被告韩某玲只是对股份分割,没有价格,不是购买。

4. 被告詹某国与被告韩某玲离婚及离婚约定,作为被告韩某玲婆婆的原告知情。但是因为是婆婆、儿子、儿媳的关系,实际生活中不可能预留证据。根据常理判断,原告应当知情并同意。

律师观点:

1. 离婚协议分割的是松子公司的股权,不能侵犯原告的优先购买权。

依法设立的有限责任公司,其股东与公司、股东之间的权利义务关系受相关法律以及公司章程的相关内容调整。

《公司法》及松子公司章程均规定,股东向股东以外的人转让股权,应当经其他股东过半数同意。经股东同意转让的股权,在同等条件下,其他股东有优先购买权。松子公司股东被告詹某国与被告韩某玲在《离婚协议书》中约定:"松子公司女方分得股份10%",从形式上看,确为夫妻双方离婚时对财产的分割,但分割的是松子公司的股权,即股东被告詹某国在处分自己持有的股权。这种处分的结果,是被告韩某玲将成为松子公司的股东。这种处分股权的行为与股东转让股权性质相同。在被告韩某玲无证据证明原告认可《离婚协议书》中的内容,且原告明确表示放弃优先购买权的情况下,《离婚协议书》中处理松子公司 10% 股权的约定,既违反了《公司法》的有关规定,也违反了松子公司章程的内容。上述约定,侵犯了松子公司股东原告的"优先购买权"。故被告韩某玲关于《离婚协议书》中的约定是财产分割,不是有偿转让,未侵犯原告的"优先购买权"的主张不能成立。

2. 被告的行为侵犯了原告的优先购买权。

根据《最高人民法院关于适用〈中华人民共和国婚姻法〉若干问题的解释(二)》第 16 条[①]规定,"人民法院审理离婚案件,涉及分割夫妻共同财产中以一方名义在有限责任公司的出资额,另一方不是该公司股东的,按以下情形分别处理:(一)夫妻双方协商一致将出资额部分或者全部转让给该股东的配偶,过半数股东同意、其他股东明确表示放弃优先购买权的,该股东的配偶可以成为该公司股东;(二)夫妻双方就出资额转让份额和转让价格等事项协商一致后,过半数股东不同意转让,但愿意以同等价格购买该出资额的,人民法院可以对转让出资所得财产进行分割。过半数股东不同意转让,也不愿意以同等价格购买该出资额的,视为其同意转让,该股东的配偶可以成为该公司股东。用于证明前款规定的过半数股东同意的证据,可以是股东会决议,也可以是当事人通过其他合法途径取得的股东的书面声明材料。"

上述司法解释明确了夫妻离婚涉及转让股权问题时的处理原则。被告韩某玲认为原告对《离婚协议书》中处分股权的约定知道并认可,但被告韩某玲未提交相关证据予以佐证。故被告韩某玲关于离婚协议分割股权具有排他性,不需要征得他人同意,未侵犯原告"优先购买权"的主张亦不能成立。

法院判决:

确认被告詹某国与被告韩某玲于 2006 年 11 月 30 日签订的《离婚协议书》中关于"松子公司女方分得股份 10%"的约定无效。

459. 当股权发生继承时,是否允许其他股东行使优先购买权?

以继承人继承股东资格为原则,以章程规定或者全体股东约定为例外。因此对该问题应当分情况讨论:

(1)公司章程或全体股东另有约定,此时其他股东享有优先购买权的,则按

---

① 现为《最高人民法院关于适用〈中华人民共和国民法典〉婚姻家庭编的解释(一)》第 73 条相关内容。

章程进行操作；

（2）公司章程未作规定，则继承人直接继承股权，其他股东不得行使优先购买权，只能就继承股权的购买事宜向继承人发出要约，进行磋商。

另外，对于股东遗赠股权的，应当参照股权继承制度处理。

460. 人民法院在强制执行程序中决定拍卖有限责任公司股权时，其他股东的优先购买权如何保护？

人民法院依照法律规定的强制执行程序转让股东的股权时，应当通知公司及全体股东，其他股东在同等条件下有优先购买权。其他股东自人民法院通知之日起满 20 日不行使优先购买权的，视为放弃优先购买权。

在通知公司及全体股东之前，法院可以委托中介机构评估确定股权价值；公司或者公司其他股东不同意以拍卖方式变价的，应当购买该股权。公司其他股东在法院规定的期限内不予购买的，法院应当以拍卖方式对股权变价。拍卖股权时，应当通知公司和公司其他股东参加。拍卖成交后，公司其他股东不得主张以成交价格行使优先购买权。

八、夫妻共有股权转让的裁判标准

461. 夫妻一方与他人签订股权转让协议，转让夫妻共有股权，如何认定股权转让合同效力？

（1）夫妻双方共同出资设立公司的，应当以各自所有的财产作为注册资本，并各自承担相应的责任。因此，夫妻双方登记注册公司时应当提交财产分割证明。未进行财产分割的，应当认定为夫妻双方以共同共有财产出资设立公司，在夫妻关系存续期间，夫或妻名下的公司股份属于夫妻双方共同共有的财产，作为共同共有人，夫妻双方对该项财产享有平等的占有、使用、收益和处分的权利。

（2）夫或妻非因日常生活需要对夫妻共同财产做重要处理决定，夫妻双方应当平等协商，取得一致意见。他人有理由相信夫或妻一方作出的处理为夫妻双方共同意思表示的，另一方不得以不同意或不知道为由对抗善意第三人。因此，夫或妻一方转让共同共有的公司股权的行为，属于对夫妻共同财产作出重要处理，应当由夫妻双方协商一致并共同在股权转让协议、股东会决议和公司章程修正案上签名。

（3）夫妻双方共同共有公司股权的，夫或妻一方与他人订立股权转让协议的效力问题，应当根据案件事实，结合另一方对股权转让是否明知、受让人是否为善意等因素进行综合分析。如果能够认定另一方明知股权转让，且受让人是基于善意,则股权转让协议对于另一方具有约束力。

【案例242】丈夫代妻子签约转让共同股权有效 妻诉称侵权对抗善意第三人被驳回[①]

原告:彭某静

被告:梁某平、金海岸公司、王某山

诉讼请求:

1. 确认被告梁某平与被告王某山签订的股权转让合同书及其附件中有关将原告在被告金海岸公司20%的股权以1224万元转让给他人的约定侵犯原告合法权益,对原告无约束力;

2. 确认被告梁某平与被告王某山签订的股权转让合同书及其附件中有关将被告梁某平在被告金海岸公司的80%的股权以4896万元转让给被告王某山的约定侵犯了原告的优先购买权等合法权益,属无效约定;

3. 判令三被告采取办理公司变更登记等必要手续,将被告王某山受让的被告梁某平在被告金海岸公司的80%股权过户至原告,保障原告依法实现优先购买权,确保原告的股权价值不受损害。

争议焦点:

1. 如何认定公司股权系夫妻个人财产,还是共有财产;

2. 对夫妻一方转让夫妻共有股权,如何判断善意取得的受让人有合理理由相信其为夫妻共同意思表示,丈夫代妻子签订的股权转让协议是否有效。

基本案情:

被告金海岸公司于2005年1月27日成立,注册资金800万元。被告梁某平和原告系夫妻关系,分别出资640万元和160万元,各自持有80%和20%。

2005年11月7日,原告和被告梁某平作为甲方,与作为乙方的被告王某山和案外人王某师签订了1份合同书,就转让被告金海岸公司股权及其相关事宜达成协议,约定:

1. 被告金海岸公司与预备役师签订《军用土地转让合同》,受让了预备役师277,014.3平方米土地(拆除房屋38,232平方米)。目前转让手续正在办理之中,被告金海岸公司已缴纳土地转让费及定金共864.03万元,仍尚需再支付2043.24万元的土地转让费,并负责处理承租(住)户清退等遗留问题。

[①] 参见最高人民法院(2007)民二终字第219号民事判决书。

2. 股权转让价款为 6120 万元(含尚需再支付预备役师 2043.24 万元土地转让费),其中被告梁某平持有 80% 价值为 4896 万元,原告持有 20% 价值 1224 万元。

3. 合同签订后 20 日内,被告梁某平及被告王某山开始履行 80% 股权转让手续,被告梁某平、原告协助被告王某山进行被告金海岸公司的工商登记变更。变更后公司法定代表人为被告王某山。同时被告梁某平按双方认可的交接清单内容,将被告金海岸公司所有账目、报表、印章、中标通知书等有关资料交被告王某山处理。

4. 当被告王某山和案外人王某师支付最后一笔转让款时,原告与案外人王某师进行被告金海岸公司 20% 的股权转让手续。原告协助案外人王某师进行被告金海岸公司的工商登记变更,费用由案外人王某师承担。

5. 合同签订后,双方严格执行,如有违约,违约方除应赔偿守约方的直接损失外,另处 200 万元的罚金。

6. 合同签订后 20 日内,被告王某山和案外人王某师以被告金海岸公司的名义支付预备役师土地转让费 1500 万元(包括前期已打入预备役师指定账户的 200 万元),支付此款之日起合同生效,剩余 543.24 万元由被告王某山代表被告金海岸公司直接与预备役师协商。

7. 土地使用权证变更至被告金海岸公司名下后,10 日内被告王某山向被告梁某平支付 1000 万元的债款,其余 3076.76 万元(含欠甲方原告的 1224 万元),被告王某山在支付给被告梁某平 1000 万元后每 3 个月支付 1000 万元,最后一笔为 1076.76 万元,于 2006 年 12 月 30 日前结清。

被告梁某平、被告王某山在合同上签字,原告、王某师没有在合同书上签字。

2005 年 11 月 8 日,被告金海岸公司召开股东会,通过了变更股东和转让出资额的决议和章程修正案,决议及章程修正案上有被告梁某平、原告、被告王某山三人签字和手印,但原告签字和手印实际为被告梁某平代签和代按的。

2005 年 11 月 23 日,双方变更了公司工商登记,将原股东被告梁某平变更为被告王某山,占公司 80% 的股权,原告仍持有公司 20% 的股权。

被告王某山先后向被告梁某平夫妇二人支付了股权转让款 4944 万元。其中,以被告金海岸公司的名义在 2005 年 9 月 28 日、9 月 29 日、12 月 1 日分 3 次向预备役师支付土地转让金 2043.24 万元,向被告梁某平夫妇二人支付股权转让金 2900.76 万元(含 2005 年 9 月 30 日原告借款 10 万元),合计 4944 万元。

2005 年 11 月 9 日,原告与被告梁某平在之前被告金海岸公司住所地新注册成立了河北海岸房地产开发有限公司,注册资金800万元,原告占公司的20%股份,被告梁某平占公司的80%股份,原告任执行董事,是该公司的法定代表人。

原告诉称:

原告在最初参与了股权转让的协商,但后来由于存在分歧就中止了谈判。最后的股权转让合同是在原告不知情的情况下签订的,合同的履行及款项往来均由被告梁某平其一人经手。原告与王某师均未签字,不具有法律效力。原告对于股权转让完全不知情,被告梁某平系无权处分,该转让行为应当予以撤销。

被告梁某平答辩称:

1.《股权转让协议书》上原告的签字及手印,确非原告本人所出,是其与被告王某山共同伪造,签字时被告梁某平、被告王某山在场,原告和王某师都没有到场,原告对此协议内容并不知情。

2.《股东会决议》上原告的签字也是虚假的,当时就在被告王某山处,原告并没有到场,由被告梁某平当着被告王某山面签的字,按的手印,签字内容和手印不是原告的,三人都知道。

3. 办理工商登记一系列文件上的签字、手印都是三人商量着伪造的,被告王某山对此非常清楚。

4. 原告在股权转让之前,向被告王某山借了10万元钱,上面原告的签字是真实的,此10万元与股权转让无关,是个人借款。欠条上原告的签字与协议上的签字完全不同,被告王某山对此明知。

5. 在三人私下办理股权转让期间,原告因有孕在身,所以一直在家休养,并没有参与任何一个公司的经营管理。

综上,被告梁某平确实对不住原告,股权转让过程她确不知情,伪造签字也主要是听了被告王某山的意见,被告梁某平和被告王某山都不是善意第三人,请法院公正判决。

被告王某山辩称:

股权转让合同书是双方当事人的真实意思表示,内容不违反法律法规,为有效约定。

在合同书订立之前,原告明知被告王某山已先行以被告金海岸公司的名义向预备役师支付土地转让款200万元而其并未提出任何异议,被告王某山已经实际履行了合同的主要义务。被告王某山向原告、被告梁某平夫妇支付4944万元的转让款原告是明知的。原告、被告梁某平夫妇的另外两个夫妻共同共有的公司远大公司、海岸公司收取了被告王某山后续股权转让款2890.76万元。远大公司、海岸公司收取被告王某山巨额股权转让费,原告当然应当知道股权转让的事实。

被告金海岸公司辩称:

1. 原告将其作为本案的被告没有事实依据和法律依据。原告起诉的是股权转让侵权纠纷,本案中转让人是原告、被告梁某平夫妇,受让人为被告王某山、王某师,而非被告金海岸公司。被告金海岸公司根据转让双方签订的股权转让协议等法律文件,依法办理股权变更登记的行为不存在侵犯原告权利的事实,没有过错。

2. 原告、被告梁某平夫妇将被告金海岸公司的全部股权转让给被告王某山是双方的真实意思表示,其转让行为合法有效,应受到法律保护。

3. 被告金海岸公司同意被告王某山的所有答辩意见。

律师观点:

1. 原告明知股东在办理股份转让和公司变更手续方面存在瑕疵,并未提出异议,因此,该瑕疵不影响合同的效力。

本案股权转让合同的内容和形式并不违反法律法规的强制性规定,股权转让已经实际履行,并办理了公司变更登记手续,应当认定股权转让合同合法有效。原告未在股权转让合同上签名,只是股东在办理股份转让和公司变更手续方面存在的瑕疵,而这一瑕疵并未影响股权转让合同的实际履行。原告对此明知,且并未提出异议,因此,股权转让的瑕疵不影响股权转让合同的效力。

2. 被告梁某平代原告订立股权转让合同、签署股东会决议、公司章程修正案有效。

本案的原告与被告梁某平系夫妻关系,被告金海岸公司是其夫妻二人共同开办的,丈夫被告梁某平占80%的股份,妻子原告占20%的股份。夫妻二人共同出资设立公司,应当以各自所有的财产作为注册资本,并各自承担相应的责任。因此,夫妻二人登记注册公司时应当提交财产分割证明,但是本案当事人夫妻二人在设立公司时并未进行财产分割,应当认定是以夫妻共同共有财产出资设立公司。

原告和被告梁某平用夫妻共同共有财产出资成立公司,在夫妻关系存续期间,丈夫或者妻子的公司股份是双方共同共有的财产,夫妻作为共同共有人,对共有财产享有平等的占有、使用、收益和处分的权利。根据《最高人民法院关于适用

《中华人民共和国婚姻法〉若干问题的解释(一)》第 17 条第 2 款①规定:"夫或妻非因日常生活需要对夫妻共同财产做重要处理决定,夫妻双方应当平等协商,取得一致意见。他人有理由相信其为夫妻双方共同意思表示的,另一方不得以不同意或不知道为由对抗善意第三人。"

原告与被告梁某平转让被告金海岸公司股权的行为属于对夫妻共同财产做重要处理,二人均应在股权转让合同、股东会决议、公司章程修正案上签名。但是对于被告梁某平代原告订约、签名的效力问题应当综合本案事实,根据原告对于股权转让是否明知、被告王某山是否为善意等因素予以分析认定。本案查明的事实是,原告与被告梁某平夫妻二人共同协商股权转让事宜;被告王某山在签订股权转让协议前,通过其夫妇提供的部队账户,以被告金海岸公司的名义向预备役师支付土地出让金 200 万元;在签订股权转让协议时,夫妇共同开办的远大公司提供保证;在股权转让协议签订后,向夫妇共同开办的远大公司和海岸公司交付股权转让款;被告王某山持有原告的身份证复印件,办理股权变更的工商登记;被告王某山持有被告金海岸公司的全部证照、印章、资料原件,被告金海岸公司的住所地进行变更;被告王某山已经支付了 4944 万元的股权转让款,变更了被告金海岸公司的股东手续,股权转让合同履行后实际控制了被告金海岸公司。

上述事实证明原告参与股权转让的签订和履行,转让股权是夫妻二人的真实意思表示。被告王某山有理由相信被告梁某平能够代表妻子原告签订股权转让合同、股东会决议、公司章程修正案。被告梁某平陈述原告曾中途停止谈判,股权不再转让。但是,原告不能举证证明其是否通知被告王某山终止股权转让。原告知道股权转让的事实,并未提出异议和阻止其丈夫被告梁某平转让其股份,应当视为同意转让,被告梁某平代原告订约、签名转让股权,对于原告有约束力。原告主张股权转让合同的当事人被告梁某平和被告王某山恶意串通,侵犯了其优先购买权,但是,原告并没有提供证据证明被告王某山与被告梁某平恶意串通构成侵权的事实。

法院判决:

判决驳回原告的诉讼请求。

---

① 现为《民法典》第 1060 条相关内容。第 1060 条规定:"夫妻一方因家庭日常生活需要而实施的民事法律行为,对夫妻双方发生效力,但是夫妻一方与相对人另有约定的除外。夫妻之间对一方可以实施的民事法律行为范围的限制,不得对抗善意相对人。"

【案例243】夫妻一方未经授权转让登记在另一方名下股权 转让被认定无效[①]

原告：姚某全

被告：姚某彬

第三人：许某蓉

诉讼请求：请求判决确认2016年10月13日形成的原告转让三合公司50%股权给被告的《股权转让协议》无效。

争议焦点：妻子代替丈夫签字将其名下股权转让给儿子,代签的《股权转让协议》是否系丈夫的真实意思表示。

基本案情：

被告系原告、第三人婚生子。

2008年6月26日,原告与第三人在夫妻关系存续期间,以各占股50%的方式投资设立三合公司,原告担任法定代表人。三合公司申请工商登记成立的材料,包括公司设立登记申请书、指定代表或者共同委托代理人的证明、三合公司第一届股东会会议决议、法定代表人任职书、三合公司章程,其中所有原告的签名实际均为第三人的签字,非原告本人签字。

2016年10月13日,三合公司向新津县行政审批局提交材料并申请:将法定代表人原告变更为被告,股东原告、第三人变更为被告。三合公司提交材料中包含2016年10月13日《股权转让协议》,该协议约定原告将所持有的三合公司50%股权转让给被告,转让价格另行协商,该协议中原告的签名实际均为第三人的签字,非原告本人签字。2016年10月19日,新津县行政审批局作出准予变更登记通知书。

2016年10月24日,原告与第三人登记离婚,双方签订的《离婚协议书》未对三合公司股权进行分割。

被告未向原告支付股权转让费。

原告诉称：

2008年6月19日,原告与第三人(原告前妻)出资100万元人民币成立三合公司。2017年6月26日,原告到新津县行政审批局办理该公司相关业务时,被告知三合公司原股东及法定代表人原告已变更为被告。之后,原告到新津县行政局查询相关资料,发现被告提供虚假材料及现场虚假签名骗取工商变更登记等情

[①] 参见四川省成都市中级人民法院(2018)川01民终2121号民事判决书。

况。被告在2016年10月13日所提供的《股权转让协议》内容不真实，且该《股权转让协议》上原告签名非原告书写，系被告伪造。上述工商变更登记系被告冒用原告名义在工商登记机关办理了公司股东及法定代表人的变更。被告的行为严重侵害了原告的合法财产权，致原告股权利益损失近千万元。被告伪造《股权转让协议》并冒用原告名义办理工商股权及法定代表人变更登记，侵犯了原告的合法权益。

被告辩称：

1.《股权转让协议》是原告的真实意思表示，并由其委托当时的妻子，即第三人所签，并非伪造。原被告系父子关系。涉案三合公司成立于2008年6月26日，由被告的父亲（原告）和被告的母亲（第三人）出资设立。2016年10月，原告主动找到被告，提出要把三合公司转给被告，并在其后主动将三合公司的公司公章、财务专用章、法定代表人印章及自己的身份证原件交予被告，提出让被告与其母第三人自行去办理相关业务。由于三合公司从筹划成立到申请登记一切手续原告并未参与，全部由第三人一人经手办理，故在新津县行政审批局申请股权变更和法定代表人变更时，第三人受原告委托前去办理。因工商变更登记材料要求严格，档案内材料签名须前后一致，故案涉《股权转让协议》就由原告委托当时的妻子第三人代为签字。

2. 原告在诉状中作了虚假陈述。三合公司从成立之日起至股权变更之日止，没有实际投入经营，开立的基本账户从未使用，从未开展任何生产经营活动。故原告诉状中所称的损失不实。原告对股权转让一事完全知情，并用自己的实际行为对股权转让表示认同和支持，正因为对三合公司已作处分，原告与第三人协议离婚时，才未对三合公司进行分割。

3. 原告已就案涉股权转让一事向法院提起行政诉讼，该院（2017）川0131行初23号行政判决书认定，"原告主张被告作出变更登记行为所依据的材料和签名系伪造，但未能提供上述材料的效力经法定程序被否定的证据，对第三人的主张也没有证据反驳"，依法驳回原告的诉请。该行政判决书也证实案涉股权转让符合法律规定，是有效法律行为。

第三人述称：

所有的股权转让签字等都是其作为妻子的权利义务，都是在原告的授意下做的，并没有伪造。

法院认为：

诉争《股权转让协议》不是原告本人签字，系原告当时的妻子第三人所签，该

《股权转让协议》是否对原告发生效力？

1. 第三人是否具有原告的直接授权？

本案中，第三人签订《股权转让协议》没有获得原告的书面授权，第三人在三合公司设立登记时的代表行为不足以证明，第三人在本次股权转让中具有原告的授权，故第三人不具有原告的直接授权。

2. 第三人的行为是否构成表见代理？

要判断第三人的行为是否构成表见代理，首先应当判断被告是否是"善意第三人"。本案中，被告未实际支付股权转让费，从被告个人陈述来看，其内心认定的原告的行为实际是一个赠与行为，不用支付对价。在赠与关系中，就是作出赠与和接受赠与，不应存在"善意第三人"的说法。被告系原告、第三人的婚生子，其对公司股权的占有、第三人代原告签名情况都非常清楚，被告不能认定为"善意第三人"，故第三人的行为不构成表见代理。

3. 原告对第三人的行为是否进行追认？

本案庭审中，原告明确表示不愿将股权转让给被告，第三人行为未被原告追认，故第三人签订的诉争《股权转让协议》不应对原告发生效力。

本案为三合公司内部股东间因股权转让行为引发的纠纷，股东之间虽系家庭成员关系，但对股权所作的处分并非一般家庭事务，当事人的意思表示应有相应确切的证据予以证明。被告现无证据证明《股权转让协议》系原告真实意思表示。

法院判决：

确认 2016 年 10 月 13 日形成的原告转让三合公司 50% 股权给被告的《股权转让协议》无效。

【案例244】对外转让股权须得过半数股东同意　配偶同意并非必须[①]

原告：艾某、张某田

被告：刘某平

第三人：王某、武某雄、张某珍、折某刚

诉讼请求：

1. 确认原告张某田与被告签订的股权转让协议无效；
2. 由被告返还原告张某田在工贸公司持有的 54.93% 股权。

[①] 参见最高人民法院（2014）民二终字第48号民事判决书。

争议焦点:股东转让股权是否必须经其妻子同意,否则,股权转让行为无效。
基本案情:
原告艾某、张某田系夫妻关系。

2004年12月22日,设立工贸公司的登记申请书载明的股东为:原告张某田,案外人赵某有、张某华、许某华、张某平。

2011年10月26日,原告张某田与被告签订协议约定:原告张某田自愿将其在工贸公司的原始股份额660万元以13,200万元转让给被告,被告在签订本协议时支付定金1000万元。工贸公司与被告签订正式合同、移交相关手续、变更工商登记后支付50%,余款在被告进入煤矿及移交财务、资产证件等手续时一次性付清。原告张某田保证其股份有绝对排他权利,否则,按协议第6条承担责任,该条约定:"本协议签订后应诚实守信,不得违约,不得解除,不得主张无效。否则,协议价款如数归还,还应向对方赔偿经济损失,损失额为本协议价款的总额;若所转让的股份按市场交易价已超过协议价款总额的两倍以上时,执行市场价格超出价款总额部分的标准予以赔偿。"被告按协议约定向原告张某田支付定金1000万元人民币,原告张某田向被告出具了收条。

2011年12月16日,双方签订《股权转让协议书》约定:原告张某田自愿将其在工贸公司的500万元原始股份转让给被告,转让价款为18,960万元。被告在协议签订时先付原告张某田1000万元,待被告进入煤矿,原告张某田将财务、财产等相关手续移交完毕后,被告再付9000万元。余款待被告变更为矿业公司董事后一次性付清。原告张某田保证转让的股份权属清楚,无任何他项权利设定。若产生纠纷,由原告张某田负责处理,给被告造成的损失,原告张某田按该协议第6条的约定承担违约责任,该条的约定与2011年10月26日协议第6条的约定相同。协议还约定,在本协议签订后7日内,保证被告进入煤矿,工贸公司的一切合法权益由被告享有。在该协议签订的当天,被告按协议约定向原告张某田支付1000万元人民币,原告张某田向被告出具了收条。

上述两份股权转让协议签订后,被告共向原告张某田付款7600万元。原告张某田按被告的要求,将其在工贸公司的股权分别变更为:被告占14.28%;第三人王某占10.99%;第三人武某雄占5.49%;第三人张某珍占10.99%;第三人折某刚占13.18%,总计变更在被告及4位第三人名下的股权为54.93%。同时,被告以2亿277万元收购了工贸公司85位隐名股东的全部股权。

2011年12月19日,原告张某田按照协议约定,在榆林市工商行政管理局榆阳分局办理了股东变更登记。工贸公司的法定代表人原告张某田变更为被告,股东变更为被告、第三人折某刚、张某珍、王某、武某雄。

2011年12月26日,原告张某田将7600万元付款全部退回被告。

原告诉称:

2011年10月26日,原告张某田与被告签订股权转让协议约定:原告张某田将其在工贸公司的原始股份额660万元转让给被告,转让价款为13,200万元。被告在签订本协议时支付定金1000万元,工贸公司与被告签订正式合同、移交相关手续、变更工商登记后支付50%,剩余款项在被告进入煤矿及移交财物、资产证件等手续时一次性付清。

2011年12月16日,双方签订了《股权转让协议书》约定:原告张某田将其在工贸公司500万元的原始股份转让给被告,转让价款为18,960万元。被告在协议签订时给付1000万元,并确定了剩余价款的给付时间。

上述协议签订后,按被告的要求,原告张某田将其在工贸公司名下股权分别变更为:被告占14.28%;第三人王某占10.99%;第三人武某雄占5.49%;第三人张某珍占10.99%;第三人折某刚占13.18%,总计变更在被告及4位第三人名下的股权为54.93%。

原告艾某得知原告张某田将夫妻共同共有的股权未经其同意转让给被告后,立即进行了制止。原告张某田即向被告表示终止合同履行,并将被告两次汇款将7600万元全部退回。

因原告张某田将夫妻共同共有的股权转让给被告未经配偶原告艾某同意,故其与被告签订的股权转让协议无效,被告应返还原告张某田在工贸公司持有的54.93%股权。

被告辩称:

原告艾某、张某田请求确认原告张某田与被告于2011年10月26日、12月16日签订的两份股权转让协议无效,既无事实根据,又无法律依据,其理由如下:

1. 两原告关于原告张某田将夫妻共同共有的股权未经其妻艾某同意转让给被告的理由不能成立。

股权只能由股东享有。股东是在公司章程中记载姓名或者名称,并且由公司签发出资证明书的自然人或者法人。按照《公司法》第4条的规定,股权既包括资产收益权,即盈余分配请求权和剩余财产分配请求权,又包括了参与重大决策和选择管理者的权利。据此,股权的收益可作为夫妻共有财产,而股权中的参与公司经营管理权绝不是夫妻共同财产,更不是"夫妻共同共有"。我国现行法律、法规中,既没有规定自然人的股权转让必须经配偶一方同意,也没有规定自然人股东在参加股东(大)会会议时必须有配偶一方的委托书或者同意书。

2. 两原告称"原告艾某知道原告张某田将夫妻共同共有的股权未经其同意转让给被告后,立即进行了制止",违背社会生活常识。

在原告张某田出让其股权时,从第一次签订协议的2011年10月26日起,经历了原告张某田配合被告收购其他近百人股东的股权,到12月16日签订第二份《股权转让协议书》,再到12月19日办理工商变更登记,历时将近两个月,被告向原告张某田支付转让款达到7600万元。如此重大的事项,在长时间内进行,作为妻子的原告艾某,既然知道自己是该股权的"共同共有人",不可能不知道,也不可能不同意。按照社会生活的一般情形来判断,被告完全有理由相信原告艾某不但知道而且同意出让股权。要证明原告艾某不知道或者不同意股权转让这一"事实",无外乎是夫妻关系恶化,致使交流沟通难以实现,或者原告张某田为了一己之利,与受让人恶意串通、故意隐瞒妻子原告艾某等等。否则,令人难以相信原告艾某不知道或不同意股权转让。不能排除原告夫妻在已完成了股权转让交易的工商变更登记之后,违背诚信,出尔反尔,以谋取更大利益的可能。

3. 原告请求确认股权转让协议无效,缺乏法律依据。

原告依据《民法通则》第78条①、《最高人民法院关于贯彻执行〈中华人民共和国民法通则〉若干问题的意见(试行)》第89条②及《合同法》有关规定,请求认定原告张某田与被告签订的两份股权转让协议无效,缺乏法律依据。

(1)本案系股权转让纠纷,应该优先适用《公司法》的规定。根据《公司法》关于"有限责任公司股权转让"的规定,没有规定股权转让需经配偶的同意。

(2)本案所转让的工贸公司的股权,仅仅是属于原告张某田名下的股权,并非是与其妻原告艾某"共同共有"的股权。因此,无从适用《民法通则》第78条关于共同共有的规定,也无从适用《最高人民法院关于贯彻执行〈中华人民共和国民法通则〉若干问题的意见(试行)》第89条的规定。退一步讲,按照原告的主张,该股权属于"共同共有"的夫妻财产,原告张某田"擅自处分"该"共同共有"财产。但判定该股权转让协议是否合法有效,必须看受让人是否"善意、有偿"取得该项财产。对此,《最高人民法院关于贯彻执行〈中华人民共和国民法通则〉若干问题的意见(试行)》第89条"但书"中作了明确规定:"第三人善意、有偿取得该项财产的,应当维护第三人的合法权益;对其他共有人的损失,由擅自处分共有财

---

① 现为《民法典》第297条、298条、299条、305条等相关内容。
② 该意见已失效,其第89条内容可参见《民法典》第311条相关内容。

产的人赔偿。"在本案中,两份股权转让协议的原始出资额为1160万元,但转让价款为32,160万元,是原始出资额的27倍多。被告按照约定,已经支付了7600万元的价款。这足以证明,被告受让该股权完全是善意有偿的,符合善意取得的法律规定。股权转让协议合法有效,应继续履行。

按照《合同法》第52条①的规定,合同无效的情形:(1)一方以欺诈、胁迫的手段订立合同,损害国家利益;(2)恶意串通,损害国家、集体或者第三人利益;(3)以合法形式掩盖非法目的;(4)损害社会公共利益;(5)违反法律、行政法规的强制性规定。原告主张的事实,根本不存在这五种情形之一。

综上,两原告的诉请既无事实根据,又无法律依据。

第三人述称:

王某、武某雄、张某珍、折某刚的答辩意见与被告的答辩意见一致。

法院认为:

1. 本案应适用《公司法》及其相关规定,而非《婚姻法》及其相关规定。

原告艾某、张某田认为夫妻一方擅自转让其名下的股权,另一方诉请确认无效,实际是家庭财产纠纷,首先应当适用民法、《婚姻法》的规定,作为调整商事行为的《公司法》处于适用的次要地位。

律师认为,两原告提起本案诉讼,所依据的是原告张某田与被告签订的两份股权转让协议,并提出确认协议无效、返还股权的诉讼请求。

因此,在双方当事人之间形成的是股权转让合同法律关系,本案案由亦确定为股权转让纠纷。故对本案的处理应当适用我国《合同法》《公司法》的相关调整股权转让交易的法律规范,而不应适用调整婚姻及其财产关系的法律规定。

2. 原告张某田转让其所持有的工贸公司的股权并非必须得到其配偶原告艾某的同意。

股权作为一项特殊的财产权,除其具有的财产权益内容外,还具有与股东个人的社会属性及其特质、品格密不可分的人格权、身份权等内容。如无特别约定,对于自然人股东而言,股权仍属于商法规范内的私权范畴,其各项具体权能应由股东本人独立行使,不受他人干涉。在股权流转方面,我国《公司法》确认的合法转让主体也是股东本人,而不是其所在的家庭。

我国《公司法》(2005年修订)第72条第2款规定:"股东向股东以外的人转

---

① 现无此规定,关于合同无效情形可参见《民法典》总则编第六章民事法律行为、合同编第三章合同的效力中的相关内容。

让股权,应当经其他股东过半数同意。股东应就其股权转让事项书面通知其他股东征求同意,其他股东自接到书面通知之日起满三十日未答复的,视为同意转让。其他股东半数以上不同意转让的,不同意的股东应当购买该转让的股权;不购买的,视为同意转让。"《婚姻法司法解释(二)》第 16 条①规定:"人民法院审理离婚案件,涉及分割夫妻共同财产中以一方名义在有限责任公司的出资额,另一方不是该公司股东的,按以下情形分别处理:(一)夫妻双方协商一致将出资额部分或者全部转让给该股东的配偶,过半数股东同意,其他股东明确表示放弃优先购买权的,该股东的配偶可以成为该公司的股东;(二)夫妻双方就出资额转让份额和转让价格等事协商一致后,过半数股东不同意转让,但愿意以同等价格购买该出资额的,人民法院可以对转让出资所得财产进行分割。过半数股东不同意转让,也不愿意以同等价格购买该出资额的,视为同意转让,该股东的配偶可以成为该公司股东。用于证明前款规定的过半数股东同意的证据,可以是股东会决议,也可以是当事人通过其他合法途径取得的股东的书面声明材料。"根据上述法律规定,股东转让股权必须征得过半数股东的同意,并非必须征得其配偶的同意。即使在有限责任公司的出资系夫妻共同财产,但非公司股东的配偶,要成为公司的股东,还须征得其他股东的同意,只有在其他股东明确表示放弃优先购买权的情况下,股东的配偶才可以成为该公司的股东。在过半数股东不同意转让,但愿意以同等价格购买该出资额的情况下,只能对转让出资所得财产进行分割。

综上,股东转让股权必须征得过半数股东的同意,并非必须要征得其配偶的同意。上述法律规定,体现了有限责任公司人合性的法律特征。

虽然,股权的本质为财产权,但我国《公司法》(2005 年修订)第 4 条规定:"公司股东依法享有资产收益、参与重大决策和选择管理者等权利。"据此,股权既包括资产收益权,也包括参与重大决策和选择管理者的权利。所以,股权并非单纯的财产权,应为综合性的民事权利。故我国《公司法》(2005 年修订)第 72 条及《婚姻法司法解释(二)》第 16 条规定了股东转让股权必须征得过半数股东的同意,并非必须征得其配偶的同意。且我国现行法律和行政法规没有关于配偶一方转让其在公司的股权须经另一方配偶同意的规定。

故原告张某田将其所持有的工贸公司的股权转让给被告并非必须得到其配偶原告艾某的同意。

---

① 现为《最高人民法院关于适用〈中华人民共和国民法典〉婚姻家庭编的解释(一)》第 73 条相关内容。

3. 被告系善意取得受让股权。

虽然,涉案股权系原告张某田与其妻原告艾某的共有财产,《最高人民法院关于贯彻执行〈中华人民共和国民法通则〉若干问题的意见(试行)》第89条规定了在共同共有关系存续期间,部分共有人擅自处分共有财产的,一般认定无效。但该条"但书"又规定:"第三人善意、有偿取得该财产的,应当维护第三人的合法权益,对其他共有人的损失,由擅自处分共有财产的人赔偿。"再者,《婚姻法司法解释(一)》第17条第1款第2项①规定:"夫或妻非因日常生活需要对夫妻共同财产做重要处理决定,夫妻应当平等协商,取得一致意见。他人有理由相信其为夫妻双方共同意思表示的,另一方不得以不同意或不知道为由对抗善意第三人。"根据该条的立法本意,因夫妻之间存在着特殊的身份关系,故夫妻之间相互享有家事代理权。

从本案股权转让的事实看:原告张某田转让其在工贸公司1160万元的出资予被告,获得32,160万元的对价;同时,被告受让了工贸公司其余85位隐名股东的全部股权;工贸公司的法定代表人由原告张某田变更为被告,并在工商部门进行了变更登记,被告有理由相信两份股权转让协议系原告艾某、张某田夫妇的共同意思表示,也足以证明被告受让该股权符合善意取得的法律规定。

4. 被告及本案第三人受让工贸公司股权的行为并不违反强制性法律规定。

原告张某田与被告签订的两份股权转让协议并不存在我国《合同法》第52条规定的欺诈、胁迫,损害国家利益;恶意串通,损害国家、集体或者第三人利益;以合法形式掩盖非法目的;损害社会公共利益;违反法律、行政法规的强制性规定的情形。根据本案查明的事实,被告不但受让了原告张某田在工贸公司的股权,而且以2亿277万元收购了工贸公司85位隐名股东的全部股权,实际上被告及第三人折某刚、张某珍、王某、武某雄共同收购了工贸公司,他们的行为并不违反国家强制性法律规定。

综上所述,原告张某田因转让其持有的工贸公司的股权事宜,与被告签订了股权转让协议,双方从事该项民事交易活动,其民事主体适格,意思表示真实、明确,协议内容不违反我国《合同法》《公司法》的强制性规定,该股权转让协议应认定有效。

法院判决:

驳回原告诉讼请求。

---

① 现为《民法典》第1060条相关内容。

462. 如何有效防止夫妻共有股权被擅自处分？

实践中，夫妻一方转让共有股权的情形较为常见，由此引起的纠纷也不在少数。对于非转让股权的夫妻一方而言，另一方的转让行为固然损害了其财产利益，作为受让方而言，哪怕通过善意取得受让股权，往往也因诉讼受累，大费周章。为避免该类情况的发生，笔者认为实践中应当注意如下两点：

（1）夫妻双方可以对共有股权进行权属约定，明确财产归属（如可以约定夫妻双方各按一定比例拥有股权）。同时，为了对抗善意第三人，在公司的股东名册、章程和工商登记中也应当以同样的比例列明各自股权。该做法可以公示夫妻双方的持股情况，也就不会产生第三人善意取得一方股权的情况。

（2）对于受让方而言，在受让股权之前应尽到合理审慎的了解义务，可以通过查询股东名册及工商登记等方式审查转让人的出资情况及受让股权的性质，并请转让方夫妻共同确认转让合同，从而慎重作出受让决定，有效避免纠纷的发生。

第三节 股份有限公司股份转让的裁判标准

一、股份转让流程及限制

463. 股份有限公司股份应当如何转让，有何限制？

区分以下情况：

（1）对于记名股票，由股东以背书方式转让；转让后由公司将受让人的姓名或者名称及住所记载于股东名册。但在股东大会召开前20日内或者公司决定分配股利的基准日前5日内，不得进行股东名册的变更登记。

（2）对于无记名股票，由股东将该股票交付给受让人后即发生转让的效力。

464. 股份有限公司成立前是否可以向股东交付股票？

《公司法》明确规定，股份有限公司成立前，不得向股东交付股票。

465. 股份有限公司的股份转让是否必须在证券交易所进行？

不是。目前，只有上市公司的股份转让需要在沪、深两地证券交易所进行。对于未上市的股份有限公司当然不受证券交易所交易规则和中国证监会相关规章的约束，股权转让的法律依据是《公司法》及公司的章程，故只需依法并按照章程转让股权即可，无须在证券交易所进行交易。

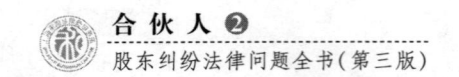

466. 股份有限公司的股东转让股份,是否需要经过董事会或股东大会决议和同意?

股份有限公司的股份可以自由转让,无须经过董事会或股东大会决议,只需按照《公司法》程序转让即可。

但当公司控股股东拟转让股份,为保护其他股东利益,公司最好进行审计、评估,以免大股东侵害其他股东情况发生,亦需董事会、股东大会对大股东进行定性、评价。[①]

467. 股份有限公司发起人、董事、监事、高级管理人员转让本公司股份有何限制?

根据《公司法》规定,有以下限制:

(1)发起人持有的本公司股份,自公司成立之日起1年内不得转让。公司公开发行股份前已发行的股份,自公司股票在证券交易所上市交易之日起1年内不得转让。

(2)公司董事、监事、高级管理人员应当向公司申报所持有的本公司的股份及其变动情况,在任职期间每年转让的股份不得超过其所持有本公司股份总数的25%;所持本公司股份自公司股票上市交易之日起1年内不得转让。上述人员离职后半年内,不得转让其所持有的本公司股份。

值得注意的是,公司章程仅能对公司董事、监事、高级管理人员转让其所持有的本公司股份作出较《公司法》更为严格的限制性规定,而不能作出任意性规定。

468. 股份有限公司股东在限售期内转让股份,约定待股份解禁后再行办理过户是否有效?

有效。

因为该行为并不会免除转让股份的发起人的法律责任,也不能免除其股东责任。因此,上述股权转让合同应认定为合法有效。

【案例245】约定解禁后再行过户　股份转让合法有效[②]

原告:张某平

[①] 吴庆宝主编:《最高人民法院专家法官阐释民商裁判疑难问题(2009～2010年卷)》,中国法制出版社2009年版。

[②] 张某平诉王某股权转让合同纠纷案,由江苏省高级人民法院审理。

被告：王某

诉讼请求：

1. 判令被告继续履行双方签订的《股份转让协议》和《过渡期经营管理协议》；
2. 判令被告依照《股份转让协议》中的约定向原告支付特别赔偿金41,500万元人民币。

争议焦点：

1. 《股份转让协议》及《过渡期经营管理协议》是否违反了发起人自公司成立之日起3年内不得转让本人持有股份的规定，是否有效；
2. 被告代理人赴原告处收款时作出的余款结算承诺是否为被告授权行为；是否视为对股份转让款支付方式的重新约定；
3. 如何判断违约金金额是否过高，应当如何调整。

基本案情：

原、被告都是2002年9月20日成立的浦东公司的发起人、股东。经协商，双方于2004年10月22日签署了《股份转让协议》《过渡期经营管理协议》，约定：原告以每股2.44元，合计8300万元的价格受让被告持有的浦东公司3400万股份。同时，被告须向原告提供包括全部转让款的税务发票。合同生效后10日内，原告向被告支付4300万元。2004年12月31日前，原告支付其余股份转让金4000万元。被告则承诺在过渡期，即股份转让手续办理完毕前，授权原告代行其作为股东、董事的一切权利，承担一切义务。如任何一方有违约行为，均应向对方支付4.15亿元特别赔偿金。《股份转让协议》还约定，双方签署之日，协议即生效，并依照《公司法》规定，合法有效地将被告所持有的股份转让于原告名下之日终止。如遇法律和国家政策变化，修改了股份有限公司发起人股份的转让条件和限制，将按照新的法律和政策的规定相应调整合同的生效时间。双方过渡期协议还约定，被告如违约，应双倍返还原告交付的定金。双倍返还定金仍不能弥补给原告造成的损失的，应再行按双方特别约定的赔偿金数额进行赔偿。

上述协议签订同日，被告即签署了向浦东公司董事会提出辞去该公司董事职务的申请，并依约向原告出具了《授权委托书》，全权委托原告代为行使被告在浦东公司股份项下可享有的一切权利，还确认，在委托人将其名下股份全部转让给原告之前始终有效并不得撤销。

原告于2004年10月22日以转账支票向被告支付了2000万元定金，同年10月29日原告又以转账支票向被告支付股份转让金2300万元，由案外人陈某签收。协议签订后10日内，连同2000万元定金，原告共向被告支付了4300万元股份转让金,被告确认收到。

2004年12月30日,原告向被告发出《付款通知》,要求被告于2004年12月31日,来苏宁环球大厦17楼其办公室领取股份转让金4000万元,并办理其已支付完全部股份转让金的确认手续。

次日,金盛公司(被告担任该公司法定代表人)职员张某、陈某作为经办人,向原告出具收条,确认"今收到苏宁公司代原告支付的股份转让金叁仟捌佰万元整(转账支票)。尚余贰佰万元股份转让金,待股份转让手续完备确认后结算。经办人陈某、张某代被告",该收据上还加盖了金盛公司财务专用章。

2005年1月8日,被告向原告发出《关于收回股份的通知》。该通知声明,原告应在2004年12月31日前支付股份转让金4000万元整。然而,直至2005年1月4日,原告才向被告支付3800万元。鉴于原告已迟延支付且尚欠200万元人民币,已构成根本性违约。从即日起终止双方于2004年10月22日签订的《股份转让协议》和《过渡期经营管理协议》,与此同时,被告依《股份转让协议》所签发的所有授权委托书等法律文件亦同时作废,被告仍持有浦东公司17%的股份,并享有该股份所包含的所有股东权利。

另合同签订前,双方谈判期间,被告用两个手机发了同一条信息给原告:"张总,昨日商谈股份转让事宜,我认为按曾水沙转让比例17%×4=6800万元+1700万元=8500万元,我投入这么长时间并对增资起很大作用。"2004年3月11日,《南方周末》大幅报道了浦东公司土地升值,部分股东因此发生纠纷情况,报道中还有对被告本人的采访。报道明确指出,浦东公司当时股东内部纠纷的另一起因是"浦东公司那4500亩土地价格的急速蹿升……4500亩土地地价升值近3倍,仅地价升值带来的潜在收益就高达16亿元,当然这还没算上在4500亩土地上建成住宅后更大的收益"。

原告诉称:

双方签订的《股权转让协议》和《过渡期经营管理协议》合法有效,原告依约履行了两份协议内容,但被告却拒不进行股权变更,被告的行为构成违约。

关于2004年12月31日收据中"200万元余款待股份转让手续完备后结算"是否经过被告认可的问题。原告认为被告的委托代理人是经过向被告口头请示,得到被告确认后才承诺上述内容,该承诺是被告及其代理人的真实意思表示。

关于2004年12月31日是否需要办理股份转让金履行完毕的确认手续。原告认为2004年12月31日4000万元交付对方即可认为股份转让金已交付,但需要办理股份转让金履行完毕的确认手续,因此,收条上的确认手续符合合同约定及目的。

被告辩称:

双方签署的《股份转让协议》和《过渡期经营管理协议》均为违法无效协议。原告虽认为被告存在违约行为并给其带来损失,但未提供证据。因此,请求依法驳回原告全部诉讼请求。理由如下:

1. 上述股份转让协议及相关法律文件中特别是关于违约责任的约定中,存在显失公平条款。原告仍欠被告股权转让款 200 万元未付。根据《股份转让协议》,协议的任何修改或补充须经甲乙双方书面签订协议方能生效。被告委派人员无权同意"尚余 200 万元留待股份转让手续完备确认后结算"。

2. 《股份转让协议》及《过渡期经营管理协议》违反了法律强制性规定和《浦东公司章程》规定,系属规避法律的无效协议。其授权行为的实质就是股权移交行为。

被告反诉请求:

判令《股份转让协议》及《过渡期经营管理协议》无效。

被告反诉称:

原告在与其签署协议过程中,故意仅向被告出示未反映浦东公司真实价值的财务报表,隐瞒了能反映浦东公司真实价值的《盈利预测报告》,致使被告将实际价值超过 4.64 元/股的浦东公司股份仅以 2.44 元/股的价格转让,故《股份转让协议》及《过渡期经营管理协议》还是原告以欺诈手段订立的、内容显失公平的协议。

关于 2004 年 12 月 31 日收据中"200 万元余款待股份转让手续完备后结算"是否经过被告认可的问题。被告认为其仅授权经办人去取款,并未作其他授权,协议的任何修改和变更,必须双方书面约定。经办人是在原告的胁迫下为取得 3800 万元转账支票,依照原告的要求,写下的上述内容,被告不认可"200 万元余款待股份转让手续完备后结算",但被告未能提供相应的证据。

关于 2004 年 12 月 31 日是否需要办理股份转让金履行完毕的确认手续。被告认为 2004 年 12 月 31 日 4000 万元必须到账才算股份转让金履行完毕,但并不需要办理股份转让金履行完毕的确认手续。

律师观点:

1. 原、被告所签订的《股份转让协议》和《过渡期经营管理协议》是双方当事人真实意思表示,内容合法有效,双方均应依约履行。

《公司法》第 141 条规定,"发起人持有的本公司股份,自公司成立之日起一年内不得转让……公司董事、监事、高级管理人员应当向公司申报所持有的本公司的股份及其变动情况,在任职期间每年转让的股份不得超过其所持有本公司股份总数的百分之二十五;所持本公司股份自公司股票上市交易之日起一年内不得转让……"该规定的立法目的在于防范发起人利用公司设立谋取不当利益,并通过转让股份逃避发起人可能承担的发起人责任。该法条所禁止的发起人转让股份应是对股份变动行为的禁止,而不是对签订合同行为的禁止。只要1年内未实际交付股份,则承担责任的仍是原发起人,因此,双方当事人间订立合同的行为并不违反《公司法》第141条的立法本意。上述过渡期经营管理协议性质属于股权的托管协议,双方形成事实上的股权托管关系,对此,《公司法》并无禁止性规定。被告认为双方间所签订的《股份转让协议》和《过渡期经营管理协议》违反法律禁止性规定的答辩理由不予支持。

上述协议签订时,也不存在原告对被告进行价格欺诈或者显失公平时情形。协议签订时所确定的价格,是根据被告向原告所发出的股权转让价格计算方案等要约内容,经双方协商适当调整后所确定;被告和原告一样,均是长期从事实业经营的企业家,不存在一方当事人利用优势或者利用对方没有经验,致使双方的权利义务明显违反公平、等价有偿原则,从而显失公平等情形。

2. 被告代理人赴原告处收款时作出的余款结算承诺应视为被告授权行为,原告并未违约。

合同履行过程中,被告委托陈某、张某前去原告处取款,后陈某、张某代表被告确认收到3800万元转账支票并承诺"余款贰佰万元股份转让金,待股份转让手续完备确认后结算",应视为被告授权行为,该约定为双方当事人对股份转让款支付方式的重新约定,因而原告依上述约定未向被告支付剩余200万元股份转让余额,不构成违约。原告于2004年12月31日以支票方式向被告支付3800万元,并不违反双方合同约定,也不构成违约。被告认为原告构成根本违约,没有事实和法律依据,其单方解除双方间《股份转让协议》和《过渡期经营管理协议》,不符合法律规定,被告的行为已构成违约,应承担违约责任。

由于原告不能对被告违约行为给其造成损失的有关事实进一步举证证明,其直接要求被告按股份转让金数额的5倍即41,500万元向其支付特别赔偿金,在被告持有异议的情况下,不予支持。根据被告的调整违约金请求,结合本案实际,以8100万元由被告占用期间的流动资金贷款利息为相应参考依据,认定被告应向原告支付违约金500万元。

法院判决:

1.《股份转让协议》和《过渡期经营管理协议》有效;

2. 被告在判决生效后 10 日内依合同约定与原告办理股权转让的相关手续；

3. 上述股份转让手续办理完备后，原告立即给付被告 200 万元股份转让金；

4. 被告应于判决生效后 10 日内向原告支付 500 万元违约金；

5. 驳回原告其他诉讼请求；

6. 驳回被告的反诉请求。

469. 股份有限公司可否通过公司章程规定股权转让的条件,限制股东转让股份？

不可以。《公司法》明确规定"股东持有的股份可以依法转让"。判断公司章程可否对股东转让股份进行限制的关键是该法条是否是效力性强制性规范，如是，则章程不能对股份自由转让加以限制。

由于股份有限公司的大多数股东很难有能力与公司管理层协商并对公司管理层进行有效监督和制约，中小股东很容易被边缘化和外部化，其利益也更容易受到侵害，法律需要制定更多的强制性规定对中小股东予以保护。股份有限公司是资合性公司，股份自由流通是其生命，关涉到公司和第三人利益，因而，股份有限公司股权转让是一个外部性问题。如果公司章程对公司股份转让进行限制，则构成对股份有限公司资合性的破坏，可能会对包括公司股东、债权人在内的利益相关者权益造成侵害。因此，关于股份转让的规定属于法律的强制性规定，公司章程不能对股东自由转让股份的行为进行限制。[①]

470. 股权转让合同解除后,转让人是否可以起诉主张受让人在返还股权时一并返还其持有该股份在公司所获得的红利、配送新股及因该股份而认购的新股等股东权益？

可以。一旦股权转让合同解除，受让人所取得的上述财产系属于不当得利，应予返还，而受让人因上述股东权益支付对价的，可以同时请求转让人予以补偿。

471. 国有单位受让上市公司股份有哪些方式？

国有单位可以通过以下两种方式受让上市公司股份：

（1）证券交易系统购买；

（2）通过协议方式受让。

国有单位系指各级国有资产监督管理机构监管范围内的国有及国有控股企业、有关机构、事业单位等。

[①] 张海棠主编：《公司法适用与审判实务》，中国法制出版社 2009 年版，第 285 页。

472. 公司内部职工股的交易有何限制？

内部职工持有的股份在公司配售3年内不得转让,3年后也只能在内部职工之间转让,不得在社会上转让交易。

473. 公司内部职工股在持有人脱离公司或死亡时如何处理？

内部职工持有的股份,在持有人脱离公司、死亡或其他特殊情况下,可以不受转让期限限制,转让给本公司其他内部职工,也可以由公司收购。

474. 公司内部职工股的转让价格如何确定？

内部职工股的转让价格或公司收购价格,应以公司每股净资产额为基础,由转让、收售双方协商确定。公司委托的证券经营机构可通过提供参考价格给予指导。

二、非上市公众公司股份转让的流程

475. 什么是非上市公众公司？

非上市公众公司是指有下列情形之一且其股票未在证券交易所上市交易的股份有限公司(以下简称公众公司):

(1)股票向特定对象发行或者转让导致股东累计超过200人；

(2)股票以公开方式向社会公众公开转让。

特定对象的范围包括下列机构或者自然人:

(1)公司股东；

(2)公司的董事、监事、高级管理人员、核心员工；

(3)符合投资者适当性管理规定的自然人投资者、法人投资者及其他经济组织。

476. 非上市公众公司股票应当在哪里登记？公开转让在哪里进行？

公众公司股票应当在中国证券登记结算公司集中登记存管。公开转让应当在依法设立的证券交易场所进行。

477. 进行非上市公众公司收购的条件是什么？收购的股份多长时间可以转让？

进行公众公司收购,收购人或者其实际控制人应当具有健全的公司治理机制和良好的诚信记录。收购人不得以任何形式从被收购公司获得财务资助,不得利用收购活动损害被收购公司及其股东的合法权益。

在公众公司收购中,收购人持有的被收购公司的股份,在收购完成后12个月内不得转让。

第七章
股权转让纠纷

478. 非上市公众公司信息披露文件主要包括哪些？

公众公司信息披露文件主要包括公开转让说明书、定向转让说明书、定向发行说明书、发行情况报告书、定期报告和临时报告等。具体的内容与格式、编制规则及披露要求，由中国证监会另行制定。

479. 公开转让与定向发行的非上市公众公司应当如何进行信息披露？

公开转让与定向发行的非上市公众公司，应当在每一会计年度的上半年结束之日起 2 个月内，披露记载有中国证监会规定内容的半年度报告，在每一会计年度结束之日起 4 个月内，披露记载有中国证监会规定内容的年度报告。年度报告中的财务会计报告应当经由符合《证券法》规定的会计师事务所审计。

480. 股票向特定对象转让导致股东累计超过 200 人的非上市公众公司应当如何进行信息披露？

股票向特定对象转让导致股东累计超过 200 人的公众公司，应当在每一会计年度结束之日起 4 个月内披露记载中国证监会规定内容的年度报告。年度报告中的财务会计报告应当经会计师事务所审计。

481. 非上市公众公司披露信息应当由公司的什么机构发布？

公众公司披露的信息应当以董事会公告的形式发布。董事、监事、高级管理人员非经董事会书面授权，不得对外发布未披露的信息。

482. 非上市公众公司可否在公司章程中约定信息披露方式？

股票向特定对象转让导致股东累计超过 200 人的公众公司可以在公司章程中约定其他信息披露方式；在中国证监会指定的信息披露平台披露相关信息的，应当符合前述要求。

483. 非上市公众公司披露信息应当如何公布？

公司及其他信息披露义务人依法披露的信息，应当在中国证监会指定的信息披露平台公布。公司及其他信息披露义务人可在公司网站或者其他公众媒体上刊登依本办法必须披露的信息，但披露的内容应当完全一致，且不得早于在中国证监会指定的信息披露平台披露的时间。公司及其他信息披露义务人应当将信息披露公告文稿和相关备查文件置备于公司住所供社会公众查阅。

484. 股票向特定对象转让导致股东累计超过 200 人的股份有限公司应当如何进行股票转让？

股票向特定对象转让导致股东累计超过 200 人的股份有限公司，应当自上述行为发生之日起 3 个月内，按照中国证监会有关规定制作申请文件，申请文件应当包括但不限于：定向转让说明书、律师事务所出具的法律意见书、会计师事务所

· 1003 ·

出具的审计报告。股份有限公司持申请文件向中国证监会申请核准。在提交申请文件前,股份有限公司应当将相关情况通知所有股东。股票向特定对象转让应当以非公开方式协议转让。在 3 个月内股东人数降至 200 人以内的,可以不提出申请。

485. 非上市公众公司向社会公众公开转让股票时应当如何作出决议？其决议包括哪些内容？

公司申请其股票向社会公众公开转让的,董事会应当依法就股票公开转让的具体方案作出决议,并提请股东大会批准,股东大会决议必须经出席会议的股东所持表决权的 2/3 以上通过。

董事会和股东大会决议中还应当包括以下内容：
（1）按照中国证监会的相关规定修改公司章程；
（2）按照法律、行政法规和公司章程的规定建立健全公司治理机制；
（3）履行信息披露义务,按照相关规定披露公开转让说明书、年度报告、半年度报告及其他信息披露内容。

486. 申请股票向社会公众公开转让应提交哪些申请文件？

申请其股票向社会公众公开转让的公司,应当按照中国证监会有关规定制作公开转让的申请文件,申请文件应当包括但不限于：公开转让说明书、律师事务所出具的法律意见书、符合《证券法》规定的会计师事务所出具的审计报告、证券公司出具的推荐文件、全国股转系统的自律监管意见。公司持申请文件向中国证监会申请核准。公开转让说明书应当在公开转让前披露。公司及其董事、监事、高级管理人员,应当对公开转让说明书、定向转让说明书签署书面确认意见,保证所披露的信息真实、准确、完整。

487. 非上市公众公司定向发行包括哪些情形？

非上市公众公司定向发行包括向特定对象发行股票导致股东累计超过 200 人,以及股东人数超过 200 人的非上市公众公司向特定对象发行股票两种情形。

上述"特定对象"包括公司股东,公司的董事、监事、高级管理人员、核心员工,以及符合投资者适当性管理规定的自然人投资者、法人投资者及其他经济组织。其中,符合投资者适当性管理规定的自然人投资者、法人投资者及其他经济组织合计不得超过 35 名；核心员工的认定,应当由公司董事会提名,并向全体员工公示和征求意见,由监事会发表明确意见后,经股东大会审议批准。

488. 非上市公众公司定向发行时应当满足哪些条件？

非上市公众公司定向发行应满足两个条件：(1)公司应当对发行对象的身份

进行确认,有充分理由确信发行对象符合本办法和公司的相关规定;(2)公司应当与发行对象签订包含风险揭示条款的认购协议。

489. 非上市公众公司定向发行股票时,公司应当如何作出决议?

公司董事会应当依法就本次股票发行的具体方案作出决议,并提请股东大会批准,股东大会决议必须经出席会议的股东所持表决权的 2/3 以上通过。

申请向特定对象发行股票导致股东累计超过 200 人的股份有限公司,董事会和股东大会决议中还应当包括以下内容:

(1)按照中国证监会的相关规定修改公司章程;

(2)按照法律、行政法规和公司章程的规定建立健全公司治理机制;

(3)履行信息披露义务,按照相关规定披露定向发行说明书、发行情况报告书、年度报告、半年度报告及其他信息披露内容。

490. 非上市公众公司定向发行股票的申请文件包括哪些?

申请文件应当包括但不限于:定向发行说明书、律师事务所出具的法律意见书、符合《证券法》规定的会计师事务所出具的审计报告、证券公司出具的推荐文件。

491. 非上市公众公司可否向证监会申请分期定向发行股票?应履行何种程序?

非上市公众公司申请定向发行股票,可申请一次核准,分期发行。自中国证监会予以核准之日起,公司应当在 3 个月内首期发行,剩余数量应当在 12 个月内发行完毕。超过核准文件限定的有效期未发行的,须重新经中国证监会核准后方可发行。首期发行数量应当不少于总发行数量的 50%,剩余各期发行的数量由公司自行确定,每期发行后 5 个工作日内将发行情况报中国证监会备案。

股票发行结束后,非上市公众公司应当按照中国证监会的有关要求编制并披露发行情况报告书。申请分期发行的非上市公众公司应在每期发行后按照中国证监会的有关要求进行披露,并在全部发行结束或者超过核准文件有效期后按照中国证监会的有关要求编制并披露发行情况报告书。

492. 非上市公众公司在什么情况下可以豁免向中国证监会申请核准,定向发行股票?

非上市公众公司向特定对象发行股票后股东累计不超过 200 人的,或者非上市公众公司在 12 个月内发行股票累计融资额低于公司净资产的 20% 的,豁免向中国证监会申请核准,但发行对象应当符合定向发行股票的规定,并在每次发行后 5 个工作日内将发行情况报中国证监会备案。

豁免向中国证监会申请核准定向发行的公众公司,应当在发行结束后按照中国证监会的有关要求编制并披露发行情况报告书。

493. 非上市公众公司报送的报告有虚假记载、误导性陈述或者重大遗漏的,应当承担何种行政责任?

非上市公众公司报送的报告有虚假记载、误导性陈述或者重大遗漏的,除依照《证券法》有关规定进行处罚外,中国证监会可以采取终止审查并自确认之日起在 36 个月内不受理公司的股票转让和定向发行申请的监管措施。

494. 非上市公众公司以欺骗手段骗取核准、虚假陈述或者其他重大违法行为给投资者造成损失的,应当承担何种法律责任?

非上市公众公司以欺骗手段骗取核准、虚假陈述或者其他重大违法行为给投资者造成损失的,非上市公众公司的控股股东、实际控制人、相关的证券公司可以委托投资者保护机构,就赔偿事宜与受到损失的投资者达成协议,予以先行赔付。先行赔付后,可以依法向非上市公众公司以及其他连带责任人追偿。

495. 非上市公众公司未按规定擅自转让或发行股票的,应当承担何种行政责任?

未经依法注册,擅自公开或者变相公开发行证券的,责令停止发行,退还所募资金并加算银行同期存款利息,处以非法所募资金金额 5% 以上 50% 以下的罚款;对擅自公开或者变相公开发行证券设立的公司,由依法履行监督管理职责的机构或者部门会同县级以上地方人民政府予以取缔。对直接负责的主管人员和其他直接责任人员给予警告,并处以 50 万元以上 500 万元以下的罚款。

496. 证券公司、证券服务机构出具的文件有虚假记载、误导性陈述或者重大遗漏的,应当承担何种行政责任?

证券公司、证券服务机构出具的文件有虚假记载、误导性陈述或者重大遗漏的,除依照《证券法》及相关法律法规的规定处罚外,中国证监会可视情节轻重,自确认之日起采取 3 个月至 12 个月内不接受该机构出具的相关专项文件,36 个月内不接受相关签字人员出具的专项文件的监管措施。

497. 非上市公众公司及其他信息披露义务人未按照规定披露信息,或所披露的信息有虚假记载、误导性陈述或者重大遗漏的,应当承担何种行政责任?

信息披露义务人未按照《证券法》的规定报送有关报告或者履行信息披露义务的,责令改正,给予警告,并处以 50 万元以上 500 万元以下的罚款;对直接负责的主管人员和其他直接责任人员给予警告,并处以 20 万元以上 200 万元以下的罚款。发行人的控股股东、实际控制人组织、指使从事上述违法行为,或者隐瞒相关事项导致发生上述情形的,处以50万元以上500万元以下的罚款;对直接负责的主管人员和其他直接责任人员,处以20万元以上200万元以下的罚款。

信息披露义务人报送的报告或者披露的信息有虚假记载、误导性陈述或者重大遗漏的,责令改正,给予警告,并处以100万元以上1000万元以下的罚款;对直接负责的主管人员和其他直接责任人员给予警告,并处以50万元以上500万元以下的罚款。发行人的控股股东、实际控制人组织、指使从事上述违法行为,或者隐瞒相关事项导致发生上述情形的,处以100万元以上1000万元以下的罚款;对直接负责的主管人员和其他直接责任人员,处以50万元以上500万元以下的罚款。

498. 公司向不符合规定条件的投资者发行股票的,应当承担何种行政责任?

公司向不符合规定条件的投资者发行股票的,中国证监会可以责令改正,并可以自确认之日起在36个月内不受理其申请。

499. 非上市公众公司内幕信息知情人或非法获取内幕信息的人,在对公众公司股票价格有重大影响的信息公开前,泄露该信息、买卖或者建议他人买卖该股票的,应当如何对其进行处罚?

证券交易内幕信息的知情人或者非法获取内幕信息的人违反《证券法》的规定从事内幕交易的,责令依法处理非法持有的证券,没收违法所得,并处以违法所得1倍以上10倍以下的罚款;没有违法所得或者违法所得不足50万元的,处以50万元以上500万元以下的罚款。单位从事内幕交易的,还应当对直接负责的主管人员和其他直接责任人员给予警告,并处以20万元以上200万元以下的罚款。国务院证券监督管理机构工作人员从事内幕交易的,从重处罚。

三、上市公司股份转让的特殊规则

500. 如何认定尚未履行必要程序的收购上市公司股份合同的效力?

《公司法》《证券法》及其司法解释对此尚无明确规定,但根据最新立法趋势,该类合同应认定为未生效,如果在诉讼终结前当事人依法履行了必要程序的,可以认定股份收购协议发生法律效力。

501. 如何认定尚未履行证券监督管理机构股东变更报批手续的转让证券公司股份合同的效力?

应认定股权转让合同未生效,在诉讼终结前股权变更获得批准的,可以认定股权转让合同发生法律效力。

502. 哪些人员买卖上市公司股份存在 6 个月内不得进行买卖的特殊时间限制？有无例外情况？

上市公司董事、监事、高级管理人员、持有上市公司股份 5% 以上的股东，不得将其持有的该公司的股票在买入后 6 个月内卖出，或者在卖出后 6 个月内又买入，否则由此所得收益归该公司所有，公司董事会应当收回其所得收益。

但是，证券公司因包销购入售后剩余股票而持有 5% 以上股份的，卖出该股票不受 6 个月时间限制。

503. 如果上市公司董事会未依照规定没收频繁交易的董事、监事、高级管理人员及股东收益时，应当如何处理？

公司董事会不依法没收频繁交易的董事、监事、高级管理人员及股东收益时，股东有权要求董事会在 30 日内执行。公司董事会未在上述期限内执行的，股东有权为了公司的利益以自己的名义直接向人民法院提起股东代表诉讼。

未按照规定执行的董事会中负有责任的董事应当依法承担连带责任。

第四节 国有股权转让的裁判标准

一、国有股权转让的程序规定

504. 国有股权转让应当履行哪些程序？

转让国有股权的整体审批程序如下。

(1) 初步审批

转让人就股权转让的数额、交易方式等基本情况制定《转让方案》，申报国有资产主管部门进行审批。国有资产监督管理机构决定所出资企业的国有产权转让。其中，转让企业国有产权致使国家不再拥有控股地位的，应当报本级人民政府批准。

(2) 清产核资

由转让人组织进行清产核资（转让所出资企业国有产权导致转让人不再拥有控股地位的，由同级国有资产监督管理机构组织进行清产核资），根据清产核资结果编制资产负债表和资产移交清册。

(3) 审计评估

委托会计师事务所实施全面审计，在清产核资和审计基础上，委托资产评估机构进行资产评估。（评估报告经核准或者备案后作为确定企业国有股权转让价

格的参考依据）

(4) 内部决策

国有产权转让应当做好可行性研究,按照内部决策程序进行审议,并形成书面决议。

根据企业性质的不同,内部决策机构也有所不同:

①国有独资企业的产权转让,应当由总经理办公会议审议;

②国有独资公司的产权转让,应当由董事会审议;没有设立董事会的,由总经理办公会议审议;

③国有控股及国有参股公司转让股权,应当按照公司章程的约定由股东（大）会或者董事会进行决议。

如果转让涉及职工合法权益的,应当听取企业职工代表大会的意见,对职工安置等事项应当经职工代表大会讨论通过。

(5) 申请挂牌

选择有资格的产权交易机构,申请上市交易,并提交转让人和被转让企业法人营业执照复印件、转让人和被转让企业国有产权登记证、被转让企业股东会决议、主管部门同意转让股权的批复、法律意见书、审计报告、资产评估报告以及交易所要求提交的其他书面材料。

(6) 签订协议

转让成交后,转让人和受让人签订股权转让合同,由产权交易机构出具产权交易凭证。

(7) 审批备案

转让人将股权转让的相关文字书面材料报国有资产主管部门备案登记。

(8) 产权登记

转让人和受让人凭产权交易机构出具的产权交易凭证以及相应的材料办理产权登记手续。

(9) 变更手续

交易完成,标的企业修改《公司章程》以及股东名册,到市场监督管理部门进行变更登记。

505. 清产核资应当由谁组织?

企业国有股权转让事项经批准或者决定后,转让人应当组织转让标的企业按照有关规定开展清产核资,根据清产核资结果编制资产负债表和资产移交清册,并委托会计师事务所实施全面审计。

但是,如果转让所出资企业国有股权导致转让人不再拥有控股地位的,应当由同级国有资产监督管理机构组织进行清产核资,并委托社会中介机构开展相关业务。

506. 国有股权转让的价格,应当以何为依据？价款支付有何限制？

应当以核准或者备案后的评估报告作为转让价格确定的参考依据。

在清产核资和审计的基础上,转让人应当委托具有相关资质的资产评估机构依照国家有关规定进行资产评估。

如果在股权交易过程中,当交易价格低于评估结果的 90% 时,应当暂停交易,在获得相关转让批准机构同意后方可继续进行。

企业国有股权转让的全部价款,受让人应当按照股权转让合同的约定支付。

转让价款原则上应当一次付清。如金额较大、一次付清确有困难的,可以采取分期付款的方式。采取分期付款方式的,受让人首期付款不得低于总价款的 30%,并在合同生效之日起 5 个工作日内支付;其余款项应当提供合法的担保,并应当按同期银行贷款利率向转让人支付延期付款期间利息,付款期限不得超过 1 年。

507. 国有股权转让应当如何进行公告？公告期为多少日？公告内容有哪些？

转让人应当将国有股权转让公告委托产权交易机构刊登在省级以上公开发行的经济或者金融类报刊和产权交易机构的网站上,公开披露有关企业国有股权转让信息,广泛征集受让人。转让公告期不少于 20 个工作日。

国有股权转让公告应当对转让方和转让标的企业基本情况进行披露,包括但不限于:

（1）转让方、转让标的及受托会员的名称;

（2）转让标的企业性质、成立时间、注册地、所属行业、主营业务、注册资本、职工人数;

（3）转让方的企业性质及其在转让标的企业的出资比例;

（4）转让标的企业前 10 名出资人的名称、出资比例;

（5）转让标的企业最近一个年度审计报告和最近一期财务报表中的主要财务指标数据,包括所有者权益、负债、营业收入、净利润等;

（6）转让标的(或者转让标的企业)资产评估的备案或者核准情况,资产评估报告中总资产、总负债、净资产的评估值和相对应的审计后账面值;

（7）产权转让行为的相关内部决策及批准情况。

508. 国有股权转让经公开征集后,仅有一个受让人应当如何处理?有两个以上受让人拟购买转让股权时应当如何处理?

经公开征集后只产生一个受让人时,可以采取协议转让的方式转让股权。

经公开征集产生两个以上受让人时,转让人应当与产权交易机构协商,根据转让标的的具体情况采取拍卖或者招投标方式组织实施产权交易。

509. 企业国有股权转让中,应当于何时办理变动产权登记?

企业应当自政府有关部门或企业出资人批准、企业股东大会或董事会作出决定之日起30日内,向市场监督管理部门申请变更登记前,向原产权登记机关办理变动产权登记。

510. 企业办理变动产权登记需要提交哪些材料?

企业申办变动产权登记应当填写《企业国有资产变动产权登记表》,并提交下列文件、资料:

(1)政府有关部门或出资人的母公司或上级单位的批准文件、企业股东大会或董事会作出的书面决定及出资证明;

(2)修改后的企业章程;

(3)各出资人的企业法人营业执照、经注册会计师审计的或财政部门核定的企业上一年度财务报告和提供保证、定金或设置抵押、质押、留置以及资产被司法机关冻结的相关文件;其中,国有资本出资人还应当提交产权登记证副本;

(4)本企业的《企业法人营业执照》副本、经注册会计师审计的或财政部门核定的企业上一年度财务报告和提供保证、定金或设置抵押、质押、留置以及资产被司法机关冻结的相关文件和企业的产权登记证副本;

(5)经注册会计师审核的验资报告,其中以货币投资的应当附银行进账单;以实物、无形资产投资的应当提交经财政(国有资产管理)部门合规性审核的资产评估报告;

(6)企业发生国有资本额增减变动或企业国有资本出资人发生变动,且出资人是事业单位和社会团体法人的,应当提交《中华人民共和国国有资产产权登记证(行政事业单位)》和出资人上级单位批准的非经营性资产转经营性资产的可行性研究报告;

(7)企业兼并、转让或减少国有资本的,应当提交与债权银行、债权人签订的有关债务保全协议;

(8)经出资人的母公司或上级单位批准的转让国有产权的收入处置情况说明及有关文件;

（9）申办产权登记的申请；

（10）产权登记机关要求提交的其他文件、资料。

511. 转让国有股权应由哪个机构批准？

一般情况下，应当由国有资产监督管理机构决定所出资企业的国有产权转让。如转让企业国有产权致使国家不再拥有控股地位的，应当报本级人民政府批准。此外，出资企业应当决定其子企业的国有产权转让。其中，重要子企业的重大国有产权转让事项，应当报同级国有资产监督管理机构会签财政部门后批准。如果涉及政府社会公共管理审批事项的，需预先报经政府部门审批。

512. 决定或者批准企业国有股权转让，应当审查哪些书面文件？

审查的书面文件如下：

（1）转让企业国有产权的有关决议文件；

（2）企业国有产权转让方案；

（3）转让人和转让标的企业国有资产产权登记证；

（4）律师事务所出具的法律意见书；

（5）受让人应当具备的基本条件；

（6）批准机构要求的其他文件。

513. 国有股权转让中转让方案应当包括哪些内容？

转让方案应当包括如下内容：

（1）转让标的企业国有产权的基本情况；

（2）企业国有产权转让行为的有关论证情况；

（3）转让标的企业涉及的、经企业所在地劳动保障行政部门审核的职工安置方案；

（4）转让标的企业涉及的债权、债务（包括拖欠职工债务）的处理方案；

（5）企业国有产权转让收益处置方案；

（6）企业国有产权转让公告的主要内容；

（7）转让企业国有产权导致转让人不再拥有控股地位的，应当附送经债权金融机构书面同意的相关债权债务协议、职工代表大会审议职工安置方案的决议等。

514. 如果转让人对国有股权转让的受让人有特殊要求，或在资产重组中拟将股权转让给所控股企业从而拟进行协议转让的，应当由哪个部门进行批准？

此时应当经省级以上国有资产监督管理机构批准。

515. 经国有资产监督管理机构批准后,股权转让双方又对转让方案进行调整的,是否还须重新报批?

如股权转让双方调整转让的股权比例或者有其他重大变化的,如受让人、转让价款的变化等,应当重新报批。

二、国有股权转让合同的效力认定

516. 转让的国有股权未履行批准手续或其他法定程序的,合同效力如何?

合同应认定为成立但未生效,但在诉讼中办理了相关手续或者履行了其他法定程序的,股权转让合同即发生法律效力。

【案例246】国有股转让未获批 百亿市值瞬间蒸发[①]

原告:陈某树

被告:红塔集团

诉讼请求:

1. 确认《股份转让协议》合法有效,判令被告全面继续履行;

2. 确认被告未恰当履行合同义务;

3. 确认被告因违约给原告已经造成和可能造成的损失,判令被告将因拖延本案争议股份过户所获股息11,846,502.16元及其利息和转增股份19,744,173.6股赔偿给原告。

争议焦点:

1.《股份转让协议》签订后至审批完成期间,股价大幅升值是否可视为"国有资产流失";

2. 转让国有股权应由谁审批。

基本案情:

2009年,根据国家烟草局对烟草行业提出的回归主业的政策要求,被告作出了将其持有的6581.39万股云南白药股权转让的决定。

2009年1月4日,作为被告国资监管机构的烟草总公司作出了《关于云南红塔集团转让持有的云南白药集团股份有限公司股份事项的批复》(中烟办〔2009〕9号),同意被告转让其持有的云南白药股权,股份转让完成后7个工作日内报烟草总公司备案。随即,被告将拟转让股权的消息对外发布。

[①] 参见经济观察网 http://www.eeo.com.cn/2013/0511/243944.shtml,2014年1月15日访问。

经公开征集受让方，2009年9月10日，原告与被告签署了《股份转让协议》，双方约定原告以33.54元/股的价格，购买被告持有的6581.39万股（占当时总股本的12.32%），股权转让总价达22.08亿元。

根据《股份转让协议》约定，原告应在转让协议生效之日起5个工作日内一次性以货币方式全部支付给被告。此外，协议第26条显示："如本协议得不到相关有权国有资产监督管理机构的批准，甲方（被告）应及时通知乙方（原告），并将乙方支付的全部款项不计利息退还给乙方，甲乙双方互不承担违约责任，且本协议自乙方收到甲方退还的全部款项之日起解除。"

2009年9月16日，原告按照合同约定，将22.08亿元的股权转让款全部支付给被告。其后，被告未公开披露股份转让信息，也未办理股权转让变更手续。

2011年4月27日，原告向被告出具《办理股份过户登记催促函》。

2011年5月10日，被告出具《回函》称，本次股份转让事宜必须获得有权国资监管机构的批准后方能实施，公司积极向上级主管机构进行了相关报批工作，现并未收到任何书面批复意见。

2012年1月17日，中国烟草总公司批复，"为确保国有资产保值增值，防止国有资产流失，不同意本次股份转让。"（中烟办〔2012〕7号）

2012年1月19日，被告告知原告，由于未能获得国资监管机构的批准，被告与原告间关于云南白药的股权转让合同将按约定解除，而原告付出两年半的22.08亿元股权转让款将被无息退回。

截至2013年12月5日，争议股票的市值已涨至88.5亿元。

原告诉称：

《股份转让协议》签订后，被告一直未按规定对外披露股份转让信息，始终未主动向原告通报转让协议的报批及审批情况，并一直以"尚未收到办理股份过户所需国有资产监督管理机构的书面批复意见"为由，未办理股权转让变更手续。被告的行为严重损害了原告的合法权益，对原告造成了极大损失，请求法院支持原告的诉讼请求。

被告辩称：

被告早在2009年12月2日就已经向烟草总公司上报了请求批转该股权转让的书面请求，烟草总公司一直未就该事项进行批复非被告原因所致，被告已依据合同履行了其所有的合同义务，请求法院驳回原告的诉讼请求。

一审认为：

《股份转让协议》合法有效，但根据《股份转让协议》第30条"本协议自签订之日起生效,但须获得有权国有资产监督管理机构的批准同意后方能实施"的约定,本案的股份转让只有在获得有权国有资产监督管理机构批准同意后方能实施,但目前,本案的《股份转让协议》并未获得有权国有资产监督管理机构的批准,因此,对原告诉请判令被告继续全面履行该《股份转让协议》的请求,本院不予支持。

一审判决:

1. 原告与被告2009年9月10日签订的《股份转让协议》合法有效;
2. 驳回原告的其他诉讼请求。

原告不服一审判决,向上级人民法院提起上诉。

原告上诉称:

1. 股权转让不会造成国有资产流失。

在股权转让中,正常的市场波动不能被认作国资流失,因为股价上升或下降属于资本市场正常情况,签订协议时谁也无法准确预判股份的变动情况。股价上涨是造成中烟总公司最终否决交易的根本原因,同时中烟也以流失为借口,逃避应负的法律责任。

2. 本案审批主管部门应为财政部,烟草总公司无权批准。

2004年6月14日,财政部发布的《财政部关于烟草行业国有资产管理若干问题的意见》中对中烟总公司下属企业的产权转让有具体规定:"中国烟草总公司所属烟草单位向非烟草单位的产权转让,业主评估价值在1亿元以上、多种经营在2亿元以上的,由各单位逐级上报到中国烟草总公司,由中国烟草总公司报财政部审批。"

本案股权交易标的金额超过22亿元,有权审批本案所涉及股权转让的国有资产监督管理机构是财政部,而不是中国烟草总公司。

一审判决是以未经财政部批准不能过户为由驳回原告将过户申请报送财政部的诉讼请求,判非所请;是无视被告的合同义务将过户申请报送财政部,将被告与其母公司之间的内部报批行为视为履约,混淆概念。

3. 被告未履行报送财政部审核批准的合同义务。

无论根据合同约定还是暂行办法的规定,本案股份转让只有得到财政部批准之后才能实施(办理股份过户手续)。因此,对原告诉请判令被告继续全面履行合同的诉讼请求,只能理解为要求被告及时将股份转让申请报送到财政部审核批准,而不是立即将股份过户到原告名下。一审判决错误地理解原告的一审诉讼请求,混淆了原告诉请判令被告全面继续履行合同义务中"履行合同所有报批手续"和"批准后配合办理股份过户手续"两个不同义务,按其错误理解"全面继续履行合同"就是"配合办理股份过户手续",而"本案的《股份转让协议》并未获得有权国有资产监督管理机构的批准",据此判决驳回原告诉请判令被告"履行合同所有报批手续"的义务(将本案《股份转让协议》报送财政部审核批准)的诉讼请求,实属判非所请。

综上,请求法院:

(1)维持原判决第1项,即原告与被告2009年9月10日签订的《股份转让协议》合法有效;

(2)改判被告继续全面履行其与原告2009年9月10日签订的《股份转让协议》,立即采取有效措施,就本案股份转让事项报送至财政部审批;

(3)改判确认被告因违约给原告已经造成的和可能继续造成的损失,判令其将违约所得的股息11,846,504.16元及其利息和转增股份19,744,173.6股赔偿给原告,并且赔偿截至争议股份过户时原告因此继续遭受的其他损失,包括针对争议股份(含已转增股份)继续发生的利润分配、派送红股、资本公积金转增股份等权益损失,以及争议股份过户时可能发生的贬值价差损失(截至2011年12月8日上午10时,总损失以当时每股58.45元计,共计1,165,893,450元)。

被告二审辩称:

按照《企业国有产权转让管理暂行办法》[①]第9条,财政部可以授权所出资企业制定所属企业的国有产权转让管理办法,因此中国烟草总公司具有否决此次股权转让的权力。

虽然国有资产监管机关需要财政部批,但前提是上级主管单位说需要过户才需要批。如果上级主管单位说不过户了,那就不需要财政部批。他们自己的上级主管单位就可以批了。

此外,中烟总公司与原告之间没有任何合同关系,其在这笔交易中没有任何过失行为,它只是在履行保护国有资产的股东行为,而不是行政行为。

本案审理过程中,原告请求追加中烟总公司、云南中烟公司及红塔烟草集团有限责任公司为第三人,针对原告的请求,法院处理如下:

本案当事人因2009年9月10日《股份转让协议》的履行而发生的合同纠纷,该协议的双方当事人为被告及原告,中烟总公司、云南中烟公司及红塔烟草集团有限责任公司并不是该协议的当事人,且《股份转让协议》也为约定三单位的权

---

① 该办法已于2017年12月29日起失效。

力义务。而该三单位对《股份转让协议》的审判则属于按照相关法律法规的规定行使国有资产出资人的权利和履行相应国有资产监管职责的行为,与本案当事人争议的合同纠纷属于不同行的法律关系。因此,对于该追加申请不予准许。

案件进展:

继2013年4月27日最高院二审第一次开庭后,2013年12月5日,最高人民法院再次开庭审理该案。该案历时两年多,涉及标的已从最初的22亿元升至最高时近百亿元,堪称国内迄今为止最大的股权纠纷案。

庭审当天,法院组织进行调解,被告表示愿意退还原告的22亿元本金和利息,但其强调,利息部分是"补偿"而非"赔偿",也就是说,其只接受在没有任何法律责任范围内的和解,对此,原告表示完全不能接受。原告认为,其已经作出了让步,对云南白药股权从签订股权转让协议至今的增值部分,过去要求是原告拿70%,被告拿30%,这次原告的调解方案为一家一半,对此被告也表示无法接受。2014年7月24日,最高人民法院作出终审判决,云南红塔集团有限公司应返还陈某树22亿元人民币本金及利息,陈某树的其他诉讼请求被驳回。

517. 如内部决策程序有瑕疵,股权转让协议效力如何认定?善意受让人能否适用善意取得制度?

如国有股权转让前未经过内部程序决策,或决策存在瑕疵时,国有资产监督管理机构一旦发现,将要求转让人终止产权转让活动,同时可以向人民法院提起诉讼,请求确认转让行为无效。

由于国有股权的内部决策程序属于公开文件,并牵涉到国家、社会的公共利益,因此,如果股权转让的受让人未对内部决策书面文件提出审查要求,则不能适用善意取得制度。如果受让人提出进行审查,但在尽到充分的注意义务后仍未能发现决议瑕疵的,仍可适用善意取得。

518. 签订国有股权转让合同后,未对股权价值进行评估的,该股权转让行为效力如何确定?诉讼过程中应如何处理?

对该问题应当分情况讨论:

(1)如转让双方恶意串通,逃避法定的评估程序,或隐匿应评估财产的,应当认定股权转让行为无效。

(2)若国有企业的经营者擅自越权,对应纳入评估范围的财产未履行评估程序,因《国有资产评估管理办法》第3条为管理性强制性规定,而非效力性规定,故,除非存在《民法典》第146条、154条规定的情形,否则国有股权转让合同是有效的。

（3）如国有股权转让已向管理机构报批，但由于非主观原因导致部分资产未履行评估程序的，导致受让人以过低的价格受让股权，则应当认定合同显失公平，国有股权转让单位可在1年时间内行使撤销权撤销合同，或主张增加股权转让价款。

在具体实践中，为维护交易效率及诉讼效率，借鉴《公司法》及其司法解释的最新立法精神，如国有股权未经评估引起纠纷的，人民法院应委托中介机构进行评估；如合同约定的转让价格显著低于评估价值的，以评估价值确定股权转让的价格。

【案例247】未经评估不当然导致国有资产转让行为无效[①]

再审申请人（一审被告、二审被上诉人）：罗某香

被申请人（一审原告、二审上诉人）：辽实公司

被申请人（一审被告、二审被上诉人）：海普拉公司

第三人：辽工集团

诉讼请求：请求确认被申请人辽实公司和第三人辽工集团签订的《资产转让协议》无效。

争议焦点：

1. 除国有资产在国有企业之间划转等情况以外，国有资产转让是否应当进场交易；

2. 国有资产评估是否为效力性强制性规定；

3. 未经依法评估，是否当然导致国有资产转让协议无效。

基本案情：

第三人是国有独资企业，持有被申请人海普拉公司70%股权，被申请人海普拉公司系中外合资经营企业。

2005年7月7日，辽宁省高院作出一审判决，判令第三人应向被申请人辽实公司赔偿12,620,853.5元。

该判决生效后，第三人和被申请人辽实公司签订《资产转让协议》，约定以登记在被申请人海普拉公司名下、实属第三人的土地使用权和房产作价300万元偿付债务。被申请人海普拉公司于2006年1月同意以上述房地产抵债。

[①] 参见最高人民法院（2013）民申字第2119号民事裁定书。

在执行过程中,被申请人辽实公司提出了执行异议,认为案涉《资产转让协议》转让的是第三人的国有资产,未经评估等法定程序,该转让行为是无效的。该案经两级法院审理,法院驳回了被申请人辽实公司的执行异议申请。

再审申请人罗某香不服上述判决申请再审。

罗某香申请再审称:

二审判决认为国有资产转让只需经过托管单位认可,不必经过评估、挂牌、审批等程序,这一观点是错误的。

二审判决的认定违背了《国有资产评估管理办法》第3条,《国有资产评估管理办法施行细则》第6条,《国有资产管理法》(草案)[①]第47条、53条、54条的规定以及《企业国有产权转让管理暂行办法》[②]第32条等法律规定。

第三人是国有独资公司,其下属企业海普拉公司为国有控股公司,二者将国有资产转让没有经过国有资产管理部门审批、资产评估及产权交易机构公开挂牌等处置程序,违反了上述法律、法规、规章和规范性文件的有关规定,转让是无效的。

法院认为:

系争《资产转让协议》签订时,规范企业国有资产转让的主要是行政法规和部门规章,《国有资产管理法》尚未生效。

申请人在再审申请中援引的《企业国有资产法》进一步以法律的形式规定了转让重大国有资产应依法进行评估,并在依法设立的产权交易场所公开进行。因该法自2009年5月1日起施行,没有溯及力,故不适用于本案的转让行为。

根据《国有资产评估管理办法》和《企业国有资产评估管理暂行办法》,国有资产占有单位转让国有资产、以非货币资产偿还债务的,应当进行资产评估,另有规定的除外。这一规定具有强制性效力。本案转让协议涉及的资产金额较大,不存在不须评估的情形,第三人在未评估的情况下转让重大国有资产,违反了行政法规的强制性规定。

《合同法》第52条规定:"有下列情形之一的,合同无效:……(四)损害社会公共利益;(五)违反法律、行政法规的强制性规定。"《合同法司法解释(二)》第14条指出:"合同法第五十二条第(五)项规定的'强制性规定',是指效力性强制性规定。"

---

① 目前该法尚未出台。
② 该办法已于2017年12月29日起失效。

有关国有资产评估的强制性规定是效力性的还是管理性的,需要通过综合分析来确定。

首先,有关强制性规定约束的应当是国有资产占有单位。《国有资产评估管理办法》第 3 条规定:国有资产占有单位转让资产的,应当进行资产评估。可见,进行资产评估是国有资产占有单位的义务,而不是受让人的义务。违反国有资产评估规定的责任应当由国有资产占有单位及其责任人员承担。如果认定合同无效,则受让人在无义务的情况下也承担了法律后果。

其次,有关强制性规定没有对合同行为本身进行规制,没有规定当事人不得就未经评估的国有资产订立转让合同,更没有规定未经评估,转让合同无效。

最后,未经评估而转让国有资产不必然导致国家利益或者社会公共利益受损害。规定国有资产转让须经评估,目的是防止恶意低价转让国有资产,以保护国有资产。但是,未经评估,不一定就贱卖,也可能实际转让价格高于实际价值。资产未经评估转让的,国有资产管理机构有权责令国有资产占有单位改正,依法追认转让行为。

由于无效的合同自始没有法律效力,无法追认,在某些情形下,反倒对国有资产保护不利。如果认定有关规定是效力性的,进而一概认定转让合同无效,当事人(包括受让人在资产贬值后)就可能据此恶意抗辩,违背诚实信用原则,就会危及交易安全和交易秩序。

因此,从法律条文的文义和立法宗旨来看,都应认定关于国有资产转让须经评估的强制性规定是管理性的,而非效力性的。

如果出现国有资产占有单位与他人恶意串通,故意压低资产转让价格的情形,则可按照《合同法》第 52 条的规定,以恶意串通、损害国家利益为由认定合同无效,这同样能达到保护国有资产的目的。

本案中,第三人将案涉房地产转让,实际上是用来抵偿债务,目的是履行生效判决。转让资产虽未经评估,违反了行政法规的管理性强制性规定,但无证据证明有恶意串通、低价转让国有资产、损害国家利益的行为。因此,二审判决认定转让协议有效是正确的。

法院裁定:

驳回再审申请。

第七章 股权转让纠纷

【案例248】未经批准、评估转让国有股权被认定无效[①]

原告：海南公司

被告：南宁公司

诉讼请求：判令被告全面履行《股份转让协议》，并赔偿损失。

争议焦点：

1. 国有企业股权转让是否需要有关部门审批；联审办是否具有审批权限，其关于同意股权转让的批文是否有效；

2.《股份转让协议》因未经审批而无效，转让方应当承担何种责任。

基本案情：

1996年5月15日，原告与被告原法定代表人张某签订《股份转让协议》。该协议约定：被告将其在中磊公司的全部51%股权以590万元一次性转让给原告，被告从此退出中磊公司；原告接受被告提出的转股价格，并接替被告承担作为中磊公司股东所应承担的一切权利义务，包括债权债务和双方确认移交的合同等文件中所载明的责任。原告应在协议签订后即付100万元作为保证金，在被告办理完中磊公司移交手续并获政府批准后，一次性付清余款；被告则应于协议签字后，委托审计师事务所对中磊公司进行清产核资和交接工作，双方应尽最大努力在协议签字后15日内完成；如被告未能协助原告办理需政府有关部门审批的各项文件，应退还原告已付订金100万元，支付违约金300万元；如原告未能在双方商定的时限内如期支付应付的款项，被告不退还原告已付资金，同时扣除违约金300万元。协议签订后，中磊公司董事会于当日作出决定，同意被告将其在中磊公司的投资金额转让给原告。

1996年6月14日，联审办批准被告与原告股权转让，并同意中磊公司新的董事会名单。嗣后，由于被告与其主管部门企业管理局的内部关系尚存在争议，联审办于1996年6月25日通知中磊公司收回其此前批文，并声明：在被告与企业局理顺关系之前，暂不进行中磊公司中方的变更。

1996年7月3日，被告的主管部门企业局致函原告声明：联审办已撤销此前批文，希望其立即停止转让合同的执行，否则造成的一切后果，概不负责。原告在7月23日出具了收到此函件的收据，并于同日支付100万元保证金给被告。

[①] 参见海南国际租赁有限公司诉南宁新兴房地产公司股权转让纠纷案，由广西壮族自治区南宁市中级人民法院审理。

1996年8月23日,联审办又同意被告退出中磊公司,并要求按《中外合资经营企业法实施条例》的规定办理有关中方退出手续;同时要求原告与合营外方合资经营中磊公司的具体事宜,按规定办理审批及工商登记手续。

1996年9月5日,原告在工商行政管理局办理了中磊公司的中方合营者董事长及公司住所地等变更手续。

1996年11月25日,原告向被告支付180万元转让金。由于被告没有将其在中磊公司的债权债务资料及有关财务手续移交给原告,原告曾多次去函去电,要求被告履行合同规定的义务。被告则以其原法定代表人张某擅自转让其在中磊公司的国有资产,违反国家关于国有资产管理有关法律规定,转让无效为理由,拒绝移交有关债权债务,遂引起纠纷。

原告诉称:

原告与被告签订《股份转让协议》后,已按协议的规定向被告支付了全部转让金280万元,转让协议已获联审办批准,并依法向工商部门办理了变更登记手续。但被告迟迟不将其在中磊公司的有关资料和手续移交本公司,造成本公司无法开展正常经营活动,蒙受巨大经济损失。

被告辩称:

被告性质属军办国有企业,被告在中磊公司的全部股份属国有资产,按国务院有关国有资产管理的规定,转让国有资产必须报主管部门批准并必须对转让的国有资产进行评估,但被告原法定代表人在其已被主管部门免职,转让的国有资产未进行评估和经主管部门批准情况下,与原告签订了转让协议,应是无效的。联审办是地方政府设立的引进外资的临时机构,没有国有资产管理职能,其下发的批文不属股权转让的规范性文件。故请求确认转让协议无效,驳回原告的诉讼请求。

律师观点:

原、被告于1996年5月15日签订的《股份转让协议》,因事先未经转让人主管部门同意及报请国有资产管理部门的审核评估,违反国务院关于国有企业产权交易管理的有关规定,协议无效。原告以转让已经联审办同意为由,主张转让有效,因该文不属于批准股权转让的实质性文件,不能作为原、被告转让国有资产的依据,故原告的主张理由不能成立。造成协议无效的主要原因在被告,被告应将其依协议取得的原告的保证金及转让费退还给原告,并按银行贷款利率承担占用原告上述款项期间的利息。

法院判决:

1. 驳回原告的诉讼请求;

2. 被告应于判决生效后 10 日内返还原告保证金 100 万元和转让金 180 万元及其利息。

519. 如何进行国有资产转让评估？

国有资产转让评估的相关要求如下。

(1) 评估范围

国有资产评估范围包括：固定资产、流动资产、无形资产和其他资产。

(2) 评估程序

国有资产评估的程序应包括申请立项、资产清查、评定估算、验证确认、异议程序五个步骤。

①申请立项

a. 国有资产的占有单位，在经过其主管部门审查同意后，向同级国有资产管理部门提交资产评估立项申请书，并附财产目录和有关会计报表等资料。

b. 在经国有资产管理部门授权后，国有资产占有单位的主管部门可以审批资产评估立项申请。

c. 收到立项申请书之日起 10 日内，国有资产管理部门将进行审核，并作出是否准予资产评估立项的决定，并通知申请单位及其主管部门。如果国务院决定对全国或者特定行业进行国有资产评估的，应视为已经准予资产评估立项。

②资产清查

a. 申请的单位在收到准予资产评估立项通知书后，可以委托资产评估机构评估资产。

b. 国有资产占有单位委托的资产评估机构应当在对委托单位的资产、债权、债务进行全面清查的基础上，核实资产账面与实际是否相符，经营成果是否真实，据以作出鉴定。

③评定估算

受国有资产占有单位委托的资产评估机构应当对委托单位被评估资产的价值进行评定和估算，并向委托单位提出资产评估结果报告书。

④验证确认

a. 委托单位收到资产评估机构的资产评估结果报告书后，应当报其主管部门审查。主管部门审查同意后，报同级国有资产管理部门确认资产评估结果。

b. 经国有资产管理部门授权或者委托，占有单位的主管部门可以确认资产评估结果。

c. 国有资产管理部门应当自收到占有单位报送的资产评估结果报告书之日起45日内组织审核、验证、协商,确认资产评估结果,并下达确认通知书。

⑤异议程序

a. 占有单位对确认通知书有异议的,可以自收到通知书之日起15日内向上一级国有资产管理部门申请复核。上一级国有资产管理部门应当自收到复核申请之日起30日内作出裁定,并下达裁定通知书。

b. 占有单位收到确认通知书或者裁定通知书后,应当根据国家有关财务、会计制度进行账务处理。

520. 如国有股权转让后,受让人不依照双方约定的职工安置方案履行合同,国有股权的转让人可否主张合同无效?

不可以。虽然我国关于国有股权转让的司法文件中将转让人、转让标的企业未按规定妥善安置职工、接续社会保险关系、处理拖欠职工各项债务以及未补缴欠缴的各项社会保险费,侵害职工合法权益列为使合同无效的行为,但是由于该法律文件本身既非法律亦非行政法规,故因此直接认定股权转让合同无效缺乏法律依据。

但实践中,转让人可依据股权转让合同向受让人主张违约责任、要求损害赔偿或解除合同。事实上,通过合同主张违约责任或赔偿责任往往较确定合同无效能起到更好的效果。

521. 国有股权转让未进场交易,合同效力如何确定?

应当认定合同无效。

国务院国有资产监督管理机构可以制定企业国有资产监督管理的规章、制度。企业国有产权转让应当在依法设立的产权交易机构中公开进行,企业国有产权转让可以采取拍卖、招投标、协议转让等方式进行。企业未按照上述规定在依法设立的产权交易机构中公开进行企业国有产权转让,而是进行场外交易的,其交易行为违反公开、公平、公正的交易原则,损害社会公共利益,应依法认定其交易行为无效。

【案例249】国有股权转让未进场交易 合同无效[①]

原告: 巴菲特公司

---

① 参见巴菲特公司诉上海自来水投资建设有限公司股权转让纠纷案,由上海市高级人民法院审理。

被告：自来水公司

第三人：金槌拍卖公司、上海水务公司

诉讼请求：判令被告履行《光大银行法人股股权转让协议》，将16,985,320股光大银行国有法人股转让给原告。

争议焦点：未履行国有产权交易程序，但通过拍卖公司拍卖的国有股权是否有效。

基本案情：

被告于2006年12月26日召开董事会会议并形成决议，载明：被告持有的16,985,320股光大银行法人股，经财瑞资产评估公司评估并报国资委备案，截至2005年5月31日价值为28,365,484.40元。为规避该笔投资可能带来的风险，使公司有足够现金获得发展，自即日起，公司全权委托第三人上海水务公司办理转让该笔投资有关事宜，委托期限3个月。转让结束，公司完全收回该笔投资，高于或低于此价部分完全由上海水务公司承担。

2007年1月24日，第三人上海水务公司就被告名下的16,985,320股光大银行法人股，以委托人身份与第三人金槌拍卖公司签订委托拍卖合同，合同载明委托人对拍卖标的拥有完全的处分权。同年2月6日，第三人金槌拍卖公司对上述股权进行了拍卖，并由原告以最高价买受。拍卖成交确认书载明的拍卖单价为3.1元，成交总价为52,654,492元。2月12日，原告向第三人金槌拍卖公司交付全部拍卖佣金2,632,724.6元；原告通过金槌拍卖公司向第三人上海水务公司交付全部股权款52,654,492元。

根据拍卖结果，第三人上海水务公司与原告于2007年2月12日签订《光大银行法人股股权转让协议》1份。该协议载明：上述股权的合法股东系被告，出让方保证其有权转让本协议项下的股权，并已取得转让股权所必需的全部授权；出让方应在本协议签订之日起及受让方向出让方提交了为受让上述股权所需的全部文件起5个工作日内，向光大银行董事会办公室提交股权转让所有资料，办妥股权转让申请手续。

2007年2月15日，中国水务公司致函被告，认为系争股权处置应由股东会决定，要求设法中止股权交易。同日，中国水务公司致函第三人上海水务公司，希望不转让股权。3月1日，被告向光大银行发出《关于中止股权变更有关事宜的函》称："先前因公司改制需委托第三人上海水务公司办理股权变更有关事宜，目前由于情况发生变化，我公司尚未递交转让方股权转让申请，根据我公司上级主管机构的意见，决定中止我公司光大银行股权变更手续。"3月8日，第三人上海水务

公司向被告发出《关于光大银行股权转让有关事宜的告知函》,认为被告向光大银行出具的中止函违背董事会决议,将造成国有资产巨大损失,要求被告立即撤销中止函。4月18日,第三人上海水务公司向光大银行董事会发出《关于尽快办理光大银行股权过户手续的函》。4月19日,原告向光大银行发出《要求尽快办理股权过户手续的函》。4月23日,光大银行董事会办公室致函原告,要求补齐股权过户的相关文件(股东单位的股权转让申请函)。

2007年9月15日,被告股东会决议载明:各股东一致同意,从公司利益出发,继续保留光大银行法人股股权,并一致对外。该决议由中国水务公司、第三人上海水务公司等三方现有股东代表签字。同年11月30日,被告致函原告称:第三人上海水务公司无权处分我司财产,第三人上海水务公司与原告签订的股权转让协议不予追认。被告同时致函第三人上海水务公司称:立即采取补救措施,撤销与原告签署的股权转让协议;对第三人上海水务公司将我司董事会决议泄露给拍卖公司、原告的行为保留赔偿请求权。原告以被告不予办理股权变更手续为由,诉请被告履行《光大银行法人股股权转让协议》。

原告诉称:

《光大银行法人股股权转让协议》合法有效,被告应根据约定完成股权转让。

被告辩称:

第三人上海水务公司无权处分我司财产,第三人上海水务公司与原告签订的股权转让协议不予追认。

讼争股权为国有产权,应当在依法评估后进场交易,而不能擅自拍卖。

被告反诉请求:确认股权转让协议无效。

律师观点:

第三人上海水务公司虽然取得被告的授权,可以代理自来水公司转让讼争股权,但在实施转让行为时,应当按照国家法律和行政规章所规定的程序和方式进行。讼争股权的性质为国有法人股,其无疑是属于企业国有资产的范畴。对于企业国有资产的转让程序和方式,国务院、省级地方政府及国有资产监管机构均有相应的规定。根据《企业国有产权转让管理暂行办法》①第4条、5条的规定,企业国有产权转让应当在依法设立的产权交易机构中公开进行,企业国有产权转让可以采取拍卖、招投标、协议转让等方式进行。根据《上海市产权交易市场管理办法》的规定,本市所辖国有产权的交易应当在产权交易市场进行,根据

---

① 该办法已于2017年12月29日起失效。

产权交易标的的具体情况采取拍卖、招标或竞价方式确定受让人和受让价格。规定企业国有产权转让应当进场交易的目的,在于通过严格规范的程序保证交易的公开、公平、公正,最大限度地防止国有资产流失,避免国家利益、社会公共利益受损。

《企业国有产权转让管理暂行办法》《上海市产权交易市场管理办法》①的上述规定,符合上位法的精神,不违背上位法的具体规定,应当在企业国有资产转让过程中贯彻实施。本案中,第三人上海水务公司在接受被告委托转让讼争股权时,未依照国家的上述规定处置,擅自委托第三人金槌拍卖公司拍卖,并在拍卖后与原告订立股权转让协议,其行为不具合法性。被告认为第三人上海水务公司违法实施讼争股权的拍卖,并依拍卖结果与原告订立的股权转让协议无效的观点成立。

法院判决:

1. 确认原告与第三人上海水务公司于2007年2月12日签订的《光大银行法人股股权转让协议》无效;

2. 对原告的诉讼请求不予支持。

【案例250】国有股权转让未进场交易 股权转让协议被认定无效②

原告: 桃园公司

被告: 农电公司

诉讼请求:

1. 判令解除2007年10月18日签订的《股权转让协议书》中原、被告之间关于股权转让的约定,解除原、被告于2007年11月1日签订的《股权转让协议书》;

2. 判令被告退还股权转让款240万元;

3. 判令被告承担违约金38.75万元并承担资金占用期间的利息115.2万元。

争议焦点: 未依法进行审批、资产评估、进场交易的国有资产转让合同是否有效。

基本案情:

宏源公司为国有企业,注册资本为1200万元,3个股东分别是被告、利源公司和景泰一建,其出资额分别为480万元、360万元、360万元,分别占股40%、30%、

---

① 该办法已于2020年12月29日起失效。
② 参见甘肃省高级人民法院(2018)甘民再99号民事判决书。

30%。2007年10月18日,被告、利源公司、景泰一建(甲、乙、丙方)与原告(丁方)签订《股权转让协议书》,约定将被告所持20%股份以240万元人民币、利源公司所持有的15%的股份以180万元及景泰一建所持有的15%股份以180万元转让与原告。同时被告将240万元股权转让款及景泰一建将180万元转让款借给宏源公司作为新庄电站建设项目资金。《股权转让协议书》第6条第5项约定:"如甲、乙、丙方隐瞒宏源公司及宏源公司投资项目的真实情况,或违反其在本协议第2条第1、2、3、4项义务的,丁方有权解除本协议,并有权要求甲、乙、丙三方按丁方已付转让款及借款总额的5%承担违约金。"

2007年11月1日,宏源公司通过2007年度第六次股东会决议,决定将被告所持有的20%的股权转让与原告,将股东利源公司所持有的15%的股权转让与原告,将股东景泰一建所持有的15%股权转让与原告,增选原告总经理白某奎为宏源公司股东并担任公司法定代表人。同日,各方又分别补充签订《股权转让协议书》。协议签订后,原告按约履行了付款义务,被告亦将股权变更于原告名下。

原告诉称:

1. 甘肃省高级人民法院于2015年9月8日作出(2015)甘民二终字第140号民事判决生效后,原告才得知被告仅出资268.6万元,在此之前,原告对被告的出资情况并不知情;

2. 在甘肃省高级人民法院作出(2015)甘民二终字第140号民事判决前,宏源公司由被告实际控制,2015年9月19日才将财务凭证等资料全部移交给法定代表人白某奎,原告无法在8年前就得知被告出资不足的事实;

3. 原告行使解除权的时间应当是知道被告出资不足及宏源公司存在巨额对外债务时,即从2015年9月8日起算,而不是从《股权转让协议书》签订之日开始计算,之后在1年内行使解除权符合法律规定。

被告辩称:

1. 本案股权转让协议已经履行完毕,《股权转让协议书》中约定的双方权利义务已终结,在时隔近8年后,原告对已经履行完毕的合同提出解除,有违诚信原则,不应得到支持;

2. 本案法定和约定的解除情形均不存在,原告解除协议的事由不能成立;

3. 被告的具体出资情况有《验资报告》和《审计报告》为证,足以证明被告足额出资,核实转让股权是否存在瑕疵出资是受让人应尽的基本义务,如果其明知或应当知道受让的股权存在瑕疵而仍接受转让的,应当推定其知道该股权转让的法律后果;

4. 尽管国有资产交易中需要对国有资产进行评估、审批和进场交易,但如果未损害国家利益,不宜简单认定为无效。本案双方当事人在签订、履行《股权转让协议书》及在多年的诉讼中,都应当知道各方在股权转让中是真实意思表示,且股权转让协议已履行完毕,不宜再行解除。

一审认为:

依法成立的合同对双方当事人均具有约束力。本案中,被告、利源公司、景泰一建与原告签订《股权转让协议书》及补充协议系双方当事人真实意思表示,内容不违反法律规定,合法有效,予以确认。

本案中,原告主张依据《股权转让协议书》的约定,依法行使解除权,故本案中是否出现《股权转让协议书》中约定的解除事项,是本案的主要问题及争议焦点。本案中,《股权转让协议书》第6条第5项约定:"如甲、乙、丙方隐瞒宏源公司及宏源公司投资项目的真实情况,或违反其在本协议第2条第1、2、3、4项义务的,丁方有权解除本协议,并有权要求甲、乙、丙三方按丁方已付转让款及借款总额的5%承担违约金。"在四方进行股份转让时,被告在《股权转让协议书》中明确承诺,出资已经全部到位且不存在未披露的债务。而事实上,其作为股东,出资额应为480万元,而实际出资额仅为268.6万元,显然未完全履行出资义务,故本案存在《股权转让协议书》中约定的解除情形。

原告行使的解除权的权利基础及是否适用诉讼时效是本案另一需查明的主要问题及争议焦点。民事权利包括支配权、抗辩权、形成权和请求权。合同解除权是形成权而不是请求权,只有请求权才适用诉讼时效的规定,其他三种权利不适用诉讼时效的规定,当事人必须在一定合理期限内行使。这一合理期限如何确定,《合同法》第95条①规定:"法律规定或者当事人约定解除权行使期限,期限届满当事人不行使的,该权利消灭。法律没有规定或者当事人没有约定解除权行使期限,经对方催告后在合理期限内不行使的,该权利消灭。"《合同法司法解释(二)》第24条②规定:"当事人对合同法第九十六条、第九十九条规定的合同解除或者债务抵销虽有异议,但在约定的异议期限届满后才提出异议并向人民法院起诉的,人民法院不予支持;当事人没有约定异议期间,在解除合同或者债务抵销通知到达之日起三个月以后才向人民法院起诉的,人民法院不予支持。"本案中合同解除权的异议何时产生,纵观全案,被告于2014年11月14日移交宏源公司证

---

① 现为《民法典》第564条相关内容。
② 该解释已失效,目前尚无此条规定相关内容。

照、批复等行政资料;被告于2015年4月10日移交宏源公司立项报告、竣工结算报告等资料;被告于2015年9月19日移交宏源公司会计凭证、验资报告、审计报告、评估报告。甘肃亨源会计师事务有限公司出具的《甘亨会审字(2008)第049号审计报告》及所附的资产负债表显示,被告的出资已经全部到位。原告无法发现被告出资未到位的情况。

2014年,宏源公司与被告因借款纠纷而起诉至法院,2015年4月8日,兰州市中级人民法院作出一审判决,在判决查明的事实中明确被告向宏源公司支付投资款268.6万元,后宏源公司上诉至甘肃省高级人民法院,甘肃省高级人民法院于2015年9月8日作出终审判决,在判决中对一审查明的事实予以确认,此时原告才知道本案被告隐瞒了出资不实的情况,故原告于2015年10月15日向一审法院提起解除之诉,未超出合同解除权的除斥期间,故原告主张解除2007年10月18日签订的《股权转让协议书》中原、被告之间关于股权转让的约定及解除原、被告于2007年11月1日签订的《股权转让协议书》,符合双方的约定及法律规定,予以支持。

一审判决:

1. 解除2007年10月18日签订的《股权转让协议书》中原、被告之间关于股权转让的约定及解除原、被告于2007年11月1日签订的《股权转让协议书》;

2. 被告退还原告股权转让款240万元;

3. 被告向原告支付损失(按照同期贷款年利率6%计算)115.2万元,违约金38.75万元。

被告不服一审判决,向上级人民法院提起上诉。

二审认为:

被告与原告签订的《股权转让协议书》系双方当事人真实意思表示,其内容不违反法律法规的禁止性规定,应为合法有效。

《股权转让协议书》第6条第5项对解除权进行了约定,但对行使解除权的期限没有约定。本案争议的焦点为原告合同解除权是否消灭。合同解除权,是指合同当事人可以解除合同的权利,它的行使直接导致合同权利义务消灭的法律后果。合同解除权包括约定解除与法定解除,本案为约定解除。民事权利分为支配权、请求权、形成权和抗辩权。合同解除权的性质属于形成权,而请求当事人履行合同义务的权利属于请求权。二者在性质上不同。请求权适用诉讼时效的规定,而形成权适用除斥期间的规定。解除权的行使,是法律赋予当事人保护自己合法权益的手段,但因为行使解除权会引起合同关系的重大变化,如果享有解除权的当事人长期不行使解除的权利,就会使合同关系处于不确定状态,影响当事人权利的享有和义务的履行,因此,需要对该权利加以控制或限制。《合同法》第95条①规定:"法律规定或者当事人约定解除权行使期限,期限届满当事人不行使的,该权利消灭。法律没有规定或者当事人没有约定解除权行使期限,经对方催告后在合理期限不行使的,该权利消灭。"《合同法》第174条②规定:"法律对其他有偿合同有规定的,依照其规定;没有规定的,参照买卖合同的有关规定。"参照《最高人民法院关于审理商品房买卖合同纠纷案件适用法律若干问题的解释》第15条第2款③:"法律没有规定或者当事人没有约定,经对方当事人催告后,解除权行使的合理期限为三个月。对方当事人没有催告的,解除权应当在解除权发生之日起一年内行使,逾期不行使的,解除权消灭。"

原告在时隔8年后请求解除合同,已远远超出1年,因此,原告要求解除合同的权利消灭。权利因主张而成就,因放弃而消灭。关于原告是否应知道被告出资不到位及隐瞒债务状况的问题。原告在签订股权转让协议时,作为受让方应审慎审查,必须全方位地履行注意义务,对交易的风险要严格防范,原告多年全盘管理宏源公司,却对公司财务状况不了解,不能自圆其说,对其陈述理由不予采信。综上,一审认定事实不清楚,适用法律不当,予以纠正。

二审判决:

1. 撤销一审判决;
2. 驳回原告全部诉讼请求。

原告不服二审判决,向上级人民法院提起申诉。

再审认为:

国有股权转让是指在遵守法律、法规和国家产业政策的前提下,使国有股权按市场规律在不同行业、产业、企业之间自由流动。国有股权转让合同并非自签订之日起就发生法律效力。本案双方当事人之间的股权转让行为发生在2007年,从1991年实施的《国有资产评估管理办法》、2003年《企业国有资产监督管理暂行条例》至2004年2月1日国务院国有资产监督管理委员会、财政部制定实施的《企业国有产权转让管理暂行办法》均规定了企业国有产权转让必须经过严格审批、股权评估并在依法设立的产权交易机构公开进行的程序。2009年5月1日

---

① 现为《民法典》第564条相关内容。
② 现为《民法典》第646条相关内容。
③ 现为《最高人民法院关于审理商品房买卖合同纠纷案件适用法律若干问题的解释》(2020年修正)第11条第2款相关内容。

实施的《企业国有资产法》也重申了审批、评估和进场交易三大企业国有资产交易原则。上述规定属于效力性强制性规定，旨在通过严格规范的程序保证交易的公开、公平、公正，最大限度地防止国有资产流失，避免国家利益、社会公共利益受损，未依法进行审批、资产评估、进场交易的国有资产转让合同应为无效。

被告系全民所有制企业，诉争股权的性质为国有法人股，属于企业国有资产的范畴。被告在股权转让时未依法进行审批、资产评估、进场交易，其行为不具合法性，根据《合同法》第52条、56条[①]规定，被告与原告订立的《股权转让协议书》应确认为无效。对合同效力的审查，属于人民法院裁判权的范围，虽然原告未提起确认合同无效的诉讼请求，但人民法院仍应依职权审查确认。由于无效合同的后果处理不属于原审诉讼的审理范围，当事人可基于另一法律关系另行提起诉讼。

再审判决：

1. 撤销一审、二审判决；
2. 确认2007年10月18日签订的《股权转让协议书》中原告与被告之间关于股权转让的约定及原、被告于2007年11月1日签订的《股权转让协议书》无效。

522. 在哪些法定情形下，国有资产转让可不进场交易？

除按照国家规定可以直接协议转让的以外，国有资产转让应当在依法设立的产权交易场所公开进行。

直接协议转让方式仅适用于如下两种情形：

（1）涉及主业处于关系国家安全、国民经济命脉的重要行业和关键领域企业的重组整合，对受让方有特殊要求，企业产权需要在国有及国有控股企业之间转让的，经国资监管机构批准，可以采取非公开协议转让方式；

（2）同一国家出资企业及其各级控股企业或实际控制企业之间因实施内部重组整合进行产权转让的，经该国家出资企业审议决策，可以采取非公开协议转让方式。

三、国有股权拍卖的特殊规定

523. 国有股权进场交易时，如采用拍卖程序转让股权，则其他股东的优先购买权如何行使？

我国关于国有产权转让相关法律法规及《公司法》等均未对此作出明确规

---

① 《合同法》第56条内容，现可参见于《民法典》第155条、156条相关内容。

定,这也是《公司法》制度与《拍卖法》制度的矛盾之处,既要保护拍卖中"价高者得"的公信力,同时又不宜损害其他股东的优先购买权。

笔者认为,实践中应当在拍卖前告知所有竞买人,当以最高价成交时其他股东可以同等价格行使优先购买权,如全体竞买人不持异议,则进入拍卖程序,其他股东可以最后的拍卖最高价行使优先购买权。

524. 国有股权被强制拍卖时,其拍卖是否必须确定保留价?保留价应当如何确定?如拍卖最高价未到达保留价应如何处理?

我国仅对上市公司的国有股强制拍卖进行了规定。

(1)国有股拍卖必须确定保留价,保留价应按评估价格确定;

(2)确定的评估结果应当在股权拍卖前报财政部备案。国有股东授权的代表单位属地方管理的,同时抄报省级财政机关。对国有股拍卖的保留价,有关当事人或知情人应当严格保密。

如果第一次拍卖最高价未达到保留价时,应当继续进行拍卖,每次拍卖的保留价应当不低于前次保留价的90%。经3次拍卖仍不能成交时,人民法院应当将所拍卖的股权按第3次拍卖的保留价折价抵偿给债权人。

为提高交易效率,人民法院可以在每次拍卖未成交后主持调解,将所拍卖的股权参照该次拍卖保留价折价抵偿给债权人。

525. 如国有资产监督管理部门怠于履行或拒绝履行职责,哪个部门可以代替国有资产监督管理部门成为代表国家提起股权转让纠纷诉讼的主体?

对此,我国法律法规并无明确规定,但笔者认为应当由检察机关代为提起诉讼。检察机关是我国的法律监督机关,当国家利益无人代表时,检察机关理应代表国家,维护国家利益。

四、国有创业投资企业股权投资的退出

526. 国有创业投资企业是否可以协议方式转让股权?

是的。国有创业投资企业转让股权必须经过联交所的严格审查,但不同于一般国有股权转让,国有创业投资企业的股权转让可以事前约定转让条件。

527. 国有创业投资企业与其他股东事前约定股权转让条件应注意哪些问题?

对股权退出有特殊要求的,应在公司章程中明确条件,并在投资协议中对转让方式、转让条件、转让价格、转让对象等一项或若干项进行事前约定。事前约定股权转让事项的,在国有创业投资企业决定后,应通过第一大股东逐级上报出资

监管企业或区(县)国资委备案后方可实施。国有股东并列第一大股东的,由股东协商后确定上报主体。

528. 国有创业投资企业对股权转让的事前约定应当怎样办理备案手续?

国有创业投资企业应当提供如下文件申请备案:

(1)《创投项目投资备案登记申请书》;

(2)市发改委出具的《备案通知》和有效期内的《年检通过通知》;

(3)出资监管企业或区(县)国资委出具的备案材料;

(4)投资协议(包含退出投资时的转让方式、转让条件、转让价格、转让对象等事项);

(5)国有创投企业的主体资格文件;

(6)被投资企业的主体资格文件、章程;

(7)被投资企业最近一期财务报表;

(8)联交所要求的其他材料。

国有创业投资企业提交上述材料后,出资监管企业或区(县)国资委将进行初审和复审:

初审对材料的合规性进行初步审核。对材料数据准确性、文件形式合规性负责,并对备案情况、主体资格等提出初步审核意见。

复审负责对初审人员的意见进行核实和确认,并对材料的合规性进行全面审核。对备案情况、主体资格等对外出具审核意见。

出资监管企业或区(县)国资委审核通过后进行备案,并每半年将备案情况向市发展改革委和市国资委报告。

529. 国有创业投资企业股权转让应当遵循怎样的决策程序?

国有创业投资企业转让股权的,应当由国有创业投资企业股东会、董事会、投资决策委员会依照章程或内部其他规定进行决定,对股权转让项目的转让方式、转让价格、价款收取等重要事项进行审议并作出书面决议。

如果投资协议中对转让事项事前约定并按规定履行备案的,可按事前约定依法决策。如果没有事前约定的,应当以独立的具备相关资质的中介机构出具的估值报告为依据定价。

530. 国有创业投资企业转让股权如何报批?如何审批?

国有创业投资企业股权转让应当在联交所公开进行。

符合事前约定实施转让的,提交如下材料:

(1)产权交易申请书;

(2)联交所出具的投资备案登记单;
(3)市发改委出具的有效期内的《年检通过通知》;
(4)国有创业投资企业的主体资格文件、章程、内部决策文件;
(5)被投资企业的主体资格文件、章程、内部决策文件;
(6)受让方的主体资格文件、章程、内部决策文件(自然人只需提供身份证明);
(7)估值报告(未对股权转让价格事前约定的提供);
(8)产权交易合同;
(9)联交所要求的其他材料。

审批程序同样包括初审和复审,两次审查的模式与备案审查基本一致。

由于目前尚处在制度试行阶段,投资备案登记暂不收费,但股权转让交易的收费参照审批协议转让的收费标准执行。

对于没有事前约定,或约定不明的,应按照正常国有股权转让的程序进行交易。

531. 何为创业投资引导基金?

创业投资引导基金(以下简称引导基金)是指由市政府设立并按照市场化方式运作的政策性基金。引导基金主要是发挥财政资金的杠杆放大效应,引导民间资金投向重点发展的产业领域,特别是战略性新兴产业,并主要投资于处于种子期、成长期等创业早中期的创业企业,促进优质创业资本、项目、技术和人才集聚。

引导基金投资运作可采用参股创业投资企业和跟进投资等方式。

532. 引导基金形成的股权应如何退出?

如何退出问题,各地的处理方式有所不同。上海地区,区分股权形成的方式不同,引导基金转让方式及转让价格具体如下:

(1)引导基金参股创业投资企业形成的股权,在有受让人的情况下可随时退出。自引导基金投入后4年内转让的,转让价格可按照引导基金原始投资额与股权转让时人民银行公布同期的存款基准利率计算的收益之和确定;超过4年的,转让价格以市场化方式协商确定。

(2)引导基金跟进投资形成的股权,可由作为受托人的创业投资企业约定回购,转让价格以市场化方式协商确定。

(3)向引导基金扶持的创业投资企业股东以外的投资人转让股权,或向受托创业投资企业以外的投资者转让被跟进投资企业股权的,按照公共财政的原则和引导基金运作要求,确定退出方式和退出价格,经引导基金理事会同意或授权,可按照市场价格直接向特定对象转让。

北京地区规定如下：

（1）引导基金在参股创投企业稳定运营后，可通过下列途径完成退出，以实现引导基金的良性循环：

①将股权优先转让给其他股东；

②公开转让股权；

③参股创投企业到期后清算退出。

（2）参股创投企业应当在《投资人协议》和《企业章程》中明确下列事项：

①在有受让方的情况下，引导基金可以随时退出；

②参股创投企业的其他股东不先于引导基金退出。

（3）参股创投企业其他股东或投资者自引导基金投入后3年内购买引导基金在参股创投企业中的股权的，转让价格参照引导基金原始投资额；

（4）超过3年的，转让价格参照引导基金原始投资额与按照转让时中国人民银行公布的1年期贷款基准利率计算的收益之和。

第五节 股权转让的税务问题

一、自然人转让股权的税务问题

533. 自然人转让股权，如何计征个人所得税？

个人股权转让所得个人所得税，以股权转让方为纳税人，以受让方为扣缴义务人。

应按以下方法确定个人所得税税额：

（1）个人转让股权，以股权转让收入减除股权原值和合理费用后的余额为应纳税所得额，按"财产转让所得"缴纳个人所得税。合理费用是指股权转让时按照规定支付的有关税费。

（2）股权转让收入是指转让方因股权转让而获得的现金、实物、有价证券和其他形式的经济利益。转让方取得与股权转让相关的各种款项，包括违约金、补偿金以及其他名目的款项、资产、权益等，均应当并入股权转让收入。转让人按照合同约定，在满足约定条件后取得的后续收入，也应当作为股权转让收入。

（3）转让股权的原值，依照以下方法确认：

以现金出资方式取得的股权，按照实际支付的价款与取得股权直接相关的合理税费之和确认股权原值。

以非货币性资产出资方式取得的股权,按照税务机关认可或核定的投资入股时非货币性资产价格与取得股权直接相关的合理税费之和确认股权原值。

通过无偿让渡方式取得股权,按取得股权发生的合理税费与原持有人的股权原值之和确认股权原值。

被投资企业以资本公积、盈余公积、未分配利润转增股本,个人股东已依法缴纳个人所得税的,以转增额和相关税费之和确认其新转增股本的股权原值。

除以上情形外,由主管税务机关按照避免重复征收个人所得税的原则合理确认股权原值。

纳税义务人未提供完整、准确的股权原值凭证,不能正确计算股权原值的,由主管税务机关核定其财产原值。

(4)自然人转让股权应缴纳的个人所得税按照"财产转让所得"项目缴税,适用20%的比例税率。即:

股权转让所得应纳个人所得税额 = 股权转让应纳税所得额×20%

值得注意的是,个人转让上市公司股票取得的所得暂免征收个人所得税。

【案例251】股权转让个人所得税处理案[①]

股权转让方:田某龙、叶某堂
股权受让方:山东黄金
标的公司:中宝公司
转让基准日:2012年2月20日
基本案情:

被收购方中宝公司注册资本为1000万元,其股权结构为:田某龙出资510万元,持股比例为51%;叶某堂出资490万元,持股比例为49%。截至评估基准日,中宝公司所表现的公允市场价值为104,654.20万元(含探矿权评估值112,366.34万元)。中宝公司及其全资子公司天龙公司拥有甘肃省国土资源厅核发的"西和县四儿沟门金矿详查、西和县小东沟金矿详查、西和县元滩子金矿普查"3个探矿权。

2012年3月,山东黄金分别以527,126,528.57元、196,380,471.43元收购田某龙持有的51%股权、叶某堂持有的19%股权。收购后,中宝公司的股权结构变更为:山东黄金出资700万元,持股比例为70%;叶某堂出资300万元,持股比例

[①] 参见《山东黄金矿业股份有限公司关于股权收购及其涉及探矿权信息的公告》,载巨潮资讯网,http://static.cninfo.com.cn/finalpage/2012-03-09/60646057.PDF,2020年3月29日访问。

为30%。

律师观点：

本次交易涉及的税收主要包括营业税、印花税、个人所得税。

1. 营业税

根据《财政部、国家税务总局关于股权转让有关营业税问题的通知》（财税〔2002〕191号）的规定，"对股权转让不征收营业税"，因此股权转让方田某龙与叶某堂无须缴纳营业税。

2. 印花税

本次交易采用股权收购方式，山东黄金和中宝公司的2名自然人股东应当以各自的股权交易价格为计税依据以万分之五的税率缴纳印花税，山东黄金应缴纳361,753.5元，田某龙应缴纳263,563.26元，叶某堂应缴纳98,190.24元。

3. 个人所得税

此次股权转让方的2名自然人股东应当根据股权转让所得缴纳个人所得税。田某龙此次股权转让所得为522,026,528.57元，应缴纳税款104,405,305.71元。叶某堂此次股权转让所得为194,480,471.43元，应缴纳税款38,896,094.29元。

534. 自然人转让股权，应当于何时何地缴纳个人所得税？当自然人年所得超过12万元，其任职单位与股权变更企业所在地不一致时，自然人应如何选择纳税地？

具有下列情形之一的，扣缴义务人、纳税人应当依法在次月15日内向主管税务机关申报纳税：

（1）受让方已支付或部分支付股权转让价款的；

（2）股权转让协议已签订生效的；

（3）受让方已经实际履行股东职责或者享受股东权益的；

（4）国家有关部门判决、登记或公告生效的；

（5）股权被司法或行政机关强制过户、以股权对外投资或进行其他非货币性交易、以股权抵偿债务或其他股权转移行为已经完成的；

（6）税务机关认定的其他有证据表明股权已发生转移的情形。

自然人转让股权所得个人所得税以发生股权变更的企业所在地税务机关为主管税务机关。

个人所得税主要实行代扣代缴税款的征收方式，对个人所得税课税对象是实行每"次"，即每次发生所得时，就应缴纳所得税。自行申报地与纳税地是两个概念，二者并不冲突，也就是说，年收入超过12万元的个人可以自行选择一处地点作为纳税申报地,而发生股权转让时应在发生股权变更的企业所在地地税机关纳税。

535. 纳税义务人自行申报或扣缴义务人进行股权转让纳税申报,需要提交哪些材料?

纳税人、扣缴义务人向主管税务机关办理股权转让纳税(扣缴)申报时,应当报送以下资料:

(1)股权转让合同(协议);

(2)股权转让双方身份证明;

(3)按规定需要进行资产评估的,需提供具有法定资质的中介机构出具的净资产或土地房产等资产价值评估报告;

(4)计税依据明显偏低但有正当理由的证明材料;

(5)主管税务机关要求报送的其他材料。

【案例252】自然人转让股权未进行纳税申报 欠缴税款可能构成逃税罪[①]

被告人:温某堂、王某榆、王某斌

基本案情:

2009年6月,被告人温某堂、王某榆、王某斌共同注资600万元成立案外人威海煤业。2009年7月28日,威海煤业的注册资本变更为1000万元,变更后三被告人的持股比例分别为:温某堂持有48.88%,王某榆持有45.12%,王某斌持有6%。

2011年11月8日,经三被告人协商,威海煤业全部股权以4500万元的价格被转让给案外人何某某、杨某某二人,并办理了公证(公证书显示转让总价格为1000万元)。股权转让后,三被告人未进行纳税申报,王某榆曾收到80万元的分红款。

经案外人神木县地税局核算,被告人温某堂应缴纳个人所得税2,729,039.80元、印花税10,998元,合计2,740,037.80元;被告人王某榆应缴纳个人所得税2,519,113.66元、印花税10,152元,合计2,529,265.66元;被告人王某斌应缴纳个人所得税334,988.52元、印花税1350元,合计336,338.52元。

2015年9月14日和2016年1月5日,神木县地方税务局两次向三被告人下达《税务事项通知书》,限三被告人在收到通知后15日内到地税局缴纳相关税款。

2015年9月29日,被告人温某堂缴纳印花税10,998元、滞纳金7610.62元、个人所得税130,000元;2016年1月12日,温某堂又缴纳个人所得税20,000元;

---

① 参见陕西省榆林市中级人民法院(2018)陕08刑终2号刑事判决书。

2016年5月13日温某堂将剩余个人所得税2,579,039.80元全部缴清。

被告人王某榆收到通知后至今分文未缴应缴税款;被告人王某斌经神木县地税局公告送达期满后至今分文未缴应缴税款。

公诉机关指控:

2011年11月8日,被告三人协商将威海煤业的全部股权以4500万元的价格转让给案外人何某某和杨某某,并办理了公证。被告人温某堂、王某榆和王某斌在威海煤业股权转让后,并未进行纳税申报。

被告人温某堂应缴纳个人所得税2,729,039.80元,印花税10,998元,合计2,740,037.80元;被告人王某榆应缴纳个人所得税2,519,113.66元,印花税10,152元,合计2,529,265.66元;被告人王某斌应缴纳个人所得税334,988.52元,印花税1350元,合计336,338.52元。神木县地税局通过通知其本人及公告等方式向上述三被告人送达了限期缴纳税款通知。

截至2016年5月13日,被告人温某堂分3次缴清了所欠税款及滞纳金,被告人王某榆与王某斌至今仍未缴纳应缴税款。

被告人温某堂辩称:

对公诉机关指控的事实和罪名均无异议,但认为被告人系初犯,主观恶性较小,事后积极补缴税款,认罪态度好,有悔罪表现,希望法庭对其免予刑事处罚。

被告人王某榆辩称:

王某榆当庭表示不构成犯罪,庭后又向法院出具认罪书及悔罪书,希望法庭对其从轻判处。

被告人王某斌辩称:

1. 被告人王某斌主观上无逃税故意,且非扣缴义务人,不是纳税主体;
2. 神木县地税局认定的纳税税额错误,不应以股权比例来确定纳税所得额;
3. 逃税行为未经过专业机构鉴定,故证据不足,被告人王某斌不构成犯罪。

一审认为:

1. 三被告人作为威海煤业的股东,转让股权后采取隐瞒手段不申报纳税,逃避缴纳税款数额巨大且占应纳税额的30%以上,其行为已构成逃税罪。公诉机关指控的事实和罪名成立,依法应予以惩处。

2. 关于被告人王某榆的辩护人认为其不构成犯罪的问题。

《股权转让所得个人所得税管理办法》第5条规定:个人股权转让所得个人所得税,以股权转让方为纳税人,以受让方为扣缴义务人;第4条规定:个人转让股权,以股权转让收入减除股权原值和合理费用后的余额为应纳税所得额,按"财产转让所得"缴纳个人所得税。《最高人民检察院、公安部关于公安机关管辖的刑事案件立案追诉标准的规定(二)》第 57 条第 1 项①规定:纳税人采取欺骗、隐瞒手段进行虚假纳税申报或者不申报,逃避缴纳税款,数额在 5 万元以上并且占各税种应纳税总额 10% 以上,经税务机关依法下达追缴通知后,不补缴应纳税款、不缴纳滞纳金或者不接受行政处罚的,应予立案追诉。

本案中,三被告人将股权全部转让后,作为纳税人在扣缴义务人没有代为扣缴,并已收到全部股权转让款的情况下未依法纳税申报,且在神木县地税局两次下达缴税通知后,被告人王某榆既未向税务机关提出异议,又未缴纳相应税款,其行为符合逃税罪的构成要件,故对该辩护意见不应采纳。

3. 三被告人归案后能如实供述其罪行,认罪态度较好,均具有法定可以从轻处罚之情节。被告人温某堂在收到税务机关的缴税通知后,缴纳部分税款、滞纳金,又在公安机关立案后将剩余税款缴清,有悔罪表现,具有酌情从轻处罚之情节。

一审判决:

1. 被告人温某堂犯逃税罪,判处有期徒刑 3 年,宣告缓刑 5 年,并处罚金 20 万元人民币;

2. 被告人王某榆犯逃税罪,判处有期徒刑 4 年 6 个月,并处罚金 20 万元人民币;

3. 被告人王某斌犯逃税罪,判处有期徒刑 3 年,并处罚金 3 万元人民币。

被告人不服一审判决,向上级人民法院提起上诉。

被告人温某堂上诉称:

其与被告人王某斌、王某榆并无共同犯罪的故意,且已经全额补缴税款,一审判决量刑过重,请求对被告人温某堂免于刑事处罚。

被告人王某榆上诉称:

其与被告人温某堂、王某斌书面约定其股权及转让所涉及的税费和一切债权由被告人温某堂、王某斌两人承担,基于个人所得税实际所得额纳税原则,上诉人王某榆未取得涉案股权的转让款,在未取得实际所得的情况下,不是纳税的义务人。同时上诉人王某榆也没有逃税的故意。一审判决认定事实错误,请求二审依法宣告上诉人王某榆无罪。

被告人王某斌对一审判决并无异议。

公诉机关称:

一审人民法院一审判决适用法律错误,量刑畸轻。

原审三被告人经协商将所持有的威海煤业全部股份以 4500 万元价格转让给

---

① 现为《最高人民检察院、公安部关于公安机关管辖的刑事案件立案追诉标准的规定(三)》(2022 年修订)第 52 条第 1 项相关内容。

案外人何某某、杨某某两人,并办理了公证,但三被告人未进行纳税申报。经税务机关核算,上诉人温某堂应缴纳个人所得税和印花税共 2,740,037.80 元。案发前缴纳税款、滞纳金共 148,608.62 元,案发后缴纳剩余 2,579,039.80 元税款;被告人王某斌应缴纳个人所得税、印花税共 2,529,265.66 元,至今尚未缴纳;上诉人王某榆应缴纳个人所得税、印花税共 336,338.52 元,至今尚未缴纳。

根据《陕西省高级人民法院关于适用刑法有关条款数额、情节标准的意见》第 6 节第 201 条逃税罪的规定,数额巨大的标准为 25 万元。本案中,三被告人作为公司股东,在转让股份后采取欺骗手段不申报纳税,逃避缴纳税款数额巨大,且均占应缴税额的 30% 以上,应以逃税罪在 3 年以上 7 年以下有期徒刑幅度内量刑。

上诉人温某堂在案发后缴清了全部税款,认罪态度较好,可从轻处罚并适用缓刑;被告人王某斌、上诉人王某榆至今未缴纳税款,虽具有坦白情节但不能从轻处罚,更不能适用缓刑。

二审认为:

1. 上诉人温某堂、王某榆与原审被告人王某斌作为公司股东转让各自股份后,采取隐瞒手段不申报纳税,逃避缴纳税款数额巨大并且占应纳税额 30% 以上,其行为均已构成逃税罪,依法应予惩处,公诉机关指控罪名成立。

2. 关于上诉人温某堂及其辩护人所持一审判决量刑过重之理由,上诉人温某堂逃税税额巨大,应在 3 年以上 7 年以下处罚,一审法院鉴于其如实供述犯罪事实,补缴全部税款,已对其从轻处罚,故其及辩护人所持理由,不应采纳。

3. 关于被告人王某榆及其辩护人所持王某榆没有逃税故意、没有实际所得,故不构成犯罪的辩护理由。依照《个人所得税法》《个人所得税法实施条例》《股权转让所得个人所得税管理办法(试行)》《税收征收管理法》规定,个人转让股权应当缴纳个人所得税,在股权转让协议已签订生效后应当依法向主管税务机关申报纳税;扣缴义务人应扣未扣、应收而不收税款的,由税务机关向纳税人追缴税款。上诉人王某榆在股权转让后收到分红款、奖金 80 万元,依法应缴纳个人所得税。但其在扣缴义务人未扣税情形下不申报纳税,逃避缴纳税款,数额在 5 万元以上并且占各税种应纳税总额 10% 以上,其行为符合逃税罪的构成要件,故对上述辩护理由,不应采纳。

4. 对于上诉人王某榆及其辩护人所持温某堂、王某斌与王某榆约定股权转让所有税费由温某堂、王某斌两人承担的辩护理由,依法缴纳个人所得税是法律规定的义务,王某榆与温某堂等人的约定不能免除王某榆的法定义务,故王某榆及其辩护人所持该辩护理由,不应支持。

上诉人王某榆逃税数额较大,依法应在 3 年以下量刑,同时具有坦白情节,可以从轻处罚;原审被告人王某斌逃税数额巨大,但其认罪态度较好,同时具有坦白情节,依法亦可从轻处罚;但王某斌、王某榆两人迄今尚未缴纳税款,不符合缓刑的适用条件,故对抗诉机关所持王某斌、王某榆两人不宜适用缓刑抗诉理由,应予支持。

二审判决:

1. 维持一审判决第 1 项;
2. 撤销一审判决第 2 项、3 项;
3. 原审被告人王某斌犯逃税罪,判处有期徒刑 3 年,并处罚金 20 万元人民币;
4. 上诉人王某榆犯逃税罪,判处有期徒刑 1 年 6 个月,并处罚金 3 万元人民币。

536. 个人纳税义务人转让其在境外股权取得的所得,如果这部分所得在境外已经缴税,在境内是否还需要缴税?

居民个人在境内缴税时,准予其在应纳税额中扣除已在境外缴纳的个人所得税税额。但扣除额不得超过该纳税义务人境外所得依照《个人所得税法》规定计算的应纳税额。

其中,已在境外缴纳的个人所得税税额,是指居民个人从中国境外取得的所得,依照该所得来源国家(地区)的法律应当缴纳并且实际已经缴纳的税额。

537. 两个或者两个以上自然人共同取得同一股权转让收入的,应如何纳税?

应当对每个人取得的收入分别按照《个人所得税法》的规定减除费用后计算纳税。

538. 自然人转让股权,其计税明显偏低,税务机关是否可以调整?如何调整?

自然人转让股权,其计税依据应按照公平交易价格计算并确定计税依据。

计税依据明显偏低且无正当理由的,主管税务机关可参照每股净资产或自然人享有的股权比例所对应的净资产份额核定。

主管税务机关应依次按照下列方法核定股权转让收入。

(1)净资产核定法

股权转让收入按照每股净资产或股权对应的净资产份额核定。

被投资企业的土地使用权、房屋、房地产企业未销售房产、知识产权、探矿权、采矿权、股权等资产占企业总资产比例超过 20% 的,主管税务机关可参照纳税人提供的具有法定资质的中介机构出具的资产评估报告核定股权转让收入。

6 个月内再次发生股权转让且被投资企业净资产未发生重大变化的,主管税务机关可参照上一次股权转让时被投资企业的资产评估报告核定此次股权转让收入。

(2)类比法

①参照相同或类似条件下同一企业同一股东或其他股东股权转让收入核定;

②参照相同或类似条件下同类行业企业股权转让收入核定。

(3)其他合理方法

主管税务机关采用以上方法核定股权转让收入存在困难的,可以采取其他合理方法核定。

【案例253】股份转让价格低于对应净资产值 税务机关有权重新核定转让收入[①]

基本案情:

2004年8月,任某国、陆某波、江某中、柴某海将所持有的创源文化的股份转让给成路集团和香港华盛,转让价格为1美元/美元注册资本,每元注册资本对应净资产为1.13元。根据双方签订的《股权转让协议》、工商档案登记资料以及对转让方、受让方、创源文化实际控制人的访谈,该等股权转让约定的价格真实且相差不大,系双方自愿协商确定,不存在利益输送或损害发行人利益的情形,不存在违反法律、法规及规范性文件的强制性规定的情形。根据《关于宁波成路纸品制造有限公司增资及股权变更的批复》(仑外经贸项〔2004〕27号),本次股权转让价格已于2004年8月2日取得宁波市北仑区对外贸易经济合作局的同意。

律师观点:

自然人转让股权,计税依据偏低的,应具有正当理由,否则主管税务机关有权核定股权转让收入。

根据《股权转让所得个人所得税管理办法(试行)》(国家税务总局公告2014年第67号)第12条的规定,"符合下列情形之一,视为股权转让收入明显偏低:(一)申报的股权转让收入低于股权对应的净资产份额的。其中,被投资企业拥有土地使用权、房屋、房地产企业未销售房产、知识产权、探矿权、采矿权、股权等资产的,申报的股权转让收入低于股权对应的净资产公允价值份额的……"

在本案中,股权转让协议约定价格按照注册资本原值转让,陆某波、任某国、江某中、柴某海4人将其持有的创源文化股份以原投资价格分别转让给成路集团和香港华盛,未从该等股权转让中取得任何收益,也未产生个人所得,但是股权转让价格低于每元注册资本对应净资产值,除非股权转让各方能够提供有效证据证明其合理性,否则主管税务机关有权重新核定股权转让收入。

[①] 参见《广东晟典律师事务所关于宁波创源文化发展股份有限公司首次公开发行股票并在创业板上市的补充法律意见书(七)》,载巨潮资讯网,http://static.cninfo.com.cn/finalpage/2017-09-06/1203936118.PDF,2020年4月8日访问。

539. 如何判断股权转让所得计税依据明显偏低？计税依据明显偏低的正当理由包括哪些？

符合下列情形之一，视为股权转让收入明显偏低：

（1）申报的股权转让收入低于股权对应的净资产份额的。其中，被投资企业拥有土地使用权、房屋、房地产企业未销售房产、知识产权、探矿权、采矿权、股权等资产的，申报的股权转让收入低于股权对应的净资产公允价值份额的。

（2）申报的股权转让收入低于初始投资成本或低于取得该股权所支付的价款及相关税费的。

（3）申报的股权转让收入低于相同或类似条件下同一企业同一股东或其他股东股权转让收入的。

（4）申报的股权转让收入低于相同或类似条件下同类行业的企业股权转让收入的。

（5）不具合理性的无偿让渡股权或股份。

（6）主管税务机关认定的其他情形。

符合下列条件之一的股权转让收入明显偏低，视为有正当理由：

（1）能出具有效文件，证明被投资企业因国家政策调整，生产经营受到重大影响，导致低价转让股权；

（2）继承或将股权转让给其能提供具有法律效力身份关系证明的配偶、父母、子女、祖父母、外祖父母、孙子女、外孙子女、兄弟姐妹以及对转让人承担直接抚养或者赡养义务的抚养人或者赡养人；

（3）相关法律、政府文件或企业章程规定，并有相关资料充分证明转让价格合理且真实的本企业员工持有的不能对外转让股权的内部转让；

（4）股权转让双方能够提供有效证据证明其合理性的其他合理情形。

【案例254】1元受让配偶持有的85%股份　可不缴纳个税[①]

基本案情：

2007年8月16日，深圳市隆利科技发展有限公司（以下简称隆利科技），由自然人吕某霞以现金出资的方式个人独资投资设立，注册资本为100万元，后经

[①] 参见《上海市君悦（深圳）律师事务所关于深圳市隆利科技股份有限公司首次公开发行股票并在创业板上市的补充法律意见书（二）》，载巨潮资讯网，http://www.cninfo.com.cn/new/disclosure/detail?orgId=9900035316&announcementId=1205614745&announcementTime=2018-11-19，2020年4月21日访问。

数次增资注册资本达到1000万元。

2014年8月5日,隆利科技召开股东会会议,决定将股东吕某霞持有的公司股权的85%(出资额850万元)以1元人民币转让给其丈夫自然人吴某理。

2014年8月6日,吕某霞与吴某理就上述股权转让事宜签订《股权转让协议书》。同日,深圳联合产权交易所股份有限公司对上述股权转让进行了见证,并出具《股权转让见证书》。本次股权转让后,隆利科技出资情况为:吴某理认缴出资850万元,实缴出资850万元,出资比例为85%;吕某霞认缴出资150万元,实缴出资150万元,出资比例为15%。

律师观点:

2014年8月,吕某霞将其持有的隆利科技85%的股权作价1元转让予受让方吴某理,无须缴纳个人所得税。

鉴于吕某霞与吴某理系夫妻关系,其进行的股权转让系家庭内部之间的股权调整,其转让符合当时《国家税务总局关于股权转让所得个人所得税计税依据核定问题的公告》(国家税务总局公告2010年第27号)的第2条第2项第3款之规定,"将股权转让给配偶、父母、子女、祖父母、外祖父母、孙子女、外孙子女、兄弟姐妹以及对转让人承担直接抚养或赡养义务的抚养人或者赡养人",吕某霞将其持有的股权以明显偏低的价格转让与其配偶,属于有正当理由的情形,故无须缴纳个人所得税。即使根据2015年正式施行的《股权转让所得个人所得税管理办法(试行)》(国家税务总局公告2014年第67号)中的第13条第2项规定,"继承或将股权转让给其能提供具有法律效力身份关系证明的配偶、父母、子女、祖父母、外祖父母、孙子女、外孙子女、兄弟姐妹以及对转让人承担直接抚养或者赡养义务的抚养人或者赡养人",吕某霞的转让行为依旧属于有正当理由的情形,无须缴纳个人所得税。

540. 自然人分期投入获得的股权,转让部分股权时,主管税务机关将如何审核其股权转让成本?

对于分期投入获得的股权,在部分转让时应以股份加权平均计算转让成本(转让部分股权计税成本=全部股权计税成本×转让比例)。

以非货币性资产出资方式取得的股权,按照税务机关认可或核定的投资入股时非货币性资产价格与取得股权直接相关的合理税费之和确认股权原值。

541. 主管地方税务机关核定股权转让应纳税所得额时,应考虑哪些因素?

主管地方税务机关要全面、正确计算股权转让价格和股权计税成本,应考虑以下因素：

（1）"资本公积""未分配利润""盈余公积"累计结余情况，对于应分配未分配的所有者权益应考虑其对价格的影响。

（2）债权债务清偿情况，如应收账款、应付账款、长期借款和长期投资等。

（3）资产、存货的增值和减值等情况。

（4）股权计税成本的真实性。按照税收政策，根据企业财务状况对其股权转让价格进行纳税调整，该调增的调增，该调减的调减，填制股权转让纳税调整表，经主管领导审批后，调整纳税行为。

542. 自然人股东将股权赠与他人，是否需要缴纳所得税？什么情形下需要缴纳所得税？

（1）特定亲属间无偿赠与股权，无须缴纳个人所得税。

继承或将股权转让给其能提供具有法律效力身份关系证明的配偶、父母、子女、祖父母、外祖父母、孙子女、外孙子女、兄弟姐妹以及对转让人承担直接抚养或者赡养义务的抚养人或者赡养人，无须缴纳个人所得税。

（2）特定亲属间无偿赠与取得的股权，再转让时需要缴纳所得税，并按取得股权发生的合理税费与原持有人的股权原值之和确认股权原值，应主要注意如下两点：

①正常的股权转让，按"财产转让所得"缴纳20%个人所得税；

②个人股权溢价转让，转让方为纳税人，受让方为扣缴义务人。

543. 如何确定个人转让因受赠获得的股权的应纳税额？[①]

以股权转让收入减除受赠股权过程中缴纳合理税费与原持有人的股权原值之和后的余额为应纳税所得额，按20%的适用税率计算缴纳个人所得税。

应纳税额=（股权转让收入－相关税费－股权原值）×20%

544. 企业股权置换过程中个人股权转让，应如何缴纳个人所得税？

根据《广东省地方税务局关于加强股权转让所得个人所得税征收管理的通知》（粤地税函〔2009〕940号）的相关规定，主管地方税务机关应区分自然人转让股权和购买股权两种行为进行管理。其中，自然人的股权转让收入应当以转让时换入股权的公允价格确认；如涉及以货币、实物或其他经济利益等形式支付对价补差的，应以换入股权的公允价格与对价补差之和确认转让收入。

545. 对个人在上海证券交易所、深圳证券交易所转让从上市公司公开发行和转让市场取得的上市公司股票所得，是否需要计征个人所得税？

[①] 关于股权赠与税收问题详见本书第四章股东资格确认纠纷。

不需要。

【案例255】华孚色纺公司①股东减持股改限售股份②

减持股东:廖某
被减资公司:华孚色纺公司
减持方式:二级市场集中竞价
减持时间:2009年7月16日至9月15日
基本案情:
截至2009年7月16日,华孚色纺公司股权结构如图7-8所示:

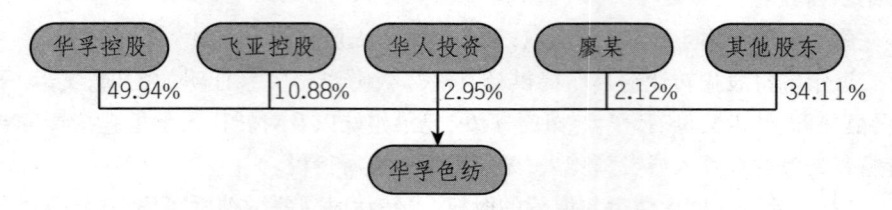

```
华孚控股    飞亚控股    华人投资    廖某      其他股东
49.94%      10.88%      2.95%      2.12%     34.11%
                          ↓
                       华孚色纺
```

图7-8 减持前股权架构示意

廖某持有华孚色纺499万股限售股,占总股本比例为2.12%。2009年7月16日到9月15日,廖某通过二级市场集中竞价交易的方式,出售238万股,累计减持公司总股本的1.01%。在减持完成之后,廖某仍持有公司261万股,占总股本比例为1.11%。在其减持之后,公司股权结构如图7-9所示:

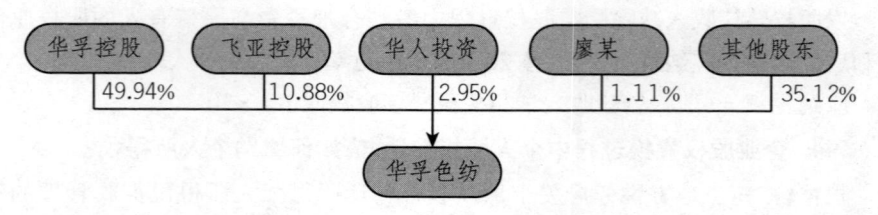

```
华孚控股    飞亚控股    华人投资    廖某      其他股东
49.94%      10.88%      2.95%      1.11%     35.12%
                          ↓
                       华孚色纺
```

图7-9 减持后股权架构示意

律师观点:
本次资产重组涉及的税收主要是个人所得税与印花税。
(1)个人所得税

---

① 该公司现已更名为华孚时尚股份有限公司。
② 参见《华孚色纺股份有限公司关于股改限售股份减持的公告》,载巨潮资讯网,http://static.cninfo.com.cn/finalpage/2009-09-17/57061417.PDF,2020年3月29日访问。

根据《财政部、国家税务总局关于个人转让股票所得继续暂免征收个人所得税的通知》(财税字〔1998〕61号)的规定,对个人转让上市公司股票取得的所得继续暂免征收个人所得税。因此,对于廖某在二级市场上减持转让股份所得免征个人所得税。①

(2)印花税

根据《深圳证券交易所关于做好证券交易印花税征收方式调整工作的通知》,应当对廖某转让股份的总金额,按照千分之一的税率,征收1.01万元印花税②,对受让该部分股票的交易另一方不征收印花税。

546. 全体股东,通过签订股权转让协议,以转让公司全部资产方式将股权转让给新股东,协议约定时间以前的债权债务由原股东负责,协议约定时间以后的债权债务由新股东负责。此时,原股东如何计征个人所得税?

原股东应缴纳的个人所得税的确认方法如下:

(1)原股东取得股权转让所得,应按"财产转让所得"项目征收个人所得税。

(2)应纳税所得额的计算:

①对于原股东取得转让收入后,根据持股比例先清收债权、归还债务后,再对每个股东进行分配的,应纳税所得额的计算公式为:

应纳税所得额=(原股东股权转让总收入－原股东承担的债务总额＋原股东所收回的债权总额－注册资本额－股权转让过程中的有关税费)×原股东持股比例

其中,原股东承担的债务不包括应付未付股东的利润(下同)。

②对于原股东取得转让收入后,根据持股比例对股权转让收入、债权债务进行分配的,应纳税所得额的计算公式为:

应纳税所得额=原股东分配取得股权转让收入＋原股东清收公司债权收入－原股东承担公司债务支出－原股东向公司投资成本

其中,"原股东清收公司债权收入"(原股东所收回的债权总额)与"原股东承担公司债务支出"(原股东承担的债务总额)均指原股东清收债权或承担债务的实际数额,而非协议约定的账面数额。

547. 集体所有制企业在改制为股份合作制企业过程中个人取得的量化资产,如何计征个人所得税?

---

① 根据财税〔2009〕167号文规定,自2010年1月1日起,对个人转让限售股取得的所得,按照"财产转让所得",适用20%的比例税率征收个人所得税。所以,如果廖某减持华孚色纺公司限售股的行为发生在2010年1月1日后,应当就股权转让所得扣除成本后,缴纳个人所得税。

② 此处计算计税依据采用的单价为华孚色纺2009年7月至9月均价4.23元。

区分以下情况征税:

(1)对职工个人以股份形式取得的仅作为分红依据,不拥有所有权的企业量化资产,不征收个人所得税;

(2)对职工个人以股份形式取得的拥有所有权的企业量化资产,暂缓征收个人所得税;待个人将股份转让时,就其转让收入额,减除个人取得该股份时实际支付的费用支出和合理转让费用后的余额,按"财产转让所得"项目计征个人所得税;

(3)对职工个人以股份形式取得的企业量化资产参与企业分配而获得的股息、红利,应按"利息、股息、红利"项目征收个人所得税。

548. 股权转让合同被撤销,退还的股权转让款是否需要缴纳个人所得税?如何缴纳?

应视具体情况而定:

(1)股权转让合同履行完毕、股权已作变更登记,且所得已经实现的,则转让人取得的股权转让收入应当依法缴纳个人所得税。转让行为结束后,当事人双方签订并执行解除原股权转让合同、退回股权的协议,是另一次股权转让行为,对前次转让行为征收的个人所得税款不予退回。

(2)股权转让合同未履行完毕,因执行仲裁委员会作出的解除股权转让合同及补充协议的裁决,停止执行原股权转让合同并原价收回已转让股权的,由于其股权转让行为尚未完成、收入未完全实现,随着股权转让关系的解除,股权收益不复存在,根据《个人所得税法》和征管法的有关规定,以及从行政行为合理性原则出发,纳税人不应缴纳个人所得税。

549. 股权成功转让后,转让方个人因受让方个人未按规定期限支付价款而取得的违约金收入,是否需要缴纳个人所得税?

需要。转让方个人取得的该违约金应并入财产转让收入,按照"财产转让所得"项目计算缴纳个人所得税,税款由取得所得的转让方个人向主管税务机关自行申报缴纳。

550. 个人因各种原因终止投资、联营、经营合作等行为,从被投资企业或合作项目、被投资企业的其他投资者以及合作项目的经营合作人取得股权转让收入、违约金、补偿金、赔偿金及以其他名目收回的款项等,是否需要缴纳个人所得税?如需缴纳,如何缴纳?

上述款项均属于个人所得税应税收入,应按照"财产转让所得"项目适用的规定计算缴纳个人所得税。

应纳税所得额的计算公式如下:

应纳税所得额 = 个人取得的股权转让收入、违约金、补偿金、赔偿金及以其他名目收回的款项合计数 – 原实际出资额(投入额) – 相关税费

551. 非居民个人转让其在境内持有的股权,是否需要缴税?

需要。在中国境内无住所又不居住,或者无住所而一个纳税年度内在中国境内居住累计不满183天的个人,为非居民个人。非居民个人从中国境内取得的所得,依照《个人所得税法》规定缴纳个人所得税。

552. 个人转让股权是否需要缴纳印花税?如果股权转让合同签署后又被撤销或终止,已经完税的贴花能否回转?

个人转让股权需缴纳印花税,转让方与受让方均需以股权转让价款为计税依据按照万分之五的税率缴纳印花税。如果转让的是上市公司股票,则转让方应按千分之一的税率征收证券(股票)交易印花税,受让方无须缴税。

合同签订时即应贴花,履行完税手续。因此,不论合同是否兑现或能否按期兑现,都一律按照规定贴花。也就是说,即便是股权转让合同签署后被撤销或终止,没有实际履行,已经完税的贴花也不能回转。

二、法人股东转让股权的税务问题

（一）居民企业转让股权的所得税问题

553. 企业因转让股权,何时确认收入?

企业转让股权收入,应于转让协议生效且完成股权变更手续时,确认收入的实现。

554. 如何确认和计算企业因转让股权取得的所得?

按以下方法确认和计算:

(1)转让股权收入扣除为取得该股权所发生的成本后,为股权转让所得。企业在计算股权转让所得时,不得扣除被投资企业未分配利润等股东留存收益中按该项股权所可能分配的金额。

(2)企业取得股权转让收入,不论是以货币形式还是非货币形式体现,除另有规定外,均应一次性计入确认收入的年度计算缴纳企业所得税。

555. 企业股权投资损失的所得税应如何处理?

按以下方法处理:

(1)企业股权投资所发生的损失,自2010年1月1日后,在经确认的损失发生年度,作为企业损失在计算企业应纳税所得额时一次性扣除;

(2)2010年1月1日以前,企业发生的尚未处理的股权投资损失,准予在

2010年度一次性扣除。

556. 核定征收企业所得税的企业,取得的转让股权(股票)收入等转让财产收入,是否适用企业所得税核定征收方式？如果适用,如何征税？

适用。自2012年1月1日起,如果转让股权的公司适用核定应税所得率征收企业所得税,那么股权转让收入应全额计入应税收入额,按照主营项目(业务)确定适用的应税所得率计算征税;若主营项目(业务)发生变化,应在当年汇算清缴时,按照变化后的主营项目(业务)重新确定适用的应税所得率计算征税。2012年1月1日前,已经处理的,不再调整。

专门从事股权(股票)投资业务的企业,不得核定征收企业所得税。

557. 居民企业转让股权所得的纳税地点如何确定？

除税收法律、行政法规另有规定外,居民企业以企业登记注册地为纳税地点;但登记注册地在境外的,以实际管理机构所在地为纳税地点。

558. 居民企业取得股权转让所得,缴纳企业所得税的税率是多少？

企业所得税的税率为25%。

559. 投资企业撤回或减少投资时应作何税务处理？

投资企业从被投资企业撤回或减少投资,其取得的资产,按以下方法处理：

(1)相当于初始出资的部分,应确认为投资收回；

(2)相当于被投资企业累计未分配利润和累计盈余公积金按减少实收资本比例计算的部分,应确认为股息所得；

(3)其余部分确认为投资资产转让所得。

被投资企业发生的经营亏损,由被投资企业按规定结转弥补；投资企业不得调整减低其投资成本,也不得将其确认为投资损失。

560. 股权转让人应分享的被投资方累计未分配利润或累计盈余公积金应如何定性？

企业在计算股权转让所得时,不得扣除被投资企业未分配利润等股东留存收益中按该项股权所可能分配的金额。所以,应确认为股权转让所得,不得确认为股息性质的所得。

561. 被投资企业有未分配利润等股东留存收益,在转让股权前进行利润分配,能否降低税负？

企业在计算股权转让所得时,除非是在被投资企业清算的情况下,否则不允许扣除其在被投资企业中应分配而未分配的利润的。

根据《企业所得税法》及其实施条例的规定,居民企业从直接投资于其他居民企业取得的投资收益免征企业所得税。因此,有人建议,为了降低税负,可以先行进行红利分配,再转让股权。这种方案真的能降低税负吗?下面将以案例说明。

A公司有3名股东,分别为B企业、C自然人与D自然人。公司注册资本为100万元,其中:股东B出资60万元,占注册资本的比例为60%;股东C公司出资25万元,占注册资本的比例为25%;股东D公司出资15万元,占注册资本的比例为15%。

现B欲转让其持有的全部股权,A公司目前净资产为500万元(暂不考虑其他费用,假设企业所得税税率为25%):

第一种方案:B公司直接转让股权。

此时,企业所得税=(500×60%-60)×25%=60万元。

第二种方案:B公司与其他股东达成一致意见,先行分配红利,再转让股权。

根据税法规定,B企业作为居民企业从A公司取得的红利无须缴纳企业所得税。

企业所得税=(60-60)×25%=0万元。

从数据上看,先分配红利,再转让股权,能有效降低税负。但这一方案有效实施的前提在于B公司是A公司的大股东,其能通过盈余分配方案,可以先行分配红利,再转让股权。如其非大股东,其他股东不同意分配红利,此方案就无从实施。而且个人投资者取得的红利需要按照20%的税率缴纳个人所得税,先行分配红利从税负角度来说,对A公司另外两名自然人股东没有意义。

562. 法人股东低价转让股权,税务局是否会核定企业所得税?

法人股东申报的计税依据明显偏低,又无正当理由的,税务机关应根据法人股东具体情况,核定征收企业所得税。对核定征收企业所得税的纳税人,核定应税所得率或者核定应纳所得税额。

具有下列情形之一的,核定其应税所得率:

(1)能正确核算(查实)收入总额,但不能正确核算(查实)成本费用总额的;

(2)能正确核算(查实)成本费用总额,但不能正确核算(查实)收入总额的;

(3)通过合理方法,能计算和推定纳税人收入总额或成本费用总额的。

纳税人不属于以上情形的,核定其应纳所得税额。

税务机关采用下列方法核定征收企业所得税:

(1)参照当地同类行业或者类似行业中经营规模和收入水平相近的纳税人的税负水平核定;

(2)按照应税收入额或成本费用支出额定率核定;

(3)按照耗用的原材料、燃料、动力等推算或测算核定;

(4)按照其他合理方法核定。

采用前款所列一种方法不足以正确核定应纳税所得额或应纳税额的,可以同时采用两种以上的方法核定。采用两种以上方法测算的应纳税额不一致时,可按测算的应纳税额从高核定。

核定征收企业所得税的,应纳所得税额计算公式如下:

应纳所得税额=应纳税所得额×适用税率

应纳税所得额=应税收入额×应税所得率

或:应纳税所得额=成本(费用)支出额/(1-应税所得率)×应税所得率

应税所得率按表7-1规定的幅度标准确定:

表7-1 各行业应税所得率标准

行业	应税所得率
农、林、牧、渔业	3%~10%
制造业	5%~15%
批发和零售贸易业	4%~15%
交通运输业	7%~15%
建筑业	8%~20%
饮食业	8%~25%
娱乐业	15%~30%
其他行业	10%~30%

【案例256】对赌协议不能成为企业股权转让的挡税牌[①]

基本案情:

西藏吉奥高是上市公司焦作万方铝业股份有限公司(以下简称焦作万方)的第一大股东,持有公司股份211,216,238股,占公司总股本的17.56%。

2014年8月,焦作万方与西藏吉奥高双方签署《股权转让协议》,西藏吉奥高以17亿元的对价向焦作万方出售其持有的万吉能源100%的股权(见图7-10)。双方同时进行对赌约定,西藏吉奥高承诺万吉能源2014年至2015年度净利润和经营活动产生的现金净额分别不低于3000万元和3.5亿元。否则,焦作万方有权以1元的价格回购西藏吉奥高所持有的焦作万方股票并注销,或西藏吉奥高应

---

① 参见刘天永:《从一则案例看上市公司并购中"对赌协议"潜藏的巨大税务风险》,载新浪博客,http://blog.sina.com.cn/s/blog_73b428330102wrow.html,2020年4月8日访问。

以其所持有的焦作万方股票对焦作万方进行补偿。

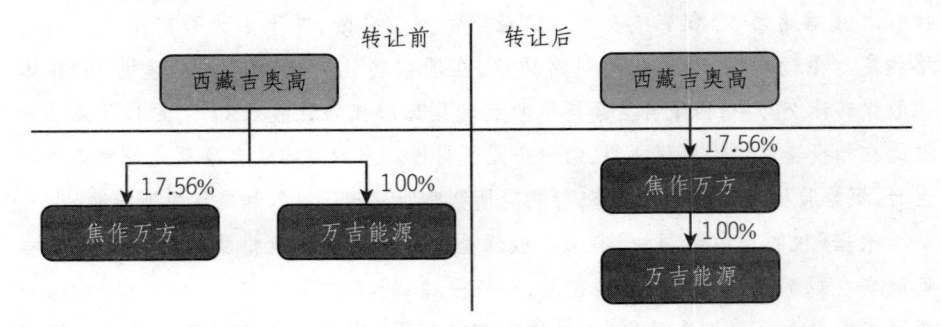

图7-10 西藏吉奥高股权转让前后持股结构

拉萨市国家税务局柳梧新区税务分局(以下简称柳梧分局)按照《企业所得税法》相关规定,要求西藏吉奥高对以上股权转让收益向柳梧分局缴纳企业所得税,但西藏吉奥高未及时缴纳该笔税款。2015年9月17日,柳梧分局向西藏吉奥高下达了《税收强制执行决定书》(拉国税柳执封〔2015〕001号),查封了西藏吉奥高所持有的焦作万方股票92,614,260股,占公司总股本7.70%。冻结期限自2015年10月9日至2016年4月8日。

股权转让后,国际油价大幅下跌,万吉能源生产经营深受影响,2014年万吉能源实现净利润3,056.73万元,尚高于3000万元的业绩承诺,2015年上半年则直接亏损47.61万元,西藏吉奥高承诺的利润额已经确定无法实现(见表7-2)。

表7-2 西藏吉奥高承诺与实际净利润额对比

	西藏吉奥高承诺净利润额	万吉能源实际净利润额
2014年度	3000万元	3056.73万元
2015年度	3.5亿元	仅上半年亏损47.61亿元

律师观点:

股权转让过程中,转让双方如果签署对赌协议,未到达约定的条件时转让方极有可能需要进行赔偿,股权转让所得将变相成为企业的一种负债,那么企业是否应该以及何时应该就该笔股权转让所得缴纳企业所得税?

根据《国家税务总局关于贯彻落实企业所得税法若干税收问题的通知》(国税函〔2010〕79号)的规定,企业所得税的收入确认遵循权责发生制原则和实质重于形式原则,企业转让股权收入,应于转让协议生效且完成股权变更手续时,确认收入的实现。虽然交易双方签署了《对赌协议》,但该协议既不影响股权转让合同的效力,也不能改变股权交易的实质,企业不能以此为由否认转让股权的事实。换言之,《对赌协议》仅影响交易双方最终的利益分配,并不因此否定主合同的价格约定和条款执行,针对此类对赌协议,在股权转让完成后应立即缴税。① 在本次股权转让交易中,西藏吉奥高应以收到的全部股权转让收入17亿元扣除万吉能源的初始投资成本为应税所得,缴纳企业所得税。当约定的或有事项或补偿条件发生时,根据股权转让价格的调整,再相应地调整股权转让收入和应纳税所得额。②

根据《税收征收管理法》有关税收保全措施和强制执行措施的规定,③西藏吉奥高未在规定期限内足额缴纳税款,柳梧分局有权将其所持有的焦作万方的部分股票查封并责令限期缴纳税款,若逾期仍未缴纳,西藏吉奥高将面临被采取强制执行措施追缴税款以及加处罚款的风险。

对赌协议是投资市场发展的产物,在我国应用时间较短,且暂未出台税务方面的法规,企业在处理此类税务问题时不能抱有拖延或侥幸心理,更不能将对赌协议作为股权交易的"挡税牌"进行恶意税务筹划。

563. 法人股东将其持有的股权无偿赠与他人是否需要征收所得税?

需要征收。对于企业股权赠与行为,尚无专门的规定。根据《国家税务总局关于企业处置资产所得税处理问题的通知》(国税函〔2008〕828号)和《企业所得税法实施条例》规定,企业将资产对外捐赠应视同销售货物、转让财产确定收入,缴纳所得税。但企业发生的公益性捐赠支出,在年度利润总额12%以内的部分,

---

① 参见王晓雪:《"对赌协议"不是股权交易的"挡税牌"》,载《中国税务报》2017年9月8日,第9版。
② 参见徐鑫:《对赌协议税收征管难点和建议》,载中国税务报网络报,http://www.ctaxnews.net.cn/paper/pad/con/201909/11/content_162652.html,2020年4月9日访问。
③ 《税收征收管理法》第38条第1款:"税务机关有根据认为从事生产、经营的纳税人有逃避纳税义务行为的,可以在规定的纳税期之前,责令限期缴纳应纳税款;在限期内发现纳税人有明显的转移、隐匿其应纳税的商品、货物以及其他财产或者应纳税的收入的迹象,税务机关可以责成纳税人提供纳税担保。如果纳税人不能提供纳税担保,经县以上税务局(分局)局长批准,税务机关可以采取下列税收保全措施:(一)书面通知纳税人开户银行或者其他金融机构冻结纳税人的金额相当于应纳税款的存款;(二)扣押、查封纳税人的价值相当于应纳税款的商品、货物或者其他财产。"
《税收征收管理法》第40第1款:"从事生产、经营的纳税人、扣缴义务人未按照规定的期限缴纳或者解缴税款,纳税担保人未按照规定的期限缴纳所担保的税款,由税务机关责令限期缴纳,逾期仍未缴纳的,经县以上税务局(分局)局长批准,税务机关可以采取下列强制执行措施:(一)书面通知其开户银行或者其他金融机构从其存款中扣缴税款;(二)扣押、查封、依法拍卖或者变卖其价值相当于应纳税款的商品、货物或者其他财产,以拍卖或者变卖所得抵缴税款。"

准予在计算应纳税所得额时扣除;超过年度利润总额12%的部分,准予结转以后3年内在计算应纳税所得额时扣除。

564. 办理股权转让税务登记变更需要提交哪些材料?

股权转让税务登记变更所需要的材料如下:

(1)法人营业执照;

(2)外资企业还需提供外资批准证书,分支机构提供总机构的外资批准证书;

(3)投资者为单位提交税务登记证件,投资者为自然人提交身份证;

(4)变更税务登记申请表(3份);

(5)凡由其他有限责任公司、国有企业、集体企业改制为私营有限责任公司或个人合伙、独资企业的,必须提供产权交割单、验资报告、修改后的章程;无国有成分的单位、自然人之间的股权转让则只需提供董事会决议或股东会决议、修改后的章程、股权转让书。除合伙企业和个人独资企业外,企业自然人股东出让股权需由综合管理所出具《股权转让纳税情况证明》原件。

以上文件没有特别说明,均为复印件加盖企业公章。

565. 个人独资、合伙企业转让投资股权如何缴纳所得税?

合伙人是自然人的,按照5%~35%五级累进税率缴纳个人所得税;合伙人是法人的,由合伙人按《企业所得税法》规定缴纳企业所得税。

(二)非居民企业转让股权的所得税问题

566. 非居民企业取得来源于中国境内股权转让财产所得是否需要缴纳企业所得税?

需要。非居民企业在中国境内设立机构、场所的,应当就其所设机构、场所取得的来源于中国境内的所得,缴纳企业所得税;在中国境内未设立机构、场所的,或者虽设立机构、场所但取得的所得与其所设机构、场所没有实际联系的,应当就其来源于中国境内的所得缴纳企业所得税。

567. 对非居民企业取得来源于中国境内的转让财产所得,应如何确定扣缴义务人?扣缴义务人应当如何履行扣缴税款义务?扣缴义务的发生时间如何确定?

非居民企业直接负有支付相关款项义务的单位或者个人为扣缴义务人。

扣缴义务人应当自扣缴义务发生之日起7日内向扣缴义务人所在地主管税务机关申报和解缴代扣税款。非居民企业采取分期收款方式取得应源泉扣缴所得税的同一项转让财产所得的,其分期收取的款项可先视为收回以前投资财产的

· 1057 ·

成本,待成本全部收回后,再计算并扣缴应扣税款。

非居民企业取得应源泉扣缴的所得为股息、红利等权益性投资收益的,相关应纳税款扣缴义务发生之日为股息、红利等权益性投资收益实际支付之日。

568. 对非居民企业取得来源于中国境内转让财产所得,应如何确定主管税务机关?扣缴义务人未按照规定办理扣缴税款登记的,可能会承担哪些行政法律风险?

扣缴义务人所在地主管税务机关为扣缴义务人所得税主管税务机关。股息、红利等权益性投资所得,为分配所得企业的所得税主管税务机关。扣缴义务人所在地与所得发生地不在一地的,自行申报缴纳未扣缴税款时,可以选择一地办理申报缴税事宜。受理申报地主管税务机关应在受理申报后5个工作日内,向扣缴义务人所在地和同一项所得其他发生地主管税务机关发送《非居民企业税务事项联络函》,告知非居民企业涉税事项。

扣缴义务人应扣未扣的,由扣缴义务人所在地主管税务机关依照《行政处罚法》第28条规定责令扣缴义务人补扣税款,并依法追究扣缴义务人责任;需要向纳税人追缴税款的,由所得发生地主管税务机关依法执行。扣缴义务人所在地与所得发生地不一致的,负责追缴税款的所得发生地主管税务机关应通过扣缴义务人所在地主管税务机关核实有关情况;扣缴义务人所在地主管税务机关应当自确定应纳税款未依法扣缴之日起5个工作日内,向所得发生地主管税务机关发送《非居民企业税务事项联络函》,告知非居民企业涉税事项。

569. 如何确定非居民企业股权转让所得应纳税所得额?其税率为多少?如何计算股权转让的应纳税额?

股权转让收入减除股权净值后的余额为股权转让所得应纳税所得额。

股权转让收入是指股权转让人转让股权所收取的对价,包括货币形式和非货币形式的各种收入。

股权净值是指取得该股权的计税基础。股权的计税基础是股权转让人投资入股时向中国居民企业实际支付的出资成本,或购买该项股权时向该股权的原转让人实际支付的股权受让成本。股权在持有期间发生减值或者增值,按照国务院财政、税务主管部门规定可以确认损益的,股权净值应进行相应调整。企业在计算股权转让所得时,不得扣除被投资企业未分配利润等股东留存收益中按该项股权所可能分配的金额。

多次投资或收购的同项股权被部分转让的,从该项股权全部成本中按照转让比例计算确定被转让股权对应的成本。

《企业所得税法》及《企业所得税法实施条例》规定,非居民企业在中国境内未设立机构、场所的,或者虽设立机构、场所但取得的所得与其所设机构、场所没有实际联系的,所得税税率减至10%。如果税收协定规定的税率更低,实际征收率为协定规定的税率。

股权转让应纳税额＝应纳税所得额×实际征收率

570. 在计算非居民企业股权转让所得时,扣缴义务人对外支付或者到期应支付的款项为人民币以外货币的,在申报扣缴企业所得税时,应当采用何种币种计算应纳税所得额？计算股权转让收入以及股权净值时应采用何种币种？

扣缴义务人支付或者到期应支付的款项以人民币以外的货币支付或计价的,分别按以下情形进行外币折算:

（1）扣缴义务人扣缴企业所得税的,应当按照扣缴义务发生之日人民币汇率中间价折合成人民币,计算非居民企业应纳税所得额。扣缴义务发生之日为相关款项实际支付或者到期应支付之日。

（2）取得收入的非居民企业在主管税务机关责令限期缴纳税款前自行申报缴纳应源泉扣缴税款的,应当按照填开税收缴款书之日前一日人民币汇率中间价折合成人民币,计算非居民企业应纳税所得额。

（3）主管税务机关责令取得收入的非居民企业限期缴纳应源泉扣缴税款的,应当按照主管税务机关作出限期缴税决定之日前一日人民币汇率中间价折合成人民币,计算非居民企业应纳税所得额。

财产转让收入或财产净值以人民币以外货币计价的,应分扣缴义务人扣缴税款、纳税人自行申报缴纳税款和主管税务机关责令限期缴纳税款三种情形,先将以非人民币计价项目金额比照上述三种情形折合成人民币金额,再计算收入全额减除财产净值后的余额。

财产净值或财产转让收入的计价货币按照取得或转让财产时实际支付或收取的计价币种确定。原计价币种停止流通并启用新币种的,按照新旧货币市场转换比例转换为新币种后进行计算。

571. 扣缴义务人与非居民企业签订有关的业务合同时,凡合同中约定由扣缴义务人负担应纳税款的,应如何确定非居民企业的应纳税所得额？

应将非居民企业取得的不含税所得换算为含税所得后计算征税。

572. 扣缴义务人未依法扣缴或者无法履行扣缴义务的,非居民企业也不申报缴纳企业所得税,税务主管机关应如何处理？

非居民企业未按照规定申报缴纳税款的,税务机关可以责令限期缴纳,非居民企业应当按照税务机关确定的期限申报缴纳税款;非居民企业在税务机关责令限期缴纳前自行申报缴纳税款的,视为已按期缴纳税款。

573. 主管税务机关在追缴非居民企业应纳税款时,可以采取什么措施?

具体措施如下:

(1)责令该非居民企业限期申报缴纳应纳税款。

(2)收集、查实该非居民企业在中国境内其他收入项目及其支付人的相关信息,并向该其他项目支付人发出《税务事项通知书》,从该非居民企业其他收入项目款项中依照法定程序追缴欠缴税款及应缴的滞纳金。

其他项目支付人所在地与未扣税所得发生地不一致的,其他项目支付人所在地主管税务机关应给予配合和协助。

574. 非居民企业到期应支付而未支付的所得如何扣缴企业所得税?

居民企业和非居民企业签订与利息、租金、特许权使用费等所得有关的合同或协议,如果未按照合同或协议约定的日期支付上述所得款项,或者变更或修改合同或协议延期支付,但已计入企业当期成本、费用,并在企业所得税年度纳税申报中作税前扣除的,应在企业所得税年度纳税申报时按照《企业所得税法》有关规定代扣代缴企业所得税。

如果企业上述到期未支付的所得款项,不是一次性计入当期成本、费用,而是计入相应资产原价或企业筹办费,在该类资产投入使用或开始生产经营后分期摊入成本、费用,分年度在企业所得税前扣除的,应在企业计入相关资产的年度纳税申报时就上述所得全额代扣代缴企业所得税。

如果企业在合同或协议约定的支付日期之前支付上述所得款项的,应在实际支付时按照《企业所得税法》有关规定代扣代缴企业所得税。

575. 境外投资方(实际控制方)通过境外企业间接转让中国居民企业股权,因股权转让购买方、交易均在境外,并且转让的是境外公司的股权而非境内企业的股权,是否因此在中国不负有纳税义务?

非居民企业通过实施不具有合理商业目的的安排,间接转让中国居民企业股权等财产,规避企业所得税纳税义务的,应按照《企业所得税法》第47条的规定,重新定性该间接转让交易,确认为直接转让中国居民企业股权等财产。

576. 如何判断间接转让中国应税财产交易相关的所有安排是否具有合理商业目的?

(1)境外企业股权主要价值是否直接或间接来自于中国应税财产;

（2）境外企业资产是否主要由直接或间接在中国境内的投资构成，或其取得的收入是否主要直接或间接来源于中国境内；

（3）境外企业及直接或间接持有中国应税财产的下属企业实际履行的功能和承担的风险是否能够证实企业架构具有经济实质；

（4）境外企业股东、业务模式及相关组织架构的存续时间；

（5）间接转让中国应税财产交易在境外应缴纳所得税情况；

（6）股权转让方间接投资、间接转让中国应税财产交易与直接投资、直接转让中国应税财产交易的可替代性；

（7）间接转让中国应税财产所得在中国可适用的税收协定或安排情况；

（8）其他相关因素。

577. 税务机关在什么情况下可以直接认定间接转让中国应税财产相关的整体安排不具备合理商业目的？

（1）境外企业股权75%以上价值直接或间接来自中国应税财产；

（2）间接转让中国应税财产交易发生前一年内任一时点，境外企业资产总额（不含现金）的90%以上直接或间接由在中国境内的投资构成，或间接转让中国应税财产交易发生前一年内，境外企业取得收入的90%以上直接或间接来源于中国境内；

（3）境外企业及直接或间接持有中国应税财产的下属企业虽在所在国家（地区）登记注册，以满足法律所要求的组织形式，但实际履行的功能及承担的风险有限，不足以证实其具有经济实质；

（4）间接转让中国应税财产交易在境外应缴所得税税负低于直接转让中国应税财产交易在中国的可能税负。

【案例257】境外间接转让境内股权　境内征收1.73亿元税款[①]

基本案情：

扬州某公司是由江都一家民营企业与外国一家投资集团合资成立。其中，该投资集团通过其香港全资子公司持有扬州某公司49%股权。

2009年年初，江都市国税局获悉，该投资集团可能转让扬州某公司股权。经推测，江都市国税局认为该投资集团最可能通过整体转让香港公司来间接转让扬州

[①] 参见阚凤军：《境外PE/VC需要高度关注国税函698号文及相关政策趋势》，载法帮网，http://www.fabang.com/a/20110905/419489.html，2020年3月30日访问。

某公司股权。而对于间接转让，因其超越国内税收管辖权，对其征税国内并无相关税收法律法规规定。

江苏省扬州市国税局国际税收管理部门调研后，向国家税务总局提出对间接转让股权进行规范的政策建议，同时组成省、市、县联合专家小组，跟踪分析企业的股权转让行为。

2010年1月14日，江都市国税局得到信息，扬州某公司外方股权转让采用间接转让的方式在境外交易完毕。

2010年2月1日、2月9日、3月2日，江都市国税局先后向间接转让交易的股权购买方公司、转让方投资集团发出税务文书，在几经周折后，取得了该笔股权转让的协议和交易相关资料。

2010年2月16日，江都市国税局收到投资集团提交的3份文件。

江都市国税局还从交易购买方公司的美国母公司网站上查悉，2010年1月14日，该公司正式宣布收购扬州某公司49%股份交易已经完成。新闻稿件详尽介绍了扬州某公司的相关情况，却未提及香港公司，间接证明该公司购买香港公司仅仅是形式，而交易的实质是为了购买扬州某公司49%的股份（见图7－11和图7－12）。

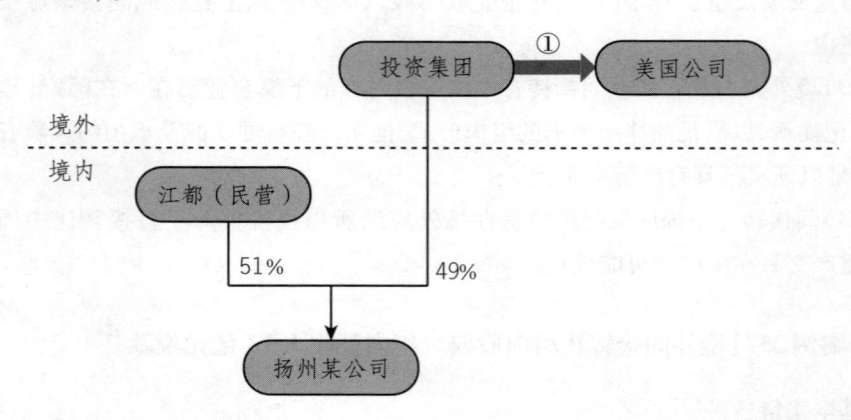

① 投资集团持有扬州某公司49%股权，若直接转让给美国公司，预提税率将为10%。

图7－11　真实股权转让示意

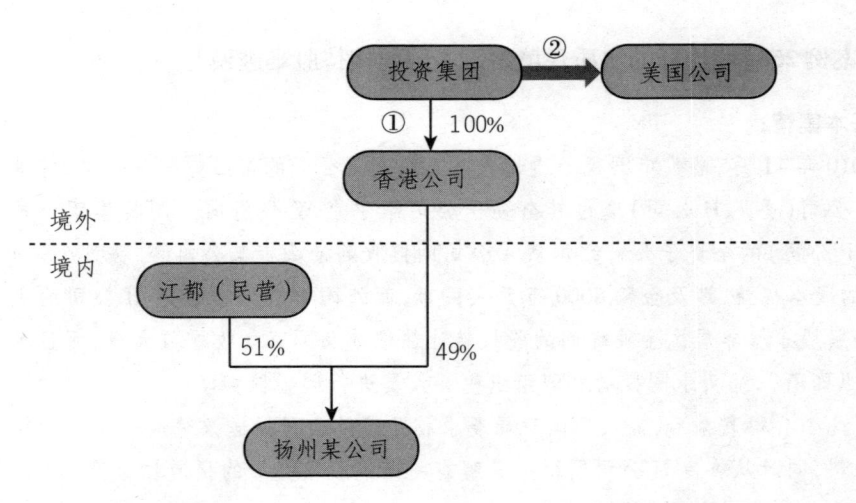

```
        投资集团 ──②──▶ 美国公司
           │①  100%
           ▼
        香港公司
─────────────────────── 境外
                         境内
   江都(民营)
      │51%        │49%
      ▼           ▼
      扬州某公司
```

① 设立特殊目的公司（香港公司）。
② 通过转让香港公司100%股权间接转让扬州某公司49%股权，达到转让过程发生在境外的假象，实现预提税率降至5%的目的。

图 7-12 避税股权转让示意

企业观点：

该股权转让购买方、交易均在境外，并且转让的是境外香港公司的股权而非境内企业的股权，因此在中国不负有纳税义务。

律师观点：

香港公司"无雇员；无其他资产、负债；无其他投资；无其他经营业务"，这次股权转让尽管形式上是转让香港公司股权，但实质是转让扬州某公司的外方股权。

根据《企业所得税法》及其实施条例和《国家税务总局关于加强非居民企业股权转让所得企业所得税管理的通知》（国税函〔2009〕698号）有关规定指出，非居民企业通过滥用组织形式等安排间接转让中国居民企业股权且不具有合理的商业目的，规避企业所得税纳税义务的，税务机关可按照经济实质对该股权转让交易重新定性，否定被用作税收安排的境外控股公司的存在。

故，扬州某公司应在中国负有纳税义务，予以征税。

处理结果：

扬州某公司向税务局缴税1.73亿元。

【案例258】转让标的实质在境内　多层间接持股难逃税①

基本案情：

2010年11月，汕头市国税局通过查阅互联网上公开的第三方信息获悉，香港某上市公司（香港H公司）透过其全资子公司维尔京W公司向外国某集团公司（外国P公司）的全资子公司维尔京A公司间接收购汕头市某公司（汕头S公司）100%的股本权益，涉及金额8000万元人民币，而外国P公司是香港H公司的主要及控股股东。非居民企业之间的股权转让往往涉及国家税收权益大事，而且时机"稍纵即逝"，汕头市国税局立即组织税务人员进行调查核实。

与几个公司联系后，汕头市国税局要求相关境外公司报送该笔股权交易的协议和资料，同时从香港H公司网站上了解有关该笔股权交易的报道和背景。

汕头S公司成立于2004年6月。

2008年2月香港G公司通过股权收购成为汕头S公司的唯一投资方，又经系列股权变更，形成了外国P公司通过其属下的4个逐层100%控股的子公司、孙公司，即维尔京A公司、维尔京AA公司、维尔京AAA公司和香港G公司，间接拥有汕头S公司100%股权的股权结构。

2010年11月，维尔京W公司与维尔京A公司签订协议，收购维尔京AA公司、维尔京AAA公司、香港G公司及汕头S公司的100%股本权益（见图7-13和图7-14）。

维尔京W公司于2010年11月和12月支付了股权转让价款。

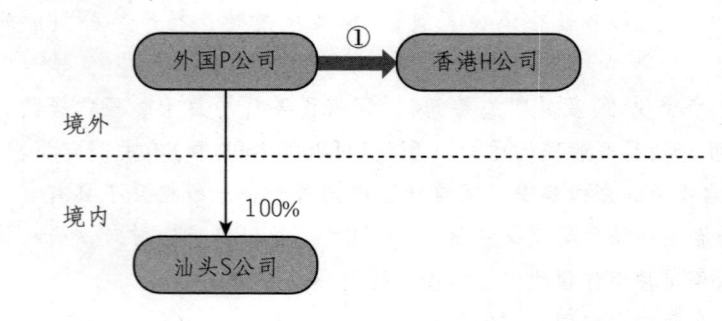

① 香港H公司欲收购汕头S公司，若外国P公司直接转让，预提税率为10%。

图7-13　真实股权转让示意

---

① 参见黄永、林燕娥、郑冬燕：《依托信息境外间接转让股权非居民所得税入库》，载《中国税务报》2011年5月11日。

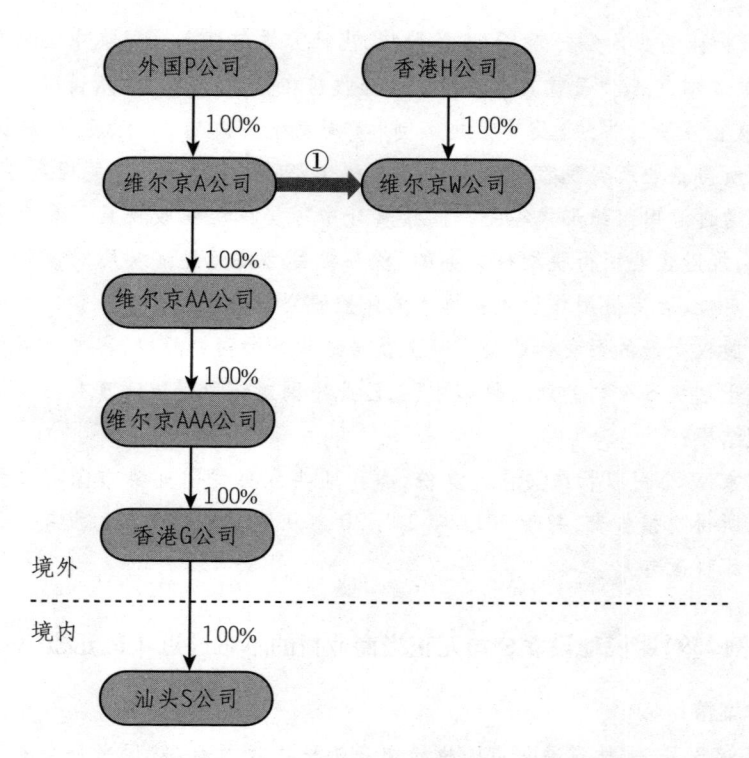

```
外国P公司                香港H公司
   │100%                  │100%
   ▼         ①            ▼
维尔京A公司 ──────────→ 维尔京W公司
   │100%
   ▼
维尔京AA公司
   │100%
   ▼
维尔京AAA公司
   │100%
   ▼
香港G公司
```
境外
- -
境内   │100%
        ▼
    汕头S公司

① 外国P公司通过成立层层全资子公司，转让维尔京A公司股权，间接转让维尔京AA、维尔京AAA、香港G、汕头S公司股权，将预提税率降低。

图7-14 避税股权转让示意

企业观点：

本次股权交易是境外公司间转让另一境外公司的股权，买方、卖方、买卖标的物，都是境外公司，交易过程和价款支付也均发生在境外；对汕头S公司而言，其投资方也并没有发生变化，因此其不应在中国境内负有纳税义务。

律师观点：

维尔京W公司从维尔京A公司收购的资产是4个逐层100%控股的公司股权，其中维尔京AA公司、维尔京AAA公司和香港G公司，其居民国（地区）均对其居民的境外所得不征所得税；3个公司均是境外控股公司，除了层层100%控股，对外无其他投资；维尔京AA公司和维尔京AAA公司均是2009年7月才在维尔京群岛注册成立，企业不能提供证据证明其合理商业目的，因此存在被用作税收安排的嫌疑。

根据"实质重于形式"的原则，上述股权交易的实质是维尔京A公司向维尔京 W 公司转让汕头 S 公司的 100% 的股权,出让方维尔京 A 公司在中国负有纳税义务,要求维尔京 A 公司就其本次股权转让收益在中国缴纳企业所得税。

根据《企业所得税法》及其实施条例和《国家税务总局关于加强非居民企业股权转让所得企业所得税管理的通知》(国税函〔2009〕698 号)有关规定指出,非居民企业通过滥用组织形式等安排间接转让中国居民企业股权且不具有合理的商业目的,规避企业所得税纳税义务的,税务机关可按照经济实质对该股权转让交易重新定性,否定被用作税收安排的境外控股公司的存在。

上述股权交易的买卖标的物实际上就是汕头 S 公司的股权,卖方的股权转让所得来源于汕头 S 公司的所在地即中国,因此中国对该所得依法享有征税权。

处理结果:

维尔京 W 公司以扣缴义务人身份,委托汕头 S 公司向汕头市国税局报送了扣缴企业所得税报告表,并于 2011 年 3 月 30 日从境外将 720 万元税款汇入中国国库待缴库税款专户。

【案例259】避税地设立公司无正当商业目的 难逃近 4 亿元缴税义务[①]

基本案情:

2011 年 3 月,吉林省通化市国税局在分析税收收入时,发现当月企业所得税税收收入增长异常。主要原因是梅河药业缴纳企业所得税 1000 多万元,但该企业并不是重点税源监控企业,名称也很陌生。通过调取综合征管软件 V2.0 系统数据,查询到该企业是梅河口市局管辖的一户外商独资企业,去年同期缴纳的企业所得税只有 30 多万元,而且 2011 年 1 月刚变更名称。

梅河药业是梅河控股的全资子公司,实际控制人是梅河海外,注册地均在英属维尔京群岛。

梅河药业的产品市场占有率高,市场前景好,几年来企业利润呈几何级数增长。

梅河控股即将进行股权转让,实际收购方为香港药业。

2011 年 8 月,香港药业收购股权的公告显示,2010 年 11 月 24 日,香港药业的全资子公司香港国际与梅河海外签订股权收购协议,约定香港国际以不超过 24 亿元人民币收购梅河控股。

---

① 参见闵丽男、李卓然:《吉林省查处最大间接股权转让案》,载《中国税务报》2012 年 8 月 3 日。

第七章 股权转让纠纷

公告中提到,此次收购主要看中"该等目标公司"产品组合、销售网络和市场前景,但从公布的产品名称看全部是梅河药业的主打产品,从公布的财务数据看与当期梅河药业的数据完全一致,说明梅河控股本身没有经营业务。

但是在调查进行的时点,这笔股权转让交易还没有完成,因为根据转让协议,香港国际以梅河药业2011年度净利润的12倍、总金额不超过24亿元人民币的价格收购,股权转让交易需要在2012年初完成。虽然香港国际支付了预付款,仍不满足确认收入和所得的条件,也不存在马上缴税问题。

由于企业股权转让交易没有完成,不满足确认所得的条件,在工作暂时无法深入时,专案组通过查询香港药业的公告,继续关注股权转让交易的进展。

专案组在查询公告时,得到信息:2011年9月,香港药业转让通化药业50%的股权,受让方是国内某药业公司,这属于非居民企业直接转让我国企业股权的行为。

通化药业是一家外商独资企业,单一股东是通化控股,既然通化控股有通化药业100%的股权,香港药业怎么有权出售通化药业50%股权呢?

经调查,2011年6月22日,香港药业收购了通化控股100%股权,收购价格为7.75亿元人民币,因此,也就成为通化药业的实际控制人。而通化控股也是注册于维尔京群岛的一家公司。

经深一步调查发现,通化药业和梅河药业注册地址相近,位置毗邻,并且都是从一家公司分立出来的(见图7-15和图7-16)。

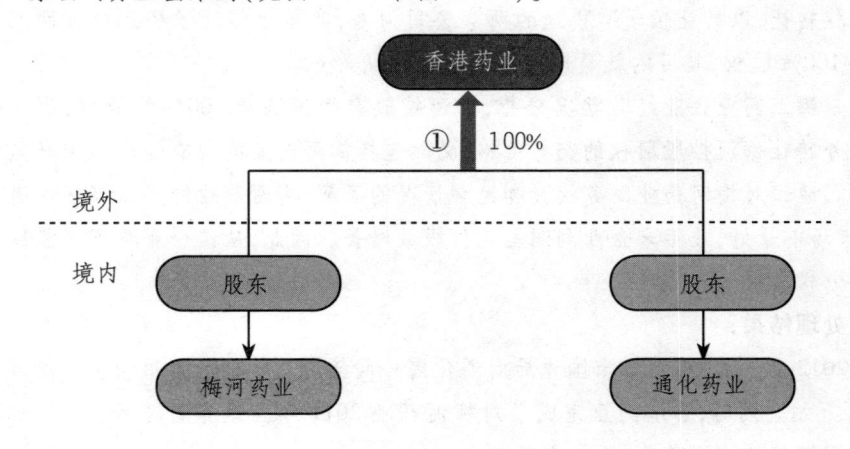

① 本案股权转让的实质为香港药业收购内地两家药业公司。

图7-15 真实股权转让示意

· 1067 ·

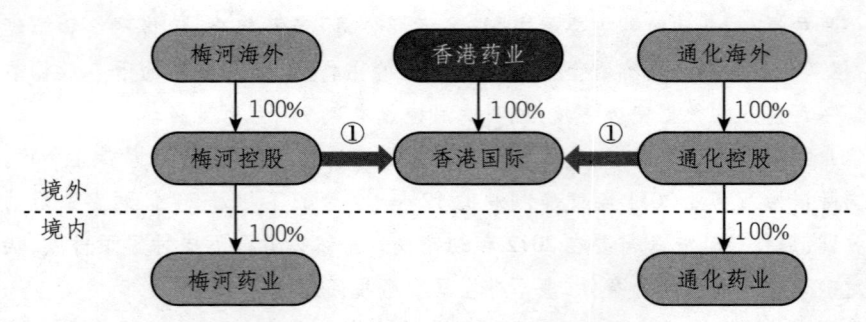

```
梅河海外          香港药业          通化海外
   |100%            |100%             |100%
   ↓     ①          ↓       ①         ↓
  梅河    ────→   香港国际  ←────    通化
  控股                                 控股
```
境外
───
境内
```
   |100%                              |100%
   ↓                                   ↓
  梅河药业                           通化药业
```

① 通过在避税地区注册设立特殊目的公司，将股权转让所发生的预提税率降低。

图 7-16 避税股权转让示意

企业观点：

这次转让与梅河药业无关，交易双方均为境外公司，交易标的也是境外公司，中国没有征税权。

此次转让为平价转让，没有转让收益，不涉及纳税问题。

律师观点：

通化控股与梅河控股均注册资本很少，没有实质的商业目的，没有实际经营活动，属于无雇员、无其他资产、无负债、无其他投资、无其他经营业务的经济组织。

本案实际是这两家药厂的实际控制人——梅河海外和通化海外分别通过间接股权转让，以转让位于避税地的两家公司为名，实质上转让了梅河口市两家药厂的 100% 股权，其目的就是规避在中国的纳税义务。

从梅河药业企业经营状况分析，梅河控股有梅河药业 100% 的股权，那么梅河海外转让梅河控股股权的交易价格，必然包括梅河药业的现有资产和未来盈利预期。通过对梅河药业财务状况和经营情况的了解，梅河药业的产品市场占有率高，市场前景好，几年来企业利润呈几何级数增长。因此，从该企业看不可能以平价的方式转让。

处理结果：

2012 年 3 月，梅河口市国税局对通化海外间接股权转让所得追缴企业所得税 7267 万元。同时，香港药业完成了对梅河药业 2011 年业绩审计工作，以上限 24 亿元间接收购梅河药业，股权交易完成。

随着最后一笔税款成功划入国库，总计 30,767 万元税款终于找到了应有的归宿。

第七章
股权转让纠纷

【案例260】重庆国税成功征收 98 万元人民币预提所得税[①]

基本案情：

A 为注册在境内的一家公司。

B 公司为一家新加坡公司，C 公司是 B 公司的全资子公司。

D 公司为注册在境内的一家合资公司，C 公司持有 D 公司 31.6% 的股权。

现 B 公司通过转让 C 公司的全部股权给 A 公司以达到将间接持有的 D 公司股权转让给 A 公司的目的（见图 7 - 17 和图 7 - 18）。

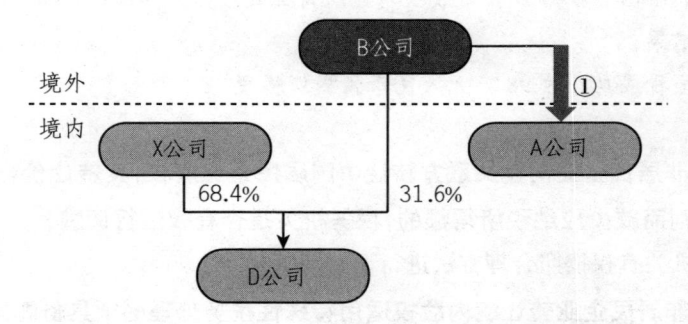

① 本案股权转让本质为B公司转让其持有的D公司31.6%股权。

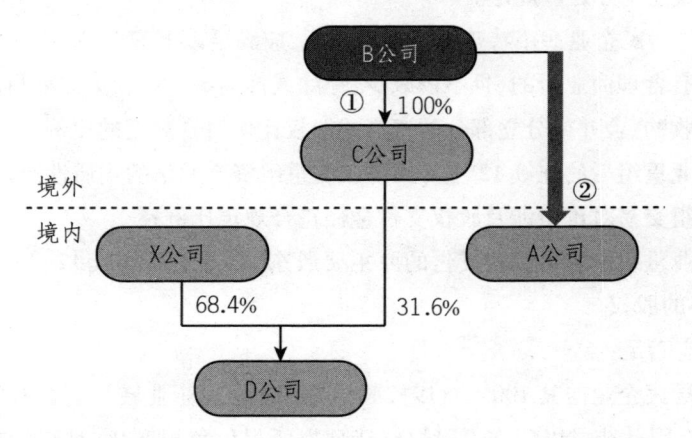

图 7 - 17　真实股权转让示意

① 设立特殊目的公司（C公司）。
② 通过转让C公司100%股权间接转让D公司31.6%股权，达到转让过程发生在境外的假象，实现预提税率降低目的。

图 7 - 18　避税股权转让示意

---

① 参见重庆市国家税务局 2008 年 11 月 27 日基层税讯。

企业观点：

由于目标公司（C公司）是一家新加坡公司，而且有关股权转让交易并未涉及对重庆合资公司（D公司）股权的任何直接转让，所以从技术上来讲，该交易的转让所得并不是来源于中国，无须在中国缴纳预提所得税。

律师观点：

C公司除了在转让时持有D公司31.6%的股权外，没有从事任何其他经营活动，且股权转让的本质即为转让D公司的股权。所以，B公司的股权转让所得来源于中国。中国有权对B公司股权转让所得征税。

处理结果：

重庆国税成功征收98万元人民币预提所得税。

578. 非居民企业向其关联方转让中国居民企业股权，其转让价格不符合独立交易原则而减少应纳税所得额的，税务机关是否有权进行调整？

税务机关有权按照合理方法进行调整。[①]

579. 非居民企业转让境内股权适用特殊性税务处理必须具备哪些条件？

企业发生涉及中国境内与境外之间（包括港澳台地区）的股权和资产收购交易，适用特殊性税务处理规定。

首先，与居民企业适用特殊税务处理一样，应满足以下五个条件：

（1）具有合理商业目的，且不以减少、免除或推迟缴纳税款为主要目的；

（2）被收购、合并或分立部分的资产或股权比例符合规定的比例；

（3）企业重组后的连续12个月内不改变重组资产原来的实质性经营活动；

（4）重组交易对价中涉及股权支付金额符合规定比例；

（5）企业重组中取得股权支付的原主要股东，在重组后连续12个月内，不得转让所取得的股权。

其次，应满足：

（1）非居民企业向其100%直接控股的另一非居民企业转让其拥有的居民企业股权，没有因此造成以后该项股权转让预提所得税负担变化，且转让方非居民企业向主管税务机关书面承诺在3年（含3年）内不转让其拥有受让方非居民企业的股权；

[①] 具体调整方式详见第二十四章公司关联交易损害责任纠纷中第三节关联交易的税务问题。

（2）非居民企业向与其具有100%直接控股关系的居民企业转让其拥有的另一居民企业股权；

（3）居民企业以其拥有的资产或股权向其100%直接控股的非居民企业进行投资；

（4）财政部、国家税务总局核准的其他情形。

此外，备案的具体流程以及应当提交的文件，各地税务机关要求有所不同。以上海为例，具体如下：

（1）企业申请时限：企业一般应在重组业务完成年度内提出企业所得税适用特殊性税务处理备案申请，截止日期为次年3月底。

（2）企业提交的材料包括：

①企业股权投资业务总体情况说明，情况说明中应包括股权投资的商业目的；

②《企业重组业务——对非居民企业投资企业所得税特殊性税务处理备案申请表》；

③双方签订的股权投资协议原件和复印件；

④企业与100%直接控股的非居民企业的股权关系证明材料原件和复印件；

⑤由中国资产评估机构出具的所投资股权及转让的资产或股权公允价值的报告；

⑥证明重组符合特殊性税务处理条件的资料，包括股权或资产转让比例、支付对价情况，以及12个月内不改变资产原来的实质性经营活动、不转让所取得股权的承诺书等；

⑦税务机关要求的其他材料。

580. 在什么情形下，非居民企业适用核定征收方式？核定应纳税所得额有哪些方式？

非居民企业因会计账簿不健全、资料残缺难以查账，或者其他原因不能准确计算并据实申报其应纳税所得额的，税务机关有权采取以下方法核定其应纳税所得额。

（1）按收入总额核定应纳税所得额：适用于能够正确核算收入或通过合理方法推定收入总额，但不能正确核算成本费用的非居民企业。计算公式如下：

应纳税所得额 = 收入总额 × 经税务机关核定的利润率

税务机关可按照以下标准确定非居民企业的利润率：

①从事承包工程作业、设计和咨询劳务的，利润率为15%~30%；

②从事管理服务的,利润率为30%~50%;

③从事其他劳务或劳务以外经营活动的,利润率不低于15%。

税务机关有根据认为非居民企业的实际利润率明显高于上述标准的,可以按照比上述标准更高的利润率核定其应纳税所得额。

(2)按成本费用核定应纳税所得额:适用于能够正确核算成本费用,但不能正确核算收入总额的非居民企业。计算公式如下:

应纳税所得额=成本费用总额/(1-经税务机关核定的利润率)×经税务机关核定的利润率

(3)按经费支出换算收入核定应纳税所得额:适用于能够正确核算经费支出总额,但不能正确核算收入总额和成本费用的非居民企业。计算公式如下:

应纳税所得额=本期经费支出额/(1-核定利润率)×核定利润率

581. 非居民企业是否可以享受小型微利企业所得税优惠政策?

小型微利企业是指企业的全部生产经营活动产生的所得均负有我国企业所得税纳税义务的企业。因此,仅就来源于我国所得负有我国纳税义务的非居民企业,不适用该条规定的,对符合条件的小型微利企业减按20%税率征收企业所得税。

582. 何为外国企业常驻代表机构?外国企业常驻代表机构需要缴纳哪些税收?各个税种的缴纳时间为何时?

外国企业常驻代表机构(以下简称代表机构)是指按照国务院有关规定,在市场监督管理部门登记或经有关部门批准,设立在中国境内的外国企业(包括港澳台企业)及其他组织的常驻代表机构。

代表机构应当就其归属所得依法申报缴纳企业所得税,就其应税收入依法申报缴纳增值税。

代表机构应当按照有关法律、行政法规和国务院财政、税务主管部门的规定设置账簿,根据合法、有效凭证记账,进行核算,并应按照实际履行的功能和承担的风险相配比的原则,准确计算其应税收入和应纳税所得额,在季度终了之日起15日内向主管税务机关据实申报缴纳企业所得税,并按照《增值税暂行条例》及其实施细则规定的纳税期限,向主管税务机关据实申报缴纳增值税。

增值税纳税义务发生时间具体如下:

(1)销售货物或者应税劳务,为收讫销售款项或者取得索取销售款项凭据的当天;先开具发票的,为开具发票的当天。

(2)进口货物,为报关进口的当天。

增值税扣缴义务发生时间为纳税人增值税纳税义务发生的当天。

583. 代表机构应于何时办理税务登记？办理登记手续时，应当提交哪些材料？

代表机构应当自领取工商登记证件（或有关部门批准）之日起 30 日内，持以下资料，向其所在地主管税务机关申报办理税务登记：

（1）工商营业执照副本或主管部门批准文件的原件及复印件；

（2）组织机构代码证书副本原件及复印件；

（3）注册地址及经营地址证明（产权证、租赁协议）原件及其复印件；如为自有房产，应提供产权证或买卖契约等合法的产权证明原件及其复印件；如为租赁的场所，应提供租赁协议原件及其复印件，出租人为自然人的还应提供产权证明的原件及复印件；

（4）首席代表（负责人）护照或其他合法身份证件的原件及复印件；

（5）外国企业设立代表机构的相关决议文件及在中国境内设立的其他代表机构名单（包括名称、地址、联系方式、首席代表姓名等）；

（6）税务机关要求提供的其他资料。

584. 在哪些情形下，税务机关将对代表机构的应纳所得额采取核定征收方式？如何核定？

对账簿不健全、不能准确核算收入或成本费用，以及无法按照规定据实申报的代表机构，税务机关有权采取以下两种方式核定其应纳税所得额：

（1）按经费支出换算收入：适用于能够准确反映经费支出但不能准确反映收入或成本费用的代表机构。

①计算公式：

应纳税所得额＝本期经费支出额/(1－核定利润率)×核定利润率

代表机构的核定利润率不应低于 15%。采取核定征收方式的代表机构，如能建立健全会计账簿，准确计算其应税收入和应纳税所得额，报主管税务机关备案，可调整为据实申报方式。

②代表机构的经费支出额包括：在中国境内、外支付给工作人员的工资薪金、奖金、津贴、福利费、物品采购费（包括汽车、办公设备等固定资产）、通信费、差旅费、房租、设备租赁费、交通费、交际费、其他费用等。

a. 购置固定资产所发生的支出，以及代表机构设立时或者搬迁等原因所发生的装修费支出，应在发生时一次性作为经费支出额换算收入计税。

b. 利息收入不得冲抵经费支出额；发生的交际应酬费，以实际发生数额计入经费支出额。

c. 以货币形式用于我国境内的公益、救济性质的捐赠、滞纳金、罚款，以及为其总机构垫付的不属于其自身业务活动所发生的费用，不应作为代表机构的经费支出额。

d. 其他费用包括：为总机构从中国境内购买样品所支付的样品费和运输费用；国外样品运往中国发生的中国境内的仓储费用、报关费用；总机构人员来华访问聘用翻译的费用；总机构为中国某个项目投标由代表机构支付的购买标书的费用，等等。

（2）按收入总额核定应纳税所得额：适用于可以准确反映收入但不能准确反映成本费用的代表机构。计算公式如下：

应纳企业所得税额 = 收入总额 × 核定利润率 × 企业所得税税率

（三）企业转让股权所涉其他税种

585. 企业转让股权是否需要缴纳印花税？如果股权转让合同签署后又被撤销或终止，已经完税的贴花能否回转？

企业转让股权（不包括上市和挂牌公司股票）需要缴纳印花税，以股权转让价款为计税依据按照万分之五的税率缴纳印花税。

合同签订时即应贴花，履行完税手续。因此，不论合同是否兑现或能否按期兑现，都一律按照规定贴花。也就是说即便是股权转让合同签署后被撤销或终止，没有实际履行，已经完税的贴花也不能回转。

586. 企业买卖股票取得的收入，是否需要缴纳增值税？

企业买卖股票取得的收入，应按"金融服务—金融商品转让"缴纳增值税。以卖出价扣除买入价后的余额为销售额。适用税率为6%，小规模纳税人适用3%征收率。

587. 企业以转让股权名义转让房地产的，是否需要缴纳土地增值税？

企业一次性共同转让其持有的目标公司100%的股权，且这些以股权形式表现的资产主要是土地使用权、地上建筑物及附着物，对此应按土地增值税的规定征税。

588. 企业转让股权涉及企业土地、房屋权属发生变化的，是否需要缴纳契税？

在股权（股份）转让中，单位、个人承受公司股权（股份），公司土地、房屋权属不发生转移，不征收契税。

三、转让限售股的所得税问题

589. 如何确定限售股的范围？

限售股包括：

（1）上市公司股权分置改革完成后股票复牌日之前股东所持原非流通股股份，以及股票复牌日至解禁日期间由上述股份孳生的送、转股；

（2）2006年股权分置改革新老划断后，首次公开发行股票并上市的公司形成的限售股，以及上市首日至解禁日期间由上述股份孳生的送、转股；

（3）财政部、税务总局、法制办和证监会共同确定的其他限售股；

（4）个人从机构或其他个人受让的未解禁限售股；

（5）个人因依法继承或家庭财产依法分割取得的限售股；

（6）个人持有的从代办股份转让系统转到主板市场（或中小板、创业板市场）的限售股；

（7）上市公司吸收合并中，个人持有的原被合并方公司限售股所转换的合并方公司股份；

（8）上市公司分立中，个人持有的被分立方公司限售股所转换的分立后公司股份；

（9）其他限售股。

需要注意的是，关于限售股的范围，在具体实施时由中国证券登记结算公司通过结算系统给予锁定。

590. 哪些限售股交易行为，需要计征个人所得税？

对具有下列情形的，应按规定征收个人所得税：

（1）个人通过证券交易所集中交易系统或大宗交易系统转让限售股；

（2）个人用限售股认购或申购交易型开放式指数基金（ETF）份额；

（3）个人用限售股接受要约收购；

（4）个人行使现金选择权将限售股转让给提供现金选择权的第三方；

（5）个人协议转让限售股；

（6）个人持有的限售股被司法扣划；

（7）个人因依法继承或家庭财产分割让渡限售股所有权；

（8）个人用限售股偿还上市公司股权分置改革中由大股东代其向流通股股东支付的对价；

（9）其他具有转让实质的情形。

另外,个人因股权激励、技术成果投资入股取得股权后,非上市公司在境内上市的,处置递延纳税的股权时,按照现行限售股有关征税规定执行。

【案例261】陈某树减持紫金矿业股份税务处理案[①]

基本案情:

陈某树减持前,截至2004年6月30日,紫金矿业股权结构如图7-19所示:

```
新华都实业    新华都百货    新华都工程    其他股东
  13.16%        1.25%         5.06%        80.53%
                     ↓
                  紫金矿业
```

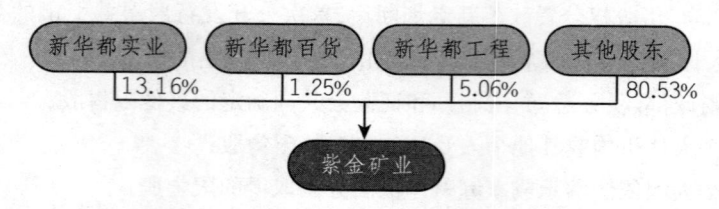

图7-19　截至2004年6月30日紫金矿业股权结构示意

其中新华都实业、新华都百货、新华都工程的实际控制人都是陈某树,他们之间的关联关系可以用图7-20表示:

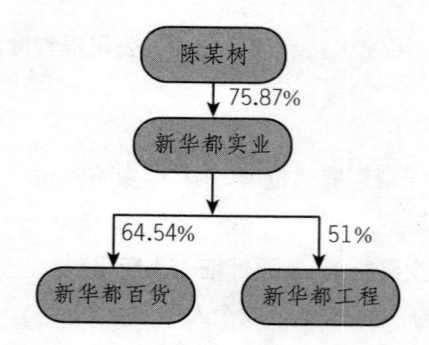

```
        陈某树
         75.87%
           ↓
        新华都实业
       64.54%   51%
         ↓       ↓
      新华都百货  新华都工程
```

图7-20　陈某树和关联公司的关系示意

在股权变更以前,陈某树并不直接持有紫金矿业股份,而是通过新华都实业、新华都百货和新华都工程,间接持有紫金矿业19.47%的股份。

---

① 参见《紫金矿业集团股份有限公司股东减持公告》,载上海证券交易所网,http://www.sse.com.cn/disclosure/listedinfo/announcement/c/2009-07-03/601899_20090703_1.pdf;参见《紫金矿业集团股份有限公司股东减持公告》,载上海证券交易所网,http://www.sse.com.cn/disclosure/listedinfo/announcement/c/2009-11-27/601899_20091127_1.pdf,2020年3月27日访问。由于财政部、国家税务总局、证监会于2009年12月31日出台了《关于个人转让上市公司限售股所得征收个人所得税有关问题的通知》(财税〔2009〕167号),规定个人转让限售股按20%缴纳个人所得税,该案例已不具实际操作性,仅供参阅。

2007年2月5日,新华都百货以0.1元每股的价格将其持有的紫金矿业8756.16万股股票转让给陈某树。同日新华都工程以0.1元每股的价格将其持有的紫金矿业27,132.00万股股票转让给陈某树。通过操控旗下的新华都百货和新华都工程向其本人转让紫金矿业股份,陈某树实现对紫金矿业的直接持股。这部分股票的性质也由法人股变为自然人股。具体交易信息如表7-3所示:

表7-3 陈某树受让紫金矿业股份交易信息

出让方	数量/万股	转让价格/(元/股)
新华都工程	27,132.00	0.1
新华都百货	8756.16	0.1
合计	35,888.16 万股	

在交易完成后①,陈某树持有紫金矿业35,888.16万股,新华都实业持有紫金矿业19,019万股,新华都百货和新华都工程不再持有紫金矿业股份。

截至2009年4月27日②,陈某树持有紫金矿业44,860.20万股,占紫金矿业总股本的3.09%;新华都实业持有紫金矿业172,900.00万股,占紫金矿业总股本的11.90%(见图7-21)。

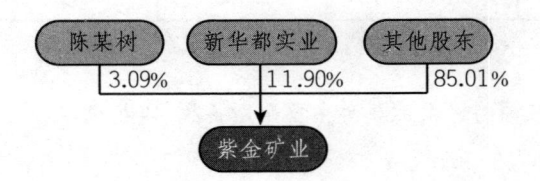

图7-21 截至2009年4月27日紫金矿业股权结构示意

自2009年4月27日至2009年11月24日,陈某树通过二级市场多次减持紫金矿业股份。

2009年4月27日至2009年5月22日,陈某树通过上海证券交易所大宗交易系统减持公司无限售条件流通股15,700,000股,通过上海证券交易所竞价交易系统累计减持公司无限售条件流通股131,494,423股,合计减持股份147,194,423股,占公

---

① 2004年6月31日至2007年5月2日,紫金矿业股本经历多次资本公积转增和变更。
② 2007年5月2日至2009年4月27日,紫金矿业股本经历了一次资本公积转增。但自2008年4月25日紫金矿业A股上市后至2009年4月27日,陈某树所持股份未发生其他变动。

司股份总数的 1.01%,获得股权转让所得约 80,220.96 万元。①

2009 年 5 月 25 日至 2009 年 7 月 1 日,陈某树通过上海证券交易所竞价交易系统减持公司无限售条件流通股 147,344,544 股,占公司股份总数的 1.01%,获得股权转让所得约 88,259.38 万元。②

2009 年 7 月 2 日至 2009 年 11 月 24 日,陈某树通过上海证券交易所竞价交易系统减持公司无限售条件流通股 133,005,505 股,占公司股份总数的 0.915%,获得股权转让所得约 80,202.32 万元。③

2009 年,陈某树累计减持紫金矿业 427,544,472 股,共计获得股权转让所得约 248,682.66 万元。经过上述减持后,陈某树持有公司无限售条件流通股 21,057,527 股,占公司股份总数的 0.145%(见表 7-4)。

表 7-4 陈某树股份减持情况

减持时间 (2009 年)	减持数量/股	减持比例/%	减持均价/ (元/股)	减持所得/ 万元
4.27 至 5.22	147,194,423	1.01	5.45	80,220.96
5.25 至 7.1	147,344,544	1.01	5.99	88,259.38
7.2 至 11.24	133,005,505	0.915	6.03	80,202.32
合计	427,544,472	2.935	—	248,682.66

律师观点:

本案例中股权减持涉及的税负主要是所得税、印花税。

1. 所得税

根据《财政部、国家税务总局关于个人转让股票所得继续暂免征收个人所得税的通知》(财税字〔1998〕61 号)的规定,对个人转让上市公司股票取得的所得继续暂免征收个人所得税。因此,对于陈某树在二级市场上减持转让股份所得免征个人所得税。

新华都工程转让 27,132 万股,作价 0.1 元每股,每股成本 0.0188 元,应按照 25% 的税率,缴纳 550.78 万元④企业所得税。

---

① 这里所用单价为紫金矿业 2009 年 4 月至 5 月均价 5.45 元。
② 这里所用单价为紫金矿业 2009 年 5 月至 6 月均价 5.99 元。
③ 这里所用单价为紫金矿业 2009 年 7 月至 11 月均价 6.03 元。
④ 27,132 万股×(0.1 元 - 0.0188 元)×25% = 550.78 万元。仅为测算数值,不为汇算清缴的实际数据,下同。

新华都百货转让约8756万股,作价0.1元每股,每股成本0.0214元,应按照25%的税率,缴纳172.06万元①企业所得税。

通过两次关联方股权交易,陈某树增加了直接持有紫金矿业股权的比重,降低了间接持股的比重,也即增加自然人直接持股比重,降低了法人代持股比重。

如果并没有采用上述方式,而直接由新华都工程和新华都百货抛售减持,再通过利润分配的形式分配给陈某树本人,那么就会产生巨额税负。其中,最显著的是企业所得税。在假定情况下,新华都工程和新华都百货直接抛售时将产生不可避免的6145.95万元②企业所得税。仅此企业所得税一项便远远超过转换持股方式后减持的总税负,因而,就抛售获利目的而言,法人代持股模式转为自然人直接持股模式是十分有利的,能实现大幅节税。

陈某树的减持行为催生了《财政部、国家税务总局、证监会关于个人转让上市公司限售股所得征收个人所得税有关问题的通知》(财税〔2009〕167号)的出台。根据财税〔2009〕167号文规定,自2010年1月1日起,对个人转让限售股取得的所得,按照"财产转让所得",适用20%的比例税率征收个人所得税。所以,如果陈某树减持紫金矿业股权的行为发生在2010年1月1日后,应当就股权转让所得缴纳约48,881.44万元③个人所得税,将不能实现节税目的。

2. 印花税

根据《深圳证券交易所关于做好证券交易印花税征收方式调整工作的通知》,对于陈某树转让股份所得248,682.66万元,应当按照千分之一的税率,征收248.68万元印花税,对受让该部分股票的交易另一方不征收印花税。

根据《国家税务总局关于印花税若干具体问题的解释和规定的通知》(国税发〔1991〕155号),"财产所有权"转移书据的征税范围包括企业股权转让所立的书据,应当按照万分之五的税率征收印花税。新华都工程转让27,132万股,应缴纳135,660元印花税;新华都百货转让约8756万股,应缴纳43,780元印花税。

591. 个人转让限售股,如何确定纳税义务人、纳税范围、扣缴义务人?

以限售股持有者为纳税义务人,以个人股东开户的证券机构为扣缴义务人。

---

① 8756万股×(0.1元-0.0214元)×25%≈172.06万元。

② 根据《企业所得税法》,企业转让股权的,应当按照25%的税率,缴纳企业所得税。在假定情况下,新华都百货和新华都工程减持427,544,472股紫金矿业股份所得应为25,438.90万元。该部分股份的成本约为427,544,472股×0.02元=8,550,889.44元,约为855.09万元。应纳税所得为25,438.90万元-855.09万元=24,583.81万元,应缴纳企业所得税=24,583.81万元×25%≈6145.95万元。

③ (248,682.66万元-42,754.45万股×0.1元)×20%=48,881.44万元。

个人转让限售股或发生具有转让限售股实质的其他交易,取得现金、实物、有价证券和其他形式的经济利益均应缴纳个人所得税。

限售股个人所得税由证券机构所在地主管税务机关负责征收管理。

592. 个人转让限售股,如何确定应纳税额?

自 2010 年 1 月 1 日起,对个人转让限售股取得的所得,按照"财产转让所得",适用 20% 的比例税率征收个人所得税。

个人转让限售股,以每次限售股转让收入,减除股票原值和合理税费后的余额,为应纳税所得额。即:

应纳税所得额 = 限售股转让收入 − (限售股原值 + 合理税费)

应纳税额 = 应纳税所得额 × 20%

限售股转让收入,是指转让限售股股票实际取得的收入。

限售股原值,是指限售股买入时的买入价及按照规定缴纳的有关费用。

合理税费,是指转让限售股过程中发生的印花税、佣金、过户费等与交易相关的税费。

如果纳税人未能提供完整、真实的限售股原值凭证,不能准确计算限售股原值的,主管税务机关一律按限售股转让收入的 15% 核定限售股原值及合理税费。

593. 个人持有的上市公司限售股,解禁前取得的股息红利如何确定应纳税额?

对个人持有的上市公司限售股,解禁前取得的股息红利继续暂减按 50% 计入应纳税所得额,适用 20% 的税率计征个人所得税。

【案例 262】杭齿前进自然人出售限售股税务处理案[①]

基本案情:

杭齿前进于 2010 年 9 月 9 日经中国证券监督管理委员会证监许可〔2010〕1233 号文件核准,首次向社会公众发行人民币普通股 10,100 万股,并于 2010 年 10 月 11 日在上海证券交易所上市交易。根据公司招股书,81 名自然人股东承诺:自公司股票上市交易之日起 12 个月内,不转让或者委托他人管理已持有的公司股份,也不由公司收购该部分股份。自 2011 年 10 月 11 日起上述 12 个月的锁

---

① 参见《杭齿前进齿轮箱集团股份有限公司自然人限售股股东股权变动情况表》,载上海证券交易所网,http://www.sse.com.cn/disclosure/listedinfo/announcement/c/2011 − 12 − 20/60117 7_20111220_2.pdf,2020 年 3 月 28 日访问。

定期满。81名自然人股东出资共计77,932,800元,认购股份共27,060,000股,每股价格为2.88元。

2011年12月16日,褚某明通过二级市场卖出45,000股,平均价格为9.91元/股,转让价款总额为445,950元。褚某明变动前持股180,000股,变动后持股135,000股。

律师观点:

1. 印花税

根据《上海证券交易所关于做好调整证券交易印花税税率相关工作的通知》规定,应当对褚某明转让股份的总金额,按照千分之一的税率,征收印花税445.95元,对受让该部分股票的交易另一方不征收印花税。

2. 个人所得税

《财政部、国家税务总局、证监会关于个人转让上市公司限售股所得征收个人所得税有关问题的通知》(财税[2009]167号)规定,自2010年1月1日起,对个人转让限售股取得的所得,按照"财产转让所得",适用20%的比例税率征收个人所得税。褚某明所持限售股属于首次公开发行股票并上市的公司形成的限售股,其转让股权所得应当缴纳个人所得税。

财税[2009]167号文规定,个人转让限售股,以每次限售股转让收入,减除股票原值和合理税费后的余额,为应纳税所得额;如果纳税人未能提供完整、真实的限售股原值凭证的,不能准确计算限售股原值的,主管税务机关一律按限售股转让收入的15%核定限售股原值及合理税费。褚某明转让股权实际转让收入为445,950元,转让部分股票原值为129,600元,印花税为445.95元,假设其他税费为0,则褚某明应缴纳个人所得税63,180.81元[①]。

594. 个人转让限售股,如何确定征收方式?

限售股转让所得个人所得税采取证券机构预扣预缴、纳税人自行申报清算和证券机构直接扣缴相结合的方式征收。

根据证券机构技术和制度准备完成情况,对不同阶段形成的限售股,采取不同的征管办法。

(1)证券机构技术和制度准备完成前形成的限售股,其转让所得应缴纳的个人所得税,采取证券机构预扣预缴和纳税人自行申报清算相结合的方式征收;

---

① [445,950元 − (129,600元 + 445.95元)] ×20% =63,180.81元。

（2）证券机构技术和制度准备完成后新上市公司的限售股,纳税人在转让时应缴纳的个人所得税,采取证券机构直接代扣代缴的方式征收。

595. 纳税人同时持有限售股及该股流通股的,如何确定其限售股转让所得?

按照限售股优先原则,即转让股票视同先转让限售股,按规定计算缴纳个人所得税。

596. 限售股在解禁前被多次转让的,如何缴纳个人所得税?

转让方对每一次转让所得均应按规定缴纳个人所得税。

597. 个人转让限售股,限售股所对应的公司在证券机构技术和制度准备完成前上市的,应如何计算应纳税所得额?

证券机构技术和制度准备完成前形成的限售股,证券机构按照限售股股改复牌日收盘价,或新股限售股上市首日收盘价计算转让收入,按照计算出的转让收入的15%确定限售股原值和合理税费,以转让收入减去原值和合理税费后的余额为应纳税所得额,适用20%税率,计算预扣预缴个人所得税额。

598. 个人转让限售股,限售股所对应的公司在证券机构技术和制度准备完成后上市的,如何确定其应纳税所得额?

证券机构技术和制度准备完成后新上市公司的限售股,按照证券机构事先植入结算系统的限售股成本原值和发生的合理税费,以实际转让收入减去原值和合理税费后的余额为应纳税所得额,适用20%税率,计算直接扣缴个人所得税额。

599. 个人通过证券交易所集中交易系统或大宗交易系统转让限售股,如何确定转让收入?

该转让收入以转让当日该股份实际转让价格计算,证券公司在扣缴税款时,佣金支出统一按照证券主管部门规定的行业最高佣金费率计算。

600. 个人用限售股认购或申购交易型开放式指数基金(ETF)份额,如何确定转让收入?

该转让收入,通过认购ETF份额方式转让限售股的,以股份过户日的前一交易日该股份收盘价计算;通过申购ETF份额方式转让限售股的,以申购日的前一交易日该股份收盘价计算。

601. 个人用限售股接受要约收购,如何确定转让收入?

该转让收入以要约收购的价格计算。

602. 个人行使现金选择权将限售股转让给提供现金选择权的第三方,如何确定转让收入?

该转让收入以实际行权价格计算。

第七章
股权转让纠纷

603. 个人协议转让限售股的,如何确定转让收入?

该转让收入按照实际转让收入计算,转让价格明显偏低且无正当理由的,主管税务机关可以依据协议签订日的前一交易日该股收盘价或其他合理方式核定其转让收入。

【案例263】绿大地股东协议转让限售股税务处理案[①]

基本案情:

2011年11月28日,何某葵与云投集团签订了《附条件生效股份转让协议》,将所持有绿大地限售流通股30,000,000股,占绿大地总股本的19.86%,转让给云投集团。转让价格为绿大地首次公开发行股票时发行价格9.16元人民币,转让价款总额为274,800,000元。云投集团承诺,自本次股份过户登记之日起3年内(2012年2月14日至2015年2月13日)不减持或转让本次受让的绿大地股份。

律师观点:

1. 个人所得税

《财政部、国家税务总局、证监会关于个人转让上市公司限售股所得征收个人所得税有关问题的补充通知》(财税〔2010〕70号)规定,限售股在解禁前被多次转让的,转让方对每一次转让所得均应按规定缴纳个人所得税。《财政部、国家税务总局、证监会关于个人转让上市公司限售股所得征收个人所得税有关问题的通知》(财税〔2009〕167号)规定,个人转让限售股,以每次限售股转让收入,减除股票原值和合理税费后的余额,为应纳税所得额;如果纳税人未能提供完整、真实的限售股原值凭证的,不能准确计算限售股原值的,主管税务机关一律按限售股转让收入的15%核定限售股原值及合理税费。因此何某葵在解禁前协议转让限售股应当缴纳个人所得税,其实际转让收入为274,800,000元,扣掉股票原值和合理税费后,按20%的税率计算所得税。若不能计算原值及合理税费,按实际转让收入的15%计算,即应缴纳个人所得税 = (274,800,000 − 274,800,000 × 15%) × 20% = 46,716,000元。

2. 印花税

根据《深圳证券交易所关于做好证券交易印花税征收方式调整工作的通知》

[①] 参见《云南绿大地生物科技股份有限公司关于控股股东协议转让限售股份过户登记完成及股东承诺过户后继续锁定的公告》,载凤凰网,http://news.ifeng.com/c/7fbSbDdOpH6,2020年6月28日访问。案例中的何某葵后虽因犯欺诈发行股票罪等数罪被判处刑罚,但并不影响本部分引据解释如何处理个人转让限售股的税务问题,故为读者保留。

规定,应当对何某葵转让股份的总金额,按照千分之一的税率,征收印花税274,800元,对受让该部分股票的交易另一方不征收印花税。

604. 个人持有的限售股被司法扣划的,如何确定转让收入?

该转让收入以司法执行日的前一交易日该股收盘价计算。

605. 个人因依法继承或家庭财产分割让渡限售股所有权、个人用限售股偿还上市公司股权分置改革中由大股东代其向流通股股东支付的对价,如何确定转让收入?

该转让收入以转让方取得该股时支付的成本计算。

606. 个人转让因协议受让、司法扣划等情形取得未解禁限售股的,如何计算成本?

成本按照主管税务机关认可的协议受让价格、司法扣划价格核定,无法提供相关资料的,按照证券机构技术和制度准备完成前形成的限售股规定执行;个人转让因依法继承或家庭财产依法分割取得的限售股的,应按规定缴纳个人所得税,成本按照该限售股前一持有人取得该股时实际成本及税费计算。

607. 在证券机构技术和制度准备完成后形成的限售股,自股票上市首日至解禁日期间发生送、转、缩股的,其原值应如何调整?

证券登记结算公司应依据送、转、缩股比例对限售股成本原值进行调整;而对于其他权益分派的情形(如现金分红、配股等),不对限售股的成本原值进行调整。

608. 当出现个人协议转让限售股、个人持有的限售股被司法扣划、个人因依法继承或家庭财产分割让渡限售股所有权、个人用限售股偿还上市公司股权分置改革中由大股东代其向流通股股东支付的对价情形之一的,纳税人应如何缴纳个人所得税?

此时,采取纳税人自行申报纳税的方式。纳税人转让限售股后,应在次月7日内到主管税务机关填报《限售股转让所得个人所得税清算申报表》,自行申报纳税。主管税务机关审核确认后应开具完税凭证,纳税人应持完税凭证、《限售股转让所得个人所得税清算申报表》复印件到证券登记结算公司办理限售股过户手续。纳税人未提供完税凭证和《限售股转让所得个人所得税清算申报表》复印件的,证券登记结算公司不予办理过户。

纳税人自行申报的,应一次办结相关涉税事宜。对个人持有的限售股被司法扣划情形,如国家有权机关要求强制执行的,证券登记结算公司在履行告知义务后予以协助执行,并报告相关主管税务机关。

609. 个人持有在证券机构技术和制度准备完成后形成的拟上市公司限售股,在公司上市前,应如何确定其原值?

个人应委托拟上市公司向证券登记结算公司提供有关限售股成本原值详细资料以及会计师事务所或税务师事务所对该资料出具的鉴证报告。逾期未提供的,证券登记结算公司以实际转让收入的15%核定限售股原值和合理税费。

610. 证券机构技术和制度准备完成前形成的限售股,如何计征个人所得税?

应采取证券机构预扣预缴和纳税人自行申报清算相结合的方式征收。

(1)证券机构的预扣预缴申报

证券机构应将已扣的个人所得税款,于次月7日内向主管税务机关缴纳,并报送《限售股转让所得扣缴个人所得税报告表》及税务机关要求报送的其他资料。《限售股转让所得扣缴个人所得税报告表》应按每个纳税人区分不同股票分别填写;同一只股票的转让所得,按当月取得的累计发生额填写。

(2)纳税人的自行申报清算

纳税人按照实际转让收入与实际成本计算出的应纳税额,与证券机构预扣预缴税额有差异的,纳税人应自证券机构代扣并解缴税款的次月1日起3个月内,到证券机构所在地主管税务机关提出清算申请,办理清算申报事宜。纳税人在规定期限内未到主管税务机关办理清算事宜的,期限届满后税务机关不再办理。

纳税人办理清算时,按照当月取得的全部转让所得,填报《限售股转让所得个人所得税清算申报表》,并出示个人有效身份证件原件,附送加盖开户证券机构印章的限售股交易明细记录,相关完整、真实的财产原值凭证,缴纳税款凭证(《税务代保管资金专用收据》或《税收转账专用完税证》),以及税务机关要求报送的其他资料。

限售股交易明细记录应包括:限售股每笔成交日期、成交时间、成交价格、成交数量、成交金额、佣金、印花税、过户费、其他费等信息。

纳税人委托中介机构或者他人代为办理纳税申报的,代理人在申报时,除提供上述资料外,还应出示代理人本人的有效身份证件原件,并附送纳税人委托代理申报的授权书。

税务机关对纳税人申报的资料审核确认后,按照上述原则重新计算应纳税额,并办理退(补)税手续。重新计算的应纳税额,低于预扣预缴的部分,税务机关应予以退还;高于预扣预缴的部分,纳税人应补缴税款。

611. 证券机构技术和制度准备完成后新上市公司的限售股,纳税人在转让时应缴纳的个人所得税,其征收方式如何确定?

采取证券机构直接代扣代缴的方式征收。

证券机构技术和制度准备完成后,证券机构按照限售股的实际转让收入,减去事先植入结算系统的限售股成本原值、转让时发生的合理税费后的余额,计算并直接扣缴个人所得税。

证券机构应将每月所扣个人所得税款,于次月7日内缴入国库,并向当地主管税务机关报送《限售股转让所得扣缴个人所得税报告表》及税务机关要求报送的其他资料。主管税务机关按照代扣代缴税款有关规定办理税款入库,并分纳税人开具《税收转账专用完税证》,作为纳税人的完税凭证。

612. 证券机构技术和制度准备完成前形成的限售股,其转让所得应缴纳的个人所得税采取证券机构预扣预缴、纳税人自行申报清算方式征收,其具体的征缴方式有哪些?

各地税务机关可根据当地税务代保管资金账户的开立与否、个人退税的简便与否等实际情况综合考虑,在下列方式中确定一种征缴方式。

(1) 纳税保证金方式

证券机构将已扣的个人所得税款,于次月7日内以纳税保证金形式向主管税务机关缴纳,并报送《限售股转让所得扣缴个人所得税报告表》及税务机关要求报送的其他资料。主管税务机关收取纳税保证金时,应向证券机构开具有关凭证(凭证种类由各地自定),作为证券机构代缴个人所得税的凭证,凭证"类别"或"品目"栏写明"代扣个人所得税"。同时,税务机关根据《限售股转让所得扣缴个人所得税报告表》分纳税人开具《税务代保管资金专用收据》,作为纳税人预缴个人所得税的凭证,凭证"类别"栏写明"预缴个人所得税"。纳税保证金缴入税务机关在当地商业银行开设的"税务代保管资金"账户存储。

(2) 预缴税款方式

证券机构将已扣的个人所得税款,于次月7日内直接缴入国库,并向主管税务机关报送《限售股转让所得扣缴个人所得税报告表》及税务机关要求报送的其他资料。主管税务机关向证券机构开具《税收通用缴款书》或以横向联网电子缴税方式将证券机构预扣预缴的个人所得税税款缴入国库。同时,主管税务机关应根据《限售股转让所得扣缴个人所得税报告表》分纳税人开具《税收转账专用完税证》,作为纳税人预缴个人所得税的完税凭证。

613. 采取证券机构预扣预缴、纳税人自行申报清算方式下的税款结算和退税管理如何进行？

应区分情况处理。

(1) 采用纳税保证金方式征缴税款的结算

证券机构以纳税保证金方式代缴个人所得税的，纳税人办理清算申报后，经主管税务机关审核重新计算的应纳税额低于已缴纳税保证金的，多缴部分税务机关应及时从"税务代保管资金"账户退还纳税人。同时，税务机关应开具《税收通用缴款书》将应纳部分作为个人所得税从"税务代保管资金"账户缴入国库，并将《税收通用缴款书》相应联次交纳税人，同时收回《税务代保管资金专用收据》。经主管税务机关审核重新计算的应纳税额高于已缴纳税保证金的，税务机关就纳税人应补缴税款部分开具相应凭证直接补缴入库；同时税务机关应开具《税收通用缴款书》将已缴纳的纳税保证金从"税务代保管资金"账户全额缴入国库，并将《税收通用缴款书》相应联次交纳税人，同时收回《税务代保管资金专用收据》。纳税人未在规定期限内办理清算事宜的，期限届满后，所缴纳的纳税保证金全部作为个人所得税缴入国库。横向联网电子缴税的地区，税务机关可通过联网系统办理税款缴库。

(2) 采用预缴税款方式征缴税款的结算

证券机构以预缴税款方式代缴个人所得税的，纳税人办理清算申报后，经主管税务机关审核应补(退)税款的，由主管税务机关按照有关规定办理税款补缴入库或税款退库。

614. 企业转让限售股，如何确定纳税义务人？

转让限售股取得收入的企业(包括事业单位、社会团体、民办非企业单位等)，为企业所得税的纳税义务人，即办理法律变更手续的企业，即在证券登记机构登记的企业。

615. 企业转让因股权分置改革造成原由个人出资而由企业代持有的限售股，是否需要缴纳企业所得税？企业将税后收入转付给实际所有人是否需要缴税？

应区分情况处理。

(1) 因股权分置改革造成原由个人出资而由企业代持有的限售股，企业在转让时按以下规定处理：

①企业转让上述限售股取得的收入，应作为企业应税收入计算纳税。上述限售股转让收入扣除限售股原值和合理税费后的余额为该限售股转让所得。企业

未能提供完整、真实的限售股原值凭证,不能准确计算该限售股原值的,主管税务机关一律按该限售股转让收入的15%,核定为该限售股原值和合理税费。

②对税后转付额不再重复缴纳个人所得税。将完成纳税义务后的限售股转让收入余额转付给实际所有人时不再纳税。

③依法院判决、裁定等原因,通过证券登记结算公司,企业将其代持的个人限售股直接变更到实际所有人名下的,不视同转让限售股。所谓法院判决、裁定方式即是通常所指的隐名股东确权之诉。

（2）企业转让其他形式的限售股,无特殊情况,需缴纳企业所得税。

【案例264】何种方式转让限售股　税负最低

上市公司限售股转让主要涉及企业所得税、个人所得税以及营业税。代持限售股转让方式有两种:一是企业直接转让限售股,缴纳所得税后的余额交付给个人;二是通过确权诉讼方式将代持股协议显名化,再行转让限售股。现在通过案例说明采用何种方式税负最低。

假设A出资取得M公司因股权分置造成的限售股,购买成本为10万元,由于监管限制,这笔限售股由B企业代持,限售股解禁后,A决定作价500万元将限售股抛售,暂不考虑其他费用。

1. 企业直接转让限售股,缴纳所得税后的余额交付个人过程中所涉税负。

该过程涉及两个环节,各个环节所得税情况如下:

（1）企业转让限售股。

①企业所得税:

根据国家税务总局公告2011年第39号文件,企业转让因股权分置改革造成的限售股取得的收入,应作为企业应税收入计算纳税。只有在特殊情况,如国家重点扶持的高新技术企业才适用15%的优惠税率,企业所得税基本税率为25%。

企业所得税额 =（500 - 10）× 25% = 122.5万元。

②营业税:企业转让限售股需要缴纳5%的营业税。

营业税额 = 500 × 5% = 25万元。

③缴纳税款后限售股转让收入余额 = 500 - 122.5 - 25 = 352.5万元。

（2）企业完成纳税义务后的限售股转让收入余额转付给实际所有人时不再纳税。

通过上述方式,总税额 = 122.5 + 25 = 147.5万元。

2. 提起确权诉讼,依法院判决、裁定等原因,通过证券登记结算公司,企业将其代持的个人限售股直接变更到实际所有人名下的,个人取得限售股后,自行转让限售股过程中所涉税负。

(1)依法院判决、裁定等原因,企业将其代持的个人限售股直接变更到实际所有人名下的,不视同转让限售股,无须缴纳企业所得税与营业税。

(2)个人自行转让限售股。

①个人所得税:按照20%的税率缴纳个人所得税。

个人所得税额=(500-10)×20%=98万元。

②营业税:根据《财政部、国家税务总局关于个人金融商品买卖等营业税若干免税政策的通知》(财税〔2009〕111号)第1条规定:"对个人(包括个体工商户和其他个人)从事外汇、有价证券、非货物期货和其他金融商品买卖业务取得的收入暂免征收营业税。"

通过上述方式,应纳税额=98万元。

通过比较不难看出,依法院判决、裁定等原因,企业将其代持的个人限售股直接变更到实际所有人名下的,个人取得限售股后自行转让限售股的方式税负更低。

616. 企业在限售股解禁前转让限售股的,如何计征所得税?

按以下规定处理:

(1)企业应按减持在证券登记结算机构登记的限售股取得的全部收入,计入企业当年度应税收入计算纳税。

(2)企业持有的限售股在解禁前已签订协议转让给受让方,但未变更股权登记、仍由企业持有的,企业实际减持该限售股取得的收入,依照第(1)条纳税后,其余额转付给受让方的,受让方不再纳税。

如A公司将持有的M公司限售股股票(购买成本为20万元),协议转让给B公司,作价400万元,B公司又作价600万元卖给了C公司,两次转让均为证券结算机构过户。限售股解禁后,A公司将限售股抛售,取得收入900万元。

此时的税收由A公司统一缴纳,应纳税所得额=900-20=880万元。

四、股权收购与资产收购的所得税问题

(一)适用特殊性税务处理的一般条件及流程

617. 何为企业重组?符合哪些条件,发生在境内的企业重组事项适用特殊性税务处理?

企业重组,是指企业在日常经营活动以外发生的法律结构或经济结构重大

改变的交易,包括企业法律形式改变、债务重组、股权收购、资产收购、合并、分立等。

企业重组发生在境内,同时符合下列条件的,适用特殊性税务处理规定:

(1)具有合理的商业目的,且不以减少、免除或者推迟缴纳税款为主要目的;

(2)被收购、合并或分立部分的资产或股权比例符合规定的比例;

(3)企业重组后的连续 12 个月内不改变重组资产原来的实质性经营活动;

(4)重组交易对价中涉及股权支付金额符合规定比例;

(5)企业重组中取得股权支付的原主要股东,在重组后连续 12 个月内,不得转让所取得的股权。

"企业重组后的连续 12 个月内",是指自重组日起计算的连续 12 个月内。

原主要股东,是指原持有转让企业或被收购企业 20% 以上股权的股东。

618. 跨境重组适用所得税特殊性税务处理必须满足哪些条件?企业适用特殊性税务处理后,有何注意事项?

企业发生涉及中国境内与境外(包括港澳台地区)之间的股权和资产收购交易,选择适用特殊性税务处理的,除应满足境内企业重组事项适用特殊性税务处理的条件外,还应同时符合下列条件:

(1)非居民企业向其 100% 直接控股的另一非居民企业转让其拥有的居民企业股权,没有因此造成以后该项股权转让所得预提税负担变化,且转让方非居民企业向主管税务机关书面承诺在 3 年(含 3 年)内不转让其拥有受让方非居民企业的股权;

(2)非居民企业向与其具有 100% 直接控股关系的居民企业转让其拥有的另一居民企业股权;

(3)居民企业以其拥有的资产或股权向其 100% 直接控股的非居民企业进行投资。

前述第(3)项所指的居民企业以其拥有的资产或股权向其 100% 直接控股关系的非居民企业进行投资,其资产或股权转让收益如选择特殊性税务处理,可以在 10 个纳税年度内均匀计入各年度应纳税所得额。居民企业应准确记录应予确认的资产或股权转让收益总额,并在相应年度的企业所得税汇算清缴时对当年确认额及分年结转额的情况作出说明。

【案例265】香港晋明集团跨境重组税务处理案[①]

基本案情：

湖北恒盛公司是由香港晋明集团投资成立的全资子公司。2011年2月，为整合资源与品牌，香港晋明集团决定以恒盛公司为核心组建恒隆集团。此次重组中，香港晋明公司作为股权转让方，以其持有的控股子公司的股权（以下简称被收购股权）向恒盛公司增资。

律师观点：

本次跨境重组涉及的税收主要包括增值税、营业税和企业所得税。

1. 增值税、营业税等流转税

根据《国家税务总局关于纳税人资产重组有关增值税问题的公告》（国家税务总局公告2011年第13号）的规定，纳税人在资产重组过程中，通过合并、分立、出售、置换等方式，将全部或者部分实物资产以及与其相关联的债权、负债和劳动力一并转让给其他单位和个人，不属于增值税的征税范围，其中涉及的货物转让，不征收增值税。根据《财政部、国家税务总局关于股权转让有关营业税问题的通知》（财税〔2002〕191号）的规定，对股权转让不征收营业税。

故此次重组无须缴纳增值税和营业税等流转税。

2. 企业所得税

《财政部、国家税务总局关于企业重组业务企业所得税处理若干问题的通知》（财税〔2009〕59号）第7条规定："企业发生涉及中国境内与境外之间（包括港澳台地区）的股权和资产收购交易，除应符合本通知第五条规定的条件外，还应同时符合下列条件，才可选择适用特殊性税务处理规定：……（二）非居民企业向与其具有100%直接控股关系的居民企业转让其拥有的另一居民企业股权……"

本次香港晋明集团的跨境重组属于第二种情形，恒盛公司是香港晋明集团的全资子公司，香港晋明集团向恒盛公司转让其持有的控股子公司股权。同时，恒盛公司以自身股份为对价，全部采用股权支付的方式，向非居民企业香港晋明集团收购其持有的标的公司股权，满足财税〔2009〕59号文规定的特殊税务处理的支付条件，由于并无恒盛公司股权收购的比例，根据来自湖北省税务机关的信息

[①] 参见《企业并购重组案例分析之香港晋明集团跨境重组案例分析》，载360doc个人图书馆网，http://www.360doc.com/content/14/0131/12/15415676_348994519.shtml，2020年3月27日访问。

来推断,其收购股权的比例也满足了特殊性税务处理的要求。因此,本次跨境重组适用特殊性税务处理。具体如下:

(1)恒盛公司取得被收购股权的计税基础以其原计税基础确定;

(2)香港晋明公司取得恒盛公司股权的计税基础以被收购股权的原有计税基础确定。

【案例266】跨境股权转让　申请特殊税务处理获批[①]

基本案情:

1. RD集团重组交易背景

2009年,日本RD集团决定对集团的管理架构进行调整重组,重组完成后,RD集团将拥有五大地区性投资控股公司,从而增强RD集团在各地区的竞争力。重组完成后集团的经营架构如图7-22所示:

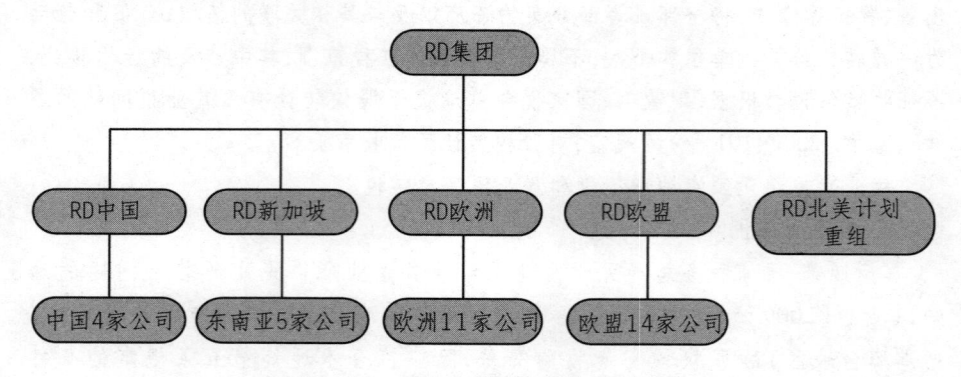

图7-22　重组完成后集团的经营架构

2. RD集团重组涉及在华公司的基本情况介绍

RD集团是在日本登记注册成立的企业,其在中国境内独资设立了投资性公司RD中国,并与RD中国一起联合投资了RD桂林、RD西安、RD信息、RD卓越4家企业,其中RD集团对4家公司所持股权比例分别为81%、81%、90%、90%;RD中国对4家公司所持股权比例分别为19%、19%、10%、10%,其股权结构如图7-23所示:

[①] 国家税务总局国际税务司编著:《非居民企业税收管理案例集》,中国税务出版社2012年版,第136页。

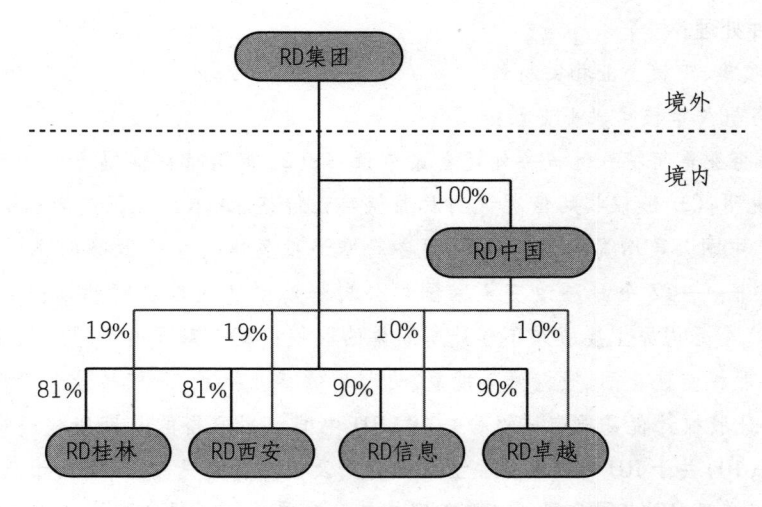

图 7-23　RD 中国对 4 家公司所持股权结构

3. RD 集团在华重组交易方式介绍

日本 RD 集团内部管理架构调整涉及在华子公司的重组活动,形式为:RD 集团将其直接投资所持的 4 家中国子公司,即 RD 桂林、RD 西安、RD 信息、RD 卓越的全部股权转让给其 100% 控股的 RD 中国,并换取 RD 中国的股权,即用原持有 4 家公司的股权增资 RD 中国,使得 4 家公司变为 RD 中国 100% 控股的全资子公司。调整后股权结构如图 7-24 所示:

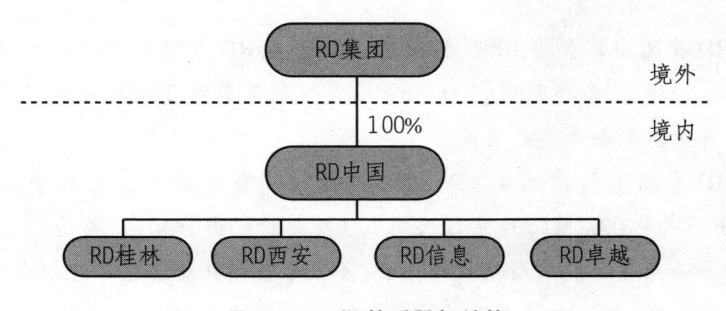

图 7-24　调整后股权结构

本次重组交易,RD 集团将其持有的 RD 桂林、RD 西安、RD 信息、RD 卓越 4 家公司的股权按拟定交易日的评估值转让给 RD 中国,RD 中国以自身股份向其支付对价;实质上为 RD 集团将其持有的 4 家公司的股权向其已 100% 控股的 RD 中国进行非货币增资。整个过程可以分为两个步骤:(1)RD 集团将 4 家国内公司股权转让给 RD 中国;(2)RD 集团对 RD 中国进行非货币增资。

· 1093 ·

案件处理：

1. 收集、审核企业相关材料

税务机关审核了以下资料：

(1)企业重组特殊性税务处理备案申请书；(2)重组特殊性税务处理合理商业目的说明；(3)股权收购情况说明及股权转让价格、成本情况汇总表；(4)商务局对 RD 中国公司增资的批复；(5)商务局增资批复有关增资数额的说明材料；(6)承诺书——12 个月不改变 4 家国内公司资产原实质性经营活动；(7)承诺书——12 个月内原主要股东不转让所取得的股权；(8)4 家国内公司股权转让相关资料(股权转让合同、股权变更批复、更改后的营业执照、股权转让资产评估报告、被转让股权计税基础审核报告)；(9)RD 中国公司取得的长期股权投资的入账凭证；(10)关于 RD 集团在华企业重组背景及重组目的说明；(11)关于日本 RD 集团股权增资 RD 中国公司所涉及 4 家被转让公司历年利润分配的说明；(12)关于 RD 中国成立以来经营情况和盈利状况的说明。

通过对资料的审核，根据《财政部、国家税务总局关于企业重组业务企业所得税处理若干问题的通知》(财税〔2009〕59 号)和《国家税务总局关于发布〈企业重组业务企业所得税管理办法〉的公告》(国家税务总局公告 2010 年第 4 号)的规定，税务机关首先确认了文件规定的几个条件，并有了以下初步判断：

(1)RD 集团被初步判断具有合理的商业目的，且没有证据证明其存在减少、免除或者推迟缴纳税款的目的。

(2)RD 集团向其直接 100% 控股的居民企业 RD 中国公司转让其拥有的其他居民企业的股权，符合财税〔2009〕59 号文件第 7 条第 2 款对非居民企业参与重组适用特殊性税务处理的条件。

(3)RD 集团所转让的 4 家国内公司股权均高于被转让企业全部股权的 75%，且全部用受让公司(RD 中国公司)的自身股权进行支付，符合财税〔2009〕59 号文件第 6 条第 2 款的股权收购比例(不低于被转让企业全部股权比例 75%)和股权支付比例(股权支付比例不低于全部支付金额的 85%)；交易后，被收购企业的股东取得收购企业的股权计税基础以本次被收购企业的原有计税基础确定，收购企业取得本次被收购企业股权的计税基础以被收购股权的股东原有计税基础确定。

(4)4 家国内公司是实体工厂，RD 中国公司承诺重组完成后，4 家公司将继续其正常的生产经营活动，重组后 12 个月内不改变其被收购公司的实质经营活动，符合财税〔2009〕59 号文件第 5 条第 3 款的规定。

(5)日本RD集团承诺其对RD中国公司转让股权重组完成后,日本RD集团将会长期持有交易所取得的RD中国公司股份,即在重组完成后的12个月内不会转让其所取得的股份,符合财税[2009]59号文件第5条第5款规定。

2. 讨论、甄别潜在税收风险

在进行深入审核研究的过程中,税务人员与企业进行过多次交锋,逐一排除各环节的税收风险,深入研究此案股权转让的商业实质,甄别潜在税收风险点,挖掘事后是否存在管理漏洞。

问题一:国内4家被转让公司存在2008年以后的未分配利润(约9000万元人民币),重组后,4家公司向RD中国公司分配重组前形成的利润,无须就股息缴纳所得税(若不进行重组,4家公司向日本RD集团分配利润时需要缴纳预提所得税)。

问题二:重组业务发生在2009年年底,但2009年6月,RD桂林向日本RD集团分配过3500万元的股息(2008年以前的股息,因为金融危机导致日本股东需要资金),不需要缴纳非居民企业所得税,4家公司累计剩下的2008年前未分配利润总额为1.41亿元,这种情况是否符合具有合理商业目的条件?

问题三:RD中国公司目前利润总额亏损7.8亿元,重组后会源源不断取得国内公司向其分配的利润,出现盈亏相抵,并且进行再投资,是否存在税收风险?

经综合多方意见,主管税务机关对以上三个问题的税收风险进行识别和评价,最终得出以下结论:

针对问题一、问题二:均为4家目标企业留存收益的问题。4家目标企业存在2008年以前的利润1.41亿元,多于2008年以后的利润9000万元,而2008年以前形成的利润付出境外不需要扣缴非居民企业所得税。综观此案居民企业多年对股东的分利情况,日本RD集团并没有把获得子公司利润作为目的,不能推测日本RD集团利用重组来享受子公司分得的利润而少缴税款的意图,更不能推翻集团跨境重组不具有合理商业目的。

针对问题三:RD中国的巨额亏损是多年投资不善积累造成的,从财税[2009]59号文件出台的背景以及其他政策层面上看,外企在中国境内设立中国投资公司或其他有代表性的商业经营目的的公司及重组,应该通过包括允许延迟纳税等在内的优惠措施给予鼓励。而RD中国公司投资出现亏损,也是允许通过获得国内公司的利润实现盈亏相抵的。

处理结果:

税务机关对RD集团选择适用特殊性税务处理的情况进行详细备案,并强化后续跟踪监控。主管税务机关对重组当事方在重组完成下一年度报送的书面情况说明结合日常检查、纳税评估等进行重点审核,必要时可实地调查重组后的连续12个月内其实质性经营活动是否发生改变,取得股权支付的原主要股东在重组后连续12个月内是否转让股份。发现有问题的,将及时提请企业进一步说明或调整重组业务的纳税处理。

律师观点:

本案的非居民企业申请特殊重组涉及几个问题,如股权收购的受让方是投资性公司,重组时被收购企业有大量未分配利润,以及重组后有大量亏损等问题。其中,税务机关和纳税人对于重组的商业目的能否达成一致意见,常常是特殊重组能否批准的焦点问题。

【案例267】跨境重组特殊性税务处理申请被否　追缴712万元[①]

基本案情:

A公司是2006年在某市设立的外商独资企业,注册资本335万美元,主要经营箱包贸易。比利时B公司系A公司原股东,持有100%股权。

2009年9月,A公司与比利时B公司所在集团同13家金融机构签订贷款协议,借款3.2亿美元。贷款协议称集团成员公司均须将其持有的各子公司的股权质押给银行作为其履行贷款协议的担保,以便于银行能够更灵活地管理以及执行该质押担保。之后,比利时B公司在香港设立一家直接控股公司——香港C公司,并以换股的方式将A公司的全部股权转让给香港C公司。股权转让价格为转让方的成本价,即335万美元(见图7-25、图7-26)。

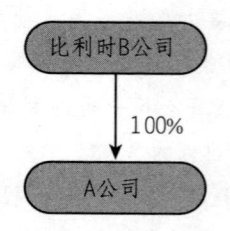

图7-25　股权转让前

[①] 国家税务总局国际税务司编著:《非居民企业税收管理案例集》,中国税务出版社2012年版,第164页。

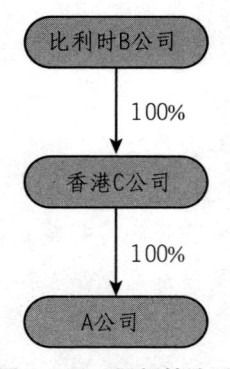

```
        比利时B公司
            │
           100%
            ▼
        香港C公司
            │
           100%
            ▼
          A公司
```

图 7-26　股权转让后

2010年3月25日,A公司向主管税务机关申请税务登记变更,改变投资方信息。

案件处理：

1. 特殊性税务处理备案

2010年4月15日,A公司向主管税务机关提交税收优惠备案资料,申请就该股权收购事项进行特殊性税务处理。

主管税务机关认真审核企业提交的申请资料,提出以下几个疑问:(1)企业重组是否具有合理的商业目的？(2)财税[2009]59号文件第7条第1项同时规定,非居民企业之间转让居民企业股权选择适用特殊性税务处理,股权转让方应100%直接控股受让方,而企业提交的申请在资料上无法证明双方存在100%直接控股关系。具体情况到底如何？

税务机关多次约谈企业相关人员,但企业均未就以上疑问进行有效回应。主管税务机关于5月24日作出税收优惠备案无效告知书,并送达企业。7月22日,比利时B公司委托A公司申报非居民企业所得税税款712万元和相应滞纳金。

2. 行政复议

A公司向该市国税局提起行政复议,称其根据股权交易的分析,认为比利时B公司为实现融资担保目的,应银行之商业要求,将A公司100%的股权转让给其100%控股的香港C公司,符合特殊性税务处理的条件。据此要求税务机关撤销税收优惠备案无效告知书,并退还已征收的税款和滞纳金。

在接到企业复议申请后,主管税务机关积极应对,税企双方进行了谈判,企业进一步提出该转让行为是企业全球性的战略部署,股权转让到香港C公司后,在香港实现股权质押获取贷款的执行手续和程序要比在内地简单得多。而税务机关认为,在香港设立一家公司进行股权质押本身就多了一道环节,而且需要走法律程序,合理的商业目的理由并不充分,需要进一步提供依据和资料。此外,转让双方100%直接控股关系的依据不足。并且,比利时B公司也未向主管税务机关提交3年内不转让其拥有香港C公司股权的书面承诺。

处理结果:

主管税务机关根据上述观点作出税务行政复议书面答复。该案也以企业申请撤销复议并接受税务机关的处理意见而告结束。

律师观点:

非居民企业转让股权申请适用特殊性税务处理,必须符合税收政策的规定,既要满足时间、比例等限制性条件,也要有合理商业目的,否则就无法享受税收优惠给企业带来的好处。

619. 企业由法人转变为个人独资企业、合伙企业等非法人组织,或将登记注册地转移至境外,或企业注册名称、住所以及企业组织形式等发生改变(以下简称企业法律形式改变),如何进行税务处理?

企业法律形式改变,税务处理原则如下:

(1)企业由法人转变为个人独资企业、合伙企业等非法人组织,或将登记注册地转移至中华人民共和国境外(包括港澳台地区),应视同企业进行清算、分配,股东重新投资成立新企业。企业的全部资产以及股东投资的计税基础均应以公允价值为基础确定,依法进行清算。①

企业在报送《企业清算所得纳税申报表》时,应附送以下资料:

①企业改变法律形式的工商部门或其他政府部门的批准文件;

②企业全部资产的计税基础以及评估机构出具的资产评估报告;

③企业债权、债务处理或归属情况说明;

④主管税务机关要求提供的其他资料证明。

(2)企业发生其他法律形式简单改变的,如企业注册名称、住所以及企业组织形式等改变,可直接变更税务登记,除另有规定外,有关企业所得税纳税事项(包括亏损结转、税收优惠等权益和义务)由变更后企业承继,但因住所发生变化而不符合税收优惠条件的除外。

---

① 企业清算的税务处理详见本书第十七章申请公司清算第三节公司清算的税务问题。

【案例268】天玑科技有限公司折股变更为股份公司税务处理案[1]

基本案情：

2009年6月17日，上海天玑有限责任公司31名发行人召开公司创立大会，一致同意公司拟整体变更为上海天玑科技股份有限公司。经审计，截至2009年3月31日，公司净资产为59,695,433.81元，其中未分配利润为36,044,708.61元，扣除向股东分配的利润8,939,086.76元人民币（用于缴纳因折股产生的个人所得税），以余额50,756,347.05元为基础，按照1:0.985098的比例折为股份公司股份5000万股（每股面值1元），其余计入资本公积；公司股份由全体发起人（原有限责任公司全体股东）以各自持有的天玑有限的股权所对应的经审计的净资产（扣除因折股应代扣代缴个人所得税后的余额）认购。

立信会计师事务所出具信会师报字〔2009〕第23778号《验资报告》，证明股东的出资已经足额缴纳。整体改制时，发行人将折合的股本50,000,000元计入"股本"科目，其余756,347.05元计入"资本公积—股本溢价"科目，向股东分配的利润8,939,086.76元用于缴纳由于公司整体改制所需要缴纳的个人所得税，因此发行人将该笔税款计入"交税费—个人所得税"科目。

律师观点：

本次变更行为涉及的税务问题主要是纳税事项的承继与个人所得税。

1. 纳税事项的承继

根据《财政部、国家税务总局关于企业重组业务企业所得税处理若干问题的通知》（财税〔2009〕59号）规定，有限责任公司变更为股份有限公司属于企业法律形式的简单变更，可直接变更税务登记，除另有规定外，有关企业所得税纳税事项（包括亏损结转、税收优惠等权益和义务）由变更后企业承继。因此，公司组织形式发生变更后，纳税主体资格不变，只需至主管税务部门办理税务变更登记。

2. 个人所得税

有限责任公司整体变更为股份有限公司视同于利润分配行为。由于天玑科技的股东都是自然人股东，根据《国家税务总局关于进一步加强高收入者个人所得税征收管理的通知》（国税发〔2010〕54号）规定，对以未分配利润、盈余公积和除股票溢价发行外的其他资本公积转增注册资本和股本的，要按照"利息、股息、

---

[1] 参见上海天玑科技股份有限公司：《上海天玑科技股份有限公司首次公开发行股票并在创业板上市招股说明书》，载网易财，http://quotes.money.163.com/f10/ggmx_300245_746960.html，2020年3月29日访问。

红利所得"项目,依据现行政策规定计征个人所得税。此次整体改制公司代扣代缴个人所得税 8,939,086.76 元。

620. 企业重组业务适用特殊性税务处理的,当事各方申报时有哪些注意事项?

企业重组业务适用特殊性税务处理的,申报时有如下注意事项:

(1)除发生法律形式简单改变情形的企业外,重组各方应在该重组业务完成当年,办理企业所得税年度申报时,分别向各自主管税务机关进行申报,并提交相关资料。合并、分立中重组一方涉及注销的,应在尚未办理注销税务登记手续前进行申报。

(2)重组主导方申报后,其他当事方向其主管税务机关办理纳税申报。

(3)重组各方申报时,还应向主管税务机关提交重组前连续 12 个月内有无与该重组相关的其他股权、资产交易情况的说明,并说明这些交易与该重组是否构成分步交易,是否作为一项企业重组业务进行处理。

621. 企业发生符合特殊性重组条件并选择特殊性税务处理,在备案或提交确认申请时,应从哪些方面说明企业重组具有合理的商业目的?

企业重组业务适用特殊性税务处理的,申报时,应从以下方面逐条说明企业重组具有合理的商业目的:

(1)重组交易的方式;

(2)重组交易的实质结果;

(3)重组各方涉及的税务状况变化;

(4)重组各方涉及的财务状况变化;

(5)非居民企业参与重组活动的情况。

622. 若同一项重组业务涉及在连续 12 个月内分步交易,且跨两个纳税年度,当事各方如何进行税务处理?

应按以下方法进行税务处理:

(1)应根据实质重于形式原则将此种交易作为一项企业重组交易进行处理;

(2)当事各方在首个纳税年度交易完成时预计整个交易符合特殊性税务处理条件,经协商一致选择特殊性税务处理的,可以暂时适用特殊性税务处理,并在当年企业所得税年度申报时提交书面申报资料;

(3)在下一纳税年度全部交易完成后,企业应判断是否适用特殊性税务处理。如适用特殊性税务处理的,当事各方应申报相关资料;如适用一般性税务处理的,应调整相应纳税年度的企业所得税年度申报表,计算缴纳企业所得税。

623. 任一当事方在规定时间内发生生产经营业务、公司性质、资产或股权结构等情况变化,致使重组业务不再符合特殊性税务处理条件的,应如何处理?

交易一方在股权或资产划转完成日后连续 12 个月内发生生产经营业务、公司性质、资产或股权结构等情况变化,致使股权或资产划转不再符合特殊性税务处理条件的,发生变化的交易一方应在情况发生变化的 30 日内报告其主管税务机关,同时书面通知另一方。另一方应在接到通知后 30 日内将有关变化报告其主管税务机关。

前述情况发生变化后 60 日内,交易双方应调整划转完成纳税年度的应纳税所得额及相应股权或资产的计税基础,向各自主管税务机关申请调整划转完成纳税年度的企业所得税年度申报表,依法计算缴纳企业所得税。

因此,企业在划转重组后的 12 个月内应督促重组方执行划转重组方案,特别要遵守 12 个月内不改变被划转股权或资产原来实质性经营活动的承诺,避免发生生产经营业务、公司性质、资产或股权结构等情况变化。如果不能避免发生改变原来实质性经营活动的情况,应协助重组方在情况发生变化的 30 日内报告其主管税务机关并提供相关法律文件,避免因未及时报告以及提供相关法律文件而受到税务处罚。

此外,划转重组中的增资、减资涉及有关资产的权属变更,企业应在划转重组后督促重组方及时办理有关划转资产或股权的权属变更手续,避免引发法律纠纷。

624. 100% 直接控制的居民企业之间,以及受同一或相同多家居民企业 100% 直接控制的居民企业之间按账面净值划转股权或资产,任一当事方在规定时间内发生生产经营业务、公司性质、资产或股权结构等情况变化,致使重组业务不再符合特殊性税务处理条件的,应如何处理?

除需履行本节第 623 问中的通知和申报义务外,根据当事方之间的关系,企业还应按照以下内容确定计税基础:

(1) 100% 直接控制的母子公司之间,母公司向子公司按账面净值划转其持有的股权或资产,母公司获得子公司 100% 的股权支付的,母公司应按原划转完成时股权或资产的公允价值视同销售处理,并按公允价值确认取得长期股权投资的计税基础,子公司按公允价值确认划入股权或资产的计税基础。

(2) 100% 直接控制的母子公司之间,母公司向子公司按账面净值划转其持有的股权或资产,母公司没有获得任何股权或非股权支付的,母公司应按原划转完成时股权或资产的公允价值视同销售处理，子公司按公允价值确认划入股权或资产的计税基础。

（3）100% 直接控制的母子公司之间，子公司向母公司按账面净值划转其持有的股权或资产，子公司没有获得任何股权或非股权支付的，子公司应按原划转完成时股权或资产的公允价值视同销售处理，母公司应按撤回或减少投资进行处理。

（4）受同一或相同多家母公司 100% 直接控制的子公司之间，在母公司主导下，一家子公司向另一家子公司按账面净值划转其持有的股权或资产，划出方没有获得任何股权或非股权支付的，划出方应按原划转完成时股权或资产的公允价值视同销售处理；母公司根据交易情形和会计处理对划出方按分回股息进行处理，或者按撤回或减少投资进行处理，对划入方按以股权或资产的公允价值进行投资处理；划入方按接受母公司投资处理，以公允价值确认划入股权或资产的计税基础。

（二）股权收购的财税处理

625. 一名或多名个人投资者以股权收购方式取得被收购企业 100% 股权，企业被收购之后，新股东将原有"资本公积、盈余公积、未分配利润"等盈余积累转增股本（注册资本、实收资本等），是否需要缴纳个人所得税？

股权转让方原股东在股权交易时将盈余积累一并计入股权转让价格，原股东已经履行了所得税纳税义务。股权收购完成后，企业将原账面金额中的盈余积累转增股本。鉴于转增股本的盈余积累已全部或部分计入个人投资者（新股东）股权收购价格中，为避免重复征税，对新股东取得的已计入个人投资者股权收购价格中的盈余积累转增股本的部分，原则上不宜征收个人所得税。

实践中区分两种情形处理：

（1）新股东以不低于净资产价格收购股权的，企业原盈余积累已全部计入股权交易价格，新股东取得盈余积累转增股本的部分，不征收个人所得税。

（2）新股东以低于净资产价格收购股权的，企业原盈余积累中，对于股权收购价格减去原股本的差额部分已经计入股权交易价格，新股东取得盈余积累转增股本的部分，不征收个人所得税；对于股权收购价格低于原所有者权益的差额部分未计入股权交易价格，新股东取得盈余积累转增股本的部分，应按照"利息、股息、红利所得"项目征收个人所得税。对于新股东以低于净资产价格收购企业股权后转增股本按照下列顺序进行，即先转增应税的盈余积累部分，然后再转增免税的盈余积累部分。

新股东将所持股权转让时,其财产原值为其收购企业股权实际支付的对价及相关税费。

626. 企业股权收购重组日、重组业务当事各方以及重组主导方如何确定?

确定如下:

(1)股权收购,以转让协议生效且完成股权变更手续日为重组日;关联企业之间发生股权收购,转让合同(协议)生效后 12 个月内未完成股权变更手续的,应以转让合同(协议)生效日为重组日;

(2)股权收购中当事各方,指收购方、转让方及被收购企业;

(3)股权收购中主导方为股权转让方,涉及两个或两个以上股权转让方,由转让被收购企业股权比例最大的一方作为主导方(转让股权比例相同的可协商确定主导方)。

627. 股权收购如何进行一般性税务处理?

处理原则如下:

(1)被收购方应确认股权转让所得或损失;

(2)收购方取得股权的计税基础应以公允价值为基础确定;

(3)被收购企业的相关所得税事项原则上保持不变。

628. 符合哪些条件,股权收购适用特殊性税务处理方式?

股权收购发生在境内,同时符合下列条件的,适用特殊性税务处理方式。

(1)符合合理商业目的的原则

股权收购具有合理的商业目的,且不以减少、免除或者推迟缴纳税款为主要目的。

(2)符合权益连续性原则

①收购企业在该股权收购发生时的股权支付金额不低于其交易支付总额的 85%;

②股权收购中取得股权支付的原主要股东,在重组后连续 12 个月内,不得转让所取得的股权。

(3)符合经营连续性原则

①收购企业购买的股权不低于被收购企业全部股权的 50%;

②收购后的连续 12 个月内不改变重组资产原来的实质性经营活动。

629. 企业股权收购重组交易,交易各方应如何进行特殊性税务处理?

特殊性税务处理方式具体如下:

(1) 基本处理原则

①交易中的股权支付暂不确认有关资产转让所得或损失。

②交易中的非股权支付仍应在交易当期确认相应的资产转让所得或损失,并调整相应资产的计税基础。

非股权支付对应的资产转让所得或损失=(被转让资产的公允价值-被转让资产的计税基础)×(非股权支付金额÷被转让资产的公允价值)

(2) 收购企业的税务处理

①收购企业取得被收购企业股权的计税基础,以被收购股权的原有计税基础确定;

②收购企业的原有各项资产和负债的计税基础和其他相关所得税事项保持不变。

(3) 被收购企业的税务处理

被收购企业的原有各项资产和负债的计税基础和其他相关所得税事项保持不变。

(4) 被收购企业股东的税务处理

①被收购企业的股东暂不确认股权转让所得或损失;

②被收购企业股东取得收购企业股权的计税基础,以被收购股权的原有计税基础确定。

【案例269】西单商场股权收购税务处理案[①]

收购方: 西单商场

被收购方: 新燕莎控股

被收购方主要股东: 首旅集团

收购方式: 股权收购

收购基准日: 2010年9月1日

基本案情:

西单商场的主要股东为西友集团,持股比例为32.12%。被收购方新燕莎控股的股东为首旅集团,持股比例为100%。西友集团是首旅集团的全资子公司,

---

[①] 参见北京市西单商场股份有限公司:《北京市西单商场股份有限公司第六届董事会第六次临时会议决议公告》,载网易网,http://quotes.money.163.com/f10/ggmx_600723_604293.html,2020年3月27日访问。

实际控制人都是国资委。各方之间的关系如图 7-27 所示：

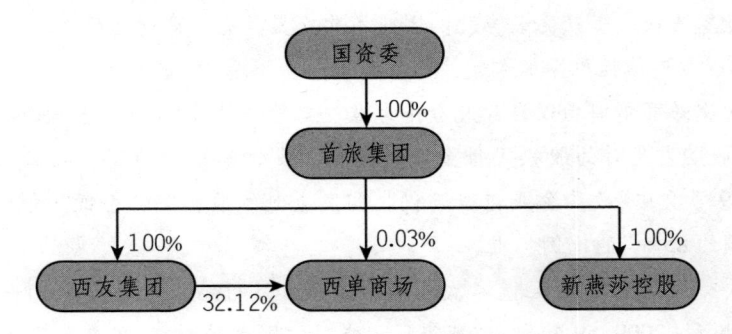

图 7-27 收购前股权架构

西单商场拟以其自身的股份为对价，收购首旅集团持有的新燕莎控股 100% 的股权，该 100% 股权的评估价值为 246,700 万元。

西单商场以 9.92 元/股的价格向首旅集团增发 248,689,516 股，发行总价为 246,700 万元。增发后，西单商场总股本为 658,407,554 股，发行股份占发行总股本的比例约为 35.63%。首旅集团承诺自本次发行结束之日起 36 个月内不转让其拥有权益的股份（见图 7-28）。

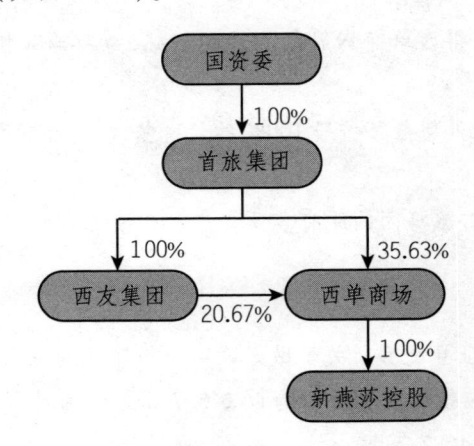

图 7-28 收购后股权架构

律师观点：

1. 企业所得税

本次交易的企业所得税应按特殊性税务处理原则进行处理。

(1) 合理商业目的原则的判定

本次交易的商业目的为进一步优化北京市属国有资产产业布局，显著提高上市公司的市场地位和竞争能力,有利于上市公司未来良好的业绩表现,实现首旅集团商业零售板块资产的证券化。因此本次交易具有合理商业目的。

(2) 权益连续性原则的判定

本次交易西单商场以自身股份作为唯一支付手段,即本次交易全部为股份支付,股权收购发生时的股权支付金额是其交易支付总额的100%,因此满足财税〔2009〕59号文中"收购企业在该股权收购发生时的股权支付金额不低于其交易支付总额的85%"的比例标准。

本次交易首旅集团承诺,本次认购的股票自发行结束之日起36个月内不转让,满足财税〔2009〕59号文中"取得股权支付的原主要股东,在重组后连续12个月内,不得转让所取得的股权"的规定条件。

(3) 经营连续性原则的判定

本次交易西单商场收购首旅集团持有的新燕莎控股100%股权,满足财税〔2009〕59号文中"收购企业购买的股权不低于被收购企业全部股权的75%"的比例标准。①

综上所述,本次交易满足特殊性税务处理,因此应按照特殊性税务处理的规定处理所得税事项。具体如下:

(1) 首旅集团取得西单商场股权的计税基础,为新燕莎控股100%股权的原有计税基础;

(2) 西单商场取得新燕莎控股100%的计税基础,为新燕莎控股100%股权的原有计税基础;

(3) 西单商场、首旅集团的原有各项资产和负债的计税基础和其他相关所得税事项保持不变。

2. 印花税

(1) 根据《深圳证券交易所关于做好证券交易印花税征收方式调整工作的通知》规定,首旅集团应就股权转让行为以246,700万元为计税依据按照千分之一的税率征收印花税246.7万元。

(2) 根据《印花税暂行条例》规定,股权收购后,西单商场的"实收资本"和"资本公积"增加,应该就增加部分246,700万元按照万分之五的税率征收印花税123.35万元。

---

① 财税〔2009〕59号文中"收购企业购买的股权不低于被收购企业全部股权的75%"已被财税〔2014〕109号文修改为"收购企业购买的股权不低于被收购企业全部股权的50%"。

3. 营业税

西单商场与首旅集团的交易属于股权转让,根据《财政部、国家税务总局关于股权转让有关营业税问题的通知》(财税〔2002〕191号)的规定,"对股权转让不征收营业税",因此无须缴纳营业税。

630. 企业发生符合条件的股权收购业务,进行特殊性税务处理,应准备哪些文件?

应准备以下文件:

(1)股权收购业务总体情况说明,包括股权收购方案、基本情况,并逐条说明股权收购的商业目的;

(2)股权收购、资产收购业务合同(协议),需有权部门(包括内部和外部)批准的,应提供批准文件;

(3)相关股权评估报告或其他公允价值证明;

(4)12个月内不改变重组资产原来的实质性经营活动、原主要股东不转让所取得股权的承诺书;

(5)市场监督管理部门等有权机关登记的相关企业股权变更事项的证明材料;

(6)重组当事各方一致选择特殊性税务处理并加盖当事各方公章的证明资料;

(7)涉及非货币性资产支付的,应提供非货币性资产评估报告或其他公允价值证明;

(8)重组前连续12个月内有无与该重组相关的其他股权、资产交易,与该重组是否构成分步交易、是否作为一项企业重组业务进行处理情况的说明;

(9)按会计准则规定当期应确认资产(股权)转让损益的,应提供按税法规定核算的资产(股权)计税基础与按会计准则规定核算的相关资产(股权)账面价值的暂时性差异专项说明。

(三)资产收购的财税处理

631. 如何确定企业资产收购重组日、重组业务当事各方以及重组主导方?

确定如下:

(1)资产收购,以转让合同(协议)生效且当事各方已进行会计处理的日期为重组日;

(2)资产收购中的当事各方,指收购方、转让方;

(3) 资产收购中的主导方为资产转让方。

632. 企业资产收购重组交易,除适用特殊性税务处理规定的外,如何进行税务处理?

处理原则如下:

(1) 被收购方应确认资产转让所得或损失;

(2) 收购方取得资产的计税基础应以公允价值为基础确定;

(3) 被收购企业的相关所得税事项原则上保持不变。

【案例270】天坛生物资产收购一般性税务处理案[①]

收购方: 天坛生物

被收购方: 成都所、北京所

被收购方主要股东: 中国生物

收购方式: 股权收购与资产收购

收购基准日: 2008年6月30日

基本案情:

收购方天坛生物的控股股东为中国生物,实际控制人为国务院国有资产监督管理委员会,成都所和北京所是中国生物的全资子公司,成都蓉生是成都所的控股公司。各方之间的关系如图7-29所示:

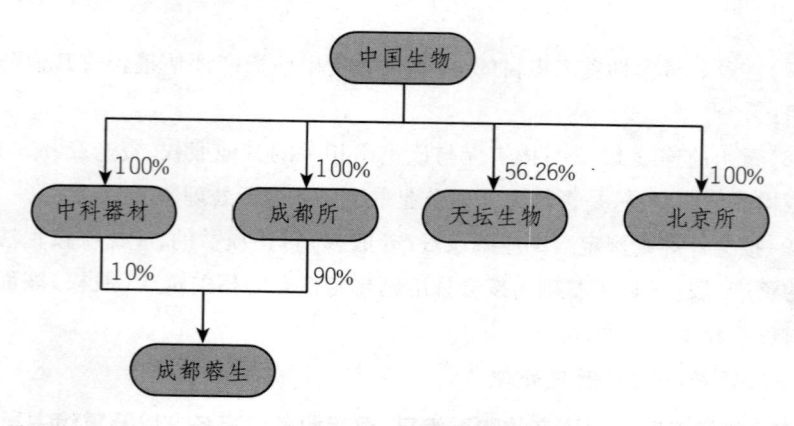

图7-29 收购前股权架构

---

① 参见《天坛生物:关于重大资产购买及发行股份购买资产暨关联交易之标的资产过户完成的公告》,载中财网,http://www.cfi.net.cn/p20100918000863.html,2020年3月27日访问。

为了促进公司扩大生产经营规模,增强抗风险能力及核心竞争力,为公司可持续增长奠定基础,实现中国生物的战略部署,减少同业竞争和关联交易,规范上市公司运作,解决公司有关房产无法办理房产证问题,明确资产产权,提高公司资产的完整性和独立性,天坛生物以向成都所发行股票和支付现金的方式收购成都蓉生90%股份,以向北京所发行股票的方式收购北京所拥有的土地。

1. 向成都所收购成都蓉生股权

天坛生物以定向发行股票和支付现金方式收购成都所持有的成都蓉生90%的股权,其中,以14.34元/股的发行价格向成都所发行21,851,485股股份购买成都所持有的成都蓉生51%的股权,并在标的股权过户后的12个月内支付现金239,620,818.79元收购39%的股份。成都蓉生90%股权的评估价值为552,971,120.29元。成都所已承诺:本次发行完成后,其认购的股份自发行结束之日起36个月内不转让。

2. 向北京所收购土地

天坛生物以定向发行股票方式收购北京所拥有的京朝国用(2002出)字第0008号国有土地使用证项下位于北京市朝阳区三间房南里4号(东区)的68,512.52平方米工业出让用地的土地使用权。天坛生物以14.34元/股的发行价格向北京所发行5,365,383股股份,该土地的账面价值为443.71万元,评估价值为7693.96万元,交易基准日北京所的总资产为14,652.05万元。交易完成后北京所持有天坛生物1.041%的股份。北京所已承诺:本次发行完成后,其认购的股份自发行结束之日起36个月内不转让。

天坛生物每股面值1.00元,交易后,公司的实缴注册资本为515,466,868元(见表7-5、图7-30)。

表7-5 天坛生物对价支付

	发行股数/股	股权支付/元	现金支付/元	股权支付比例/%	持股比例/%
成都所	21,851,485	313,350,295	239,620,818.79	56.667	4.239
北京所	5,365,383	76,939,592.22	—	100	1.041

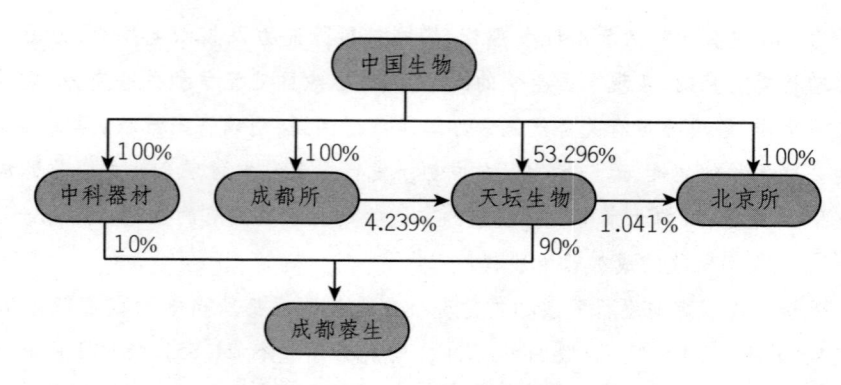

图7-30 收购后股权架构

律师观点：

1. 向成都所收购成都蓉生股权税务处理

（1）企业所得税

本次交易的企业所得税应按一般性税务处理原则进行处理。

①合理商业目的原则的判定。

本次交易的商业目的是为促进公司扩大生产经营规模,增强抗风险能力及核心竞争力,为公司可持续增长奠定基础,实现中国生物的战略部署,减少同业竞争和关联交易,规范上市公司运作。可见本次交易主要目的具有合理商业目的。

②权益连续性原则的判定。

本次交易成都所承诺,本次发行完成后,其认购的股份自发行结束之日起36个月内不转让,满足财税〔2009〕59号文中"取得股权支付的原主要股东,在重组后连续12个月内,不得转让所取得的股权"的规定条件。

本次交易天坛生物的支付手段有股权支付和非股权支付,股权支付金额为313,350,295元,非股权支付金额即现金支付金额为239,620,818.79元,股权收购发生时的股权支付金额占其交易支付总额的比例是56.667%,不满足财税〔2009〕59号文中"受让企业在该资产收购发生时的股权支付金额不低于其交易支付总额的85%"的比例标准,因此不满足权益连续性原则。

③经营连续性原则的判定。

本次交易天坛生物收购成都所持有的成都蓉生90%股权,满足财税〔2009〕59号文中"收购企业购买的股权不低于被收购企业全部股权的75%"的比例标准①,因此满足经营连续性原则。

综上所述,本次交易无法满足特殊性税务处理,因此应按照一般性税务处理的规定处理所得税事项。具体如下:

①假设相关税费为零,成都所应该在股权协议生效且办理完工商变更手续时确认股权转让所得或损失,进而确认企业所得税。

②天坛生物取得资产的计税基础为552,971,120.29元。

③北京所的相关所得税事项原则上保持不变。

(2)印花税

根据《印花税暂行条例》规定,资产收购后,天坛生物的"实收资本"和"资本公积"增加,应该就增加金额21,851,485征收印花税按照万分之五的比例征收印花税10,925.74元。

(3)营业税

天坛生物与成都所的交易属于股权转让,根据《财政部、国家税务总局关于股权转让有关营业税问题的通知》(财税〔2002〕191号)的规定,"对股权转让不征收营业税",因此无须缴纳营业税。

2. 向北京所收购土地税务处理

(1)企业所得税

本次交易的企业所得税应按一般性税务处理原则进行处理。

①合理商业目的原则的判定。

本次交易的商业目的是为解决公司有关房产未能及时办理房产证问题,明确资产产权,提高公司资产的完整性和独立性。可见本次交易主要目的是解决"房地不合一"的问题,具有合理商业目的。

②权益连续性原则的判定。

本次交易天坛生物以自身股份作为支付的唯一手段,即本次交易全部为股权支付,资产收购发生时的股权支付金额是其交易支付总额的100%,因此满足上文所述85%的比例标准。

本次交易北京所承诺,本次发行完成后,其认购的股份自发行结束之日起36个月内不转让,满足上文所述12个月的规定条件。

---

① 财税〔2009〕59号文中"收购企业购买的股权不低于被收购企业全部股权的75%"已被财税〔2014〕109号文修改为"收购企业购买的股权不低于被收购企业全部股权的50%"。

③经营连续性原则的判定。

本次交易天坛生物收购北京所的该宗土地账面价值为443.71万元,而交易基准日北京所的总资产为14,652.05万元,交易资产占总资产的比例仅为3%,不满足上文所述75%的比例标准,因此不满足经营连续性原则。

综上所述,本次交易无法满足特殊性税务处理条件,因此应按照一般性税务处理的规定处理所得税事项。具体如下:

①北京所应当在土地使用权转让当期确认资产转让所得或损失,进而确认企业所得税。

②天坛生物取得资产的计税基础为76,939,592.22元。

③北京所的相关所得税事项原则上保持不变。

（2）土地增值税与契税

根据《财政部、国家税务总局关于土地增值税一些具体问题规定的通知》(财税字[1995]48号)第1条规定,投资、联营的一方以土地(房地产)作价入股进行投资或作为联营条件,将房地产转让到所投资、联营的企业中时,暂免征收土地增值税。北京所将土地投资入股至天坛生物,免征土地增值税。

土地受让方天坛生物应以76,939,592.22元为计税依据按照3%缴纳契税。

（3）印花税

①天坛生物应就"实收资本"和"资本公积"的增加部分76,939,592.22元按照万分之五税率征收印花税38,469.80元;

②北京所也应就转让的土地使用权以76,939,592.22元按照万分之五税率征收印花税38,469.80元。

（4）营业税

北京所将该宗土地转让,取得的是天坛生物的1.041%的股份,属于北京所以土地使用权对外投资行为,根据《财政部、国家税务总局关于股权转让有关营业税问题的通知》(财税[2002]191号)的规定,"以无形资产、不动产投资入股,参与接受投资方利润分配,共同承担投资风险的行为,不征收营业税",因此,北京所无须缴纳营业税。

633. 符合哪些条件,资产收购适用特殊性税务处理方式?

资产收购发生在境内,同时符合下列条件的,适用特殊性税务处理方式。

（1）符合合理商业目的的原则

资产收购具有合理的商业目的,且不以减少、免除或者推迟缴纳税款为主要目的。

(2) 符合权益连续性原则

①收购企业在该资产收购发生时的股权支付金额不低于其交易支付总额的 85%；

②资产收购中取得股权支付的原主要股东，在重组后连续 12 个月内，不得转让所取得的股权。

(3) 符合经营连续性原则

①收购企业购买的资产不低于被收购企业全部资产的 50%；

②收购后的连续 12 个月内不改变重组资产原来的实质性经营活动。

634. 企业资产收购重组交易，交易各方应如何进行特殊性税务处理？

特殊性税务处理方式具体如下：

(1) 基本处理原则：

①交易中的股权支付暂不确认有关资产转让所得或损失。

②交易中的非股权支付仍应在交易当期确认相应的资产转让所得或损失，并调整相应资产的计税基础。

非股权支付对应的资产转让所得或损失 =（被转让资产的公允价值 − 被转让资产的计税基础）×（非股权支付金额 ÷ 被转让资产的公允价值）

(2) 收购企业取得被收购企业资产的计税基础，以被收购资产的原有计税基础确定。

(3) 被收购企业的股东取得受让企业股权的计税基础，以被收购资产的原有计税基础确定。

635. 企业资产收购，进行特殊性税务处理，应准备哪些文件？

应准备以下文件：

(1) 资产收购业务总体情况说明，包括资产收购方案、基本情况，并逐条说明资产收购的商业目的；

(2) 资产收购业务合同（协议），需有权部门（包括内部和外部）批准的，应提供批准文件；

(3) 相关资产评估报告或其他公允价值证明；

(4) 被收购资产原计税基础的证明；

(5) 12 个月内不改变资产原来的实质性经营活动、原主要股东不转让所取得股权的承诺书；

(6) 市场监督管理部门等有权机关登记的相关企业股权变更事项的证明

材料；

(7)重组当事各方一致选择特殊性税务处理并加盖当事各方公章的证明资料；

(8)涉及非货币性资产支付的,应提供非货币性资产评估报告或其他公允价值证明；

(9)重组前连续12个月内有无与该重组相关的其他股权、资产交易,与该重组是否构成分步交易、是否作为一项企业重组业务进行处理情况的说明；

(10)按会计准则规定当期应确认资产(股权)转让损益的,应提供按税法规定核算的资产(股权)计税基础与按会计准则规定核算的相关资产(股权)账面价值的暂时性差异专项说明。

【法律依据】

一、公司法类

(一)法律

❖《公司法》

❖《外商投资法》

(二)行政法规

❖《市场主体登记管理条例》

❖《企业国有产权交易操作规则》

❖《国有资产评估管理办法》

(三)部门规范性文件

❖《财政部、国家税务总局关于股权转让有关营业税问题的通知》

❖《创业投资企业管理暂行办法》

(四)司法解释

❖《最高人民法院关于适用〈中华人民共和国公司法〉若干问题的规定(四)》(2020年修正)

❖《最高人民法院关于适用〈中华人民共和国外商投资法〉若干问题的解释》(法释〔2019〕20号)

(五)地方司法文件

❖《北京市高级人民法院关于审理公司纠纷案件若干问题的指导意见》(京高法发〔2008〕127号)

❖《山东省高级人民法院关于审理公司纠纷案件若干问题的意见(试行)》

（鲁高法发〔2007〕3号）
- ❖《上海市高级人民法院关于审理公司纠纷案件若干问题的解答》（沪高法民二〔2006〕8号）

二、证券法类
- ❖《证券法》

三、民法类
- ❖《民法典》

四、诉讼法类
- ❖《民事诉讼法》

五、税法类

（一）法律
- ❖《个人所得税法》
- ❖《企业所得税法》

（二）行政法规
- ❖《个人所得税法实施条例》
- ❖《企业所得税法实施条例》

（三）部门规范性文件
- ❖《国家税务总局关于资产（股权）划转企业所得税征管问题的公告》（国家税务总局公告2015年第40号）
- ❖《财政部、国家税务总局关于个人转让股票所得继续暂免征收个人所得税的通知》（财税字〔1998〕61号）
- ❖《国家税务总局关于纳税人收回转让的股权征收个人所得税问题的批复》（国税函〔2005〕130号）
- ❖《国家税务总局关于个人股权转让过程中取得违约金收入征收个人所得税问题的批复》（国税函〔2006〕866号）
- ❖《国家税务总局关于股权转让收入征收个人所得税问题的批复》（国税函〔2007〕244号）
- ❖《财政部、国家税务总局、证监会关于个人转让上市公司限售股所得征收个人所得税有关问题的通知》（财税〔2009〕167号）
- ❖《财政部、国家税务总局、证监会关于个人转让上市公司限售股所得征收个人所得税有关问题的补充通知》（财税〔2010〕70号）
- ❖《国家税务总局关于做好限售股转让所得个人所得税征收管理工作的通

知》(国税发〔2010〕8号)

❖《国家税务总局关于限售股转让所得个人所得税征缴有关问题的通知》(国税函〔2010〕23号)

❖《国家税务总局关于个人终止投资经营收回款项征收个人所得税问题的公告》(国家税务总局公告2011年第41号)

❖《国家税务总局关于股权转让不征收营业税的通知》(国税函〔2000〕961号)

❖《财政部、国家税务总局关于股权转让有关营业税问题的通知》(财税〔2002〕191号)

❖《国家税务总局关于企业重组业务企业所得税征收管理若干问题的公告》(国家税务总局公告2015年第48号)

❖《税务总局关于修改部分税收规范性文件的公告》(国家税务总局公告2018年第31号)

❖《国家税务总局关于企业股权投资损失所得税处理问题的公告》(国家税务总局公告2010年第6号)

❖《国家税务总局关于企业取得财产转让等所得企业所得税处理问题的公告》(国家税务总局公告2010年第19号)

❖《国家税务总局关于贯彻落实企业所得税法若干税收问题的通知》(国税函〔2010〕79号)

❖《国家税务总局关于纳税人资产重组有关增值税问题的公告》(国家税务总局公告2013年第66号)

(四)其他规范性文件

❖《国家税务总局关于以转让股权名义转让房地产行为征收土地增值税问题的批复》(国税函〔2000〕687号)

❖《国家税务总局关于企业转让上市公司限售股有关所得税问题的公告》(国家税务总局公告2011年第39号)

六、其他

❖《电子签名法》